8° Ln 27 4654

Paris
1863

Littré, Maximilien Paul Emile

uguste Comte et la philosophie positive

A! PALIN E 1990

AUGUSTE COMTE

ET

LA PHILOSOPHIE POSITIVE

PARIS. — IMPRIMERIE DE CH. LAHURE
Rue de Fleurus, 9

AUGUSTE COMTE

ET

LA PHILOSOPHIE POSITIVE

 PAR É. LITTRÉ

PARIS
LIBRAIRIE DE L. HACHETTE ET Cie
BOULEVARD SAINT-GERMAIN, N° 77
—
1863
Droit de traduction réservé

PRÉFACE.

C'est en 1840 que je connus M. Comte. Un ami commun me prêta son système de philosophie positive; M. Comte, apprenant que je lisais son livre, m'en envoya un exemplaire. Tel fut le commencement de notre liaison.

M. Comte ne s'était pas trompé dans l'avance qu'il me faisait. Son livre me subjugua. Une lutte s'établit dans mon esprit entre mes anciennes opinions et les nouvelles. Celles-ci triomphèrent, d'autant plus sûrement que, me montrant que mon passé n'était qu'un stage, elles produisaient non pas rupture et contradiction, mais extension et développement. Je devins dès lors disciple de la philosophie positive, et le suis resté, sans autres changements que ceux que me commandait l'effort incessant de poursuivre, à travers d'autres travaux d'ailleurs obligatoires, les rectifications et les agrandissements qu'elle comporte.

A. C.

Aujourd'hui, il y a plus de vingt ans que je suis sectateur de cette philosophie ; et la confiance qu'après de longues méditations et plus d'une reprise elle m'inspira, ne s'est pas dès lors démentie. Deux ordres d'épreuves ont été par moi mis en œuvre pour me préserver des illusions et des préjugés : d'abord l'usage que j'ai fait constamment de cette philosophie, puis la sanction que le cours des choses lui apporte. Occupé de sujets très-divers, histoire, langues, physiologie, médecine, érudition, je m'en suis constamment servi comme d'une sorte d'outil qui me trace les linéaments, l'origine et l'aboutissement de chaque question, et me préserve du danger de me contredire, cette plaie des esprits d'aujourd'hui ; elle suffit à tout, ne me trompe jamais, et m'éclaire toujours. Le cours des choses ne lui est pas moins favorable que l'épreuve individuelle ; non-seulement elle n'en reçoit aucun démenti, mais encore tout ce qui advient en science ou en politique lui prépare quelque nouvel appui mental ou social.

Si, comme je le pense, M. Comte doit tenir une grande place dans la postérité, je n'ai pas voulu que se perdît ce que j'ai vu de lui, ou ce que j'ai appris de personnes qui avaient vécu dans son intimité.

Deux intérêts étroitement liés m'ont perpétuellement guidé, celui de la philosophie positive et celui de son fondateur. Je regarde la philosophie positive comme un de ces œuvres à peine séculaires qui changent le niveau, et je regarde celui qui l'a mise au jour comme un de ces hommes à qui est due gloire et reconnaissance. Aussi l'intention de cet ouvrage est de servir la cause de l'une et de l'autre.

Une suite d'événements qui seront rapportés, a fait que cet intérêt suprême que je leur porte se trouve soumis à une épreuve pénible mais inévitable. M. Comte, à un moment donné, pensant et assurant qu'il ne faisait que développer la philosophie positive, changea de méthode. Rien de plus grave qu'un changement de méthode. Force a donc été de discuter la légitimité de celui-ci; car le disciple le plus fidèle ne pouvait, même sur la parole du maître, s'engager, sans rechercher par lui-même cette légitimité, sans se convaincre en un mot qu'il y avait véritablement conséquence entre la première méthode et la seconde. L'adhésion à la seconde n'était au prix que d'un examen aussi rigoureux que l'examen qui avait conquis l'adhésion à la première. Je le dis ici d'avance, il fut impossible de trouver cette conséquence que M. Comte avait affirmée; les deux parties se montrèrent comme deux doctrines distinctes, ayant des points de départ différents et inconciliables. Le procédé de discussion est très-simple; il a consisté à prendre le système de philosophie positive qui, pour M. Comte comme pour moi, fait loi en méthode et en principe, et à l'employer comme un instrument logique. Ce qui n'a pas résisté à cette épreuve a été, de soi, condamné.

J'aurais vivement souhaité qu'il en fût autrement.

Disciple de la première partie, j'étais tout disposé à l'être de la seconde, de la même façon, c'est-à-dire par cet ascendant irrésistible qu'apporte avec soi la vérité démontrée. L'ascendant fit défaut; et il fallut me séparer de conceptions, qui pour moi n'avaient plus de raison d'être. De la sorte, maintenant avec fermeté la philosophie positive qui est la base, j'ai, avec non moins de fermeté, rejeté, pour une grande part, la politique positive que M. Comte a voulu en déduire.

Je n'ai point eu à scinder l'œuvre de M. Comte, qui reste intacte et entière; je n'ai eu qu'à en retrancher des conséquences et des applications impropres.

Mais j'ai eu, et cela a été douloureux, à scinder M. Comte lui-même, c'est-à-dire à montrer que, quand il a voulu passer des principes posés dans le système de philosophie positive à l'application posée dans le système de politique positive, il n'a pas tenu d'une main sûre le fil qui devait le conduire. D'après ses propres dires, il a échangé la méthode objective pour la méthode subjective; or, dans la philosophie qu'il a fondée, il n'y a aucune place pour la méthode subjective, il n'y en a que pour la méthode déductive qui y remplace la méthode subjective des théologiens et des métaphysiciens. Mais la méthode déductive, d'après un solide principe dû à M. Comte lui-même, ne comporte que les moindres développements dans la science la plus compliquée. Donc, dans le système de politique positive, ce qui est subjectif est, comme subjectif, condamné par la méthode positive, et, comme déductif, condamné par un des principes de cette méthode. Ici je ne fais qu'indiquer des points qui seront suffisamment traités en lieu et place.

C'est là aussi que j'indiquerai avec tous les ménagements nécessaires que ces manquements de M. Comte, dans la fin de sa vie, sont imputables à des affaiblissements produits par l'excès du travail.

Dans une situation qui, je ne le dissimule pas, est délicate, il est heureux pour moi qu'un coup que je porterais à M. Comte m'atteigne moi-même et me blesse. Mon adhésion à la méthode et aux principes de la philosophie positive a été et demeure si entière, que le maître ne pourrait tomber sans entraîner le disciple. C'est là ce qui m'a soutenu dans les moments les plus rigoureux d'une critique qui était devenue nécessaire. Je n'ai pas craint que l'on m'accusât de cacher sous le masque philosophique une guerre secrète et des sentiments malveillants. La guerre serait secrète et les sentiments malveillants, si, admettant telle ou telle conséquence, j'attaquais les principes et la méthode; car ce serait travailler sourdement à la ruine de tout l'édifice. Mais admettre les prémisses, et, discutant les conséquences, les combattre, s'il y a lieu, à mes risques et périls, est œuvre de disciple qui souhaite à la fois le bien de la doctrine et la gloire du maître.

Dans les polémiques qui de temps en temps ont

eu lieu au sujet de M. Comte, ceux qui ne veulent pas aller au fond des questions philosophiques, ou qui les résolvent conformément à une philosophie toute différente, se sont uniquement attaqués à ces conséquences que je conteste moi aussi, et, groupant avec une facile adresse ce qu'elles contiennent de plus étrange, ils ont dit au public : « Jugez de l'arbre par les fruits, de la doctrine par les résultats, et ne prenez pas la peine de remonter à des principes si clairement condamnés par leurs conséquences. » Tant que le débat est circonscrit en de telles limites, la réponse n'est pas facile ; et la philosophie positive paraît chargée, puisque c'est M. Comte lui-même qui l'en a chargée, de la responsabilité de conceptions que rejette la raison commune. Mais il ne faut pas laisser plus longtemps son triomphe prétendu à cette argumentation ; elle repose sur une supposition qui est fausse, à savoir, que les doctrines de la *politique positive* soient la déduction effective de la *philosophie positive*. Ces doctrines, loin d'en être déduites, la contredisent souvent ; et il est possible d'éliminer ce qu'elles contiennent d'erroné sans porter la moindre atteinte aux fondements. Non qu'à mon avis le succès de la philosophie positive ne souffre pas de la confusion ainsi produite, et que les progrès naturels n'en aient pas été diminués par le partage entre deux directions dont la contradiction implicite, saisie avidement par le vulgaire des raisonneurs, pèse gravement sur les intelligences les mieux disposées au régime positif.

En tout cas, quand cette contradiction est dissipée, on voit qu'elle est un malheur d'un grand esprit, mais non le malheur de la doctrine.

En écrivant la biographie de M. Comte, j'ai été nécessairement conduit à rechercher l'historique de la philosophie positive, c'est-à-dire par quelles racines elle tient au passé qui l'a précédée immédiatement. Cette histoire n'a jamais été faite; les débats se sont toujours arrêtés à Saint-Simon. Or, après mes investigations, il sera certain qu'il faut remonter plus haut, et que, du moins pour les théories historiques, portion essentielle de la philosophie positive, M. Comte a pour prédécesseurs deux des plus éminents esprits et des plus profonds penseurs du dix-huitième siècle, Turgot et Kant. Avoir été ainsi précédé ne diminue rien de la gloire de celui qui fut le fondateur définitif, et ajoute grandement à la solidité de la doctrine fondée. Toute doctrine digne de s'emparer de l'avenir est filiation. La conception germait chez les hommes qui, philosophiquement, étaient le plus en avance sur leur époque, et elle parvint à pleine maturité dans l'esprit de M. Comte qui, comme eux, devançait son époque; seulement chez lui, par le progrès de toute chose, elle était montée à un niveau supérieur; c'est pourquoi eux furent des précurseurs, et lui fut le créateur et le maître de la doctrine.

Un novateur n'a rien à espérer, en thèse générale, de la société au milieu de laquelle et pour laquelle il travaille : il souffre pendant sa vie; il souffre encore après sa mort. Les oreilles sont fermées, ou du moins ne sont pas attentives. On ne l'écoute pas, ou, si on l'écoute, on lui en veut de l'ébranlement qu'il communique à tout ce qu'il touche. Peu, très-peu d'hommes, dont l'esprit est congénère au novateur et à sa doctrine, commencent à se joindre à lui et à créer à l'entour une sorte d'école. Tel fut le sort de M. Comte : isolement, mauvais vouloir, petite école ; école pourtant plus petite en apparence qu'en réalité ; car il est certain que la pensée de M. Comte n'est pas restée sans influence sur la pensée contemporaine, et a jeté parmi les hommes des notions qui seront des marchepieds pour une action ultérieure et plus grande.

Celui qui voudra saisir le nœud de la vie de M. Comte verra que ce nœud est dans la vocation irrésistible qui l'entraînait vers la philosophie positive, et dans son inhabileté, sa répugnance même à se procurer un gagne-pain qui lui tînt lieu d'un avoir personnel. Lui-même, dans une lettre de sa jeunesse à M. G. d'Eichthal, où il se plaint de sa gêne, confesse naïvement qu'il est plus propre à faire partie d'un pouvoir spirituel tout constitué qu'à se créer des ressources au milieu d'une société qui n'a rien de prêt pour des philosophes ni acceptés ni classés. Un plus habile que lui, ou, pour mieux dire, un homme moins résolu à sacrifier tout à son œuvre, aurait d'abord fait sa position, conquis à l'Académie des sciences un siége que tous ses condisciples, frappés de sa supériorité, lui pronostiquaient, puis obtenu une chaire; et de là, comme d'une forteresse, il aurait repris et poursuivi sa tâche, ainsi retardée de quelque temps. Mais lui, ne retarda rien; et qui sait si le sort, dans cet autre mode de vivre, la lui aurait laissé achever? Nous pour qui, au prix de tant de sacrifices, elle fut menée à terme, nous ne devons qu'être touchés du dévouement entraînant qui la lui fit mettre au-dessus de tous les intérêts présents et à venir.

Les idées sont les actes par lesquels un philosophe influe sur le monde; et voir ces idées dans leur conflit avec l'existence individuelle est la biographie d'un philosophe. M. Comte est encore controversé; entre des adversaires qui le dénigrent et des partisans qui le déifient, l'homme disparaît. Pour le faire reparaître, il a fallu choisir et raconter certains épisodes de sa vie; puis, pour achever la peinture, donner de longs fragments de ses correspondances, les lettres privées étant pour le lecteur le meilleur contrôle des dires d'un biographe. Enfin, comme la philosophie positive, sortie de l'époque rudimentaire où elle était la propriété d'un seul esprit, est devenue la propriété de tous et un instrument de logique à la portée de tous, on a pu et on a dû se servir de la méthode créée par M. Comte pour juger M. Comte, à qui nulle autre mesure ne pouvait convenir.

De la sorte, j'ai essayé d'être historien de sa philosophie, narrateur de sa vie, et critique ou, pour parler plus justement, peseur de ses travaux avec la balance de la méthode positive. Tâche très-compliquée sans doute, mais qui pour moi ne pouvait l'être moins, car je n'aurais voulu ni raconter la vie indépendamment de l'œuvre philosophique, ni juger l'œuvre philosophique indépendamment de la vie.

Pour tout cela, j'ai eu des secours dont il est juste que je témoigne ma reconnaissance; ce sont des marques de confiance qu'on m'a données, et, par suite, des titres à la confiance du lecteur. D'abord je remercierai M. Gustave d'Eichthal, ami de M. Comte jeune. Il a remis entre mes mains des lettres très-précieuses de M. Comte qui m'ont été grandement utiles pour la première période de la vie.

J'en dirai autant, pour la période subséquente, des lettres que m'a confiées M. J. St. Mill. M. Mill est le premier qui ait donné une adhésion publique à la méthode de la philosophie positive. Ce grand témoignage établit, pendant quelque temps, une étroite liaison entre M. Comte et lui. De cette correspondance j'ai tiré des éclaircissements pour certains faits que je raconte. Le reste, dont j'ai simplement élagué des redites et des détails sans intérêt, je l'ai imprimé, afin que le lecteur pût causer avec M. Comte, comme M. Mill a causé avec lui.

A la troisième période de la vie appartiennent les lettres écrites à miss Henriette Martineau, qui, elle aussi, a rendu un si puissant témoignage en faveur de M. Comte, et celles qui le furent à M. le capitaine d'artillerie de Blignières, l'un des plus zélés disciples de M. Comte, et connu par un substantiel résumé de sa doctrine.

Enfin, pour toutes les périodes et non plus pour une seule, j'ai à remercier la veuve de l'illustre mort, Mme Comte, qui a mis à mon service sa correspondance si ample, ses souvenirs si présents, et ses conseils si précieux.

AUGUSTE COMTE

ET

LA PHILOSOPHIE POSITIVE.

PREMIÈRE PARTIE.

CHAPITRE PREMIER.

Préambule. — Vocation.

Qu'est-ce qu'une grande vie? « Une pensée de la jeunesse réalisée par l'âge mûr, » a dit Alfred de Vigny. Cette belle parole, M. Comte s'en était emparé pour caractériser sa propre carrière. Et ce ne fut pas outrecuidance, ce fut un juste sentiment de la continuité et de la grandeur de ses travaux. Lorsqu'il prit pour lui cette devise à une époque déjà bien avancée de sa vie, il avait la pleine assurance d'avoir été toujours fidèle aux impulsions de sa jeunesse. Il fut l'homme d'une pensée unique; et cette pensée, qui devint une philosophie, atteignit, comme la maturité des temps le comportait, les questions souveraines de politique et d'organisation sociale.

Il fut, je crois, de tous les philosophes celui dont la précocité fut la plus grande. Il n'est pas rare de voir des poëtes, des artistes, des géomètres donner de très-bonne heure d'éclatantes preuves de leur supériorité; mais la philosophie, avec sa méthode générale qui dirige tout, avec son universalité qui embrasse tout; la philosophie, sorte de confluent auquel tout aboutit et duquel tout doit sortir de nouveau, n'est pas l'apanage d'une jeunesse qui entre à peine dans la science comme dans la vie. En 1822, à l'âge de vingt-quatre ans, M. Comte exposa les idées fondamentales d'une philosophie nouvelle qu'il nomma philosophie positive, parce qu'elle était la généralisation de la méthode particulière dont chaque science positive avait usé pour se constituer et usait pour se développer.

Il fut aussi un des philosophes qui se concentrèrent le plus. Jamais sa pensée ne s'écarta de son entreprise, et on ne peut vraiment le surprendre méditant sur autre chose que sur sa philosophie; il est toujours ou préparant ce qu'il va écrire, ou écrivant ce qu'il vient de préparer. Sa vie a un but, et elle ne se déroule que pour l'en rapprocher. Grâce à la puissance prodigieuse avec laquelle il combinait et retenait, il vit de bonne heure en esprit le dessin général de son édifice; et cette vue claire et nette, le poussant à l'achèvement, ne lui permit aucune distraction, comme elle ne lui laissa aucun repos. Dès qu'il eut conçu la philosophie positive, son existence fut déterminée, et elle le fut sciemment: il accepta, il aima le joug impérieux de sa vocation.

Si sa sévérité intellectuelle fut inexorable à l'endroit de la philosophie positive, sa sévérité morale ne le fut pas moins; s'il ne souffrit pas que des entreprises accessoires ou secondaires lui dérobassent du temps et des forces, il ne souffrit pas non plus que des concessions plus ou moins habiles portassent atteinte à son intégrité philosophique. Il vint dans un temps où ne faire aucune concession n'était pas facile à un homme dénué de fortune et obligé de gagner sa vie par le professorat. La Restauration tenait, de ses antécédents, un caractère théologique peu favorable à l'homme qui déclarait sans détour que le règne de toute théologie était passé. Quoi qu'il en dût advenir, M. Comte n'eut jamais la moindre hésitation ; il vécut en pleine conformité avec sa doctrine ; elle était pour lui chose sacrée, et une concession aux pressions de l'autorité ou du milieu lui eût paru une profanation.

Avec une vie ainsi absorbée par la vocation, avec une direction intellectuelle qui interdisait tout écart, avec une fermeté stoïque qui repoussait toute transaction, on se figurera sans peine que son esprit fut incessamment rempli de grandes pensées et de grands projets. Tout ce que la science a de plus élevé, tout ce que la méthode a de plus souverain, formait l'objet de ses méditations. L'humanité admirera toujours les hommes d'une seule science qui, par des découvertes sublimes, en ont procuré l'avancement ; mais elle a réservé un titre particulier et un renom spécial à ceux qui, s'élevant à un point de vue général, embrassent tout le savoir en son ensemble et en cherchent le nœud commun. C'était à ce point que M. Comte s'était élevé ; c'était ce nœud qu'il avait trouvé, nœud qui avait échappé aux philosophes ses prédécesseurs immédiats, tous engagés plus ou moins par les nécessités contemporaines dans la théologie ou la métaphysique. Là, jouissant de la plénitude de sa perspective et planant sur le domaine entier du savoir humain, on peut lui appliquer le beau vers où Lucrèce peint la sérénité des hauts lieux de la science :

Edita doctrina sapientum templa serena.

Ce n'était pas tout ; et aux grandes pensées s'unissaient les grands projets, je veux parler des projets qui embrassent l'ordre des sociétés. Auparavant il y avait les grands projets sans la science et la philosophie, ou bien la science et la philosophie sans les grands projets. Descartes, dont on ne peut assez admirer le génie; Descartes, qui, comme M. Comte, eut l'encyclopédie du savoir de son temps et qui, comme M. Comte, eut une philosophie, renonce à toute prétention sur l'œuvre sociale : « Je ne saurais aucunement approuver, dit-il, ces humeurs brouillonnes et inquiètes, qui, n'étant appelées ni par leur naissance ni par leur fortune au maniement des affaires publiques, ne laissent pas d'y faire toujours en idée quelque nouvelle réformation; et, si je pensais qu'il y eût la moindre chose en cet écrit par laquelle on me pût soupçonner de cette folie, je serais très-marri de souffrir qu'il fût publié. Jamais mon dessein ne s'est étendu plus avant que de tâcher à réformer mes propres pensées et de bâtir dans un fonds qui est tout à moi (*Méthode*, 2, 3). » Telle était la condition des temps à laquelle les plus grands esprits n'échappaient pas : d'une part, ceux qui agissaient sur le régime social, fondateurs de religions et d'empires, novateurs et rénovateurs, n'avaient pas eu besoin de consulter autre chose que l'inspiration empirique fournie par la circonstance et le lieu, et la science positive n'intervenait pas; d'autre part, ceux qui agissaient sur le régime intellectuel, les philosophes et les savants, témoin Descartes un des plus grands d'entre eux, ne pensant pas que l'histoire fût un fait naturel soumis à ses lois, ne pensaient pas non plus à y faire application des lois qui appartenaient à leurs sciences particulières ou à leur philosophie. C'est le dix-huitième siècle, si justement nommé par excellence siècle philosophique, qui rompit la barrière. Disciple en cela de ce noble siècle, mais disciple devenu maître par une suprême intuition, M. Comte combina en lui le savant aux notions particulières, et le penseur aux notions générales. Aussi, tandis que la philosophie des sciences l'occupe sans relâche et se change, entre ses mains, par une sublime transformation en la philosophie même, il saisit le lien qui, dans la civilisation, unit l'état religieux et politique à l'état scientifique ou positif; il comprend que le régime théologique et métaphysique des sociétés touche à sa fin, et il est le premier à prêcher parmi elles le régime positif et à l'introniser. Ainsi associer les plus hautes spéculations scientifiques aux plus hautes spéculations sociales fut l'entretien constant de son esprit, comme ce fut la gloire de sa vie.

Cette vie se divise, d'une façon naturelle, en trois parties distinctes et caractérisées. La première comprend la conception de la philosophie positive; la seconde, la mise à exécution de cette conception; la troisième, un essai de rendre explicite ce qui est implicite et d'en tirer un système religieux et politique. Ce sont des parties qui se développent l'une de l'autre et qui forment les trois divisions du présent livre.

La première partie, qui s'étend jusqu'au moment où M. Comte exposa en un cours complet sa doctrine, et où il commença la rédaction de son grand ouvrage, est destinée à montrer comment cet esprit, singulièrement actif et pénétrant, d'abord révolutionnaire, puis amené à sentir l'impuissance finale des idées négatives, chercha la solution de la difficulté sociale, et, en la cherchant, trouva qu'elle se confondait avec la conception d'un système de philosophie qui devenait la méthode générale de l'esprit humain. Cette élaboration décisive eut deux stages : dans l'un, M. Comte fonda la science de l'histoire; dans l'autre, il constitua la philosophie. Là on touche du doigt comment les idées révolutionnaires, toutes négatives qu'elles étaient, ne formaient pourtant pas une impasse et avaient, en vertu de leur liaison sociale avec les sciences positives, une issue vers le grand progrès, la haute culture et le gouvernement du monde.

Pendant que le *philosophe* accomplissait une telle œuvre, l'*homme* était en lutte avec les difficultés et les hasards de l'existence. Né sans fortune, il disputait ses moments entre son gagne-pain et sa vocation. Il se liait avec Saint-Simon; puis, au bout de sept ans, la liaison se rompait. Un affreux malheur le frappait, auquel il n'échappait que par le dévouement courageux de sa femme. La nouvelle philosophie, conçue vers 1820 dans sa partie historique, qui fut publiée en 1822, puis conçue en 1824 dans sa partie fondamentale, traversa sans dommage ces péripéties; et, au bout, celui qui en avait jeté les linéaments se trouva, sans autre perte qu'une perte de temps, tout prêt à prendre la plume et à parfaire le monument. C'est ainsi que la biographie a sa place dans la philosophie.

Enfin, comme dans l'ordre intellectuel, ainsi que dans le reste, tout a une filiation, il a importé de scruter de près les origines de la philosophie positive. Celui qui lira avec quelque attention cet historique sentira mieux sur quel fondement elle repose, pourquoi elle a été pressentie et comment l'ensemble des idées poussait vers une solution qui, cessant d'être prise dans l'ordre surnaturel, le fût dans l'ordre naturel. Des noms illustres figurent parmi ses prédécesseurs, et il est bon d'avoir de pareils aïeux dans son arbre généalogique.

Conception de la philosophie positive, biographie, et historique, tel est le triple objet de cette première partie.

CHAPITRE II.

Débuts. — Liaison avec Saint-Simon. — Conception de la philosophie positive. — Mariage. — Cours de philosophie positive.

Isidore-Auguste-Marie-François-Xavier Comte, né le 19 janvier 1798, à Montpellier (Hérault), d'Auguste-Louis Comte, caissier à la recette générale de l'Hérault, et de Félicité-Rosalie Boyer, entra au collége de sa ville natale à l'âge de neuf ans. Petit, délicat sans être maladif, il s'y distingua tout d'abord. Il était intelligent, laborieux, et allait, dans ses études, toujours au delà de ce qu'on attendait de lui. Ne jouant point ou presque point, il n'en était pas moins aimé, respecté même de ses camarades, qu'il aidait en cachette; ce qui lui attira plus d'une fois des punitions. Rempli de vénération pour ses professeurs et de la plus grande docilité avec eux, tout autre pouvoir le trouvait taquin, raisonneur, indisciplinable. Les directeurs et les maîtres d'étude le punissaient souvent et durement; mais les professeurs, contents et même un peu fiers de leur élève, intervenaient pour abréger les punitions, ou plutôt, comme disait Auguste Comte, les vengeances. Au reste, les mêmes circonstances se reproduisirent à l'École Polytechnique : il poussait l'antipathie du règlement à un point extraordinaire et ne se soumettait qu'à une supériorité morale ou intellectuelle.

Auguste Comte fut examiné un an avant l'âge fixé pour l'entrée à l'École Polytechnique. Afin d'occuper l'année d'intervalle que la nécessité lui ménageait, il demanda à retourner au collége; et là, monté sur une grande chaise, à côté du professeur, M. Encontre, homme fort distingué et à qui il a dédié son livre de la *Synthèse subjective*, il fit aux élèves, élève lui-même, le cours de mathématiques. Voilà de quelle façon il repassa toute la matière, en attendant l'époque de son entrée à l'École, qui eut lieu à la fin de 1814.

Dans ce temps-là il n'y avait pas, parmi les admis, un unique premier, mais bien quatre premiers, l'admission étant remise à quatre examinateurs, dont chacun établissait sa liste propre. Auguste Comte fut le premier sur la liste de M. Francœur. A l'École même, dans le classement de fin d'année, il fut le neuvième. Ce qui lui ôta un meilleur rang fut son indiscipline et son inhabileté graphique; on sait que le classement résulte d'une moyenne formée des divers numéros donnés à l'élève pour chaque chose. D'ailleurs ses camarades conservèrent la plus haute idée de sa capacité et même de sa supériorité.

En 1816, l'École Polytechnique, dont l'esprit ne convenait pas au gouvernement royal nouvellement restauré, fut licenciée sur un prétexte qui se présenta et que l'autorité ne laissa pas échapper. Les élèves de la première année étaient choqués des manières blessantes d'un répétiteur. Les anciens, c'est-à-dire ceux de la seconde année, prirent parti pour leurs cadets; et tous ensemble, décidant que le répétiteur ne devait pas conserver ses fonctions, lui adressèrent une missive portant injonction de ne plus reparaître à l'École. C'était Auguste Comte qui avait rédigé la missive et qui l'avait signée le premier.

Ainsi se trouva brisée sa carrière officielle. M. Comte fut, comme tous les autres élèves, renvoyé chez lui; mais il n'y resta pas longtemps, et, dès cette même année de 1816, il était revenu à Paris. « Pour vivre et travailler à mes idées, dit-il, *Philosophie positive*, t. vi, *préface*, je choisis spontanément, en 1816, l'enseignement mathématique envers lequel mon aptitude spéciale avait été, j'ose le dire, remarquée, pendant que j'étudiais à l'École Polytechnique, aussi bien par mes chefs que par mes camarades. »

Sa famille, mécontente de la résolution qu'il avait prise, lui refusait tout secours. Aussi, comme l'enseignement mathématique aux débuts d'un jeune homme peu habile à se pousser, était trop précaire et trop peu étendu pour procurer une existence assurée, il songea plus d'une fois à l'échanger contre une position plus fixe. Le général Bernard, qui avait été officier du génie dans l'armée impériale et qui était passé au service des États-Unis, espérant qu'on pourrait fonder aux États-Unis une école sur le modèle de l'École Polytechnique, avait été mis en rapport avec Auguste Comte par le général Campredon, ami de la famille Comte et, comme elle, de Montpellier. Il offrait, en cas de réussite de son projet, à Auguste Comte, une chaire d'analyse et la direction des études. Cela devait flatter et flatta en effet le jeune homme, qui, tout à cette espérance et à ce désir, négligea de se présenter à un concours ouvert aux élèves licenciés un an auparavant. Le gouvernement de la Restauration, qui, par le licenciement, avait froissé beaucoup de familles et qui d'ailleurs revenait de lui-même à plus de modération, avait pris cette mesure réparatrice, et il plaça dans les services publics ceux à qui le concours fut favorable. Puis, pendant ce temps-là, le congrès des États-Unis refusait les fonds pour l'école projetée par le général Bernard : voilà comment Auguste Comte se trouva sans carrièrre. Dans la lettre par laquelle le général lui annonçait la perte de leurs espérances communes, après s'être longuement et amèrement étendu sur l'esprit purement pratique des Américains, il terminait en disant : « Si Lagrange venait aux États-Unis, il n'y pourrait vivre que comme arpenteur. »

Rien ne pouvait être plus éloigné du caractère d'Auguste Comte que la position de secrétaire de quelque personnage. Pourtant, les justes observations de ses amis et aussi un peu l'espoir d'une influence indirecte sur les affaires politiques le décidèrent à entrer, en cette qualité, auprès de Casimir Périer, riche banquier et puissant membre de l'opposition parlementaire sous la Restauration, plus tard ministre de Louis-Philippe. Les idées de Casimir Périer et d'Auguste Comte ne concordèrent pas. Appelé comme secrétaire à faire quelques observations sur les travaux politiques du député, elles ne furent pas goûtées; la rupture s'en suivit au bout de trois semaines, et le futur ministre et le futur philosophe se séparèrent assez peu contents l'un de l'autre.

Évidemment le futur philosophe ne pouvait se plaire et mener une vie en quelque sorte commune qu'avec un philosophe, c'est-à-dire avec un homme occupé de pensées générales. Ce philosophe, cet homme à pensées générales fut Saint-Simon. Si nous nous arrêtons à ce moment de la vie de M. Comte, nous voyons un jeune homme d'aptitudes très-précoces, très-actives et très-vastes, pleinement familier avec toutes les sciences inorganiques (c'est un peu plus tard qu'il le devint avec les sciences biologiques), versé dans les documents historiques et désireux d'entrer avant dans le monde des idées et de la politique spéculative. Sa direction, qui aurait pu être catholique et légitimiste, conformément aux opinions de sa famille, était celle d'un libre penseur en religion et d'un révolutionnaire en politique. A un esprit ainsi disposé ne nuisit pas ce qui restait de souffle républicain dans l'École Polytechnique, malgré la pression du despotisme impérial et du régime militaire. Dans les doctrines embrassées, son intervention individuelle ne comptait que pour l'adhésion qu'il avait donnée. C'était simplement un enrôlé de plus sous une bannière que d'autres mains, ou, pour parler plus précisément, les mains du dix-huitième siècle et de la révolution avaient dressée. Si M. Comte devait être un jour ce qu'il a été effectivement, il fallait qu'il sortît de cette position pour entrer dans un ordre différent.

Me servant de termes qui ont été tant de fois employés dans les débats durant la restauration et le règne de Louis-Philippe, je nommerai principes critiques ceux qui émanent de la révolution et ont pour caractère essentiel de viser aux réformes politiques, et principes organiques ceux des écoles qui, dépassant la révolution, ont pour caractère essentiel de viser aux réformes sociales.

Entre ces écoles organiques, on peut tracer une ligne de démarcation profonde. Les unes prennent pour point de départ une conception de la nature humaine ou de la société, et, de là, déduisent des systèmes marqués du sceau de l'infidélité par leur origine même. L'autre, car je ne peux pas dire les autres, n'arrive à la conception de l'ordre social qu'après la conception des ordres inférieurs et plus généraux qui constituent le monde organique et le monde inorganique ; celle-là est marquée du sceau de la réalité par son origine même ; elle est due à Auguste Comte ; ici j'ai anticipé sur la marche de son esprit, mais j'ai anticipé pour donner plus de clarté à ce qui va suivre et pour que, prévoyant l'avenir, on comprît mieux le présent.

De ces écoles organiques, le principal représentant était alors le célèbre Saint-Simon. Ce fut en 1818 que les relations s'établirent entre lui et M. Comte, qui eut auprès de lui la qualité d'ami, d'élève, de collaborateur. Le premier résultat de ce contact fut de faire passer M. Comte des idées critiques aux idées organiques de ce temps ; c'est un intermédiaire qu'il traversa. Je n'ai aucune envie de prétendre que cet intermédiaire ait été nécessaire à son développement et que ce puissant esprit n'eût pu trouver son chemin de l'école révolutionnaire à la philosophie positive sans le séjour qu'il fit auprès de Saint-Simon. Mais cela est une hypothèse fort inutile à discuter; et il ne faut pas substituer à une évolution réelle une évolution fictive. La biographie est de l'histoire, et l'histoire de M. Comte nous apprend qu'il occupa quelques années de sa jeunesse dans cet ordre d'idées qui n'était plus l'idée révolutionnaire, mais qui n'était pas encore l'idée positive.

A la vérité, M. Comte a déclaré, je le sais fort bien, que sa rencontre avec Saint-Simon avait été pour lui un malheur sans compensation. Je suis peu frappé de cette déclaration. Pour M. Comte, le passé n'était pas une chose à laquelle il n'était ni permis ni possible de toucher. Quand ses sentiments pour les personnes devenaient autres, il se figurait sans peine qu'il s'était trompé jadis et qu'il ne se trompait pas maintenant. Mais c'est le contraire qu'il faut dire : il se trompait maintenant, et ne s'était pas trompé jadis, car les modifications des sentiments ne modifient pas les faits. Ici le fait est que pendant quelques années M. Comte fut, si je puis ainsi parler, en apprentissage de ces idées organiques qui commençaient à travailler profondément la France et l'Europe, et qu'ainsi l'intervalle vide de sa vie se trouva occupé du thème qui pouvait le mieux captiver son esprit et lui faire chercher au milieu des systèmes faux le vrai système, qu'en effet il trouva.

En échantillon des idées socialistes qui de bonne heure agitèrent Saint-Simon, je citerai cette phrase demeurée fameuse : « L'imagination des poëtes a placé l'âge d'or au berceau de l'espèce humaine, parmi l'ignorance et la grossièreté des premiers temps; c'était bien plutôt l'âge de fer qu'il fallait y reléguer. L'âge d'or du genre humain n'est point derrière nous; il est devant; il est dans la perfection de l'ordre social. Nos pères ne l'ont point vu; nos enfants y arriveront un jour; c'est à nous de leur en frayer la route. » (*Œuvres choisies de C. H. de Saint-Simon*, Bruxelles, 3 vol. in-12, 1859, t. II, p. 328.) Ce passage appartient à un écrit de 1814.

Mme Comte, qui, avant son mariage, a vu Saint-Simon et M. Comte à côté l'un de l'autre, me dit que rien n'était plus affectueux que les rapports de ces deux hommes et qu'ils s'aimaient véritablement. Il est notoire que M. Comte fut l'élève favori de Saint-Simon ; le témoignage de Mme Comte ajoute que l'affection était passionnée aussi chez l'élève. Au reste, tout était passionné chez M. Comte, affection et antipathie.

Ce titre d'élève, je viens de le répéter afin de m'en expliquer. J'appelle éducation chez M. Comte la série des phases par lesquelles il passa pour parvenir à l'état positif, et qui sont au nombre de trois : la phase révolutionnaire, la phase intermédiaire, la phase positive. Tant qu'il fut dans la phase intermédiaire, on peut dire en toute justice qu'il fut élève de Saint-Simon ; car, quelque influence que de bonne heure il ait gagnée sur son maître, il est certain que la direction générale appartenait à Saint-Simon, non à Comte. Cet état dura environ deux ans, de 1818 à 1820, au dire d'Auguste Comte ; et ce dire est confirmé par la première date (1822) de son *Système de politique positive*.

A partir de là commence la troisième phase de la vie de M. Comte. Il découvre ce qu'il a nommé les lois sociologiques, et consigne sa découverte dans un écrit mémorable qui portait le titre de *Plan des travaux nécessaires pour réorganiser la société*[1]. Il fut imprimé en avril 1822, dans une brochure intitulée *du Contrat social*, par Henri Saint-Simon. Pour le moment, la publicité de ce travail décisif resta

---

1. On peut noter comme digne d'intérêt la ressemblance de ce titre avec celui que Saint-Simon donna en 1808 à un de ses opuscules : *Introduction aux travaux scientifiques du dix-neuvième siècle*.

bornée à cent exemplaires, gratuitement communiqués comme épreuves.

Cette publicité si restreinte importe peu, aujourd'hui du moins; ce qui importe, c'est qu'alors un grand changement fut fait dans la position de M. Comte à l'égard de Saint-Simon. Son éducation était terminée: d'élève il était devenu maître, et maître qui, dès ce moment, aperçut l'impuissance radicale où était Saint-Simon de s'élever au faîte de la science, de la philosophie et de la politique. Mme Comte, au témoignage de qui j'aime tant à recourir, assista plus d'une fois à de vives discussions entre Comte et Saint-Simon, et, ayant vu combien le premier montrait de puissance et combien l'autre marquait de considération et même de respect, ne peut, en se reportant à ses souvenirs, se persuader que l'attitude de ces deux hommes ait jamais été autre, et que, intellectuellement, Saint-Simon ait jamais rien eu à donner à Comte. Mais les souvenirs de Mme Comte se réfèrent aux temps qui suivirent 1822, à l'époque où M. Comte, en possession de sa théorie, n'était plus et ne pouvait plus être un élève. Antérieurement, et quand M. Comte n'était pas, par une doctrine à lui propre, soustrait aux influences qui le firent un moment révolutionnaire et un autre moment socialiste, une certaine action de Saint-Simon n'a pu manquer de s'exercer, ne fût-ce, comme M. Comte le dit lui-même (*Politique positive*, t. IV, Appendice, p. 11), que dans les *écrits prématurés que m'inspira la funeste liaison à travers laquelle s'accomplit mon début spontané*.

Dans les derniers temps, la querelle revenait souvent sur le rang à assigner aux savants et aux artistes. Saint-Simon accusait celui qui portait encore, mais à tort, le nom de son élève, de mettre la capacité scientifique au premier rang, ce qui était vrai, et de le mettre, lui Saint-Simon, au second. Cela, Saint-Simon le devinait plus que l'autre ne le disait; le fait est que, dans ses conversations avec sa femme, M. Comte classait Saint-Simon parmi les hommes d'imagination, non parmi les philosophes, concevant vite, n'achevant rien, et changeant facilement de vues et de direction.

Il était impossible que désormais ces deux maîtres vécussent longtemps ensemble. L'un avait la supériorité d'âge et de célébrité, ne pouvait se dépouiller d'une habitude et d'un besoin d'ascendant, et d'ailleurs ressentait déjà des impulsions vers *une partie sentimentale et religieuse* (ce sont les expressions de Saint-Simon en 1824). L'autre, jeune il est vrai et peu connu, était tout rempli et justement fier de sa découverte et de la perspective à perte de vue qui s'ouvrait devant lui; il éprouvait l'attrait de cette vocation irrésistible qui devait dominer toute sa vie, et d'ailleurs était alors absolument contraire à toute partie religieuse qu'on voudrait mettre en avant. Aussi la liaison ne dura-t-elle plus beaucoup de temps, et la rupture advint en 1824.

Elle advint à propos de la réimpression de l'écrit de 1822. Mais, avant de la raconter, il faut intercaler un incident qui la prépare et en fait comprendre le vrai caractère. Au mois de décembre 1823, c'est-à-dire peu de temps avant qu'elle se produisît, Saint-Simon commença la publication de son *Catéchisme des industriels*. Dans le premier cahier, p. 46, on lit : « Nous joindrons au troisième cahier de ce *Catéchisme* un volume sur le système scientifique et sur le système d'éducation. Ce travail, dont nous avons jeté les bases et dont nous avons confié l'exécution à notre élève Auguste Comte, exposera le système industriel *a priori*, pendant que nous continuerons dans ce *Catéchisme* son exposition *a posteriori*. »

Ce qu'est le système industriel aux yeux de Saint-Simon dans le moment même où il écrivait ces lignes, le voici : « La classe industrielle doit occuper le premier rang, parce qu'elle est la plus importante de toutes; parce qu'elle peut se passer de toutes les autres et qu'aucune autre ne peut se passer d'elle; parce qu'elle subsiste par ses propres forces, par ses travaux personnels. Les autres classes doivent travailler pour elle, parce qu'elles sont ses créatures et qu'elle entretient leur existence; en un mot, tout se faisant par l'industrie, tout doit se faire pour elle » (*Catéch. des industr.* 1er cahier, p. 2).

Je laisse de côté ce qu'il y a de grossièrement faux dans cette proposition que toutes les classes doivent travailler pour l'industrie, et que, tout se faisant par l'industrie, tout doit se faire pour elle. Je veux seulement noter la dissidence absolue qui éclate ici entre Saint-Simon et Auguste Comte. L'un veut réorganiser le système social d'après le système industriel tel qu'il le conçoit; l'autre veut réorganiser l'ensemble des conceptions théoriques avant de passer à aucune application. Ce que Saint-Simon nomme régime industriel, Auguste Comte le rejette comme une idée aussi mal élaborée que prématurée; ce qu'Auguste Comte nomme ensemble des conceptions théoriques, Saint-Simon n'a ni scientifiquement ni philosophiquement la force qu'il aurait fallu pour en saisir les nécessités mentales; et, quand il se sera séparé de son élève, qui emportera avec lui tout le système, il continuera à poursuivre son entreprise sans se douter qu'elle dépendait d'une entreprise plus haute.

Étant en désaccord radical et irrémédiable, Auguste Comte ne pouvait faire, à la satisfaction de Saint-Simon, *un volume sur le système scientifique et sur le système d'éducation*. Aussi ne le fit-il pas; et, quand le moment vint de mettre au jour le troisième cahier du *Catéchisme*, Saint-Simon, pressé par cette nécessité, publia, au lieu du livre annoncé, le *Système de politique positive* déjà publié en 1822, écrit qui d'ailleurs, par son caractère théorique, contrastait fortement avec les idées actuelles de Saint-Simon. Le titre en est:

Système de politique positive, par Auguste Comte, ancien élève de l'École polytechnique, élève de Henri Saint-Simon, t. I, 1re partie. Dans les projets de M. Comte, cette *première partie* devait être suivie d'une seconde dont il est plus d'une fois question dans les lettres écrites à M. G. d'Eichthal. Mais, au bout de peu de temps, l'idée de cette deuxième partie devint l'idée de la philosophie positive dont le programme fut rédigé au commencement de l'année 1826.

Le système de politique positive remplit tout le troisième cahier du *Catéchisme des industriels*. Déjà, en 1822, le nom de M. Comte n'y avait pas été mis, sous prétexte qu'un livre aussi audacieusement émancipé de toute doctrine théologique contristerait sa famille catholique et pieuse. En 1824, Saint-Simon, ne voulant pas davantage que le nom de M. Comte parût, voulait en outre que l'ouvrage fût publié sous la rubrique de *Catéchisme des industriels;* ce qui était évidemment masquer l'œuvre, l'absorber et en subordonner l'auteur autant que possible. M. Comte s'opposa à cette double prétention.

Saint-Simon insistant, il insista à son tour; et, dans la chaleur de la discussion, Saint-Simon lui déclara que, puisqu'il ne voulait pas se soumettre à sa direction, il n'y avait plus d'association entre eux. Ce mot, M. Comte ne s'y attendait pas, mais il l'accepta. Ce qui d'ailleurs aggrava la rupture, c'est que Saint-Simon manqua à la promesse formelle qu'il avait faite de ne pas publier l'ouvrage de M. Comte avec la ridicule attache de 3e *cahier du Catéchisme des industriels*. M. Comte ressentit vivement ce manque de parole, et il eut raison. Saint-Simon ne continuait plus que par le titre ce *Catéchisme* qui d'ailleurs ne se finit jamais. Au moment de la rupture, et quand, dans la vraie loyauté, il devait le plus tenir à mettre à découvert le nom de son élève désormais séparé de lui, il le dissimulait sous une couverture infidèle ; car qu'a de commun le *Système de politique positive* avec l'industrie et les industriels de Saint-Simon? Ce sont là de justes griefs.

Cette fois le *Système de politique positive* fut tiré à mille exemplaires. Il était précédé de deux singuliers *avertissements*, l'un de Saint-Simon, l'autre d'Auguste Comte. Les voici tous les deux.

Avertissement de Saint-Simon.

« Ce troisième cahier est de notre élève M. Auguste Comte. Nous lui avions confié, ainsi que nous l'avons annoncé dès notre première livraison, le soin d'exposer les généralités de notre système : c'est le commencement de son travail que nous allons mettre sous les yeux du lecteur.

« Ce travail est certainement très-bon, considéré du point de vue où son auteur s'est placé; mais il n'atteint pas exactement au but que nous nous étions proposé; il n'expose point les généralités de notre système, c'est-à-dire il n'en expose qu'une partie, et il fait jouer le rôle prépondérant à des généralités que nous ne considérons que comme secondaires.

« Dans le système que nous avons conçu, la capacité industrielle est celle qui doit se trouver en première ligne; elle est celle qui doit juger la valeur de toutes les autres capacités, et les faire travailler toutes pour son plus grand avantage.

« Les capacités scientifiques, dans la direction de Platon et d'Aristote, doivent être considérées par les industriels comme leur étant d'une égale utilité, et ils doivent par conséquent leur accorder une considération et leur répartir également les moyens de s'activer.

« Voilà notre idée la plus générale; elle diffère sensiblement de celle de notre élève, qui s'est placé au point de vue d'Aristote, c'est-à-dire au point de vue exploité de nos jours par l'Académie des sciences physiques et mathématiques ; il a considéré par conséquent la capacité *aristoticienne* comme la première de toutes, comme devant primer le spiritualisme, ainsi que la capacité industrielle et la capacité philosophique.

« De ce que nous venons de dire, il résulte que notre élève n'a traité que la partie scientifique de notre système, mais qu'il n'a point exposé sa partie sentimentale et religieuse ; voilà ce dont nous avons dû prévenir nos lecteurs. Nous remédierons autant qu'il nous sera possible à cet inconvénient dans le cahier suivant, en présentant nous-mêmes nos généralités.

« Au surplus, malgré les imperfections que nous trouvons au travail de M. Comte, par la raison qu'il n'a rempli que la moitié de nos vues, nous déclarons formellement qu'il nous paraît le meilleur écrit qui ait jamais été publié sur la politique générale. »

Quiconque pèsera les termes de cette déclaration de Saint-Simon comprendra qu'à ce moment sortait d'auprès de lui un maître qui avec lui n'avait plus aucune ressemblance. Il ne voit pas que, dans l'opuscule dont il est l'éditeur, il s'agit de lois historiques dont l'auteur trace une première esquisse, mais une esquisse à la fois éclatante et profonde, et que par conséquent il est vain de lui reprocher de n'avoir pas classé de telle ou telle façon les capacités industrielles et scientifiques. L'opuscule est essentiellement consacré aux lois sociologiques, elles y sont proéminentes ; la philosophie positive, proprement dite, est encore dans l'ombre et dans le germe. Si Saint-Simon, l'entrevoyant, la repousse au nom de Platon et du spiritualisme, rien ne prouve mieux la complète et définitive contrariété de ces deux hommes ; s'il prétend les faire coexister côte à côte, rien ne prouve mieux la confusion dans laquelle Saint-Simon était enfoncé.

Voici maintenant l'*Avertissement* de M. Comte :

« Cet ouvrage se composera d'un nombre indéterminé de volumes formant une suite d'écrits distincts, mais liés entre eux, qui tous auront pour but direct, soit d'établir que la politique doit aujourd'hui s'élever au rang des sciences d'observation, soit d'appliquer ce principe fondamental à la réorganisation spirituelle de la société.

« Les deux premiers volumes, qui peuvent être regardés comme une sorte de prospectus philosophique de l'ensemble de l'ouvrage, contiendront à la fois l'exposition du plan des travaux scientifiques sur la politique, divisés en trois grandes séries, et une première tentative pour exécuter ce plan.

« Le premier volume est, en conséquence, composé de deux parties : l'une est relative au plan de la première série de travaux ; l'autre, qui sera publiée peu de temps après, se rapporte à son exécution.

« Le but de la première partie est proprement d'établir, d'une part, l'esprit qui doit régner dans la politique, considérée comme une science positive ; et, d'autre part, de démontrer la nécessité et la possibilité d'un tel changement. L'objet de la seconde est d'ébaucher le travail qui doit imprimer ce caractère à la politique, en présentant un premier coup d'œil scientifique sur les lois qui ont présidé à la marche générale de la civilisation, et, par suite, un premier aperçu du système social que le développement naturel de l'esprit humain doit rendre aujourd'hui dominant. En un mot, la première partie traite de la méthode de la physique sociale, et la seconde de son application.

« La même division sera observée dans le volume suivant, relativement aux deux autres séries de travaux.

« Afin de caractériser avec toute la précision convenable l'esprit de cet ouvrage, quoique étant, j'aime à le déclarer, l'élève de M. de Saint-Simon, j'ai été conduit à adopter un titre général distinct de celui des travaux de mon maître. Mais cette distinction n'influe point sur le but identique, ces deux sortes d'écrits, qui doivent être envisagés comme ne formant qu'un seul corps de doctrine, tendant, par deux voies différentes, à l'établissement du même système politique.

« J'ai adopté complétement cette idée philosophique émise par M. Saint-Simon, que la réorganisation actuelle de la société doit donner lieu à deux ordres de travaux spirituels, de caractère opposé, mais d'égale importance. Les uns, qui exigent l'emploi de la capacité scientifique, ont pour objet la refonte des doctrines générales; les autres, qui doivent mettre en jeu la capacité littéraire et celle des beaux-arts, consistent dans le renouvellement des sentiments sociaux.

« La carrière de M. Saint-Simon a été employée à découvrir les principales conceptions nécessaires pour permettre de cultiver efficacement ces deux branches de la grande opération philosophique réservée au dix-neuvième siècle. Ayant médité depuis longtemps les idées mères de M. Saint-Simon, je me suis exclusivement attaché à systématiser, à développer et à perfectionner la partie des aperçus de ce philosophe qui se rapporte à la direction scientifique. Ce travail a eu pour résultat la formation du système de politique positive que je commence aujourd'hui à soumettre au jugement des penseurs.

« J'ai cru devoir rendre publique la déclaration précédente, afin que, si mes travaux paraissent mériter quelque approbation, elle remonte au fondateur de l'école philosophique dont je m'honore de faire partie.

« Il est sans doute superflu de justifier ici de la loyauté de mes intentions politiques, et d'entreprendre de prouver l'utilité des vues que j'expose. Le public et les hommes d'État jugeront l'un et l'autre point à la lecture de cet ouvrage ; c'est à eux qu'il appartient de décider, après un mûr examen, si ces idées tendent à jeter dans la société de nouveaux éléments de trouble, ou à seconder, par des moyens spéciaux et dont le concours est indispensable, les efforts des gouvernements pour rétablir l'ordre en Europe. »

Si cette déclaration d'Auguste Comte n'est pas clairement décisive, philosophiquement parlant, cela tient à ce qu'il en était encore seulement aux lois sociologiques et à la politique. Un peu plus tard, quand l'ensemble de la philosophie positive fut complétement dessiné dans son esprit, j'imagine qu'il aurait dit, en conservant les formes respectueuses qu'il a dans son *Avertissement*, quelque chose d'analogue à ceci : « Les idées que j'ai trouvées auprès de vous et auxquelles je vois, par votre *Avertissement*, que vous obéissez encore, ont pour but une réorganisation sociale. Ce but est aussi grand que réel, et je le poursuis comme vous. Mais une réorganisation est une conséquence de principes d'abord établis solidement; or, ces principes, je ne les aperçois pas chez vous, ils dépendent d'une philosophie que vous méconnaissez; ils peuvent provenir d'Aristote, mais ils ne peuvent pas provenir de Platon, et la métaphysique, comme la théologie ou spiritualisme, en sont rigoureusement exclus. La série en doit être ainsi conçue : les lois sociologiques que je soumets au jugement du public dans le présent opuscule; une esquisse du développement historique, selon ces mêmes lois sociologiques; enfin, une philosophie positive comme chacune des sciences qui en est, y compris l'histoire, l'afférent. Cela fait et appris, il sera possible de spéculer sur l'ordre social et politique, sur la réorganisation présente et sur son avenir prochain. Jusque-là, tout est prématuré et illusoire. »

On a souvent prétendu abuser de ces documents contre M. Comte, à l'effet de le montrer comme un échappé de l'école de Saint-Simon avec quelques dépouilles qu'il se serait appropriées. C'est, en effet, en abuser, et pas autre chose. Si l'on veut seulement soutenir que M. Comte reconnaît avoir été l'élève de Saint-Simon, et s'être occupé avec lui de questions sociales et politiques, la chose est incontestable, et le dire de M. Comte ne contient que ce qui est su d'ailleurs. Mais si on infère que l'idée nouvelle qui fait le fondement de l'opuscule doit quoi que ce soit à Saint-Simon, on se trompe absolument. L'*Avertissement* de Saint-Simon témoigne que, dans cette esquisse magistrale, il ne se reconnaît pas; il la désavoue même, ou du moins il ne lui accorde qu'une place accessoire et secondaire; or, comme c'est la première place et la place principale qui lui appartient en réalité, il y a là une fausse philosophie qui proteste contre une vraie. Saint-Simon ne réclame rien, et de fait il n'a rien à réclamer.

Du reste, les deux *Avertissements* n'ont pas été écrits avant la rupture, ils le furent après et pour contenter Saint-Simon, ce que M. Comte, avec tous les autres détails, nous apprend dans la lettre suivante à M. G. d'Eichthal, très-importante assurément. (M. d'Eichthal était alors à Berlin; il avait été élève de M. Comte en mathématiques, puis en philosophie, et fut son ami bien dévoué; plus tard il s'attacha aux doctrines saint-simoniennes.)

Paris, 1er mai 1824.

« ... Depuis que vous êtes parti, il s'est passé un événement assez important pour moi et qui aura une certaine influence sur la conduite de ma vie : je veux dire ma rupture complète et irrévocable avec M. de Saint-Simon. Je ne sais si cela vous étonnera beaucoup; mais, du moins, vous aviez les données suffisantes pour le prévoir d'après la physiologie. Il y a trop de discordance entre mon organisation et la sienne, pour qu'il n'en résultât pas une divergence de plus en plus sensible aussitôt que les relations d'élève à maître auraient cessé; et elles sont entièrement terminées depuis quatre ou cinq ans, ou plutôt elles n'ont jamais existé strictement dans le sens réel et vulgaire du mot. Mais cette divergence nécessaire, qui, avec un autre caractère moral que celui de M. de Saint-Simon, aurait pu se réduire à une simple différence d'opinions, a produit et dû produire une scission totale avec un caractère tel que le sien. M. de Saint-Simon a cet amour-propre qui rend toute combinaison réelle impossible avec lui à la longue, à moins qu'on ne fût un homme médiocre et qu'on ne voulût se résoudre à être son instrument. Il est convaincu que lui seul est en état de trouver des idées, et que les autres ne peuvent jamais prétendre qu'à exploiter les siennes, de manière à les améliorer sous quelques rapports secondaires. Il pense, d'ailleurs, faire exception aux lois ordinaires de la physiologie, en croyant qu'il n'y a point d'âge pour lui et qu'il a plus de valeur aujourd'hui que vingt ans auparavant, tandis que, dans le fait, ce qu'il pourrait faire de mieux maintenant serait de se retirer de l'activité philosophique. Ces inconvénients, supportables d'ailleurs, s'ils se réduisaient à des paroles ridicules, produisent malheureusement en lui la prétention la plus forte et la plus inévitable à gouverner les autres, et j'ai eu particulièrement à en souffrir depuis fort longtemps. Depuis que je n'ai réellement plus rien à apprendre de M. de Saint-Simon, c'est-à-dire depuis quatre ou cinq ans, et que je ne reste accolé à lui que par reconnaissance de ce que j'en ai appris autrefois, cette prétention est devenue pour moi de plus en plus gênante, en proportion des efforts qu'il m'a fallu faire pour m'y soustraire, sans que je l'aie toujours pu complétement. Je l'ai cependant supporté autant que je l'ai pu; mais ma patience a été au bout à la dernière épreuve qui a eu lieu au sujet de la publication de mon ouvrage et dont je pourrais vous parler, si vous étiez ici; mais à cette distance cela vous ennuierait. Néanmoins, cela n'eût pas été suffisant pour amener, de ma part, une rupture, si je n'avais eu à me plaindre sous un autre rapport tout à fait décisif. Depuis longtemps, j'ai acquis la preuve que M. de Saint-Simon cherche à me tenir en subalterne vis-à-vis du public, et à s'approprier en très-majeure partie la gloire quelconque qui peut résulter de mes travaux. J'avais été prévenu, il y a sept ans, quand je suis entré en relation avec lui, par des personnes qui, je le vois maintenant, le connaissaient bien, que sa moralité se réduit au fond au machiavélisme d'un homme qui a un but très-déterminé, celui de faire sensation dans le monde, et pour qui tous les moyens sont bons, pourvu qu'ils atteignent à ce but; de telle sorte qu'il est susceptible des plus grands actes de générosité, mais à la condition qu'on soit pour lui un instrument dévoué. J'avais refusé, et même avec indignation, de croire à cet aperçu; mais aujourd'hui je suis forcément obligé de l'admettre comme résumé de mes relations avec lui. Le fait est que, tant que je n'ai pas voulu avoir une existence distincte et indépendante de la sienne aux yeux du public (et effectivement, tant que je me suis senti simplement *élève*, c'est-à-dire dans les deux ou trois premières années, je ne l'ai pas cherché), je lui ai parfaitement convenu. Mais aussitôt que j'ai voulu être moi et paraître moi, il n'y a plus eu que tiraillement dans nos relations; craignant d'être effacé par moi, il aurait voulu m'éliminer auprès du public. Vous ne sauriez croire combien il m'a fallu de peine pour arriver à ce que mon travail actuel portât mon nom; et même le grand intervalle qu'il y a entre la composition de ce travail et la publication tient essentiellement à cette cause. Enfin, pour abréger, je vous dirai que ce n'est qu'à force d'expériences ou d'observations particulières, continuées quatre ou cinq ans, que je suis arrivé à penser sur son compte d'une manière aussi opposée à ma première opinion. Dans un tel état de choses, vous sentez que la relation ne se maintenait que par habitude, par amour de la paix de mon côté, et surtout faute d'une occasion qui fît éclater la scission. Cette occasion (si vous désirez le savoir, ce qui est actuellement peu important) s'est présentée lors de la publication de mon travail. D'abord c'est uniquement pour céder à la volonté de M. de Saint-Simon que mon premier volume paraît en deux parties, et je pense sur ce point tout à fait comme vous. Cette première chose a commencé à m'indisposer. Mais j'ai été indisposé d'une manière tout à fait grave par l'intention qu'il m'a manifestée de donner à cela, pour titre, le sien : *Catéchisme des industriels*, troisième cahier, avec une introduction en tête faite par lui. Je n'ai pas besoin de vous faire sentir combien une telle proposition, outre qu'elle était révoltante pour moi individuellement, se trouvait être ridicule pour le travail. Dès lors, j'ai dû arrêter sur le champ cette explosion de domination, et il a bien fallu qu'il s'arrêtât, puisque l'impression de mon ouvrage ne pouvait pas se faire sans mon aveu. Il a donc cédé, mais il a déclaré que, puisque je ne voulais pas le laisser directeur, il n'y avait plus d'association entre nous, mot auquel, je l'avoue, je ne me serais jamais attendu après des relations de sept ans que j'ai prolongées par sentiment et contre tous mes intérêts. Pour comble, il a usé de ruse dans sa publication, de manière à faire paraître comme troisième cahier de son catéchisme mon demi-volume, en violation d'une convention très-expresse, dont M. Rodrigue avait été le garant réciproque. Je n'ai eu à ma disposition que cent exemplaires, tels que ceux que vous avez reçus et tels qu'il était convenu que tous seraient. La vraie publication, qui consiste dans les mille exemplaires, me présente comme un homme ayant mission de par M. de Saint-Simon, pour lui rédiger un de ses cahiers ; mais, heureusement, ce n'est pas là l'effet qu'a produit son procédé. Je ne veux pas vous ennuyer de tous ces détails ; peut-être ne l'ai-je déjà que trop fait ; mais vous savez qu'on est toujours diffus, quand on parle de ses affaires à un ami. Vous voyez, en dernier résultat, que cette rupture est décisive, et que jamais il ne sera possible de revenir là-dessus. Je vous avoue que je suis maintenant beaucoup plus content que fâché. Cet événement devait arriver tôt ou tard, et je suis bien aise qu'il ait eu lieu au moment où je commence à me lancer dans le monde scientifique. Je sens mon existence intellectuelle se développer d'une manière plus franche et plus complète. Je suis tout ravi de la parfaite indépendance que j'acquiers par là dans la conduite, soit de mes travaux, soit de mes affaires[1]. Je crois que les plus grands inconvénients seront pour M. de Saint-Simon, et que le tort qu'il a espéré me faire retombera sur lui. Je vous parlerai plus en détail de mes affaires à cet égard, si vous me marquez franchement que cela vous intéresse un peu ; car je crains bien, je vous l'avoue, de vous ennuyer.

« Vous avez vu, par ce que je viens de vous dire que, de fait, mon travail n'est pas encore définitivement publié. Les mille exemplaires même de M. de Saint-Simon ont passé à ses souscripteurs ou à d'autres. Mes cent ont été, comme vous le pensez bien, distribués presque en totalité. Enfin, il n'y en a pas un seul chez les libraires. Je profiterai de cela pour remédier un peu à l'inconvénient des deux parties séparées ; car, aussitôt que la seconde partie

---

1. Je le suis d'autant plus que bientôt sans doute la divergence capitale d'opinions qui existe entre nous devra amener une discussion pour laquelle cette rupture me met fort à mon aise. En résumé, ses cahiers ont déjà montré et développeront de plus en plus cette disposition qui est fondamentale en lui, autant que possible, puisqu'elle résulte de son organisation, de son âge et de sa position, celle de changer les institutions avant que les doctrines soient refaites, disposition révolutionnaire avec laquelle je suis et je dois être en opposition absolue.

sera finie, je traiterai avec un libraire, ou je me procurerai des fonds de toute autre manière pour publier tout le volume à la fois, de telle sorte que mes envois actuels paraîtront une communication anticipée de la première partie à quelques esprits choisis.

« Je suis encore un peu occupé de mes distributions, et ce n'est pas avant quinze jours que je pourrai me mettre à commencer à écrire la seconde partie. Je vous demande pardon de vous avoir caché la vérité à cet égard; mais le fait est qu'il n'y a pas eu encore une ligne d'écrite à ce sujet. J'ai jusqu'ici constamment employé mon temps à méditer ce travail, et beaucoup de tracasseries et de contrariétés de diverses natures m'ont empêché d'écrire plus tôt. Pour mettre un terme aux instances très-importunes de M. de Saint-Simon à cet égard, et à l'empressement plus flatteur, mais non moins fatigant, de M. Rodrigues et de quelques autres personnes, j'ai dit plusieurs fois que je m'occupais de l'écrire et même de le récrire, quoique je n'en fusse qu'à le penser, car jamais il ne m'est arrivé de rien récrire. Je vous prie de m'excuser si je vous ai traité à cet égard comme le commun des martyrs; mais c'était, non pour que le secret fût mieux gardé, mais afin de n'avoir pas à m'embarrasser l'esprit de plusieurs versions sur le même fait. Dans ma manière de travailler, je n'écris que lorsque le sujet a été profondément pensé dans son ensemble, dans les principales parties, et même dans les détails les plus importants. Aussi ne suis-je pas longtemps à écrire et n'ai-je pas besoin de revenir sur ce que j'écris, si ce n'est sous des rapports infiniment peu graves. Je compte que ma seconde partie me prendra six semaines ou deux mois au plus à écrire, et je m'occuperai immédiatement de la publication.

« Je n'ai qu'à me louer de l'accueil fait à mon ouvrage par les personnes qui l'ont reçu. Entre autres, j'ai eu la plus flatteuse approbation de M. de Humboldt, que je dois voir à ce sujet dans quelques jours. J'ai été agréablement affecté (je ne dis pas surpris) de l'effet que ce travail a produit sur M. Guizot; il m'en a témoigné par écrit une profonde et sincère satisfaction, et, depuis, j'ai pu voir par sa conversation que ces idées agissent sur lui. Je continuerai à le voir, et j'espère parvenir à modifier son système intellectuel utilement pour le public. C'est une organisation tout à fait scientifique, mais à laquelle il a manqué une éducation correspondante, et vous savez que malheureusement cela n'est pas réparable. Je n'espère donc pas effectuer sa conversion complète, mais seulement, comme je vous le dis, le modifier assez pour rendre plus utile sa très-grande valeur philosophique. Le point principal sur lequel nous ayons été en opposition est le besoin absolu, suivant lui, des idées religieuses dans une proportion quelconque, à tous les âges possibles de la civilisation humaine. En un mot, comme vous le savez *a priori*, quoique moins métaphysicien que tous les autres, c'est encore du kantisme qu'il déduit ses idées les plus générales. J'ai été aussi très-spécialement content de l'effet de mon ouvrage sur M. Flourens, jeune physiologiste que vous connaissez sans doute de réputation et qui a une très-grande valeur philosophique; je dois avoir avec lui un entretien important, un de ces jours, sur l'idée fondamentale de mon travail, l'application de la méthode positive à la science sociale.

« Vous êtes aussi au courant que moi de la marche des événements en ce pays; aussi je n'ai rien à vous en dire. Vous voyez qu'elle est précisément telle que nous l'avions prévue. Je vous parlerai simplement d'un de ses résultats que j'ai été particulièrement à portée d'observer. L'allure politique de la Sainte-Alliance et celle du ministère français ont pour effet principal d'empêcher toute activité politique pratique dans les peuples. Outre le grand bien, le bien suprême de la paix, que cette conduite nous assure et qu'elle seule peut nous assurer dans l'état présent des esprits, il en résulte cet heureux effet d'obliger à penser, à se replier sur soi-même, à renouveler les doctrines.

« J'ai oublié de vous expliquer le motif de l'avertissement que vous avez lu en tête de mon travail, et qui a dû vous étonner. Ce qu'il y a là de personnel à M. de Saint-Simon a pour but d'obtempérer à son désir de faire connaître au public nos relations avec plus de développement que par le mot d'*élève;* ainsi c'est une affaire de complaisance. Je crois que le titre *élève* était plus que suffisant, et même, comme me disait M. de Blainville, il énonce plus que la réalité, bien certainement. Mais, M. de Saint-Simon ayant trouvé que ce n'était pas assez, j'ai fait cela pour lui ôter tout prétexte d'accusation ; c'était peu après notre rupture. J'espérais que cet acte de complaisance modifierait ses dispositions à mon égard ; au contraire, c'est depuis qu'a eu lieu le trait dont je vous ai parlé de violation de parole. Vous sentez bien que, d'après cela, je supprimerai cette partie de l'avertissement dans la seconde édition. Je vous donne ces détails, afin que vous compreniez clairement la cause d'un exposé personnel qui doit paraître de fort peu d'intérêt et même assez ridicule au public.

« Adieu, mon cher monsieur d'Eichthal, vous voyez que je jouis largement du plaisir de m'entretenir avec vous ; mais, comme vous êtes le seul homme avec lequel je sois en harmonie au degré où nous le sommes, vous ne trouverez pas étrange qu'en attendant le moment de votre retour, je cherche à prolonger le plus longtemps possible cette conversation trop rare.

« Votre ami,

« Auguste Comte. »

Pour apprécier les griefs réciproques, il faudrait posséder, de Saint-Simon, un récit sur les mêmes faits ; il n'en existe pas, à ma connaissance du moins, mais ce ne serait qu'une affaire de curiosité pour les détails ; l'essentiel ressort de cette lettre, à savoir que M. Comte ne pouvait plus recevoir la direction de Saint-Simon et que Saint-Simon ne voulait pas renoncer à cette direction. En une telle situation, M. Comte se sépara, et il fit bien.

Désormais livré à lui-même, M. Comte poursuivit sa conception, qui était loin d'être achevée. L'opuscule de 1822, réimprimé en 1824, ne contient pas la philosophie positive, même en esquisse ; il contient uniquement les lois sociologiques ; c'est un premier pas, indispensable sans doute, mais ce n'est qu'un premier pas. Il ne faut pas se laisser tromper par cette phrase : *après avoir considéré cette loi du point de vue le plus élevé de la philosophie positive....* (page 181). C'est nommer la philosophie positive, non dire ce qu'elle est. Il y avait longtemps que dans l'école de Saint-Simon on se servait de ce nom, sans avoir la chose, témoin cette phrase écrite par lui dès 1808 : « Avec quelle sagacité Des-« cartes a dirigé ses recherches ! il a senti que la philosophie « positive se divisait en deux parties également importantes, « la physique des corps bruts et la physique des corps or-« ganisés, (*OEuvres*, t. I, p. 198). » Pour Saint-Simon, *philosophie positive* n'est qu'un nom générique de l'ensemble de la science, il est probable que pour M. Comte en 1822 ce n'était encore que cela ; du moins l'opuscule ne va pas plus loin, mais le courant de 1824 ne se passa point sans que le progrès définitif s'accomplît dans l'esprit de M. Comte. On en voit un premier indice manifeste dans une lettre du 5 août 1824, écrite à M. d'Eichthal et qu'on trouvera plus loin. Puis la philosophie positive, avec le sens spécial qu'elle a d'après M. Comte, est explicitement énoncée dans les opuscules de 1825 et de 1826, insérés au *Producteur* ; enfin elle arrive à sa pleine maturité dans le cours qu'il commença en 1826 et dont voici le programme :

COURS DE PHILOSOPHIE POSITIVE EN SOIXANTE-DOUZE SÉANCES.

Du 1ᵉʳ avril 1826 au 1ᵉʳ avril 1827.

Préliminaires généraux...............		2 séances.	{ 1° Exposition du but de ce cours. 2° Exposition du plan.
Mathématiques......................		16 —	{ Calcul, Géométrie, Mécanique.
Science des corps bruts.	{ Astronomie...... Physique....... Chimie.........	10 — 10 — 10 —	{ géométrique, mécanique.
Science des corps organisés.	{ Physiologie..... Physique sociale.	10 — 14 —	

Ici se présente un rapprochement fort instructif. Turgot découvrit la loi sociologique, on le verra dans le chapitre suivant ; et Kant traça, on le verra dans le chapitre quatrième, les conditions qui font que l'histoire est un phénomène naturel, assujetti à une évolution régulière. Mais ces grands esprits ne pénétrèrent pas plus avant dans le domaine encore inconnu qui s'ouvrait devant eux ; il se passa de longues années sans qu'aucune conséquence fût tirée et sans qu'il survînt un penseur capable de renouer le fil des conceptions ; et la philosophie positive, qui, considérée d'aujourd'hui, semblait voisine de l'éclosion, ne naquit pas encore. Mais, une fois que ces longues années se furent écoulées, et, en s'écoulant, eurent consolidé et agrandi le terrain, vint un autre grand esprit qui, retrouvant pour son compte la loi sociologique, n'employa pas plus de deux ans, à s'élever au point de vue qui avait échappé à ses devanciers, à instituer la philosophie positive, et à inaugurer un nouveau régime mental pour l'humanité.

M. Comte se maria le 29 février 1825. Il épousa Mlle Ca-

roline Massin[1], libraire, qu'il avait connue par M. Cerclet.
M. Cerclet était lié ou en rapport avec les hommes les plus
marquants parmi les novateurs et les libéraux de l'époque,
et fut un des témoins du mariage, sa signature est sur l'acte
civil. D'abord la famille de M. Comte tergiversa, ne refusant
ni n'accordant son consentement à une union qui ne répondait pas à son ambition pour son fils ; elle voulait ou que
la femme eût de la fortune, ou qu'il ne se mariât qu'après
s'être fait, comme on dit, une position. Mais M. Comte ne
se laissa pas détourner par ces atermoiements, et il serait allé
jusqu'aux sommations respectueuses, si Mlle Massin ne s'y
était opposée et si enfin l'agrément demandé n'avait été
accordé ainsi que le constate l'acte de mariage.

Le mariage fut purement civil ; M. Comte n'admettait
aucune croyance théologique, et il aurait regardé comme
une faiblesse, indigne d'un philosophe, de passer sous le
joug d'une cérémonie dont il déniait le principe. Il ne voulut
donc aucune consécration ecclésiastique ; et sa femme con-
sentit à ce vouloir. Longtemps après, quand lui-même se
fut fait le chef d'une nouvelle religion, il regretta d'avoir
donné cet exemple d'insubordination envers le sentiment
et l'autorité religieuse. Voilà, dans tout son jour, le désastreux inconvénient, malheureusement familier à M. Comte,
de transporter le présent dans le passé ; M. Comte jeune
n'aurait pas voulu, à la condition du sacrement catholique
ou protestant, se marier avec qui que ce fût, pas même avec
celle pour qui il ressentait tant d'attrait et d'amour. Mais
M. Comte vieilli, accouplant les contradictions, se plaignit
d'avoir trouvé un consentement sans lequel pourtant, lui,
jeune, n'aurait pas consenti à se marier.

Quand je dis attrait et amour, je ne fais qu'exprimer ce
qu'il exprima lui-même. Après dix-sept ans, alors que, une

[1]. Le brevet de Mlle Massin est du 2 octobre 1822 ; le serment fut prêté
le 9 du même mois.

séparation étant intervenue, il se plaignait le plus, il parla bien d'une fatale passion, mais il parla toujours de passion. A ce moment, rien ne faisait prévoir les nuages de l'avenir. M. Comte, heureux, emmena sa femme à Montpellier (juillet 1825), dans sa famille, où elle eut un très-bon accueil. De cette année, de ce voyage, je trouve un témoignage et un doux souvenir que je me plais à consigner ici, c'est dans une lettre écrite d'Avignon à sa femme, pendant une tournée d'examinateur, le 26 septembre 1838 : « .... Je ne saurais, ma chère amie, vous écrire d'ici sans vous indiquer la sensation touchante que j'ai éprouvée en logeant dans le même hôtel que nous avons habité ensemble il y a treize ans, pendant vingt-quatre heures, et, ce me semble, avec satisfaction mutuelle. Sans occuper la même chambre, que je reconnais parfaitement, je suis du même côté et obligé de passer continuellement devant la porte, non sans émotion, je vous assure. Vous le comprendrez, j'espère, en songeant que je n'étais pas revenu depuis à Avignon. »

Si l'on se reporte aux lettres écrites en l'année de son mariage à M. G. d'Eichthal et qu'on trouvera dans le chapitre huitième, on verra que la gêne était grande dans le jeune ménage. Mme Comte, en se mariant, trouva M. Comte avec un seul élève ; cet élève fut depuis le général Lamoricière. Ce n'était pas avec cela qu'on pouvait subsister. Les plus pressants embarras de cette première année furent parés, grâce à une somme d'argent qui échut à Mme Comte et qu'elle remit à son mari ; cela est raconté dans une lettre de M. Comte à M. d'Eichthal. Les jeunes mariés allèrent s'établir dans un modeste logement rue de l'Oratoire, en face de l'église. On entama la somme pour améliorer l'ameublement. A ce moment, M. de Narbonne proposa son fils comme élève et comme pensionnaire. M. Comte fit des difficultés et n'accepta que dans l'espoir et avec des promesses d'avoir quelques jeunes gens de grandes familles. On déménagea; on prit un grand logement rue de l'Arcade, au coin de la rue Saint-Lazare; on augmenta l'ameublement et on se prépara à recevoir des élèves qui ne vinrent pas. Dès lors l'entreprise était un fardeau; on rendit le jeune homme. Au mois de juillet, on partit pour Montpellier et on voyagea en grand seigneur; ne pas épargner la dépense était, on le sait, dans les goûts de M. Comte. Revenu de Montpellier, il fut sage de donner congé et l'on alla se loger rue du Faubourg-Montmartre. Mais l'appartement de la rue Saint-Lazare, qu'on avait pris par spéculation, avait procuré satisfaction à certaines tendances; et quand on changea, il ne fut plus possible d'être tout à fait aussi raisonnable qu'on l'avait été au moment du mariage. C'est dans cet appartement de la rue du Faubourg-Montmartre que M. Comte commença son cours et tomba malade.

Un peu avant ce temps, M. Cerclet le sollicita d'écrire dans le *Producteur*. Ce ne fut pas sans quelque regret que M. Comte, se détournant de l'élaboration de la philosophie positive qu'il portait dans sa tête, se résolut à consigner dans un recueil périodique quelques idées, toujours relatives à son grand sujet, mais accessoires sans doute. Pourtant il s'y décida; en novembre 1825 et en mars 1826, le *Producteur* publia les *Considérations philosophiques sur les sciences et les savants* et les *Considérations sur le nouveau pouvoir spirituel*. Il jugea, et avec raison, que cette manière de gagner de l'argent équivalait à celle de l'enseignement mathématique qui alors lui faisait défaut.

Dans cet intervalle d'élaboration, M. Comte se plaignit plus d'une fois qu'on lui prenait ses idées sans le citer et qu'on abusait, pour ce genre de spoliation, du manque de notoriété. Là-dessus, un de ses amis lui dit: « Vous causez trop, vos idées se répandent, vous échappent, et on s'en fait honneur à votre détriment, prenez date. » Il suivit ce conseil, et il prit date en ouvrant un cours. Outre le produit pécuniaire qui devait en résulter, un tel cours avait un avantage inestimable, c'était de procurer pour la première fois une exposition dogmatique de la philosophie positive.

Ce cours, qui se faisait chez lui, rue du Faubourg-Montmartre, n° 13, commença le 1er avril 1826. On cite dans son auditoire, parmi les hommes célèbres, Humboldt, Blainville, Poinsot, et, parmi les jeunes gens, d'Eichthal, Montebello, Carnot, Cerclet, Mellet, Allier, Mongéry, Gondinet, etc. Tel était l'intérêt que le jeune professeur avait inspiré dans un cercle scientifique très-élevé. Ce premier cours n'eut que trois leçons, il fut interrompu par une cruelle épreuve. L'aliénation mentale vint saisir M. Comte, provoquée par des travaux excessifs qu'exigeaient des leçons si nouvelles et si difficiles, et par des querelles avec certains saint-simoniens qu'il accusait de prendre ses idées sans le nommer.

La convalescence fut beaucoup plus courte qu'on n'aurait pu le croire, vu la gravité de l'atteinte. Dès le courant de 1827, M. Comte se remettait aux travaux intellectuels; et deux amis, MM. Henri et Mellet, le chargeaient, dans un ouvrage anglais qu'ils traduisaient, d'une partie mathématique qui était de sa compétence. Bientôt après, M. Allier, secrétaire de M. de Saint-Criq, qui faisait partie du ministère Martignac, essaya de lui procurer une place dans des inspections de commerce que l'on songeait alors à créer; mais cette création ne se fit pas. Enfin, en 1828, M. Comte n'hésitait pas à écrire un article, publié dans le *Journal de Paris*, sur le livre célèbre de l'*Irritation et de la folie*, et de discuter avec Broussais. Ainsi se trouva renouée la chaîne de ses pensées et de ses travaux, comme si ce douloureux épisode n'eût point passé sur sa vie.

Aussi, en 1828, se trouva-t-il au même point où en 1826 le coup de foudre l'avait frappé, et tout préparé à professer. Il n'avait rien oublié; et devant un auditoire non moins choisi, chez lui encore mais dans un autre local, rue Saint-Jacques, n° 159, il recommença l'exposition orale de la philosophie positive. Cette fois, il la mena heureusement à terme. Ce fut l'élaboration préliminaire de ce *Système de philosophie* qui devait remplir la plus grande partie de la seconde période de sa vie; la première se terminant par l'entière prise de possession du domaine que son génie lui avait conquis, et d'où il allait enseigner ses contemporains et l'avenir. A ce second cours assistèrent Blainville, Fourier le géomètre, Broussais, Cerclet, Montgéry, Margerin le saint-simonien, etc. M. Arago devait y venir; mais une cause aujourd'hui ignorée l'empêcha de s'y trouver. M. de Humboldt était attendu de jour en jour à Paris; son arrivée tarda, et il ne fut pas à ce second cours. M. G. d'Eichthal n'y fut pas non plus; la rupture était intervenue; M. Comte, qui en fut irrité, en fut encore plus affligé; et, dans le secret, auprès de Mme Comte, il pleura la perte d'une bonne et chère amitié.

M. Comte fit aussi à l'Athénée un exposé restreint de ses principales conceptions historiques.

Je raconterai en détail la crise douloureuse qui faillit lui enlever la raison et la vie, et dans laquelle il dut son salut à sa femme. Mais auparavant, et comme légitime commentaire du cours entamé en 1826, complet en 1829, j'ai à faire ce qui n'a été fait nulle part, l'histoire des origines de la philosophie positive[1].

---

1. On a vu, p. 17, comment la rupture advint entre Saint-Simon et M. Comte. Elle advint d'une façon très-semblable entre Saint-Simon et Augustin Thierry, qui fut aussi son élève. Dans les disputes qui s'élevèrent entre le maître et le disciple, Saint-Simon lui dit un jour : « Je ne conçois pas d'association sans le gouvernement de quelqu'un. — Et moi, repartit Thierry, je ne conçois pas d'association sans liberté. » Dès-lors tout fut dit entre eux (Guigniaut, *Notice historique sur Aug. Thierry*, p. 50. Paris, 1863).

CHAPITRE III.

Histoire de la philosophie positive. — Turgot.

J'entends par histoire de la philosophie positive une série de pensées qui se produisirent depuis le milieu du dix-huitième siècle et dont le caractère est tel qu'on peut les tirer de leur isolement et leur donner une place dans cette philosophie. Elles n'en troubleront pas l'homogénéité ; elles sont de même nature qu'elle, la précédant et l'annonçant. A ce point de vue, il importe peu que M. Comte les ait connues ou ne les ait pas connues. Elles sont destinées moins à montrer ce qui l'a formé, qu'à signaler comment les esprits supérieurs pressentaient et préparaient l'avenir philosophique.

M. Comte est le fondateur de la philosophie positive. Loin que la recherche des origines lui ôte rien de ce grand titre, elle en augmente la valeur et la considération. Lui-même, recevant de M. G. d'Eichthal communication de l'opuscule de Kant dont il sera parlé dans le chapitre suivant, dit (voy. la lettre du 5 août 1824) : « Plus nous aurons de précédents, mieux nous vaudrons ; il faut être vu comme ancien pour être bien ancré dans les esprits. » Être vu comme ancien, c'est avoir des précurseurs dans les idées et dans les principes. Disciple de M. Comte, je serais, je l'avoue, peu satisfait, si je n'avais rencontré, dans le temps qui l'a immédiatement précédé, des éléments de philosophie positive. J'aime à voir qu'il a mis le pied dans des traces déjà marquées. A mes yeux, de la sorte, sa force se trouve fortifiée de la force de ces penseurs, sa direction assurée par leur direction; et ce concours à l'origine, concours dont il n'a pas eu pleinement conscience, mais qu'il n'a pas non plus pleinement ignoré, met à sa conception un sceau que je dirai un sceau d'authenticité. Il a trouvé ce qu'ils pressentaient, et ils pressentaient ce qu'il a trouvé. Maintenant, bien qu'il doive me mener autrement loin qu'ils ne sont allés, je sais qu'il m'a mis dans une route qui avait déjà quelques jalons. C'est le vrai caractère du génie dans les sciences et dans la philosophie, de se ranger dans la ligne des jalons déjà posés, car il ne s'agit jamais que de les prolonger.

L'histoire de ces commencements n'a pas été faite M. Comte n'a jamais nommé comme son précurseur philosophique que Condorcet; il lui rend toute justice et toute reconnaissance, et l'on peut voir en cet exemple qu'il voulait et savait s'acquitter envers ses devanciers. L'opuscule décisif de Kant ne lui fut connu que quand lui-même avait trouvé les lois sociologiques; plus tôt, cet opuscule aurait sans doute eu de l'action sur sa pensée, mais alors il ne pouvait plus en exercer ; M. Comte en avait dépassé la donnée; du reste son admiration fut vive et vivement exprimée (voy. la lettre citée plus haut). Toutefois l'opuscule de Kant, s'il n'entre pas dans la série par où M. Comte a passé, entre dans celle par où a passé la philosophie positive; c'en est un des plus importants prodromes, un de ceux qui annonçaient le mieux l'œuvre de Comte encore enfermée dans l'avenir. Turgot ne fut pas moins éminent que Condorcet et Kant, et il les précède dans l'ordre des temps. De lui, M. Comte ne fait aucune mention en qualité d'un de ses devanciers, et, vu sa conduite à l'égard de Condorcet, on ne peut douter que, s'il eût rencontré dans Turgot des passages essentiels, ou s'il se fût souvenu de les avoir rencontrés, on ne peut douter, dis-je, qu'il ne l'eût nommé à côté de celui qu'il appelle son père philosophique, à côté de Condorcet. Cette involontaire omission doit être réparée; Turgot tient à la philosophie positive par une importante conception; et ce n'est pas une des moindres garanties de sa bonne origine que d'y apercevoir la main de cet illustre personnage. Ainsi voilà, dans la seconde moitié du dix-huitième siècle, trois grands philosophes dont il faut retracer la participation successive à une philosophie dont ils ne savaient pas le nom, mais dont ils préparaient l'avénement.

Ce n'est pas tout. Au-dessous d'eux et plus près de nous apparaît Saint-Simon qui joue un rôle dans l'existence de M. Comte jeune. En joue-t-il aussi un dans l'histoire de la philosophie positive? Les saints-simoniens, qui ne pardonnèrent pas à M. Comte sa rupture avec leur maître et qui eurent de l'acharnement contre lui, prétendirent qu'il avait pris sa philosophie chez Saint-Simon, tout en prétendant que cette philosophie ne valait rien; la philosophie positive et le saint-simonisme sont assez dissemblables dans leurs principes, pour qu'il n'y ait pas lieu de s'occuper d'une assertion, d'ailleurs implicitement contradictoire. De son côté, M. Comte nia énergiquement qu'il eût aucune obligation philosophique à Saint-Simon. Voici cette dénégation :

« Séduit par lui (Saint-Simon) vers la fin de ma vingtième année, mon enthousiasme, jusqu'alors appliqué seulement aux morts, me disposa bientôt à lui rapporter toutes les conceptions qui surgirent en moi pendant la durée de nos relations. Quand cette illusion fut assez dissipée, je reconnus qu'une telle liaison n'avait comporté d'autre résultat que d'entraver mes méditations spontanées, antérieurement guidées par Condorcet, sans me procurer d'ailleurs aucune acquisition. Tandis que divers contacts personnels me firent alors obtenir des éclaircissements secondaires, dont je me plus toujours à proclamer les sources, celui-là resta dépourvu de toute efficacité, réelle ou logique. » (*Politique positive*, t. III, préface, p. XVI.)

Je n'ai aucune raison de contester ce dire de M. Comte quant à la philosophie. A la vérité, dans la lettre transcrite au chapitre précédent, il dit avoir été deux ans élève de Saint-Simon, c'est-à-dire avoir appris quelque chose de lui pendant deux ans sur les sept qu'il fut à ses côtés ; à la vérité, Saint-Simon a été chef d'une école, et dès ses premiers travaux, longtemps avant sa liaison avec M. Comte, il leur donne pour but la réorganisation sociale ; mais il n'en résulte pas qu'il ait contribué à faire naître dans l'esprit de M. Comte la loi sociologique et, subséquemment, la philosophie positive. Ceci posé, Saint-Simon, éliminé de ce qui fut l'œuvre de M. Comte dans cette double conception, doit-il l'être aussi de ce qui, avant M. Comte, appartient à l'histoire de la philosophie positive ? Le seul moyen de répondre à cette question est d'interroger les publications de Saint-Simon avant 1818, année où M. Comte devint son élève et son collaborateur. Là on jugera si elles renferment des pensées qui, suivant ma définition de l'histoire de la philosophie positive, puissent y entrer comme partie intégrante et sans en troubler l'homogénéité.

Les règles d'après lesquelles on juge de tels débats sont aujourd'hui nettement établies, et il n'est pas permis de s'en départir. Elles consistent en ceci, que foi est faite uniquement par des documents, imprimés ou manuscrits, ayant date certaine. Tout le reste est frappé d'invalidité. Je suis devenu disciple d'Auguste Comte et de la philosophie positive depuis près de vingt ans ; après plusieurs examens séparés par de longs intervalles, après celui-ci même qui porte sur tant de points, je le suis encore. Placé dans un milieu où ces doctrines, que je ne cesse de professer en tout et partout, n'ont guère d'accueil, je me sens obligé de les faire respecter; le service incessant qu'elles me rendent m'est si présent et si cher, que je leur en garde une reconnaissance profonde; et j'ai un sincère souci de faire remonter cette reconnaissance à M. Comte, non sans placer quelques devanciers dans les abords de la carrière qu'il a parcourue.

Avant de passer outre, il importe de rappeler les points fondamentaux de la philosophie positive, telle que M. Comte l'a construite ; autrement le lecteur ne saisirait pas bien la nature et l'importance des textes qui vont être allégués.

La philosophie positive est l'ensemble du savoir humain, disposé suivant un certain ordre qui permet d'en saisir les connexions et l'unité et d'en tirer les directions générales pour chaque partie comme pour le tout. Elle se distingue de la philosophie théologique et de la philosophie métaphysique en ce qu'elle est d'une même nature que les sciences dont elle procède, tandis que la théologie et la métaphysique sont d'une autre nature et ne peuvent ni guider les sciences ni en être guidées; les sciences, la théologie et la métaphysique n'ont point entre elles de nature commune. Cette nature commune n'existe qu'entre la philosophie positive et les sciences.

Mais comment définirons-nous le savoir humain ? Nous le définirons l'étude des forces qui appartiennent à la matière, et des conditions ou lois qui régissent ces forces. Nous ne connaissons que la matière et ses forces ou propriétés ; nous ne connaissons ni matière sans propriétés ou forces, ni forces ou propriétés sans matière. Quand nous avons découvert un fait général dans quelqu'une de ces forces ou propriétés, nous disons que nous sommes en possession d'une loi, et cette loi devient aussitôt pour nous une puissance mentale et une puissance matérielle; une puissance mentale, car elle se transforme dans l'esprit en instrument de logique ; une puissance matérielle, car elle se transforme dans nos mains en moyens de diriger les forces naturelles.

Au moment où M. Comte entra dans la voie qui devait le conduire si haut, le savoir humain n'était pas suffisant pour enfanter la philosophie positive. Il lui manquait encore une part considérable, je veux dire la notion de l'histoire envisagée comme un phénomène naturel. Un phénomène naturel est celui qui dépend d'une matière et d'une force ; et, comme je l'ai dit, nous ne connaissons pas d'autre espèce de phénomène. Ici, dans l'histoire, la matière, le *substratum*, est le genre humain, partagé en sociétés ; la force est représentée par les aptitudes qui sont inhérentes aux sociétés et dont le fondement est cette condition, que les notions scientifiques sont accumulables. Tant que cela n'est pas reconnu, l'histoire ne paraît pas un phénomène naturel ; on en connaît le substratum, qui est le genre humain ; on n'en connaît pas la force, qui en fait l'évolution, et la conception en est théologique, si on la croit régie par des volontés surnaturelles, ou métaphysique, si on y admet, pour l'expliquer, des principes *a priori*, pris non dans les choses, mais dans les vues de l'esprit.

Écartant de l'histoire la théologie et la métaphysique, M. Comte découvrit les lois sociologiques, et bientôt après, guidé par ces lois, il traça le tableau de l'évolution sociale. C'est un monument ; il demeurera, quelque loin que s'étendent les nouvelles études historiques, qui le confirment déjà et continueront à le confirmer ; il sera consulté aussi bien par ceux qui écrivent des histoires particulières que par ceux qui spéculeront sur l'histoire générale ; l'histoire générale ne peut plus se passer des linéaments philosophiques, et les histoires particulières ne peuvent plus se passer de l'histoire générale.

Le même penseur qui avait rendu possible la philosophie positive la fit sortir, bientôt après, des éléments dont il venait d'apporter le dernier. Trois points la constituent :

la hiérarchie des sciences, la séparation de l'abstrait et du concret, et le caractère relatif de toutes les notions qui y entrent.

Si l'on considère l'ensemble de ce qui se nomme la nature, on y aperçoit trois groupes visiblement distincts. Le premier est le groupe mathématico-physique, c'est-à-dire les propriétés ou forces physiques, avec leurs conditions numériques, géométriques et mécaniques. Le second est le groupe chimique, avec ses actions qui s'exercent moléculairement. Le troisième est le groupe organique, avec les propriétés vitales. Il n'est pas permis de les ranger autrement : le groupe vital suppose les deux premiers ; le groupe chimique suppose le groupe physique ; celui-ci seul ne suppose rien. Tel est l'ordre que la philosophie reçoit des mains de la nature et qu'elle reproduit dans ce que M. Comte a nommé la hiérarchie des sciences.

Dans ce groupement ne figurent que des forces ou propriétés ; il n'y peut pas en effet figurer autre chose. C'est là le second point essentiel sans lequel la philosophie positive n'aurait pu venir à bien. M. Comte reconnut, dans l'immense diversité du savoir humain, que cela seul qui était général, appartenait à la philosophie ; et il sépara d'une main ferme l'abstrait d'avec le concret. Dès que cette grande séparation est effectuée, on aperçoit que les sciences concrètes dépendent des sciences abstraites, et non celles-ci de celles-là. Le domaine des sciences indépendantes est le domaine abstrait ; le domaine des sciences dépendantes est le domaine concret.

Toute science devenue positive renonce à rechercher l'essence des choses et de leurs propriétés, les causes premières et les causes finales, c'est-à-dire ce qu'on nomme en métaphysique l'absolu. La philosophie positive, qui est leur fille, y renonce comme elles ; et c'est là le troisième point essentiel. Les philosophes passés auraient regardé comme une chimère une philosophie qui ne s'occupât point de l'absolu ; aujourd'hui on doit regarder et l'on commence à regarder comme une chimère une philosophie qui n'est pas tout entière dans le relatif. Telle est l'immense révolution mentale qui est l'œuvre de M. Comte.

L'intervalle qui, dans son esprit, sépara la conception de l'histoire générale et celle de la philosophie positive, est si court qu'il n'y a pas lieu d'y chercher des degrés. Mais cette décomposition se trouve effectuée d'une manière fort instructive par le temps qui s'est écoulé entre Turgot et M. Comte ; le temps qui, faisant l'office des forts grossissements, montre disjoint ce qui apparaît étroitement conjoint dans l'esprit d'un même penseur.

Turgot, bien avant Condorcet, avait signalé l'enchaînement des générations et la filiation des choses : « Tous les âges sont enchaînés par une suite de causes et d'effets qui lient l'état du monde à tous ceux qui l'ont précédé ; les signes multipliés du langage et de l'écriture, en donnant aux hommes le moyen de s'assurer la possession de leurs idées et de les communiquer aux autres, ont formé, de toutes les connaissances particulières, un trésor commun qu'une génération transmet à l'autre, ainsi qu'un héritage toujours augmenté des découvertes de chaque siècle ; et le genre humain, considéré depuis son origine, paraît aux yeux du philosophe un tout immense qui lui-même a, comme chaque individu, son enfance et ses progrès. » (*Deuxième Discours sur les progrès successifs de l'esprit humain*, 1750, p. 52, œuvres, Paris, 1808.)

La connexion des âges, la liaison de chaque époque avec celles qui l'ont précédée, le grossissement constant de l'héritage de l'humanité, tout cela est aussi bien dit que bien pensé, et forme un dogme exprès de la philosophie positive.

Turgot a vu que l'histoire antérieure à l'histoire n'était

pas complétement effacée de la surface du globe : « Dans son inégalité variée à l'infini, l'état actuel de l'univers, en présentant à la fois sur la terre toutes les nuances de la barbarie et de la politesse, nous montre en quelque sorte sous un même coup d'œil les monuments, les vestiges de tous les pas de l'esprit humain, l'image de tous les degrés par lesquels il a passé, l'histoire de tous les âges.» (*Ib.*, p. 4.)

Cette ingénieuse et profonde pensée est inscrite dans la philosophie positive. Dans ses méditations, M. Comte l'a trouvée sous sa plume, et, considérant les divers degrés de la sauvagerie comme des échantillons d'un passé effacé ailleurs, il a par là éclairé la dynamique des sociétés et cette part d'histoire dont les annales humaines n'ont pas gardé le souvenir.

Le moyen âge a commencé d'être apprécié par Turgot : « Quelle foule d'inventions ignorées des anciens et dues à un siècle barbare ! Notre art de noter la musique, les lettres de change, notre papier, le verre à vitres, les grandes glaces, les moulins à vent, les horloges, les lunettes, la poudre à canon, l'aiguille aimantée, la perfection de la marine et du commerce. » (*Ib.*, p. 84.)

C'est un des grands services de M. Comte d'avoir donné au moyen âge sa juste place entre l'antiquité classique et l'ère moderne, et de l'avoir déchargé des imputations de ténébreuse rétrogradation que la renaissance, le siècle de Louis XIV et le suivant avaient attachées à cette époque. Le préjugé commence à se dissiper devant les faits dans l'esprit de Turgot, qui s'étonne que tant et de si grandes inventions, échappant aux siècles renommés de la Grèce et de Rome, n'aient pas échappé aux siècles décriés du moyen âge. M. Comte a franchi la contradiction ; et, maniant avec habileté la méthode de filiation créée par lui, il montre comment naturellement naquirent ces grandes inventions dans un âge fils de l'ère antique et père de l'ère moderne. La théorie du moyen âge est devenue partie essentielle aussi bien de l'histoire générale que de la philosophie.

Mais ceci ne doit être considéré que comme un acheminement à un passage plus important, où Turgot a indiqué la source subjective des antiques conceptions théologiques : « Avant de connaître la liaison des effets physiques entre eux, il n'y eut rien de plus naturel que de supposer qu'ils étaient produits par des êtres intelligents, invisibles et semblables à nous; car à quoi auraient-ils ressemblé? Tout ce qui arrivait, sans que les hommes y eussent part, eut son dieu, auquel la crainte ou l'espérance fit bientôt rendre un culte, et ce culte fut encore imaginé d'après les égards qu'on pouvait avoir pour les hommes puissants; car les dieux n'étaient que des hommes plus puissants et plus ou moins parfaits, selon qu'ils étaient l'ouvrage d'un siècle plus ou moins éclairé sur les vraies perfections de l'humanité. Quand les philosophes eurent reconnu l'absurdité de ces fables, sans avoir acquis néanmoins de vraies lumières sur l'histoire naturelle, ils imaginèrent d'expliquer les causes des phénomènes par des expressions abstraites, comme essences et facultés; expressions qui cependant n'expliquaient rien et dont on raisonnait comme si elles eussent été des êtres, de nouvelles divinités substituées aux anciennes. On suivit ces analogies, et on multiplia les facultés pour rendre raison de chaque effet. Ce ne fut que bien tard, en observant l'action mécanique que les corps ont les uns sur les autres, qu'on tira de cette mécanique d'autres hypothèses que les mathématiques purent développer et l'expérience vérifier. » (*Histoire des progrès de l'esprit humain*, p. 294.)

L'idée d'une élimination successive et de proche en proche de la théologie par la métaphysique et de la métaphysique par les notions positives, M. G. Hubbard en fait honneur à Saint-Simon : « Au nombre des idées mères (empruntées à Saint-Simon) dont parle M. Auguste Comte, il faut surtout mentionner la loi du développement de toutes ces conceptions principales, passant successivement par les trois états, théologique ou fictif, métaphysique ou abstrait, scientifique ou positif (*Saint-Simon, sa vie et ses travaux*, p. 98; Paris, 1857). » Cette assertion a vivement attiré mon attention; mais elle renferme quelque méprise, car j'ai eu beau feuilleter soigneusement les œuvres de Saint-Simon afin d'y découvrir la correspondance indiquée, je n'ai pu y parvenir. M. Comte s'est déclaré, du vivant de Saint-Simon et sous les yeux de ses premiers disciples, auteur de cette conception historique; il était facile de la lui enlever en mettant sous les yeux du public le passage des publications de Saint-Simon qui la contenait : ce passage n'a jamais été montré, je l'ai vainement cherché. Saint-Simon demeure donc, aujourd'hui comme alors, hors de cause.

Il n'en est pas de même de Turgot. Néanmoins, les droits de priorité étant réservés à cet éminent penseur, rien ne s'oppose à ce que M. Comte conserve toute la part qu'il s'était faite et qui lui appartient. Trois points principaux marquent l'indépendance où M. Comte a été de Turgot. Celui-ci n'a vu dans la conception qu'une idée à méditer; Comte y a vu une loi sociologique; Turgot n'y a point rattaché une esquisse du développement humain; Comte a développé à l'aide de cette loi toute la série historique ; Turgot n'a point aperçu qu'il tenait un des éléments nécessaires d'une philosophie; Comte, du même élan de pensée, est allé de l'histoire devenue science à la philosophie devenue positive. La loi sociologique, isolée dans Turgot, fait, chez Comte, partie d'un vaste ensemble : ce sont donc deux créations indépendantes. Ou bien M. Comte n'avait pas lu Turgot; ou bien, ce qui est plus vraisemblable, il l'avait lu dans un temps où ce passage, qui aujourd'hui éveille l'attention, n'avait aucune signification particulière. En effet, remarquons qu'il ne devient précieux que depuis que Comte a fait connaître l'importance de cette loi sociologique; jusque-là, il a été inaperçu de tout le monde, et il l'a été de Comte lui-même, lorsque Comte n'avait pas encore le flambeau qui nous éclaire tous après l'avoir éclairé.

L'originalité de M. Comte étant ainsi mise hors de doute et hors de cause, il n'en faut que davantage consacrer et faire valoir celle de Turgot et sa priorité. Son langage est aussi clair que précis; il note d'abord des êtres intelligents et semblables à nous, qui sont supposés auteurs des effets physiques; puis la substitution, à ces êtres, des essences et des facultés qui n'expliquent rien; enfin, les hypothèses déterminées, que les mathématiques peuvent vérifier. Avec une grande sûreté de jugement, il n'a cité que les phénomènes physiques quand il a parlé de ceux qui avaient cessé d'être interprétés soit théologiquement, soit métaphysiquement. En effet, au moment où il écrivait ce passage, la positivité (je me sers de ce mot, création nécessaire de M. Comte) commençait seulement à gagner les phénomènes chimiques et n'avait pas encore atteint ceux de la biologie et de la sociologie.

Dans un opuscule qui a paru il y a environ trois ans[1], j'ai hasardé une critique de cette loi des trois états; c'est ainsi que M. Comte la dénomme. Cette critique, je la maintiens; pourtant je ne voudrais pas qu'on se méprît et qu'on crût que je rejette la loi des trois états. Je ne la rejette point, je la restreins. Tant que l'on se tient dans l'ordre scientifique et que l'on considère la conception du monde d'abord théologique, puis métaphysique, finalement positive, la loi des trois états a sa pleine efficacité pour diriger les spéculations de l'histoire. Elle est un guide fidèle, et en s'en servant on paye un juste tribut d'admiration et de re-

---

1. *Paroles de philosophie positive.*

connaissance aux deux penseurs qui l'ont successivement trouvée. Cela, je n'ai jamais prétendu le contester; si je l'avais fait, j'aurais ébranlé moi-même l'édifice philosophique sous lequel je m'abrite.

Mais, en histoire, tout n'est pas renfermé dans l'ordre scientifique. M. Comte, qui a dit quelque part qu'il fallait bien supposer quelques notions qui ne fussent ni théologiques ni métaphysiques, a indiqué le germe, je ne dirai pas de mon objection, mais de ma restriction. En effet cette loi des trois états ne comprend ni le développement industriel, ni le développement moral, ni le développement esthétique. A la vérité elle porte ce caractère excellent d'être relative aux spéculations où l'évolution par filiation est la plus manifeste et par conséquent de donner une notion positive de la marche de l'histoire; M. Comte s'y est abandonné, et elle ne l'a pas trompé. Mais il n'en reste pas moins des lacunes et des vides à combler. Pour essayer de les combler, j'ai, dans les *Paroles de la philosophie positive*, esquissé un développement du genre humain en **quatre périodes**, répondant à quatre périodes semblables du développement de l'individu. Alors j'ignorais que j'avais été précédé par Saint-Simon; aujourd'hui j'ai hâte de reconnaître ce plagiat involontaire. Voici ce que disait Saint-Simon en 1808 :

« L'intelligence générale et l'intelligence individuelle se développent d'après la même loi. Ces deux phénomènes ne diffèrent que sous le rapport de la dimension des échelles sur lesquelles ils ont été construits. Cette vérité, facile à constater par l'examen comparé de la marche de l'esprit humain et du développement de l'intelligence individuelle, offre l'avantage de pouvoir faire connaître le sort futur de l'humanité jusqu'à sa mort (*Œuvres*, t. I, p. 177). » Saint-Simon admet quatre développements pour l'individu et pour l'humanité : 1° l'enfance où l'on se plaît aux métiers;

2° la puberté où l'homme devient artiste ; 3° de vingt-cinq à quarante-cinq ans l'homme est essentiellement militaire ; 4° à partir de là ses forces spéculatives augmentent.

Je passe rapidement, et ne m'arrête pas à faire voir que mon diagramme diffère essentiellement de celui de Saint-Simon. Je me borne à noter que mon idée se compose de deux parts : l'une, qu'il y a dans l'individu un développement analogue à celui que l'espèce subit dans l'histoire : cette part, je la réserve à des recherches ultérieures ; l'autre, qu'il y a dans l'être collectif nommé genre humain quatre ordres de développements : le développement industriel, le développement moral, le développement esthétique et le développement scientifique. Cette division, examinée plusieurs fois depuis trois ans, me paraît devoir être conservée et contenir les éléments essentiels d'un traité de sociologie.

Le lecteur m'accuse peut-être déjà d'intervenir ici à tort avec mes idées propres et de me laisser aller à une digression ; ce n'en est pourtant pas une ; car elle me conduit à un conseil que je regarde comme de grande importance. Il n'existe point de traité de sociologie. Les trois volumes qui terminent le *Système de philosophie positive* contiennent non une sociologie, mais le dessin du développement de l'histoire ; j'en donnerai très-brièvement une idée claire, en les comparant, en biologie, à un traité sur l'évolution de l'individu d'âge en âge. La *Politique positive* est, dans l'intention de l'auteur, un livre d'application où il s'efforce de montrer comment il faut passer des principes philosophiques et sociaux à l'organisation des sociétés. Personne, depuis, ne s'est essayé à un aussi grand sujet, et, pour continuer ma comparaison avec la biologie, il n'existe en sociologie[1] aucun traité qui soit l'équivalent d'une physio-

1. Faute de termes qui ne sont pas encore créés, je suis obligé de prendre *sociologie* en deux sens différents : dans l'un il désigne la science

logie. Il me paraît que les quatre développements que j'ai indiqués sont les points fondamentaux d'une physiologie sociologique. Mais, quelle que soit l'opinion à cet égard, ma recommandation demeure dans toute sa force ; et je regarde comme ma fonction de signaler aux esprits désireux de travail et de méditation les objets sur lesquels ils peuvent se porter. Étendre la philosophie positive est le premier et le plus grand hommage à rendre à M. Comte.

totale et répond à *biologie;* dans l'autre, il désigne une portion de la science, et veut dire *physiologie sociologique.*

CHAPITRE IV.

Histoire de la philosophie positive. — Kant. — Condorcet.

Kant, dans l'opuscule qu'on va lire, dit, en parlant de la fondation de l'histoire générale ou philosophique : « Nous allons voir si nous réussirons à trouver un fil qui mène à une telle histoire, laissant dès lors à la nature le soin de produire un homme qui soit en état de concevoir de la sorte l'enchaînement des faits historiques. C'est ainsi qu'elle produisit un Kepler qui soumit les orbites excentriques des planètes à des lois précises, et un Newton qui expliqua ces lois par une cause générale de la nature. » Cet homme prévu par Kant est M. Comte, et il est bien remarquable que le philosophe allemand ait eu une si claire idée et une si ferme persuasion, au point d'annoncer que quelqu'un réaliserait un jour ce qui n'était, chez lui, qu'intuition philosophique.

M. Comte eut connaissance de cet opuscule par M. Gustave d'Eichthal, qui lui en communiqua une traduction Son admiration fut vive; on en verra l'expression dans une lettre où il remercie M. d'Eichthal de sa communication. L'opuscule de Kant est inconnu en France; il forme un morceau important dans le développement de l'histoire abstraite avant Auguste Comte. C'est pourquoi je le mets ici sous les yeux du lecteur, en entier, sauf quelques suppressions qui abrégent sans nuire au développement de l'idée.

*Idée d'une histoire universelle au point de vue
de l'humanité* (1784).

« De quelque façon que l'on veuille, en métaphysique, se représenter le libre arbitre, les manifestations en sont, dans les actions humaines, déterminées, comme tout autre phénomène naturel, par les lois générales de la nature. L'histoire, qui s'occupe du récit de ces manifestations, quelque profondément qu'en soient cachées les causes, ne renonce pas cependant à un espoir : c'est que, considérant en grand le jeu du libre arbitre, elle y découvre une marche régulière, et que ce qui dans l'individu frappe les yeux, comme confus et sans règle, se reconnaisse dans l'espèce comme un développement continuel, bien que lent, des dispositions originelles. Ainsi les mariages, les naissances et les morts paraissent n'être soumis à aucune règle qui permette d'en calculer d'avance le nombre ; et cependant les tables annuelles faites en de grands pays témoignent que cela aussi obéit autant à des lois constantes que les variations de l'atmosphère, dont aucune en particulier ne peut être prévue à point nommé, mais qui, en somme, ne manquent pas à procurer d'une façon uniforme et sans interruption la croissance des plantes, le cours des fleuves et tout le reste de l'économie naturelle. Les individus et même les peuples entiers ne s'imaginent guère que, tout en s'abandonnant chacun à leur propre sens et souvent à des luttes l'un contre l'autre, ils suivent à leur insu comme un fil conducteur le dessein de la nature, à eux inconnu, et concourent à une évolution qui, lors même qu'ils en auraient une idée, leur importerait peu.

« Les hommes en masse, dans leurs efforts, n'agissent pas en vertu du seul instinct comme les animaux, mais ils n'agissent pas non plus d'après un plan convenu comme des membres raisonnables de l'humanité ; il ne semble donc pas qu'il soit possible de donner à leur histoire un caractère régulier comme à celle, par exemple, des abeilles ou des castors. On ne peut se défendre d'une certaine déplaisance quand on voit leurs faits et gestes exposés sur le grand théâtre du monde, et quand, sauf quelque sagesse apparaissant çà et là en des cas particuliers, on ne trouve dans l'ensemble qu'un tissu de sottise, de vanité puérile, et souvent aussi de méchanceté et d'esprit de destruction tel qu'en ont les enfants ; si bien que, finalement, on ne sait plus quelle idée se faire de notre espèce si prévenue en faveur de ses prérogatives. A ce point, il ne reste plus qu'une issue pour le philosophe, c'est que, ne pouvant supposer dans les hommes et le jeu de leurs actions un dessein raisonnable qui leur soit propre, il essaye de découvrir, dans cette marche absurde des choses humaines, un dessein naturel qui rende possible de faire avec des créatures qui procèdent sans plan une histoire conforme à un plan déterminé de la nature. Nous allons voir si nous réussirons à trouver un fil qui mène à une telle histoire, laissant dès lors à la nature le soin de produire un homme qui soit en état de concevoir de la sorte l'enchaînement des faits historiques. C'est ainsi qu'elle produisit un Kepler, qui soumit les orbites excentriques des planètes à des lois précises, et un Newton qui expliqua ces lois par une cause générale de la nature.

Première proposition.

« *Toutes les dispositions naturelles d'une créature sont déterminées pour arriver finalement à un développement complet et approprié.* — Cela se confirme chez tous les animaux par une observation aussi bien extérieure qu'intérieure ou de dissection. Un organe qui est sans usage, une disposition qui n'atteint pas son but, est une contradiction dans la doc-

nes qui auront le bonheur d'habiter dans l'édifice auquel une longue suite d'ancêtres auront travaillé, insciemment il est vrai, sans avoir part eux-mêmes au bonheur qu'ils préparèrent. Mais cela, tout énigmatique que ce soit, est en même temps non moins nécessaire, si l'on admet qu'une espèce animale doit avoir la raison, et arriver, en tant que classe d'êtres raisonnables qui tous meurent, mais dont l'espèce est immortelle, à la plénitude du développement de ses dispositions innées.

Quatrième proposition.

« *Le moyen dont la nature se sert pour mettre à effet le développement de toutes ses dispositions est l'antagonisme de ces dispositions dans la société; antagonisme qui, finalement, devient la cause d'un ordre social régulier.* — Par antagonisme, j'entends ici *l'insociable sociabilité* des hommes, c'est-à-dire leur penchant à se réunir en société, lié à une perpétuelle résistance qui menace constamment de dissoudre cette société. Telle est en effet, évidemment, la disposition de la nature humaine. L'homme est enclin à s'associer, car, dans l'association, il se sent plus homme, c'est-à-dire plus apte au développement de ses facultés naturelles. Mais il est aussi très-enclin à s'isoler, car il trouve simultanément en lui l'insociable disposition à vouloir tout régler à son gré, et dès lors il s'attend de toutes parts à la résistance, de même que, de son côté, son penchant le porte à la résistance contre les autres. Or c'est justement cette résistance qui éveille toutes les forces de l'homme, le pousse à surmonter sa paresse, et à conquérir, pressé par le désir de l'honneur, de la domination ou des richesses, un rang parmi ses semblables qu'il ne peut ni souffrir ni quitter. Là se font en réalité les premiers pas hors de la rudesse vers la culture, qui gît essentiellement dans la valeur sociale

nique de son être animal, et n'obtînt aucune autre félicité ou perfection que celle qu'il se procure, affranchi de l'instinct par sa propre raison. — La nature ne fait rien d'inutile, et elle n'est pas prodigue dans l'emploi des moyens d'atteindre ses fins. Ayant donné à l'homme la raison et le libre arbitre qui s'y fonde, c'était dès lors clairement indiquer comment elle entendait qu'il parvînt à sa destinée : il ne devait pas être guidé par l'instinct ni muni et éclairé d'une connaissance innée; mais il devait tout tirer de lui-même. L'art de se vêtir, l'habileté à se mettre en sûreté et à se défendre, tous les amusements qui rendent la vie agréable, sa sagacité même, sa prudence et jusqu'à la bienveillance de sa volonté, tout doit être absolument son œuvre. La nature paraît ici s'être complu dans sa plus grande parcimonie, et n'avoir pas dépassé, dans la répartition de ses dons, l'extrême et chiche limite des besoins d'une existence commençante; comme si elle avait voulu que les hommes ne fussent redevables qu'à eux-mêmes et eussent tout le mérite de s'être élevés de la dernière grossièreté à la plus grande habileté, à la perfection intime de la pensée et, par là, à toute la somme de bonheur possible sur cette terre; comme si elle avait plus tenu à ce qu'ils eussent, d'eux-mêmes, une estime fondée sur la raison qu'à ce qu'ils fussent dans le bien-être. Car à cette marche des affaires humaines est liée toute une multitude de peines qui attendent l'homme. Mais la nature paraît s'être souciée, non pas aucunement qu'il eût une vie aisée, mais qu'il s'efforçât de manière à devenir digne, par sa conduite, de la vie et du bien-être. Toutefois, il n'en reste pas moins étrange que les générations antérieures semblent ne poursuivre leur pénible besogne que pour les générations postérieures, c'est-à-dire leur préparer un échelon qui leur permette de porter à une plus grande hauteur l'édifice projeté par la nature. De sorte que ce seront seulement les générations les plus lointaines qui auront le bonheur d'habiter dans l'édifice auquel une longue suite d'ancêtres auront travaillé, insciemment il est vrai, sans avoir part eux-mêmes au bonheur qu'ils préparèrent. Mais cela, tout énigmatique que ce soit, est en même temps non moins nécessaire, si l'on admet qu'une espèce animale doit avoir la raison, et arriver, en tant que classe d'êtres raisonnables qui tous meurent, mais dont l'espèce est immortelle, à la plénitude du développement de ses dispositions innées.

Quatrième proposition.

« *Le moyen dont la nature se sert pour mettre à effet le développement de toutes ses dispositions est l'antagonisme de ces dispositions dans la société; antagonisme qui, finalement, devient la cause d'un ordre social régulier.* — Par antagonisme, j'entends ici *l'insociable sociabilité* des hommes, c'est-à-dire leur penchant à se réunir en société, lié à une perpétuelle résistance qui menace constamment de dissoudre cette société. Telle est en effet, évidemment, la disposition de la nature humaine. L'homme est enclin à s'associer, car, dans l'association, il se sent plus homme, c'est-à-dire plus apte au développement de ses facultés naturelles. Mais il est aussi très-enclin à s'isoler, car il trouve simultanément en lui l'insociable disposition à vouloir tout régler à son gré, et dès lors il s'attend de toutes parts à la résistance, de même que, de son côté, son penchant le porte à la résistance contre les autres. Or c'est justement cette résistance qui éveille toutes les forces de l'homme, le pousse à surmonter sa paresse, et à conquérir, pressé par le désir de l'honneur, de la domination ou des richesses, un rang parmi ses semblables qu'il ne peut ni souffrir ni quitter. Là se font en réalité les premiers pas hors de la rudesse vers la culture, qui gît essentiellement dans la valeur sociale de l'homme ; là se développent peu à peu tous les talents, là se forme le goût, là se fait le travail de civilisation qui, avec le temps, transforme le consentement forcé, et, pour ainsi dire, pathologique à l'association en un ensemble moral. Sans ces qualités d'insociabilité, en soi peu aimables, d'où naît la résistance que chacun doit trouver nécessairement à l'encontre de ses prétentions égoïstes, on verrait se produire une vie de bergers d'Arcadie, dans la plénitude de l'union, du contentement et de l'amour réciproque; vie où tous les talents demeureraient éternellement enfouis dans leurs germes; les hommes, doux comme les brebis qu'ils paissent, procureraient à peine à leur existence plus de valeur que n'en a celle de ce bétail; il resterait dans la création, en tant que nature rationnelle, quant au but, un vide qui ne serait pas comblé. Grâces donc soient rendues à la nature pour les incompatibilités, pour les luttes de la vanité malveillante, pour la cupidité insatiable, même pour la passion de commander ! Sans tout cela, les excellentes dispositions qui sont dans l'humanité dormiraient éternellement enveloppées. L'homme veut la concorde, mais la nature, sachant ce qui est bon pour l'espèce, veut la discorde. Il veut vivre à l'aise et satisfait; la nature veut qu'il sorte de l'indolence et d'un contentement inactif et se précipite dans le travail et dans la peine pour inventer des moyens de s'en dégager par son habileté. Tout cela décèle l'arrangement d'un sage Créateur et non sans doute la main d'un esprit malfaisant qui a maladroitement gâté ou envieusement corrompu l'œuvre magnifique de la Divinité.

Cinquième proposition.

« *Le plus grand problème pour la race humaine, problème à la solution duquel la nature contraint l'homme, est d'atteindre une société civile administrant le droit d'une manière univer-*

selle. — La société est un ordre où la liberté de chacun est assujettie à coexister avec la liberté des autres ; en termes différents, un ordre où la liberté se combine avec d'impérieuses et inflexibles conditions. Tel est le théâtre où s'accomplissent les vues suprêmes de la nature sur l'humanité, tel est le thème qui se réalise par la lutte des penchants contraires. La société civile est un enclos où le développement humain trouve ses causes et ses règles. C'est ainsi que, dans un bois, les arbres, justement parce que chacun cherche à ôter à l'autre l'air et le soleil, se forcent l'un l'autre de chercher air et soleil au-dessus d'eux, et prennent de la sorte une belle et droite croissance ; au lieu que ceux qui, en liberté et isolés, poussent leurs branches à leur gré, sont rabougris et tortus. Art, culture, arrangement social, tout ce qui pare l'humanité est fruit de l'insociabilité qui est contrainte par elle-même de se discipliner et de développer complétement, grâce à un travail imposé par la force des choses, les germes de la nature.

Sixième proposition.

« *Ce problème est en même temps le plus difficile et celui qui est le plus tardivement résolu par l'espèce humaine.* — L'homme, toujours porté à usurper et abuser, a besoin d'une autorité qui, rompant sa volonté, le contraigne d'obéir à une volonté générale, seule condition de la liberté de chacun. Où prendre cette autorité ? nulle part ailleurs que dans l'espèce humaine. Mais ce maître, interprète de la volonté générale, ce chef suprême de la justice publique, représenté par un seul individu ou par plusieurs, n'échappe pas à la condition humaine et aurait lui-même besoin d'un maître et d'un chef qui le forçât à être toujours juste. La solution absolue du problème est donc impossible ; s'en approcher incessamment est la seule obligation à nous imposée par la nature ; obligation à laquelle il n'est satisfait qu'en dernier lieu ; car elle exige des idées justes sur la constitution, une expérience étendue et exercée, et surtout une bonne volonté prête à réaliser les bons projets. Ces trois éléments ne commencent à se rencontrer ensemble que très-tard et après beaucoup de tentatives infructueuses.

Septième proposition.

« *Le problème d'une parfaite constitution sociale implique le problème d'une constitution régulière des rapports internationaux et ne peut être résolu sans que celui-ci le soit.*—Que sert-il de travailler à établir une constitution régulière parmi les individus, c'est-à-dire à fonder une chose publique? Cette même insociabilité qui exista jadis entre les individus existe encore entre les États; et ces mêmes maux qui forcèrent les individus à entrer dans la régularité des lois civiles forceront les États ou êtres collectifs à entrer dans la régularité des lois politiques. C'est-à-dire que par les guerres, par un appareil militaire exagéré et qui n'est jamais mis de côté, par la gêne qui finalement en résulte pour chaque État, même au milieu de la paix, elle les pousse à des essais d'abord imparfaits, et puis, après beaucoup de dévastations, de renversements, d'épuisements, à ce que la raison, sans tant de tristes expériences, aurait pu leur dire : qu'il faut sortir de la sauvagerie sans loi, et entrer dans une fédération de peuples, où chaque peuple, même le plus petit, attendrait sa sûreté et l'exercice de ses droits, non de sa propre force ou de sa propre décision, mais seulement de la grande fédération et de la volonté collective. Quelque visionnaire que paraisse une telle idée, objet de raillerie dans les écrits d'un abbé de Saint-Pierre ou de Rousseau (peut-être parce qu'ils en crurent la mise à exécution trop voisine), néanmoins elle est l'issue inévitable de la gêne où les hommes se mettent réciproquement, et qui forcera les États, quelque peine qu'ils y aient, à prendre une résolution qui ne coûta pas moins à l'homme sauvage : je veux dire renoncer à une liberté brutale et chercher repos et sécurité dans une constitution régulière. Toutes les guerres sont donc autant de tentatives (non dans l'intention des hommes, mais dans celle de la nature) pour procurer de nouveaux rapports entre les États.

« La liberté barbare des États produit à son tour ce que produisit la liberté barbare des premiers hommes ; grâce à l'emploi de toutes les ressources en préparatifs militaires et grâce aux ravages que la guerre cause, elle contraint notre espèce à trouver un principe d'équilibre et des conditions d'association qui fassent cesser un désastreux antagonisme.

« Avant que ce dernier pas s'accomplisse, la nature humaine souffre les maux les plus durs, sous l'apparence trompeuse d'un bien-être extérieur ; et Rousseau n'avait pas tellement tort de préférer l'état sauvage, dès lors qu'on laisse de côté ce dernier échelon que notre espèce a encore à franchir. Nous sommes cultivés à un haut point par l'art et la science ; nous sommes civilisés, jusqu'à la surcharge, en toutes sortes d'agréments et de bienséances sociales. Mais il s'en faut encore de beaucoup que nous devions nous tenir pour moralisés. Aussi longtemps que les États emploient toutes leurs forces à leurs vaines et violentes vues d'agrandissement, gênant sans cesse le lent effort de l'amélioration interne par l'opinion publique, et lui retirant même tout appui à cet effet, il est impossible de rien attendre de satisfaisant. Le progrès, en ceci, consiste en un long remaniement de chaque association politique au profit de la culture des citoyens ; et tout bien qui n'est pas enté sur des dispositions moralement bonnes, n'est qu'apparence trompeuse et reluisante misère. Le genre humain demeurera dans une telle condition provisoire jusqu'à ce qu'il se soit tiré, de la façon que j'ai dit, du chaos de ses relations politiques.

Huitième proposition.

« *On peut, en somme, considérer l'histoire de la race humaine comme l'accomplissement d'un plan caché de la nature, à l'effet de produire une constitution politique parfaite, aussi bien dans les rapports intérieurs que dans les rapports extérieurs, constitution qui est l'unique théâtre où elle puisse développer toutes les dispositions mises par elle en l'humanité.* — Cette proposition est une conséquence de la précédente, et on voit que la philosophie a, elle aussi, son millénaire, mais un millénaire à l'accomplissement duquel elle peut contribuer par son idée, et qui par conséquent n'est rien moins qu'une vision. Il ne faut plus qu'un point, c'est que l'expérience découvre quelque chose d'une telle marche du dessein de la nature. Je dis quelque chose ; car ce cycle semble exiger, pour se clore, un si long temps, que la petite portion que l'humanité en a déjà parcourue ne permet pas d'en déterminer la forme et de conclure la relation des parties au tout, avec plus de sûreté que toutes les observations célestes, faites jusqu'à présent, ne permettent d'assigner la trajectoire que suit, dans le ciel étoilé, notre soleil avec toute l'armée de ses satellites. Et cependant, remarquons qu'avec le principe général de la constitution systématique de l'univers et avec le peu qu'on a observé, on est autorisé à conclure qu'il existe en effet une telle trajectoire. Quoi qu'il en soit, la nature humaine est ainsi faite, qu'elle n'aura aucune indifférence pour la plus lointaine phase que notre espèce doive atteindre, pourvu qu'il y ait assurance suffisante d'atteindre cette phase ; indifférence qui, ici, est d'autant moins à craindre que nous pouvons, ce semble, par le sage emploi de notre propre raison, hâter un avénement si fortuné pour nos descendants. De là vient que les moindres indices d'une approche vers ce terme nous sont très-importants. Aujourd'hui les États sont dans un rapport si artificiel entre eux, qu'aucun ne peut se négliger dans la culture intérieure, sans déchoir, vis-à-vis des autres, en force et en influence; conséquemment, le progrès ou du moins le maintien de ce but de la nature est passablement assuré même par les vues ambitieuses des politiques. De plus, la liberté civile ne peut plus guère maintenant être entamée, sans qu'on en éprouve dommage dans les industries et particulièrement dans le commerce; ce qui est derechef une cause d'affaiblissement de l'État dans ses relations extérieures. Or cette liberté civile croît progressivement; si l'on empêche le citoyen de chercher sa prospérité de la façon qu'il lui plaît, mais compatible avec la liberté des autres, on empêche du même coup l'activité courante des affaires; ce qui a aussi pour contre-coup de diminuer les forces de l'État. Ainsi s'en va de plus en plus toute limitation imposée aux faits et gestes de chacun; ainsi est accordée la liberté universelle de religion; ainsi surgit peu à peu, avec caprices et folies intercurrentes, une époque de lumières; lumières qui sont un grand bien et qui doivent soustraire le genre humain aux ambitions conquérantes de ses chefs, ne fût-ce que par le seul motif de l'intérêt. Ces lumières et, avec elles, une certaine participation du cœur dont l'homme éclairé ne peut se défendre pour le bien parfaitement compris de lui, doivent peu à peu monter jusqu'aux trônes et influer sur les principes de gouvernement. Bien que, par exemple, les maîtres du monde n'aient, présentement, point d'argent pour tout ce qui tient à l'amélioration du monde, et en particulier pour l'éducation, parce que d'avance tout est absorbé par les prévisions des prochaines guerres, pourtant ils trouveront leur propre avantage à ne pas entraver du moins les faibles et lents efforts de leurs peuples dans cette voie. Enfin, la guerre devient de plus en plus une entreprise non-seulement tout artificielle et pleine d'incertitude, quant à l'issue entre les parties, mais encore singulièrement grave à cause des arrière-souffrances imposées à l'État par une dette toujours croissante et dont l'extinction ne peut plus se prévoir. En outre, chaque ébranlement en un point se fait sentir à tous les États voisins dans notre partie du monde où l'industrie a tellement lié les intérêts; si bien que les voisins, pressés par leur propre danger, s'offrent, quoique sans autorité légale, pour arbitres, et, de la sorte, de loin préparent tout pour la formation future d'un grand corps sans modèle dans le passé. Bien que ce grand corps politique ne soit, quant à présent, que tout à fait rudimentaire, cependant un commun sentiment commence à pénétrer dans tous les membres dont chacun est intéressé à la conservation du tout ; et cela fait espérer qu'après bien des remaniements il s'établira, ce qui est la vue suprême de la nature, une association politique de l'humanité, devenue le sein où se développeront toutes les dispositions primordiales de l'espèce humaine.

Neuvième proposition.

« *Une tentative philosophique pour traiter l'histoire universelle, selon un plan de la nature ayant pour but la pleine association civile dans l'espèce humaine, doit être considérée non-seulement comme possible, mais aussi comme favorable même à ce plan de la nature.*—C'est, à la vérité, une proposition étrange et, en apparence, absurde que de vouloir composer une histoire selon l'idée qu'on devrait se faire de la marche du monde si le monde obéissait à certains buts rationnels ; il semble qu'une pareille conception ne peut aboutir qu'à un roman. Cependant, si l'on admet que la nature, même dans le jeu de la liberté humaine, ne procède pas sans plan et sans finalité, cette idée pourrait n'être pas dépourvue d'utilité ; elle nous servirait, encore que notre vue soit trop faible pour pénétrer le secret mécanisme des choses, à présenter, du moins en gros, un agrégat confus d'actes humains comme un système. Si l'on part de l'histoire grecque en tant que celle qui nous a conservé ou du moins certifié [1] les annales plus anciennes ou contemporaines; si l'on en poursuit l'influence sur la formation et déformation du corps social romain, qui absorbe l'État grec; enfin, si l'on passe à l'action de Rome sur les barbares qui détruisirent son empire, et qu'on arrive à nos temps, en intercalant épisodiquement l'histoire d'autres peuples à mesure que la connaissance nous en est parvenue, on découvrira que l'amélioration de la constitution politique marche régulièrement dans notre partie du monde qui, probablement, donnera un jour des lois aux autres. Le regard porté sur la constitution intérieure des États et sur leur rapport extérieur, y aperçoit deux conditions alternantes : d'un côté, le bien de ces institutions éleva et ennoblit les peuples, et, avec eux, les arts et les sciences ; d'autre côté, des défectuosités qui y étaient inhérentes précipitèrent les peuples dans les catastrophes, si bien pourtant qu'un germe de civilisation restait, qui, développé par chaque révolution, préparait un nouveau et plus ample développement. Là apparaîtra, je crois, ce qui permettra d'expliquer le jeu si

---

1. Seul, un public éclairé qui, depuis son origine, s'est perpétué jusqu'à nous sans interruption, peut certifier l'ancienne histoire. Au delà tout est terre inconnue ; et l'histoire des peuples qui vécurent en dehors ne peut être commencée qu'à fur et à mesure qu'ils s'y incorporèrent ; cela advint pour le peuple juif au temps des Ptolémées, par la traduction grecque de la Bible, sans laquelle on aurait accordé peu de confiance à ses documents isolés. A partir de là, quand ce point d'attache est suffisamment établi, on peut en remontant suivre les récits. La première page de Thucydide, dit Hume, est l'unique début de toute véritable histoire.

embrouillé des choses humaines, ou de prédire les modifications futures des États, utilité qu'on a déjà d'ailleurs tirée de l'histoire, alors même qu'on n'y voyait que l'effet incohérent d'une liberté sans règle. Ce n'est pas tout : une vue consolante, s'ouvrant vers l'avenir, montrera dans un grand éloignement l'espèce humaine s'élevant à une condition où tous les germes déposés en elle peuvent se développer complétement. Une telle justification de la nature ou, mieux, de la Providence, n'est pas un motif sans importance pour choisir un point de vue particulier d'où l'on contemple le monde. A quoi sert de vanter la magnificence et la sagesse de la création dans le règne brut, et de les recommander à la contemplation, si la partie du grand théâtre de la sagesse suprême qui contient le but de tout le reste, à savoir l'histoire de la race humaine, doit demeurer une objection éternelle, et si, forcés d'en détourner le regard avec mécontentement, et désespérant d'y apercevoir jamais une intention pleinement raisonnable, il nous faut ne l'attendre, cette intention, que dans un autre monde?

« Penser que par cette idée d'une histoire universelle qui, d'une certaine façon, a un fil *à priori*, je veux expulser les travaux de l'histoire proprement dite, de celle qui raconte les événements, ce serait se méprendre sur mon projet ; ce n'est qu'un aperçu de ce qu'une tête philosophique, pourvue d'ailleurs de très-amples connaissances historiques, pourrait tenter à un autre point de vue que celui de l'empirisme. Au reste, le détail, d'ailleurs fort louable, avec lequel nous écrivons présentement l'histoire de notre temps, doit naturellement faire que chacun se demande, non sans inquiétude, comment nos arrière-descendants s'y prendront pour embrasser la masse d'histoire que nous leur transmettrons au bout de quelques siècles. Sans aucun doute, ils n'apprécieront celle des époques les plus anciennes, dont les documents auront depuis longtemps péri, qu'au point de vue qui les intéressera, c'est-à-dire celui où l'on examine les services rendus ou les dommages causés par les peuples et par les gouvernements au corps même de l'humanité. Partir de là pour faire appel à l'ambition des chefs d'État et de leurs serviteurs, et pour la diriger vers le seul moyen qui doit transmettre leur glorieux souvenir aux temps les plus reculés, ce peut être par surcroît un petit motif de tenter une telle histoire philosophique. »

Ici finit l'esquisse de Kant. Il importe d'en réunir sous les yeux des lecteurs les points principaux. Kant admet que des lois constantes, qu'il nomme le dessein de la nature, régissent le développement du genre humain, autrement dit l'histoire; comme l'essence de ce développement est un progrès, une amélioration, il en résulte que les générations antérieures, insciemment mais réellement, travaillent pour l'avantage des générations postérieures; et la philosophie, en ouvrant cette perspective, procure aux hommes qui passent le salutaire sentiment d'une association avec le lointain avenir.

Cette pensée le conduit à une autre. Tandis que les hommes commencent, dans l'enclos, comme il dit, de la société civile, à secouer l'antique sauvagerie, cette sauvagerie continue à exister dans les rapports d'État à État. Pour en sortir, il faudra qu'il se forme une grande fédération qui fasse pour ces êtres collectifs ce qui a été fait pour les êtres individuels.

Kant a très-bien vu que les nations européennes et leurs filles devenaient de plus en plus les arbitres du sort des autres populations, et qu'à elles allait appartenir la gestion des intérêts communs.

Il a conçu que la formation d'un grand corps politique, sans modèle dans le passé, était le résultat nécessaire du progrès qui transportait la morale civile dans la politique.

Enfin la solidarité de tous les membres de la famille humaine lui est apparue aussi clairement qu'elle nous apparaît aujourd'hui à la lumière de tant d'événements.

D'une autre part, il n'est pas difficile, malgré l'éminence du philosophe de Kœnigsberg, de faire une juste critique de son esquisse. C'est la philosophie positive et les principes trouvés par M. Comte qui me donnent cette confiance. Il est certain que l'histoire est un phénomène naturel soumis à des conditions déterminées; il est certain que Kant a vu qu'il en devait être ainsi; mais il est certain aussi que le fondement qu'il donne à sa conception est tout à fait ruineux. Ce fondement n'est autre qu'un principe métaphysique, à savoir : que la nature ne fait rien en vain, et que, comme les facultés humaines n'ont pas leur développement dans l'individu qui est éphémère, elles doivent l'avoir dans l'espèce qui est durable. Je n'ai pas besoin de dire à des esprits nourris des doctrines positives, que nous ne savons en aucune façon si la nature veut ou ne veut pas quelque chose en vain. C'est une vue subjective indûment transportée dans le domaine objectif. La conception de Kant est donc une intuition, non une démonstration, qui, après lui, restait à trouver; il n'avait fait que poser le problème.

Et cependant la solution était à côté de lui. Ou bien il ne connut pas Turgot; ou, le connaissant, l'importance du passage que j'ai cité lui fut masquée par les habitudes métaphysiques, et il préféra une démonstration subjective et illusoire à une démonstration objective et réelle. Au lieu d'imaginer un hypothétique dessein de la nature, il n'avait qu'à voir chez son illustre devancier comment les conceptions humaines, en tant que concernant l'interprétation du monde, furent successivement théologiques, métaphysiques, positives. A ce fait général ou loi il aurait rattaché le principe de l'histoire.

Il est encore un point qui ne peut être laissé sans observation. Kant, après avoir noté, avec toute raison, l'instinct sociable qui oblige les hommes à se réunir, ne paraît plus faire entrer dans les causes du développement que les mauvaises passions et les sentiments égoïstes. C'est une grave méprise sur la nature humaine. Sans vouloir rien ôter à l'importance des penchants égoïstes, on doit présentement affirmer que la société et son développement dépendent surtout de ce que M. Comte a heureusement nommé les penchants altruistes.

Malgré ces critiques faites à un point de vue qui n'existait pas encore pour Kant, son opuscule demeure une preuve éclatante de son vigoureux esprit, le plus voisin, parmi les métaphysiciens, de la philosophie positive. C'est un vrai précurseur; il annonce la lumière.

L'œuvre de Condorcet succède dans l'ordre des temps à celle de Kant. Ici, je serai très-bref. Condorcet est dans les mains de tout le monde, et M. Comte a toujours signalé le *Tableau des progrès de l'esprit humain* comme un échelon sur lequel il avait posé le pied. Il en a fait la critique de main de maître [1], et il suffit de la résumer en peu de mots.

Il lui reproche de n'avoir pas vu que la distribution des époques, qui est ici la partie la plus importante du plan, exige un premier travail général, le plus difficile de ceux auxquels la politique positive doit donner lieu. Condorcet a cru pouvoir coordonner convenablement les faits en prenant, presque au hasard, pour origine de chaque époque, un événement remarquable, tantôt industriel, tantôt scientifique, tantôt politique. En procédant ainsi, il ne sortait pas du cercle des historiens littérateurs. Il lui était impossible de former une vraie théorie, c'est-à-dire d'établir entre les faits un enchaînement réel, puisque ceux qui devaient servir à lier tous les autres étaient déjà isolés entre eux.

---

1. *Système de politique positive*, p. 133 et suiv.

Avec non moins de force, M. Comte objecte contre Condorcet de n'avoir pas su se dépouiller irrévocablement des préjugés critiques de la philosophie du dix-huitième siècle. Cette philosophie, en lutte contre la théologie et contre la féodalité, condamnait l'une et l'autre dans le passé comme elle faisait dans le présent. Condorcet s'est laissé dominer par de prétendus dogmes qui alors remplissaient toutes les têtes; il a fait le procès à l'histoire au lieu de l'observer, et son ouvrage est devenu en partie une déclamation dont il ne résulte réellement aucune instruction positive.

Il y a plus, son travail présente une contradiction générale et continue. D'un côté, il proclame hautement que l'état de la civilisation au dix-huitième siècle est infiniment supérieur à ce qu'elle était à l'origine. Mais ce progrès total ne saurait être que la somme des progrès partiels faits par la civilisation dans tous les états précédents. Or, d'un autre côté, en examinant successivement ces divers états, Condorcet les présente presque toujours comme ayant été, aux points de vue les plus essentiels, des temps de rétrogradation. Il y a donc miracle perpétuel, et la marche de la civilisation devient un effet sans cause.

M. Comte conclut en disant que le but a été manqué, d'abord quant à la théorie, puis quant à la pratique, et que ce travail doit être de nouveau conçu en totalité d'après des vues vraiment philosophiques, en ne regardant la tentative de Condorcet que comme marquant le but réel de la politique scientifique.

Voilà la critique, voici l'éloge : « La conception générale du travail propre à élever la politique au rang des sciences d'observation, dit M. Comte, p. 132, a été découverte par Condorcet. Il a vu nettement le premier que la civilisation est assujettie à une marche progressive dont tous les pas sont rigoureusement enchaînés les uns aux autres suivant des lois naturelles que peut dévoiler l'observation philosophique du passé, et qui déterminent, pour chaque époque, d'une manière entièrement positive, les perfectionnements que l'état social est appelé à éprouver, soit dans ses parties, soit dans son ensemble. Non-seulement Condorcet a conçu par là le moyen de donner à la politique une vraie théorie positive, mais il a tenté d'établir cette théorie en exécutant l'ouvrage intitulé : *Esquisse d'un tableau historique des progrès de l'esprit humain*, dont le titre seul et l'introduction suffiraient pour assurer à son auteur l'honneur éternel d'avoir créé cette grande idée philosophique. »

Je partage toute l'admiration exprimée dans ce passage pour l'héroïque penseur qui écrivit son *Esquisse* sous le coup d'une condamnation à mort; esquisse qui reste une tentative immortelle. Pourtant il y a lieu à quelques rectification. Il n'est pas exact de dire que Condorcet a créé l'idée philosophique de l'enchaînement de l'histoire; sans doute il l'a trouvée de son côté; mais elle avait été trouvée avant lui par Kant, comme il vient d'être montré. Je reprocherai aussi à Condorcet de n'avoir pas connu ou d'avoir méconnu la conception de Turgot; s'il en avait usé, il se serait préservé des fautes que M. Comte a si justement relevées, et son *Esquisse*, toute différente alors, aurait fondé, trente ans avant M. Comte, la théorie de l'histoire. Ce qui lui demeure en propre, et ce que n'avaient fait ni Turgot ni Kant, c'est d'avoir, le premier, tracé, à ses risques et périls, une ébauche du développement social. Cette ébauche, qui fut longtemps une pierre d'attente, n'est plus qu'une pièce parmi les antécédents des découvertes de M. Comte, mais c'en est une fort précieuse.

Il ne me reste plus qu'à résumer l'état de l'histoire philosophique avant M. Comte. Turgot avait découvert que les conceptions humaines, d'abord théologiques, devenaient ensuite métaphysiques et finissaient par être positives.

Kant avait connu que l'histoire est un phénomène naturel, assujetti à un cours déterminé, et Condorcet, plus poussé que ses devanciers par le temps qui marchait, avait tenté de tracer un tableu qui mît en évidence l'enchaînement des progrès de la civilisation. Ce sont là de grandes choses, mais ce ne sont encore que des rudiments ; car ni Turgot ni ses successeurs n'usent de la loi trouvée pour fonder sur ce fait général l'évolution ; Kant, qui aperçoit nettement la nécessité de concevoir l'histoire comme réglée par des conditions inhérentes à l'humanité, ne sait faire porter cette importante notion que sur une idée *à priori*, et il la laisse ainsi incapable de fixer l'attention d'un siècle dont les tendances étaient de plus en plus positives ; enfin, Condorcet n'a pour guide que la philosophie négative du dix-huitième siècle dans une œuvre où elle ne pouvait apporter que contradiction.

CHAPITRE V.

Histoire de la philosophie positive. — Saint-Simon. — Burdin.

Je l'ai déjà dit, M. Comte s'est développé par ses propres forces, mais dans un milieu qui tendait de lui-même à une évolution congénère. Il a trouvé un point particulier que Turgot avait déjà trouvé; il a saisi, sans connaître Kant, l'idée de Kant, et manié le livre de Condorcet, mais pour le refaire. Il n'en est pas moins vrai que Turgot, Kant et Condorcet, sous l'impulsion du dix-huitième siècle, avaient entamé la solution qui, suivant moi, fait la gloire de Comte et du dix-neuvième siècle. Il me reste maintenant à voir si un homme qui a notoirement joué un rôle dans la fermentation philosophique d'il y a quarante ans et plus, Saint-Simon, se rattache aussi, par certains côtés, au même ordre d'élaboration. Mieux il sera établi que, spontanément, parmi les idées qui se dégageaient de la philosophie critique, quelques-unes cherchaient non un retour vers la théologie mais une issue vers la science, mieux on comprendra l'œuvre de Comte, sa grandeur abstraite et son importance sociale.

Je vais essayer, en très-peu de mots, de faire une appréciation générale de Saint-Simon; cela facilitera beaucoup le jugement à porter sur les citations que je vais alléguer tout à l'heure; elles se mesureront à la mesure de l'homme; et, tout en les trouvant dignes d'intérêt, on n'attribuera pas à des pensées isolées une valeur générale qui ne fut jamais dans l'ensemble. On sait ce que, dans l'école positive, on entend par éducation scientifique régulière; c'est une instruction mathématique, première gymnastique et clef des sciences qui vont suivre; c'est, après les mathématiques, la connaissance des lois physiques de la matière; c'est, après la physique, la connaissance des lois chimiques de cette même matière; c'est, après la chimie, la connaissance des propriétés d'une matière particulière qu'on appelle organisée; c'est enfin, après la biologie, la connaissance des phénomènes sociaux. Je ne fais, bien entendu, aucun reproche à Saint-Simon de n'avoir pas eu une pareille éducation. Le premier qui l'eut parce qu'il se la donna, fut Auguste Comte. Mais, comme il est établi maintenant que toute philosophie positive est impossible sans une telle préparation, il a importé de noter dès le premier pas que toute philosophie positive était interdite à Saint-Simon, comme d'ailleurs à tous les autres. Sans doute il avait beaucoup recherché les savants, et, dans cette fréquentation, son esprit avait gagné en étendue; mais une fréquentation ne peut être dite une éducation. On se représentera ainsi l'état de son intelligence : d'une part il manquait de l'ensemble, et d'autre part il avait saisi des aperçus; de là naissait son incapacité de faire un choix entre le bon et le mauvais; et quand il philosophait, l'aberration la plus grave venait se poser à côté d'une notion positive, sans qu'il se doutât qu'il y eût une différence entre l'une et l'autre.

Il poursuivit toute sa vie la plus malencontreuse des idées, c'est que la gravitation universelle était un principe destiné à servir de base à une conception universelle (je répète le mot, car il semble avoir été le feu follet qui attira Saint-Simon) de l'ordre physique, chimique, vivant et social. Voici sa formule textuelle :

« Nous conclurons : 1° Qu'on peut déduire d'une manière

plus ou moins directe l'explication de tous les phénomènes, de l'idée de la gravitation universelle ;

« 2° Que le seul moyen pour réorganiser le système de nos connaissances est de lui donner pour base l'idée de la gravitation, qu'on l'envisage sous le rapport scientifique, religieux ou politique ;

« 3° Que l'idée de la gravitation n'est point en opposition avec celle de Dieu, puisqu'elle n'est autre chose que l'idée de la loi immuable par laquelle Dieu gouverne l'univers ;

« 4° Qu'en y mettant les ménagements convenables, la philosophie de la gravitation peut remplacer successivement et sans secousses, par des idées plus claires et plus précises, tous les principes de morale utile que la théologie enseigne (*Œuvres*, t. II, p. 126). »

Non content d'exposer abstraitement sa formule, il indique comment il faut en faire usage, dans les paroles suivantes qu'il suppose adressées par Bacon à l'Institut : « Voulez-vous, Messieurs, vous organiser? Rien n'est plus facile. Faites choix d'une idée à laquelle vous rapportiez toutes les autres et de laquelle vous déduisiez tous les principes comme conséquences. Alors vous aurez une philosophie. Cette philosophie sera certainement basée sur l'idée de gravitation universelle, et tous vos travaux prendront, dès ce moment, un caractère systématique. Quant au moyen d'organiser votre corporation, il est également simple, il est le même. Donnez à une de vos classes la philosophie pour attribution ; chargez les membres que vous y admettrez, de déduire ou de rattacher, suivant qu'ils procéderont *a priori* ou *a posteriori*, de ou à l'idée de la gravitation universelle, tous les phénomènes connus, et vous vous trouverez systématiquement organisés sous le rapport actif et sous le rapport passif, c'est-à-dire sous le rapport des idées et sous celui de la corporation, et votre force, sous l'un et l'autre de ces rapports, deviendra incalculable (*ib.*, p. 191). »

Une pareille formule est entachée de deux manquements capitaux : l'un contre la science, l'autre contre la philosophie, si désormais on entend par philosophie une méthode qui écarte à la fois la théologie et la métaphysique.

Le manquement contre la science est manifeste. Il est impossible d'identifier l'une avec l'autre les différentes forces physiques ; non-seulement la gravitation n'est pas le calorique, ou la lumière, ou l'électricité, mais encore on n'a aucune expérience conduisant à quelque donnée supérieure où les différences commenceraient à se concilier, à quelque nœud commun, d'où ces propriétés de la matière s'échapperaient comme autant de branches. L'équivalence des forces qui, aujourd'hui, occupe beaucoup les physiciens, est, comme le nom l'indique, une même valeur pour l'action effective et pour la puissance motrice ou autre, mais non une réduction à l'unité de nature. Si, dans le sein même de la physique, il est impossible de ramener les forces qui sont de son domaine à une source qui les produise toutes, à plus forte raison est-il impossible de poursuivre une telle identification en passant du domaine de la physique à celui de la chimie ; là on est en présence des forces qui, agissant sur les éléments, les combinent en proportions définies, et font apparaître dans les composés des propriétés qui, à nos yeux du moins, n'ont aucune relation avec les composants. Quoi de plus vide et de plus chimérique que de transporter dans les spéculations chimiques la gravitation universelle ? et quel est le chimiste qui, en théorie ou en pratique, voudrait se laisser guider par une si illusoire, tranchons le mot, par une si pauvre conception ? C'est encore des propriétés inhérentes à des éléments qu'il s'agit en biologie ; mais ici, au lieu d'être simples, les éléments organiques sont constitués par le groupement d'un nombre très-restreint de corps simples (oxygène, hydrogène, azote et carbone) qui seuls ont la faculté de porter et de manifester la vie. Mais à quelle distance sommes-nous de la gravitation universelle? quels intermédiaires avons-nous? quelles vues, même lointaines, ouvrent la moindre perspective de réduction et de conciliation? Il suffit de rapprocher, comme j'ai fait, des termes si dissemblables pour montrer le faux de pareilles spéculations. Réduire tous les éléments à une substance unique est, pour les physiciens et les chimistes, une hypothèse qui demeure ouverte, mais qui, dans l'état où elle est, ne peut servir à rien ; réduire toutes les forces de la nature à une force unique est une hypothèse qui, plus compliquée que la précédente, est encore, s'il est possible, plus vide et plus inutile ; mais réduire toutes ces forces à une de celles que nous connaissons déjà, est une chimère de gens qui rêvent scientifiquement.

Le manquement contre la philosophie n'est pas de moindre gravité. Quand même Saint-Simon ne le dirait pas expressément, on verrait sans peine que la gravitation universelle, introduite dans la conception du monde, y remplace l'idée théologique ou métaphysique de Dieu. Or, comme le caractère essentiel de la seule philosophie qui puisse succéder aux anciennes philosophies est de se tenir dans le relatif et d'abandonner l'absolu qui, depuis deux mille ans, défraye inutilement la pensée philosophique, y rentrer d'une façon quelconque, fût-ce par la gravitation universelle, est un suicide. Puis remarquez la singulière interversion qui se présente : Saint-Simon pose en principe de tout la gravitation universelle qui devient, comme on voudra et comme on pourra le concevoir, intelligence et volonté soit dans la totalité de l'univers, soit dans les êtres vivants ; c'est le passage d'une force brute à une force vivante, intelligente, volontaire; au contraire, dans la philosophie théologique ou métaphysique, c'est une force vivante, intelligente, volontaire, qui devient, dans la matière inorganique, force inorganique et brute. Le parallélisme est complet et fait toucher au doigt les insurmontables difficultés auxquelles la conception subjective de l'absolu a toujours échoué.

De pareilles spéculations coupent court à toute prétention qu'on pourrait élever en faveur de Saint-Simon sur la philosophie positive, à toute idée de considérer M. Comte comme philosophiquement élève de Saint-Simon. Mais telle était la nature de l'esprit de Saint-Simon et celle du milieu où jeune il avait été élevé, où, homme fait, il puisait ses inspirations, que de telles spéculations, malgré leur inanité absolue, ne sont pas exclusives d'idées, isolées et fragmentaires sans doute, qui appartiennent par avance à la philosophie positive et qui constituent les préliminaires de son histoire. Je n'examine ici que les idées de philosophie pure et laisse de côté celles qui sont relatives à l'organisation sociale, au rôle de l'industrie et à l'économie politique; non que j'aie aucune hésitation à en exprimer mon opinion, qui est que, Saint-Simon et ses élèves ayant manqué à poser les bases théoriques, tout ce qu'ils ont émis est entaché du vice inhérent aux propositions non démontrées, n'a qu'un cours provisoire et doit être révisé à la lumière des principes de la philosophie positive; mais ce sont là des applications, et les applications sont en dehors du présent travail, qui ne s'occupe, encore bien sommairement, que de la science abstraite.

Pour citer Saint-Simon, je me sers de l'édition publiée à Bruxelles en 1859, en trois petits volumes, et qui porte le titre de *Œuvres choisies de Saint-Simon*. Ici je dois faire une observation importante : une des pièces, le *Mémoire sur la science de l'homme*, n'a jamais été imprimée ; les éditeurs nous apprennent que ce mémoire fut écrit en 1813 et envoyé alors à un certain nombre de personnes dont ils donnent la liste. Une pièce non imprimée et qui ne paraît que de notre temps est une pièce, jusqu'à un certain point, non avenue. Cependant, comme, à tout prendre, M. Comte a pu en avoir un certain équivalent dans ses conversations avec Saint-Simon, j'en userai, mais avec la réserve expresse du doute qui demeure.

Dans mes citations je suivrai l'ordre chronologique; c'est le meilleur, avec une tête comme celle de Saint-Simon qui bouillonne sans cesse et dans laquelle on voit une conception chasser l'autre incessamment. Il commence une chose et ne l'achève pas; il la recommence et ne l'achève pas davantage. Il procède par ébauches continuelles sans rien terminer. Mais ne lui demandons pas plus qu'il n'a donné, et, faisant un triage, car tout est bien mélangé, rangeons les idées auxquelles on doit reconnaître par anticipation le caractère positif.

« Un savant est un homme qui prévoit; c'est par la raison que la science donne le moyen de prédire qu'elle est utile, et que les savants sont supérieurs à tous les autres hommes. » (*Lettre d'un habitant de Genève*, t. I, p. 23, 1807.) Les savants n'acquièrent la réputation de savants que par les vérifications qui se font de leurs prédictions. » (*Ibid.* p. 24.)

Cette importance de la prévision scientifique n'a pas été négligée par M. Comte. Il a expliqué avec un soin particulier le rôle social de cette prévision; c'est elle qui fait que le gros des populations, qui est incapable de juger les sciences par leurs méthodes, les juge par leur puissance de prévoir; quand les phénomènes prévus s'accomplissent, ce gros reconnaît que la science, quel que soit le procédé qu'elle emploie, est effective; et la foi qu'il accorde devient pour les sciences un principe irrésistible de puissance et de crédit.

« L'époque la plus mémorable que présente l'histoire des

progrès de l'esprit humain est celle à laquelle les astronomes ont chassé les astrologues de leur société. Les phénomènes chimiques étant plus compliqués que les phénomènes astronomiques, l'homme ne s'en est occupé que longtemps après. Dans l'étude de la chimie, il est tombé dans les fautes qu'il avait commises dans l'étude de l'astronomie; mais enfin les chimistes se sont débarrassés des alchimistes. La physiologie se trouve encore dans la mauvaise position par laquelle ont passé les sciences astronomiques et chimiques; il faut que les physiologistes chassent de leur société les philosophes, les moralistes et les métaphysiciens, comme les astronomes ont chassé les astrologues, comme les chimistes ont chassé les alchimistes. » (*Ibid.*, p. 26, 1807.) En demandant que la physiologie fût délivrée, comme l'astronomie et la chimie, de la fausse science qui l'encombrait, Saint-Simon avait la vue de ce que commençait à exiger le temps où il écrivait. A ce moment, rendre positive la physiologie était un des premiers besoins de la science générale.

Saint-Simon a hasardé une conjecture sur ce qui arriverait dans notre planète, quant aux animaux, en cas de disparition de l'homme : « Si l'espèce humaine disparaissait du globe, dit-il, l'espèce la mieux organisée après elle se perfectionnerait. » (*Introd. aux travaux scientifiques du dix-neuvième siècle*, t. I, p. 173, 1808.) J'attache, je l'avoue, peu de prix à l'idée qui a dicté une pareille conjecture et pour laquelle on n'a pas le moindre commencement de preuve et d'expérience. Aussi ne l'aurais-je pas rapportée si M. Comte ne l'avait, lui aussi, énoncée. C'est là une de ces idées très-particulières dont j'ai parlé tout à l'heure et qui, des conversations de Saint-Simon, étaient restées dans sa mémoire.

Saint-Simon attribue à Descartes le mérite d'avoir fait la grande révolution qui sépare nettement le *physicisme* du *théologisme*, justement par la célèbre théorie des tourbillons ; non pas que Saint-Simon ne reconnaisse que les tourbillons sont une hypothèse que l'expérience ultérieure n'a pas confirmée ; mais il fait remarquer que le service capital qu'elle rendit fut mental, étant le premier aperçu général où l'on essaya d'expliquer le monde par son seul mécanisme intrinsèque, sans l'intervention d'aucune idée théologique.

« Descartes, dit-il, arracha le sceptre du monde des mains de l'imagination, et le plaça dans celles de la raison ; il dit : Donnez-moi de la matière et du mouvement, je vous ferai un monde. Il osa entreprendre l'explication du mécanisme de l'univers. Le système des tourbillons est admirable, en le considérant du point de vue où l'on doit se placer pour l'envisager. Ce système a eu le mérite inappréciable d'être le premier aperçu général pur. Aucune idée théologique n'est entrée dans ses éléments. (*Ibid.*, p. 57, 1808.) C'est lui qui a planté le drapeau auquel se sont ralliés les physiciens contre les théologiens. » (*Ibid.*, p. 68.)

L'importance mentale de la théorie, utile, quoique fausse, des tourbillons, reçut de M. Comte la même appréciation, et cette appréciation est à la fois et très-ingénieuse et très-vraie. Qu'on me permette d'y ajouter un mot sur cette nécessité, notée d'ailleurs par M. Comte, qui force, en des circonstances déterminées, l'esprit des savants à agir, insciemment il est vrai, contre les choses même qu'ils révèrent le plus. Descartes, qui, par scrupule religieux, supprima son adhésion au mouvement de la terre démontré par Galilée, professait ostensiblement les dogmes du catholicisme ; il les professait aussi, je crois, dans le fond de son cœur, et pourtant c'est lui dont la main téméraire chasse du ciel les essences, les anges, l'intervention divine, et qui y substitue un mécanisme bientôt remplacé par le vrai rouage, c'est-à-dire une force inhérente à la matière et procédant suivant des lois mathématiques.

« Avec quelle sagacité Descartes a dirigé ses recherches !

il a senti que la philosophie positive se divisait en deux parties également importantes : la physique des corps bruts et la physique des corps organisés. Il a conclu que les idées du premier ordre ne pouvaient s'élaborer que dans une tête enrichie des connaissances acquises dans ces deux directions. Il a étudié l'anatomie, la zoologie, la pathologie, l'hygiène, en un mot toutes les parties de la physiologie. » (*Ibid.*, p. 198.) La subordination où est l'étude des corps organiques par rapport à l'étude des corps inorganiques est parfaitement exprimée dans ce passage. On notera aussi l'emploi des mots *philosophie positive* en 1808; c'est probablement la première fois qu'ils furent écrits. Ils n'avaient ici qu'un sens indéterminé, M. Comte le détermina et fit de ces mots le titre de sa philosophie.

La réforme ou protestantisme est, de la part de Saint-Simon, l'objet d'une remarque nouvelle, peut-être profonde, en tout cas reprise par M. Comte. Voyant le point d'émancipation intellectuelle et de rénovation auquel la France est arrivée, en avance sur les nations protestantes, il pense que Luther a contribué à rajeunir le déisme; ce qui produisit un retour vers les idées théologiques, un ralentissement de la marche vers les conceptions positives, et que la France, ayant échappé au protestantisme, a, par la même raison, échappé à ce retour et à ce ralentissement. (*Ibid.*, p. 248 et 249.)

Saint-Simon appelle *physicisme* l'ensemble des notions scientifiques et positives concernant les phénomènes, et il en constate la croissance à côté de la décroissance progressive des idées théologiques. « Depuis onze cents ans, la culture du physicisme est de plus en plus soignée, et celle du déisme de plus en plus abandonnée. » (*Ibid.*, p. 195.)

Ce qui fait le caractère distinctif de Saint-Simon à l'époque où il a vécu, c'est la destination sociale qu'il assigne sans hésiter aux idées qui le préoccupent. Il n'a, on l'a vu, que la plus confuse notion de ce que sera cette philosophie; mais, quelle qu'elle doive être, il la consacre d'avance à la réorganisation de la société.

« Le seul objet que puisse se proposer un penseur est de travailler à la réorganisation du système de morale, du système religieux, du système politique, en un mot du système des idées, sous quelque face qu'on les envisage. » (*Mémoire sur la science de l'homme*, t. II, p. 10, 1813.)

Et un peu plus loin :

« On voit que les systèmes de religion, de politique générale, de morale, d'instruction publique, ne sont autre chose que les applications du système des idées, ou, si on préfère, que c'est le système de la pensée considéré sous différentes formes. Ainsi il est évident qu'après la confection du nouveau système scientifique, il y aura réorganisation des systèmes de religion, de politique générale, de morale, d'instruction publique, et que, par conséquent, le clergé sera réorganisé. » (*Ibid.*, p. 14.)

C'est dans le même esprit qu'il ajoute que la politique deviendrait une science d'observation, et que les questions politiques seraient un jour traitées par ceux qui auraient étudié la science positive de l'homme par la même méthode et de la même manière qu'on traite aujourd'hui celles qui sont relatives aux autres phénomènes. (*Ibid.*, p. 147.)

Ce qui là dedans est nouveau et important ne consiste pas à imaginer une réorganisation de la société, projets qui, plus d'une fois, ont agité les têtes, et auxquels on va, peu après Saint-Simon, assigner le nom de socialisme; c'est de concevoir que cette réorganisation est subordonnée à un système scientifique qu'il s'agit de trouver. Mais ne le trouvant pas, et, ajoutons, étant incapable de le trouver, cette idée ne fut qu'un feu follet, et il passa, sans plus s'en embarrasser, à la réorganisation.

La manière dont Saint-Simon considérait l'histoire l'avait

conduit à désirer pour le moyen âge une autre position que celle qu'on accordait ordinairement à cette époque. Aussi adopta-t-il avidement l'issue, vainement cherchée par lui, que lui offrit un auteur allemand : « D'Alembert et, à plus forte raison, les auteurs subalternes ont présenté le moyen âge comme une époque durant laquelle l'esprit humain a rétrogradé. Je ne voyais pas le moyen de faire disparaître cette idée de rétrogradation. M. OElsner l'a fait disparaître, en montrant que les Européens ont suivi l'idée de Socrate jusqu'à l'influence des Arabes, qui ont imaginé de chercher les lois qui régissent l'univers en faisant abstraction d'une cause animée le gouvernant. » (*Ibid.*, p. 52.)

Cette solution est très-peu satisfaisante. C'était à M. Comte qu'était réservée, comme je l'ai dit dans le chapitre consacré à Turgot, la gloire de faire disparaître un des plus grands achoppements qu'ait créés pour l'histoire la philosophie négative, arme du dix-huitième siècle.

Le sens défavorable que le langage et l'opinion donnaient au mot matérialisme engagea Saint-Simon à l'interpréter à sa manière : « On a jusqu'à présent appelé spiritualistes ceux qu'on aurait dû appeler matérialistes, et matérialistes ceux qu'on aurait dû appeler spiritualistes. En effet, corporifier une abstraction, n'est-ce pas être matérialiste? De l'être Dieu extraire l'idée loi, n'est-ce pas être spiritualiste? » (*Ibid.*, p. 238.)

Plus tard, une même disposition entraîna M. Comte à une tentative semblable. Lui, envisageant la chose autrement, dit qu'être matérialiste, c'est importer dans une science supérieure les méthodes qui appartiennent à la science inférieure. Sans insister sur ce qu'il y a de périlleux à changer le sens reçu des mots, on doit dire que ces deux hommes étaient choqués de voir attribuer à leur système une appellation qui était celle d'un système tout différent. Si M. Comte, pour ne parler ici que de lui, a voulu signaler cette différence, qui est profonde, il a eu raison, sans doute ; mais le moyen qu'il a employé est contestable; si au contraire il a voulu écarter loin de lui la condamnation implicite que le vulgaire attache au matérialisme en tant que niant toute surnaturalité, il a plutôt joué sur les mots qu'apporté une sérieuse interprétation; car nier la surnaturalité lui est commun avec le matérialisme, et cette négation est justement ce qui, aux yeux du vulgaire, caractérise le matérialisme. Dans la vérité, la philosophie positive n'a ni à rejeter la qualification de matérialiste, ni à s'en affubler; car, à la fois, elle pense comme le matérialisme sur la surnaturalité, et elle pense tout différemment de lui sur la conception du monde.

On me reprochera peut-être d'avoir remonté aussi haut que 1808 pour en exhumer la malencontreuse philosophie de la gravitation universelle, et de ne citer que des choses de la première période de Saint-Simon. Au point de vue dont il s'agit en ce moment, le reproche ne serait pas juste. Pour que je connaisse la valeur propre, effective, de Saint-Simon, il faut que je l'examine en un temps où il n'a pas encore subi les contacts avec Auguste Comte, car ces contacts ne furent pas sans influence; et il me serait possible de signaler, dans les productions de Saint-Simon postérieures à 1820, des traces non méconnaissables des idées de celui qui portait alors le titre de son élève. Or, ici, c'est l'action de Saint-Simon sur Comte que j'examine, non l'action de Comte sur Saint-Simon. Cet examen, limité dès lors comme il doit l'être à l'époque primitive de Saint-Simon, donne pour résultat : que cet esprit, retenu par l'insuffisance de son éducation dans la plus chétive des conceptions que pouvait inspirer la physique, et incapable, d'ailleurs, de s'élever jusqu'à saisir la philosophie positive, était cependant capable de certaines pensées, particulières mais importantes, qui se retrouvent dans l'œuvre de Comte et qui ne reçoivent que là leur vraie lumière et leur valeur complète.

Je m'aperçois qu'entraîné par la recherche historique et par les passages que je rencontre, je ne cite de Saint-Simon que ce qui porte un cachet de force ou de pénétration ; ce serait faux pour lui, et injuste pour M. Comte ; il faut très-brièvement compléter l'image par des morceaux d'un tout autre caractère. J'ai parlé de l'incohérence qui existait dans l'intelligence de Saint-Simon, grâce à une imagination vive, à des fragments de science et à des tentatives de philosophie positive sans philosophie positive. Ne voulant pas que le lecteur m'en croie sur parole, je vais citer.

« Je crie de toutes mes forces à mes contemporains, et, en particulier, à mes compatriotes : Il est temps de changer de route ; c'est sur la route *a priori* qu'il y a, dans ce moment, des découvertes à faire. » (*Introd. aux travaux scientifiques du dix-neuvième siècle*, t. I, p. 144, 1808.)

Qu'entend Saint-Simon par la route *a priori ?* Celle de Descartes, sans doute, car il reproche à ses contemporains d'avoir abandonné la route de Descartes. C'est pour les métaphysiciens qu'il y a un *a priori ;* pour la philosophie positive, il n'y en a point. En nous renvoyant à Descartes, on nous rejette en pleine métaphysique. La seule issue est de passer de la science particulière à la science générale, et de celle-ci à la philosophie, ce qu'a fait Auguste Comte.

Voici comment Saint-Simon apprécie la chimie : « C'est le propre des génies transcendants de s'élever aux généralités du premier ordre ; les sciences secondaires ne peuvent fixer que passagèrement leur attention. La chimie ne porte que sur des considérations secondaires de la physique des corps bruts ; les chimistes n'observent que des rouages secondaires de la grande machine. Cette science n'a point fixé l'attention de Newton. » (*Ibid.*, t. I, p. 112, 1808.)

Dire que la chimie ne peut fixer que passagèrement les regards du philosophe! Appeler rouages secondaires l'immense action de molécule à molécule! et méconnaître le rôle intermédiaire qu'elle joue entre la physique et la science des corps vivants!

Saint-Simon est bien malheureux dans ses considérations sur la chimie : « Ce discours (le discours préliminaire de Lavoisier), que l'école regarde encore comme un modèle, n'est, à bien l'examiner, qu'une production bâtarde. Les idées de Lavoisier ont été, relativement à celles de Newton, ce que les idées de Malebranche avaient été à l'égard de celles de Descartes. Lavoisier a fait une application exagérée de la méthode d'analyse. Malebranche avait dépassé, dans les *Recherches de la vérité*, les bornes de la faculté synthétique de notre intelligence. » (*Ibid.*, t. I, p. 125, 1808.) Ai-je besoin de noter que les idées de Lavoisier n'ont rien de commun avec les idées de Newton, et que l'un des principaux fondateurs de la chimie n'a point exagéré l'application de la méthode d'analyse?

« Je dirai plus en détail ce que je pense de ce discours (le discours de Lavoisier) quand je parlerai de la statique chimique de Berthollet, à l'article des travaux scientifiques du dix-neuvième siècle. Je ferai alors mes efforts pour tracer une route de communication entre l'idée de gravitation et celle d'affinité. J'annonce d'avance qu'il n'y aura d'autre différence entre les travaux de M. Berthollet et le mien, sinon que M. Berthollet est parti de l'affinité pour remonter à l'attraction, et que moi je partirai de l'attraction pour descendre à l'affinité. » (*Ibid.*, t. I, p. 125, 1808.) Tout ce que je dirai, moi, de ce passage, c'est que, si Berthollet était parti de la gravitation universelle, il y serait encore, et n'aurait pas découvert les lois qui lui font tant d'honneur.

« Les considérations de botanique sont bien peu importantes, en comparaison de celles d'astronomie et de physiologie de l'homme. » (*Ibid.*, t. I, p. 139, 1808.) Il est impossible de se démêler dans cette proposition. La botanique ne peut être opposée ni à l'astronomie ni à la physiologie de l'homme. La botanique, comme la physiologie, est une partie de la biologie, et la biologie est une science supérieure qui repose sur la chimie et la physique tant terrestre que céleste. Voilà l'état réel des choses.

Saint-Simon a eu le malheur, ayant beaucoup loué Napoléon Ier, de s'apercevoir, quand il fut tombé, que la chute était juste. Je n'ai aucune envie de relever cette palinodie, qui fut alors si commune; je veux seulement faire voir combien il fut incapable de porter sur l'époque impériale un jugement qui eût la moindre justesse et la moindre prévision.

« L'empereur est le chef scientifique de l'humanité, comme il en est le chef politique. D'une main, il tient l'infaillible compas; de l'autre, l'épée exterminatrice des opposants au progrès des lumières. Autour de son trône doivent se ranger les plus illustres savants du globe, comme les plus vaillants capitaines. L'École, ayant Napoléon pour chef, doit élever sous sa direction un monument scientifique d'une dimension et d'une magnificence qui ne puissent être égalées par aucun de ses successeurs. Faire une bonne encyclopédie, organiser le système scientifique projeté par Descartes, est le seul travail scientifique digne des vues du grand Napoléon. » (*Ibid.*, t. I, p. 61, 1808.) Saint-Simon rêvait tout éveillé quand il écrivait de pareilles phrases.

« La capacité de l'empereur ne pourra être jugée d'une manière exacte que par la postérité; mais ses contemporains peuvent en avoir conscience d'une manière plus ou moins forte. L'homme le plus fort, après l'empereur, est incontestablement celui qui l'admire le plus profondément. Il existe trois actes de hautes dispositions organisatrices napoléoniennes pour lesquelles je suis plus exalté d'admiration que personne que je connaisse :

« La constitution du royaume d'Italie (qui divise les habitants en gouvernés et gouvernants, et ceux-ci en trois colléges formés de deux classes, l'une comprenant les propriétaires, l'autre les savants et les artistes) ;

« L'établissement de la Légion d'honneur (qui met sur le pied d'égalité le civil avec le militaire) ;

« La combinaison des deux établissements scientifiques (l'un chargé du perfectionnement de la science, l'autre chargé de l'enseignement). » (*Ibid.*, t. I, p. 231, 1808.) L'hyperbole d'admiration à côté des minces conceptions politiques qui l'inspirent est particulièrement blessante en ce passage.

S'il admire mal, il ne prévoit pas mieux. « L'empereur conquerra le monde et lui donnera des lois ; sa supériorité, l'ascendant qu'il a acquis et la force des choses le commandent. Les Anglais résistent encore, mais bientôt ils succomberont, et la chute de leur empire terminera nécessairement la guerre, puisqu'il n'existera plus de force en état de s'opposer aux volontés de l'empereur.... La monarchie universelle ne sera point héréditaire ; elle n'existera qu'une fois pendant toute la durée de la planète, et c'est Napoléon qui en aura été le chef. » (*Ibid.*, p. 243, 1808.) Fort heureusement, Saint-Simon s'est trompé, et l'empereur n'a pas conquis le monde.

Si, des incohérences primitives, on descend à la fin de 1823 et au premier cahier du *Catéchisme des industriels*, où il chargeait Auguste Comte d'écrire un livre sur le régime scientifique et sur l'éducation (ci-dessus, p. 15), on verra qu'elles ont disparu. Mais on verra aussi qu'alors Auguste Comte, avec lequel il avait vécu six ans, commençait à établir ses conceptions principales. M. O. Rodrigues rapporte ainsi des paroles de Saint-Simon : « J'ai voulu, nous disait-il quelques mois avant sa mort, comme tout le monde, systématiser la philosophie de Dieu; je voulais descendre successivement du phénomène univers au phénomène système solaire, de celui-ci au phénomène terrestre, et enfin à l'étude de l'espèce considérée comme une dépendance du phénomène sublunaire, et déduire de cette étude les lois de l'organisation sociale, objet primitif et essentiel de mes recherches. Mais je me suis aperçu, à temps, de l'impossibilité d'établir jamais une loi positive et coordinatrice dans cette philosophie, et je me suis retourné vers la *science générale de l'homme*, dans laquelle ce ne sont plus directement les sciences que l'on considère, mais les savants; la philosophie, mais les philosophes envisagés dès lors sous le rapport positif de leurs fonctions dans la société humaine. » (*Producteur*, 1826, p. 106.)

Cet abandon de l'idée de la gravitation prouve l'influence salutaire exercée par Auguste Comte sur l'esprit de celui qui ne fut son maître qu'un moment et au début: la fausse philosophie d'une conception absolue avait été chassée. Mais on a, en même temps, le témoignage que cette influence ne peut aller jusqu'à mettre Saint-Simon au niveau de la vraie réorganisation mentale. Des deux idées qui avaient vaguement apparu à son esprit, une philosophie et une rénovation sociale, il délaissa l'une à laquelle il ne put s'élever, et suivit l'autre qui lui offrait une pente facile. M. O. Rodrigues continue : « Nous verrons, dans le cours de notre travail, comment Saint-Simon a opéré cette amélioration dans ses travaux, qui, pour but final, devaient le conduire à la doctrine scientifique industrielle. » (*Ibid.*) Elle le conduisit en effet à un socialisme qui, comme tous les socialismes, a le tort de vouloir commencer par ce qui ne peut être qu'une conséquence. Ainsi, en résumé, chez Saint-Simon, d'abord une philosophie absurde, puis le renoncement à toute philosophie, et néanmoins la recherche d'un nouvel ordre social ; chez Auguste Comte, conception d'un système général d'idées destiné à remplacer l'ancien système général, et réformation consécutive de l'ordre social. A aucun moment Saint-Simon n'a été le maître philosophique d'Auguste Comte ; à plus d'un moment Auguste Comte a agi sur la pensée flottante de Saint-Simon.

Saint-Simon, avec une loyauté digne d'éloge, nous a conservé une conversation du docteur Burdin, dans laquelle le physiologiste ouvre au philosophe des aperçus directement relatifs à notre sujet. Mais, pour le docteur Burdin, comme pour Saint-Simon, afin de ne pas exagérer la portée de ces aperçus, il importe de savoir à quelle philosophie il les rattache. Le docteur Burdin, me dispensant de tout travail d'interprétation, expose ainsi ce qu'il entend par philosophie :

« On peut concevoir la philosophie comme se composant de quatre parties, savoir :

1° La science de la comparaison des idées, qui est la science de la pose des problèmes ;

2° La science de la mathématique infinitésimale, qui est la manière la plus transcendante de traiter un problème posé ;

3° La science de l'algèbre, qui est le moyen de préciser les solutions obtenues par le calcul infinitésimal ;

4° La science de l'arithmétique, qui est le moyen de faire l'application de la solution des problèmes aux cas particuliers. » (*Mém. sur la science de l'homme*, t. II, p. 30.)

Ramené à des termes précis, ceci exprime que la philosophie est constituée par deux méthodes, l'une la méthode mathématique, l'autre la méthode qui compare les idées pour poser les problèmes, c'est-à-dire que, là où finit la puissance de l'instrument mathématique, doit commencer celle de l'instrument qu'il appelle comparaison des idées. Il serait bien inutile de perdre des paroles à montrer que comparer les idées n'est pas une méthode, encore moins une philosophie. Évidemment, Burdin, apercevant la solidité de la base mathématique, n'a su s'élever dans le reste du savoir que par cette vague expression : la comparaison des idées.

Cependant le même homme qui sait si obscurément ce qu'est la philosophie, devient lumineux quand, apercevant le moment où la physiologie sera science positive, il déduit l'action de cette transformation sur la science générale.

« Toutes les sciences ont commencé par être conjecturales ; le grand ordre des choses les a appelées toutes à devenir positives. L'astronomie a commencé par être l'astrologie ; la chimie n'était à son origine que de l'alchimie. La physiologie, qui pendant longtemps a nagé dans le charlatanisme, se base aujourd'hui sur des faits observés et discutés. La psychologie commence à se baser sur la physiologie et à se débarrasser des préjugés religieux sur lesquels elle était fondée.

« Les sciences ont commencé par être conjecturales, parce qu'à l'origine des travaux scientifiques il n'y avait encore que peu d'observations faites, que le petit nombre de celles qui avaient été faites n'avaient pas eu le temps d'être examinées, discutées, vérifiées par une longue expérience, et que ce n'étaient que des faits présumés, des conjectures. Elles ont dû, elles doivent devenir positives, parce que l'expérience journellement acquise par l'esprit humain lui a fait acquérir la connaissance de nouveaux faits et rectifier celle plus anciennement acquise de certains faits qui avaient été observés d'abord, mais à une époque à laquelle on n'était pas encore en état de les analyser.

« L'astronomie étant la science dans laquelle on envisage les faits sous les rapports les plus simples et les moins nombreux, est la première qui doit avoir acquis le caractère positif. La chimie doit avoir marché après l'astronomie et avant la physiologie, parce qu'elle considère l'action de la matière sous des rapports plus compliqués que la première, mais moins détaillés que la physiologie.

« Par ce peu de mots je crois vous avoir prouvé que ce qui est arrivé est ce qui devait arriver. C'est beaucoup de savoir la raison qui a amené successivement l'ordre des choses qui nous ont précédés, puisqu'elle donne le moyen de découvrir ce qui arrivera....

« La philosophie deviendra une science positive. La faiblesse et l'intelligence humaine a obligé l'homme à établir dans les sciences la division entre la science générale et les sciences particulières qui sont les éléments de la science générale. Cette science, qui n'a jamais pu être d'une autre nature que ses éléments, a été conjecturale, tant que les sciences particulières l'ont été; elle est devenue mi-conjecturale et positive, quand une partie des sciences particulières est devenue positive, l'autre restant encore conjecturale.

« Tel est l'état actuel des choses. Elle deviendra positive quand la physiologie sera basée dans son ensemble sur des faits observés, car il n'existe pas de phénomène qui ne puisse être observé au point de vue de la physique des corps bruts, ou de celui de la physique des corps organisés, qui est la physiologie. » (*Ibid.*, p. 21-24.)

Ceci est important et mérite que je m'y arrête. Il convient certes de faire honneur au docteur Burdin pour avoir conçu que la physiologie succède à la chimie et pour avoir ainsi augmenté d'un chaînon la série. Pourtant on doit y voir surtout le résultat d'un développement qui se manifestait spontanément aux esprits judicieux. Bien des années auparavant, et dans le fort des orages révolutionnaires, les savants qui suggérèrent à la Convention la fondation de l'École polytechnique, y établirent le premier tronçon de la série scientifique, celui qui comprend la mathématique, les sciences mathématico-physiques et la chimie. Ce fut, dans la préparation inconsciente de la philosophie positive, une grande idée. Il était naturel que ces savants, qui appartenaient aux sciences d'ordre inorganique, n'allassent pas plus loin. Il était naturel aussi qu'un médecin montât un degré de plus dans cette échelle. Dès lors on reconnaît que celui qui fonderait la sociologie ne manquerait pas de poser le pied sur l'échelon supérieur et de la mettre à la suite de la biologie. C'est à M. Comte que revint cet achèvement. La série des sciences se construisait peu à peu et d'elle-même, à la condition de parfaire les sciences supérieures. La fondation de la sociologie fut un événement grand en soi, et grand aussi parce qu'il leva la dernière barrière séparant encore les esprits de la philosophie positive, dont Burdin avait senti le caractère congénère à celui des sciences.

En reconnaissant la place et l'importance de la physiologie, le docteur Burdin reconnut aussi que les mathématiques devaient cesser de primer l'ordre intellectuel. « Les mathématiques, dit-il, jouent le premier rôle dans tous les lycées et dans tous les établissements de quelque importance ; ils sont à la tête de l'Institut. L'introduction de l'étude de la physiologie dans l'instruction publique, la réorganisation du corps scientifique devant nécessairement diminuer la considération dont ils jouissent et amoindrir sous tous les rapports leur existence sociale et scientifique, il faut s'attendre à une lutte avec eux, et il faut d'avance faire son plan de campagne contre eux. » (*Ibid.*, p. 28, 1813.)

Les mathématiciens, ayant construit l'édifice de leur science propre, ayant transformé l'astronomie dynamique en un vaste problème de mécanique, enfin ayant pénétré profondément dans plusieurs branches de la physique, tenaient le sceptre scientifique ; et il ne pouvait leur être disputé par des sciences qui, il est vrai, ne relevaient pas d'eux, mais qui, encore à l'état d'ébauche, n'exerçaient ni par leurs doctrines, ni par leurs résultats une action puissante sur l'esprit public. Cet état provisoire allait cesser, et les mathématiciens ne devaient pas rester directeurs d'un système dont la partie la plus haute et la plus compliquée leur échappait absolument. M. de Blainville combattit avec autorité les usurpateurs au nom de la biologie; et, à son tour, M. Comte les combattit au nom de la philosophie; car, entre ses mains, cette thèse devint un juste et ferme corollaire de sa doctrine sur la hiérarchie des sciences.

Ici s'arrête cette citation de fragments; je dis fragments, car Saint-Simon n'a donné, jusqu'à l'époque qui m'occupe, que des œuvres fragmentaires, des opuscules inachevés ou à peine achevés; et, de Burdin, nous n'avons qu'une conversation[1]. C'est une raison de plus pour que je mette sous les yeux du lecteur un très-bref résumé de ces fragments qui en fasse voir la signification.

Avant Saint-Simon, il faut nommer les fondateurs de l'École polytechnique. Ils ont inscrit dans cet établissement comment ils entendaient la systématisation des sciences inorganiques; et cet ordre est justement celui que la philosophie positive a confirmé en l'adoptant.

A Saint-Simon appartient le désir, mais le désir seulement, de mettre le moyen âge en son vrai rapport avec ce qui précède et ce qui suit. A lui aussi appartient l'idée que, le régime mental changeant, le régime social changera, et que tel est le but définitif de la philosophie. A lui appartient enfin la remarque que le *physicisme* (c'est le mot dont il se sert) détrône peu à peu et supplante le théologisme, et que la philosophie positive, c'est son mot aussi, se divise en deux parties, la physique des corps bruts et la physique des corps organisés.

La part du docteur Burdin est d'avoir vu que la philosophie positive devait être la fille des sciences positives, et

---

1. Il est auteur d'un *Cours d'études médicales*. 3 vol. Paris, 1803.

qu'un grand pas serait fait quand la physiologie aurait conquis ce caractère. Mais, n'allant pas plus loin et parlant vaguement d'une psychologie qui doit devenir positive, il ignore la sociologie, et demeure incapable de concevoir et d'énoncer comment la science doit produire la philosophie.

Ces divers aperçus, empruntés à des hommes et à des temps différents, témoignent que l'heure de la philosophie positive approchait, qu'une certaine préparation était accomplie, et que désormais, sans craindre un échec, un grand esprit pouvait s'engager dans la tentative de rendre la philosophie homogène aux sciences.

CHAPITRE VI.

Histoire de la philosophie positive. — Auguste Comte.

Je ne puis clore cet historique sans le prolonger jusqu'à Auguste Comte. J'ai, le premier, groupé Turgot, Kant, Condorcet, la profonde intuition qui présida à la création de l'École polytechnique, certaines pensées choisies parmi le désordre de Saint-Simon, certaines idées du docteur Burdin ; et ce groupement, qui mettait ensemble la force de plusieurs hommes et le produit de plus de soixante années, a montré que de lumineux aperçus avaient sillonné les intelligences durant cet intervalle. Quand je me suis engagé dans ces recherches, j'ignorais ce que j'y trouverais ; je savais seulement que j'étais résolu à ne rien dissimuler. Ce travail, le voilà terminé et mis sous les yeux du lecteur ; j'ai d'un seul coup épuisé tout ce qui peut être recueilli là-dessus. Il est bon, une fois pour toutes, d'avoir dissipé des allégations qui n'en étaient pas moins dangereuses pour être vagues, et fait voir quelle était la somme et le caractère des antécédents que M. Comte avait eus.

En disant tout à l'heure que j'ignorais ce que j'allais trouver, j'ai outrepassé ma pensée, et il me faut la restreindre. Je ne savais pas sans doute, en particulier, ce que Turgot, Kant ou tel autre pouvaient m'offrir ; mais je savais en général que, chez pas un d'eux, je ne rencontrerais la philosophie positive, œuvre de M. Comte. Ce qui me donnait cette pleine assurance, c'est la séparation tranchée entre le régime mental dont il se dégage et nous dégage, et le régime mental où il s'engage et nous engage. Tant qu'Auguste Comte n'a pas paru, le champ de la spéculation générale appartient à la théologie ou à la métaphysique, et celui de la spéculation particulière à la science. Quand il a paru, les positions sont interverties, la spéculation scientifique devient générale, et la théologie et la métaphysique deviennent particulières, c'est-à-dire qu'elles ne se montrent que comme des stages de l'histoire et de l'esprit humain. Pour la première fois, ce qu'elles ont d'essentiellement particulier se manifeste, et l'on voit clairement que, comme méthode, elles ne sont que les attributs d'une époque congénère à un certain état de l'intelligence. Pour la première fois, ce que la science a d'essentiellement général se manifeste, et l'on voit clairement qu'elle seule peut fournir une philosophie congénère à l'intelligence telle que tout le passé l'a préparée : c'est là ce que Auguste Comte a nommé philosophie positive; nul autre n'y peut prétendre, ni peu ni beaucoup, ni directement ni indirectement.

Cette assertion, qui va être démontrée, n'est en rien contredite par les passages que j'ai réunis dans les trois chapitres précédents et qui peut-être, à un premier coup d'œil superficiel, semblent empiéter sur les droits de M. Comte. En réalité, ils n'y empiètent point; on le reconnaît à trois caractères : le premier, c'est qu'ils sont fragmentaires et ne dépendent pas d'une conception générale qui en soit l'origine; le second, c'est qu'ils sont indiscernables au milieu des erreurs et des contradictions tant que la philosophie positive d'Auguste Comte ne vient pas en indiquer la place et la liaison; le troisième, c'est qu'ils sont absolument stériles tant pour les contemporains que pour les successeurs aussi longtemps que l'utilité particulière n'en est pas révélée par l'utilité générale de la philosophie positive.

Qu'aucune pensée générale de l'ordre de la philosophie

positive ne les inspire, c'est ce qui ressort à première vue. Turgot reconnaît la succession de nos conceptions par les trois phases que Comte a nommées les trois états ; il touche là à une des lois de l'histoire ; mais ni elle ne lui sert à faire l'histoire, ni elle ne le conduit à un aboutissement supérieur ; au lieu que, dès que cette vue est saisie par M. Comte, elle devient la base du tableau de l'évolution humaine et le couronnement qui permet l'établissement de la philosophie positive. Kant appartient trop notoirement à la métaphysique pour qu'il faille lui faire honneur d'autre chose que d'avoir aperçu, à travers d'assez faibles raisons, la réalité des conditions naturelles de l'histoire ; et Condorcet manque justement son esquisse parce qu'il n'a point de théorie sociologique, encore moins de philosophie qui dépasse ce qui est connu sous le nom de philosophie du dix-huitième siècle. Quant à Saint-Simon et à Burdin, sans parler de l'extravagante idée de l'un sur le rôle philosophique de la gravitation universelle et de l'insuffisance absolue de la définition de l'autre, il est visible que les citations que je leur ai empruntées sont des dires heureux sans doute et notables, mais non des parties d'un système. Le système n'est nulle part ; il n'est que dans M. Comte ; chez lui seulement on trouve la raison de ces passages qui n'en ont point dans leur place primitive.

Donc on a beau les rapprocher, les combiner, les résumer, on ne peut rien en tirer. Comme ils ne sont pas la conclusion d'un système qui les ait précédés, il est impossible de remonter d'eux à un système. Ils ne renferment pas une doctrine qu'ils soient capables de donner ; au contraire, ils sont réellement inclus dans une doctrine qui, trouvée, les donnera. Ainsi il est vrai de dire que, soit que M. Comte ait tiré de son propre fonds les propositions qu'ils contiennent, soit qu'il les doive à ses souvenirs, elles n'en sont pas moins siennes ; car il a découvert la doctrine dont tout cela n'est que cas particulier. La différence du particulier au général est la suprême démarcation entre M. Comte et ses précurseurs. Ces précurseurs, à côté de bons passages, ont des passages je ne dirai pas mauvais, mais ce qui, philosophiquement, est pis, contradictoires; en effet, ils ne tiennent pas entre leurs mains un ensemble d'idées cohérentes. M. Comte n'a aucune contradiction; chez lui le système existe; et tout est conséquence et conséquent. La contradiction des propositions est la preuve décisive que celui qui se contredit rencontre le vrai, non en vertu de sa propre conception, mais fortuitement, par le fait de conditions extrinsèques, et par l'inspiration d'un milieu favorable.

Cette contradiction que je signale est aussi ce qui rend les bons passages indiscernables, par eux-mêmes, des mauvais. Les auteurs qui les ont émis simultanément n'en ont pas eu le discernement; les lecteurs ne l'ont pas eu davantage. Comment en aurait-il été autrement, puisque les auteurs ne pouvaient communiquer aux lecteurs une doctrine supérieure qu'ils n'avaient pas et qui aurait signalé l'importance des conséquences en signalant la fécondité des principes? Puis vient un moment où la lumière qui manquait apparaît; les passages valables se séparent des passages sans valeur; et ce qui était vil et méconnu devient reconnaissable et précieux. Où est la cause d'un tel changement? uniquement dans ceci : Auguste Comte a conçu la philosophie positive et l'a mise entre les mains de tout le monde; dès lors tout le monde, avec ce guide fidèle, peut, dans les écrits antécédents, aller à la quête de ce qui, avant la philosophie positive, appartient à la philosophie positive. C'est ce que j'ai fait, et j'en suis revenu non sans butin; mais j'en suis revenu aussi avec la preuve manifeste que tous les prédécesseurs immédiats étaient restés loin au-dessous de la conception d'une philosophie qui mît l'homogénéité dans la pensée humaine; point culminant où Comte seul atteignit. Cette démonstration définitive n'est pas le moindre résultat de mon excursion historique.

Il ne me reste plus qu'à examiner quelle fut l'utilité de tous ces antécédents dont j'ai fait la collection minutieuse. J'entends parler ici de l'utilité philosophique, c'est-à-dire du service qu'ils ont pu rendre en devenant enseignement pour les esprits avancés. L'utilité patente fut nulle; je ne parle pas de l'utilité latente, qui demeure. Personne ne songea, ne put songer à les employer comme des éléments de développement, et comme des principes desquels il était loisible de partir pour faire des trouées, soit dans l'histoire, soit dans la philosophie. Et cela se comprend; si ces antécédents avaient eu leur appui dans l'ensemble du présent, l'esprit aurait saisi les attaches et usé de notions qui n'anticipaient pas; mais, justement, ces notions étaient anticipantes, avaient leur point d'appui dans un avenir qui était encore voilé, et ne devaient devenir philosophiquement intelligibles que quand la philosophie dont elles relevaient implicitement aurait été découverte. Puis, derechef, la découverte de cette philosophie les rejette hors du domaine philosophique pour les fixer dans le domaine historique où elles reprennent de la valeur. C'est ce que j'appelle leur utilité latente.

Tel est le résultat de la discussion. Maintenant, en déroulant de la sorte une histoire peu connue, quel a été le but que j'ai voulu atteindre? Après avoir fait mes recherches et avoir acquis les diverses convictions qu'elles suggèrent, il m'était loisible d'en effacer les traces et de laisser dans le silence ce que j'avais trouvé. Toutefois, il restait toujours possible que quelque autre, faisant les mêmes lectures, rencontrât les mêmes passages, et me reprochât de la réticence et de la dissimulation; comme si, embarrassé, j'eusse craint d'aborder des explications. Une telle omission aurait été bien malencontreuse; dès que tout fut rassemblé sous mes yeux, j'aperçus bien vite qu'il en provenait deux avantages non sans importance, l'un d'élargir historiquement la base de la philosophie positive, l'autre de mettre l'originalité de M. Comte dans le jour le plus vif, en lui assurant le bénéfice d'un passé qui l'annonce.

Pour la philosophie positive, il n'est point indifférent de montrer les racines par lesquelles elle s'enfonce dans le sol. A l'école contemporaine qui s'y rallie, il faut ajouter une école qui l'a pressentie. On saura maintenant que cette philosophie n'est point isolée, et que le temps où elle parut a été précédé d'un temps où elle se préparait. C'est une garantie qu'on ne lui connaissait pas. Sans doute, la vérité est en soi la vérité et subsiste par elle-même ; mais les vérités scientifiques et philosophiques, étant filles du développement humain, gagnent toujours en autorité quand elles gagnent en connexions historiques. Et ce n'est point une illusion de l'esprit : plus les spéculations sont compliquées et difficiles et plus elles touchent de près au régime social, plus il est nécessaire qu'elles témoignent de leur conformité aussi avec le temps présent. Or, un des témoignages des plus concluants est d'avoir des commencements qui les montrent d'abord comme se dégageant peu à peu et insciemment, en attendant que le génie qui doit leur donner la pleine naissance et la pleine lumière arrive à son tour.

Ici, dans des spéculations les plus compliquées et les plus élevées que nous connaissions, ce génie fut Auguste Comte. Lui aussi gagne à ce prolongement de la philosophie positive dans les temps qui le précèdent immédiatement. Si, avant mes recherches, on m'eût cité la loi des trois états dans Turgot, l'histoire considérée comme un phénomène naturel dans Kant, et quelques propositions de Saint-Simon ou de Burdin, on m'eût peut-être inquiété, ou du moins on m'eût irrésistiblement poussé à voir jusqu'où allaient ces conformités. Maintenant il est établi qu'elles ne vont que jusqu'à la limite où elles servent M. Comte et ne lui dérobent rien. Son œuvre et sa gloire sont placées plus haut, je veux dire dans la philosophie positive. Là, toute compétition expire, et nul ne la lui dispute. Une fois monté sur ce faîte, il peut se retourner avec complaisance vers ceux qui l'ont précédé, et, sans se plaindre de priorités qui ne le touchent plus, se féliciter d'origines et de rudiments qui lui sont précieux. Dans la question de la loi des trois états que perd-il? une priorité en un point particulier. Que gagne-t-il? Turgot pour prédécesseur. Mieux vaut l'avoir à ce prix que ne l'avoir pas. Et, à vrai dire, ce prix est peu de chose pour celui qui est l'auteur de la philosophie positive ; car là était le nœud ; celui qui n'y atteignait pas, fût-il Turgot, n'avait rien fait; celui qui y atteignait, et ce fut Comte, faisait tout.

L'universalité est un des caractères essentiels du génie d'Auguste Comte. Ce fut cette grande qualité qui le conduisit à pénétrer profondément dans le domaine de toutes les sciences abstraites, depuis la mathématique jusqu'à la sociologie. Si l'on se reporte à l'esquisse que j'ai donnée de la philosophie positive au début du chapitre troisième, on reconnaîtra que cette philosophie n'exigeait rien de moindre que l'universalité des sciences abstraites. A ce moment, Comte était le seul en état de la concevoir, le seul en état de l'exécuter. On peut promener les regards sur les philosophes et les savants d'alors, on n'en apercevra aucun qui eût satisfait à un pareil programme; une éducation régulière, hiérarchique, complète, manquait. C'est, dans l'histoire de Comte, un trait grandiose de se l'être donnée par la seule impulsion d'un esprit qui en sentait l'importance décisive. La récompense suivit le labeur; et, une fois que, dans cette tête, le savoir se trouva égal au génie, l'œuvre procéda comme ces jets puissants d'une matière en fusion qui remplissent d'un seul coup tout le moule.

Il faut se représenter exactement ce qu'est la philosophie

positive par rapport aux sciences dont elle émane. On se tromperait fort si l'on pensait qu'il a suffi, pour la constituer, de les rapprocher même dans l'ordre hiérarchique si heureusement trouvé par M. Comte. Un travail d'une bien autre portée, d'une bien autre difficulté, y était exigé ; la philosophie positive se compose non de sciences partielles, mais de philosophies partielles. Auguste Comte a donc fait, ce que personne n'avait fait avant lui, la philosophie des six sciences fondamentales ; et, ce qui était, s'il est possible, plus étranger à tous ses prédécesseurs, à tous ses contemporains, il a opéré cette condensation successive de tout le savoir abstrait avec une idée d'ensemble qui a mis dans la dépendance et l'enchaînement le commencement avec la fin, la fin avec le commencement. Chacune de ces philosophies de chaque science a été écrite avec une telle connaissance et une telle profondeur, que les hommes du métier, même ceux qui sont en désaccord philosophique avec M. Comte, y trouvent à apprendre pour leur domaine spécial ; et le tout est si puissamment coordonné, qu'il sert aussi bien à former les disciples qu'à fortifier ceux qui ont franchi ce degré.

L'occasion se présente de répondre à une objection qui a été soulevée par des hommes éclairés. On dit : « La philosophie ne peut pas être une suite de philosophies partielles ; elle est quelque chose de plus. Quand M. Comte nous a conduits au terme de son ouvrage, à la philosophie de la sociologie, on attend une conclusion. Et voici pourquoi : toute philosophie embrasse à la fois le sujet et l'objet. La métaphysique part du sujet et tente d'arriver à l'objet ; les positivistes disent qu'elle y échoue ; soit ; mais, à leur tour, les positivistes commettent un manquement non moins considérable ; eux n'arrivent pas au sujet. Ce serait, de leur part, une mauvaise raison de dire que, la biologie comprenant la doctrine des fonctions intellectuelles, c'est là que se trouve le rapport du sujet à l'objet ; ce rapport, philosophiquement parlant, ne peut y être ; car, au lieu d'être placé en conclusion, il se trouverait placé dans un point intermédiaire et dans un ordre qui fausserait toute la méthode. » La solution de cette objection est implicitement dans M. Comte ; il me suffira de la dégager et de la rendre explicite. Aux principes subjectifs de la métaphysique qui seraient précieux par leur généralité, s'ils n'étaient pas des impasses, la philosophie positive substitue un autre système qui lui est propre. Pendant qu'elle construit la série des philosophies partielles et embrasse ainsi tout le savoir objectif, elle construit en même temps la série des méthodes effectives et embrasse ainsi tout le pouvoir logique ; j'emprunte cette expression à M. Comte, qui a si heureusement nommé ces méthodes effectives les pouvoirs logiques de l'esprit humain. Quand elle a terminé sa première série, elle se trouve avoir aussi terminé la seconde. Ainsi l'objection est écartée ; l'ensemble des méthodes représente la fonction du sujet ; l'ensemble des philosophies partielles, la fonction de l'objet ; les deux parties se rejoignent, et le tout est bien ce que M. Comte a voulu et exécuté, une philosophie. De fait, la philosophie positive a, dans le nouveau régime de l'intelligence, toute l'efficacité qu'ont eue la théologie et la métaphysique dans le régime ancien ; et celui qui essaye ici de le prouver en théorie, le prouve depuis longtemps en pratique, car il n'écrit plus une ligne qui ne se soumette sans effort et d'elle-même au contrôle direct ou indirect de cette philosophie.

De toutes les puissantes et admirables opérations inductives dont les sciences ont été le sujet, il n'en est pas, à mon avis, de plus puissante et de plus admirable que celle par laquelle Comte, découvrant l'enchaînement des sciences et leur système hiérarchique, découvrit du même coup la philosophie positive. C'est, en effet, l'induction qui l'y mena ;

l'induction pratiquée non plus entre les faits d'un domaine particulier, mais entre tous les domaines qui constituent le savoir humain. S'il avait formé son induction avec les sciences partielles, il serait arrivé à un fait de l'ordre scientifique ; mais, la formant avec les philosophies partielles des sciences, il arrive à un fait de l'ordre philosophique. C'est, comme dans toutes les inductions bien conduites, la transformation de particularités positives en une généralité de même nature. Les philosophies partielles, considérées dès lors dans l'enchaînement des notions réelles et dans celui des méthodes effectives, produisent, par un suprême effort de la pensée, la philosophie positive.

Cette philosophie étant telle, il en résulte (et cela frappa incontinent M. Comte avec une grande force) que toutes les questions absolues, c'est-à-dire les questions qui s'occupent de l'origine et de la fin des choses, sont hors du domaine de la connaissance humaine, et, par conséquent, ne peuvent plus diriger les esprits dans la recherche, les hommes dans la conduite et les sociétés dans le développement. L'origine des choses, nous n'y avons pas été ; la fin des choses, nous n'y sommes pas ; nous n'avons donc aucun moyen de connaître ni cette origine ni cette fin. Aussi les hommes n'ont-ils cru la connaître que par les communications avec les êtres surnaturels qui y présidèrent (c'est le cas du polythéisme), ou par révélation du Dieu suprême (c'est le cas du judaïsme, du christianisme et du mahométisme). Les sciences particulières, qui n'auraient pas été moins curieuses que la théologie et la métaphysique de notions sur l'origine et sur la fin, ont senti l'impossibilité d'y parvenir ; là l'obstacle a été insurmontable ; elles s'y engagèrent au début et ne firent de progrès que quand elles s'en furent retirées. Aussi leur renonciation à ce genre de spéculations a été expresse ; et, pour récompense de ce sacrifice fait à la raison mûrie, elles ont élevé peu à peu sur le fondement de l'expérience et du relatif cet ensemble de notions qui est une des merveilles de l'esprit humain. Mais la conséquence est inévitable : ou avoir une philosophie, soit théologique, soit métaphysique, en contradiction irréconciliable avec les sciences ; ou avoir une philosophie positive qui, assise sur les sciences et leurs philosophies partielles, participe à la fois de leur caractère relatif et de leur solidité.

Continuant d'esquisser les grands traits de la philosophie positive, je dis que l'on doit à M. Comte de pouvoir dorénavant traiter toute question du point de vue de l'ensemble. Auparavant, cela était impossible. À la vérité, la philosophie théologique ou métaphysique remplissait l'office de généralité ; mais elle ne le remplissait que d'une manière également provisoire et illusoire, car elle n'avait pas plus alors qu'aujourd'hui la vertu de s'appliquer aux faits et aux théories scientifiques. Les sciences particulières n'ont jamais prétendu à la généralité. De sorte qu'au moment où M. Comte entreprit son œuvre, un grand vide commençait à se faire voir entre la philosophie provisoire que les réalités scientifiques repoussaient et la philosophie positive qui n'était pas encore venue. Ce vide a été rempli par M. Comte, et désormais tout homme qui spécule peut spéculer d'une manière à la fois positive et générale.

Il est encore un grand enseignement donné par M. Comte et que je ne veux pas renoncer à faire valoir. Les révolutions et des aspirations pressantes témoignent que la société est en désaccord avec le régime qu'elle a reçu du passé, et qu'un régime nouveau, quel qu'il doive être, préoccupe à la fois les esprits et les cœurs. Mais de quelle façon cette rénovation peut-elle procéder ? M. Comte a établi les deux degrés de cette grande opération : d'abord constituer l'ensemble abstrait des notions qui concernent le monde, l'homme et la société ; puis, de ce fonds, tirer les directions qui doivent présider à la rénovation et à l'évolution. Avant M. Comte, ces deux degrés étaient confondus, et l'on pensait que l'on pouvait innover, par la seule considération des éléments sociaux, sans savoir que ces éléments sociaux ne sont eux-mêmes qu'une portion d'un ensemble dont il faut d'abord avoir déterminé les lois. M. Comte, qui, le premier, par le vrai système d'une éducation philosophique, montra à quelles conditions on peut désormais philosopher, montra, le premier aussi, à quelles conditions on peut désormais agir dans la politique.

J'exprime vivement, comme je la ressens, mon admiration pour M. Comte, non pourtant que je me fasse illusion sur les difficultés que le milieu oppose à cette philosophie et que je croie la victoire gagnée; mais, quelles que doivent être la longueur et les péripéties de la lutte, ce qui est certain, c'est que la lutte a commencé. Une philosophie est née, qui, délaissant les interventions surnaturelles et les conceptions *a priori*, entend soumettre tout le régime mental à la doctrine d'une action et réaction progressive de l'humanité sur le monde et du monde sur l'humanité. Je dis l'humanité, et non pas l'homme individuel; là est le point capital de la philosophie d'Auguste Comte.

Je n'ai point la chimérique pensée d'évaluer la grandeur des esprits scientifiques par les découvertes qu'ils ont faites. Seulement je constate qu'il y a difficulté croissante à induire à mesure que les sciences se compliquent, ou, dans le langage de M. Comte, deviennent supérieures. En mathématique, l'induction, qui a donné les axiomes, est si simple qu'elle échappe à la vue, et aussitôt on se met à déduire. Dans les sciences physiques, l'induction commence à exiger déjà un puissant labeur; cependant c'est, relativement, un domaine bien plus facile que les autres. On a beaucoup loué Newton, et on ne peut le louer assez d'avoir fait cette mémorable induction, qui a donné la clef du système du monde; mais si c'est l'induction la mieux réussie, c'est aussi la plus simple entre toutes celles que les sciences supérieures allaient demander. Je n'ai pas besoin d'indiquer la complication progressive des inductions en chimie, en biologie, en sociologie; enfin, la complication croît encore quand il s'agit de passer de la philosophie partielle de chaque science à la philosophie totale. C'est cette complication suprême qui est échue à Auguste Comte, et dont il a fait jaillir la lumineuse conception de la philosophie positive; et par là il mérite qu'on lui applique la simple et grande phrase de Dante, et qu'on le range parmi les maîtres de ceux qui savent[1].

M. Comte, justement blessé de la conduite de Saint-Simon et d'attaques haineuses, s'irrita; il prit une plume et passa un trait sur les mots *élève de Saint-Simon*, qui sont dans le titre de son *Système de politique positive*. Vainement sa femme essaya-t-elle de retenir sa main, lui représentant que c'était non ce trait de plume, mais ses travaux ultérieurs et ses succès philosophiques qui apprendraient au public ce qu'il devrait penser de ces qualifications d'élève et de maître. Le temps prévu par Mme Comte est arrivé. Sans doute, avoir biffé ainsi une ligne n'empêche pas que M. Comte ait été plusieurs années auprès de Saint-Simon, et que d'abord le jeune homme ait profité auprès de l'homme supérieur par l'âge et la position. Mais, sans revenir là-dessus, il est hors de conteste que la philosophie positive appartient tout entière à Auguste Comte; et quant à cela, qui est tout, ses travaux, ses succès et le public ont rayé le titre d'élève plus effectivement que ne fit un vain trait de plume.

1. Dante nomme Aristote *il maestro di color che sanno*. Cette qualification, qui convient si bien à Aristote, ne convient pas moins aux autres grands esprits desquels émane l'enseignement supérieur, distribué ensuite par les esprits secondaires au reste de l'humanité.

On a dit plus d'une fois que, si Newton n'avait pas existé, le vrai système du monde n'en aurait pas moins été bientôt découvert par une des générations qui allaient le suivre, tant les choses étaient préparées! Certes, je ne prétends pas nier ce qu'une pareille proposition a de vrai, ni soutenir que, si tel homme avait manqué, l'évolution scientifique aurait été interrompue. Cependant, je ne fais pas volontiers bon marché de l'apparition des grands esprits, et n'aime point à remplacer, en idée, par des existences hypothétiques, ces puissantes individualités. Ce qu'eût été l'œuvre de leurs remplaçants, nous ne le savons pas; ce qu'a été la leur, nous le savons. Et pour ne parler ici que de M. Comte, comment imaginer qu'il se fût trouvé un autre esprit qui, d'un seul jet, eût coulé dans le moule cette œuvre colossale de la philosophie positive? Et par quelle qualité aurait-il pu remplacer cette faculté suprême de concevoir, en une seule idée, un tout immense dans ses rapports avec les parties, et les parties innombrables dans leurs rapports avec le tout?

CHAPITRE VII.

Maladie mentale. — Le malade est mis chez Esquirol. — Projet d'interdiction empêché par Mme Comte. — Inutilité des soins qu'il reçoit chez Esquirol. — Mme Comte retire son mari chez elle. — Retour de la raison. — Prostration morale qui accompagne ce retour. — Guérison définitive.

Dans le premier trimestre de 1826, M. Comte était tout occupé de la première exposition du système de philosophie positive qu'il introduisait parmi ses contemporains, et il en avait déjà fait quatre leçons avec un plein succès, lorsqu'un affreux malheur le frappa : il fut atteint d'aliénation. Dans beaucoup de cas, le médecin ne peut que noter les circonstances au milieu desquelles le mal fait explosion, sans être en état de dire laquelle de ces circonstances fut décisive. Ici, trois méritent d'être prises en considération : un mauvais estomac, l'extrême contention d'esprit, et une querelle violente avec les saint-simoniens.

L'estomac était chez M. Comte un organe faible. Les digestions étaient pénibles, au point de troubler le sommeil et d'inspirer des idées noires et mélancoliques.

L'extrême contention durait déjà depuis plusieurs mois. M. Comte avait exposé une partie de sa doctrine en six articles qui parurent dans *le Producteur*, dont il s'occupa dans la dernière partie de l'année 1825 et dans le premier trimestre de 1826. Puis vint la préparation du cours, neuf de tout point, et auquel il attachait une extrême importance, soit pour le succès des idées auxquelles il se vouait dès lors soit pour son propre avenir encore si incertain. Bien qu'à ce moment, et après le programme qu'il avait donné, il eût plus à disposer par la méditation qu'à créer par la conception, néanmoins cette méditation restait singulièrement laborieuse et pleine de préoccupations.

Quant à la querelle, voici sur quoi elle s'était engagée. M. Comte s'était plaint hautement et sans ménagement que M. Saint-Amand Bazard eût, sans le nommer, pris ses idées; et il se plaignait avec raison. En effet, lisez l'article publié dans *le Producteur*, t. I, p. 411, où M. Bazard établit que dans les sciences positives il n'y a point de liberté de conscience, et comparez, dans la page 14 de l'opuscule imprimé en 1822, réimprimé en 1824, l'alinéa qui commence par ces mots : « Il n'y a point de liberté de conscience en astronomie, en physique, en chimie, en physiologie..., » et vous reconnaîtrez que la plainte était juste. Il demandait donc qu'on revînt là-dessus, qu'on le citât, et qu'on reconnût sa priorité. M. Bazard refusa, et son ton ne fut pas plus conciliant que celui de M. Comte. On sait d'ailleurs que M. Bazard, qui avait pris part aux entreprises les plus hardies contre le gouvernement de la Restauration, avait les habitudes militaires. Aussi parla-t-il de duel.

Telles furent les impressions et émotions au milieu desquelles la raison se dérangea. On y a ajouté des chagrins domestiques; mais tout à l'heure la lettre de M. de Blainville rapportée ci-dessous et l'enchaînement des faits prouveront que ce fut une allégation inventée par ceux qui voulurent l'interdiction d'Auguste Comte sans l'obtenir.

L'invasion du mal eut beaucoup d'intensité. Cependant elle fut moins brusque que ne le font croire les premiers actes vraiment reconnus pour ceux d'un homme atteint d'aliénation. Durant le temps qui précéda l'accès caractérisé, et qu'aujourd'hui Mme Comte fait remonter à un mois environ, sans pouvoir rien préciser, il se livra, dans son intérieur à des violences inaccoutumées, tellement que sa femme fut plusieurs fois obligée de se sauver. Mme Comte, alors, sans aucune expérience en ce genre de maladie, fit comme font toutes les familles en pareil cas : elle attribua à la méchanceté ce qui était déjà l'impulsion de la folie. Ce fut plus tard, lorsque tout fut éclairci par l'issue, que, revenant sur des emportements inexpliqués, elle rattacha à leur vraie cause des actions que dès lors elle pardonna.

Le vendredi 24 avril, ou plus probablement le samedi, M. Comte ne rentra pas. Ce fut le lundi seulement que Mme Comte reçut de son mari une lettre datée de Saint-Denis. Elle y courut, mais M. Comte n'y était plus. Elle se ressouvint qu'il aimait beaucoup Montmorency; il y allait souvent avant son mariage, et depuis il y avait plus d'une fois conduit sa femme. A tout hasard elle s'y rendit. Là en effet elle le trouva, mais dans un bien triste état mental. Incontinent le médecin du lieu fut appelé, et une lettre envoyée à M. de Blainville, dont elle connaissait la bienveillance pour son mari. L'agitation du malade était telle, que le médecin n'osa pas le saigner; mais le cas lui parut si alarmant qu'il venait d'heure en heure. M. Comte se calma un peu et désira de faire une promenade. Mme Comte eut l'imprudence d'y consentir. Cette promenade les mena tous les deux sur les bords du lac d'Enghien. Le malade, dont l'exaltation augmentait l'orgueil, dit que, bien qu'il ne sût pas nager, il ne se noierait pas, et là-dessus il voulut entraîner sa femme dans les eaux. Mais celle-ci, jeune et forte, se cramponna à des racines, se retint, le retint, et tous les deux furent sauvés.

La difficulté fut de le ramener à l'auberge où M. Comte s'était logé. L'exaltation croissait. Mme Comte envoya demander au maire qu'il lui procurât à prix d'argent des gardiens pour veiller sur le malade. Les paysans refusèrent, et le maire dit qu'il n'avait aucun moyen de les contraindre. Les deux gendarmes du lieu s'offrirent, mais, à son tour, Mme Comte hésitait à les accepter, de peur que la vue de leur uniforme n'exaspérât tout à fait son mari. Cependant, comme l'état ne faisait qu'empirer, elle se décida à le leur confier, afin de pouvoir aller chercher M. de Blainville, qui ne venait pas. La soirée était fort avancée quand elle arriva à Paris; elle fit prier M. Cerclet, dont il a été déjà parlé, de l'accompagner chez M. de Blainville, qu'alors elle ne connaissait pas personnellement. On verra dans une lettre de M. de Blainville, écrite peu après les événements et que je rapporte textuellement, pourquoi il tarda à se rendre à Montmorency.

J'ai hâte d'arriver à cette importante lettre; pourtant il faut auparavant noter une circonstance.

En quittant M. de Blainville, Mme Comte était retournée à Montmorency, où elle arriva dans la nuit. La violence de M. Comte s'était aggravée pendant l'absence de sa femme et par cette absence même. M. de Blainville vint à neuf heures du matin; il fut bientôt rejoint par M. Cerclet, qu'il avait chargé la veille d'aller chez Esquirol s'informer de ce qu'il y avait à faire. M. Cerclet rapportait qu'Esquirol, n'ayant plus de place, conseillait de conduire le malade à Charenton sans traverser Paris. Sur cette nécessité d'aller à Charenton à défaut de place chez Esquirol, M. de Blainville proposa de ramener le malade dans son domicile. Mme Comte s'y refusa, à moins que M. de Blainville ne consentît à l'assister pendant huit jours, pendant trois jours, pendant vingt-quatre heures. M. de Blainville, à son tour, s'y refusa, disant qu'il ne le pouvait pas à cause de ses occupations. Alors, dans le premier effroi d'une situation si menaçante, Mme Comte ne voulut pas faire ce qu'elle fit plus tard, quand elle fut familiarisée avec cette terrible maladie, et en désespoir de cause. Car le refus de Mme Comte fut déterminé autant et peut-être plus par la responsabilité qu'elle encourait s'il arrivait malheur à son mari, que par les dangers auxquels elle se serait exposée. Remettre un malade aux soins médicaux est le premier devoir de ceux qui s'intéressent à lui, et toutes leurs lumières, leur zèle et leur dévouement n'ont d'autre but que de bien choisir l'homme de l'art qui mérite le plus de confiance. C'est ce qu'on fit alors; nul, à ce moment, n'égalait, pour le traitement des maladies mentales, la réputation d'Esquirol, et c'est à lui que l'on confia M. Comte. La tendresse conjugale et l'amitié de M. de Blainville eurent fait ce qu'elles avaient à faire, quand elles eurent mis de leur côté toutes les chances que promettait le plus renommé des médecins et des établissements d'aliénés.

Il fallut user de ruse pour décider M. Comte à quitter Montmorency et à monter en voiture. Ce fut M. de Blainville qui se chargea de ce soin, en lui promettant de le ramener chez lui. Aussi le malade, quand il s'aperçut qu'on ne prenait pas la route de son domicile, éclata en plaintes, et accusa amèrement M. de Blainville de l'avoir trompé.

M. Comte dit (*Syst. de Phil. positive*, t. VI, préface, p. x) que le plus absurde traitement chez Esquirol le conduisit rapidement à une aliénation très-caractérisée. Je n'ai rien à alléguer en faveur de ce traitement, qui employa les douches, les bains, les saignées, les calmants, et qui, en tout cas, eut le tort de ne pas réussir; car, mis chez Esquirol le 18 avril 1826, M. Comte en sortit le 2 décembre de la même année sans que son état eût été amélioré. Néanmoins, en présence des faits, de ce qui se passa à Montmorency et des lettres qu'il écrivit, il faut décharger l'établissement d'Esquirol d'avoir aggravé le mal. L'aliénation, au moment où on l'y mit, était aussi caractérisée qu'il est possible. Les dangers que ces pauvres malades font courir à eux-mêmes et aux autres sont tellement imminents, que la séquestration est de premier conseil et de premier devoir. On le mit donc sous la surveillance médicale et dans un établissement approprié. Ce ne fut, je l'ai déjà dit, qu'en désespoir de cause que l'idée des soins domestiques put se présenter et se présenta en effet.

Sans traiter d'absurde, comme fait M. Comte, le traitement qui fut employé chez Esquirol, Mme Comte fait une remarque pleine de sagacité sur l'état de son mari : c'est qu'aucun traitement ne pouvait réussir, si, au préalable, on ne connaissait pas le caractère de M. Comte. Aussi, sur ce point, entrait-elle en de grands détails dans ses conversations avec Esquirol, ainsi qu'avec MM. Mitivier et Georget, élèves et aides d'Esquirol ; mais le nombre des malades était bien grand dans l'établissement, et, quel que fût le bon vouloir des médecins, ces détails se perdaient. En tout cas, c'est ce qui fit son succès, à elle, quand elle eut retiré son mari et qu'elle administra les soins.

Je recule encore la lettre de M. de Blainville et le récit douloureux qu'il y fait, car elle serait inintelligible si je ne rapportais un incident qui y tient une grande place. Au début, et voyant l'extrême exaltation du malade, Esquirol avait dit que peut-être il suffirait de quelques jours pour en abattre la violence, que l'excès même de cette violence était un symptôme plus rassurant qu'alarmant, le malade étant jeune et fort, et que les plus tranquilles étaient dans de plus mauvaises conditions, ce que Mme Comte avait bien de la peine à croire. Après quelques jours, Esquirol demanda quelques jours encore ; mais, comme l'espoir d'une amélioration ne se réalisa pas, Mme Comte, dans le mois, écrivit ou fit écrire (sa mémoire là-dessus n'est pas précise) à Montpellier pour annoncer au père et à la mère la maladie de leur fils. Jusque-là, sur le conseil de MM. Esquirol et de Blainville, elle n'avait confié la situation *à personne*. Sur cette nouvelle, Mme Comte la mère se décida à venir à Paris ; elle était munie des pleins pouvoirs de son mari.

Elle ne se mit point en relation avec Mme Auguste Comte, ne la vit point, et celle-ci n'apprit son arrivée qu'en apprenant que la famille Comte voulait faire interdire le malade. L'interdiction était demandée au nom du père, qui eût été nommé tuteur, si elle avait été prononcée. Mme Auguste Comte aussi aurait pu réclamer la tutèle, idée certes qui ne lui était point venue à l'esprit. Il paraît que Mme Comte la mère était persuadée qu'une maison religieuse où régnaient la piété et la prière était un séjour plus favorable au rétablissement de son fils que la maison d'Esquirol. Toujours est-il qu'elle voulut le retirer de chez Esquirol, qui refusa de le rendre, attendu que ce n'était pas elle qui l'avait mis chez lui. Frustrée de ce côté, elle se tourna d'un autre. Elle s'adressa au juge de paix de l'arrondissement sur lequel demeurait son fils : un conseil de famille, dans lequel figurait M. de Blainville, fut composé à l'effet d'obtenir l'interdiction du malade. Dans la circonstance, M. Comte étant marié, la femme devait être présente au conseil de famille ; mais on échappa à cette condition en taisant le mariage de M. Comte et en désignant Mme Auguste Comte comme *la personne avec laquelle il vivait;* par surcroît, on attribua l'aliénation aux *chagrins* que *cette personne* lui avait causés.

Tout procéda d'abord au gré de la famille. Pour interdire un homme, il faut que l'acte d'interdiction lui soit lu deux fois à huit jours de distance par deux juges d'instruction. La première lecture fut faite sans que sa femme en sût rien. Dans ces graves circonstances, Esquirol lui écrivit immédiatement un mot où il la demandait tout de suite. Inquiète, non de la réalité, qu'elle ignorait, mais de quelque malheur, elle apprit ce qui se passait d'Esquirol qui lui demanda si elle était pour quelque chose dans le projet d'interdiction, et qui ajouta qu'il avait entendu le nom de M. de Blainville parmi les membres du conseil de famille. Elle se récria, assurant qu'il y avait erreur et qu'il était impossible que M. de Blainville eût pris part à un pareil acte. En effet, l'interdiction était inutile et dangereuse; inutile, puisqu'il n'y avait ni enfant mineur, ni fortune à préserver; dangereuse, par une circonstance dont Esquirol l'informa : c'est que, si l'interdiction se prononçait à huis clos, on n'en était relevé, en cas de rétablissement, qu'en audience solennelle ; publicité funeste, mortelle à un homme qui, comme M. Comte, ne vivait que de son intelligence. Par cette fermeté à ne remettre le malade qu'à celle qui le lui avait confié, Esquirol fut le sauveur de la situation.

En sortant de chez Esquirol, Mme Auguste Comte courut chez M. de Blainville et lui exprima, à lui aussi, qu'elle ne croyait pas qu'il eût pris part à l'interdiction. Mais il n'était que trop vrai qu'il y avait pris part; il ne lui resta plus qu'à faire ce qu'il fit, c'est-à-dire à écrire la lettre qu'on va lire.

Bien entendu, Mme Auguste Comte ne s'arrêta pas là : elle se mit en mesure d'annuler toutes les illégalités dont on avait usé contre elle et contre son mari. Ces illégalités étaient sa force; trois ou quatre jours employés avec activité et décision lui suffirent. Elle se fit reconnaître pour la femme d'Auguste Comte; les magistrats l'accueillirent, et la demande d'interdiction fut mise à néant. Depuis, on ne la renouvela pas; et en effet, il ne pouvait plus en être question, car Mme Auguste Comte, désormais connue des magistrats en la qualité qui lui appartenait, aurait inévitablement figuré dans le nouveau conseil de famille auquel il aurait fallu recourir; et l'on savait que celle qui avait fait annuler la première demande d'interdiction n'userait de sa présence que pour combattre la seconde. Auguste Comte resta chez Esquirol, en communication avec sa femme, et, comme on verra, ce fut son salut. C'eût été sa perte, si aux effets de la séquestration, qui, même chez Esquirol, furent si peu favorables, s'étaient joints les effets d'une séquestration au sein d'une compagnie religieuse. Sa raison aurait achevé de s'y perdre irrémédiablement ; la vie même n'y eût peut-être pas résisté. Mais si, contre toute probabilité, on suppose que, même là, il fût revenu à la santé, il fut préservé par sa femme de cette audience solennelle où l'interdit est relevé de l'interdiction.

Je ne voudrais pas laisser le lecteur sous des impressions trop défavorables ; et un mot est encore nécessaire pour le ramener à la stricte équité d'une appréciation impartiale. Les actes qui viennent d'être rapportés seraient indignes de toute excuse, s'ils n'avaient pour explication l'impulsion du fanatisme religieux. M. et Mme Comte aimaient tendrement leur fils ; ils étaient d'honnêtes gens, incapables d'aucune faute contre l'exacte probité ; ils avaient consenti au mariage de leur fils, ainsi que le constate l'acte de mariage ; ils avaient désiré et bien reçu leur belle-fille à Montpellier en 1825, exigé le tutoiement, établi un échange de lettres.... puis, quand la maladie survient, ils y voient une punition du ciel châtiant un mariage que l'Église n'a point béni ; leur conscience s'alarme, et, sincèrement, ils s'imaginent que des prêtres, une maison religieuse peuvent seuls procurer la guérison d'un mal qui est une infliction. Ici se pose le terrible dilemme devant lequel ils ont succombé : il leur fallait faire taire ou la voix qui leur commandait de retirer leur fils de sa prétendue perdition, ou la voix qui leur commandait de respecter les droits des tiers et la vérité. Malheureusement, par la fin on justifia les moyens. On ne recula pas devant l'interdiction, qui aurait fait une victime. C'était déjà beaucoup ; on alla plus loin : comme l'interdiction était impossible si le mariage était connu, on le dissimula, on dénatura les faits, et on tenta de faire une seconde victime. Mais, il faut le répéter, dans cette conduite tout est le fait du fanatisme religieux.

Maintenant qu'on sait ce qui est advenu du conseil de

famille, la part qu'y prit M. de Blainville, et l'énergique intervention de Mme Auguste Comte, on peut comprendre pleinement la lettre que M. de Blainville écrivit le 9 juillet 1826, à Mme Auguste Comte, pour réparer le tort qu'il avait causé.

Lettre de M. de Blainville à Mme Comte[1].

« Madame,

« J'ai appris par ce que vous m'avez fait l'honneur de me dire le 7 juin, chez moi, qu'on pourrait se servir de ce que j'ai apposé ma signature au bas d'un acte fait dernièrement chez le juge de paix, à l'effet de déterminer l'interdiction de M. Comte, votre mari, pour vous nuire dans son esprit lorsque sa santé sera rétablie, ce qui, j'espère, ne sera pas long. Je le conçois aisément. Ainsi donc, pour y remédier autant qu'il est en moi, je dois déclarer hautement que, dans l'exposé des raisons qui peuvent déterminer cette interdiction, il y a des faits entièrement faux, comme je l'ai déjà dit devant M. le juge de paix lui-même, dans l'assemblée de famille, et il en est d'autres qui ne sont jamais venus à ma connaissance, comme lorsqu'on attribue la cause de la surexcitation cérébrale de M. Comte à des chagrins domestiques. Jamais je n'ai eu de sa part aucune confidence qui ait pu me le faire soupçonner. Mes rapports avec lui ont toujours été purement scientifiques ou de simple bienveillance de ma part, pour tâcher de lui être utile. Toutes ses lettres n'ont jamais eu pour but que de me demander des conseils sur ses travaux et sur le cours qu'il avait commencé, ou des démarches pour lui trouver des souscripteurs à ce même cours. Le besoin urgent où il était d'augmenter ses

---

1. Cette lettre que, comme toutes les autres transcrites dans ce livre, j'ai copiée moi-même sur l'original, me fut montrée il y a longtemps par Mme Comte, pendant que M. de Blainville vivait encore.

ressources pécuniaires m'a paru même être la seule raison pour laquelle il m'a annoncé, il y a à peine six mois, qu'il était marié. Jamais il ne m'a parlé de vous, madame, et jamais il ne m'a dit ni écrit un mot de ses affaires domestiques.

« J'ai donc eu tort et très-grand tort de signer que c'était à la suite de chagrins intérieurs que M. Comte a éprouvé la maladie mentale pour laquelle on sollicite son interdiction, puisque je n'en savais absolument rien.

« Quant à ma signature apposée au bas du fait rapporté dans l'acte, que j'ai rencontré M. Comte seul, abandonné, errant dans les bois et les forêts de Montmorency, je n'ai pas eu moins de tort en cela ; mais ici je suis, jusqu'à un certain point, excusable, puisque, malgré mon observation dans le conseil de famille, que, si l'on tenait à dire la vérité, ce n'était pas ainsi que la chose devait être exposée, on crut devoir passer outre. Et moi, sans prévoir que cela pouvait nuire à un tiers, je signai de confiance. Je dois donc, en rétablissant les faits tels qu'ils se sont passés, tâcher de réparer le mal que j'ai pu faire. Les voici :

« Le samedi 15 avril dernier, je reçus, en rentrant dîner chez moi, à 5 heures, une lettre assez singulière de M. Comte, dans laquelle, après m'avoir annoncé qu'il a manqué être pis qu'un mort, il me disait qu'il avait été son médecin et que, si je voulais en savoir davantage, je m'adressasse à M. de Lamennais, son confesseur et son ami, ou que, si je le pouvais, je vinsse le voir à Montmorency, à l'auberge du *Cheval blanc*, où il serait jusqu'au mardi suivant.

« Ce jour même, M. l'abbé de Lamennais vint chez moi, et, ne m'ayant pas trouvé, me laissa une lettre de M. Comte à lui adressée, dans laquelle l'incohérence des idées indiquait une sorte d'aliénation mentale.

« C'était M. Comte qui avait apporté lui-même sa lettre chez moi ; je ne pus malheureusement le voir par une méprise de ma domestique. Il alla chez M. de Lamennais qu'il convainquit de la réalité de son état, et repartit pour Montmorency, pour commencer son plan de convalescence comme il me le disait dans sa lettre.

« N'ayant pu me rendre à Montmorency le lendemain dimanche, ni même le lundi, à cause de ma leçon, je me proposais d'y aller le surlendemain mardi, lorsque je reçus une lettre de vous, madame, datée du lundi 17, à Montmorency où vous étiez allée au secours de votre mari ; vous m'y suppliiez de venir le plus tôt possible le voir.

« J'avais décidément remis mon voyage au lendemain mardi matin, lorsque vous vîntes à onze heures ou minuit chez moi, accompagnée d'un ami de M. Comte, que je ne connaissais pas, dont j'ignorais même le nom et que vous m'avez dit depuis être M. le rédacteur principal du *Producteur*. Malgré vos instantes prières pour que je partisse immédiatement, et malgré tout l'intérêt que je portais à M. Comte, je ne pus condescendre à vos désirs immédiatement ; mais j'étais arrivé à Montmorency avant neuf heures du matin.

« Après m'avoir rendu compte de tout ce qui s'était passé et de l'état actuel des choses, il avait été convenu avec vous, madame, et votre conducteur, que, pendant que je me rendrais auprès de M. Comte, celui-là irait voir M. Esquirol et lui demander ce qu'il y avait de plus convenable à faire.

« Cependant, à mon arrivée à Montmorency, je trouvai votre pauvre mari gardé par un ou deux gendarmes, dans une chambre d'un petit bâtiment au fond du jardin de l'hôtel de Bellevue. Les avis d'un médecin que vous aviez appelé, aussitôt votre arrivée, vous avaient guidée dans cette mesure et dans tout ce qui avait été fait avant que je ne vinsse. M. Comte non-seulement me reconnut parfaitement bien, mais me dit qu'il m'attendait avec beaucoup d'impatience. Il entra de suite dans tous les détails les plus circonstanciés de sa maladie, m'expliqua très-bien tout ce qu'il avait ressenti, ce qu'il avait cru devoir faire, se plaignit qu'on avait voulu le mettre à la diète, et tout cela fort nettement, mais malheureusement en entremêlant dans son exposition plusieurs idées incohérentes qui me confirmèrent que M. Comte était dans un état de surexcitation cérébrale très-voisin d'une véritable aliénation mentale ; il accéda cependant de suite à ma proposition de retourner avec moi à Paris, aussitôt que je voudrais.

« Sur ces entrefaites, votre conducteur, madame, était arrivé à Montmorency ; il avait vu M. Esquirol qui, n'ayant pu se charger du malade, avait donné le conseil de le mener immédiatement à Charenton, sans lui faire traverser Paris, et à cet effet il avait envoyé un de ses employés, homme vigoureux et habitué à agir auprès de ces sortes de malades.

« Je m'opposai, vous vous le rappelez sans doute, madame, de toutes mes forces à ce projet, craignant que l'idée d'aller à Charenton n'augmentât encore l'exaltation de votre mari. Je proposai même, chose trop hardie sans doute, de le reconduire chez lui, dans l'idée de le déterminer plus aisément à employer les moyens curatifs convenables. Justement effrayée de ce projet, vous ne voulûtes pas y consentir, et, comme terme moyen, il fut arrêté que je conduirais M. Comte chez M. Esquirol, espérant que ma recommandation pourrait le lui faire garder.

« Je n'ai pas besoin d'entrer dans d'autres détails. Je dois cependant dire qu'ayant cru devoir faire la proposition à votre mari de se retirer quelque temps dans une maison de santé, il entra dans une colère presque furieuse, me dit qu'on le voulait séparer de sa femme ; qu'il savait bien que c'était le projet du prince de Carignan, etc., mais qu'on n'y réussirait pas ; qu'il voulait aller chez lui se reposer ; qu'il vous ordonnait de monter la première, ce que vous fîtes en tremblant, malgré toutes les assurances que je vous donnai qu'il n'y avait rien à craindre. L'homme de M. Esquirol monta avec moi, et nous partîmes suivis d'une voiture dans laquelle était un brigadier de gendarmerie que votre mari voyait d'un assez bon œil.

« La route cependant fut assez bonne, sans que le calme fût parfait. Après être resté quelque temps auprès de moi, il passa auprès de vous, s'appuya sur votre épaule, sur vos genoux même, dans l'intention où il était de tâcher de dormir, en un mot vous donna, ce me semble, toutes les preuves de son amitié, en disant que, pour être guéri, il n'avait besoin que d'être chez lui, de se reposer et d'être avec vous. Voilà ce que j'ai vu. Enfin est arrivée la crise, alors que, s'apercevant que je ne le menais pas chez lui mais bien chez M. Esquirol, il m'a reproché d'une manière bien vive et bien amère pour moi, je vous jure, d'avoir abusé de sa confiance, de l'avoir trompé indignement. C'est alors que je vous ai priée de nous quitter et de me donner le gendarme à votre place, parce qu'il nous fallait employer la force pour arriver à notre but de le laisser aux soins de M. Esquirol.

« D'après cela, madame, il est bien évident que c'est bien gratuitement qu'on a pu dire dans l'acte lu chez M. le juge de paix et qui a été minuté sans me consulter, moi qui seul connaissais les faits, que j'ai trouvé votre pauvre mari seul dans les plaines de Montmorency.

« J'ai rapporté exactement tout ce que je sais et tout ce que j'ai vu dans cette malheureuse affaire, espérant par là réparer le mal que j'ai pu vous faire.

« Je ne crains pas de le répéter, j'ai eu le plus grand tort de signer un acte qui, à ma conviction, ne contenait pas la vérité; on affirmait des choses que j'ignorais complétement; et, quoi qu'il doive m'en coûter à mon âge et dans la position que j'occupe dans le monde, de montrer mes torts en public, je vous autorise, madame, à faire connaître ma lettre, si cela peut vous être utile, et je vous prie de nouveau de m'excuser et de me croire très-sincèrement

« Votre tout dévoué serviteur,

« G. D. DE BLAINVILLE.

« Paris, 9 juillet 1826. »

Ainsi cette lettre le prouve; trois énormités faisaient le fond de l'acte d'interdiction projeté. D'abord on cachait que M. Comte était marié; puis, donnant pour sa maîtresse celle qui était sa femme, on attribuait à des chagrins domestiques qu'on inventait la cause de l'aliénation; enfin on déclarait que le pauvre malade avait été, par M. de Blainville, rencontré seul, dans l'abandon, errant dans les bois de Montmorency. Rien de tout cela n'était vrai. Une telle lettre a dû beaucoup coûter à M. de Blainville; mais, plus elle lui a coûté, plus elle lui fait honneur; car l'homme qui a commis une faute se relève en la confessant, et, s'il y a lieu, en la réparant. Mme Comte l'a senti; car, à partir de ce moment, elle a recherché et obtenu l'amitié et l'appui de M. de Blainville, qui ne lui ont jamais fait défaut et dont elle s'honore.

On se demandera sans doute comment il a pu se faire que le même homme ait signé la demande d'interdiction et signé la lettre qu'on vient de lire. Dans cette lettre, il se blâme d'avoir signé; mais il n'explique pas pourquoi il donna sa signature. Essayons de suppléer à ce silence et de faire comprendre les deux actions : l'une de faiblesse, l'autre de généreuse réparation. De tout temps, les sympathies de M. de Blainville avaient été pour le parti politique et religieux qui alors gouvernait la France. En 1826, ce parti était à l'apogée. Mme Comte, la mère, arriva auprès de M. de Blainville avec des recommandations de personnages considérables dans la religion et dans la politique, et, n'épargnant pas sa belle-fille, elle profita des sentiments communs entre elle et lui, sentiments si exaltés alors, pour l'entraîner à faire partie du conseil de famille. Ce fut l'action de faiblesse. Mais M. de Blainville était l'honneur même ; je ne puis autrement caractériser sa haute et chevaleresque moralité. Aussi, dès que les justes plaintes de Mme Comte se furent fait entendre à ses oreilles, il s'infligea sans ménagement l'expiation de son tort. Ce fut l'action de réparation généreuse.

Un pareil incident n'était pas fait pour créer des rapports entre la belle-mère et la bru. Aussi, tout d'abord, n'y en eut-il pas. Quelque temps après que tout fut rentré dans l'ordre, Mme Auguste Comte se trouva face à face avec sa belle-mère (près l'hôtel Saint-Phar, que cette dernière habitait, au coin du boulevard et du faubourg Montmartre). Elles s'arrêtèrent simultanément : puis la belle-mère vint au-devant de la belle-fille, l'engagea à monter chez elle, disant qu'il serait bien fâcheux que son fils revînt à la santé au milieu de troubles de famille. Cette raison, qui était bonne, décida Mme Auguste Comte à un rapprochement ; et, jusqu'au moment où son mari rentra chez lui, rue du faubourg Saint-Denis, n° 36 (l'appartement de la rue du faubourg Montmartre, n° 13, où la maladie avait éclaté, ayant été quitté par Mme Auguste Comte comme trop cher), jusqu'à ce moment, dis-je, la belle-fille vit tous les jours sa belle-mère. Sa vie, déjà fort triste, le devint encore davantage par les incessantes tracasseries de sa belle-mère, qui passait de l'extrême bonté à l'extrême méchanceté ; non qu'elle fût méchante ; mais, hors de chez elle et logée en garni, elle n'avait plus d'emploi pour une activité bien extraordinaire à son âge, et dont on ne peut, dit Mme Auguste Comte, se faire une idée sans en avoir été témoin.

Mme Comte la mère recevait les conseils de deux prétres d'un esprit fort différent. L'un était un jeune vicaire des Petits-Pères, qui confessait aussi une jeune dame (Mme Issalène) malade et amie de Mme Auguste Comte, l'autre, l'abbé de Lamennais, qui, connaissant très-bien, ainsi qu'on vient de le voir, M. Comte, le regardait comme un dangereux adversaire des doctrines théologiques. Le contre-coup de cette double direction se faisait sentir à Mme Auguste Comte. Le vicaire, qui passa quelque temps après à Notre-Dame, était un homme modéré, conciliant, et dont l'influence ne s'exerçait que pour calmer Mme Comte la mère et lui inspirer des sentiments de paix; aussi, quand c'étaient les avis de cet excellent homme qu'elle avait écoutés, elle revenait plus traitable, et Mme Auguste Comte reconnaissait que l'onction et la charité n'avaient pas en vain coulé des lèvres du prêtre. L'action de l'abbé de Lamennais était tout autre; alors, dans toute l'ardeur catholique qui signala la première partie de sa vie, son fougueux prosélytisme lui interdisait les ménagements, lui commandait la violence et la contrainte. Aussi Mme Comte la mère ne rapportait d'auprès de lui que les dispositions les plus hostiles. Plus d'une fois, après des scènes violentes, Mme Auguste Comte prit son châle et son chapeau, s'écriant : « Si je ne suis pas ici à vos yeux la femme de votre fils, je n'y dois pas rester. » Elle se levait prête à partir; et cette action ramenait Mme Comte la mère à un plus juste sentiment de la situation commune. Mais alors la jeune femme, qui s'était longtemps contenue, était saisie d'accidents nerveux; à cette vue, sa belle-mère revenait à de bons sentiments, lui prodiguait les plus tendres soins; toutefois ces scènes se renouvelaient bien souvent, et la santé de Mme Auguste Comte s'en est toujours ressentie.

Ainsi se passèrent l'été et l'automne. M. de Blainville, étant allé visiter le malade, vint voir Mme Auguste Comte, et lui dit que peut-être l'exaltation était entretenue par l'aversion qu'il avait conçue pour le traitement et pour les gardiens. La mère écrivit cela à son mari, qui répondit qu'il fallait le retirer et essayer de l'emmener à Montpellier. Esquirol ne croyait pas que le malade pût supporter le voyage; aussi Mme Auguste Comte vit-elle avec une très-grande inquiétude ce projet; et elle ne le permit qu'à une condition, c'est qu'avant de partir et afin de savoir s'il était en état de voyager, il passerait chez elle et avec elle une quinzaine de jours. Si l'essai ne réussissait pas, si le voyage de Montpellier était impraticable, Esquirol avait offert de reprendre le malade en diminuant beaucoup le prix de la pension; il se contentait d'avoir ses frais couverts. Jamais plus heureuse inspiration ne fut couronnée d'un meilleur succès. Ces quinze jours firent le salut d'Auguste Comte.

Ce fut le 2 décembre que Mme Auguste Comte, après avoir, sur l'avis d'Esquirol, fait griller les croisées, mit à exécution son projet d'essayer ce que pourraient sur M. Comte les soins domestiques, puisque les soins médicaux avaient échoué. Mais, avant cette tentative également douteuse et périlleuse, se place un incident caractéristique qui se passa le jour même de la sortie de M. Comte, hors de l'établissement d'Esquirol. Ce qui, nous l'avons déjà dit, pesait le plus sur l'esprit de Mme Comte, la mère, ce qui troublait sa conscience de catholique, ce qui la portait à des actes que seul le fanatisme religieux peut expliquer, c'est que son fils n'avait pas voulu se marier à l'église. Elle profita de cette occasion pour effectuer ce qu'elle désirait tant, et, accompagnée de sa belle-fille, alla demander au curé de Saint-Laurent, sur la paroisse duquel était la demeure de M. Comte, de faire le mariage de son fils, chez son fils, malgré l'état d'aliénation. Le curé s'y refusa, mais il promit de voir le malade toutes les semaines, exprimant la confiance que, par la douceur, il l'amènerait à consentir au mariage religieux dès que le rétablissement se serait effectué, et ajoutant qu'il célébrerait lui-même la cérémonie. Ces détails furent transmis au père, qui répondit judicieusement, qu'il fallait retirer son fils, sans perdre de vue le mariage religieux, réservé pour le temps du retour de la santé. Mais Mme Comte la mère, ayant communiqué l'état des choses à l'abbé de Lamennais, qu'elle ne voyait que chez lui, rue des Postes, parce qu'il était alors très-malade d'une affection du cœur, revint exaspérée; elle déclara que, sans le mariage religieux, son fils ne pouvait habiter sous le même toit avec sa femme : « Le salut de mon âme, disait-elle, y est engagé. » Par l'intervention de l'abbé de Lamennais, peu de jours après, elle était munie d'un ordre de l'archevêché qui enjoignait au curé de Saint-Laurent de procéder au mariage. On lui porta cet ordre. Il répondit que les prêtres étaient comme des soldats, qu'ils avaient leur consigne et qu'il obéirait; mais il ne voulut plus célébrer lui-même le mariage, et, en sa place, il envoya un prêtre. Mme Auguste Comte est persuadée, et personne n'en doutera, que, pour obtenir de l'archevêché la dispense, on avait caché la nature de la maladie. Elle a conservé le plus tendre souvenir de la conduite du bon curé de Saint-Laurent; ceux qui l'ont connu le reconnaîtront.

Ce que nous avons vu chez Mme Comte, la mère, nous le retrouvons chez l'abbé de Lamennais, c'est-à-dire des impulsions de conscience religieuse. Nul moins que moi n'est disposé à jeter des nuages sur l'irréprochable intégrité de l'abbé de Lamennais. Mais alors, plein d'espérances mystiques pour le triomphe du catholicisme ébranlé, il se flattait de conquérir M. Comte qu'il disait l'homme le plus fort et le plus honnête du parti révolutionnaire; et dans cette disposition d'esprit un seul scrupule le dominait, c'était de ne pas laisser échapper la moindre chance de provoquer une aussi importante conversion[1].

Le mariage se fit donc dans une chambre. Rien de plus lugubre que cette célébration. Le prêtre manqua de tact ; c'était une de ces cérémonies qu'il fallait abréger, il l'allongea. Un discours prolixe qu'il prononça provoqua dans M. Comte un surcroît d'excitation cérébrale ; pendant que le prêtre parlait, le pauvre malade parlait aussi, lui faisant un discours antireligieux ; et, quand il fallut apposer les signatures, à côté de la sienne il ajouta *Brutus Bonaparte;* ce qu'on peut encore voir, bien que raturé, dans l'acte conservé à la sacristie de l'église de Saint-Laurent. Il était temps que cette douloureuse cérémonie s'achevât ; et après tant d'années, en la racontant, Mme Auguste Comte en ressent encore le poids et le frisson.

La compensation de toutes ces peines allait arriver. Garder M. Comte chez soi n'était ni sans difficultés ni sans péril, tellement qu'Esquirol, inquiet de ce qui pouvait advenir, donna à Mme Auguste Comte un gardien qui l'aidât dans son pénible office, et la garantît au besoin. Cette précaution ne put être mise en usage que peu de jours, car à la fin de la première semaine il n'y avait aucune amélioration ; il fallut, voulant aller jusqu'au bout, renvoyer le gardien et rendre libres les croisées, car M. Comte s'était encore cru chez Esquirol. Le tête-à-tête commença. Ce tête-à-tête fut d'abord plein d'angoisses pour le succès, plein d'appréhension pour les violences. Deux fois par jour, à l'heure des repas, M. Comte, en s'asseyant à sa table, essayait d'y planter son couteau, comme le montagnard écossais de Walter Scott, disait-il ; puis demandait le dos succulent d'un porc et récitait des morceaux d'Homère. Souvent aussi il saisit son couteau et le lança contre sa femme, sans l'atteindre toute-

---

1. Ces détails m'ont été plus d'une fois racontés par Mme Comte alors que M. de Lamennais vivait encore.

fois; et Mme Auguste Comte est persuadée que, même en l'état où il se trouvait, il n'avait pas l'intention sérieuse de la frapper, et qu'il voulait seulement l'effrayer pour obtenir d'elle ce que dans le moment il désirait ; toutefois il faut dire qu'étant encore dans la maison d'Esquirol, il avait enfoncé une fourchette dans la joue de son domestique qui, malgré les ordres les plus sévères de ne jamais riposter, s'était vengé par un violent coup de poing sur l'œil. Peu à peu, à force de soins aussi affectueux que bien entendus, l'excitation diminua et un mieux décisif commença à se prononcer.

Je ne veux pas, puisque je le peux, raconter un tel succès en d'autres termes que ceux de Mme Auguste Comte elle-même dans une lettre écrite à M. G. d'Eichthal, où elle retrace avec bonheur les progrès du rétablissement.

Paris, 22 décembre 1826.

« Monsieur,

« Il y avait deux jours que M. Comte était chez lui quand votre dernière me fut remise, et j'ai différé d'y répondre afin de pouvoir vous donner avec certitude le résultat de l'essai que nous faisions. Je ne doute pas, monsieur, que vous n'appreniez avec plaisir que le changement qui s'est opéré depuis que mon mari est revenu au milieu de ses habitudes est presque miraculeux. Il sort et voit quelques amis. Je regrette bien que vous ou monsieur votre frère ne puissiez être du nombre. Je lui ai fait observer très-exactement le régime prescrit par M. Esquirol, sans pourtant lui en faire connaître la source ; car il n'a pas pris de goût pour la médecine ni pour les médecins, et l'on ne doit bien certainement le mieux qu'il éprouve qu'à l'absence de toute contrariété. Il faut qu'il veuille tout ce qui doit se faire, et le difficile est de le lui faire vouloir ; mais enfin, tout a été bien jusqu'à présent, et les plus grandes difficultés devaient nécessairement avoir lieu au commencement, puisque chaque jour amène un mieux marqué. »

On remarquera ce qui est dit dans cette lettre : Esquirol avait ordonné un traitement; le malade devait avoir une alimentation peu nourrissante, mais à discrétion; prendre des bains tous les deux jours et être purgé une fois par semaine. Mettre à exécution ce traitement demandait toujours beaucoup d'adresse, et souvent beaucoup de dévouement. On prenait tous deux le même médicament, afin que, étant tous deux dans le même état, le malade n'eût aucun soupçon ; car sa femme était convaincue qu'il la prendrait en haine, et que, par conséquent, elle échoüerait s'il découvrait qu'elle le soumettait à un régime médical. Du reste, cela ne dura que cinq ou six semaines.

Mme Comte, la mère, était partie le 18 décembre. Mme Auguste Comte, en parlant de ce départ à M. d'Eichthal dans cette même lettre, ajoute : « J'ai su, il y a longtemps, monsieur, les offres de service que vous avez bien voulu faire, et je vous en remercie sincèrement. J'ai toujours tardé de les accepter, et j'ai déjà été obligée d'avoir recours à M. de Blainville. Comme il pourrait être dangereux que mon mari connût exactement le triste état de ses affaires, je vous prie de vouloir bien me faire connaître vos intentions, soit en m'écrivant à moi-même ou par l'intermédiaire de M. de Blainville. Vous pourrez, d'un autre côté, écrire à mon mari; je suis certaine que cela lui fera grand plaisir. Je vous renouvelle, Monsieur, mes remercîments, et je vous suis d'autant plus obligée que j'ai pu entrevoir, par plusieurs choses échappées à mon mari dernièrement, que vous êtes déjà en avance avec lui, ce que j'avais ignoré jusque-là. »

Au moment où Mme Comte, la mère, repartit pour Montpellier, aucun arrangement pécuniaire n'avait été pris par la famille de M. Comte. Mais, à dater de ce retour,

M. Comte, le père, envoya à son fils, pendant quatorze ou seize mois, une somme mensuelle de 200 francs. Ces avances, jointes à quelques autres, soit le voyage, soit les 500 francs fournis par Mme de la Salle (voy. p. 13€), sont évaluées, dans le testament de M. Comte le père, à 4,067 fr. 40 c., somme qui aurait été rapportée par M. Auguste Comte s'il n'était pas mort avant son père.

Le séjour à la campagne parut utile à la convalescence de M. Comte, et des amis (ces amis étaient MM. Gustave d'Eichthal, Napoléon de Montebello et peut-être M. Carnot) songèrent à le lui procurer ; car les deux cents francs envoyés annuellement par la famille n'y suffisaient pas, vu que toutes les fantaisies du malade qui ne portaient pas sur la santé étaient sans hésitation satisfaites par Mme Comte. Là-dessus, je ne puis mieux faire que de rapporter une lettre délicate et digne qu'à ce propos Mme Comte écrivit à M. G. d'Eichthal :

« Monsieur,

« J'ai réfléchi sur la proposition que vous avez eu la bonté de me faire par votre dernière. M. Comte n'ayant pas cru pouvoir accepter, ma conduite est toute tracée par son refus. Il y a pour lui d'autres considérations que le besoin du moment ; il faut qu'il puisse lever la tête quand il rentrera dans le monde. Jusqu'à présent, je ne me suis adressée qu'à vous, Monsieur, et à M. de Blainville. Je vous sais un gré infini des offres que vous voulez bien me réitérer ; mais je n'abuserai pas de l'extrême bonne volonté que vous nous montrez. Je sais qu'il serait bien à désirer que M. Comte pût passer deux ou trois mois à la campagne ; mais si sa famille ne le met à même de le faire, et que cela ne puisse avoir lieu qu'en surchargeant ses amis, il vaut mieux y renoncer.

« Paris, 6 mars 1827. »

Au début de la maladie et quand il n'y eut plus de doute sur le caractère quelle présenta, Mme Comte s'adressa à M. de Blainville seul comme conseil et comme direction. Mais, quand elle retira son mari de chez Esquirol, elle était accompagnée de deux amis, à M. Comte et à elle, MM. Mellet et Adolphe Issalène, qui assistèrent comme témoins au mariage religieux. Ils virent le malade fréquemment tant que l'état fut mauvais ; ces visites lui faisaient beaucoup de bien. Le souvenir de ces services rendus dans l'affliction, dans la peine, dans le péril ne s'est pas effacé du cœur de Mme Comte.

M. Comte était sauvé. Mais après la terrible excitation cérébrale à laquelle il venait d'être en proie pendant plusieurs mois, survint un collapsus profond. Lui-même l'a très-bien caractérisé en l'appelant, longtemps après qu'il en était revenu, un état de quasi-végétation : « Depuis dix ans que je n'avais vu le Midi, et je puis même dire depuis douze ans, car mon triste voyage de 1827 ne peut guère compter dans l'état de quasi-végétation où j'étais à la suite de ma grande maladie.... » (*Lettre à Mme Comte*, Toulouse, 6 octobre 1837.)

Le malade, car c'en était encore un, recouvrait peu à peu la santé sous la surveillance et les soins de sa femme. Mais, à mesure qu'il la recouvrait, il sentait d'autant plus vivement l'impuissance où il était encore de vivre, comme jadis, par l'intelligence. Sa mélancolie était profonde, d'avoir l'importune conscience de n'être plus ce qu'il avait été et la crainte de ne pas le redevenir. C'en fut assez pour le jeter dans le désespoir de lui-même, et le faire obéir, dans cette condition passive et végétative, à une impulsion de suicide. Un jour [1], Mme Comte sortit pour un besoin de la maison ; la position ne comportait pas de domestique, et

---

1. Ce fut dans le printemps de 1827. Je n'ai pu fixer exactement la date. Les dépôts publics ne m'ont pas offert la mention du suicide de M. Comte.

elle ne pouvait plus enfermer le malade sous peine de ramener des crises, ou de la violence. Rentrant, elle ne le retrouva pas; il était allé se précipiter dans la Seine du haut du pont des Arts.

Un garde royal qui passait sur ce pont aperçut un homme qui se noyait, il se jeta après lui et le sauva. Il vint le lendemain, fut accueilli comme un sauveur par M. et Mme Comte, et pendant quelque temps renouvela plus d'une fois ses visites. Puis, quelques mois ou un an se passèrent sans qu'il reparût; et quand on le revit, il avait quitté le service et était dans le commerce des vins. Cette fois, M. Comte fut froid et embarrassé. Le visiteur s'en aperçut et ne revint pas, au grand regret de Mme Comte, qui a oublié son nom, mais n'a pas oublié sa belle action. Si le sauveur de M. Comte vit encore, Mme Comte serait heureuse, et je le serais aussi, que cette page, tombant sous ses yeux, lui apprît la reconnaissance qu'on lui conserve.

Sauvé de l'eau, M. Comte témoigna un grand regret de ce qu'il venait de faire et du chagrin qu'il avait causé à sa femme. Cette secousse n'interrompit pas la convalescence, et laissa le progrès se faire tel qu'il se faisait auparavant. Au mois de juillet, il fut en état de voyager, et il partit pour se rendre à Montpellier, dans sa famille. Sa femme eût encore un peu retardé ce voyage si, épuisée par tant de secousses, elle ne se fût trouvée à bout de forces physiques et morales. Un incident bizarre prouve qu'alors même il n'était pas encore redevenu pleinement maître de ses actions. Il partit avec une dame (Mme de la Salle) qui faisait même route que lui. Arrivé à Lyon ou à Nîmes, il emprunta à cette dame cinq cents francs, et la laissa continuer seule le voyage pour Montpellier, où elle arriva cinq jours avant lui. Ces cinq jours de retard causèrent dans sa famille une grande inquiétude. Mme Comte, ayant su qu'il n'était pas à Montpellier, s'inquiéta à son tour non moins vivement, et s'adressa, pour le faire chercher, au préfet de police, qui transmit la demande aux préfets de deux départements, et oublia celui de l'Hérault. Les préfets répondirent que leurs recherches avaient été inutiles. Pendant ce temps, M. Comte était arrivé à Montpellier; mais ce ne fut que quinze jours ou trois semaines après son départ de Paris que sa femme reçut une lettre de lui [1]. Cette lettre, sans lui apprendre ce qui s'était passé dans ce retard (et on ne l'a jamais su), lui apprit du moins qu'il était retrouvé et que sa santé n'avait pas souffert.

La lettre suivante, de Mme Comte à M. G. d'Eichthal, est relative à cet incident : « Depuis que j'ai eu l'honneur de vous voir, j'ai reçu plusieurs lettres de M. Comte, et toutes mes inquiétudes ont cessé. Il se porte comme à Paris, et n'avait rebroussé chemin à Nîmes que dans l'intention de revenir auprès de moi; mais un jour de réflexion lui a suffi pour sentir qu'il indisposerait justement sa famille en renonçant, si près du but, à un voyage qu'il désire depuis si longtemps. De Nîmes, il m'avait écrit et m'a donné tous ces détails. Je ne comprends pas que cette lettre ne me soit pas parvenue. Quinze jours d'inquiétudes mortelles ont été pour moi la conséquence de cette perte. M. Comte m'a dit dans la dernière (du 1er) qu'il n'attend que ma réponse pour se mettre en route. Ainsi dans trois semaines ou un mois au plus tard il sera, Dieu merci, de retour. Dans cet état de choses, rien n'annonçant que j'aie besoin de faire ce voyage, je vous prie, monsieur, de recevoir mes remerciements sincères pour les facilités que vous m'avez offertes; ceci m'était personnel, et je vous en sais un gré infini. A l'époque où je me suis adressée à vous, il n'y avait que la certitude de pouvoir aller voir par moi-même ce qui en était qui pût me faire supporter les

---

1. Mme Auguste Comte avait reçu auparavant une lettre de M. Issalène qui l'avait tirée d'inquiétude.

inquiétudes de toute nature dont j'étais assaillie (Athye, ce 3 août 1827). »

Malgré ce voyage de Montpellier, M. Comte, qui eut toujours la pleine notion de ce qui s'était passé lors de sa maladie, en garda longtemps d'amers ressentiments, ne pardonnant pas la conduite tenue à l'égard de sa femme. Il était devenu examinateur des jeunes gens qui se destinaient à l'École polytechnique, et, sa tournée devant le conduire à Montpellier, il hésita à descendre chez son père (sa mère était morte alors, il s'agit de 1837). Dans cette hésitation, il écrivit à sa femme, le 20 septembre 1837, de Lorient, qui était une des étapes marquées dans sa tournée : « On m'a remis à la poste, en même temps que votre lettre, celle de mon père, que j'attendais en réponse à ma déclaration formelle et motivée de ne point descendre chez lui, et de ne pouvoir même y dîner. Cette réponse me satisfait très-peu ; elle me semble surtout insuffisante en ce que c'est à vous que la déclaration de mon père devait être adressée. Toutefois, avant de lui écrire, je désire savoir expressément votre avis, et c'est pourquoi je vous l'envoie. »

Cette lettre était ainsi conçue :

Montpellier, 12 septembre 1837.

« Je réponds, mon cher ami, à ta lettre du 3. Qu'il te suffise d'avoir la certitude que, si ta femme voyageait avec toi, elle serait reçue chez ton père comme elle le fut dans le temps. J'espère, en conséquence, que, d'après cette assurance, tu descendras directement à la maison. Je compte les jours, tant il me tarde de t'embrasser. »

Dans l'embarras où son mari se trouvait, Mme Comte, sans aucune intention d'aller à Montpellier, mais pour faciliter les rapports, lui avait suggéré cette issue : c'était d'annoncer la visite de Mme Comte, pour l'an prochain, en compagnie de son mari. M. Comte avait usé de cet expédient, dont il remercia sa femme très-vivement.

Angoulême, 30 septembre 1837.

« Quand je ne pourrais vous mander que deux mots, il y en aurait toujours un pour vous exprimer faiblement combien je suis profondément touché de votre exquise générosité en ce qui concerne mon père. Vous avez pu voir par ma lettre de mercredi, à mon arrivée ici, que j'étais quasi décidé, si votre silence eût persisté, à me montrer spontanément beaucoup plus sévère dans une occasion que ma position officielle rendait nécessairement fort éclatante en un tel pays. Je vous remercie extrêmement de l'ingéniosité vraiment féminine qui vous a suggéré l'heureux expédient par lequel, en sauvant la décence, je puis ne pas me priver de la satisfaction de loger chez mon père, et sans lequel, en effet, j'aurais très-probablement, en vrai mâle, tranché la difficulté par un triste coup d'État, quelque peiné que j'en fusse. Pour perfectionner immédiatement votre idée, je vais, en vous quittant, annoncer aussitôt très-sérieusement à mon père votre visite officielle de l'année prochaine. Je saurai du moins ainsi à quoi m'en tenir dès mon arrivée, et, si la réception n'était pas convenable, je sais très-bien le chemin de l'hôtel du Midi, le meilleur, sans contredit, de Montpellier. »

Toulouse, 6 octobre 1837.

« J'ai trouvé ici, à la poste, une lettre de mon père, qui, s'inquiétant de n'avoir rien reçu de moi d'Angoulême (il croyait que je lui écrirais à l'arrivée, tandis que, comme vous le savez, je ne l'ai fait qu'au départ), a craint que je ne descendisse à l'hôtel du Midi, comme je l'en avais prévenu dans l'origine, et m'a réitéré très-formellement la déclaration que je vous ai envoyée de Lorient. J'ai profité de cette nouvelle occasion pour lui reproduire par ma lettre d'hier, qu'il doit avoir en ce moment entre les mains et qui me précède ainsi de quarante-huit heures, l'annonce très-positive de votre voyage avec moi l'an prochain, en l'invitant à le déclarer déjà à ses amis, *en attendant*, lui dis-je, *que je le fasse moi-même*[1]. Je lui ai d'ailleurs rappelé que c'était d'après votre acquiescement formel, fondé sur sa lettre, que je vous avais envoyée, et à votre recommandation (ce qui d'ailleurs est très-vrai), que j'avais fini par changer ainsi ma première détermination. Tout est donc, vous le voyez, bien préparé; et, si les démonstrations sont diplomatiques, du moins on peut compter qu'elles abonderont, et que la décence sera pleinement couverte, grâce à l'heureux biais dont je vous remercie de nouveau. »

Même après la séparation intervenue en 1842 entre Mme Comte et lui, il ne se départit pas de ces sentiments et se souvint des *indignités* (c'est son mot) de 1826 : « .... Le lieu même (Montpellier) où je me trouve en ce moment me rappelle trop les indignités auxquelles vous fûtes jadis en butte à mon occasion.... » (*Lettre à Mme Comte*, 11 octobre 1842.)

Ce fut seulement longtemps après qu'écartant loin de lui un passé qui ne lui convenait plus, il oublia et son ancienne reconnaissance et ses anciens griefs.

Cette reconnaissance, il l'inscrivit dans la préface du tome VI du *Système de philosophie positive*, p. x, où, énonçant qu'*une sollicitude trop timide et trop irréfléchie, mais naturelle en pareils cas*, le remit entre les mains d'Esquirol,

---

1. C'est M. Comte qui souligne.

il ajoute que *la puissance de son organisation, assistée d'affectueux soins domestiques*, triompha du mal. Tous ceux qui ont approché M. Comte l'ont entendu donner le commentaire d'expressions indéterminées seulement pour ceux qui ne connaissaient pas les détails soit par lui, soit par d'autres. C'est ce que M. le docteur Robin, aujourd'hui professeur à la Faculté de médecine de Paris, et l'un des disciples de M. Comte, me rappelle dans cette lettre qu'il a bien voulu m'écrire.

« Mon cher monsieur Littré,

« J'ai appris avec un vif plaisir que vous étiez parvenu à pouvoir prendre un peu sur votre temps pour écrire la vie de M. Comte. Je considère, en effet, ce travail comme une œuvre capitale, dont aucune biographie n'a, je crois, fourni d'exemple jusqu'à présent. La vie d'Auguste Comte est une découverte à faire ; elle existe, les preuves en existent ; ses œuvres sont là. Mais on peut dire que, sauf d'honorables exceptions individuelles faciles à compter, l'homme et les œuvres sont inconnus. C'est pour cela que beaucoup craignent ou nient lorsqu'on leur parle d'Auguste Comte. Il a laissé des documents qui montrent la puissance de ses vues coordinatrices sur l'ensemble de l'activité humaine comme sur chacune des principales formes qu'y distingue la raison. Il a réellement découvert dans quel ordre on doit procéder pour connaître les lois de l'évolution des sociétés. Ses vues, il les a développées dans un milieu que les événements postérieurs à 1800 avaient rendu tellement défavorable, qu'à mesure que son œuvre se constituait, les hommes qui l'entouraient prenaient en quelque sorte à tâche de disperser ses efforts et d'en anéantir la portée devant l'esprit public.

« Chez lui, tel était l'esprit, tel était le caractère, avant les dernières années de maladie. Aussi a-t-on tiré parti de ces dernières années pour faire croire qu'il n'avait du génie que les travers, et ceux qui avaient besoin de cette croyance sont arrivés à leurs fins. Or, dans la masse des esprits, l'homme et l'œuvre ne font qu'un. Pour que cette masse se décide à étudier une production, il faut qu'elle sache à quoi la rattacher; il faut qu'elle sente que l'auteur vit ou a vécu dans son œuvre, et le public ignore pour Auguste Comte qu'il en est ainsi. Cet homme offre du reste un spectacle des plus frappants, je dirais grandiose, si j'osais. Ce n'est pas d'avoir eu, comme beaucoup, une période de grandeur et une de décadence mentale, mais c'est que, cette dernière étant morbide, due au travail et devançant celle qui est due à l'âge, elle a été aussi puissante dans son œuvre destructive et supposée *religieuse* que l'autre avait été supérieure par son homogénéité et par sa profondeur, dans l'action de tout embrasser ce qui est réel. Elle est par conséquent venue en aide à ceux qui croient construire en renversant, et il n'y a pas à s'étonner qu'elle attire facilement un certain nombre d'esprits par ses côtés maladivement mordants ou méchants, parfois plus que faibles. Mais l'œuvre est là pour montrer tout ce qu'il y a de grand, et cette démonstration, qui deviendra aussi saillante que l'œuvre, est à faire. Plus nous allons, et plus les événements viennent réclamer cette démonstration et tendre à la rendre capitale, je ne peux que le répéter.

« Je me suis laissé aller plus loin que je ne voulais. Je n'avais pris la plume à la nouvelle ci-dessus, que pour vous raconter le fait suivant que vous connaissez peut-être déjà, qui m'a vivement frappé alors qu'il s'est passé et dont je n'ai oublié aucun détail. Je n'ai causé seul à seul ou en petit comité avec M. Comte qu'un petit nombre de fois, en mars 1848, peu après les événements de juin de la même année, quelques jours après le 10 décembre 1848 et une fois ou deux en 1848 et 1850. Dans ma visite de décembre 1848, j'étais avec une autre personne ; M. Comte, qui aimait à me parler médecine, et médecine mentale en particulier, ne manquait jamais de poursuivre de ses sarcasmes le traitement de la folie par les douches et autres moyens analogues; tout en exposant sa manière de voir d'une façon vraiment spirituelle, et nous voyant rire, il en vint à se citer comme exemple, et à nous dire formellement et très-nettement de la manière la plus sérieuse et la plus calme, que, si en 1826 sa femme ne l'avait pas retiré de chez Esquirol, il y serait certainement mort, non pas de la maladie des méninges, pour laquelle on l'avait mis dans cette maison, mais du traitement, et que cette action était d'autant plus méritoire de la part de Mme Comte qu'il était sorti certainement plus malade qu'il n'y était entré.

« Immédiatement après, il nous raconta que l'impression qui lui était restée de ce séjour n'avait jamais été plus pénible à son souvenir que lorsque, allant voir, quelques années après, un de ses amis malade, il entendit se fermer derrière lui les portes de la maison de santé pour les aliénés dont il s'agissait. Il devint fort ému dans cette partie de sa causerie, surtout lorsqu'il nous dit ce fait que, alors, réellement il crut qu'il allait devenir fou, mais qu'il parvint à se dominer.

« Il racontait assez souvent ce dernier fait dans ses réunions des mercredis; je l'ai aussi entendu faire allusion plusieurs fois au premier de ces faits. Comme j'ai été très-frappé de tous deux, j'ai pensé que peut-être vous seriez heureux de les connaître; car ils me paraissent dignes d'être cités dans une biographie, et ils prouvent que l'homme était bien meilleur qu'on ne l'a dit souvent. » (Lettre du 18 juin 1861).

Mais à quoi bon invoquer des souvenirs et des témoignages,

quand nous avons le souvenir et le témoignage de M. Comte lui-même? Cette visite à M. de Montgéry dans un hôpital d'aliénés que M. Robin vient de rappeler, est racontée par M. Comte dans une lettre à sa femme datée de Marseille, 2 octobre 1836. Elle est importante, car elle ne laisse place à aucune contradiction, pas même de la part de M. Comte; elle est belle, car elle constate la lutte victorieuse de l'amitié sur les plus pénibles sensations, sur les plus douloureux frémissements de l'âme ; elle est touchante, car elle contient un délicat hommage de reconnaissance pour celle à qui il est redevable de son salut.

« Quoique je sois ici depuis vendredi soir, j'ai voulu, ma chère amie, attendre pour vous écrire que la douloureuse impression produite par ma triste visite de jeudi dernier fût suffisamment dissipée par les distractions, pour ne pas me donner à craindre de faire trop vivement partager à votre sombre imagination les pénibles émotions dont j'ai été agité. Vous concevez aisément combien, outre la situation du pauvre Montgéry, je devais nécessairement raviver en moi de fâcheux souvenirs personnels, par une visite de sept à huit heures consécutives dans ce genre d'établissement où je n'étais jamais entré, depuis que moi-même j'y avais si malheureusement séjourné. Et cependant c'était pour moi un véritable devoir que je me félicite maintenant d'avoir convenablement rempli. Mais j'ai bien peu et bien mal dormi la nuit qui a suivi cette triste tâche, quoique, après y avoir dîné avec Montgéry et le docteur, je n'aie pas couché dans l'établissement ; et je ne suis, à vrai dire, jamais monté en voiture avec tant de plaisir que lorsque, le lendemain matin, je me suis rapidement éloigné de ce lieu funeste.

« J'ai eu du moins la satisfaction de trouver notre malade (ou prétendu tel) dans un état bien peu différent de celui où vous l'avez toujours connu; ses divagations ne sont guère plus grandes qu'à l'ordinaire. La seule trace d'aberration intellectuelle consiste maintenant dans une illusion sur la prétendue illustration de sa naissance, assez bien encadrée d'ailleurs de prétextes plausibles pour que le docteur lui-même m'ait naïvement demandé ce qu'il fallait réellement penser d'un tel roman. Mais du reste la continuité des souvenirs et des jugements, soit antérieurs, soit actuels, est parfaitement normale. Par désœuvrement il fait beaucoup d'assez mauvais vers; ceux qu'il m'a montrés comme composés sous la camisole, sont certainement médiocres mais sans grave incohérence; double symptôme qui entache de suspicion le jugement qu'on portait alors sur le véritable état de son esprit. En masse, divers indices, comme sa disposition à ne plus causer avec moi des graves sujets philosophiques, son peu de répugnance même aux exercices religieux de la maison, etc., me font présager une prochaine dégénération finale en une sorte de décadence sénile anticipée. Mais cela n'est qu'une induction et nullement une réalité qui d'ailleurs n'autoriserait nullement la prolongation de sa détention. »

Arrivé là dans son récit, et, faisant un retour sur lui-même, il compare son sort à celui de son malheureux ami, et se félicite d'avoir eu une femme qui voulut et sut le sauver : « Il est très-certainement beaucoup plus guéri que je ne l'étais moi-même quand vous me tirâtes de chez Esquirol. Malheureusement, à la vérité, il n'a point de Caroline[1] pour achever la cure; mais ce malheur ne doit pas devenir la cause d'un autre en perpétuant une situation vraiment devenue intolérable et que, sous le rapport intellectuel, il ne mérite certainement pas. »

1. Caroline est le nom de Mme Comte.

C'est sur ce sentiment de reconnaissance que je clorai le chapitre; tous ceux qui, disciples de la philosophie positive, en retirent journellement profit pour la conduite de leur intelligence et de leur cœur, sont redevables à Mme Comte, sans qui une grande lumière s'éteignait prématurément sous les fatalités de la maladie.

CHAPITRE VIII.

Lettres de M. Comte à M. Gustave d'Eichthal, 1824-1829.

M. G. d'Eichthal, dont il a été déjà parlé plusieurs fois dans les pages précédentes, a bien voulu me communiquer les lettres qui lui furent écrites par M. Comte, c'est un document précieux qui clôt à propos la première partie.

Je les donne à la suite les unes des autres dans leur ordre chronologique, sauf une qui a été distraite pour figurer comme pièce essentielle dans le troisième chapitre.

Je les imprime textuellement; l'exactitude textuelle est affaire de bonne foi. Seulement, j'ai retranché des passages qui étaient ou des redites d'une lettre à l'autre, ou sans intérêt pour le lecteur.

Je les fais précéder d'un court sommaire qui en indique le contenu et aide à en faire comprendre les particularités.

1. SOMMAIRE : M. Comte se félicite de l'effet que produit la publication de l'opuscule sur la politique positive, (voy. plus haut, p. 16), il parle de ses conversations avec M. Guizot sur la séparation des deux pouvoirs, temporel et spirituel. Son opinion sur M. Guizot. — *A M. Gustave d'Eichthal, à Berlin.* 6 juin 1824.

« Depuis ma dernière lettre, j'ai eu toujours de nouveaux motifs d'être content de ma publication. Un suffrage remarquable qui vous fera sans doute le même plaisir qu'à moi, est celui de l'Académie des Sciences. Je lui ai envoyé officiellement un exemplaire avec une lettre explicative, dans laquelle cependant j'ai cru ne pas devoir aller jusqu'à demander un rapport; je m'attendais à un simple accusé de réception par forme de politesse, ou même à un silence total, qui est la mesure ordinaire de l'Académie pour les ouvrages politiques. J'ai été très-agréablement surpris en recevant du secrétaire perpétuel, au nom de l'Académie, une lettre contenant une adhésion aussi expressive que puissent se la permettre des gens qui ont et qui doivent avoir la crainte de se compromettre. Le secrétaire, qui était le prudent Cuvier, y a même joint, pour son compte, un petit post-scriptum assez formel. C'est là le suffrage qui m'a le plus étonné. En tout, je suis bien aise maintenant qu'une suite d'événements non calculés ait arrangé les choses de la manière dont elles ont eu lieu. Ceci n'est point et ne passe point pour une publication, puisque Saint-Simon ne met rien en vente et que ses envois sont à peu près perdus (comme des traités d'optique envoyés à des aveugles). Or, dans cette mesure, il n'y a pas d'inconvénient à cette communication anticipée, et, au contraire, elle prépare à merveille la sensation que doit produire la véritable publication, celle du volume entier. Sous le rapport matériel même auquel je ne pensais pas d'abord, cela facilitera cette publication, car je vois que l'effet produit me fera trouver aisément des libraires avec lesquels je puisse traiter pour le volume, ce qui m'aurait été peut-être difficile sans cela, en supposant d'ailleurs que je sois obligé d'avoir recours à cette ressource, ce que je tâcherai d'éviter, si je le puis, désirant rester autant que possible, maître suprême de mon travail.....

« Je continue de causer de temps en temps avec M. Guizot,, et j'en porte toujours le même jugement... Le kantisme le domine encore en dernière analyse. Notre principale discussion a roulé sur la division entre le pouvoir spirituel et le pouvoir temporel, qu'il ne veut pas absolument admettre. Je crois, en effet que ceux qui ignorent les sciences, ne doivent pas pouvoir comprendre clairement la distinction tranchée et le rapport de la théorie et de la pratique, dont le grand principe social des deux pouvoirs n'est aujourd'hui que l'application. Il m'a semblé en outre, par ce que j'ai vu en lui, que les hommes qui ont été au pouvoir pendant quelque temps, sont nécessairement faussés en ceci qu'ils ne peuvent pas admettre la possibilité de raisonnements positifs sur la conduite générale de la société chez ceux qui n'ont jamais manié les affaires publiques temporelles. En tout, c'est grand dommage qu'un homme tel que lui soit ainsi presque paralysé pour le progrès réel de la société; car il a une très-forte tête. Son cas est un exemple bien frappant de l'importance de l'éducation dans les hommes même les plus marquants.... »

2. SOMMAIRE : Cette lettre est importante, parce qu'on y voit poindre les premiers linéaments de la philosophie positive. — *A M. Gustave d'Eichthal, à Berlin.* 5 août 1824.

« Je ne puis m'empêcher de me rappeler votre judicieuse réflexion sur l'influence qu'exercera la physique sociale une fois formée sur la philosophie scientifique. Je vais même plus loin que vous, car je pense que ce ne sera qu'alors qu'il pourra exister une véritable philosophie des sciences. Toutes les idées philosophiques qui y sont aujourd'hui, quoique fort précieuses jusqu'alors, ne me paraissent avoir qu'un caractère simplement provisoire. Je parlerai un peu de cette relation dans la préface générale que je vous annonce et où j'expliquerai que le véritable titre de mes travaux serait *philosophie positive*, et que, si j'ai préféré *politique*, c'est à cause que c'est là l'application philosophique la plus urgente et qui doit fonder la science, mais que, plus tard, moi ou vous ou d'autres compléteront ce système d'idées par la refonte encyclopédique de toutes nos connaissances positives, qui doivent réellement être conçues comme une seule masse, quoique, pour la bonne culture, il soit indispensable d'y conserver et d'y pousser même, en un sens plus loin qu'elle ne l'est, la division du travail, mais de manière que chaque savant spécial puisse toujours, dans la suite, concevoir la relation de sa branche et même de son rameau avec le tronc universel. »

3. Sommaire : Lettre très-intime où M. Comte, se plaignant de voir son présent si difficile et son avenir si peu assuré, reconnaît son inaptitude aux soins ordinaires de l'existence matérielle. Il fait des démarches auprès de M. de Villèle alors ministre. Son opinion sur le livre de la *Religion*, sur B. Constant et sur De Maistre. — *A M. Gustave d'Eichthal, à Berlin.* 6 novembre 1824.

« Je vous remercie sincèrement, mon cher ami, du vif intérêt que vous témoignez si cordialement prendre à ma situation. Je n'ai pas voulu, sentant que vous n'y pouviez rien, vous tourmenter des diverses causes de chagrin que j'ai eu à subir, et je suis même fâché de vous en avoir laissé paraître quelque chose. Mais comment résister entièrement à l'entraînement de l'amitié? Ce serait lui faire perdre un de ses plus précieux avantages. Et, puisque j'ai tant fait que de commencer, je puis vous indiquer la principale sorte de contrariété que j'éprouve. Je ne me suis jamais fort inquiété, comme vous le savez sûrement, de mon existence temporelle; mais je vous avoue que, quand j'y pense, je me sens accablé de me voir à vingt-sept ans sans aucune assiette fixe dans le monde, et obligé d'être littéralement au jour la journée. Je me trouve, par exemple, au commencement de cette année scolaire avec un nombre très-minime de leçons et sans motif réel d'en espérer l'augmentation prochaine. Je n'ai jamais, il est vrai, regardé ce mode de nutrition que comme provisoire, mais je ne vois pas trop de chances d'en obtenir bientôt un définitif quelconque supportable. Il est très-probable que c'est ma faute, puisque, si j'avais mis à la consolidation de mon matériel plus de soin et d'activité, ou, pour mieux dire, si je m'en étais occupé un peu sérieusement, je serais aujourd'hui délivré de cette insipide espèce d'inquiétudes. Mais enfin, que la faute en soit à moi ou non, je n'en souffre pas moins, et je sens d'ailleurs que cette incurie est physiologiquement combinée avec le reste de mon organisation. Je sens que, sous ce rapport, je suis plus propre à faire partie d'un pouvoir spirituel régulièrement organisé, qu'à contribuer à en fonder un, car il n'est rien de plus mortel pour mon esprit que la nécessité, poussée jusqu'à un certain degré, de devoir songer, pour ainsi dire, chaque jour, à la nutrition du suivant. Heureusement, je pense peu et rarement à tout cela ; mais, quand cela m'arrive, j'éprouve des moments d'abattement et de véritable désespoir qui, si leur influence se tournait en habitude, me feraient renoncer à tous mes travaux, à tous mes projets philosophiques, pour finir comme un sot. Je vous avoue que la considération de cette pénible situation n'a pas été pour peu de chose dans la démarche que je viens de commencer auprès de M. de Villèle. Je veux essayer si, par son influence, il ne serait pas possible de fixer mon sort physique en prenant pied soit à l'École polytechnique, soit à la Faculté des sciences ou ailleurs, pourvu qu'il ne fallût pas quitter Paris. Je ne sais encore quel sera le résultat de cette démarche qui s'opère lentement, par la négligence des personnes qui me servent d'intermédiaires. J'ai écrit à Villèle une lettre que je crois assez adroite, (je vous la montrerai à votre retour) et qui est, je pense, de nature à l'intéresser en ma faveur et à piquer sa curiosité au profit de mon travail.

« Je n'ai pas jugé convenable de faire, en ce moment, mon envoi (l'envoi de son livre) à M. Canning, d'abord parce qu'il aura plus de valeur avec la seconde partie, ensuite à cause de l'explication relative à Saint-Simon, qu'il serait impossible ou ridicule de donner à cette distance ; j'ai voulu attendre une publication qui sera débarrassée de toute trace de cette relation qui nuirait vraisemblablement beaucoup à l'effet de mon envoi ; mais je n'en attache pas moins une grande importance à cette communication sous le rapport philosophique. Elle peut d'ailleurs, en la cultivant, s'il y a lieu, devenir plus tard une heureuse pierre d'attente pour moi, si, dans quelques années, l'impossibilité de vivre en France me force à aller chercher une existence en Angleterre, ce à quoi je pense déjà, en cas que ma situation ne s'améliore pas.

« Toutes les inquiétudes que je vous ai indiquées n'empêchent pas mon travail d'avancer; mais elles le ralentissent considérablement. J'espère cependant, si je puis prendre le dessus, terminer avant la fin de l'année...

«... Vous pouvez regarder l'ouvrage (le livre de B. Constant *sur les Religions*) comme réfuté d'avance par de Maistre, qui y est, du reste, traité fort lestement. A ce propos, je ne puis m'empêcher de vous faire part d'une petite observation, c'est que M. de Maistre a pour moi la propriété particulière de me servir à apprécier la capacité philosophique des gens par le cas qu'ils en font. Ce symptôme, dont je me suis beaucoup servi, ne m'a encore jamais trompé. Guizot, malgré tout son protestantisme transcendant, le sent assez bien... »

4. Sommaire : M. G. d'Eichthal s'était alors déterminé à faire, dans une maison de banque de Berlin, l'apprentissage des affaires, M. Comte approuve son jeune ami de cette résolution et se garde de l'engager à suivre une carrière purement philosophique. Puis, faisant un retour sur lui-même, il constate qu'au contraire la carrière philosophique est la seule qui lui convienne et à laquelle il convienne. Il rappelle à ce propos que sept ou huit ans auparavant il a failli devenir ingénieur chimiste dans une manufacture. Il remercie avec cordialité M. G. d'Eichthal de ses offres cordiales de service. Ses embarras n'ont reçu aucun amendement, il exprime vivement l'impression que lui cause la lecture de l'opuscule de Kant, (voy. plus haut p. 53), dont M. G. d'Eichthal lui avait envoyé une traduction. C'est encore par l'entremise de M. d'Eichthal qu'il fait

une certaine connaissance avec Hegel, à qui M. d'Eichthal remit l'opuscule de Comte sur la *Politique positive*. Enfin, passant à la politique intérieure, il déplore le système de corruption qui prévaut. — *Lettre du 10 décembre 1824, à M. G. d'Eichthal, à Berlin.*

« .... De tous les travaux spirituels [1] qui méritent ce nom, les recherches spéciales sont, dans l'ordre scientifique, les seules qui aient une appréciation courante; les travaux philosophiques, les seuls certainement auxquels vous vous livreriez, ne sont malheureusement pas encore sentis, et ne le seront vraisemblablement pas de longtemps, même chez les hommes qui exercent leur intelligence. J'avoue qu'en ne considérant que soi, il n'y a pas dans cette perspective une consolation suffisante pour un sacrifice qui, en effet, serait blâmé généralement dans la classe où vous vivez principalement, et faiblement approuvé dans la section spirituelle de la société. Il n'est même que trop vrai que, dans l'époque anarchique et matérielle qui dure encore et qui nous enterrera peut-être, les idées sont tellement brouillées, que l'argent est un moyen indispensable de considération, même dans l'ordre spirituel; la tendance à la richesse est évidente dans nos savants, qui se croiront subalternes tant qu'ils ne pourront pas donner à dîner comme des banquiers. Quoique l'illustration scientifique donne des droits à la considération, il est cependant vrai que, sous ce rapport comme sous tous les autres, la société n'est point aujourd'hui organisée; cela rentre dans la fusion générale du spirituel dans le temporel opérée depuis Luther. Ainsi, quant à vous personnellement, j'approuve fort votre détermination, et je vous engage à y persister [2]. Ma position est tout à fait différente. De ma part, d'abord, il n'y a pas de sacrifice; et au contraire, par suite

---

1. Par *spirituels* M. Comte entend ici *théoriques, scientifiques*.
2. M. G. d'Eichthal était alors déterminé à faire, dans une maison de banque de Berlin, l'apprentissage des affaires.

de mon éducation, de ma situation sociale et, probablement aussi, d'une prédestination philosophique encore plus prononcée, la carrière à laquelle je suis attaché est vraiment la seule qui me soit ouverte, à moins de vaincre des difficultés presque insurmontables. La considération est pour moi le seul moyen d'arriver à l'aisance ; et cette voie est, malheureusement, trop au rebours de notre siècle pour me laisser grand espoir de succès, si mes désirs en ce genre n'étaient pas très-modérés. Ainsi j'ai toutes sortes de motifs pour ne pas m'appliquer les observations que je vous présente. Et, malgré cela encore, telle est l'énorme difficulté de conserver le caractère spirituel dans toute sa pureté au milieu d'une société toute temporelle, que je me surprends quelquefois à regretter de n'avoir pas embrassé une carrière industrielle, ou de ne pouvoir plus m'en former une, regret qui, cependant, bien analysé, n'a pas le sens commun de ma part; car je n'aurais ainsi probablement réussi à rien. C'est un grand malheur, sous plusieurs rapports, qu'une organisation trop caractérisée. J'ai été sur le point, il y a sept ou huit ans, de devenir une sorte d'ingénieur chimiste dans une grande manufacture. Je ne puis m'empêcher de sourire en me rappelant que, même à cette époque, je me faisais, en pensant à cette place, de beaux plans d'expériences chimiques qui, pratiquées dans leur conception première, dérivaient promptement à la théorie et dont l'exécution m'aurait probablement, à moins de quelque heureux hasard, fait remercier tôt ou tard....

« Je vous remercie bien vivement, mon cher ami, du pressant et sincère intérêt que vous me témoignez. Vous savez bien que je n'en ai jamais douté. Je ne vous dirai point que je n'accepte pas votre offre amicale [1], car il se peut que

---

1. Cette offre amicale portait sur une somme en rapport avec les ressources modestes dont pouvait disposer un jeune homme de vingt ans, c'est-à-dire sur quelques centaines de francs. Il en est de même des offres

je sois obligé plus tard d'y avoir recours. Quand je dis *obligé*, ce n'est pas, comme vous le pensez bien, que je n'aimasse mieux m'adresser à vous qu'à tout autre, si votre assiette dans le monde était déjà prise; mais, par cette circonstance, je vous avoue franchement qu'il me serait pénible de recourir à votre amitié, à moins d'une nécessité tout à fait forcée.... Malgré toutes ces considérations, qui sont, comme vous le voyez, bien étrangères à votre franche amitié, je crains beaucoup, je le répète, que la nécessité ne m'oblige à accepter votre offre. Ma situation n'a pas éprouvé la moindre amélioration depuis ma dernière lettre ; et plus nous avançons dans l'année scolaire, plus cette détresse devient inquiétante; mon esprit en est presque absorbé. Rien de nouveau sur ma relation avec Villèle. Plusieurs personnes qui m'avaient promis des leçons n'ont encore rien amené. M. X*** m'a fait à cette occasion une gasconnade qui a un peu altéré la bonne opinion que je m'étais formée de son caractère. Je crois qu'il voudrait faire, et faire à bon marché, le protecteur envers moi ; si cette disposition se manifeste positivement, je cesserai de le voir absolument. Je suis très-porté à la fraternité; mais je ne souffre pas la paternité, surtout dans un philosophe ; elle y est bien plus dure que dans tout autre.

« Il est bien temps que j'arrive enfin, mon cher ami, à répondre directement à vos communications.

« J'ai lu et relu avec un plaisir infini le petit traité de Kant[1]; il est prodigieux pour l'époque, et même, si je l'avais connu six ou sept ans plus tôt[2], il m'aurait épargné de

---

ou des services analogues dont il est question plus loin. M. d'Eichthal a désiré que cette note fût jointe à l'extrait que je publie de la lettre de M. Comte.

1. Idee zu einer allgemeinen Geschichte in weltbürgerlicher Absicht (*Idée d'une histoire générale au point de vue de l'humanité*), 1784.

2. M. Comte écrit ceci en 1824 ; ainsi, dans cette lettre toute confiden-

la peine. Je suis charmé que vous l'ayez traduit; il peut très-efficacement contribuer à préparer les esprits à la philosophie positive. La conception générale ou au moins la méthode y est encore métaphysique, mais les détails montrent à chaque instant l'esprit positif. J'avais toujours regardé Kant non-seulement comme une très-forte tête, mais comme le métaphysicien le plus rapproché de la philosophie positive. Mais cette lecture a beaucoup fortifié et surtout précisé ma conviction à cet égard. Si Condorcet avait eu connaissance de cet écrit, ce que je ne crois pas, il lui resterait bien peu de mérite, puisqu'il ne peut prétendre qu'à celui de la conception, qui est presque aussi ferme et même, à quelques égards, plus nette dans Kant. Pour moi, je ne me trouve jusqu'à présent, après cette lecture, d'autre valeur que celle d'avoir systématisé et arrêté la conception ébauchée par Kant à mon insu, ce que je dois surtout à l'éducation scientifique; et même le pas le plus positif et le plus distinct que j'aie fait après lui, me semble seulement d'avoir découvert la loi du passage des idées humaines par les trois états théologique, métaphysique et scientifique, loi qui me semble être la base du travail dont Kant a conseillé l'exécution. Je rends grâce aujourd'hui à mon défaut d'érudition; car si mon travail, tel qu'il est maintenant, avait été précédé chez moi par l'étude du traité de Kant, il aurait, à mes propres yeux, beaucoup perdu de sa valeur. Je conçois maintenant, comme vous le disiez, que, pour les philosophes allemands qui sont familiers avec ce traité, mon ouvrage n'aura vraiment un grand effet qu'avec la seconde partie[1]. Je suis bien aise d'avoir fait connaissance

---

tielle, il fait remonter ses méditations indépendantes sur la philosophie de l'histoire à 1818 ou 1819.

1. Je trouve que M. Comte exagère, sous l'influence d'une première impression, la portée de l'opuscule de Kant. Voyez plu haut, p. 69, les remarques que cet opuscule m'a suggérées.

avec Hegel, et je regrette que votre extrait ne soit pas plus étendu ; il est bien moins fort que Kant, mais c'est, sans aucun doute, un homme de mérite. Il me semble encore trop métaphysique ; je n'aime point du tout son *esprit*, auquel il fait jouer un rôle si singulier. Mais je trouve, comme vous, un esprit positif dans les détails ; j'aime surtout qu'il ait vu que le monde n'a été vraiment chrétien qu'au onzième siècle ; une observation de cette importance prouve beaucoup pour lui. En tout, je crois qu'il y a entre lui et nous un grand nombre de points de contact, quoique je ne croie pas jusqu'ici, comme vous, à l'identité de principes ; et je pense que nous ferons fort bien de nous rapprocher de lui. Je suis très-content de l'accueil qu'un homme aussi distingué a fait à mon travail. Si vous le jugez convenable, vous pouvez l'en remercier de ma part, et lui dire le bien que je pense de lui. Vous me ferez grand plaisir de me faire connaître son cours plus amplement, si vous en trouvez l'occasion. Je vous en reparlerai plus tard ; car, pour cette fois, j'avoue que la supériorité du traité de Kant absorbe un peu mon attention....

Il n'y a ni doctrine ni passion qui puisse rallier les esprits dans cette époque d'anarchie. Le gouvernement a la grande main sans contestation ; chacun cherche à faire ses affaires ou avec lui, ou autrement. Le système politique (si on peut lui donner ce nom) propre à l'état présent de la société, c'est-à-dire le gouvernement de l'argent, prend de plus en plus son caractère prépondérant et s'établit partout. Cela est inévitable tant qu'il n'y aura pas d'idées sociales, de doctrine générale, puisque l'intérêt personnel est le seul procédé pour agir politiquement sur des individus qui ne savent plus ce que c'est que bien et mal en politique ; qui n'ont, en un mot, aucune moralité publique organisée. C'est à nous à changer cette situation déplorable. Ce mode honteux de direction, dont la faute n'est certainement pas au gouvernement, pourrait être supportable comme nécessaire, si on évitait les gênes en détail qui n'y tiennent pas essentiellement. Mais il est bien triste de vivre à une époque où on ne peut gouverner que de cette manière. Malheureusement, cela n'est pas prêt à finir; et cela se développera de plus en plus, vous le voyez comme moi. Il me semble que, comme il faut aux hommes le stimulant d'un grand désordre matériel pour leur faire tenter des remèdes, le développement du système de corruption est dans la série générale (j'allais dire dans les vues de la Providence), comme moyen de faire ressortir les inconvénients de l'anarchie spirituelle de notre société, et de les pousser à une régénération morale dont, sans cela, les têtes fortes sentiraient seules la nécessité, puisque l'existence de l'homme, au lieu d'être en souffrance, s'améliore et s'améliorera toujours dans une progression très-rapide. Du moins telle est la tendance que j'y vois, et la relation que je trouve entre les événements et nos travaux. »

5. Sommaire : M. Comte est toujours préocupé, et à juste titre, de sa situation précaire, d'autant plus qu'il vient de se marier. Pourtant les besoins de l'année courante sont parés à l'aide d'une somme que Madame Comte, de qui elle provient, a mise à la disposition de son mari. Il sollicite une place de professeur à Sorèze. Le calme provisoire que sa femme lui a procuré tourne en faveur de ses travaux qu'il reprend avec ardeur. L'Athénée lui a proposé de faire un cours de politique; ce qu'il ajourne. Son opinion sur la reconnaissance de l'Amérique du Sud, par le ministère anglais, et sur les mesures que ce gouvernement prend pour faire disparaître le système prohibitif; il l'en loue sans réserve.—*Lettre du 6 avril* 1825, *à M. G. d'Eichthal, à Berlin.*

«Voilà déjà bien longtemps, mon cher ami, que je vous dois une réponse; je ne pense pas cependant que ce silence ait dû beaucoup vous étonner, en considérant la position dans laquelle vous me saviez. Le fait est que, d'une part, l'horrible préoccupation où je me trouvais, et, d'une autre, l'espoir d'en voir bientôt cesser les causes m'ont porté successivement à ajourner jusqu'ici une lettre qu'il m'eût été bien doux de vous écrire plus tôt. Mais, pour ne vous mander que des jérémiades (et, dans ma position, je n'eusse pu l'éviter), j'ai préféré attendre. En effet, j'ai maintenant le plaisir de vous annoncer que ma situation est améliorée, au moins pour le moment, et que j'espère, par les mesures que je prends, éviter de retomber désormais dans le terrible état d'où je viens de sortir. Une petite somme sur laquelle je ne comptais pas, provenant de ma femme, a produit cette transformation. Elle est suffisante pour assurer pleinement ma tranquillité pendant tout le reste de cette année, indépendamment même de toute autre ressource, à la rigueur; et, dans cet intervalle, je ne doute pas que, d'une manière ou d'une autre, je ne sois tiré d'embarras pour toujours par une place qui assure ma vie temporelle. J'en sens aujourd'hui tout autant que vous l'extrême importance; et, si j'eusse été plus tôt convaincu de cette vérité pratique, depuis longtemps je serais sans inquiétude. J'ai actuellement plusieurs motifs d'espérance sous ce rapport; entre autres, une chaire de géométrie descriptive à l'École d'état-major; c'est là, de tout ce que je vois à ma portée, ce qui me conviendrait le mieux; mais je doute si je pourrai l'obtenir; je crains d'être supplanté. Enfin figurez-vous, mon cher ami, combien est vif en moi maintenant le sentiment de la nécessité d'être casé : j'ai failli aller professer la physique et la chimie à l'école de Sorèze; malheureusement (ou peut-être heureusement), la place n'était plus vacante quand ma lettre est parvenue à M. Ferlus.

« Je vous prie, mon cher ami, de recevoir l'expression de ma reconnaissance pour la petite somme que vous avez bien voulu m'envoyer. Elle est venue on ne peut plus à propos pour m'épargner des démarches qui m'auraient vivement contrarié. Vous voyez que maintenant j'ai la certitude presque totale de n'avoir jamais besoin de recourir à votre amitié.

« La cessation de mes inquiétudes temporelles a singulièrement et heureusement réagi sur mes affaires spirituelles. Il est, dans le fait, impossible de travailler avec le calme et la tenue suffisante, au milieu des tourments qui me préoccupaient. Si nous étions dans un temps de pouvoir spirituel régulièrement organisé, il suffirait de constater la mission sous ce rapport, pour n'avoir pas autrement à s'inquiéter de son existence. Mais il n'en est nullement ainsi aujourd'hui. Je vois, quoique un peu tard, que la simple manifestation de capacité n'est pas suffisante, et que, dans ce siècle tout pratique, le savant pur, sans un peu d'*industrialisme*, ne saurait se tirer d'affaire. Je tâcherai dorénavant de conformer ma conduite à ce véritable état des choses, autant que mon caractère pourra le permettre....

« L'Athénée m'a offert cette année d'y faire un cours de politique; mais j'ai remercié et ajourné à la prochaine série, c'est-à-dire en décembre, afin d'être tout entier à ma seconde partie et d'avoir un auditoire plus préparé. Tout d'ailleurs dispose admirablement les esprits aujourd'hui à goûter cet ordre d'idées.

« Mon livre et ma lettre ont été enfin remis à M. de Villèle, qui m'a répondu très-poliment, mais comme un homme qui n'a encore lu ni l'un ni l'autre. J'espère cependant, à l'aide son beau-frère et de sa curiosité un peu stimulée, obtenir à la longue qu'il en prenne connaissance; mais je ne compte guère sur tout cela....

« Je vous dois mille remerciements pour le zèle que vous avez mis à me faire valoir auprès de Hegel, et je vous charge de lui témoigner ma reconnaissance du bien qu'un homme de ce mérite daigne penser de mon ouvrage. Je crois qu'il est en Allemagne l'homme le plus capable de pousser la philosophie positive....

« Je pense que, sans nous être expliqués, nous avons la même opinion sur les derniers événements politiques. La reconnaissance de l'Amérique du sud est un événement décisif qui supprime partout et à jamais le système colonial. Je suis bien persuadé, quoi qu'on en dise, que ce grand acte ne fera pas tirer un coup de fusil en Europe, et que tout se résoudra en mauvaise humeur de la sainte alliance, à laquelle d'ailleurs ceci porte une rude atteinte; mais comme elle est un des besoins réels et capitaux de l'époque, elle ne croulera pas pour cela.... Vous avez sans doute remarqué avec un vif intérêt le beau spectacle politique que continue d'offrir le ministère anglais. Le plan, large et suivi, de suppression du régime prohibitif, entrepris évidemment comme la meilleure des spéculations commerciales, est le plus grand pas qui pût être fait aujourd'hui par des praticiens pour la réorganisation de l'Europe. Je doute que l'oligarchie anglaise en aperçoive les conséquences; elle-même est entraînée par la tendance générale; elle ne voit pas que, lorsqu'il n'y aura plus ni système douanier à combiner et à maintenir, ni colonies, ni guerres commerciales, la capacité des lords n'aura plus d'exercice possible, et que leur importance disparaîtra forcément devant celle des grands entrepreneurs, à moins qu'eux-mêmes ne le deviennent; ce qu'ils sont peut-être assez raisonnables pour effectuer. Convenez en tout cas qu'il est bien satisfaisant de voir une bonne fois un gouvernement important remplir sa véritable mission et marcher à la tête de son pays, sans cependant en être détaché. »

6. SOMMAIRE : Les ressources fournies par les leçons de mathématiques restant toujours fort insuffisantes, M. Comte se décide, malgré son désir de ne pas se détourner de son grand travail philosophique, à écrire dans le *Producteur*, journal qui venait de se fonder. Jugement qu'il porte sur ce journal; il se plaint de la morgue et de l'esprit étroit des indus-

triels, qui ont la prétention de dominer la société. Eloge chaleureux de M. de Blainville, qui vient d'être nommé membre de l'académie des sciences. — *Lettre du 24 novembre 1825, à M. G. d'Eichthal, au Havre.*

« .... Depuis mon retour de Languedoc, j'ai fait bon nombre de démarches pour parvenir à consolider ma position matérielle. Mais je vous dirai qu'elles n'ont eu aucun succès, et qu'il n'y a pas d'apparence que j'y parvienne, tant que la direction actuelle de l'instruction publique ne sera pas modifiée, ce qui peut-être n'est pas tout prochain. J'ai même assez de malheur pour que mon professorat ambulant ne puisse pas prendre une grande extension; ce que je ne sais à quoi attribuer; cependant voilà l'année scolaire déjà bien entamée, et le peu de fruit de mes soins jusqu'à ce moment ne me promet pas un grand succès pour le reste de l'année. Je n'aurais su absolument comment sortir d'embarras, même en n'ayant en vue qu'une existence purement provisoire, s'il ne s'était offert à moi une ressource accidentelle que j'ai dû forcément saisir, bien qu'elle ne me convienne pas en tout point. C'est l'apparition du *Producteur*, journal dont vous avez sans doute entendu parler déjà, puisque, si je m'en souviens bien, votre frère m'a dit que vous l'aviez chargé de vous le faire parvenir. J'ai été longtemps à me décider d'y coopérer, craignant soit une direction trop hostile, soit la censure de Rodrigues et compagnie, à laquelle je n'aurais jamais voulu me soumettre. Mais enfin j'ai vu que les éditeurs ont eu le bon esprit de choisir un directeur [1] exclusivement chargé du journal et qui se trouve être un homme de mérite, étranger à cette coterie, avec lequel je m'entends fort bien. D'un autre côté, l'apparition des premiers numéros m'a pleinement rassuré sur la tendance du journal, indépendamment de la confiance que m'inspirait le rédacteur; j'ai reconnu que, s'il y avait à craindre de la nullité ou tout au moins de la mé-

---

[1] M. Cerclet.

diocrité, dans l'esprit du journal, je ne courais aucun risque d'être compromis par un caractère révolutionnaire, aussi éloigné de mes intentions que de l'esprit de mes travaux. Après avoir ainsi constaté qu'il n'en pouvait résulter pour moi d'autre inconvénient qu'une perte de temps pour la grande série de mes travaux, je me suis décidé à y coopérer comme ressource matérielle provisoire. Si vous avez reçu exactement les numéros de ce journal, vous savez déjà que je m'y suis engagé. J'ai essayé de faire ressortir, par une démonstration directe, la loi que j'ai trouvée dans ma première partie sur la succession des trois méthodes de l'esprit humain. Cette loi que, dans ma première partie, je n'avais pu qu'énoncer afin de m'en servir immédiatement, me paraît propre à être mise dès aujourd'hui en corrélation, comme une première découverte générale en physique sociale. C'est là le but de trois articles de ce journal, dont vous avez probablement lu le premier. Ces raisonnements sont assurément très-mal encadrés là où ils tombent, on pourrait dire, entre la poire et le fromage. Mais je crois néanmoins que cela pourra être de quelque utilité, pour appeler directement l'attention sur cette idée première, du moins chez un certain nombre d'esprits réfléchis. Je m'attends à être tancé par Cousin et par ses élèves du *Globe;* mais peut-être y aurait-il possibilité que cela donnât lieu à une discussion utile. Vous pouvez être assuré que, si cela se réduit à des personnalités ou à des déclamations, je ne me dérangerai pas d'une ligne pour y répondre ; je ne le ferai que si j'y entrevois jour à quelque éclaircissement réel.

« Si j'avais pu ne consulter que ma volonté et mettre de côté toute exigence matérielle, je me serais bien gardé d'écrire dans ce journal d'ici à quelque temps. Car je suis enfin (je puis maintenant vous l'affirmer) au moment d'écrire irrévocablement ma seconde partie, et ces travaux secondaires me retardent. Afin d'en être dérangé le moins possible, je prends le parti de faire de suite une certaine collection d'articles (qui porteront principalement sur la question du pouvoir spirituel), et qu'on insérera peu à peu pendant deux ou trois mois, que je me suis exclusivement réservés pour écrire ma seconde partie et préparer enfin une publication réelle de mon ouvrage. J'aime mieux me débarrasser ainsi tout d'un coup du journal pour quelque temps, que d'être continuellement interrompu dans une composition qui demande l'emploi exclusif de toutes mes forces. Nous avons une direction d'esprit si heureusement identique, que je parie que vous pensez comme moi sur la destinée de ce journal. Il a assez de fonds pour se soutenir par lui-même environ deux ans; mais je serais bien étrangement surpris si son existence se prolongeait davantage. La nouvelle philosophie n'est certainement pas assez avancée pour comporter encore un journal, qui est la dernière forme de développement. Pour entreprendre l'éducation des masses, il faut sans doute que celle des esprits réfléchis soit d'abord effectuée. L'entreprise me paraît donc radicatement vicieuse aujourd'hui par sa nature; et, sous un rapport du moins, elle tend peut-être davantage à retarder la besogne qu'à l'avancer, puisque la discussion, qui aurait besoin aujourd'hui d'être concentrée dans les têtes fortes, continue par là à être disséminée dans le peuple des parleurs. D'ailleurs, le titre seul du journal prouve une conception manquée; car le mot *producteur*, qui est maintenant, dans l'acception vulgaire, synonyme d'industriel, ne peut prendre une signification plus étendue sans devenir insignifiant et métaphysique. Si on lui donne la torture pour comprendre, avec les industriels, les savants et les artistes, il est clair qu'au même titre il comprendra tout le monde, gendarmes, légistes et même prêtres. Aussi le conséquent J.-B. Say n'hésite pas à les qualifier tous de *pro-*

ducteurs immatériels. Vous voyez à quel gâchis métaphysique cela conduit! Pour vous dire à ce sujet toute mon opinion, peut-être y aurait-il possibilité aujourd'hui d'un journal purement philosophique qu'on pourrait intituler *le Positif*, et encore je ne réponds nullement de la réalité de cette conjecture. Mais, à coup sûr, il n'y a pas moyen de faire un journal politique industriel qui ait à la fois de l'énergie et le sens commun, puisque la formation correspondante n'est pas à beaucoup près assez mûre et ne le sera peut-être pas avant deux générations au moins. Tout ce qu'on peut tenter jusqu'alors dans ce sens se réduit à de la polémique industrielle, puisque les industriels ne seront, d'ici à longtemps, qu'un simple parti d'opposition....

« Vous ne sauriez vous faire d'idée, mon cher ami, combien le commencement d'activité politique que prennent les industriels fait obstacle à la production et à l'intelligence d'idées philosophiques. Il faut être sur les lieux pour le bien sentir. Ces gens-là croient aujourd'hui toucher à la possession exclusive du pouvoir, et ils deviennent impertinents comme des nobles, peut-être même beaucoup plus. Si on leur laissait leurs coudées franches, ils feraient des savants de purs ingénieurs qu'on mettrait au pain et à l'eau toutes les fois qu'ils n'inventeraient pas une pratique nouvelle par semaine. Le point de vue matériel prend de jour en jour une prépondérance effrayante, et je prévois que le pouvoir spirituel aura bien de la peine à s'installer au milieu de gens qui ne conçoivent pas ce qui peut leur manquer quand ils voient la nation boire, manger, se loger et se vêtir mieux que jamais. Je ne vois, comme je vous l'ai déjà dit autrefois, que le développement du système de corruption qui puisse engendrer d'assez graves inconvénients pour faire désirer un remède à l'anarchie morale. Enfin figurez-vous qu'on ne sait pas encore si les savants auront même la moindre influence dans la société commanditaire. Peu s'en faut que ces messieurs ne se croient à eux seuls capables de tout décider, même sans ingénieurs. Mais heureusement que la théologie est là pour nous forcer à des conceptions positives générales, comme seul moyen de la faire déguerpir....

« Comte, du *Censeur*, est de retour depuis peu à Paris, où il va s'établir définitivement. Il est revenu de son exil plus encroûté que jamais dans la direction bâtarde de l'économie politique. Il va bientôt faire un livre, tout à fait à l'ordre du jour, pour prouver que toutes les théories qui ne sont pas immédiatement applicables à la pratique industrielle, doivent être sur-le-champ abandonnées. Voilà un homme conséquent à faire peur! c'est lui qui a écrit dans le temps que, si l'astronomie était vraiment utile, les particuliers sauraient bien la payer, et partant qu'il fallait supprimer l'observatoire.

« Le livre de Dunoyer[1] qui vient de paraître semble dans une meilleure intention. Je ne le connais encore que par les conversations de l'auteur; mais je crois que, quoique évidemment mal conçu, il peut contribuer très-utilement à l'éducation politique de nos industriels. Il n'est pas trop en avant pour qu'ils ne le goûtent pas; et il est cependant assez dans la vraie direction pour exercer une bonne influence. Les idées positives y percent un peu. Je lui sais bon gré d'avoir senti l'importance politique de la question des races et d'avoir combattu à sa manière la perfectibilité *indéfinie*. C'est là un progrès très-remarquable dans un métaphysicien. Je l'avais cru jusqu'ici inférieur à Comte, mais maintenant je le place au-dessus....

« Vous apprendrez, j'en suis sûr, avec autant de plaisir que moi, que Blainville vient enfin d'entrer à l'Académie des sciences. Je l'ai trouvé enchanté d'un succès qui lui

---

1. *L'industrie et la morale dans leurs rapports avec la liberté*. Paris, 1825.

était dû depuis si longtemps et qui lui donne désormais une autorité indispensable à l'influence de ses grandes innovations en physiologie. Je regarde ce fait comme d'un très-heureux augure pour le perfectionnement du caractère philosophique de notre Académie des sciences. La philosophie positive ne peut qu'y gagner, par l'ascendant que cela donne à celui de tous les savants qui, à ma connaissance, sent le plus fortement la grande destination politique de la science, et qui, en même temps, a dans le caractère le plus d'indépendance réelle. Cuvier a beaucoup contribué à cette nomination, en voulant à tout prix faire nommer son frère. Comme il a fait de cela une affaire d'État, en ameutant dans ce sens tous les membres qui dépendent forcément du gouvernement, plusieurs des autres, qui, personnellent, n'aiment pas beaucoup Blainville, lui ont donné leur voix par esprit d'indépendance.

« On m'a parlé, ces jours-ci, de mon cours à l'Athénée, que l'administration me presse de faire cet hiver; mais j'ai prié qu'on me réservât cette faculté pour l'hiver prochain. Étant au moment d'écrire ma seconde partie, outre mes autres occupations, je ne puis pas mener de front une pensée aussi distincte que celle d'un cours, qui a besoin, pour que l'effet n'en soit pas manqué, d'être médité d'une manière spéciale, ce que je ferai expressément quand je serai quitte de mon premier volume. D'ailleurs la publication de l'ouvrage me semble, pour l'auditoire, une préparation indispensable, sans laquelle ce cours ne serait jamais convenablement entendu. »

7. Sommaire : Billet de M. Comte à M. Adolphe d'Eichthal, qui recevait de lui des leçons de mathématiques, pour l'inviter au cours qui fut interrompu par la maladie. Mercredi 29 mars 1826.

« Je m'empresse de vous prévenir, mon cher monsieur Adolphe, que, quoique n'ayant pas atteint le minimum que j'avais d'abord fixé pour le nombre de mes souscripteurs, je me suis décidé à ouvrir mon cours de philosophie positive dimanche prochain 2 avril, à midi. Il se continuera tous les dimanches et mercredis, à la même heure, jusqu'au 1er juillet, pour être repris ensuite au 1er novembre jusqu'à la fin. J'espère que j'aurai le plaisir de vous compter définitivement dans l'auditoire.

« Après avoir beaucoup tâtonné, j'ai fini par prendre le parti le plus simple, en me décidant à faire le cours chez moi. »

8. Sommaire : M. Comte constate que sa santé est assez rétablie pour qu'il puisse reprendre l'ensemble de ses travaux. Opinion favorable qu'il exprime sur les esprits supérieurs parmi les Anglais. Anecdote qu'il raconte sur des tentatives qu'il fit pour entrer dans l'université. On parlait alors de fonder une *école industrielle*, (projet qui n'eut pas de suite); on lui avait proposé d'y faire le cours de mathématiques. Il annonce qu'il est sur le point de reprendre son grand cours de philosophie positive; il compte commencer le dimanche 21 décembre : il espère avoir parmi ses auditeurs : Humboldt, de Blainville, Fourier, Poinsot, Arago. Il informe M. G. d'Eichthal que, l'inspection du commerce n'ayant pas été fondée, les recommandations importantes qu'il avait trouvées et les espérances qu'il avait conçues sont annulées. Il se raille sans ménagement du projet de fonder une religion, lequel occupait alors les élèves de Saint-Simon. — *Lettre du 9 décembre* 1828, *à M. Gustave d'Eichthal, à Londres.*

« .... Ainsi que vous l'avez présumé, ma santé, depuis votre départ, n'a pas cessé de se fortifier de plus en plus. Vous la trouverez maintenant excellente, bien meilleure et beaucoup plus ferme qu'elle n'a jamais été avant ma maladie : je me suis déjà assez remis au travail pour m'être suffisamment éprouvé sous le rapport cérébral, et je me trouve parfaitement de cette expérience. Vous me reverrez, à votre retour, en pleine activité de travail.

« Vos observations sur l'Angleterre m'ont vivement intéressé; elles s'accordent parfaitement avec ce que mes propres réflexions m'en avaient déjà appris. Je partage, je vous l'avoue, votre prédilection pour le caractère de cette nation, observé dans les individus bien organisés et convenablement élevés. J'aime surtout la réserve et la *positivité* (passez-moi ce néologisme) de leurs esprits supérieurs. Cependant je crois que vous avez dû trouver l'esprit général de ce peuple bien arriéré sous le rapport théorique et singulièrement porté à ne tout considérer que sous le point de vue de l'utilité immédiate et grossière. Vous, surtout, qui connaissez l'Allemagne, avez dû être frappé de cette grave imperfection. Il me semble que notre esprit français, dans son état actuel, et considéré chez les hommes supérieurs, réunit véritablement les deux grandes qualités opposées de ces deux esprits du Nord, ou du moins qu'il est éminemment apte à en réaliser la combinaison.

« Ayant beaucoup de choses à vous dire qui me sont personnelles, vous ne trouverez pas mauvais que, pour cette fois, je me dispense de vous présenter sur l'état de notre pays des observations que votre prochain retour rendrait peu importantes, d'autant plus que je ne pourrais ébaucher que bien imparfaitement dans une lettre ce que j'ai à vous dire à ce sujet.

« Je commencerai par vous rapporter un fait à la fois personnel et d'intérêt public. Je m'étais enfin décidé cet automne, sur les instances de tous mes amis, et particulièrement les vôtres, si vous vous en souvenez, à tenter de m'introduire dans l'Université, c'est-à-dire à me présenter au concours pour l'agrégation qui a eu lieu au commencement d'octobre. Après avoir rempli les différentes formalités exigées, au moins celles qui m'avaient été indiquées officiellement, sauf la momerie religieuse, dont on m'avait déclaré que, cette année, il était possible de se dispenser, j'attendais patiemment le moment du concours. Heureusement il ne valait pas la peine que je perdisse du temps à m'y préparer. Au moment de concourir, je reçois une lettre du Conseil d'instruction publique qui m'avertit que le concours m'est interdit, faute par moi de remplir la condition imposée par l'arrêté du 1ᵉʳ décembre 1827. Vous sentez que je tombais des nues; je ne savais de quoi il s'agissait. Cependant je réclame dans ce vague, je demande au ministre Vatisménil une explication et une audience particulière. Elle m'est, il est vrai, accordée immédiatement; mais voici ce que j'y apprends : La belle condition qu'on avait en vue, et dont certes je ne pouvais me douter, c'est que dorénavant nul ne peut se présenter au concours pour l'agrégation sans avoir été trois ans *maître d'étude* dans un collége royal. Vous sentez que je n'en ai pas demandé davantage et que je n'ai pas manifesté la moindre envie de remplir dans l'avenir cette singulière obligation. C'est une mesure léguée par Frayssinous expirant à M. de Vatisménil, qui n'a pas répudié la succession, et qui, à cheval sur l'ordre légal, en poursuit rigoureusement l'exécution, du moins à mon égard. Vainement ai-je essayé de lui en faire sentir l'absurdité, en lui montrant que, recruté dans une telle pépinière, le corps des professeurs offrirait dans dix ans une singulière composition; il m'a répondu, et je vous répète textuellement ces paroles caractéristiques : « Nous ne « tenons pas à avoir les premiers sujets dans l'Université. » Bref, j'ai été débouté. Vous concevez, vous qui me connaissez, qu'au fond j'en suis fort aise. Je suis charmé, sans que mes amis aient rien à me reprocher du côté de la prudence, de ne pas me trouver étouffé dans cette sotte corporation pourrie, qui ne saurait éviter de tomber lourdement dans quelques années. Je vous conterai l'anecdote avec plus de détail à votre retour; elle vaut la peine d'être connue.

« Quelque temps après cet heureux échec, une autre affaire s'est présentée, de nature à introduire enfin, et peut-être prochainement, un changement avantageux dans ma situation. On s'occupe actuellement à organiser à Paris, en dehors de l'Université, une *école industrielle* pour l'éducation des classes supérieures de l'industrie. Le cours de mathématiques, dans cette université libre, m'a été proposé, et j'ai accepté. Sous le rapport matériel, la place sera avantageuse, si, comme il est probable, l'établissement prospère. En tout cas, je trouve, ce qui m'a toujours manqué jusqu'à ce jour, une base fixe d'existence obtenue par un moyen satisfaisant. Nous comptons pouvoir ouvrir l'école au 1er janvier, et avec quelque succès. Comme cet établissement répond à un besoin réel, et qui commence à être bien senti, je ne doute pas qu'avec de la persévérance nous ne finissions par réussir. Le gouvernement a accordé sans façon l'autorisation nécessaire, et il a même poussé la courtoisie jusqu'à nous concéder un local provisoire à la Sorbonne. Les élèves seront externes, mais resteront à travailler dans l'école depuis dix heures du matin jusqu'à cinq heures du soir. L'enseignement n'est pas aussi élevé que je l'aurais voulu, même pour un tel établissement; mais le besoin de ménager les préjugés des parents oblige à se restreindre d'abord dans des limites assez étroites, que j'espère bien reculer successivement en quelques années jusqu'au point convenable. L'idée mère est bonne et utile; c'est essentiel; les perfectionnements désirables arriveront plus tard.

« Enfin, pour terminer le récit sommaire de ce qui me concerne, il me reste à vous apprendre que je suis sur le point de reprendre mon grand cours de philosophie positive. Je vous envoie deux copies du programme général. J'espère que, si je suis obligé de commencer sans vous, j'aurai le plaisir de vous avoir tous deux après quelques premières séances. Mon cours est tout préparé; mais je ne puis commencer qu'après être parvenu à réunir le minimum de dix souscripteurs que je me suis fixé pour débuter. J'espère que cette condition sera très-incessamment remplie; car elle l'est en grande partie. Quant aux auditeurs bénévoles, ils ne manqueront pas. Outre Humboldt, qui sera probablement de retour un de ces jours, je puis compter sur MM. de Blainville, Fourier, Poinsot, Arago, etc., qui m'ont promis d'être assidus. Je crois pouvoir commencer le dimanche 21 de ce mois, pour dernier délai. Malheureusement plusieurs de mes anciens souscripteurs ne sont pas disponibles, et j'ai été obligé de recomposer l'auditoire presque en entier. M. de Montébello, comme vous savez, est aux États-Unis; le général Maransin est mort; Carnot va partir pour l'Allemagne.

« Je m'aperçois que j'allais terminer ma lettre sans vous dire un seul mot de l'affaire que je poursuivais, au moment de votre départ, pour être nommé inspecteur du commerce. Vous avez probablement appris par la voie des journaux que cette institution n'a point été fondée, la Chambre ayant refusé de consentir à l'allocation demandée à cet effet. Ainsi mes espérances ont été déçues. C'est grand dommage; car j'étais presque certain du succès, le ministre m'ayant formellement promis une des places projetées. J'avais présenté pour cela une pétition apostillée de la manière la plus positive et la plus péremptoire par le nombre de signatures importantes, comme Ternaux, de Laborde, Thénard, Arago, Ch. Dupin, Fourier, Chaptal, Poinsot, etc. Il est probable néanmoins qu'à la prochaine session la Chambre prendra une décision plus favorable; c'est du moins ce qu'on pense généralement au ministère du commerce et en dehors. Si cela est, mes espérances ne seraient donc qu'ajournées. J'aurai à voir, le cas échéant, s'il me convient encore de prendre ce parti.

« Pour ne pas vous sevrer entièrement de nouvelles générales, je vous annonce, ce que vous savez peut-être déjà par Rodrigues, que le *Producteur* va reparaître au 1ᵉʳ janvier. Heureusement, ces messieurs ne m'ont pas appelé à leurs conciliabules; de sorte que je puis m'abstenir de toute participation directe ou indirecte, et que je conserve à leur égard une entière indépendance et tout mon franc parler. J'en suis fort aise, car ils ne vont pas tarder à s'éteindre dans le ridicule et la déconsidération. Imaginez-vous que leurs têtes se sont peu à peu exaltées, à ce point qu'il ne s'agit de rien de moins que d'une véritable *religion* nouvelle, d'une sorte d'incarnation de la Divinité en Saint-Simon. Enfin il ne reste plus qu'à dire la nouvelle messe, et cela ne tardera pas, au train que prennent les choses. C'est là l'objet essentiel et même exclusif de leurs travaux actuels, et le but du nouveau *Producteur*. Voilà où les conduit le sentimentalisme. Vous pouvez juger par là du ravage que font les spéculations générales dans des cerveaux qui ne sont pas assez énergiques pour supporter un tel régime. »

9. Sommaire : M. G. d'Eichthal s'étant séparé de M. Comte pour se joindre aux Saint-Simoniens, M. Comte, se défendant de les juger sans les connaître, dit que leur doctrine est une mauvaise transformation de ses propres conceptions mêlées aux conceptions hétérogènes de Saint-Simon. Suivant lui, le retour à la théologie, chez des gens qui en étaient d'abord tout à fait sortis, est un signe de décadence intellectuelle; il trace d'une manière expressive les phases de ce retour. — *Lettre du* 11 *décembre* 1829 *à M. Gustave d'Eichthal, à Berlin.*

« .... Il faut que ces messieurs (les saints-simoniens religieux) se soient singulièrement emparés de votre esprit, pour que vous commenciez par me faire le reproche de les juger sans les connaître. Comment avez-vous pu écrire cela, quand vous savez fort bien que je les ai vus naître, si je ne les ai formés (ce dont je serais du reste fort loin de me glorifier)? Quoique vous ne connaissiez pas bien tout ce qui s'est passé entre nous, vous en savez pourtant assez pour être convaincu, si vous prenez la peine d'y réfléchir librement, que les prétendues pensées de ces messieurs ne sont autre chose qu'une dérivation ou plutôt une mauvaise transformation de conceptions que j'ai présentées, et qu'ils ont gâtées en y mettant les conceptions hétérogènes dues à M. de Saint-Simon, le tout élaboré ensuite par des esprits incapables de saisir et de suivre convenablement des idées générales, et surtout fort mal préparés à des travaux dont ils sont loin de soupçonner même les véritables conditions préliminaires…. Le retour à la théologie, de la part de gens qui en étaient d'abord tout à fait sortis, est pour moi aujourd'hui un signe irrécusable de médiocrité intellectuelle et peut-être même de manque de véritable énergie morale….

« Lorsqu'un esprit, déjà parvenu à l'état positif, retombe en enfance et revient, par une véritable indisposition mentale à l'état théologique, ce n'est pas de prime abord et de plein saut qu'il se rembourbe dans l'ornière. Il se tient ordinairement, pendant un certain temps, dans ce panthéisme vague que je vois indiqué dans votre lettre et qui se rencontre constamment dans tous les cas pareils. Mais, si la maladie persiste, cet état ne saurait se prolonger, et l'esprit retombe involontairement dans la théologie ordinaire, la seule solide et conséquente, parce qu'elle a été construite par des esprits d'une toute autre trempe…. Je suis donc convaincu, ou que l'excellence de votre organisation cérébrale l'emportant sur l'influence délétère de votre coterie, vous reviendrez à l'état positif (ce que je me plais à espérer pour un ou deux ans d'ici, au plus tard), ou que vous retomberez entièrement dans le catholicisme. Dans l'un et l'autre cas, la discussion sera plus nette. »

DEUXIÈME PARTIE.

CHAPITRE PREMIER.

Aperçu de la deuxième période de la vie de M. Comte. — Exécution du système de philosophie positive.

La deuxième période de la vie de M. Comte s'étend jusqu'à 1845. C'est la grande époque. En cet intervalle, M. Comte amène au plein développement ce qui n'était encore qu'en germe. Il fonde la philosophie positive, et la rend le bien commun de ceux qui, sans cesse se détachant des conceptions passées, demandent à se rattacher à des conceptions nouvelles. Quand en 1842 il vit devant lui son œuvre terminée, et atteint ce but auquel, dans la longue durée du travail, il avait craint parfois de ne pas parvenir, il eut un moment de profonde satisfaction et de noble orgueil; satisfaction bien méritée, orgueil bien légitime, s'il ne fallait y faire une réserve; c'est qu'on voit poindre dès lors une sorte d'enivrement qui, l'empêchant d'apprécier nettement la position, le pousse à des tentatives imprudentes. Je dis imprudentes, et ne dis rien de plus; et ces imprudences, qui auraient dû être sans conséquence, l'auraient été en effet, si des haines actives ne s'en étaient emparées.

Cette période se divise en deux parties distinctes. Dans la

première, il achève le *Système de philosophie positive*, travail immense qui dure douze années, et qui les remplit toutes sans intervalle, sans lacune, sans distraction.

La deuxième partie, qui s'étend de 1842 à 1845 est moins occupée; il rédige un *Traité élémentaire de géométrie*, résumé d'une partie du cours qu'il faisait depuis plusieurs années dans une institution privée, celle de M. Laville; il écrit une exposition populaire de l'astronomie, résumé du cours qu'il faisait depuis 1830 dans la mairie des Petits-Pères; il songe incessamment à la *Politique positive*, ouvrage dont il avait promis au public de s'occuper aussitôt après avoir achevé la *Philosophie positive;* il annonce même à diverses reprises que le travail est commencé. Mais dans le fait le travail ne l'est pas. Il arrive là ce qui était arrivé longtemps au sujet de la *Philosophie positive* : on peut voir dans les lettres à M. d'Eichthal, que plus d'une fois il dit commencé ce qu'il ne faisait encore que rouler dans son esprit. Alors de 1842 à 1845, c'était la *Politique positive* qu'il y roulait; méditation, incubation, dont il ne sortit que quand il crut avoir trouvé une issue par la méthode subjective : issue fâcheuse, et qui sera complétement examinée dans la troisième partie. Lorsqu'en 1842, à la fin de son sixième volume, il annonçait que le prochain sujet qu'il traiterait serait la *Politique positive*, on l'eût bien étonné, je crois, si on lui eût prédit qu'il abandonnerait la méthode *à posteriori* pour prendre la méthode *à priori*. Je n'anticipe ici que pour prévenir le lecteur des graves débats qui vont survenir.

C'est dans le laps de ce que j'intitule seconde période que se fit sa position matérielle. A l'aide de trois places successivement obtenues, deux publiques et une privée, il eut, ce qui était d'ailleurs le terme de son ambition, une aisance suffisante pour la satisfaction du corps et de l'esprit, et un certain loisir pour que l'œuvre philosophique, qui était le but de sa vie, se poursuivît et s'achevât. Qu'on se garde bien de croire que ces places fussent des sinécures ou des emplois peu occupants; il s'en fallait beaucoup; mais, après avoir rigoureusement et loyalement rempli de laborieuses fonctions, il lui restait du temps ; et, sans relâche remplaçant le travail officiel par le travail philosophique, il parvenait à être un philosophe méditant tout en étant un examinateur consciencieux et un professeur assidu.

Malheureusement ce fut aussi dans cet intervalle que se défit cette position si bien acquise et qui le satisfaisait complétement : il avait des ennemis et peu de prudence, ou, si l'on veut, peu de défense. La possibilité de le dépouiller de sa principale place se présenta; on en profita. Ce fut l'annonce certaine de la perte au moins d'une autre ; si bien qu'à la fin de sa vie, après des fonctions honorablement remplies, après des travaux d'un ordre très-élevé, il se trouva sans aucune ressource ou publique ou privée. J'expliquerai en temps et lieu comment il échappa à la détresse d'une pareille position.

Peu avant que ne commençât l'enchaînement qui devait le conduire à la perte de ses places, il était intervenu une séparation entre lui et sa femme. Mais, depuis quelque temps il avait cessé d'écouter les conseils domestiques; et, présente ou absente, Mme Comte ne pouvait plus rien pour détourner les dangers. Il était dans les habitudes de M. Comte de communiquer à sa femme tout ce qu'il écrivait, tout ce qu'il faisait ou voulait faire. Mais, à cette époque, il exigeait une approbation qui, on le sent, ne devait pas toujours être donnée. Si supporter, endurer dépend de nous, approuver n'en dépend pas. Les nécessaires refus d'approbation, M. Comte ne les pardonnait pas; il y voyait *une entente avec ses ennemis*, c'étaient ses expressions, et s'éloignait ainsi des sentiments d'intérieur et des sages conseils.

Dans le courant de cette même année 1842, M. Comte eut

une jouissance philosophique très-vive dont on trouvera plus d'un témoignage dans les lettres que je publie à la fin de cette seconde partie : ce fut de voir la méthode de la philosophie positive adoptée par un grand esprit. M. J. Stuart Mill, qui a, parmi les philosophes, tant de renom en Angleterre et sur le Continent, entra en correspondance avec lui; et, dans son traité de *Logique*, consigna son adhésion et son admiration.

L'économie de cette deuxième partie consiste, comme celle de la première, en narrations et en discussions entremêlées.

D'abord se présente un conflit entre M. Comte et M. Michel Chevalier. Ce fut un contre-coup de la rupture de Comte et de Saint-Simon, racontée précédemment.

Suit l'épisode d'une chaire de l'histoire des sciences dont M. Comte demanda la création à M. Guizot, alors ministre de l'instruction publique. Ce n'était point la première rencontre entre ces deux hommes. On a pu voir ci-dessus dans les lettres écrites par M. Comte à M. G. d'Eichthal, que plus d'une fois M. Comte avait entretenu de ses idées M. Guizot, qui n'avait pas dédaigné d'y prêter attention. Ces anciens rapports, cette ancienne estime font comprendre de quelle façon M. Comte fut conduit à s'adresser, comme il fit, à M. Guizot.

Dans le chapitre quatrième j'expose comment se forma peu à peu sa position dans l'enseignement privé et à l'École polytechnique, quelle devint sa manière de vivre, et quelle était sa manière de travailler. Cette manière de travailler, tout à fait caractéristique, était déterminée par les puissantes facultés de conception, de méditation et de mémoire qu'il avait reçues de la nature.

Le chapitre suivant est consacré à des témoignages qui lui furent rendus de son vivant. Un jour viendra où ce sera lui qui rendra témoignage aux autres. Mais au début d'une doctrine nouvelle, quand elle s'érige, quand elle a besoin de sanction par les adhésions, il est heureux de trouver parmi les contemporains quelques esprits éminents qui se portent tout d'abord garants pour elle, et qui l'abritent sous leur nom comme une plante encore délicate.

Les objections ne sont guère moins nécessaires que les approbations. Un philosophe anglais, dans un opuscule sérieusement travaillé, a argumenté contre quelques points essentiels de la philosophie positive. Les arguments sont tels que je n'ai pu y opposer une simple prétermission. Il me fallait ou les accepter ou les dissoudre. Abordant l'épreuve devenue inévitable, j'en suis sorti avec une conviction raffermie en la solidité de la doctrine, tout en ayant été obligé de sacrifier quelques accessoires d'importance toute secondaire. Quelque opinion qu'on se fasse de ma dissertation, j'ai la confiance que ceux qui s'intéressent à la philosophie positive seront bien aises de savoir quelles objections on élève contre elle au nom de la *positivité*. Peut-être cela excitera quelques-uns à élargir le terrain et à faire mieux que je n'ai fait.

Le temps se passe, l'année 1842 arrive; et la préface du VI⁰ volume de la *Philosophie positive* est publiée. C'est une pièce étrange et dangereuse. Elle suscita aussitôt le procès avec le libraire Bachelier, dans lequel M. Comte avait cent fois raison et qu'il gagna haut à la main. Mais ce procès n'était qu'une des formes des inimitiés soulevées contre lui et qui provenaient de deux sources. Les uns ne lui pardonnaient pas la supériorité naturelle qu'avait un homme à idées générales sur des hommes purement spéciaux; les autres lui en voulaient d'avoir, comme professeur, relevé l'enseignement, et, comme examinateur, forcé, par la nature de ses questions, la routine à sortir du terre-à-terre. Ces inimitiés, auxquelles la préface permettait de se satisfaire, continuèrent leur cours, et le gain du procès ne les entrava pas.

Donc, après avoir raconté le procès, je raconte ce qui en fut la conséquence, c'est-à-dire l'entreprise qui se forma pour le déposséder de la place d'examinateur d'admission à l'École polytechnique. Cela m'est facile; car j'en suis toutes les péripéties à l'aide de lettres écrites sur le moment par M. Comte, soit à sa femme, soit à M. J. Stuart Mill.

L'entreprise réussit; M. Comte est dépouillé de la place; il est gravement attaqué dans le présent, gravement menacé dans l'avenir. Trois Anglais, informés de la perte qu'il vient de faire, viennent à son secours. Ce ne fut pas, on le pense bien, une aide donnée à une infortune quelconque; ce fut une aide donnée à un homme en qui on se faisait honneur de soutenir le créateur de la philosophie positive. Les correspondances que j'ai entre les mains me fournissent tous les détails de cet épisode.

Ici nous touchons à l'année 1845 que j'ai assignée pour limite à cette seconde partie, et je devrais la terminer là; mais elle se prolonge encore en trois chapitres; l'un qui contient l'opinion de M. Comte sur les femmes exprimée dans une discussion qu'il eut avec M. Mill sur ce sujet; l'autre, qui renferme des extraits étendus des lettres de M. Comte à M. Mill; enfin le troisième, rempli par des extraits de ses lettres à sa femme.

Comme cette seconde période de la vie de M. Comte est essentiellement caractérisée par l'exécution de son système de philosophie positive, c'est le lieu d'en parler, non point pour revenir sur une exposition que j'ai suffisamment faite au début de la première partie, mais pour considérer, dans cette œuvre, le côté par où M. Comte se montre esprit de premier ordre dans une science particulière, et le point qui fait de cette philosophie un instrument indispensable à tous les penseurs dégagés soit de la théologie, soit de la métaphysique.

Voyons donc le savant particulier dans M. Comte. Le

Système de philosophie positive est, je l'ai déjà dit, une série de philosophies de sciences qui se succèdent dans un ordre hiérarchique. Il est fort difficile de faire la philosophie d'une science, il est prodigieux d'avoir fait celle de toutes les sciences; mais enfin, pour cinq du moins, les matériaux préexistaient; et M. Comte a eu seulement à en tirer des généralités lumineuses qui en fissent saisir le développement, l'enchaînement, les principes. Rien de pareil n'existait pour l'histoire; là il fallut à la fois créer la science qui n'existait pas et en tirer au fur et à mesure la philosophie, pendant et corollaire des cinq philosophies qui avaient précédé. Le savant et le philosophe travaillaient l'un pour l'autre; et M. Comte ne put être le premier des philosophes en histoire que parce qu'il fut le premier des savants dans ce domaine particulier.

Une revue américaine méthodique, qui jugea son œuvre du point de vue théologique, mais avec une haute estime, l'avait comparé à Bacon, le nommant le Bacon du dix-neuvième siècle. M. Comte n'accepta pas cette qualification, et se dit supérieur à Bacon, avec toute raison, selon moi. Puis, se mettant en balance avec Descartes et Leibnitz, il fut disposé à donner la prééminence sur lui à Descartes. Je ne m'engagerai point dans cette estimation; seulement, je poursuivrai la comparaison commencée. Descartes et Leibnitz, indépendamment de leurs philosophies, ont trouvé, l'un la géométrie générale, et l'autre le calcul infinitésimal. Mais croire que, par cet endroit, ces grands hommes l'emportent sur M. Comte, ce serait se tromper. Lui aussi, à côté de sa philosophie, a brillé dans une science particulière. Le terrain où s'exerce le génie change incessamment; si M. Comte n'a pas de découvertes géométriques, il a des découvertes sociologiques. Là, tout est neuf, tout est de sa création, et les découvertes naissent sous sa main; là, M. Comte est au niveau des savants particuliers les plus illustres, et il n'a rien à envier à Descartes, à Leibnitz et aux autres.

Laissant de côté les faits particuliers que trouve la sagacité ou la bonne chance, que doit-on entendre par découvertes dans le domaine de l'histoire? Les découvertes y sont les explications qui montrent la corrélation des régimes sociaux avec l'état mental et l'enchaînement de ces régimes. A ce point de vue, le travail de M. Comte est une perpétuelle découverte; car, pour la première fois, le développement humain est établi dans sa réalité, sous cette double condition d'être toujours en rapport avec l'état mental et de toujours offrir une étroite connexion entre ce qui précède et ce qui suit.

Sous cette découverte générale se range un nombre infini de découvertes spéciales. Il me serait facile d'en citer de très-importantes : la sûreté avec laquelle est saisi le caractère si distinct de la Grèce et de Rome; la notion du rôle social de Rome qui, fondant le corps politique en Occident, constitue le triomphe définitif de la civilisation progressive, soit sur la barbarie germanique, soit sur les civilisations immobiles de l'Orient; le coup d'œil qui assigne, non au quinzième siècle et encore moins à la Réforme, mais au quatorzième siècle, le commencement de la dissolution de l'organisme catholico-féodal; l'étude à la fois si profonde et si exacte qui, après la Réforme, décrit le double mouvement de désorganisation et de réorganisation, et la part qu'y prend insciemment chacune des classes de la société. Mais je laisse aller cet attrayant sujet; pourtant je ne veux pas le quitter sans rappeler la plus contestée de ces découvertes secondaires, et celle qu'il est le plus important de faire entrer dans le domaine commun : j'entends parler de la théorie du moyen âge. Jusqu'à M. Comte, le moyen âge a été historiquement inintelligible, soit qu'on y vît, comme les détracteurs, une ère de ténèbres, soit qu'on y vît, comme les admirateurs, l'idéal du régime religieux et social. Dans le premier cas, de qui était fille la civilisation moderne qu'on vantait? Dans le second, de qui était fille la révolution qu'on anathématisait? Cette double contradiction, achoppement de toute histoire philosophique, M. Comte l'a levée en montrant dans le moyen âge le vrai régime intermédiaire, au point de vue mental et au point de vue social, entre l'antiquité payenne et l'ère positive.

Certes, ce n'est point une esquisse qu'ici j'ai voulu donner, et je renvoie aux pages de M. Comte. Pour moi qui les ai lues tant de fois, je n'y retourne jamais sans y rencontrer quelque précieuse trouvaille qui m'avait échappé, quelque aperçu dont je n'avais pas reconnu d'abord toute la portée, quelque prévision que mes études me montrent être véritable. Le temps n'a point refroidi mon admiration; il la rend plus complète et plus sûre.

Le temps ne fait non plus qu'augmenter l'utilité de tout genre que je retire de l'œuvre de M. Comte, considérée non plus dans la dernière des sciences spéciales, mais dans l'ensemble philosophique. Et comme cet ensemble ne donnera pas une moindre utilité à quiconque voudra s'en servir, il importe ici de montrer comment la philosophie positive détermine le régime mental de chaque penseur et l'emploi de ses facultés.

Ceci n'est qu'un développement du passage où, dans la première partie, p. 105, j'ai essayé de faire comprendre l'unité subjective que la philosophie positive créait à côté de l'unité objective. Il faut expliquer ces mots.

L'unité subjective est l'ensemble des conditions mentales sous lesquelles nous connaissons le vrai, et l'ensemble des principes généraux qui nous guident dans les applications.

L'unité objective est l'ensemble des conditions naturelles sous lesquelles le monde subsiste, et l'ensemble des procédés appliqués à chacune des catégories de phénomènes.

L'unité subjective est de beaucoup la première en date. Ce fut la métaphysique qui l'ébaucha, et qui, en cela, rendit un éminent service à l'évolution de l'esprit humain. Mais comme, à l'origine, les vrais principes généraux, ceux qui émanent de l'étude du monde, lui étaient nécessairement inconnus, elle les remplaça par des principes généraux qui n'avaient d'autre vérité que celle d'être conformes aux conditions mentales. Ne sachant pas comment le monde était effectivement, on imagina comment la raison humaine pourrait concevoir qu'il fût. L'unité subjective fut créée; et toute la philosophie, quelle qu'en fût la doctrine, s'y subordonna.

L'unité objective est restée longtemps ignorée; on a pu, pendant tout le règne des métaphysiciens, douter légitimement qu'elle fût possible et qu'il y eût une manière de connaître le monde extérieur qui, en l'embrassant, le systématisât. Ce doute suprême a été dissipé par M. Comte. Il est certain maintenant qu'il y a une unité objective comme il y a une unité subjective, c'est-à-dire une somme de conditions dans le monde ou système scientifique, comme une somme de conditions dans l'esprit ou système logique. J'insiste avec satisfaction sur ces aperçus, qui, présentant de divers côtés l'idée de la philosophie positive, montrent la nouveauté et la grandeur de la conception de M. Comte; la nouveauté, c'est la première fois que l'unité objective apparaît dans le domaine des idées; la grandeur, c'est la première fois qu'elle imprime à l'unité subjective le sceau de positivité qui lui manquait.

En effet, tel est l'aboutissement nécessaire : une rénovation de l'unité subjective. Il en faut une, cela est évident, mais il est évident aussi que, pour l'avoir maintenant, il suffit d'éliminer les principes provisoires que la métaphysique y avait déposés, ce qui peut se faire sans péril et sans dommage, et de les remplacer par les principes généraux que fournit la philosophie de chaque science particulière. Les deux unités, devenues ainsi homogènes, forment la philosophie totale.

Elles forment en même temps l'instrument essentiel de toute direction dans le champ de la spéculation soit générale soit particulière. S'il s'agit de spéculation générale, on est guidé par la méthode générale qui domine toute la philosophie; s'il s'agit de spéculation particulière, on est guidé par la méthode particulière qui domine chaque philosophie partielle. De la sorte, rien n'échappe, et l'esprit, dans quelque ordre de recherches qu'il s'aventure, est assuré de ne jamais tomber, quant à la méthode du moins, dans les ténèbres de la contradiction explicite ou implicite.

De cette efficacité il est un exemple que, bien qu'il me soit personnel, je citerai à cause qu'il est frappant. Je veux parler d'un dictionnaire de termes de médecine que M. le professeur Robin et moi avons composé. Certes, à première vue, il semblait difficile qu'un pareil livre portât éminemment l'empreinte d'une philosophie; et certainement nul autre que des disciples de la philosophie positive ne pouvaient y mettre cette empreinte. Des disciples d'une autre philosophie, soit théologique soit métaphysique, y auraient échoué, quelque soin qu'ils eussent pris; car, tout en restant strictement fidèles à leurs croyances spéculatives, ils n'auraient pu ni écarter ni modifier les notions scientifiques dont le caractère positif entre toujours en conflit avec le caractère métaphysique ou théologique. Mais, sans nul effort, deux disciples de M. Comte ont infusé un esprit homogène dans un simple dictionnaire; et l'on peut affirmer que cette cohérence philosophique n'a pas été sans influence sur le succès du livre qui, même pour ceux qui n'adhèrent pas aux dogmes de la philosophie positive, a l'avantage de satisfaire au besoin inné de conséquence.

J'ai cité, bien que spécial, cet exemple d'un dictionnaire de médecine, parce que c'est, non pas un projet, un conseil, une vue, mais une réalité et un cas effectif. Maintenant, en contre-partie, j'en puis citer (et celui-là est tout à fait général) un autre, non pas parce qu'il est effectué, mais justement parce qu'il ne peut s'effectuer. Je veux parler des encyclopédies qui, de notre temps, à diverses reprises, ont été tentées ou sont encore en projet. Toutes viennent échouer, philosophiquement, sinon matériellement, contre un obstacle insurmontable; c'est qu'elles ne peuvent jamais se constituer d'après un système qui caractérise et limite les parties, en assigne la place, et introduise la lumière par la coordination et la subordination. Toutes avortent en ce sens qu'elles dégénèrent en simple juxta-position de morceaux qui, d'une part, sont des fragments ne se rapportant à aucun tout, et, d'autre part, ont l'empreinte, les uns des doctrines théologiques, les autres de l'infinie diversité des métaphysiques, d'autres enfin de la science positive. Seule, la philosophie, telle que M. Comte l'a tracée, est capable de porter l'ordre dans ces incohérences, et de fournir à quiconque saura s'en pénétrer et voudra méditer, un plan ou une méthode, qui, toujours conséquente à elle-même, rangera les sciences abstraites selon leur hiérarchie, subordonnera les sciences concrètes, classera les beaux arts et décomposera l'industrie en groupes naturels. Quand le temps aura mûri les choses en montrant davantage l'efficacité qui est ici et l'inefficacité qui est là, il se fera des travaux qui ne porteront pas vainement au frontispice le nom d'encyclopédies.

Je ne puis donc trop recommander la lecture du *Système de philosophie positive*. Il n'y a point, sans la pratique assidue de cet ouvrage, de disciple qui puisse aspirer à faire

faire quelque progrès à l'œuvre du maître. Ce n'est point un livre à lire une fois, puis à déposer; c'est un livre à reprendre sans cesse et à étudier, jusqu'à ce que l'on se soit complétement approprié la méthode d'abord, les principes généraux ensuite. Quand on en est là, on acquiert sans peine la faculté de discerner dans chaque question particulière à quel ordre philosophique elle appartient. Il en résulte sécurité pour celui qui écrit. S'agit-il, par exemple, d'une question d'histoire (j'en prends à dessein une dans le domaine le plus compliqué et le plus difficile), on la subordonnera d'abord à la place que tient la sociologie dans l'ensemble philosophique, puis aux principes généraux qui sont le propre de la sociologie elle-même; et, de la sorte, on a devant les yeux un cadre qui, par une double efficacité qui semblerait inconciliable, si le fait ne la démontrait, élargit la pensée autant qu'il l'assure.

Bien que le développement moral qui doit suivre la conception intellectuelle et mettre en accord les sentiments avec les idées ne soit pas encore suffisamment effectué, cependant je ferais tort à la philosophie positive, si, la bornant trop dans son efficacité, je ne disais que déjà elle commence à rendre au cœur des services analogues à ceux qu'elle rend à l'intelligence, et qu'elle ne laisse sans direction ni la conduite ni la conscience. Pour un sujet si grave et si étendu l'espace ne me laisse ici qu'une phrase, et pourtant je voudrais que cette phrase ne fût ni sans signification, ni sans portée. Je n'hésite point à poser en fait que les dissentiments politiques, qui travaillent présentement l'Europe entière, sont l'expression vivante et supérieure de l'élaboration morale qui prépare l'avenir social. C'est là ce qui trouble le plus profondément les consciences et les volontés; c'est là aussi que la philosophie positive apporte, dès à présent, de salutaires inspirations. Sans être ni révolutionnaire ni conservatrice, elle veut l'ordre comme les conservateurs, et le progrès comme les révolutionnaires. Elle est socialiste ou, pour parler plus exactement, elle embrasse comme un vrai et puissant mobile le sentiment qui est au fond de tout socialisme; mais, en l'embrassant, elle le subordonne à la science, à la philosophie, à la conception du monde. Ainsi se trouvent liés les sentiments et les idées; ainsi se trouvent tracés les linéaments de la conduite de chacun de nous dans les graves péripéties et les dangereuses alternatives d'un état qui demeure encore instable.

Telle est l'œuvre de M. Comte. J'admire beaucoup ce livre ; mais je n'admire pas moins l'homme que le livre. Un labeur infini l'attendait; il se soumit sans réserve à cet infini labeur. Douze ans se passèrent, pendant lesquels il ferma courageusement sa vie à tout ce qui aurait pu le distraire. Jamais le besoin d'une publicité prématurée ne fit invasion dans son âme, et ne vint le détourner d'une élaboration qui ne lui semblait digne de lui que complète. Jamais le désir d'une popularité qu'il aurait pu chercher et trouver comme un autre, ne l'induisit à sacrifier une ligne aux opinions du jour qui font biaiser tant d'esprits. Sévère, persévérant, sourd aux bruits du dehors, il concentra sur son œuvre tout ce qu'il avait de méditation. Dans l'histoire des hommes voués aux grandes pensées, je ne connais rien de plus beau que ces douze années.

CHAPITRE II.

Une attaque des Saint-Simoniens. — Réponse que M. Comte
adresse à M. Michel Chevalier.

En 1832, la religion saint-simonienne était établie; une sorte d'église était fondée, et les saint-simoniens possédaient un organe quotidien, *le Globe*, qui leur servait à soutenir et à propager leur doctrine comme à combattre leurs adversaires. Ces adversaires appartenaient indifféremment aux deux camps opposés qui alors partageaient les esprits; je veux dire les conservateurs et les révolutionnaires; et ils attaquaient les saint-simoniens pour des motifs les uns valables, les autres douteux, d'autres mauvais. L'attaque était complexe comme la chose même qu'on attaquait. Les motifs valables étaient ceux qui prenaient leur source dans les erreurs de l'utopie saint-simonienne, erreurs que le temps s'est déjà chargé de réfuter, et que la société a spontanément écartées comme ne lui convenant pas. Les motifs douteux et à débattre étaient ceux des hommes qu'offusquait le mot de religion, et à qui une restauration religieuse, quelle qu'elle fût, paraissait un travers et un mal. Enfin les motifs mauvais étaient ceux des politiques qui, condamnant en bloc toutes les tendances socialistes, poursuivaient ces tendances chez les saint-simoniens et n'admettaient pas que les questions sociales dussent avoir leur jour. Elles l'ont eu, elles l'ont encore; et les moins clairvoyants comprennent que les sectes socialistes ont du moins le mérite d'être en communication avec les intérêts moraux et matériels qui agitent les masses populaires.

Une attaque de la politique contre le socialisme et surtout contre la transformation du saint-simonisme en religion, partit de la main de M. Armand Marrast (*Tribune*, 2 janvier 1832). J'aurais voulu mettre ici une page de cet homme qui a illustré le journalisme, et avec qui je fus lié ; mais cette attaque, qui devait être suivie d'un article qui ne fut jamais fait, est trop peu réussie pour qu'il vaille la peine de la reproduire. M. Michel Chevalier y répondit :

« M. Armand Marrast paraît, d'après son premier article, rempli de préventions contre nous. Par manière de contradiction à notre égard, il professe envers le christianisme, lui sceptique absolu, lui voltairien si pur, des sentiments de vénération et presque d'espérance. L'un des résultats de nos efforts est d'apprendre à tous à rendre justice à la religion du Christ. Quelques-uns l'ont fait par amour pour nous ; M. Marrast s'y décide pour nous faire pièce. Une fois réconcilié avec le sentiment religieux, avec le mysticisme, il sera mieux en position de nous sentir, il nous rendra justice à notre tour. Les voies de la Providence sont quelquefois bien détournées ; le plus court chemin d'un point à l'autre n'est pas toujours la ligne droite.

« Lorsque M. Marrast nous aura plus étudiés et qu'il se sera accoutumé à notre manière d'envisager l'histoire, il comprendra pourquoi, lorsqu'une société se développe, il arrive qu'à chacune de ses phases quelques hommes restent en arrière, faute d'avoir pu suivre la marche du progrès. Ce qui s'est passé au sein du saint-simonisme lors de la séparation de M. Auguste Comte, lors de la séparation de M. Buchez, et en novembre 1831, n'est autre chose que ce phénomène qui s'est accompli dans toutes les évolutions politiques, sociales et religieuses. Un homme du mouvement, libre de toute préoccupation, aurait dû le deviner au premier coup d'œil (*Globe*, 3 janvier 1832). »

Comme on voit, M. A. Comte n'était qu'incidemment nommé; mais il l'était d'une façon qui ne lui convenait pas, et qui ne pouvait lui convenir. Sa réponse fut longue; la voici : elle fut insérée dans *le Globe* le 13 janvier :

« Monsieur,

« Il est tellement désagréable de prendre la plume pour entretenir le public de considérations personnelles, au lieu de l'occuper d'idées seules susceptibles de l'intéresser, que j'ai d'abord hésité à réclamer contre l'article qui me concerne dans *le Globe* du mardi 3 janvier 1832. Cependant, après une telle provocation, je crois devoir surmonter cette juste répugnance, et je ne puis me dispenser de relever les expressions fort inconvenantes que vous avez employées à mon égard, sans en avoir probablement senti toute la portée, quand vous avez parlé de ma prétendue séparation de la société saint-simonienne.

« Comme vous étiez, je crois, encore occupé de vos études à l'époque des événements auxquels votre article se rapporte, il n'est pas étonnant, Monsieur, que vous n'en ayez point une connaissance exacte. Si vous vous en étiez informé avec plus de soin, vous auriez été convaincu que je n'ai jamais fait partie, sous aucun rapport, de l'association saint-simonnienne; et vous vous seriez sans doute dispensé d'expliquer pourquoi je m'en serais *séparé*.

« J'ai eu, Monsieur, pendant plusieurs années, avec M. de Saint-Simon une liaison intime, fort antérieure à celle qu'ont pu avoir avec lui aucun des chefs de votre société. Mais cette relation avait entièrement cessé environ deux ans avant la mort de ce philosophe, et par conséquent à une époque où il n'était pas encore question le moins du monde de saint-simoniens. Je dois d'ailleurs vous faire observer que M. de Saint-Simon n'avait point encore adopté la couleur théologique, et que notre rupture doit même être attribuée en partie à ce que je commençais à apercevoir en lui une tendance religieuse profondément incompatible avec la direction philosophique qui m'est propre.

« Depuis la mort de M. de Saint-Simon j'ai inséré dans *le Producteur*, pendant les deux derniers mois de 1825 et les trois premiers de 1826, six articles destinés à faciliter au public l'intelligence de mes idées fondamentales sur la refonte des théories sociales. Mais ma coopération à ce journal, à la fondation duquel j'avais été absolument étranger, fut purement accidentelle. J'ai consenti à publier par cette voie quelques articles portant ma signature, comme j'eusse pu le faire par la *Revue encyclopédique*, ou dans tout autre recueil dont la direction politique n'eût pas été radicalement opposée à la mienne; j'ai d'ailleurs cessé toute insertion aussitôt que je me suis aperçu que les éditeurs de ce journal tournaient aux idées religieuses, dont il n'avait d'abord été nullement question. Du reste, même pendant le court intervalle de cette sorte de coopération, je n'ai jamais assisté *une seule fois* aux réunions régulières ou irrégulières des rédacteurs de ce recueil qui me sont presque tous absolument inconnus. Mes rapports avec *le Producteur* étaient donc purement littéraires; et je les avais, dès l'origine, tellement simplifiés, même sous ce point de vue, que je me suis toujours borné à adresser mes articles au rédacteur général (M. Cerclet), qui eût pu refuser de les publier, mais que je n'avais nullement autorisé à y introduire la moindre modification, et qui, de fait, les a tous textuellement insérés. D'après ces renseignements vous serez sans doute disposé, Monsieur, à préjuger dès à présent la légèreté de la singulière explication que vous avez donnée de faits qui n'ont jamais existé. Quoique plus jeune que les chefs de votre secte, mes travaux et mes écrits ont été très-antérieurs aux leurs.

La première émission du commencement de mon *Système de politique positive*, dont mes articles du *Producteur* ne sont que le développement partiel, date de 1822 (j'avais alors vingt-quatre ans) ; un second degré de publicité a été donné à cet ouvrage au commencement de 1824, près de deux ans avant l'apparition du *Producteur*. Comme je n'ai jamais varié le moins du monde de la direction philosophique que j'avais dès lors nettement caractérisée, et dont la publication de mon cours de *Philosophie positive*, commencée en 1830, n'est qu'une plus ample et plus générale manifestation, il serait difficile de concevoir que j'eusse jamais pu rien devoir aux travaux des *pères* saint-simoniens, qui affectent peu d'ailleurs, ce me semble, une telle prétention. Il est au contraire très-certain que l'influence de ma parole ou de mes écrits a contribué dans l'origine à l'éducation philosophique et politique de vos chefs actuels ; ce dont je suis du reste fort loin de me plaindre, en regrettant seulement qu'ils n'en aient pas mieux profité. Mais, quoiqu'il en soit, Monsieur, j'ai lieu de m'étonner d'avoir été confondu dans votre exposé avec les personnes qui, ayant commencé leur carrière philosophique au sein de votre société et sous les inspirations de ses chefs, ont cru devoir plus tard s'en séparer ; ce que je regarde d'ailleurs comme une grande preuve de bon sens.

« Par suite des mêmes considérations, il me paraît peu facile de comprendre comment j'aurais pu, selon vos doctorales expressions, *rester en arrière dans la marche du saint-simonisme, faute d'en pouvoir suivre le progrès*. Entré, avant vos *pères suprêmes* ou *non suprêmes*, dans la carrière philosophique, et y ayant marché sans interruption dans une direction invariable, je ne pourrais me trouver maintenant à l'arrière que par suite d'une infériorité intellectuelle bien prononcée. Or, quoique vos chefs se soient hardiment *posés* comme les hommes les plus capables de France, et même du monde entier, je ne sache pas qu'ils soient encore allés jusqu'à penser qu'une telle prétention pût devenir un article de foi ailleurs que parmi leurs dévots. Je crois donc que, s'ils eussent été consultés à l'avance, ils n'auraient nullement ratifié les termes que vous avez employés à mon égard. Ils savent parfaitement que je n'ai jamais hésité, à aucune époque, à regarder et à proclamer hautement l'influence des idées religieuses, même supposées strictement et constamment réduites à leur moindre développement, comme étant aujourd'hui chez les peuples les plus avancés le principal obstacle aux grands projets de l'intelligence humaine et aux perfectionnements généraux de l'organisation sociale. La voie scientifique dans laquelle j'ai toujours marché depuis que j'ai commencé à penser, les travaux que je poursuis obstinément pour élever les théories sociales au rang des sciences physiques, sont évidemment en opposition radicale et absolue avec toute espèce de tendance religieuse ou métaphysique. Ainsi le public éclairé comprendra difficilement, Monsieur, comment j'aurais pu rester en arrière dans une direction qui n'a jamais été la mienne, et que j'ai toujours regardée comme essentiellement rétrograde. Si vos supérieurs, après avoir suivi pendant quelque temps la direction positive (qu'ils n'ont d'ailleurs jamais bien comprise, faute d'avoir fait les études préliminaires convenables), ont jugé à propos d'en prendre une autre entièrement opposée, ils ont sans doute cru bien faire ; mais je ne puis m'empêcher de trouver fort singulier que ce soit en leur nom que vous parliez à mon égard de déviation et de ralentissement. Soyez persuadé, Monsieur, que tous les observateurs impartiaux et compétents seraient choqués de cet étrange renversement des rôles, s'ils pouvaient prendre quelque intérêt à un tel débat.

« Il est possible, Monsieur, que ma persistance invariable dans la voie philosophique que j'ai suivie dès mes premiers travaux passe dans votre esprit pour une sorte de répugnance aveugle à toute innovation, quoique vous fussiez, certes, le premier à m'adresser un tel reproche. Mais quand même je ne serais pas profondément convaincu que la direction positive est la seule qui puisse aujourd'hui nous conduire à une vraie et définitive rénovation des théories sociales, et, par suite, des institutions politiques, j'aurais de la peine à comprendre qu'on exécutât jamais rien d'important en changeant tous les deux ou trois ans ses conceptions principales. Du reste vous conviendrez, Monsieur, que, si je me suis trompé dans la direction générale de ma philosophie, je n'ai pas choisi du moins celle qui se prête le plus commodément à l'infériorité et à la paresse de l'intelligence. Au lieu des longues et difficiles études préliminaires sur toutes les branches fondamentales de la philosophie naturelle, qu'impose absolument ma manière de procéder en science sociale; au lieu des méditations pénibles et des recherches profondes qu'elle exige continuellement sur les lois des phénomènes politiques (les plus compliqués de tous), il est beaucoup plus simple et plus expéditif de se livrer à de vagues utopies dans lesquelles aucune condition scientifique ne vient arrêter l'essor d'une imagination déchaînée. Il est surtout très-attrayant, je l'avoue, pour ceux qui visent à la quantité des suffrages beaucoup plus qu'à leur qualité, après avoir adhéré à trois ou quatre épigraphes sacramentelles et sans prendre d'autre peine que celle de composer quelque verbeuse homélie, de se trouver tout à coup un grand homme, du moins momentanément, aux yeux d'un cercle assez nombreux, par lequel d'ailleurs on a l'avantage d'être vénéré comme un modèle de vertu. Ajoutez que la voie saint-simonienne conduit à la fortune et la mienne à la misère, et vous aurez achevé de démontrer que j'ai suivi une fort mauvaise direction. Cependant, Monsieur, je suis tellement obstiné que je ne voudrais pas en changer, quoique je sois assez jeune pour pouvoir le faire avantageusement. L'estime et la sympathie d'un très-petit nombre d'esprits éminents, juges compétents de mes travaux, telle est la seule grande récompense que se soit proposée mon ambition, trop modeste ou trop élevée, comme vous croirez devoir l'entendre.

« Votre société n'a point encore, à ce que l'on m'apprend, arrêté les bases de sa nouvelle morale ; j'espère cependant, Monsieur, que, vous conformant, par provision du moins, aux vieilles règles de la moralité littéraire, vous voudrez insérer textuellement, dans le plus prochain numéro du *Globe*, ma réponse à l'attaque inconsidérée que vous vous êtes permise envers moi. Je désire qu'elle ait sur vous assez d'influence pour vous empêcher désormais de me mêler en rien dans aucune histoire de la secte saint-simonienne, à laquelle j'ai le droit d'exiger qu'on me regarde comme ayant toujours été absolument étranger. Quand vous croirez devoir seulement vous livrer à une critique quelconque de ma philosophie, je garderai le plus profond silence, parce qu'elle est effectivement tombée, par le fait de la publicité, dans le domaine des journalistes disposés à la juger. Mais il ne saurait en être de même lorsqu'il s'agit d'assertions erronées relatives à ma personne, et qu'il m'importait beaucoup de démentir.

« Je dois vous prier, Monsieur, de vouloir bien excuser la longueur de cette lettre. Mais vous reconnaîtrez sans doute que, s'il est aisé de présenter en deux lignes toute la position d'un écrivain sous un point de vue absolument faux, la rectification ne peut jamais être aussi concise.

« J'ai l'honneur d'être

A. Comte, »

ancien élève de l'Ecole polytechnique,
rue Saint-Jacques, n° 159.

« *P. S.* Je dois vous prévenir, Monsieur, que, dans le

cas où l'insertion exacte de cette lettre dans votre journal me serait refusée, j'aurais recours, quoique avec le plus grand regret, à la publicité des autres journaux. »

Outre les renseignements personnels qu'elle contient, ce que cette lettre manifeste clairement, c'est l'aversion qu'avait alors M. Comte pour toute construction religieuse. On objectera peut-être qu'il ne parle que de la théologie; mais, si telle avait été son idée, s'il eût pensé qu'une religion devait être substituée à l'établissement théologique, il n'eût pas manqué de faire cette distinction capitale et de dire aux saints-simoniens : « Ce que je vous reproche, ce n'est pas de faire une religion, c'est de gâter, par des conceptions indigestes, une institution suprême qui doit refleurir sur les ruines de la théologie. Votre idée est juste de substituer une religion nouvelle à une religion ancienne qui s'est mise en désaccord avec la pensée progressive; mais vous vous fourvoyez; et votre nouvelle religion demeure incohérente entre le passé et l'avenir. » S'il eût parlé ainsi, il aurait préparé les voies à ce que lui-même devait tenter un jour. Mais rien de pareil ne se trouve dans sa lettre; on n'y découvre qu'une inflexible réprobation de toute religion, sous quelque forme qu'elle se présente. La distinction entre théologie et religion n'était pas encore née dans son esprit; et, quand il écrivit sa lettre à M. Michel Chevalier, il ne pressentait pas qu'il tirerait de sa philosophie une religion, comme les saints-simoniens avaient tiré une religion de leur philosophie. Je n'ai aucune envie, en parlant ainsi, de mettre M. Comte en contradiction avec lui-même; il faut toujours laisser une grande place aux développements d'un puissant esprit; et, dans la troisième partie de ce livre, je traiterai de ce qui, à mon sens, peut être considéré comme religion déduite de la philosophie positive, ou, pour parler avec précision et pour ne pas employer un terme ancien dans un sens nouveau, de ce qui doit être l'équivalent et remplir l'office de l'établissement religieux ou théologique. Je constate seulement un fait, c'est que telle était la disposition de M. Comte en 1832.

Dix ans plus tard, en 1842, M. Comte n'avait pas varié sur la *religion*. Après avoir assuré que Saint-Simon n'était pour rien dans les conceptions saint-simoniennes qui suivirent sa mort, il ajoute : « J'ai pu seulement observer en lui, après l'affaiblissement résulté d'une fatale impression physique (la tentative de suicide) cette tendance banale vers une vague religiosité, qui dérive aujourd'hui si fréquemment du sentiment secret de l'impuissance philosophique, chez ceux qui entreprennent la réorganisation sociale sans y être convenablement préparés par leur propre rénovation mentale. » (*Cours de philosophie positive*, t. VI, préface, p. IX.)

Ici encore la distinction qu'il introduisit plus tard entre théologie et religion n'est pas faite. La *religiosité* lui paraît une faiblesse et un aveu d'impuissance ; et il n'avertit pas que, suivant lui, s'il existe une *vague religiosité* incapable de lutter avec la situation sociale, il existe une *religiosité positive* qui seule peut la dominer.

M. Michel Chevalier fit suivre, dans le *Globe*, la lettre de M. Comte de quelques observations, qui portent principalement sur la qualité d'élève de Saint-Simon que prit jadis M. Comte et qu'il a plus tard effacée de ses livres et répudiée. Sur ce point il a les préjugés ordinaires des saints-simoniens ; mais j'ai suffisamment montré dans la première partie que, si M. Comte fut effectivement élève de Saint-Simon au début de la liaison et pendant quelque temps, il ne tarda pas à devenir indépendant, maître à son tour et fondateur d'une doctrine qui lui appartient. On doit dire même que cette doctrine, à mesure que M. Comte la produisait dans ses écrits et dans ses conversations, agissait sur Saint-Simon, sur ses idées et sur celles de ses disciples.

Mais M. Michel Chevalier ne s'est pas trompé sur le fond de la lettre quand il accuse M. Comte d'écarter toute religion : « Quoique je n'aie pas assisté à ces événements (la formation de la Société saint-simonienne), je suis très-bien informé de ce qui s'y est passé ; car ceux que j'appelle mes pères me les ont racontés souvent, et souvent j'ai gémi en les entendant dire ce qui vous concerne, sur les aberrations auxquelles étaient exposées les capacités scientifiques les plus hautes, lorsque, dans un rêve d'irréligion et d'orgueil, elles voulaient grandir en foulant sous leurs pieds les hommes qui les avaient élevés. »

M. Comte dut peu se soucier de ce reproche ; mais plus tard, à son tour, il fit de l'irréligion le plus grave méfait qu'il pût imputer à la société moderne en général et à certains de ses disciples en particulier.

On remarquera que M. Michel Chevalier n'hésite pas à reconnaître en M. Comte la capacité scientifique la plus haute. Telle était l'opinion qui, à son égard, régnait parmi les saints-simoniens. On l'accusait d'avoir quitté le maître, d'avoir repoussé la doctrine, de ne s'être pas engagé dans la phase religieuse ; mais on ne lui refusait pas une éclatante supériorité dans l'ordre scientifique. Sans doute, en accordant ce genre de prééminence à M. Comte, ils s'attribuaient quelque chose de plus éminent encore, à savoir, le domaine de la religion et du sentiment. Mais la possession de ce domaine était illusoire et ne tarda pas à s'échapper de mains trop hâtives. Dans la première partie, au chapitre consacré à Saint-Simon, j'ai surabondamment montré qu'il n'avait point eu de philosophie et de système. Ses disciples n'en eurent pas plus que lui, sauf des conceptions secondaires qui n'importent pas ici. Aussi la philosophie générale, dont tout dépend dans la reconstitution de la pensée moderne, est demeurée avec eux et après eux aussi obscure que jamais. Pendant que Saint-Simon et ses disciples consumaient des forces vives en infructueuses tentatives, M. Comte consacrait toute sa puissance intellectuelle à un long et silencieux labeur de pure théorie. La route avait été opposée; le terme ne le fut pas moins. Quand M. Comte déposa la plume, un grand système de méthodes générales et de résultats généraux était établi; système qui est à la fois l'instrument philosophique le plus puissant que les hommes aient encore possédé, et le rival, en attendant qu'il soit le remplaçant, des opinions théologiques et métaphysiques. Telle fut le fruit de cette supériorité scientifique qu'on ne lui contestait pas.

CHAPITRE III.

De la création d'une chaire de l'histoire des sciences demandée à M. Guizot, alors ministre de l'instruction publique, par M. Comte.

On lit dans les *Mémoires de M. Guizot*, t. III, p. 125 et suivantes : « J'eus à la même époque quelques rapports avec un homme qui a fait, je ne dirai pas quelque bruit, car rien n'a été moins bruyant, mais quelque effet même hors de France, parmi les esprits méditatifs, et dont les idées sont devenues le *Credo* d'une petite secte philosophique. Ces chaires nouvelles, créées soit au Collége de France, soit dans les facultés, mettaient en mouvement toutes les ambitions savantes. M. Auguste Comte, l'auteur de ce qu'on a appelé et de ce qu'il a appelé lui-même la philosophie positive, me demanda à me voir. Je ne le connaissais pas du tout, et n'avais même jamais entendu parler de lui. Je le reçus et nous causâmes quelque temps. Il désirait que je fisse créer pour lui, au Collége de France, une chaire d'histoire générale des sciences physiques et mathématiques; et pour m'en démontrer la nécessité, il m'exposa lourdement et confusément ses vues sur l'homme, la société, la civilisation, la religion, la philosophie, l'histoire. C'était un homme simple, honnête, profondément convaincu, dévoué à ses idées, modeste en apparence, quoique, au fond, prodigieusement orgueilleux, et qui sincèrement se croyait appelé à ouvrir, pour l'esprit humain et les sociétés humaines, une ère nouvelle. J'avais quelque peine, en l'écoutant, à ne pas m'étonner tout haut qu'un esprit si vigoureux fût borné au point de ne pas même entrevoir la nature ni la portée des faits qu'il maniait ou des questions qu'il tranchait, et qu'un caractère si désintéressé ne fût pas averti par ses propres sentiments, moraux malgré lui, de l'immorale fausseté de ses idées. C'est la condition du matérialisme mathématicien. Je ne tentai même pas de discuter avec M. Comte; sa sincérité, son dévouement et son aveuglement m'inspiraient cette estime triste qui se réfugie dans le silence. Il m'écrivit peu de temps après, une longue lettre pour me renouveler sa demande de la chaire dont la création lui semblait indispensable pour la science et pour la société. Quand j'aurais jugé à propos de la faire créer, je n'aurais certes pas songé un moment à la lui donner. »

Avant de faire les réflexions que suggère ce passage des *Mémoires* de M. Guizot, et avant de relater la lettre de M. Comte qu'il transcrit dans ses *pièces justificatives*, et qui est du 30 mars 1833, il faut mettre sous les yeux du lecteur la note remise antérieurement à M. Guizot par M. Comte, et que celui-ci, l'affaire manquée, publia dans le *National*, 8 octobre 1833 :

Sur la création d'une chaire d'histoire générale des sciences physiques et mathématiques au Collège de France (Note remise à M. Guizot, ministre de l'instruction publique, le 29 octobre 1832).

« La belle institution du Collège de France a été constamment destinée, dès son origine, à servir de complément nécessaire au système général de l'instruction publique en organisant un moyen régulier et permanent de le perfectionner sans cesse, conformément aux nouveaux besoins manifestés par la marche graduelle de l'esprit humain.

S'adressant exclusivement par sa nature à des intelligences déjà suffisamment préparées, le haut enseignement de ce collége s'étend, pour ainsi dire spontanément, à des matières nouvelles, aussitôt que le progrès continu de nos connaissances en fait sentir la nécessité, et ménage ainsi successivement des améliorations ultérieures dans l'éducation même de la jeunesse, qui, ne devant comprendre que des notions arrêtées, doit repousser toute innovation hasardée. Une telle conception a donc permis de réaliser relativement à l'instruction publique, cette combinaison, si rarement obtenue et néanmoins si nécessaire, de l'esprit d'ordre et de l'esprit de progrès, dont l'harmonie constitue la difficulté fondamentale de tout établissement social. Aussi ce collége (si bien nommé, puisque la pensée en appartient exclusivement à la France) a-t-il constamment résisté, depuis trois siècles, à toutes les révolutions, par son aptitude spéciale à recevoir sans effort toutes les modifications légitimes. C'est en grande partie sous son influence que se sont successivement accomplies, pendant ce long intervalle, toutes les améliorations introduites dans le système de notre éducation nationale.

« L'esprit de cette institution, qu'il était nécessaire de rappeler sommairement ici, paraît exiger aujourd'hui la création d'une chaire nouvelle et permanente consacrée à l'histoire générale et philosophique des sciences positives, et qui semble éminemment adaptée à l'état présent de notre développement intellectuel.

« C'est seulement de nos jours qu'une telle chaire pouvait être convenablement établie, puisque, avant notre siècle, les diverses branches fondamentales de la philosophie naturelle n'avaient point encore acquis leur caractère définitif ou n'avaient pas manifesté leurs relations nécessaires. Mais aujourd'hui, d'une part, la science mathématique, constituant enfin un immense système de méthodes générales et de principes universels, premier fondement de la philosophie naturelle tout entière, a organisé sur des bases invariables son admirable harmonie avec l'étude positive de la nature inerte, soit dans la physique céleste, soit dans les principales parties de la physique terrestre; d'une autre part, les sciences plus compliquées qui ont pour objet l'étude des corps vivants, sont enfin parvenues à leur véritable état positif, relativement aux trois points de vue généraux sous lesquels ces corps peuvent être envisagés: l'organisation, la vie normale ou anormale, et la classification; et en même temps, la physique organique, tout en conservant sa physionomie propre, s'est profondément coordonnée à la physique inorganique.

« Dans cet état de notre intelligence, la science humaine, en ce qu'elle a de positif, peut donc enfin être envisagée comme *une*, et par conséquent son histoire peut dès lors être conçue. Impossible sans cette unité, l'histoire des sciences tend réciproquement à rendre l'unité scientifique plus complète et plus sensible.

« L'observation exacte de la marche, souvent en apparence si peu rationnelle, suivie à travers les siècles par la succession des hommes de génie pour acquérir ce petit nombre de connaissances certaines et éternelles qui constitue notre domaine scientifique actuel, doit inspirer à tous les esprits élevés un profond attrait et peut, en même temps, faciliter le progrès effectif des sciences, en faisant mieux connaître les lois naturelles de l'enchaînement des découvertes. Outre cette utilité propre et directe du nouveau cours proposé, il est clair que toutes les considérations de quelque importance relatives à la philosophie des sciences, à leur méthode, à leur esprit et à leur harmonie, viennent s'y rattacher naturellement, et avec cette heureuse garantie que, liés ainsi au développement historique de la science humaine, toutes les notions vagues et arbitraires s'en trouvent nécessairement exclues, pour n'y laisser subsister que ce qu'elles offrent de positif. Enfin, sous un dernier point de vue général, l'étude de l'histoire philosophique des sciences se présente comme constituant un élément indispensable dans l'ensemble des études historiques, qui offrent aujourd'hui, à cet égard, une lacune fondamentale, dont tous les bons esprits sont vivement choqués.

« Ces divers motifs inspiraient sans doute l'illustre Cuvier, lorsqu'il entreprit, dans ses dernières années, le beau cours d'*histoire des sciences naturelles*, que sa mort a laissé incomplet. L'ascendant si justement acquis à son génie ne permît pas de remarquer l'infraction incontestable qu'il commettait ainsi au programme de la chaire qu'il occupait au Collége de France. Mais un privilége aussi personnel n'est pas de nature à se reproduire. D'ailleurs, la chaire d'histoire naturelle, conçue d'une manière si large et si philosophique par M. Cuvier, ne saurait aucunement comporter désormais une telle excursion, depuis que cette chaire, la seule en Europe où l'histoire naturelle fut réellement considérée dans tout son vaste ensemble, vient d'être entièrement dénaturée par la déplorable transformation en une simple chaire de géologie minéralogique.

« Une considération rationnelle tout à fait décisive établit incontestablement la nécessité de consacrer à l'histoire des sciences positives, une chaire spéciale et nouvelle. Pour répondre convenablement à sa destination et produire toute l'utilité réelle dont il est susceptible, un tel cours doit, en effet, porter indispensablement sur l'ensemble de toutes les sciences fondamentales; car les mathématiques, l'astronomie, la physique, la chimie et les sciences physiologiques s'étant toutes, en réalité, développées simultanément et sous l'influence les unes des autres, il est impossible d'exposer une véritable histoire, c'est-à-dire de démontrer la filiation effective des progrès, en observant exclusivement une partie quelconque d'entre elles. Sans cette conception d'ensemble, un cours destiné à l'histoire scientifique tend inévitablement à dégénérer en une simple bibliographie ou en une suite de notices biographiques, ce qui, quoiqu'utile à certains égards, est loin de correspondre à l'importance de l'institution du Collége de France, et ne saurait y motiver la création d'une nouvelle chaire; ainsi envisagé, ce cours provoquerait de simples recherches d'érudition, et ne pourrait aucunement aboutir à augmenter la masse de nos connaissances positives, en faisant découvrir par l'observation les lois naturelles qui président au grand phénomène du développement scientifique de l'esprit humain.

« Le cours historique de M. Cuvier, avec quelque profonde habileté qu'il ait d'ailleurs été exécuté, offre lui-même une confirmation frappante de la justesse nécessaire de ces principes. L'impossibilité où se trouvait M. Cuvier, par suite d'un cadre trop peu étendu, de prendre convenablement en considération l'histoire des mathématiques, de l'astronomie, etc., pour se borner à celle de ce qu'on appelle vulgairement les *sciences naturelles*, c'est-à-dire, essentiellement les diverses parties de la physique organique, a rendu nécessairement incomplets tous ses aperçus principaux, conçus d'ailleurs dans un esprit si philosophique. Il a paru ainsi presque entièrement méconnaître l'influence directrice exercée à toutes les époques par la science mathématique et par la physique inorganique sur la méthode et sur le développement des autres parties de la philosophie naturelle, qui, relatives aux phénomènes les plus compliqués et les plus particuliers, se trouvent par cela même sous la dépendance nécessaire de celles qui étudient les lois des phénomènes les plus simples et les plus généraux. C'est ce qu'on peut vérifier aisément en considérant, par exemple, la manière extrêmement imparfaite dont M. Cuvier a apprécié l'influence d'Archimède et d'Hipparque, et, pour les temps modernes, l'action de Galilée sur son siècle, celle même de Leibnitz et surtout celle de Newton. Toutes ces imperfections capitales eussent nécessairement disparu si le cours de M. Cuvier eût pu embrasser l'ensemble de l'histoire scientifique.

« Les divers motifs indiqués dans cette note, paraissent propres à rendre parfaitement sensible la nécessité d'instituer aujourd'hui, au Collége de France, une chaire nouvelle exclusivement consacrée à l'histoire des sciences positives envisagées collectivement. Ils montrent clairement l'impossibilité absolue d'atteindre le but proposé en faisant d'un tel enseignement un simple appendice d'aucun cours sur une branche quelconque de la philosophie naturelle, et surtout de ceux qui se rapportent aux sciences les moins avancées et les plus dépendantes.

« Afin de mieux manifester à tous les esprits le vrai caractère de ce nouveau cours, il semble même convenable de l'intituler *Cours d'histoire générale des sciences physiques et mathématiques*, pour rappeler par l'emploi d'une désignagnation officiellement consacrée qu'il correspond à l'ensemble des sciences dont s'occupe la première classe de l'Institut. »

« Paris, 28 octobre 1832.

« AUGUSTE COMTE,

« ancien élève de l'École polytechnique. »

Maintenant voici la lettre écrite par M. Comte à M. Guizot.

Paris, le samedi 30 mars 1833.

« Monsieur,

« Quoique, depuis plus de trois semaines, je diffère à dessein de vous écrire, je dois d'abord vous demander sincèrement pardon de vous entretenir d'affaires si peu de temps après la perte cruelle et irréparable que vous venez d'éprouver et à laquelle je compatis vivement. Mais comme, d'après ce que vous aviez bien voulu m'annoncer dans votre dernière entrevue, c'était vers le commencement de mars que devait être examinée définitivement la proposition que j'ai eu l'honneur de vous soumettre, le 29 octobre dernier, sur la création d'une chaire d'*Histoire générale des sciences physiques et mathématiques* au collége de France, je craindrais, en gardant plus longtemps le silence à cet égard, de donner lieu de croire que j'aurais renoncé à ce projet.

« Il serait déplacé, Monsieur, de rappeler ici, même sommairement, les diverses considérations principales propres à faire sentir l'importance capitale de ce nouvel enseignement, et la double influence nécessaire pour contribuer à imprimer aux études scientifiques une direction plus philosophique, et pour combler une lacune fondamentale dans le système des études historiques ; c'est, ce me semble, le complément évident et indispensable de la haute instruction, surtout à l'époque actuelle. Je m'en réfère à cet égard à ma note du 28 octobre; ou, pour mieux dire, Monsieur, je m'en rapporte à votre opinion propre et spontanée sur une question que la nature de votre esprit et de vos méditations antérieures vous met plus que personne en état de juger sainement. Car je vous avoue, Monsieur, que ce à quoi j'attache le plus d'importance dans cette affaire, c'est que vous veuillez bien la décider uniquement par vous-même, à l'abri de toute influence, en usant de votre droit à l'égard du Collége de France, qui se trouve heureusement, et par la loi et par l'usage, hors des attributions du Conseil d'instruction publique. Les deux seuls savants qui fassent actuellement partie de ce conseil, quoique distingués d'ailleurs dans leurs spécialités, sont, en effet, par une singulière coïncidence, généralement reconnus dans le monde scientifique comme parfaitement étrangers à tout ce qui sort de la sphère propre de leurs travaux, et comme pleinement incompétents en tout ce qui concerne la philosophie des sciences et l'histoire de l'esprit humain. Il y aurait, Monsieur, je dois le dire avec ma franchise ordinaire, plus que de la modestie, dans une intelligence comme la vôtre, à subordonner votre opinion à la leur sur une question de la nature de celle que j'ai eu l'honneur de soulever auprès de vous. Si vous pouvez à ce sujet recueillir des conseils utiles, ce n'est pas du moins de la part de vos conseillers officiels.

« Comme depuis cinq mois vous avez eu certainement le loisir d'examiner cette affaire avec toute la maturité suffisante, sans être importuné de mes instances, je crois pouvoir enfin, Monsieur, sans être indiscret, réclamer à cet égard votre décision définitive. Je suis bien loin de me plaindre de la situation précaire et parfois misérable dans laquelle je me suis toujours trouvé jusqu'à présent; car je sens combien elle a puissamment contribué à mon éducation. Mais cette éducation ne saurait durer toute la vie, et il est bien temps, à trente-cinq ans, de s'inquiéter enfin d'une position fixe et convenable. Les mêmes circonstances qui ont été utiles (et, à mon avis, indispensables ordinairement) pour forcer l'homme à mûrir ses conceptions et à combiner profondément le système général de ses travaux, deviennent nuisibles par une prolongation démesurée, quand il ne s'agit plus que de poursuivre avec calme l'exécution de recherches convenablement tracées. Pour un esprit tel que vous connaissez le mien, Monsieur, il y a, j'ose le dire, un meilleur emploi de son temps, dans l'intérêt de la société, que de donner chaque jour cinq ou six leçons de mathématiques. Je n'ai pas oublié, Monsieur, que, dans les conversations philosophiques trop rares et si profondément intéressantes que j'ai eu l'honneur d'avoir avec vous autrefois, vous avez bien voulu m'exprimer souvent combien vous me jugeriez propre à contribuer à la régénération de la haute instruction publique, si les circonstances vous en conféraient jamais la direction. Je ne crains pas, Monsieur, de vous rappeler cette disposition bienveillante et d'en réclamer les effets lorsqu'il s'agit d'une création qui, abstraction faite de mon avantage personnel, présente en elle-même une utilité scientifique incontestable et du premier ordre, et qui se trouve en une telle harmonie avec la nature de mon intelligence et les recherches de toute ma vie, qu'il serait, je crois, fort difficile aujourd'hui qu'elle pût convenir à une autre personne.

« J'espère, Monsieur, que vous ne trouverez pas déplacée mon insistance à cet égard après un si long délai. Vous n'ignorez pas que, bien que ce projet fût pleinement arrêté dans mon esprit avant votre ministère, je n'ai point essayé de le soumettre à votre prédécesseur, par la certitude que j'avais de n'en être pas compris, et il est plus que probable que la même raison m'empêchera également d'en parler à votre successeur. Vous concevez donc, Monsieur, qu'il est de la dernière importance pour moi de faire juger cette question pendant que le ministère de l'instruction publique est occupé, grâce à une heureuse exception, par un esprit de la trempe du vôtre et dont j'ai le précieux avantage d'être connu personnellement.

« Comme cette fonction ne présente heureusement aucun caractère politique, je ne pense pas qu'on puisse trouver, dans le système général du gouvernement actuel, aucun motif de m'exclure, malgré l'incompatibilité intellectuelle de ma philosophie positive avec toute philosophie théologique ou métaphysique, et par suite avec les systèmes politiques correspondants. Dans tous les cas, cette exclusion ne saurait offrir l'utilité d'arrêter mon essor philosophique, qui est maintenant trop caractérisé et trop développé pour pouvoir être étouffé par aucun obstacle matériel, dont l'effet ne pourrait être au contraire que d'y introduire, par le sentiment involontaire d'une injustice profonde, un caractère d'irritation contre lequel je me suis soigneusement tenu en garde jusqu'ici. Comme je ne pense pas que les vexations purement gratuites et individuelles se présentent à l'esprit d'aucun homme d'État, dans quelque système que ce soit, je dois donc être pleinement rassuré à cet égard. Si cependant, Monsieur, quelque motif de ce genre contrariait ici l'effet de votre bienveillance, je ne doute pas que vous ne crussiez devoir me le déclarer franchement, par la certitude que vous auriez que je vous connais trop bien pour ne pas regarder un esprit aussi élevé que le vôtre comme parfaitement étranger à toute difficulté de cette nature.

« Je ne pense pas non plus avoir aucun obstacle à rencontrer dans les considérations financières ; car le budget du Collége de France me semble actuellement pouvoir comporter aisément cette nouvelle dépense sans aucune addition de fonds, la chaire d'économie politique ne devant point probablement être rétablie, à cause du caractère vague et de la conception irrationnelle de cette prétendue science, telle qu'elle est entendue jusqu'ici. Dans tous les cas, il est nécessaire d'abord de reconnaître en principe la convenance du cours d'histoire des sciences positives, sans y mêler aucune question d'argent. Je puis d'autant plus faciliter une telle décision que je consentirais volontiers à faire ce cours sans aucun traitement, jusqu'à ce que la Chambre eût alloué des fonds spéciaux, si le budget était réellement insuffisant.

« Par ces divers motifs, j'espère, Monsieur, que vous voudrez bien m'assigner prochainement une dernière entrevue pour faire connaître, au sujet de cette création, votre détermination définitive, soit dans un sens, soit dans un autre. J'ai besoin de n'être pas tenu plus longtemps en suspens à cet égard, afin de pouvoir donner suite, si une telle carrière m'était malheureusement fermée, aux démarches susceptibles, dans une autre direction, de me conduire à une position convenable, ce qui est devenu maintenant pour moi, après une insouciance philosophique aussi prolongée, un véritable devoir.

« J'ai dédaigné, Monsieur, d'employer auprès d'un homme de votre valeur les procédés ordinaires de sollicitations indirectes et de patronages plus ou moins importants que j'eusse pu néanmoins mettre en jeu tout comme un autre. C'est moi seul, Monsieur, qui m'adresse à vous seul. Il s'agit ici d'une occasion unique de m'accorder une position convenable sans léser aucun intérêt et en fondant une institution d'une haute importance scientifique, susceptible, je ne crains pas de le dire, d'honorer à jamais votre passage au ministère de l'instruction publique. Je crois donc pouvoir compter sur l'épreuve décisive à laquelle je soumets ainsi votre ancienne bienveillance pour moi et votre zèle pour les véritables progrès de l'esprit humain.

« Veuillez agréer, Monsieur, l'assurance bien sincère de la respectueuse considération de votre dévoué serviteur,

« AUGUSTE COMTE,
n° 159, rue Saint-Jacques.

« *P. S.* Je vous prie, Monsieur, de vouloir bien accepter l'hommage du premier volume de mon *Cours de philosophie positive*, dont j'ai l'honneur de vous envoyer ci-joint un exemplaire. La publication de cet ouvrage, que les désastres de la librairie avaient suspendue pendant deux ans, va maintenant être continuée sans interruption par un autre éditeur. Je m'empresse de profiter de la première disponibilité de quelques exemplaires pour satisfaire le désir que j'avais depuis si longtemps de soumettre ce travail à un juge tel que vous. »

Avant tout, il faut remarquer le danger que l'on court en écrivant de souvenir, et sans avoir la moindre envie d'altérer les faits. Ainsi voilà M. Guizot qui, pour avoir ainsi écrit de souvenir, dit qu'en 1832 il vit M. Comte pour la première fois et n'avait même jamais entendu parler de lui, et qui, dans ses pièces justificatives, publie une lettre prouvant péremptoirement que M. Guizot et M. Comte avaient eu ensemble bien auparavant des *conversations philosophiques et profondément intéressantes*. La publication de cette lettre montre que la mémoire, non l'intention, est en faute; et l'oubli d'un homme et d'un rapport est concevable au milieu de tant d'hommes et de rapports qui, depuis, ont absorbé la vie de M. Guizot; mais elle montre que la mémoire, même la plus fidèle et la mieux soutenue par le désir d'être vrai, est un guide qui a toujours besoin de s'appuyer sur les pièces et les documents. Au reste, quand même M. Guizot n'aurait pas publié cette lettre, il aurait été facile de montrer, tant par les souvenirs de Mme Comte que par les lettres écrites à M. d'Eichthal et insérées plus haut, que M. Guizot et M. Comte n'avaient pas été étrangers l'un à l'autre.

M. Comte, revenant sur cette affaire en 1842, a dit : « Quelques ouvertures de sa part (de M. Guizot) me conduisirent à lui proposer de créer, au Collége de France, une chaire directement consacrée à l'histoire générale des sciences positives, que seul encore je pourrais remplir de nos jours, et à laquelle j'eusse spontanément donné un caractère convenablement relatif à l'ascendant scientifique et logique de la nouvelle philosophie (*Cours de philosophie positive*, t. VI, p. xx). »

Dans cette expression, *sciences positives,* il y a une confusion qu'il faut dissiper. Pour nous, disciples de M. Comte, nous entendons par là les sciences physico-mathématiques, la chimie, la biologie et la sociologie. Or, ce n'était pas pour cet ensemble que M. Comte demandait une chaire : c'était pour quelque chose de plus restreint, pour le *domaine de l'Académie des sciences*, c'est-à-dire pour le tronçon s'arrêtant à la biologie inclusivement. Mais remarquons qu'alors rien autre ne pouvait être demandé. Les trois volumes que M. Comte a consacrés à la théorie de l'histoire dans le *Système de philosophie positive*, sont postérieurs à l'époque où il sollicita la création de la chaire. Si cette théorie n'existait encore qu'en préparation dans l'esprit de M. Comte, elle n'existait en aucune façon et sous aucune forme pour le public. En se renfermant dans l'ensemble scientifique représenté par l'Académie des sciences, il offrait un cadre naturel, saisissable pour tous, d'une vaste étendue, et dont la lacune provisoire n'était visible qu'à celui-là même qui le proposait.

M. Comte dit que, seul, il était capable de remplir une chaire de l'histoire générale des sciences ; M. Guizot, au contraire, affirme que, si elle eût été créée, il n'aurait pas songé un seul moment à la lui donner. Mais, en vérité, j'ai beau repasser en ma mémoire les hommes les plus éminents de ce temps-là dans la science ; je n'en vois aucun à qui M. Guizot eût pu confier un tel enseignement. Il est notoire que, dans l'Académie des sciences, les sections physico-mathématiques et chimiques sont inhabiles aux spéculations biologiques, et que les sections biologiques ne le sont pas moins pour les mathématiques et les sciences qui reposent sur ce fondement. Seul, M. Comte avait rempli les conditions d'une initiation complète ; seul, il avait fait des sciences une philosophie, et établi par là l'élément général de leur histoire générale.

Avant d'achever ce récit, je dois à M. Comte, à moi, à tous ceux, en un mot, qui mettent leur moralité en dehors de toutes les conditions théologiques, de ne pas laisser sans réponse la phrase où M. Guizot stigmatise l'*immorale faus-*

seté de telles idées. Je n'ai aucune envie de récriminer et d'imiter l'exemple du xviiie siècle, qui taxait d'immorales les influences théologiques. Il est certain que la moralité humaine s'est développée sous ces influences ; mais il est certain aussi que des hommes, désormais en grand nombre, obéissent à une morale qui ne le cède en rien à celle dont le point d'appui est dans les cieux. Répondre par le fait est beaucoup ; mais cela ne suffit pas pour des philosophes, et il faut répondre par la théorie. Dans son application aux doctrines de la philosophie positive, la pensée de M. Guizot est que toute morale qui n'a pas son origine dans une volonté divine et souveraine est illusoire, et ne forme qu'une somme de préceptes qu'on ne peut ramener à aucune autorité valable. Telle est, je le sais, la doctrine traditionnelle : la morale y est intimement unie aux religions, grossière dans les religions grossières, épurée dans les religions épurées ; celle-là s'ébranle nécessairement quand les notions théologiques s'ébranlent, et je conçois les inquiétudes d'hommes graves qui, admettant que la morale est à la fois un idéal formé sur un type suprême et un code dicté d'en haut et sanctionné par des peines et des récompenses, qualifient d'immorales les négations de l'origine surnaturelle. Et elles le seraient en effet, si la nature humaine possédait la morale comme un commandement, et non comme un développement tiré graduellement de son sein au même titre que le développement de la science.

Tournons-nous donc vers cette nature humaine : nous trouvons dans l'homme des impulsions personnelles, des impulsions impersonnelles, et la raison qui juge les unes et les autres. A mesure que la raison de l'humanité se développe, elle limite les impulsions personnelles et agrandit les impulsions impersonnelles. Et ainsi se forme une morale progressive qui, justement par ce qu'elle est progressive, témoigne de son caractère purement naturel, et qui lie les hommes par la sanction de la conscience, comme la science les lie par la sanction de l'entendement. C'est donc une erreur philosophique d'attacher aux doctrines de la morale humaine le reproche d'immoralité. Philosophiquement, la morale humaine a la même solidité et la même grandeur que la science humaine ; elle est le résultat du travail de la raison sur les sentiments, comme la science est le résultat du travail de la raison sur le monde extérieur. L'une pas plus que l'autre n'a le besoin de prendre un appui hors de la nature; et l'une aussi bien que l'autre renonce, quand le temps est venu, à cet appui que la philosophie positive appelle provisoire.

Si nul ne nie l'origine naturelle de la science, nul n'est en droit de nier l'origine naturelle de la morale. Si nul ne nie la force coactive de la science naturelle qui a prévalu contre le témoignage des sens et contre les traditions les plus chères, nul n'est en droit de nier la force coactive de la morale naturelle, dont l'empire gouverne déjà tant d'hommes. L'ascendant du bon sur le cœur est de même nature et n'est pas moindre que l'ascendant du vrai sur l'esprit.

C'est ce qui explique, chose absolument inexplicable à nos adversaires, comment, de leur aveu même, il y a des hommes véritablement moraux sans que ces hommes rattachent leur moralité aux sanctions théologiques. Mais on insiste et l'on dit que ce qui arrive exceptionnellement en quelques individus, ne peut s'appliquer aux sociétés, qui, elles, ont besoin de ces sanctions pour être morales. Je ne ferai pas à ceux contre qui j'argumente, l'injure de voir en leur dire ce qu'on peut y trouver, si l'on veut, un simple motif d'utilité; j'y verrai seulement ceci : que la société est liée d'une union indissoluble avec le principe théologique, qu'elle en reçoit sa vie morale, et qu'elle en est la réalisation vivante. Mais, à cette proposition, je tire de l'histoire une contradiction formelle. S'il est vrai, philosophiquement, que les sociétés n'ont de souffle moral que par le principe théologique, il sera vrai, historiquement, que plus ce principe prévaut, plus la moralité doit être élevée ; et réciproquement, que plus ce principe perd de sa puissance, plus la moralité doit se dégrader. Là, est l'épreuve et la contre-épreuve.

Or, s'il est un point confessé de tous, amis et ennemis, c'est que, depuis la fin du moyen âge, l'autorité du principe théologique s'est amoindrie. Cet amoindrissement se manifeste sous deux formes corrélatives : l'opposition scientifique qui l'attaque dans les esprits ; et l'opposition des gouvernements qui chaque jour dénouent quelque attache ecclésiastique, et partout tendent à devenir purement laïques. Eh bien ! dans ces circonstances, qu'est-il advenu de la moralité commune ? Elle a dû recevoir de graves dommages si le fondement en est uniquement théologique ; elle a dû, au contraire, croître et se développer si le fondement en est dans cette condition inhérente à la nature humaine, une éducabilité indéfinie.

La vraie mesure de la moralité des époques successives, celle qui, selon moi, comporte essentiellement une appréciation positive, est le degré de la morale sociale. A son tour, cette morale sociale a excellemment pour indices de son progrès la croissance de la justice et de l'humanité. Avec cette notion fondamentale, tout lecteur peut faire sans difficulté la comparaison morale des époques. Aussi me contenterai-je d'appeler l'attention sur la guerre, dont l'opinion publique ne tolère plus les antiques barbaries ; sur la magistrature, qui répudie avec horreur les tortures et la question ; sur la tolérance, qui a banni les persécutions religieuses ; sur l'équité, qui soumet tout le monde aux charges communes ; sur le sentiment de solidarité qui, du sort des classes pauvres, fait le plus pressant et le plus noble problème du temps présent. Pour moi, je ne sais caractériser ce spectacle si hautement moral qu'en disant que l'humanité, améliorée, accepte de plus en plus le devoir et la tâche d'étendre le domaine de la justice et de la bonté.

J'ai aussi à répondre, mais plus brièvement, la chose étant moins importante, à une expression dont M. Guizot s'est servi pour qualifier la doctrine de M. Comte : *matérialisme mathématicien*. On ne peut pas commettre de méprise plus complète sur le procédé logique de M. Comte ; et son *matérialisme*, quoi qu'on en pense, dépend d'une philosophie, qui non-seulement ne reçoit pas sa direction des mathématiques, mais encore les écarte comme radicalement impropres à la solution des problèmes posés par les sciences supérieures. On se rendra facilement compte de cette incapacité des mathématiques ; elles ne donnent que les conditions numériques, géométriques, mécaniques des choses ; de la sorte, elles ne peuvent ni affirmer ni infirmer le *matérialisme* ; je me sers toujours de l'expression de M. Guizot. C'est seulement quand on les a beaucoup dépassées, quand on s'est enquis des conditions de la matière brute et des conditions de la matière vivante, qu'on détermine si l'on peut établir que, dans le monde tel qu'il nous est connu, nous n'apercevons que la matière et les propriétés. Si c'est là du *matérialisme*, celui-là ne peut être atteint qu'après avoir embrassé tout le cycle du savoir humain.

M. Comte, désappointé et irrité, fit suivre dans le *National* du 8 octobre 1833, sa *Note* de quelques remarques intitulées *Observations de l'auteur.*

« M. Guizot avait d'abord paru sentir vivement la haute importance du nouvel enseignement proposé dans cette note, et se déclarait disposé à en provoquer l'établissement. Néanmoins, après avoir manifesté pendant six mois de telles intentions, il finit par prononcer non le rejet pur et simple de ce projet, ce qui eût été trop expressif et trop contradictoire à ses promesses, mais, ce qui est bien plus commode, son ajournement indéfini. Du reste, depuis le mois de mai, M. Guizot n'a pas daigné énoncer un seul motif de cette décision, et s'est borné à déclarer qu'il agissait ainsi *d'après l'avis de personnes dont il honore les lumières*, c'est-à-dire, en style ordinaire, qu'il cédait à l'influence de la coterie de sophistes et de rhéteurs dont il est entouré.

« Il existe à Paris seulement, tant au Collége de France qu'à la Sorbonne, *quatre* chaires consacrées à l'histoire de ce qu'on appelle officiellement la *philosophie*, c'est-à-dire exclusivement destinées à l'étude minutieuse des rêveries et des aberrations de l'homme pendant la suite des siècles; tandis qu'il n'y a pas en France ni même en Europe un seul cours pour expliquer la formation et le progrès de nos connaissances réelles, soit quant à l'ensemble de la philosophie naturelle, soit quant à aucune science en particulier. Un fait aussi sensible est propre à caractériser l'esprit de notre système d'instruction publique, et peut donner une juste mesure de la véritable portée des *hommes d'État* auquel un tel contraste est actuellement signalé sans qu'ils y fassent aucune attention, quand ils peuvent y remédier avec tant de facilité !

« M. Guizot a la prétention d'être positif, et il s'oppose directement à l'extension naturelle de l'esprit scientifique, en même temps qu'il favorise de tout son pouvoir la conservation factice de l'esprit métaphysique et théologique. M. Guizot, qui s'est occupé d'histoire, se croit appelé à étendre et à élever l'enseignement historique ; et cependant, loin d'avoir la pensée d'y introduire l'étude de l'histoire des connaissances humaines qui constitue sans doute l'élément le plus important de notre passé, il refuse dédaigneusement de combler une aussi monstrueuse lacune, lorsqu'elle lui est hautement signalée.

« Il faut néanmoins rendre à M. Guizot la justice de reconnaître qu'il croit très-sincèrement à sa positivité ; mais son exemple offre une bien frappante confirmation de cette vérité si essentielle aujourd'hui : même avec une organisation très-distinguée et avec un sentiment réel de la nécessité de l'esprit positif, on reste inévitablement sous le joug de la métaphysique, quand on est malheureusement, par l'ensemble de son éducation, entièrement étranger à toute espèce de méthode scientifique et de connaissances exactes.

« Quels auront été, après d'aussi emphatiques annonces et malgré quelques intentions réellement progressives, les résultats effectifs de l'année du ministère de M. Guizot pour seconder la marche de l'esprit humain ? La consolidation, autant qu'il est en lui, de l'influence sacerdotale dans l'instruction publique et la résurrection solennelle d'une congrégation légale de métaphysiciens politiques (l'Académie des sciences morales et politiques). »

Bien des années après, une lettre du 3 septembre 1846 à M. Mill, nous apprend qu'il renouvela sa tentative auprès de M. de Salvandi, alors ministre de l'instruction publique : « Vous apprendrez sans doute, avec un véritable intérêt, à la fois privé et public, la tentative nouvelle ou plutôt renouvelée, que je viens de commencer hier, auprès du ministre de l'instruction publique, pour faire créer, en ma faveur, à notre Collége de France, la chaire d'*histoire générale des sciences positives* dont j'ai parlé dans ma fameuse préface, comme ayant été, en 1832, d'abord accueillie par l'instinct philosophique de M. Guizot, et finalement repoussée par ses rancunes métaphysiques. Le temps m'a paru opportun pour reproduire cette proposition, d'après la sage énergie avec laquelle le ministre actuel vient de briser la tutelle pédantocratique, dont ses prédécesseurs n'osaient pas s'affranchir ; il faut d'ailleurs saisir le moment, sans doute très-passager, où un tel ministère se trouve confié à un homme étranger aux divers corps enseignants. En offrant ainsi au gouvernement une occasion formelle de compenser noblement l'iniquité dont il déplora de n'avoir pu me préserver en 1844, je puis d'ailleurs compter sur l'appui spontané des deux ministres de la guerre qui ont pleinement apprécié ce cas inouï.... En tout cas, je n'ai tenté cette démarche que parce qu'elle n'offre d'ailleurs aucun inconvénient, sans toutefois en espérer sérieusement le succès. »

Deux ans ne s'étaient pas écoulés depuis cette lettre, qu'une révolution éclatait. Croyant le moment favorable pour intervenir, je publiai dans le *National* un article où je faisais valoir l'importance d'une chaire de l'histoire des sciences, et, si on la créait, les droits incontestables que M. Comte y avait.

Le titre de l'article est : *De l'histoire philosophique des sciences, et de la nécessité qu'il y aurait d'introduire cet enseignement au Collège de France.* Après des préliminaires, qui alors étaient neufs dans la presse quotidienne, sur le développement des sciences, et qui ici feraient double emploi, je venais à mon objet propre :

« Comment, dira-t-on, faire l'histoire des sciences, et qu'entendez-vous par là ? Vous pouvez tracer l'histoire d'une science, mais comment retracer l'histoire de toutes ? Est-ce que la science est une ? Oui, sans doute, elle est une, et, par conséquent, l'histoire en est possible; oui, elle est une, et la démonstration de cette unité est un grand service rendu par M. Comte. Une classification a résolu le problème, et je ne connais rien de plus profond et de plus simple, de plus ingénieux et de plus naturel que cette classification. »

En cet endroit j'exposais la classification des sciences, puis je continuais : « La science, étant devenue une par une admirable classification, se transforme en philosophie. Un système philosophique, c'est-à-dire un ensemble d'idées auquel tout soit rapporté, est indispensable, tellement indispensable, qu'en l'absence du véritable, qui était encore dans l'ombre d'un lointain avenir, les hommes s'en sont créé qui étaient hypothétiques, mais non arbitraires, transitoires, mais conformes à l'état intellectuel du moment. Ces systèmes furent la théologie et la métaphysique. Ils sont sous nos yeux en lutte avec la science; et, si le désordre et la divergence sont aujourd'hui portés au plus haut point dans les esprits, cela tient justement à cet interrègne philosophique où, la théologie et la métaphysique perdant leur crédit, la science positive n'a pas conquis le sien.

« Et jamais elle ne le conquerrait, si elle devait rester indéfiniment dans l'état où elle est présentement. Un vieux respect, entretenu par le souvenir des immenses services que la science a rendus à la révolution des idées, et par les prodigieuses ressources qu'elle apporte à l'industrie, empêche de la juger avec sévérité, et cependant elle mérite un jugement sévère. Formée de sciences particulières, qui sont nées l'une après l'autre, n'ayant aucune conscience de son unité, c'est là surtout que règnent l'esprit dispersif et le désordre intellectuel. Chacun prend ce qu'on appelle une spécialité, et la poursuit sans aucun souci de ce qui se fait à côté. L'instruction scientifique est tellement au-dessous de ce qu'elle devrait être, que, dans le corps le plus éminent, l'Académie des sciences, il y a réellement plusieurs académies distinctes, étrangères l'une à l'autre, et qui ne peuvent rien entendre à leurs travaux respectifs.

« Le seul remède à ce mal est une philosophie. Mais les sciences n'accepteront jamais le joug d'une théologie ou d'une métaphysique, avec lesquelles elles sont incompatibles. Il leur en faut une qui, née de leur propre sein, soit en parfaite concordance avec leurs notions et leurs procédés. Hors de là, elles repousseront obstinément toute tentative de subordination; mais, là, elles trouveront l'unité et le but. Or la science oordonnée est cette philosophie même, base de l'éducation de tous les savants (car il sera facile de montrer une autre fois comment on peut leur faire parcourir ce cercle); base de l'éducation nationale (car on montrera aussi que tous les éléments de l'éducation nationale doivent être pris à cette source).

« La science, après cette coordination, trouve une histoire, matière d'un cours aussi beau qu'utile. C'est dans cette histoire que se montrera la corrélation intime du développement de l'humanité avec celui de la science; c'est là que se donnera la définition nette et précise du mot progrès. Mais un cours pareil suppose, dans celui qui en sera chargé, non-seulement une connaissance approfondie des six sciences qui constituent la philosophie positive, mais encore l'habitude de se mettre au point de vue social et d'y rapporter constamment la science, qui n'y est étrangère que pour un examinateur superficiel. Ces conditions, qui sont de rigueur, je ne connais en Europe qu'un seul homme qui les remplisse, c'est M. Auguste Comte, auteur du *Système de philosophie positive.*

« Ce cours n'a jamais été fait, et, véritablement, il était jusqu'à présent impossible à faire. Pour que cette impossibilité cessât, il fallait trois choses : que les linéaments de la science sociale fussent tracés; que les sciences fussent classées systématiquement, de manière à ne former plus qu'une science; et que de cette science une, on fît une philosophie, héritière des doctrines théologiques et métaphysiques, qui de jour en jour sont plus impuissantes à conduire des esprits émancipés. Ces trois offices capitaux ont été remplis simultanément par M. Comte.

« Quelque zèle que j'aie pour l'avancement des sciences qui sont l'occupation de toute ma vie, toutefois, dans le grave moment où nous sommes [1], je n'aurais pas demandé au *National* une place pour mes idées, si j'avais cru qu'il n'y avait d'engagé qu'un intérêt scientifique. Mais, à mes yeux, c'est d'un intérêt social qu'il s'agit. Le désordre matériel est un symptôme du désordre intellectuel. S'attaquer au symptôme n'est que médecine palliative. Comme c'est la science positive qui, seule, peut désormais fournir la philosophie sociale destinée à réformer les idées, et, par les idées, les institutions, on comprend comment il importe de mettre la science au niveau de la haute fonction qui lui échoit. » (*National*, 7 juillet 1848.)

A la suite de cet article, j'allai trouver M. Vaulabelle, qui fut en 1848 ministre de l'instruction publique, et je le sollicitai instamment de fonder la chaire et d'y nommer M. Comte. Rien ne put être obtenu. Le ministre, faisant allusion aux chaires créées, non pas par lui, pour MM. Lamartine, Ledru-Rollin, Marrast et autres, chaires qui ne furent jamais occupées, me répondit qu'il était impossible de songer à augmenter le nombre déjà embarrassant des chaires créées. Ainsi repoussé et terminant la conversation, je lui dis qu'il était bien regrettable qu'il fût si facile de faire de mauvaises créations, et si difficile d'en faire de bonnes.

Ainsi les trois ministères de l'instruction publique, en 1833, en 1846 et en 1848, faillirent à l'occasion d'inaugurer en France un enseignement de la plus haute importance, et qui aurait été un modèle pour l'Europe entière. Ils faillirent également à l'occasion de récompenser digne-

---

1. On voit par la date de l'article qu'un mois seulement s'était écoulé depuis la terrible insurrection de juin. Sous l'émotion de cette crise, je développai surtout l'intérêt social et indiquai seulement l'intérêt scientifique. Aujourd'hui, si je récrivais l'article, je développerais surtout l'intérêt scientifique, et indiquerais seulement l'intérêt social, que je n'omettrais pas; car, aux yeux de la philosophie positive, ces deux intérêts sont connexes.

ment de ses travaux, celui qui seul avait rendu possible une pareille chaire, et qui seul était capable de la remplir. L'utilité et l'à-propos restant toujours les mêmes, je n'hésite pas, quelque perdue que soit ma voix, à recommander une telle création au gouvernement impérial. Ce gouvernement a institué deux chaires d'une haute importance pour la biologie, celle de physiologie expérimentale, donnée à M. Claude Bernard, et celle d'anatomie générale, donnée à M. Charles Robin. Il serait beau d'en instituer une pour l'histoire des sciences considérées dans leur unité. C'est maintenant le pas à faire pour hausser l'enseignement supérieur ; et c'est toujours un grand honneur pour un gouvernement que de remettre à ses successeurs l'enseignement plus élevé qu'il ne l'a reçu.

CHAPITRE IV.

Position matérielle. — Candidatures. — Immixtion dans certains événements politiques. — Genre de vie et goûts. — Manière de travailler.

Pendant que M. Comte est tout entier livré à sa tâche de douze années, il ne sera pas sans intérêt de s'arrêter un moment pour jeter un coup d'œil sur la modeste existence du philosophe, partagé entre son gagne-pain et son œuvre de prédilection. Aucuns événements (car je ne nommerai pas ainsi les légitimes accroissements de sa position) ne marquent la plus grande partie de cette période; ils surviennent au contraire et s'accumulent vers la fin, et entre 1843 et 1845 ils sont désastreux et défont ce qui avait été fait si heureusement. Mais n'anticipons pas, et notons le juste équilibre de ces douze années mémorables : beaucoup de travail pour vivre, mais suffisamment rémunéré; beaucoup de travail pour philosopher, mais récompensé (et ce fut sa seule récompense) par la publication successive et l'achèvement du *Système de philosophie positive*. Ce juste équilibre n'a pas été sans servir et sans profiter; et je ne doute pas que le philosophe occupé des plus hautes méditations n'ait trouvé un solide appui dans l'homme occupé des soins d'une vie honorablement assurée.

Dans une lettre du 22 juillet 1842 à M. Mill, M. Comte expose sa situation telle qu'elle était depuis six ans. Après avoir dit qu'il va commencer le lendemain sa première

corvée des examens, sans avoir eu de repos que trois jours
d'intervalle entre la fin de son grand ouvrage et le commencement de cette corvée, il continue : « C'est une telle
succession continue qui me déplaît le plus dans mon
existence actuelle, outre sa nature précaire qui m'expose
sans cesse aux infamies scientifiques. Mais j'y suis forcé
par notre funeste coutume française sur la modicité des
traitements, qui m'oblige à joindre à mes deux fonctions
d'examinateur préalable et ensuite d'interrogateur quotidien de nos jeunes polytechniques, celle de professeur
journalier dans l'un des établissements destinés ici à leur
préparation (l'institution Laville). Ces trois fonctions mathématiques s'enchaînent de manière à ne m'avoir pas
laissé, depuis six ans qu'elles coexistent, vingt jours consécutifs de pleine relâche. Comme les chiffres, quand ils
sont réellement applicables, sont éminemment propres
à préciser les idées, je puis vous faire nettement saisir,
une fois pour toutes, une telle existence personnelle, en
vous apprenant que mon traitement annuel est seulement
de 3 000 francs, à l'École polytechnique, comme examinateur, et 2 000 francs comme répétiteur ; j'y joins
3 000 francs comme professeur au dehors. A la vérité,
il faut aussi y ajouter quelques économies naturelles sur
mes frais de voyage, seule chose qui nous soit largement
rétribuée. Mais, avec tous les accessoires, j'ai grand' peine
à parvenir au chiffre total de 10 000 francs, qui, pour
un homme marié, quoique sans enfants, ne constitue un
revenu pleinement suffisant à mes besoins et à mes goûts
que sous la condition de ne faire aucune économie pour
l'avenir ; en sorte que, si j'étais seulement six mois
hors d'état de travailler, mes traitements étant nécessairement ou suspendus ou réduits, il y aurait gêne inévitable. Vous voyez que de là à la condition d'un ouvrier
il n'y a de différence réelle que l'élévation du salaire,

compensée en grande partie par celle des dépenses obligatoires.... »

Voici comment cette position s'était faite successivement. M. Comte, pendant tout le temps passé auprès de Saint-Simon, n'eut que des ressources irrégulières. Tantôt les leçons de mathématiques abondaient, et alors il se suffisait à lui-même; tantôt elles se réduisaient beaucoup, et alors le manque d'argent se faisait sentir. C'est dans ces moments de gêne que Saint-Simon venait à son secours, faisant bonne part à son jeune collaborateur de ce qu'il recueillait chez certains riches pour la propagation des idées nouvelles. Du reste, il n'y eut jamais entre Saint-Simon et M. Comte de convention pécuniaire, soit fixe, soit accidentelle, pour les travaux exécutés.

Ce genre irrégulier de ressources ne convenait pas à Mme Comte. Ce fut seulement en 1827 qu'elle apprit ce que naturellement elle ignorait : c'est que, si l'on voulait avoir des élèves, il fallait non pas rester sur la rive droite de la Seine, mais passer sur la rive gauche et se placer au centre des pensions et des colléges. On déménagea donc, et l'on alla rue Saint-Jacques, n° 159. On eut les bons conseils d'un professeur (M. Menjaud), qui lui-même suivait avec succès une semblable carrière. De son côté, M. d'Eichthal mit M. Comte en rapport avec M. Jubé, chez qui il avait été en pension. De la sorte, les élèves vinrent; l'excellence du maître fut reconnue, et son existence se trouva fondée sur des occupations pénibles sans doute, mais qui lui donnaient une pleine indépendance.

Ainsi honorablement et courageusement établie, il était naturel que la situation s'améliorât : c'est ce qui advint. En 1832, M. Navier, géomètre fort distingué et membre de l'Académie des sciences, fit obtenir à M. Comte la place, à l'Ecole polytechnique, de répétiteur de la chaire d'analyse transcendante et de mécanique rationnelle, chaire dont il était titulaire. M. Comte en fut toujours singulièrement reconnaissant à M. Navier. Il compta aussi, parmi les géomètres dont il conquit l'appui par son mérite, le célèbre M. Poinsot. A la vérité, cet appui, d'ailleurs moins effectif que celui de M. Navier, fit défaut dans une circonstance rapportée un peu plus loin ; et M. Comte en témoigna un vif et juste mécontentement. Mais, en revanche, il témoigna toute sa reconnaissance, dont je trouve l'expression dans plusieurs lettres soit à sa femme, soit à M. Mill, quand M. Poinsot s'employa activement contre la persécution qui finit par dépouiller M. Comte de sa place d'examinateur.

En 1835, une chaire étant venue à vaquer à l'École polytechnique, M. Comte la sollicita ; mais l'Académie des sciences ne lui fut pas favorable, et ce fut M. Liouville qui l'obtint. A ce sujet, M. Comte écrivit à M. Navier, qui l'avait soutenu, une lettre qu'on lira avec beaucoup d'intérêt.

« Empêché par un surcroît momentané d'occupations, il m'a été impossible jusqu'à ce soir de trouver un moment pour répondre à l'intéressant billet que M. Navier a bien voulu me faire remettre avant-hier matin et pour lui exprimer ma profonde et sincère gratitude de la bienveillance dont il a daigné me donner si récemment un témoignage si décisif, et de la touchante délicatesse qui le porte maintenant à en atténuer l'importance. Indépendamment du haut prix que je dois mettre en tout temps à pouvoir m'appuyer sur un suffrage aussi capital que le sien, j'ai très-vivement ressenti le zèle affectueux qui l'a si généreusement poussé à venir m'abriter de son influence dans une grave occasion, quoique le soin de sa santé proscrivît évidemment le moindre dérangement. Mais j'éprouve, en outre, le besoin de rassurer M. Navier à mon égard sur les craintes qu'a pu lui faire naître mon billet de dimanche, où je me serai sans doute mal expliqué au sujet du pénible échec que je viens d'éprouver.

« Ma pensée aura été inexactement exprimée, puisque M. Navier semble me croire disposé à entreprendre immédiatement une polémique plus ou moins personnelle relativement à cette affaire. Je n'ai sans doute pas besoin d'affirmer que, en aucun cas, je ne saurais descendre à cette guerre scientifique, suscitée ordinairement par l'esprit de désordre, ou par une ambition démesurée et non satisfaite. Ma vie est, heureusement, à cet égard, une garantie péremptoire. D'ailleurs je n'ai jamais prétendu faire allusion à aucune lutte publique de ma part, que dans l'hypothèse, malheureusement assez probable, quoique non réalisée encore, d'une *nouvelle* injustice analogue à celle que je viens d'éprouver. Si cela arrive, j'avoue que je n'ai nullement calculé ce que j'y pourrais gagner, la question étant tout autre ; mais je ne suis nullement effrayé par le sort de ceux qui auraient déjà tenté de pareilles luttes; car je ne pense pas qu'aucun d'eux ait rempli, comme je puis le faire, les diverses conditions essentielles. J'ai déjà beaucoup écrit, sans me permettre jamais une seule personnalité; et je crois que les corps ou les hommes que je serais conduit à attaquer auraient peu de prétextes à m'imputer des sentiments d'envie ou un génie tracassier. Je crois connaître le fort et le faible de la science et des savants mieux que personne aujourd'hui; et mes attaques pourraient porter d'autant mieux que je rendrais à tout et à tous une pleine justice. Les *jugements* de celui qui s'est voué à élever, pour ainsi dire malgré elle, la condition sociale de cette classe, pourraient avoir un plus grave retentissement qu'on n'imagine, s'ils étaient suffisamment motivés. Mais, je le répète, il ne s'agit jusqu'ici, à cet égard, que d'une simple éventualité plus ou moins éloignée, quelque vraisemblable qu'elle puisse être déjà.

« Je remercie M. Navier de ce qu'il veut bien me mettre franchement sous les yeux les principaux arguments de ceux qui ont voté contre moi dans cette grave occasion, sans être poussés par l'esprit de coterie et d'intrigue, qui me semble avoir exercé sur cette affaire une grande et mauvaise influence, provenant surtout, je le présume, de deux personnes étrangères au Conseil de l'École polytechnique. Cette indication me facilitera une réfutation plus formelle et plus décisive, quand l'occasion sera revenue.

« Je ne sais si j'entends le mot *géomètre* comme tout le monde; mais j'avoue naïvement que, à la manière dont je le comprends, je ne saurais admettre à mon égard la déclaration d'infériorité portée, sous ce rapport, comparativement à mon compétiteur, quand même tous les Conseils possibles y accéderaient. J'accorderai volontiers cette prééminence pour l'art spécial des transformations analytiques, car mon esprit d'invention s'est toujours porté sur d'autres objets; mais, quant au véritable génie géométrique, il m'est impossible de faire une telle concession; car je ne reconnais pas dans M. Liouville l'étoffe d'un Euler ou d'un Lagrange naissant, mais seulement celle d'un Cauchy.

« Quoi qu'il en soit, la question ne me paraît pas surtout avoir été placée dans cette circonstance sur le terrain convenable; et je ferai tous mes efforts pour qu'il en soit autrement désormais. Je ne nie pas que M. Liouville ne méritât d'être encouragé; mais, à cet égard, les carrières scientifiques offrent diverses places qui n'ont pas d'autre destination essentielle, sans qu'il faille employer à cet effet des fonctions extrêmement graves, où il s'agit d'influer chaque année sur le sort d'un très-grand nombre de jeunes gens, et où il faudrait, avant tout, exiger une aptitude toute spéciale que je crois franchement posséder à un beaucoup plus haut degré que mon heureux concurrent. C'est ce principe des hommes pour les fonctions importantes, au lieu des places pour les hommes, que je ferai respecter à tout prix. La très-sévère justice que je me suis toujours rendue à moi-même me donne quelque droit d'être hautement mécontent quand j'échoue dans une juste demande dont j'ai d'avance pesé plus impartialement que personne toute la légitimité.

« Quand il s'est agi, par exemple, il y a quelques années, de la dernière vacance de la chaire de physique à l'École polytechnique, plusieurs personnes recommandables m'avaient poussé à me mettre sur les rangs ; je n'ai pourtant jamais voulu le faire, quoique j'aie bien la certitude de comprendre et de savoir la physique aussi bien qu'aucun de ceux qui n'en font pas spécialement profession, et malgré que la chaire ait été donnée à quelqu'un qui n'a pas été aussi scrupuleux. J'ai, si l'on veut, trop d'amour-propre pour me présenter à des fonctions que je n'ai pas la conscience de devoir remplir avec une haute distinction. Mais dans l'occasion actuelle, où il ne s'agissait que de faire sur une autre échelle ce que, depuis près de vingt ans, je fais plusieurs fois par jour, j'ai été choqué, je l'avoue, de ce qu'on a si lestement passé sur mes droits. Je ne consentirai jamais à laisser établir un parallèle entre mes travaux et ceux de mon concurrent, quant à leur importance pour les vrais progrès de l'esprit humain. Et si une telle place devait être donnée à titre d'encouragement, je ne pense pas que des esprits sages et prévoyants dussent se décider en faveur des recherches qui, par leur nature, rencontrent, dans l'état actuel des choses, tant d'autres sortes d'encouragement, contre celles qui n'en peuvent recevoir aucuns. Je désirerais bien qu'en pareil cas on daignât me juger, abstraction faite de mes écrits, et comme un simple professeur quotidiennement occupé depuis vingt ans à retourner, sur toutes leurs faces, les conceptions mathématiques. Je conçois qu'un ouvrage où la science et parfois les savants sont jugés d'un point de vue philosophique ait dû me faire d'ardents ennemis, qui exercent sur le Conseil de l'École polytechnique une puissante influence, quoique les plus redoutables n'en fassent point partie. Mais enfin, à tout prendre, ce même ouvrage est propre à constater, auprès de ceux qui ne me connaissent pas, si j'ai les qualités de l'esprit nécessaires à l'enseignement et aux jugements, en suppléant ainsi à ce qu'offre de défavorable à mon égard le défaut de publicité, fort involontaire de ma part, de la plupart de mes leçons habituelles. Qu'on veuille bien prendre ainsi ces écrits; je ne demande pas essentiellement que les savants spéciaux y voient d'autres titres; mais j'ai bien la conscience qu'ils devraient y reconnaître ceux-là. Du reste, je m'efforcerai toujours, à mes risques et périls, de faire nettement ressortir la différence profonde et rationnelle entre les talents qui rendent un homme propre à entrer utilement dans une des sections académiques et l'aptitude à devenir un professeur distingué ou un examinateur sagace et judicieux. Les exemples, même contemporains, si je suis obligé d'y descendre, ne me manqueraient certainement pas; il suffirait, en géométrie, de citer Cauchy et Legendre, analystes fort distingués sans doute, et dont l'un a été un détestable professeur, tandis que l'autre a composé un des plus mauvais ouvrages didactiques qui existent.

« Je demande mille pardons à M. Navier de cette trop longue lettre sur un principe qui touche à mon plus cher avenir. Il ne doit l'attribuer qu'à l'absolue confiance que sa bienveillance m'inspire, et à l'extrême importance que j'attache à maintenir ses généreuses dispositions à mon égard. Il ne doit pas douter d'ailleurs que, quand même, sous certains rapports, nos avis ne coïncideraient pas entièrement, il n'en saurait jamais résulter aucune altération dans les sentiments d'affection et de reconnaissance de son dévoué ami. » (Paris, 23 juillet 1835, communiqué par M. Ern. Maindron.)

Sans cette lettre on pourrait trouver étrange, en lisant la pièce adressée en 1840 au président de l'Académie des sciences et rapportée un peu plus loin, que M. Comte y ait exposé dogmatiquement les conditions d'un choix pour une chaire, conditions auxquelles cette compagnie n'obéissait pas suffisamment. Ce fut, on le voit, une défense contre les objections soulevées contre lui, dans laquelle il établit, avec toute raison et avec sa supériorité habituelle, la différence entre l'homme qui enseigne la science et l'homme qui la cultive sans l'enseigner. Cette exposition, il la fit en 1836, quand la mort de M. Navier laissa vacante la chaire dont lui, Comte, était le répétiteur. Je n'ai pas retrouvé la lettre écrite alors à l'Académie; mais il y a peu à le regretter, car elle est reproduite en substance dans celle de 1840. Cette fois encore il échoua; la chaire fut donnée à M. Duhamel. Ce n'en fut pas moins pour M. Comte l'occasion d'un triomphe éclatant : les besoins du service voulurent que, pendant deux mois, l'intérim de cette chaire lui fût confié. Il s'en acquitta avec le plus grand succès. Les élèves goûtèrent singulièrement son enseignement, et en gardèrent longtemps le souvenir. Même, quand il dut céder la chaire au titulaire, une députation fut envoyée par les élèves auprès de M. Arago, pour lui témoigner le désir que M. Comte achevât le cours de cette année-là; M. Duhamel ne voulut pas y consentir. Les élèves se rabattirent à demander que M. Comte continuât la matière actuellement entamée; cela non plus ne fut pas accordé. M. Duhamel voulut occuper la chaire tout de suite : c'était son droit; on sait d'ailleurs qu'il est excellent professeur.

Outre la faveur des jeunes gens, il eut aussi celle d'un juge compétent, M. Dulong, qui, étant alors directeur des études, suivit les leçons du professeur intérimaire. Elles eurent sa pleine approbation, il s'en exprima hautement, et dès lors son appui fut acquis à M. Comte. Cette approbation d'un homme si éminent par la science et par le caractère ne demeura pas stérile. Quelque temps après, M. Comte fut nommé examinateur d'admission à l'École polytechnique. Il dit quelque part dans sa correspondance qu'il ne sait comment cela se fit et que ses démarches n'y eurent aucune part. Le fait est qu'il dut être choisi à l'appui de M. Dulong et à l'à-propos avec lequel Mme Comte sut mettre en jeu cet appui[1].

M. Comte était, on le voit, excellent professeur; il fut, par une conséquence nécessaire, examinateur excellent; c'est-à-dire qu'il conçut l'examen comme il avait conçu l'enseignement: il renouvela la nature des questions, et substitua les points de vue plus généraux aux points de vue plus restreints; s'efforçant en même temps par là de pénétrer davantage dans l'intelligence des candidats et de démê-

1. C'est ainsi que, même après la séparation, Mme Comte a essayé de préserver maintes fois son mari. Je l'ai accompagnée entre autres chez M. Sturm et chez M. Arago ; elle allait demander à celui-là de ne pas abuser de sa position (il était le professeur en titre) qui lui permettait de faire perdre à M. Comte sa place de répétiteur, et à celui-ci de réparer, s'il le pouvait, le mal qu'il avait fait en disant qu'en M. Comte *il ne voyait de titres mathématiques d'aucune sorte, ni grands ni petits* (Avis de l'éditeur Bachelier, voy. plus loin, au chap. 7, la pièce entière). M. Arago se montra disposé à une réparation, et dit qu'il saisirait la première occasion de le prouver à Mme Comte. On peut ajouter, pour caractériser la situation, que M. Sturm, qui d'ailleurs se conduisit en galant homme et qui promit de ne rien faire contre M. Comte, exprima qu'on le sollicitait de s'en débarrasser; Mme Comte ne demanda pas qui le sollicitait ainsi, préférant demeurer dans l'ignorance. Je citerai encore un fait relatif à ce genre d'intervention de Mme Comte : Un professeur de l'Université, M. Caro, dans un article contre la philosophie positive, attaqua vivement M. Comte, et me ménagea beaucoup. Cette manière de me louer (car il y avait des louanges) me convenait peu ; comme il n'est pas dans mes habitudes de répondre à des attaques personnelles, j'aurais négligé de répondre à des louanges, si Mme Comte ne m'avait présenté comme un devoir de donner, autant qu'il dépendait de moi, une réparation à M. Comte. Je répondis donc dans le même journal, relevant la contradiction dans laquelle on tombait en blâmant le maître et louant le disciple ; car je prenais dès lors, comme je la prends encore aujourd'hui, cette qualité. Ma réponse arriva sous les yeux de M. Comte, et il en éprouva de la satisfaction.

ler, non-seulement ce qu'ils savaient, mais ce qu'ils étaient capables de savoir. Cette fonction d'examinateur d'admission lui parut toujours fort pénible; elle l'était en effet; il se plaint de ces longues séances où il faut interroger coup sur coup tant de jeunes gens, les juger, les classer et disposer ainsi de leur avenir. En récompense, il éprouvait, devant de bons examens, des satisfactions et des émotions qu'on n'aurait pas soupçonnées chez lui (à moins de le connaître intimement), qui lui font honneur et qu'il exprime naïvement à sa femme dans ce fragment de lettre : « .... Je puis dire, sans aucune espèce d'affectation, que les rapports généraux m'inspirent des émotions aussi profondes et aussi vives, soit en bien ou en mal, que celles que les rapports privés causent seuls à la plupart des autres. Je ne sais si, même à vous, je peux me hasarder à confier le doux attendrissement que me fait éprouver un jeune homme dont l'examen est pleinement satisfaisant, et, en général, la satisfaction de contribuer personnellement à rendre une justice contestée. Mais, dussiez-vous en sourire (car je ne vous suppose pas susceptible d'en douter), ces émotions iraient aisément jusqu'aux larmes, si je ne me contenais soigneusement. Avec de telles dispositions, il serait difficile que je me trouvasse isolé.... » (Nancy, 3 septembre 1838.)

Le désir de Mme Comte pour son mari avait été qu'il dirigeât ses visées vers l'Académie des sciences. Une fois là, la position aurait été assurée, et le professorat, qu'il ambitionnait, lui serait advenu. C'est par cette impulsion qu'il composa le mémoire sur la cosmogonie de Laplace (voy. le ch. 5), mémoire où il a pour but de démontrer par le calcul que les durées des révolutions des planètes autour du soleil peuvent être employées comme des arguments en faveur du refroidissement et de la séparation des zones solaires condensées en planètes et en satellites. Ce mémoire est fort remarquable; mais je ne sais ce qu'en pensent les astronomes; d'ailleurs il n'était que le précurseur d'un second mémoire qui ne vint pas; et dès lors il fut évident que M. Comte ne s'ouvrirait pas une voie de ce côté-là. Toutefois son ambition restait vive du côté de la chaire qu'il avait demandée en 1836. Sa situation, à cet égard, est très-bien exposée dans une lettre qu'il écrivit, le 19 août 1839, au général Vaillant, alors gouverneur de l'École polytechnique et président du Conseil d'instruction de l'École.

« Général,

« Depuis huit ou neuf ans, je me suis toujours porté candidat pour la chaire d'analyse et de mécanique à l'École polytechnique, à chacune des nombreuses vacances qui ont eu successivement lieu pendant cette époque ; en sorte que je pourrais aujourd'hui me dispenser de déclarer formellement ma nouvelle candidature, déjà prévue sans doute par presque tous les membres du Conseil de l'École.

« Néanmoins, m'étant abstenu, l'an dernier, de toute semblable démarche lors de la nomination de M. Liouville à la place de M. Mathieu, ce silence inaccoutumé pourrait être mal à propos interprété comme une espèce de renonciation définitive à une telle poursuite, tandis qu'il ne fut réellement qu'une déférence provisoire à un vote antérieur du Conseil, déjà moralement engagé alors envers M. Liouville, auquel je crus devoir ainsi épargner aucune apparence de concurrence. C'est pourquoi, afin que cette discontinuité accidentelle ne fasse point oublier ou méconnaître la suite de mes efforts antérieurs, je crois actuellement nécessaire de rappeler spécialement au Conseil que la position de professeur d'analyse et de mécanique n'a pas cessé un seul instant de constituer le principal objet de ma légitime ambition.

« Quelque honorable que soit sans doute ma position présente à l'École, elle offre, à mes yeux, de graves inconvénients qui ne me permettent point de la concevoir autrement que comme un heureux provisoire. Le caractère précaire, inévitablement attaché à la nature temporaire de mes doubles fonctions, en remettant chaque année tout mon sort en question, ne constitue pas même la principale cause de cette résolution, quoique un tel défaut, peu sensible réellement pour ma position de répétiteur, doive nécessairement l'être beaucoup davantage pour celle d'examinateur, où je me trouve naturellement exposé, en raison même du bien que je m'efforce d'y faire, à d'énergiques et nombreuses oppositions, sans pouvoir guère compter que sur de vagues et nobles adhésions. Mais la parfaite confiance que m'inspire la sagesse reconnue d'un conseil qui saura toujours dignement apprécier le véritable but actuel d'une amovibilité, d'ailleurs, à mon gré, funeste en principe, dissiperait chez moi toute régugnance pour la conservation indéfinie d'une telle position, si un second obstacle, beaucoup plus réel, et que malheureusement le Conseil ne saurait écarter, ne me faisait une loi impérieuse de tendre sans relâche vers la seule situation que j'aie constamment désirée.

« Je veux parler de la continuité profondément pénible qu'exige, par sa nature, ma position présente, où je ne fais que passer périodiquement d'une fonction à une autre, sans que, depuis trois ans, il m'ait été possible de trouver même un seul mois de loisir suivi. Un tel mode d'existence, outre la gêne excessive qu'il apporte à mes travaux personnels, auxquels je ne peux habituellement consacrer quelques instants qu'au détriment radical de ma santé, deviendrait sans doute bientôt, par une prolongation exagérée, éminemment dangereuse, et hors de toute proportion avec mes forces réelles. C'est pourquoi, quelque prix que j'attache à conserver provisoirement la double fonction dont la confiance du Conseil m'honore chaque année, personne, assurément, ne devra s'étonner de mon infatigable persévérance à tendre vers une situation à la fois plus fixe et moins rude, qui me lie à l'École par d'indissolubles relations.

« Quant à mes titres pour réclamer une telle amélioration, le Conseil les connaît maintenant assez pour que je puisse me dispenser de les signaler. Bien loin que mes travaux propres m'aient aucunement éloigné de semblables fonctions, il est, au contraire, notoire que, depuis vingt-trois ans que j'ai quitté l'École comme élève, mon existence n'a pas un seul instant cessé d'être uniquement fondée sur l'enseignement mathématique, dans ses modes les plus variés et dans ses degrés les plus actifs. D'ailleurs, quelque peu de sympathie intellectuelle qu'on puisse éprouver pour des travaux exclusivement consacrés à la philosophie des sciences, il est, à mon gré, impossible d'y méconnaître des titres beaucoup plus réellement spéciaux à des fonctions didactiques, que si mon temps eût été, au contraire, absorbé par des mémoires particuliers sur divers points isolés de la science, puisque tout enseignement vraiment rationnel exige surtout la prédominance habituelle de l'esprit d'ensemble sur l'esprit de détail. Enfin, une occasion décisive a permis, il y a trois ans, de porter sur moi, à cet égard, un jugement direct et positif, indépendant de toute conjecture antérieure, par cela même que j'ai alors rempli, pendant deux mois, à la mort de mon illustre et malheureux ami M. Navier, les fonctions que je sollicite aujourd'hui ; en sorte que maintenant le Conseil possède, à ce sujet, tous les renseignements désirables : ce qui doit profondément distinguer ma candidature actuelle de toutes celles que j'avais tentées, peut-être trop prématurément, quand je ne pouvais être encore suffisamment connu.

« L'importance d'une telle occasion, où il s'agit vraiment pour moi de tout le reste de ma carrière, fera, j'espère excuser, Général, l'étendue, inusitée peut-être, de ces explications sommaires, que je vous prie de vouloir bien soumettre textuellement au Conseil, en réclamant d'avance son indulgente attention pour cet indispensable éclaircissement.

« Daignez agréer, Général, l'hommage de la respectueuse considération de votre dévoué serviteur,

A. Comte,
répétiteur d'analyse et de mécanique, et examinateur
d'admission à l'École polytechnique.

Une nouvelle vacance s'en étant produite en 1840, il se mit de rechef sur les rangs. Comme la nomination dépendait en partie de l'Académie des sciences, il écrivit au président de cette compagnie la lettre qui suit :

« Monsieur le Président,

« Dans ma dernière candidature pour la chaire d'analyse transcendante et de mécanique rationnelle, alors, comme aujourd'hui, vacante à l'École polytechnique, j'eus l'honneur, il y a quatre ans (le lundi 19 septembre 1836), de soumettre à l'Académie quelques respectueuses réclamations que cette illustre compagnie daigna écouter intégralement avec une bienveillante attention, quoiqu'elles fussent entièrement dirigées contre l'esprit habituel de telles élections. En les reproduisant sommairement aujourd'hui, je dois d'autant plus compter sur une disposition non moins favorable qu'une expérience décisive, dont je parlerai ci-après, et qui alors n'avait pu avoir lieu, est venue confirmer, à mon avantage, l'exactitude de ces réflexions générales.

« N'ayant opéré, pendant un siècle et demi, d'autres élections que celles de ses propres membres, l'Académie a dû être spontanément entraînée par l'irrésistible ascendant d'une telle habitude, à transporter ensuite le même esprit à tous les autres choix dont elle a été successivement investie dans le siècle actuel, en jugeant aussi les professeurs, comme les académiciens eux-mêmes, d'après la considération prépondérante des mémoires spéciaux relatifs à des points particuliers de la science. Or, cette disposition, très-rationnelle à l'égard des choix purement académiques, du moins jusqu'à ce que la constitution de l'Académie s'adapte plus complétement aux besoins actuels de l'esprit humain, devient, au contraire, j'ose le dire, essentiellement empirique, quand on l'étend abusivement à des élections d'une tout autre nature, auxquelles devrait présider un tout autre esprit. Une aussi sage compagnie n'a certainement besoin que d'être franchement avertie à ce sujet, pour se tenir désormais suffisamment en garde contre l'entraînement involontaire de ses propres antécédents, afin que le public impartial et éclairé ne puisse point lui reprocher de ne connaître qu'un seul mode immuable d'apprécier les hommes, à quelques destinations diverses qu'il s'agisse de les appliquer. Si l'Académie, comme le sont ailleurs d'autres corporations savantes, était directement investie du droit de députation à nos assemblées nationales, elle ne continuerait point, sans doute, à prendre encore la considération des mémoires académiques pour mesure essentielle de la sagacité politique. Appliqué à la sagacité didactique, cet aveugle usage n'y est pas, au fond, plus conforme à l'harmonie nécessaire entre les moyens et la fin.

« D'éclatants exemples qu'il serait superflu de citer, ont nettement prouvé, de nos jours, surtout dans l'histoire de l'École polytechnique, qu'une éminente aptitude au perfectionnement isolé de divers sujets scientifiques était pleinement conciliable avec une radicale inaptitude à tout enseignement rationnel, non-seulement oral, mais encore écrit.

Cette irrécusable observation sera aisément expliquée par tous ceux qui auront convenablement approfondi la théorie de l'enseignement, où l'esprit d'ensemble devient spécialement indispensable, puisqu'il y faut surtout la considération habituelle du caractère fondamental de la science, de l'exacte coordination de ses diverses parties et de ses rapports essentiels avec le reste du système scientifique. Est-il donc surprenant que cet esprit d'ensemble, sans être rigoureusement incompatible avec l'esprit de détail qui doit ordinairement présider aux travaux académiques proprement dits, accompagne toutefois très-rarement l'aptitude aux recherches spéciales, presque toujours concentrées sur des points de doctrine isolés, dont la préoccupation continue doit disposer à oublier ou à négliger les autres éléments de la science? Aussi, quoique n'ayant pas composé de *mémoires* et ayant dirigé tous mes travaux vers la philosophie des sciences positives, j'ose croire que mes titres sont réellement beaucoup plus spéciaux pour une candidature non académique, mais didactique, que si j'eusse employé autant de temps et d'efforts à perfectionner les connaissances de détails. Ceux mêmes, parmi les juges compétents, auxquels mes recherches inspirent le moins de sympathie, ne sauraient méconnaître que les trois premiers volumes de mon *Traité de philosophie positive* sont éminemment propres, par leur nature, à déterminer péremptoirement si leur auteur possède ou non la capacité didactique, pour laquelle la plupart des mémoires ne peuvent, au contraire, fournir que des indications vagues, indirectes, fort équivoques et souvent trompeuses.

« Si l'esprit philosophique, en tant que distinct de l'esprit purement scientifique, est généralement indispensable à tout enseignement rationnel, aucun autre cas ne saurait, ce me semble, plus impérieusement exiger une telle condition fondamentale que celui dont il s'agit ici, vu l'importance supérieure de cette chaire transcendante, destinée surtout à faire nettement ressortir les conceptions principales de la science mathématique, l'intime solidarité de ses diverses parties essentielles, et l'ensemble de ses vraies relations avec les différentes branches de la philosophie naturelle. Beaucoup de juges compétents qui ont pu convenablement observer, soit en lui-même, soit dans ses résultats ordinaires, le système actuel de l'École polytechnique, y déplorent avec raison l'abus des habitudes algébriques trop exclusives, qui disposent à mal concevoir la relation générale de l'abstrait au concret, une vicieuse prépondérance des signes sur les idées, qui tend bien plus à orner la mémoire qu'à exercer le jugement, enfin un penchant trop commun à faire prévaloir la considération isolée de l'instrument analytique sur celle des phénomènes dont il est éminemment destiné à perfectionner l'étude rationnelle; d'où résultent trop fréquemment de graves altérations à l'heureuse influence, pratique ou théorique, de cette belle institution. Or, de tels dangers exigent évidemment l'introduction directe de l'esprit philosophique, qui ne sacrifie plus l'interprétation concrète des formules à leur contemplation abstraite, et qui, toujours préoccupé de la considération approfondie de l'ensemble de l'étude de la nature, sache enfin disposer les jeunes intelligences à sentir judicieusement la vraie destination de l'analyse mathématique, tout en faisant dignement ressortir ses éminents attributs.

« Telles sont les indications préliminaires, relatives à l'appréciation spéciale pour ma candidature actuelle, de mes travaux écrits que chaque juge peut directement examiner. Quant à mes titres pratiques, je dois d'abord rappeler que, depuis vingt-quatre ans, mon existence n'a jamais cessé de reposer uniquement sur l'exercice le plus actif et le plus pénible de l'enseignement mathématique, dans tous les modes et à tous les degrés dont il est susceptible ; en sorte que je ne saurais craindre, sous ce rapport, aucune concurrence quelconque. Attaché depuis huit ans à l'École polytechnique, j'y ai été inopinément conduit par mes devoirs, aussitôt après avoir échoué dans ma candidature de 1836, à remplir provisoirement, pendant deux mois, les éminentes fonctions que je sollicite aujourd'hui. La manière dont je m'en acquittai est maintenant devenue tellement notoire, que les juges même les plus mal disposés envers moi n'hésiteront pas, j'espère, à reconnaître l'imposant témoignage qui en résulte en ma faveur. Qu'il me soit permis, à ce sujet, de rappeler spécialement l'irrécusable suffrage d'un illustre savant[1] dont l'Académie, comme l'École polytechnique, déplorera longtemps encore la perte prématurée, et qui, alors directeur des études de cette école, avait personnellement assisté à beaucoup de mes leçons ; je n'oublierai jamais le zèle généreux avec lequel sa rare et scrupuleuse loyauté, surmontant sa modeste réserve habituelle, lui fit une loi de proclamer énergiquement les impressions favorables que cette épreuve décisive lui avait inspirées à mon égard, afin de repousser, par l'irrésistible ascendant de son esprit et de son caractère, les injustes et malveillantes insinuations auxquelles j'avais été en butte un peu auparavant, au sein même de cette académie. Malgré que sa voix consciencieuse ne puisse plus, hélas! s'élever pour faire rendre à mes services la tardive justice qu'il avait daigné me promettre d'après une telle expérience, je ne crains point aujourd'hui d'appeler directement, en garantie de ce que je viens d'avancer, tous ceux qui, à un titre quelconque, ont eu connaissance de cette affaire ; j'en adjure spécialement l'illustre géomètre[2] auquel tous les bons esprits se félicitent de voir enfin con-

---

1. M. Dulong. — 2. M. Poinsot.

fiée la direction générale de notre enseignement mathématique et qui, ne m'ayant jamais perdu de vue depuis que j'eus le bonheur, il y a plus de vingt-cinq ans, d'être son élève à l'École polytechnique, est le plus propre à juger mon aptitude réelle aux fonctions didactiques que je viens réclamer aujourd'hui.

« En cette grave conjoncture, d'où va dépendre tout mon avenir social, je crois devoir, avec une haute franchise, me placer immédiatement sous la protection de l'ensemble de l'Académie contre les préventions qui ont pu subsister à mon égard dans les sections spéciales auxquelles se rapporte naturellement une telle candidature. Si une sage institution n'a point confié aux sections isolées de semblables nominations, et, leur attribuant seulement la présentation et la discussion, a soigneusement réservé au corps entier de l'Académie la décision finale, ce n'est point, sans doute, uniquement dans la crainte des rivalités personnelles; ce doit être surtout afin de neutraliser, autant que possible, par cette indispensable pondération mutuelle, ces divers préjugés inhérents à chaque spécialité, et dont les autres académiciens doivent spontanément être mieux préservés. C'est donc sur leur haute raison que je compte le plus ici pour rappeler convenablement l'harmonie rationnelle qui doit exister entre les fonctions à remplir et les conditions les plus propres à leur accomplissement. On doit, sans doute, toujours désirer, surtout en un cas aussi capital, que le talent didactique ne soit pas, s'il est possible, séparé d'une vraie capacité d'invention; mais, sous ce dernier aspect, il est évident que les *mémoires* ne constituent point la seule garantie décisive. Tous ceux qui, même sans adopter mes principes, auront impartialement apprécié mes travaux, me rendront, je l'espère, la justice de reconnaître que la non production de mémoires académiques ne tient nullement chez moi à la stérilité d'invention, mais à la direction inusitée que ma vocation caractéristique a dû imprimer à l'ensemble de mes propres recherches, dont les principaux résultats, quoique d'une autre nature, ne sont certainement, j'ose le dire, abstraction faite de leur réalité, ni moins originaux, ni moins difficiles, ni moins importants, que ceux qui se rattachent à la marche la plus suivie depuis deux siècles. Si, à raison même de son caractère et surtout de sa nouveauté, ma direction philosophique m'interdit inévitablement presque toute participation aux divers encouragements, utiles ou honorifiques, que l'organisation actuelle prodigue très-justement aux recherches purement scientifiques, faut-il aussi me voir enlever, par suite de cette position exceptionnelle, jusqu'aux attributions qu'une telle vie intellectuelle doit me rendre plus spécialement apte à remplir? Personne n'oserait l'admettre, à moins de regarder la philosophie des sciences comme ne méritant, de la part des savants, aucune sorte d'encouragement quelconque et comme en devant être, au contraire, systématiquement repoussée ; ce qui certes n'est nullement l'intention de l'Académie, qui, en conséquence, empêchera, je l'espère, que le principe de la spécialité, abusivement détourné, à mon préjudice, de sa vraie destination rationnelle, ne soit ici érigé en maxime directement opposée au principe universel de l'aptitude, dont il ne doit évidemment constituer qu'un simple cas particulier, par la subordination constante du moyen au but.

« Je ne crois pas, en terminant, devoir excuser, auprès de l'Académie, l'étendue inusitée de la discussion que je viens d'ébaucher; sauf le regret que j'éprouve de n'avoir pu l'indiquer sans confusion en termes plus concis. Car, des réflexions directement destinées à perfectionner, au profit de tous, une des plus importantes attributions actuelles de l'Académie, ont tout autant de droits, sans doute, à sa scrupuleuse sollicitude que les communications journalières qu'elle reçoit sur des points particuliers de doctrine. Le périlleux honneur d'avoir cette fois pour concurrent un académicien [1], me fait d'ailleurs espérer que ma respectueuse remontrance obtiendra aujourd'hui un surcroît spécial d'attention et même d'intérêt; de manière à prévenir ou à dissiper des inquiétudes trop conformes à l'esprit critique de notre temps pour devoir être entièrement dédaignées. Au reste, quelque doive être le sort réel de cette nouvelle candidature, je dois ici déclarer finalement que je ne renoncerai jamais à une chaire qui, depuis vingt-quatre ans, fut, à mes yeux, un but constant d'efforts journaliers; l'expérience ayant désormais pleinement motivé cette juste obstination, en démontrant, d'une manière irrécusable que mon aptitude effective correspond suffisamment à cette légitime ambition. » (Paris, 27 juillet 1840.)

Cette lettre ne fut pas accueillie par l'Académie. M. Comte, en l'imprimant, y joignit quelques mots où il se plaint du refus qu'on fit de l'entendre : « Conformément au règlement formel de l'Académie des sciences, la lettre devait être lue intégralement à cette académie, dans la séance du lundi 3 août 1840, sur la demande spéciale d'un membre (M. de Blainville), qui en avait personnellement garanti la convenance. Après la lecture des deux premiers alinéas, un académicien (M. Thénard) a demandé que cette lecture ne fût point continuée, et elle a été, en effet, supprimée par suite d'une délibération à laquelle la grande majorité de l'Académie paraît être restée essentiellement étrangère. Dans l'intérêt de ma candidature, je crois donc devoir aujourd'hui publier textuellement ma lettre, afin que les nombreux académiciens qui, n'ayant point participé à cet acte d'oppression, ne sont pas décidés à me con-

---

1. M. Stourm.

damner sans m'entendre, ne se trouvent pas ainsi privés d'une communication susceptible d'éclairer l'important jugement qu'ils doivent prochainement prononcer. Il faut aussi que le public impartial et éclairé, supérieur aux passions et aux préjugés des coteries scientifiques, puisse directement apprécier si aucune partie quelconque de ma lettre a réellement motivé une telle dérogation aux usages, aux règlements, et, j'ose le dire, aux devoirs académiques, surtout en un cas où, me trouvant en concurrence avec un membre de cette académie, je devais, ce me semble, davantage espérer qu'une respectueuse discussion ne m'y serait pas violemment interdite. Cette mesure exceptionnelle paraîtra maintenant d'autant plus étrange que, dans une question identique, une lettre essentiellement semblable, soit pour le fond, soit pour la forme, que j'avais adressée à l'Académie le 19 septembre 1836, y avait été, sur la demande de l'illustre Dulong, lue entièrement, à la satisfaction générale de l'Académie et du public, comme le témoignèrent alors spontanément les comptes-rendus des principaux journaux; quoique je n'eusse point fait encore, à l'École polytechnique, les leçons de haute mathématique qui constituent aujourd'hui mon titre le plus décisif à la chaire que je réclame. » (Paris, 4 août 1840). Cela prouve que, de 1836 à 1840, les hostilités instinctives qui s'élevaient contre M. Comte à mesure que sa philosophie se développait, avaient beaucoup grandi.

M. de Blainville fut, comme on vient de le voir, le seul qui défendit la cause de M. Comte. Il fut abandonné par M. Poinsot. « M. Poinsot, dit M. Comte, *Cours de philosophie positive*, t. VI, p. 471, en note, qui, entre les géomètres français, est assurément le moins éloigné du véritable état philosophique, n'osa point, en ce cas décisif, appuyer de sa juste autorité la voix indépendante de son énergique collègue, afin d'épargner à sa corporation l'inévitable réprobation publique qui s'attache à toute iniquité constatée. Outre que cet illustre savant était personnellement convaincu de la supériorité de mes droits, il m'avait expressément écrit qu'il soutiendrait, en cas de contestation, la lecture officielle de ma lettre, dont il avait eu préalablement connaissance. »

Plus heureux auprès des élèves, que touchait seule l'excellence de l'enseignement, qu'auprès des corps constitués, il reçut d'eux, de nouveau, un témoignage éclatant que M. Barral, si connu par ses travaux en chimie et par son édition des *Œuvres* d'Arago, raconte dans cette lettre à moi adressée : « Voici les faits dont j'ai conservé le souvenir et qui sont relatifs à la démonstration des élèves de l'École polytechnique en faveur de M. Comte en 1840. J'appartenais alors à la division des anciens. La place de professeur d'analyse étant devenue vacante dans la division de nos conscrits, nous fûmes très-émus d'apprendre que M. Comte, qui était notre répétiteur titulaire, rencontrait une grande opposition dans les Conseils d'instruction et de perfectionnement, et que peut-être il ne serait pas désigné au gouvernement pour occuper une chaire à laquelle il nous paraissait avoir d'autant plus de droits qu'ayant professé par intérim, il s'était tiré d'affaire avec un succès tout à fait hors ligne. Nous résolûmes de désigner quelques-uns d'entre nous pour aller, en notre nom et deux par deux, chez les principaux membres des Conseils. Les démarches eurent lieu le dimanche suivant. Tout cela a été spontané de notre part. M. Comte ne le sut que plus tard. Les réponses recueillies par nos camarades furent loin d'être satisfaisantes ; généralement elles furent évasives ; quelques-uns répondirent qu'ils tiendraient compte du vœu des élèves; d'autres qu'il ne suffisait pas, pour être professeur à l'École, de faire un enseignement remarquable, qu'il fallait surtout être en communion d'idées avec les autres géomètres. M. Comte ne fut pas nommé; et alors nous avons élu une nouvelle députation pour aller lui témoigner nos profonds regrets et notre admiration (Paris, 14 avril 1863). »

Pendant que M. Comte poursuivait ainsi sa carrière dans l'enseignement, il n'était ni indifférent ni tout à fait étranger aux événements politiques. Sur la fin de sa vie, il accablait de ses plus âpres colères l'école révolutionnaire, et toutes ses sympathies s'étaient tournées vers l'école conservatrice; sans que je puisse, même à présent, me rendre bien compte des motifs qui le poussèrent à prendre cette attitude, lui qui, ayant cessé d'être révolutionnaire ou conservateur, avait si bien dit jadis que la philosophie positive était une spectatrice neutre, non pas indifférente des luttes des partis, et chargée de leur offrir les transactions provisoires et l'unité finale. Quoi qu'il en soit, à la période de sa vie qui nous occupe, ses sympathies étaient inverses, elles appartenaient à l'école révolutionnaire, bien qu'il notât toujours qu'il s'en séparait doctrinalement. La révolution de juillet fut accueillie par lui comme un heureux événement, et il fit partie du comité permanent de l'Association polytechnique, dont les tendances avancées, comme on disait alors, n'étaient pas douteuses. Des troubles agitèrent les premiers mois du règne de Louis-Philippe. De ces troubles, précurseurs de plus graves encore, le plus menaçant fut celui qui accompagna le procès des ministres du roi déchu. On savait que la Chambre des pairs ne les condamnerait pas à la peine de mort. Il était facile d'exciter les passions contre ceux dont le coup d'État tenté et manqué venait d'ensanglanter les rues de Paris. Aussi, fut-ce le prétexte, non la cause, d'une émeute où se groupèrent tous les mécontentements suscités par la marche du nouveau règne. A ce moment, où tout Paris prenait parti pour ou contre, le Comité de l'association polytechnique intervint pour sa part et s'adressa au roi. Cette adresse fut rédigée par Auguste Comte. Je n'ai pu me procurer le texte de cette pièce ; j'ai entendu dire à Mme Comte qu'il s'y trouvait cette phrase : « Sire, il n'y a de dangereux que les coups d'État rétrogrades ; les coups d'État progressifs ne sauraient jamais l'être. »

Cinq ans plus tard, en 1835, M. Comte est encore du même côté. Les insurrections de Lyon et de Paris avaient amené la mise en jugement d'un grand nombre de personnes. La Chambre des pairs était chargée de cet immense procès, connu sous le nom de procès d'avril. Les accusés avaient pris des défenseurs dans les rangs de leurs amis politiques; et M. Armand Marrast, alors rédacteur de la *Tribune*, journal insurrectionnel, plus tard rédacteur du *National*, et plus tard encore maire de Paris et président de l'Assemblée constituante, avait choisi M. Comte et Armand Carrel. M. Comte, bien qu'il fût dès lors répétiteur à l'École polytechnique et que cela compromît une position qui lui était si nécessaire, n'hésita pas à accepter le dangereux honneur qu'on lui faisait. C'est ce qu'il faut dire à sa louange.

La situation politique n'était guère moins grave, quand, auparavant, peu après 1830, M. Comte refusa de faire partie de la garde nationale. Cité devant le conseil de discipline, il fut condamné, bien entendu; mais il se défendit et exposa ses raisons : « La loi, dit-il, porte que la garde nationale est instituée pour défendre le gouvernement que la France s'est donné. S'il s'était agi uniquement de maintenir l'ordre, je n'aurais pas refusé de prendre part aux charges que cette loi impose; mais je refuse de prendre part à des luttes purement politiques. Je n'attaquerai jamais à main armée le gouvernement. Mais, étant républicain de cœur et d'esprit, je ne puis prêter le serment de défendre, au péril de ma vie et de celle des autres, un gouvernement que je combattrais si j'étais un homme d'action. » De telles paroles pouvaient, à la fin de ses trois jours de prison (ce fut la peine prononcée contre lui), le mener en cour royale. Mais on recula sans doute devant la publicité d'un tel plaidoyer. Le fait est qu'on le laissa tranquille.

Après le jugement, un gendarme vint demander son jour et son heure au condamné. M. Comte donna l'un et l'autre, et fit ses préparatifs pour être exact au rendez-vous. Il se munit de beaucoup de papier, de beaucoup d'encre, de beaucoup de cire à cacheter, de beaucoup de livres (poëtes et romanciers), enfin de tout, comme s'il eût dû y rester trois mois. Ses élèves furent prévenus que la leçon se prendrait dans la prison, et ils vinrent l'y prendre. Mme Comte dut y aller aussi, et elle y alla en effet. Bref, M. Comte ne quitta son chez lui qu'après s'en être assuré un autre. M. Comte étant parti, Mme Comte, restée seule, se représentait, non sans inquiétude et sans humeur, combien tout changement dans les habitudes de la vie déplaisait à son mari, quand on sonna. C'était le bon et honnête gendarme qui lui apportait un laisser-passer, afin qu'elle n'eût pas la peine de l'aller chercher elle-même, et qui disait être moins peiné d'exécuter ses ordres contre des récalcitrants que contre un homme qui s'exécutait lui-même de si bonne grâce. Mme Comte, qui alla dîner tous les jours avec son mari, voit encore cette belle et grande chambre qui donnait sur la Seine et qui était la prison des réfractaires à la garde nationale. La vérité est que M. Comte trouva qu'on le dérangeait quand on le mit à la porte au bout des trois jours. Pourtant, une fois rentré, il ne regretta pas l'hospitalité que le roi venait de lui donner.

Une fermeté inébranlable dans ses entreprises philosophiques et un grand désintéressement étaient l'apanage du caractère de M. Comte. Le Comité de l'Association polytechnique, auquel il appartenait, avait entrepris, en 1830, de faire des cours populaires sur différents sujets scientifiques. M. Comte se chargea de l'astronomie. Pendant dix-sept années consécutives, de 1831 à 1848, il fit le cours gratuitement à la mairie de ce qui était alors le troisième arrondissement de Paris, consacrant à cet enseignement plusieurs heures de chaque dimanche de l'année scolaire. Le gouvernement avait accordé l'autorisation, le maire accordait la salle; ni l'un ni l'autre ne les retirèrent, malgré les hardiesses croissantes de M. Comte. En effet, l'exposition didactique était précédée de considérations qui, occupant un certain nombre des premières leçons, avaient pour objet d'indiquer quelle était la portée du cours et comment il liait l'esprit positif d'une science particulière à l'ensemble de l'esprit positif dont M. Comte inaugurait l'avénement. C'est ainsi qu'est né le *Discours sur l'esprit positif*, qui servit de préambule au cours de 1844. En deux occasions seulement, l'administration lui fit sentir son action. Il eut l'idée de transformer son cours d'astronomie en un cours de philosophie positive; il lui fut prescrit de ne rien changer aux conditions de l'autorisation primitive. Dans l'autre circonstance, il se laissa emporter à des paroles d'ironie en ce qui regarde l'état religieux du temps présent. Les journaux religieux l'attaquèrent vivement, demandant que la permission de professer lui fût retirée. Le ministre de l'instruction publique envoya un inspecteur pour assister à quelques leçons; le rapport de cet inspecteur, qui était M. Isidore Geoffroy-Saint-Hilaire, fut favorable à M. Comte.

Mais, l'an suivant, M. Comte se préparait à être encore plus agressif et plus tranchant, comme on le voit par ce fragment d'une lettre à sa femme. « Vous savez que, l'an dernier, les journaux religieux ont osé demander ma destitution pour avoir annoncé la nécessité et la possibilité d'établir la morale sur des bases réelles, indépendantes de toute croyance théologique. Avec mon caractère, vous devinez aisément que je vais, cette année, insister beaucoup plus fortement sur ce sujet, et traiter formellement la question qui n'était alors qu'accessoirement abordée.... L'an dernier, le ministre a été forcé par eux d'envoyer surveiller mon cours, et il n'en est résulté qu'un rapport extrêmement favorable sur la nature et la direction de mon enseignement (3 décembre 1842). »

De pareilles dispositions inquiétèrent Mme Comte. Elle écrivit à son mari pour l'engager à ne point échanger une discussion toujours sérieuse contre une discussion légère et d'ironie, dans laquelle elle lui exprimait qu'il avait montré beaucoup d'esprit; mais, ajoutait-elle, son enseignement ne comportait pas ce genre de succès, et il avait donné prise sur lui par la forme. M. Comte remercia sa femme de ses avis et y fit droit. « Je vous remercie de vos justes observations[1] au sujet de l'ouverture de mon cours. Comme je m'y croyais jusqu'ici presqu'en famille, je m'y laissais un peu trop aller à une sorte de familiarité incisive. Mais l'expérience de l'an dernier m'a fait sentir la nécessité d'y contenir désormais les malveillants par une discussion toujours sérieuse et digne, qui aura d'ailleurs, je vous le garantis, toute la fermeté désirable. Au reste, je ne crois point y avoir à craindre la surveillance émanée du ministre de l'instruction publique[2], surtout si, comme l'an passé, il envoie M. Isidore Geoffroy-Saint-Hilaire.... Vous savez d'ailleurs que la considération des suites personnelles ne m'arrêtera jamais. Mais, dans ce cas, je ne pense pas qu'elles soient sérieusement à craindre, à moins de coalition entre les prêtres et les géomètres[3], concert bizarre, qui ne serait pas impossible contre moi, quoique peu probable encore, et

---

1. M. et Mme Comte étaient séparés depuis le 2 août 1842. Mais il y avait néanmoins entre eux une correspondance fort intime.
2. C'était alors M. Villemain.
3. M. Comte était alors menacé de perdre sa place.

que j'ai même, si vous vous le rappelez, signalé par anticipation dans ma préface. » (Paris, 12 décembre 1842).

De la sorte, grâce à sa fermeté qui ne se laissait point intimider, grâce aussi à la confiance où il était que le milieu français permettait, sous certaines conditions, la plénitude de la liberté d'exposition, grâce enfin à son désintéressement qui lui faisait donner tant d'heures non rémunérées à une œuvre populaire, la mairie d'un des plus populeux arrondissements de Paris entendit, chaque année, un simple particulier qui ne tenait sa mission que de lui-même, un philosophe qui se faisait un devoir de parler en public sans réticence, déduire les vérités positives et les mettre dans leur conflit naturel avec les conceptions théologiques et métaphysiques.

Il est pourtant un point sur lequel M. Comte n'était pas sans quelque illusion. Son cours était censé un cours populaire, c'est-à-dire susceptible d'être compris de ceux mêmes qui n'avaient aucune initiation mathématique. Les souvenirs de personnes qui l'ont suivi attestent qu'il dépassait cette mesure. On n'a d'ailleurs qu'à prendre le volume qui est la rédaction de ce cours, et l'on verra que les souvenirs dont je parle ne se trompent pas. Toutefois, ce cours était suivi même par des prolétaires; c'est que, outre les linéaments de l'astronomie, ils y trouvaient des généralités philosophiques et politiques que M. Comte mettait à leur portée et qu'ils saisissaient.

Ils y trouvaient aussi des sympathies pour leur situation. Non pas que M. Comte se fît illusion ou qu'il voulût leur faire illusion sur la possibilité de réformes radicales si elles étaient immédiates. Mais, à propos de chômages, à propos de l'introduction des machines et des autres accidents qui mettent soudainement tant de bras dans l'inaction, il déclarait que, puisque les chefs industriels ne sentaient pas généralement encore leur solidarité avec leurs ouvriers, un vrai gouvernement devait intervenir pour prévoir et adoucir. De telles paroles, qui enlevaient le professeur, enlevaient aussi la salle, et ont laissé de profonds souvenirs dans plus d'une mémoire.

Ses trois fonctions mathématiques (répétiteur à l'École polytechnique, examinateur d'admission à cette même École, et professeur à l'institution Laville), son cours d'astronomie populaire, son grand travail de philosophie positive dont les volumes se succédaient de deux en deux ans, tout cela faisait une vie très-occupée. Jusque là M. Comte n'avait guère eu d'autres délassements que de longues promenades, et ce qu'il appelait ses *flâneries philosophiques*. En 1838, Mme Comte songea à procurer une vraie détente à cet esprit toujours si tendu. La musique se présenta à son esprit. M. Comte, bien que sans culture musicale, avait une belle voix, et il chantait avec beaucoup d'effet certaines chansons, la *Marseillaise*, par exemple, qui, dans sa bouche, éclatait avec tout l'accent révolutionnaire. Mme Comte, aidée par M. de Troismonts, qui avait été son élève et qui était son ami, obtint, non sans difficulté, qu'il irait aux Italiens. Il s'y complut tellement qu'il ne put plus s'en passer. Il eut sa stalle à ce théâtre pendant chaque saison ; et, quand des réductions d'argent l'obligèrent à y renoncer, ce fut un vrai sacrifice.

Sept ans plus tard, les préoccupations qui absorbaient son esprit, voilèrent, sur ce point comme sur plusieurs autres, ses souvenirs. Il présentait sa passion pour les Italiens comme un goût des arts s'éveillant à point en un certain moment de son travail philosophique, et, pour me servir de ses expressions, comme une affinité spontanée vers une vie principalement affective. Mais, en parlant ainsi, M. Comte transportait le présent dans le passé. En 1838, la musique fut une distraction salutaire vers laquelle on le porta, et devint un charme qui le captiva.

La mémoire de M. Comte était d'une force prodigieuse. Je l'ai entendu former le projet d'apprendre l'allemand en prenant un livre et un dictionnaire, et je ne doute pas qu'il n'eût réussi. Du moins c'est ainsi qu'il avait appris l'anglais, l'espagnol et l'italien. Ses lectures avaient été faites dans sa jeunesse; passé cette époque, il ne lut ni ne relut; et cette provision, une fois amassée, lui suffit pour l'élaboration d'une œuvre où il fallait avoir présents à l'esprit une immensité de faits de l'ordre scientifique et historique. La force de mémoire était, chez lui, le puissant auxiliaire de la force de conception. Voici, en effet, comment il composa chacun des six volumes du système de philosophie positive. Il en méditait le sujet de tête et sans jamais rien écrire; de l'ensemble il passait aux masses secondaires, et des masses secondaires aux détails. Au plan général succédait le plan spécial de chaque partie. Alors, quand cette élaboration, d'abord totale, puis partielle, était accomplie, il disait que son volume était fait. Ce qui était vrai; car, lorsqu'il se mettait à écrire, il retrouvait, sans jamais en rien perdre, toutes les idées qui formaient la trame de son œuvre; et il les retrouvait dans leur enchaînement et dans leur ordre. Sa mémoire avait suffi à tout; pas un mot n'avait été jeté sur le papier. C'est de la sorte qu'en 1826 il composa de tête, sans en rien écrire, le cours qu'il comptait faire et qui embrassait la philosophie positive tout entière, à sa première élaboration et alors qu'elle exigea le plus d'effort. Cette manière de travailler, si puissante, était aussi fort dangereuse; la catastrophe de 1826 en est un témoignage.

Quand l'élaboration en était à ce point de maturité, il fallait que la composition commençât. Son œuvre avait besoin de l'éclosion; elle chargeait son cerveau; elle voulait en sortir, et il n'était, pour ainsi dire, plus le maître de l'inspiration qui l'obsédait. Aussi, une fois qu'il avait pris la plume, il ne pouvait plus la quitter; et ces gros volumes du système de la philosophie positive ont été rédigés d'une seule haleine. Dès qu'il avait par devers lui un certain nombre de feuillets écrits et qu'il était sûr, à l'aide de cette avance, d'alimenter l'imprimerie sans l'exposer à chômer, il commençait à les mettre sous presse, ne faisant aucun changement sur ses épreuves, dont il ne voyait jamais qu'une. De la sorte, l'impression était à peu près terminée quand il posait la plume; il avait marché aussi vite que l'imprimerie. Un pareil procédé n'était à l'usage que d'un homme aussi sûr de sa mémoire, aussi maître de son sujet; un homme ne craignant pas qu'aucun oubli trahît l'écrivain; il avait l'avantage d'assurer à la composition cette unité mentale qui en avait puissamment réglé la conception, et de procurer la pleine action du tout sur les parties, sinon celle des parties sur le tout.

Mais ce procédé avait un inconvénient. Il était impossible qu'une rédaction si rapide, jamais méditée, jamais relue, jamais corrigée, fût châtiée. Plusieurs personnes, surtout celles qui attachent un prix particulier à la forme littéraire, se sont rebutées à la lecture des livres de M. Comte, accusant la prolixité de l'auteur, la longueur des phrases, la pesanteur du style, les répétitions, les épithètes surabondantes. Il y a du vrai dans ces reproches; et les livres de M. Comte auraient gagné à un travail, qui, laissant le fond solidement établi, se serait occupé de la forme. Pourtant il faut dire à ces délicats qu'ici le fond emporte la forme, que le soin de polir aurait allongé de beaucoup une besogne déjà bien longue, et que M. Comte était pressé, avec juste raison, pour lui et pour nous, de la mener à terme. J'ajouterai qu'une qualité essentielle en de pareilles matières ne fait jamais défaut, je veux parler de la lucidité. Quelque difficiles que soient les expositions, M. Comte les rend toujours précises, claires, lumineuses par l'enchaînement des idées et la justesse des expressions. Par fois même, ce mérite, très-digne d'estime, n'est pas le seul. Le style, sans qu'il le cherche, se trouve sous sa phrase; la force ou la nouveauté, ou la grandeur de la pensée s'imprime dans la force, la nouveauté, la grandeur de l'expression. Celui pour qui la foule des princes médiocres et inférieurs à leur fonction politique a été le *vulgaire des rois*, a rencontré, dans cette opposition des deux termes, une vraie beauté, le vieux Corneille n'aurait pas dit mieux.

On croira sans peine qu'écrire un volume entier tout d'une haleine et d'une venue, sans relâche ni repos, sur des matières qui exigeaient une extrême contention d'esprit, était une tâche laborieuse outre mesure et compromettante pour la santé. Aussi est-il arrivé dans le cours de ces élaborations, quand venait la seconde moitié du volume, que Mme Comte concevait des inquiétudes. Des remontrances domestiques étaient sans efficacité. Mme Comte invoquait un secours étranger; elle confiait ses remarques et ses craintes à M. de Blainville, et elle lui demandait d'intervenir, car il était le seul qui pût intervenir. M. de Blainville voyait M. Comte, et obtenait de lui qu'il ne travaillât plus après son dîner; cela suffisait pour que le sommeil revînt, et que la tâche s'achevât sans que la santé en souffrît.

CHAPITRE V.

Témoignages.

Par ce titre, j'entends les approbations que des personnes considérables dans les sciences et dans les lettres donnèrent publiquement à l'œuvre de M. Comte. Quand, dans sa jeunesse, il fit l'exposition orale de la philosophie positive, il eut entre autres pour auditeurs, Fourier, le géomètre; de Blainville, le biologiste; Broussais, le médecin. Leur présence attestait l'intérêt qu'ils portaient au jeune professeur; elle attestait qu'ils avaient été frappés de la nouveauté de ses idées; mais cela n'allait pas plus loin; jamais du suffrage muet de leur présence il n'ont passé au suffrage publié de leur approbation; pourtant M. de Blainville le citait souvent dans ses cours comme une autorité quant aux idées générales en biologie. Après ce premier succès, la philosophie de M. Comte chemina sans doute en France, puisque la vente du livre fut régulière [1]; mais elle cheminait sourdement et sans rencontrer quelques jugements favorables ou quelques adhésions qui attirassent les regards. Il n'en fut pas de même en Angleterre; là, à des époques diverses, trois personnes éminentes, MM. Brewster,

---

1. Aujourd'hui cet ouvrage ne se trouve plus dans la librairie. On ne le rencontre que par hasard dans des ventes; et alors il se paye un prix exorbitant. Rien ne serait plus utile qu'une nouvelle édition, à laquelle on peut prédire un succès encore supérieur à celui de la première.

J. Stuart Mill et Miss Martineau, recommandèrent l'œuvre de M. Comte à l'attention de leurs compatriotes, faisant ressortir, l'un le côté scientifique, l'autre le côté philosophique, et le troisième le côté social. Il faut remarquer que rien de pareil ne s'est manifesté ni en Allemagne, ni en Espagne, ni en Italie.

M. Brewster (je ne voudrais pas qu'on inférât un seul moment de ce que je viens de dire, qu'il est un partisan de la philosophie positive, il ne l'est aucunement, et l'on va voir quelle sorte de témoignage il rend à M. Comte), M. Brewster est un physicien célèbre par de belles découvertes, surtout en optique. Nul n'est plus compétent que lui pour apprécier M. Comte dans la partie relative aux sciences mathématiques et physiques. Et de fait, quand il consacra dans la *Revue d'Édimbourg*, t. LXVII, p. 271, juillet 1838, un article fort élaboré au *Cours de philosophie positive*, ce cours n'était pas arrivé au delà de ce qui faisait le domaine plus spécial des travaux de M. Brewster, qui avait entre les mains les deux premiers volumes; ces deux volumes renferment la mathématique, l'astronomie et la physique.

« Nous aurions voulu, dit M. Brewster, placer sous les yeux de nos lecteurs quelques échantillons de la manière dont l'auteur traite ces sujets difficiles et profondément intéressants, de son éloquence simple mais puissante, de son admiration enthousiaste, de sa supériorité intellectuelle, de son exactitude comme historien, de son honnêteté comme juge, de son dégagement absolu de tous préjugés personnels et nationaux. Le lecteur sent à chaque endroit qu'il est conduit à travers le labyrinthe des découvertes astronomiques par un guide sûr et habile qui en a lui-même parcouru les détours et remarqué les difficultés; et le philosophe qui a vieilli au service de la science souhaite d'avoir un tel historien pour raconter ses travaux, et un tel arbitre pour en apprécier la valeur (p. 292). » Certes, quand un homme tel que M. Brewster souhaite d'avoir pour historien et pour arbitre un homme tel que M. Comte, il donne à son approbation le plus haut caractère qu'elle puisse atteindre. Aussi ne citerai-je rien de plus; seulement, pour compléter l'idée qu'on doit avoir de l'article de M. Brewster, je rapporterai les éloges qu'il accorde à un travail contesté de M. Comte, la critique qu'il fait du chapitre de l'optique, et la réprobation qu'il inflige aux opinions antithéologiques.

Le travail contesté est le *Mémoire* dans lequel M. Comte, calculant quelle vitesse de rotation aurait le soleil qu'on suppose étendu jusqu'à chacune des planètes, a tenté de donner un appui mathématique à la cosmogonie de Laplace [1]. M. Brewster analyse avec complaisance ce mémoire, et, quand il a terminé son analyse, il ajoute : « Par la même vue, notre auteur est conduit à la conclusion que notre monde est maintenant aussi complet qu'il peut être, parce que l'étendue effective de chaque atmosphère est parvenue au-dessous de la limite mathématique qui résulte de la rotation correspondante, de sorte que toute nouvelle formation est absolument impossible. De là il infère que notre système est désormais aussi stable au point de vue cosmologique qu'il l'est au point de vue mécanique. Mais, malgré cette coïncidence, ni l'une ni l'autre de ces deux espèces de stabilité ne peut être regardée comme absolue. Par la résistance continue du milieu général qui occupe l'espace, notre globe retournera inévitablement à l'atmosphère solaire dont il provient; jusqu'à ce que, par une nouvelle dilatation de la masse centrale,

---

[1]. Je lis dans une note de miss Martineau (*The positive Philosophy*, etc., t. II, p. 212), que, d'après M. Nichol, astronome anglais, une vérification de cette hypothèse ne peut être obtenue par les révolutions des planètes.

il soit de nouveau lancé dans l'espace pour passer à travers la même carrière de changements que ceux qui furent précédemment parcourus (p. 300). »

Dans cette appréciation où M. Brewster se montre constamment plein d'admiration pour l'auteur, pour la nouveauté de ses idées, pour la force et la sagacité de son esprit, pour l'importance de ses résultats, il ne fait d'exception qu'au sujet de l'optique : « Après avoir arrangé les sciences physiques dans l'ordre suivant : barologie, thermologie, acoustique, optique et électrologie, notre auteur procède, en des leçons séparées, à donner une idée générale de chacune de ces branches. Ces leçons portent la marque de la sagacité qui caractérise chaque partie de l'ouvrage, et contiennent des discussions de grande valeur et des enseignements d'un haut intérêt. Cependant il nous faut avouer que nous avons lu sans aucune satisfaction la leçon sur l'optique. C'est un maigre extrait de l'histoire passée et récente de la science, parcourant, en une notice superficielle et sans aucune louange équivalente, les splendides découvertes de ses propres compatriotes (Malus, Arago, Biot et Fresnel). Bien qu'on y trouve çà et là des observations justes et sagaces, cependant nous ne pouvons nous défendre de la conviction que notre auteur n'est qu'imparfaitement au courant des récentes acquisitions de l'optique, et cette opinion est confirmée par ses attaques répétées contre la théorie de l'ondulation, qu'il représente comme une idée fantastique et propre uniquement à empêcher le progrès des légitimes découvertes. Cette grave erreur, que nous n'aurions pas attendue d'un aussi solide raisonneur, provient de deux causes : l'une est qu'il exclut comme non scientifiques toutes les hypothèses qui portent sur le mode de production des phénomènes ; l'autre, qu'il n'a pas connaissance du pouvoir actuel qu'a la théorie de l'ondulation pour prédire les phénomènes aussi bien que pour les expliquer.... Bien que la théorie de l'ondulation admette un *éther* invisible, intangible, impondérable, inséparable de tous les corps, et s'étendant depuis notre œil jusqu'à la dernière limite du ciel étoilé, néanmoins, en tant qu'expliquant des phénomènes infiniment complexes et autrement inexplicables, et prédisant des faits d'une suprême importance, elle doit contenir, parmi ses suppositions, quand bien même elle serait fausse comme théorie physique, quelque principe qui est inhérent à la cause réellement productrice de la lumière, et qu'on ne peut en séparer. Dans cette limite, elle mérite d'être adoptée en qualité de précieux instrument de découverte, et d'être admirée comme une conception philosophique aussi ingénieuse que féconde (p. 305-306). »

Cette critique, dont le jugement appartient aux physiciens, ne change rien à l'imposante valeur du témoignage de M. Brewster en faveur de M. Comte. Il demeure établi que les deux premiers volumes, les seuls qui fussent entre les mains de M. Brewster, étaient hautement appréciés en Angleterre, et que l'un des hommes les plus éminents dans les sciences physico-mathématiques reconnut en M. Comte le digne historien qui sait juger et faire juger ce qu'il raconte; et ce qu'il raconte, ce sont les grandes découvertes et les grandes théories. Mais voyez les discordances de l'esprit contemporain : tant qu'on est sur le terrain des sciences positives, le concert de ces deux hommes, Brewster et Comte, est complet : mêmes méthodes et mêmes principes. Qu'on fasse un pas de plus, et que de la science particulière on s'élève à la science générale ou philosophie, aussitôt le concert cesse, et M. Brewster, tout en admirant le savant, réprouve sans ménagement le philosophe qui conçoit et expose la constitution du monde comme désormais impénétrable à toute idée théologique : « Il faut informer nos lecteurs que M. Comte est professeur à l'École polytechnique.

et féliciter notre pays de posséder des institutions qui empêchent de pareilles opinions d'empoisonner les sources de l'instruction morale et religieuse (p. 278). »

M. Brewster félicite son pays de ce qu'un homme qui professerait des opinions analogues à celles de M. Comte ne puisse pénétrer dans l'enseignement public. Moi, au contraire, je félicite le mien que de pareilles opinions ne soient pas une cause d'exclusion. Non pas que M. Comte, abusant de l'enseignement qu'il était chargé de donner, ait jamais mêlé aux leçons mathématiques des leçons de philosophie positive; en chaire et dans ses leçons particulières, il était l'homme de sa chaire et de sa leçon, et non celui de sa doctrine propre. Mais ce que je veux mettre en lumière, c'est qu'en France alors on pouvait et depuis on a continué de pouvoir se mettre, par des écrits publics, en dehors des conceptions théologiques sans soulever dans le milieu social aucune de ces réprobations qui terrassent un homme. A la verité, dans ses péripéties révolutionnaires, la France a eu des élévations et des abaissements ; elle n'a pas toujours su garder toute cette somme de liberté qui est une des conditions essentielles de la plénitude de la vie sociale moderne, et là-dessus l'Angleterre peut lui en remontrer. Mais, à son tour, pour la liberté philosophique, la France peut en remontrer à l'Angleterre ; liberté d'une importance infinie aux yeux de qui en voudra considérer toutes les connexions, et qui sans doute est cause que le centre de révolution et de rénovation est plus en France qu'en Angleterre [1].

De telles distinctions entre le savant et le philosophe ne sont pas à l'usage de J. Stuart Mill. Pour lui les deux se confondent en un seul; car ce qui fait chez M. Comte la puissance et la fécondité de la science, c'est la philosophie; et ce qui fait la puissance et la fécondité de la philosophie,

---

[1]. Il est juste de dire que, depuis le temps où écrivait M. Brewster, la liberté philosophique a fait de notables progrès en Angleterre.

c'est la science. Comme tous ceux qui ont prêté l'oreille aux enseignements de M. Comte, il y trouva la méthode et la discipline, le lien des idées dispersées, la raison de l'histoire et la suprême généralité que comporte l'esprit moderne.

M. J. Stuart Mill, auteur d'un traité d'économie politique et d'un livre récent sur le gouvernement représentatif, l'est plus anciennement d'un *Système de logique* (a *System of logic*, Londres, 1843, 2 vol.) qui a eu un très-grand succès, et qui l'a placé parmi les premiers entre les philosophes anglais. C'est là qu'il a pris parti ouvertement pour M. Comte, écrivant ces lignes caractéristiques : « Depuis un petit nombre d'années, trois écrivains profondément versés dans chaque branche de la science physique, et non sans habitude de porter leurs spéculations dans des départements encore plus élevés de la connaissance, ont fait des tentatives d'inégal mérite, quoique toutes d'un très-grand mérite, pour créer une philosophie de l'induction : Sir John Herschel, dans son *Discours sur l'étude de la philosophie naturelle*, M. Whewell, dans son *Histoire et philosophie des sciences inductives*, et le plus grand de tous, M. Auguste Comte, dans son *Cours de philosophie positive*, ouvrage qui n'a besoin que d'être mieux connu pour en placer l'auteur dans la plus haute classe des penseurs européens (t. I, p. 346). »

Ces expressions *le plus grand de tous* flattèrent singulièrement M. Comte ; elles étaient la première récompense publique qu'il recevait de ses longs et difficiles labeurs ; et cette récompense fut vivement sentie. Pour la première fois l'homme était pris tout entier ; M. Brewster avait rendu justice au savant ; M. Mill rendait justice au philosophe, au créateur de la philosophie positive.

Dans tout le reste de l'ouvrage M. Mill ne change pas de ton, et son admiration est consignée en divers passages : « Le *Cours de philosophie positive*, ouvrage que je regarde comme, de beaucoup, le plus grand qui ait été produit par la philosophie des sciences. » Et plus loin : « Les admirables spéculations de M. Comte.... » Et plus loin encore : « L'ouvrage vraiment encyclopédique de M. Comte (t. I, p. 421, 423 et 540). » « Une erreur [1], qui a l'apparence (je suis persuadé qu'il n'y a que l'apparence) d'être soutenue par un aussi grand penseur que M. Comte (t. II, p. 8). »

M. Mill donne son adhésion aux lumineuses explications par lesquelles M. Comte, restreignant les mathématiques au domaine physique, montre qu'à peine applicables encore un peu en chimie, elles cessent de l'être pour la biologie et la sociologie : « La simple mention des causes générales qui rendent les principes et les procédés mathématiques si prépondérants dans les sciences déductives où sont fournies des données numériques précises, est tout ce que je veux pour le moment; renvoyant le lecteur qui désire une information complète sur ce grand sujet, aux deux premiers volumes du traité systématique de M. Comte. Dans le même traité et plus particulièrement dans le troisième volume, sont pleinement discutées aussi les limites nécessaires de l'application des principes mathématiques à l'amélioration d'autres sciences.... M. Comte l'observe très-bien, les solutions mathématiques des questions physiques deviennent d'autant plus difficiles et imparfaites que ces questions se dégagent davantage de leur caractère abstrait et hypothétique et s'approchent plus près du degré de complication réellement existant dans la nature (t. II, p. 179). »

M. Mill demeure, philosophiquement, dans une complète indépendance à l'égard de M. Comte; ce qui ajoute du prix à son adhésion sans la compromettre. C'est en vertu de cette indépendance qu'il combat l'opinion de M. Comte sur la

---

1. Il s'agit des couleurs spécifiques, dont M. Comte croit qu'il ne faut pas rechercher la cause, et que M. Mill croit qu'on peut traiter comme on traite les différences de sons, rattachées, elles, à des causes déterminées.

psychologie. Après avoir exposé que, suivant M. Comte, chaque état mental est un état cérébral, que par conséquent il y a des lois du cerveau et non des lois de l'esprit, et que la science mentale est une simple branche, quoique la plus haute et la plus abstruse, de la physiologie, il ajoute : « C'est ce qu'on doit comprendre que M. Comte veut dire quand il réclame la connaissance scientifique des phénomènes moraux et intellectuels pour les seuls physiologistes, non-seulement déniant à la psychologie ou philosophie mentale proprement dite le caractère de science, mais encore la plaçant, quant à la nature chimérique de son objet et de ses prétentions, sur le même niveau que l'astrologie. Mais, après que tout ce qui peut être dit l'a été, il demeure incontestable chez M. Comte et chez les autres, qu'il existe des uniformités de succession entre des états mentaux, et que ces uniformités peuvent être constatées par l'observation et l'expérience. En outre, même s'il devenait plus certain qu'il ne l'est, je crois, maintenant, que tout état mental a un état nerveux pour antécédent immédiat et pour cause prochaine, néanmoins chacun ne peut s'empêcher de reconnaître que nous sommes dans une complète ignorance de ce qui caractérise ces états nerveux. Nous ne savons pas, nous ne pouvons pas espérer de savoir en quoi l'un diffère de l'autre, et notre seul mode d'en étudier les successions ou coexistences doit être d'observer les successions et coexistences des états mentaux dont ils sont supposés être les générateurs. Les successions qui se passent entre les phénomènes mentaux, ne se laissent donc pas déduire des lois physiologiques de notre organisation nerveuse ; et toute connaissance réelle sur leur compte doit continuer pour longtemps, sinon pour toujours, à être cherchée dans l'étude directe, par observation et par expérience, des successions mentales elles-mêmes. Puisque l'ordre de nos phénomènes mentaux doit être étudié dans ces phénomènes et non inféré des lois de quelques phénomènes plus généraux, il y a une science de l'esprit distincte et séparée (t. II, p. 499). »

Je ne puis m'empêcher d'indiquer aussi ma pensée en ce grave débat. Les phénomènes mentaux ont leur siége, cela est indubitable, dans le système nerveux ; par conséquent ils appartiennent à la physiologie; en cela je suis de l'avis de M. Comte. Mais, faisant partie de la physiologie à ce point de vue, en font-ils partie à tous les points de vue ? Si l'on prend, dans le *Système de philosophie positive*, les passages où M. Comte expose les théories de Gall, si on le voit, dans la correspondance avec M. Mill, s'efforcer de redresser l'éducation psychologique de ce dernier, en lui conseillant d'étudier la phrénologie, si enfin on arrive au tableau cérébral par lequel il a prétendu donner une consistance définitive à la division en facultés et à leur localisation, on reconnaît que c'est à la phrénologie qu'il immole la psychologie. On trouvera, dans la troisième partie du présent livre, une discussion sur ce sujet; pour le moment, je me borne à dire que je me range, quant à la phrénologie, complétement à l'avis de M. Mill; après l'exposé des conceptions phrénologiques, fût-il fondé en réalité, une foule de questions que la phrénologie n'a jamais ni abordées ni pu aborder, resteraient entières, et à plus forte raison le restent-elles puisqu'il est erroné.

Mais, la phrénologie étant mise hors de cause, M. Mill a deux arguments pour ôter à la physiologie cérébrale l'étude des phénomènes psychologiques et pour en faire un domaine indépendant : le premier, c'est qu'on ne connaît ni sans doute ne connaîtra jamais les différents états de la substance nerveuse qui répondent aux différents modes de la fonction nerveuse; le second argument est que les *successions qui se passent entre les phénomènes mentaux ne se laissent pas déduire des lois physiologiques de notre organi-*

sation nerveuse. Ceci a besoin d'explication. Tout ce qui est fonction nerveuse centrale appartient à l'encéphale. On peut, si l'on veut, de cet ensemble isoler l'action de transmission de la volonté et des sensations, les actions chimico-vitales, les actions réflexes et tout ce qui unit l'encéphale à la nutrition et à la reproduction ; il reste un groupe considérable qui renferme les passions et l'intelligence. Ce groupe, on le scinde de nouveau pour ne garder que l'étude de l'intelligence ; mais cette intelligence est liée à une portion du cerveau, suit le développement de cet organe dans l'échelle des êtres et dans l'évolution des âges, est troublée par les lésions de diverses natures, et se pervertit dans la folie. Elle tient donc de toute part à la physiologie.

Ce sont là les conditions physiologiques de la pensée, mais ce ne sont pas les lois de la pensée. Les conditions physiologiques de la pensée appartiennent sans conteste à la physiologie ; les lois de la pensée ne lui appartiennent pas, actuellement du moins, vu que nous ne possédons pas d'intermédiaire qui nous conduise des conditions aux lois. Nous sommes certains qu'il y a une liaison, mais cette liaison est inconnue ; et, pour la maintenir toujours présente à l'esprit, je donne à la psychologie pour synonyme le nom significatif de lois physiologiques de la pensée. Toutefois, étant reconnu que ces lois ne peuvent être étudiées que directement dans leur manifestation et, comme dit M. Mill, par observation et expérience, il demeure qu'il y a une science de la pensée, de l'esprit, comme on voudra dire, qui doit être traitée en elle-même.

Mais, lors même qu'on aura trouvé, si on le trouve jamais, le passage des conditions physiologiques de la pensée à ses lois physiologiques, il n'en faudra pas moins traiter en elle-même cette science pour une raison plus profonde et qui, méconnue, jette une perpétuelle confusion. C'est que, véritablement, la psychologie, telle qu'elle vient d'être définie, ne peut être conçue que d'après le développement total de l'humanité dans toutes les voies scientifiques. Elle fait donc partie intégrante d'une théorie générale de l'homme, qui ne vient qu'après toutes les sciences et dans laquelle la biologie apporte seulement un très-important contingent. De la sorte, d'une part on évite la contradiction implicite et funeste à toute la méthode de mettre, avec la biologie et au sein de la série, des notions qui sont les plus générales, dans la forme du moins, et qui dominent par là tout le système intellectuel; et, d'autre part, on complète la philosophie positive qui, jusque là, reste un cercle non fermé. De tout cela, il sera plus amplement question dans le dernier chapitre de la troisième partie, qui est intitulé *conclusion*.

Je continue à citer M. Mill : « La principale visée de la spéculation historique en France, depuis ces dernières années, a été de discerner la loi de la série. Mais, tout en reconnaissant avec satisfaction les grands services rendus à la connaissance historique par cette école, je ne puis pas ne pas lui imputer (à la seule exception de M. Comte) d'avoir commis une méprise fondamentale sur la vraie méthode de la philosophie sociale. La méprise consiste à supposer que l'ordre de succession que nous parvenons à signaler entre les différents états de société et de civilisation, quand même cet ordre serait plus rigoureusement uniforme que les faits n'ont montré qu'il ne l'est, puisse jamais équivaloir à une loi naturelle. Ce ne peut être qu'une loi empirique. La succession des états de l'esprit humain et de la société humaine ne peuvent avoir une loi indépendante qui lui soit propre; elle dépend nécessairement des lois psychologiques et éthologiques qui gouvernent l'action des circonstances sur l'homme et de l'homme sur les circonstances (t. II, p. 590). »

Ce qui le frappe, c'est la force et la nouveauté des aperçus. « M. Comte expose, avec sa sagacité et son sens critique habituel un des grands principes de la science sociale, aussi important que négligé dans ces derniers temps ; à savoir la corrélation nécessaire entre la forme de gouvernement existant dans nos sociétés et l'état de civilisation contemporaine ; loi naturelle qui écarte comme sans fruit et sans valeur les interminables discussions et les innombrables théories touchant les formes de gouvernement considérées abstraitment (t. II, p. 598). »

Enfin il célèbre avec un véritable entraînement d'enthousiasme la grandeur de la philosophie nouvelle dans ses applications à l'histoire et aux destinées de l'humanité :
« L'investigation que je me suis ainsi efforcé de caractériser (l'enchaînement des états de civilisation) n'a été systématiquement tentée jusqu'aujourd'hui que par le seul M. Comte. Ce n'est pas ici que peut être entrepris un examen critique des résultats de ses travaux, lesquels d'ailleurs ne sont, comparativement, que dans leur commencement ; mais ses ouvrages sont la source unique à laquelle le lecteur puisse recourir pour trouver des exemples pratiques de l'étude qu'on doit faire des phénomènes sociaux d'après les vrais principes de la méthode historique. De cette méthode, je n'hésite pas à le dire, ils sont le vrai modèle ; quant à la valeur de ses conclusions, c'est une autre question et sur laquelle ce n'est pas ici le lieu de prononcer.

« Quelle que soit la décision de juges compétents sur les résultats obtenus par tout investigateur isolé, la méthode a été trouvée par laquelle, avec le temps, on constatera un nombre indéfini de lois dérivées, tant pour l'ordre social que pour le progrès social. A leur tour, ces lois permettront, non-seulement de plonger le regard loin en avant dans l'histoire à venir de la race humaine, mais de déterminer de quels moyens artificiels il faut se servir et dans quelles limites pour accélérer le progrès naturel en tant qu'il est bienfaisant ; pour compenser les inconvénients et désavantages qui peuvent y être inhérents; et pour se garder contre les dangers ou accidents auxquels notre espèce est exposée par les stages nécessaires de la progression. De tels enseignements pratiques, fondés sur le plus haut département de la sociologie spéculative, formeront la part la plus noble et la plus bienfaisante de l'art politique.

« De cette science et de cet art, les fondations commencent à se poser, cela est évident; et les esprits les plus puissants et les plus accomplis de l'âge présent se tournent noblement vers cet objet, devenu le point où convergent maintenant les tendances spéculatives du genre humain. Pour la première fois les plus grands penseurs scientifiques se sont fixé pour but de trouver la connexion théorique des faits de l'histoire universelle; pour la première fois il est reconnu qu'aucune doctrine sociale n'a de valeur si elle n'explique l'ensemble et chaque partie de l'histoire, dans la limite des données existantes, et qu'une philosophie de l'histoire est à la fois la vérification et la forme initiale de la philosophie du progrès social.

« Voilà les efforts qui, pour la construction d'une philosophie de l'histoire, se font chez toutes les nations les plus cultivées, et commencent à se faire même en Angleterre, la dernière d'ordinaire à adopter ce qui ne naît pas dans son propre sein. S'ils doivent être dirigés et contrôlés par ces vues sur la nature de l'évidence sociologique que j'ai essayé d'exposer, mais qui, à ma connaissance, n'ont d'exemples que dans les écrits de M. Comte, ils ne peuvent manquer de produire un système sociologique largement distinct du caractère vague et conjectural de toutes les tentatives antécédentes, et digne enfin de prendre place parmi les sciences établies. Quand ce temps viendra, aucune branche importante des affaires humaines ne sera désormais abandonnée à l'empirisme et aux aperçus non scientifiques; le cercle du savoir humain sera complet, et il ne recevra plus d'accroissement que par une perpétuelle expansion procédant de l'intérieur (t. II, p. 610-612). »

Je n'ai pas besoin de faire valoir ces passages; ils parlent d'eux-mêmes et donnent la mesure des lumières que M. Mill trouva dans la nouvelle philosophie, de l'admiration qu'elle suscita en lui, de la reconnaissance qu'elle lui inspira. Quand M. Comte reçut le *Système de logique* à son apparition, il eut une satisfaction infinie à voir un esprit aussi ferme et aussi éclairé, un homme aussi autorisé se ranger sans hésiter de son côté. D'ordinaire ce sont les gens jeunes qui se jettent dans les nouveautés, bonnes ou mauvaises; mais ceux dont l'âge est mûr et la position faite, soit qu'ils craignent de la compromettre, soit surtout qu'ils ne veuillent plus désapprendre et apprendre, refusent de se déclarer. Mais, devant les enseignements qui lui arrivaient de l'autre côté du détroit, cette indocilité fut étrangère à M. Mill. A ce moment même, M. Comte était en proie à de cruelles préoccupations, menacé de perdre sa place, qu'il perdit en effet; mais il confesse que la lecture du livre de Mill fut une distraction à ses inquiétudes.

Je manquerais à mon rôle d'historien si je ne faisais remarquer l'importante réserve que M. Mill consigne. *La méthode*, dit-il, *est un modèle; la valeur des conclusions tirées par M. Comte est à discuter*. Ici il ne s'explique pas davantage; mais on sait, pour ne citer que quelques points considérables, qu'il différait avec M. Comte sur l'économie politique, sur la condition des femmes, sur le gouvernement représentatif. Sans entrer dans l'examen des points ici rappelés, je loue la fermeté philosophique de M. Mill, qui sut ne pas se laisser entraîner par l'ascendant de M. Comte au moment même où il l'admirait le plus et dans la ferveur d'un nouvel adepte. Mais, pour que ces restrictions ne donnent lieu à aucune méprise, je noterai que l'accord sur la méthode est le nœud essentiel; que les dissidences sur le reste, quelqu'importantes qu'elles soient, sont secondaires ; que diverger sur la méthode c'est appartenir à deux philosophies différentes, et que concorder sur la méthode c'est appartenir à une même philosophie.

Les services rendus à la science sociale sont dignement appréciés par un auteur anglais qui publia dans le *British and foreign review* un article reproduit dans la *Revue britannique*, août 1843 ; j'en extrais ce passage : « Plus nous examinons la condition présente des sciences, plus nous sommes frappés de la confusion qui y règne. Toutes ne sont pas avancées au même degré, et nous appliquons à chacune d'elles autant de méthodes différentes. Ainsi nous emploierons la méthode positive en astronomie, la méthode métaphysique en physiologie, la méthode surnaturelle en histoire ou sociologie ; voilà quel est le vice de notre éducation philosophique, voilà comme nous comprenons peu ce que c'est qu'une méthode scientifique. Trois au lieu d'une ! De là la confusion et l'anarchie. Le remède à cet abus est de supprimer toutes ces différences et de ne procéder que d'une seule manière.....

« Quand même M. Comte n'aurait fait que ce que nous venons d'exposer, la réduction de la pensée à une même méthode, il aurait déjà rendu un grand service à la philosophie. Ce n'est point une œuvre ordinaire que d'avoir découvert une loi aussi importante, divulgué le désordre qui règne dans les sciences et révélé ce que c'est que la méthode positive. Il a fait plus : il a montré qu'une science sociale est possible et qu'elle est susceptible d'être étudiée d'après la même méthode que les autres. Il a aussi classé les diverses sciences, exposé la philosophie des mathématiques et esquissé une philosophie de l'histoire ; mais à notre avis sa conception d'une science sociale est son plus beau titre de gloire. Jamais idée ne fut plus opportune ; jamais chose ne fut d'un besoin plus pressant. Cette science sociale, notre époque l'appelle et la réclame. Les différents essais qui ont été tentés d'une philosophie de l'histoire et qui sont destinés à léguer à l'avenir les enseignements du passé, sont autant de témoignages qui prouvent le malaise de la génération présente, malaise occasionné par l'insuffisance de l'ordre de choses actuel. L'histoire est encore un monument hiéroglyphique du passé. Il nous faut le déchiffrer si nous voulons comprendre le présent et prédire l'avenir. La clef de cet hiéroglyphe reste à trouver. Les caractères sont là devant nos yeux, nombreux et pleins de choses instructives, mais il s'agit de pouvoir les lire. Quand un écrivain tel que Niebuhr ne trouve d'autre explication pour justifier la stabilité et les progrès de la puissance romaine que la loi de la destinée ; quand, dans les événements de ce monde, il ne distingue que le doigt de Dieu, ne devons-nous pas travailler à dissiper ces idées fausses qui troublent et obscurcissent les esprits ? Cherchons la clef de l'histoire et nous la trouverons. Une philosophie de l'histoire est chose nécessaire. Si la base que M. Comte a posée est bonne, son livre sera l'ouvrage le plus mémorable du dix-neuvième siècle ; il aura fondé une science et fourni la loi qui y préside. M. Comte sera en même temps le Bacon et le Newton de la science sociale. »

Dix ans après les explicites déclarations de M. Mill, en 1853, miss Martineau entreprit de mettre aux mains de ses compatriotes, sous une forme condensée, le *Système de philosophie positive* (*The positive philosophy of Auguste Comte freely translated and condensed*, 2 vol. Londres, 1853). Elle aussi occupe en Angleterre un rang éminent dans les lettres et dans la philosophie, et son renom s'est étendu sur le continent.

« Il peut paraître étrange, dit-elle, que, dans ce temps où la langue française est presque aussi familière aux lecteurs anglais que la leur propre, j'aie employé bien des mois à rendre en anglais un ouvrage ne présentant pas de difficultés de langage, et connu sans doute de tous ceux qui étudient la philosophie. Quelque rare que soit la mention du nom de Comte en Angleterre, il n'est personne qui lise son grand ouvrage sans avoir dans l'esprit que tous ceux ou du moins la plupart de ceux qui ont ajouté quelque chose de substantiel à notre savoir depuis plusieurs années, le connaissent fort bien et lui ont des obligations qu'ils avoueraient avec reconnaissance, n'était la peur d'offenser les préjugés de la société où ils vivent. Nous ne pouvons porter le regard sur un côté quelconque du champ de la science sans voir les vérités et les idées que Comte a présentées, affleurant la surface et tacitement reconnues comme le fondement de tout ce qu'il y a de systématique dans notre connaissance. Tel étant le cas, il peut sembler un labeur inutile de mettre en notre langue un fonds certainement possédé par tant d'esprits qui guident et forment les vues populaires. Mais ce n'est pas sans raison que j'ai entrepris une œuvre si sérieuse, laissant de côté tant d'autres travaux qu'on jugerait plus urgents.

« Un des motifs, non le principal, fut qu'il me semble peu loyal, par crainte ou indolence, d'user, sans les reconnaître, des avantages à nous conférés par Comte. Sa réputation est sauve sans doute ; son ouvrage est sûr de recevoir un honneur mérité, plus tôt ou plus tard. Avant la fin du siècle, la société aura senti que cet ouvrage est une des premières couronnes de l'âge présent; et le nom de son auteur prendra rang à côté des grands esprits qui ont illustré les époques précédentes. Mais il ne me paraît pas juste de participer aux retards de la rétribution ajournée, jusqu'à ce que l'auteur d'un si noble service ne puisse plus recevoir de nous ni reconnaissance ni honneur. C'est de notre part une immoralité d'accepter et d'employer le présent qu'il nous a remis en gardant un silence qui, de fait, est de l'ingratitude. Sa gloire, nous ne pouvons la partager, elle est sienne et incommunicable; mais nous pouvons partager ses épreuves et, en les partageant, les alléger. Il a les droits les plus forts à notre sympathie et à notre compagnie dans le discrédit populaire qui, dans ce cas comme dans tous les cas de service social signalé, est réservé à l'initiateur et à l'initiation; sympathie et compagnie qui, je l'espère, seront d'autant plus efficaces que la connaissance de ce qu'a fait M. Comte se répandra davantage. (*Préface*, p. 1). »

On peut juger quel intérêt quelques hommes portèrent alors, en Angleterre, à la philosophie positive, par ce fait-ci que raconte Miss Martineau : Un anglais, M. Lombe, ayant appris que Miss Harriet Martineau s'occupait d'un travail sur la philosophie positive, lui envoya, sans être d'ailleurs aucunement connu d'elle, 500 livres sterling pour subvenir aux frais du travail, offrant de faire davantage si cela était nécessaire (*Préface*, p. x).

Dans un passage caractéristique de sa *Préface*, Miss Martineau refuse de faire entrer dans son œuvre de vulgarisation les théories de la *Politique positive*, et les œuvres subséquentes (*Préface*, p. 1). Ce fut très-sage. Examinées à la lumière de la méthode de la philosophie positive, qui est leur critérium comme le nôtre, ces théories perdent l'autorité que le nom de celui qui les écrivit leur avait d'abord et de confiance conciliée.

Miss Martineau nous apprend qu'en Angleterre, comme nous le savons pour la France et comme cela est sans doute à des degrés divers pour le reste de l'Europe, il est une foule d'esprits qui, ayant renoncé aux croyances théologiques sans les avoir remplacées, se trouvent finalement déclassés. Le danger qui naît de là pour eux et pour la société, Miss Martineau le signale avec éloquence, et montre que ces esprits à qui, en général, tout retour vers l'état mental dont ils sont sortis est impossible, n'ont d'autre issue que du côté de la philosophie positive. Avec non moins d'éloquence, elle trace à grands traits les affinités de la nouvelle philosophie avec ces esprits, ses relations avec la situation générale, et le salutaire office que lui prépare le destin social en la faisant monter quand le reste descend.

« La crainte suprême de quiconque a souci du bien des nations ou des races, c'est que les hommes ne soient laissés à la dérive faute d'un ancrage pour leurs convictions. Personne, je crois, ne met en question qu'aujourd'hui cette dérive n'emporte une très-large proportion de notre propre peuple. Avec douleur et effroi, nous voyons une multitude qui pourrait être parmi les plus sages et les meilleurs de nos concitoyens, s'éloigner pour jamais d'une espèce de foi qui, dans une période organique désormais épuisée, suffisait à tous; et cependant nul ne leur a offert et ils ne peuvent pas obtenir par eux-mêmes un terrain de conviction aussi ferme et aussi net que celui de nos pères dans leur temps. Les dangers moraux d'un tel état de fluctuation sont formidables, soit que la transition d'un ordre de convictions à l'autre dure longtemps ou dure peu. L'œuvre de M. Comte est incontestablement le plus grand effort isolé qui ait été fait pour obvier à ce genre de péril; et ma profonde persuasion est qu'on y trouvera le remède d'une foule d'aberrations, de spéculations malsaines, de scepticisme sans réflexion ou sans frein, d'incertitude morale et de découragement. Quoi que d'ailleurs on puisse penser de l'ouvrage, on ne niera pas qu'il met en lumière avec un jugement aussi sain que sagace les fondements de la connaissance humaine, son objet réel et sa portée, et qu'il établit la vraie filiation des sciences dans les limites de son propre principe. Quelques-uns pourront souhaiter d'intercaler ceci ou cela; d'autres voudront amplifier et peut-être faire des transpositions dans les plus obscures retraites du grand édifice. Mais ceux qui contestent la vérité générale de l'exposition appartiennent à une autre école; ils laisseront l'ouvrage de côté et feront comme s'il n'avait jamais existé. Ce n'est pas pour eux que j'ai travaillé, mais pour des hommes d'étude qui ne sont pas des hommes d'école, et qui, ayant besoin de convictions, savent le mieux celles qui leur conviennent. Cette exposition de la philosophie positive une fois déployée sous leurs yeux, ils y trouveront, j'en suis convaincue, un arrêt pour leur pensée, un point de ralliement pour leurs spéculations dispersées, et peut-être une base immuable pour leurs convictions intellectuelles et morales. Le moment viendra où l'ouvrage de M. Comte sera discuté par rapport aux manques que seul il permet d'apercevoir, et où sa philosophie recevra des extensions qu'il ne soupçonna pas. Il en doit être ainsi dans l'inévitable croissance du savoir et de l'évolution philosophique; et c'est le sort que le philosophe lui-même doit ambitionner, puisqu'il n'y a de vrai livre que le livre qui peut supporter d'être ainsi traité. En attendant, il nous donne la base que nous demandons, le principe d'action qui nous fait besoin, l'instruction quant à la méthode, l'enseignement quant au passé; et tout cela dans la mesure que notre temps comporte, et au delà, sans doute, de la mesure d'aucun autre esprit de notre époque (*Préface*, p. VIII). »

Enfin, dans un dernier passage, Miss Martineau prend à partie ce genre d'intolérance théologique qui accuse d'être sans idéal et sans morale ceux qui mettent la sanction de leur morale et la beauté de leur idéal non dans un monde surnaturel, mais dans la lutte intelligente et héroïque de la faible nature humaine avec l'immensité, l'infinité et l'éternité des choses.

« Durant tout le cours de ma longue tâche, il m'a paru que dans l'œuvre de M. Comte on trouve, mise en action, la plus forte réfutation de cette forme de l'intolérance théologique qui censure la philosophie positive comme atteinte d'orgueil mental et de bassesse morale. L'imputation ne tombera pas, et l'inimitié du monde religieux pour ce livre ne s'alentira pas, parce qu'il paraît parmi nous en une version anglaise. A la bonne heure; le monde théologique ne peut pas ne pas haïr un livre qui traite la croyance théologique comme un état transitoire de l'esprit humain. Les prêcheurs et docteurs de toutes sectes et écoles se tiennent à l'ancienne pratique, jadis inévitable, de comtempler l'univers et d'en juger d'après le point de vue de leur propre esprit, au lieu d'avoir appris à se placer en dehors d'eux-mêmes, et à faire l'investigation non du dedans à l'univers, mais de l'univers au dedans; ils doivent nécessairement penser mal d'un livre qui expose la futilité de leur méthode et des résultats auxquels elle conduit. M. Comte parle de la théologie et de la métaphysique comme destinées à disparaître; par conséquent, théologiens et métaphysiciens abhorrent, redoutent, méprisent son ouvrage. Ils ne font qu'exprimer leurs propres sentiments, leurs sentiments naturels, par rapport aux objets de leur respect et au but de leur vie, quand ils accusent la philosophie positive d'être entachée d'irrévérence et de dureté, et de manquer d'aspiration, de grâce, de beauté et ainsi du reste. Ils ne sont pas juges du cas; ceux qui le sont, c'est-à-dire ceux qui ont traversé la théologie et la métaphysique et qui, connaissant ce qu'elles valent aujourd'hui, se sont élevés au-dessus, prononceront une tout autre sentence sur ce livre, bien qu'il ne contienne aucun appel à une sentence de ce genre, aucuns matériaux pour une telle discussion. Quand on s'est formé à la difficile tâche de faire céder les rêves aux réalités jusqu'à ce que la beauté de la réalité apparaisse en sa plénitude, et que celle des rêves s'enfonce dans les ténèbres; alors le charme moral du livre devient égal à la satisfaction intellectuelle qu'il procure. L'aspect dans lequel il présente l'homme est aussi favorable à sa discipline morale qu'il a de fraîcheur et d'excitation pour son intelligence. Soudainement nous nous trouvons vivant et mouvant au milieu de l'univers, comme une part, non comme le but et l'objet de cet univers; nous nous trouvons placés non sous des conditions capricieuses et arbitraires, sans liaison avec la constitution et les impulsions du tout, mais sous de grandes lois, générales, invariables, qui agissent sur nous en tant que nous sommes une partie du tout. Certes je ne puis concevoir aucune instruction qui donne plus d'ailes aux aspirations, que celle où l'on apprend combien valent nos facultés, combien petite est notre connaissance, combien sublimes les hauteurs auxquelles nous pouvons espérer d'atteindre, combien illimitée l'immensité que nous nous ouvrons. Nous y rencontrons en passant des indications sur les maux infligés à nous par nous-mêmes, grâce à nos basses visées, à nos passions égoïstes et à notre orgueilleuse ignorance; et, en contraste, s'y déploient en peintures animées la beauté et la gloire des lois éternelles, ainsi que la douce sérénité, le courage héroïque et la noble résignation qui sont la conséquence naturelle de poursuites aussi pures et d'ambitions aussi vraies que celles de la philosophie positive. L'orgueil d'intelligence est certainement du côté de ceux qui insistent sur une croyance sans preuve et sur une philosophie dérivée de leur propre action intellectuelle, sans matériaux réels ni corroboration du dehors; il n'est pas du côté de ceux qui sont trop scrupuleux et trop humbles pour s'élever au-dessus de la preuve, et pour ajouter du fond de leur imagination ce que cette preuve ne fournit ni ne comporte. Si l'on désire éteindre la présomption, écarter les choses basses, remplir la vie de dignes occupations et de plaisirs ennoblissants, et élever l'espérance et l'activité humaines au plus haut point, il me semble que le mieux est de poursuivre la philosophie positive avec toute sa série de nobles vérités et de mobiles irrésistibles.

La perspective qu'elle ouvre est sans bornes; car, parmi les lois qu'elle établit, celle du progrès humain est proéminente. Les vertus qu'elle alimente sont toutes celles dont l'homme est capable; et les plus nobles lui sont particulièrement chères. L'habitude de chercher le vrai, de dire le vrai et d'être vrai avec soi-même et avec toutes choses, est évidemment la première de toutes les exigences; cette habitude une fois acquise et la conscience naturelle ainsi disciplinée, tous les autres attributs moraux s'élèveront au niveau requis. Quand on sait ce qu'est réellement l'étude de la philosophie, je veux dire de la philosophie positive, l'effet sur les aspirations et sur la discipline de l'homme en deviennent évidents, et le doute ne s'explique qu'en supposant que les accusateurs ne connaissent pas ce qu'ils mettent en question. Mon espérance est que ce livre, outre les objets cherchés par l'auteur, en accomplira un de plus qui n'a pas été cherché, c'est-à-dire réfutera suffisamment ceux qui, dans l'égoïsme théologique ou dans l'orgueil métaphysique, parlent mal d'une philosophie trop haute et trop simple, trop humble et trop généreuse pour les habitudes de leur esprit. Le cas est clair. La loi de progrès est manifestement à l'œuvre dans le cours de l'histoire humaine; quelques noms qu'elle porte parmi ceux qui, en chaque secte, font de véritables études, le seul champ où elle se déploie est la philosophie positive; et cette philosophie est nécessairement en harmonie avec les vertus dont la suppression supprimerait le progrès (*Préface*, p. XIII). »

CHAPITRE VI.

D'une critique de la classification des sciences telle que M. Comte l'a exposée. — Ce qu'il faut entendre par série, constitution, évolution des sciences.

Dans le chapitre qui précède c'est la louange qui règne ; dans celui-ci c'est la critique. L'œuvre de M. Comte peut la soutenir et doit l'appeler. La critique lui est nécessaire et la fécondera.

Un philosophe anglais, M. Herbert Spencer, ayant eu occasion de soumettre à un examen approfondi la théorie de M. Comte sur la filiation des sciences, s'est trouvé finalement en désaccord avec lui. L'opuscule qu'il y a consacré porte le titre de *Genèse de la science* (the Genesis of science). Soit que, partant d'une étude directe de cette genèse, de cet engendrement, il ait rencontré la théorie de M. Comte, soit que, partant de la théorie de M. Comte, il ait abouti à la combattre, toujours est-il qu'il s'agit de deux doctrines qui sont en conflit. La question est fort importante pour l'histoire des sciences et pour leur philosophie.

Toute la partie où M. Comte la traite, serait, s'il fallait en croire M. Herbert Spencer, à refondre. Au lieu d'un fondement solide, nous n'aurions là qu'une hypothèse destinée à disparaître comme tant d'autres idées systématiques. J'avoue que, quand je lus pour la première fois cette assertion, elle me surprit beaucoup ; et je la repoussai instinctivement comme ici je vais essayer de la repousser dogmatiquement. La raison de cette répulsion instinctive ne fut point un caprice ; elle se fondait sur ceci : que, depuis beaucoup d'années, j'use constamment, et pour des objets très-divers, de la classification des sciences suivant M. Comte comme d'un guide mental qui tout d'abord limite le sujet, en montre les tenants et les aboutissants, et indique comment il faut procéder. Or, ce guide ne m'a jamais fourvoyé ; je veux dire, et c'est là le service suprême que tout penseur doit attendre d'un système, il ne m'a jamais conduit à des contradictions implicites ou explicites, à des impasses philosophiques. Il arrive quelquefois, dans les sciences, qu'on juge une théorie, une formule, non par la démonstration, mais par les résultats. C'est par les résultats que j'ai longtemps jugé la théorie de M. Comte. Maintenant, grâce au veto de M. Herbert Spencer, il m'incombe de la juger par la démonstration.

Comme M. Herbert Spencer est un esprit net et précis, il est facile d'exposer nettement et précisément ses objections. En premier lieu, il nie que le principe du développement des sciences soit le principe de la généralité décroissante, qui, suivant M. Comte, détermine l'avénement successif de chaque science, montrant qu'on pourrait citer autant d'exemples du principe de la généralité croissante que M. Comte en a cité du sien. En second lieu, il fait remarquer que placer la gravitation avant les autres forces de la matière est arbitraire, puisque, par exemple, la force thermale est aussi générale que la force gravitative. En troisième lieu, il maintient que la série des sciences est une pure hypothèse contredite historiquement par leur développement réel. Ainsi le terrain est fixé, les questions posées, la discussion commence.

1° *Du principe de généralité décroissante.* Dans la critique de ce point, M. Herbert Spencer mêle à diverses reprises le principe de généralité et le principe d'évolution. Je les tiendrai ici soigneusement séparés.

M. Herbert Spencer dit, p. 13 : « M. Comte divise les mathématiques en mathématiques abstraites ou calcul, et mathématiques concrètes, qui sont composées de la géométrie générale et de la mécanique rationnelle. L'objet de la première est le nombre ; l'objet des secondes renferme l'espace, le temps, le mouvement, la force. L'une possède le plus haut degré possible de généralité, car toutes les choses sont susceptibles d'énumération ; les autres sont moins générales, vu qu'il y a une infinité de phénomènes qui ne tombent sous la connaissance ni de la géométrie générale ni de la mécanique rationnelle. Conformément à la loi alléguée, en conséquence, l'évolution du calcul doit avoir précédé l'évolution des sous-sciences concrètes. Or, un peu maladroitement pour lui, la première remarque de M. Comte sur ce point est que, à un point de vue historique, l'analyse mathématique *paraît avoir son origine* dans la contemplation des faits géométriques et mécaniques. A la vérité, il continue en disant qu'elle n'en est pas moins indépendante, logiquement parlant ; car les idées analytiques sont, par-dessus toutes les autres, universelles, abstraites et simples ; et les conceptions géométriques y sont nécessairement fondées. Nous ne prendrons pas avantage de ce dernier passage pour accuser M. Comte d'enseigner, à la façon de certains philosophes, qu'il peut y avoir des pensées sans choses pensées. Nous nous contenterons de comparer les deux assertions, que l'analyse naquit de faits géométriques et de faits mécaniques, et que les conceptions géométriques sont fondées sur les conceptions analytiques. Interprétées littéralement, ces deux assertions s'annulent ; mais, interprétées en un sens libéral, elles impliquent, ce que nous croyons démontrable, que les unes et les autres ont une origine simultanée. Ou le passage est un non-sens, ou c'est un aveu que la mathématique abstraite et la mathématique concrète sont contemporaines. Ainsi, dès le premier pas, la concordance alléguée entre l'ordre de généralité et l'ordre d'évolution se dément. »

M. Herbert Spencer compare ici l'ordre de généralité et l'ordre d'évolution ; cette question est réservée pour un peu plus loin : je ne m'occupe en ce moment que de la généralité décroissante. M. Comte ayant dit que la loi de généralité décroissante qui existe entre les sciences existe aussi dans l'intérieur de chaque science particulière, M. Herbert Spencer, pour infirmer cette proposition, prend l'exemple des mathématiques. « L'analyse transcendante, dit-il p. 16, est à l'algèbre ce que l'algèbre est à l'arithmétique. Pour en indiquer brièvement la puissance respective, l'arithmétique peut exprimer en une seule formule la valeur d'une tangente *particulière* à une courbe *particulière;* l'algèbre peut exprimer en une seule formule les valeurs de *toutes* les tangentes à une courbe *particulière ;* l'analyse transcendante peut exprimer en une seule formule les valeurs de *toutes* les tangentes à *toutes* les courbes. » Ainsi, l'analyse transcendante est plus générale que l'algèbre, l'algèbre plus que l'arithmétique ; et cependant M. Comte commence par l'arithmétique, arrive à l'algèbre, et finit à l'analyse transcendante ; l'ordre de généralité décroissante ne se vérifie donc pas dans l'intérieur de la mathématique. A la vérité, M. Comte, commentant les deux significations du mot général, signale la confusion qui en peut résulter ; mais son commentaire ne s'applique pas ici, puisque, dans l'exemple proposé, les trois cas sont de même nature : en algèbre et en analyse transcendante, ce sont des symboles exprimant les relations entre les nombres, comme en arithmétique les nombres expriment les relations entre les choses. Il n'y a donc pas lieu d'invoquer une généralité différente, dit M. Herbert Spencer. A quoi je réponds qu'il y a lieu d'invoquer en effet une généralité différente ; seulement ce n'est pas elle que M. Comte a indiquée, dans un temps où il ne prévoyait pas la présente objection.

Mais, avant de répliquer, il faut aller jusqu'au bout des raisons de l'adversaire. M. Herbert Spencer, n'accordant pas plus la généralité décroissante entre les sciences séparées, examine le passage de l'astronomie à la physique. M. Comte le caractérise ainsi : « La physique n'a commencé à se dégager définitivement de la métaphysique, pour prendre un caractère vraiment positif, que depuis les découvertes capitales de Galilée sur la chute des poids, tandis que, au contraire, l'astronomie était réellement positive, sous le rapport purement géométrique, depuis la fondation de l'école d'Alexandrie. » (*Système de philosophie positive*, t. II, p. 389.) Sur quoi M. Herbert Spencer fait remarquer, p. 17, qu'il y a là un vice de raisonnement qui repose sur un arrangement arbitraire des choses : il n'est point vrai que, géométriquement, l'astronomie ait eu aucune précédence sur la physique terrestre ; la géométrie, dès qu'elle fut constituée, s'appliqua également aux choses de la terre et aux choses du ciel ; et l'astronomie n'était pas plus positive dans son aspect géométrique que la mesure des angles, triangles, cercles et polygones qu'on avait sur la terre. Dire que la physique n'eut de caractère positif qu'à partir de Galilée, c'est, pour trouver une postériorité de la physique à l'égard de l'astronomie, et pour appuyer le principe, changer indûment de terrain et passer du point de vue géométrique au point de vue mécanique. » J'ai vainement cherché, dans les chapitres que M. Comte a consacrés à l'astronomie, quelque réponse implicite que je pusse dégager et faire valoir ; puis j'ai vainement cherché dans mon esprit à lever la difficulté. Je ne sais si quelque autre disciple sera plus heureux ; pour moi, ce n'est qu'en critiquant, de mon chef et à un autre point de vue, la place et la filiation assignées par M. Comte à l'astronomie que j'ai réussi, je crois, à écarter l'attaque de M. Herbert Spencer, et à sauver le fond par des sacrifices indispensables mais accessoires.

Toutefois procédons par ordre; mon tour est venu de prendre la parole au sujet du principe de la généralité décroissante. J'ai exposé les objections de M. Herbert Spencer dans toute leur force; car à quoi aurait-il servi de les atténuer, pour se donner le stérile plaisir d'une argumentation faussement victorieuse? Elles ne m'ont pas convaincu; je ne deviens pas en ceci disciple de M. Herbert Spencer, je reste disciple de M. Comte. On peut me dire que mon parti est pris d'avance, et que, ayant depuis longtemps donné mon assentiment au principe de M. Comte, je reculerais devant la nécessité de condamner ce que j'ai approuvé. Je ne nie pas l'action préoccupante que les antécédents exercent sur l'esprit; j'ai fait tous mes efforts pour m'en délivrer; et, sans dire ici que je n'hésiterais point devant un grand sacrifice mental, ce qui, dans la circonstance, pourrait être pris pour une pure assertion, je vais déduire les raisons logiques qui m'obligent à persister.

Déjà, en 1859, j'ai, dans les *Paroles de philosophie positive,* posé la base d'une distinction qu'il faut faire et qui indique la solution de la difficulté suscitée au sujet du principe de généralité décroissante, à savoir : la distinction entre la généralité objective et la généralité subjective. Il y a, dans le bloc des substances et des phénomènes qu'on nomme la nature, dans l'ensemble des propriétés de la matière qui constitue toute chose, corps inorganiques et corps organisés, trois échelons de généralité décroissante nettement marqués. D'abord est le groupe des propriétés sans lesquelles aucune substance ne se montre, c'est-à-dire la gravité, la chaleur, l'électricité et le magnétisme, la lumière, l'élasticité et la sonorité. Toute substance, quelque isolée qu'on la suppose, est pesante, chaude, électrique, lumineuse, élastique. Ce groupe se nomme, si l'on veut, le groupe de l'unité ou de la matière considérée en des caractères qui, pour se manifester, n'ont besoin d'aucune combinaison binaire, ternaire, quaternaire, etc.; il a aussi, par conséquent, pour signe, d'appartenir aussi bien à la masse qu'aux particules intégrantes. Le second groupe est celui des propriétés qu'on nomme d'affinité ou chimiques; là il ne suffit plus d'avoir un fragment quelconque d'une substance quelconque, auquel l'isolement et l'indépendance n'ôtent rien de son état gravitatif, thermal, électrique, lumineux, élastique; pour que le chimisme intervienne, il faut deux substances différentes, et non-seulement différentes, mais encore ayant de l'affinité l'une pour l'autre, ce qui limite et circonscrit encore davantage ce domaine. On appellera ce groupe celui de la binarité, et l'on remarquera que l'action chimique, devenant étrangère à la masse, passe dans les molécules. Enfin le troisième groupe est celui des propriétés vitales; non-seulement la vie n'appartient pas à toute substance isolée; non-seulement elle n'appartient pas à toute substance composée binairement; mais encore, limitée à un très-petit nombre d'éléments, seuls susceptibles de constituer des trames organiques, elle exige le concours de compositions ternaires ou quaternaires. Voilà donc trois degrés de généralité objective décroissante, de complication objective croissante.

Manifestement, ce n'est pas là contre que M. Herbert Spencer a argumenté, puisqu'il n'en a pas même parlé; ce qu'il a signalé, c'est que, dans le sein de la mathématique, la généralité, contrairement au principe de M. Comte, avait été croissante, non décroissante. De cette généralité croissante non décroissante, j'ajouterai au sien un exemple pris à un autre ordre de connaissance, et qui mettra clairement au jour la confusion. La biologie a passé de la considération des organes à celle des tissus, plus généraux que les organes, et de la considération des tissus à celle des éléments anatomiques, plus généraux que les tissus. Mais cette généralité croissante est subjective non objective, abstraite non concrète. C'est en la suivant que M. Herbert Spencer, faisant l'hypothèse contraire à la doctrine de M. Comte, et supposant une généralité croissante non décroissante, a dit : « La possibilité d'une telle hypothèse prouve que la généralisation de M. Comte n'est qu'une demi-vérité. Le fait est qu'aucune des deux hypothèses n'est exacte en elle-même, et que la réalité n'est exprimée qu'en les combinant ensemble. Le progrès de la science est double; il va à la fois du spécial au général, et du général au spécial; il est analytique et synthétique en même temps. » (P. 19.) Laissant de nouveau à part l'évolution qui reviendra plus tard, je me contente de remarquer qu'il existe deux ordres de généralité, l'une objective et dans les choses, l'autre subjective, abstraite et dans l'esprit : il est donc naturel qu'en regard de la généralité objective de M. Comte, il ait pu signaler partout, collatéralement, une généralité subjective; mais, si M. Comte a confondu la généralité subjective dans l'objective, M. Herbert Spencer confond la généralité objective dans la subjective.

J'ai montré tout à l'heure que la biologie a procédé, subjectivement, à une généralité croissante. Je vais montrer que, objectivement, elle a procédé à une généralité décroissante. Le corps vivant a d'abord été étudié comme un bloc; de ce bloc on a passé à l'examen des organes, qui sont devenus des tous à leur tour; ces tous secondaires se sont décomposés en tissus plus particuliers, et, par une particularisation nouvelle, on est descendu jusqu'aux éléments. La contradiction n'est qu'apparente; dans l'un des cas on parle d'une chose, et dans l'autre d'une autre : dans le premier, il s'agit du procédé de l'esprit humain qui acquiert des notions de plus en plus générales; dans le second, il s'agit d'un tout que l'on décompose en parties de plus en plus petites. En considérant le corps vivant en bloc, puis ses tissus, puis ses éléments, ce qui forme autant de doctrines de plus en plus générales, on dira, comme M. Herbert Spencer, que, dans la biologie, la généralité est allée croissant. Au contraire, en considérant le corps vivant en bloc, puis ses tissus, puis ses éléments, ce qui forme autant de divisions de plus en plus particulières, on dira, comme M. Comte, que, dans la biologie, la généralité est allée décroissant.

De même, dans l'exemple de la mathématique choisi par M. Herbert Spencer, la généralité objective est décroissante; c'est-à-dire que le nombre, considéré en bloc et étant à ce point de vue ce qu'il y a de plus général, s'est décomposé, par le progrès de la science, en quantité algébrique, puis en quantité infinitésimale; ce qui n'empêche pas qu'à un autre point de vue, la généralité soit croissante.

L'élément anatomique me paraît le cas le mieux approprié pour donner une idée précise des deux ordres de généralité. Au point de vue objectif, c'est le dernier terme auquel la dissection soit arrivée, et par conséquent le plus particulier. Au point de vue subjectif, c'est le premier terme de la synthèse, celui avec lequel on recompose tout le corps. En somme, on peut dire que la généralité décroissante de M. Comte correspond à l'histoire de la science, et la généralité croissante de M. Herbert Spencer à l'enseignement dogmatique.

La philosophie elle-même offre les deux ordres inverses l'un de l'autre. Les signaler dans la philosophie, c'est vraiment les avoir signalés d'avance pour tout le domaine de la connaissance. Dans l'ordre objectif, elle commence par spéculer sur l'ensemble, qui seul est connu d'elle; puis, dissolvant cet ensemble, elle constitue chaque science; c'est la généralité décroissante. Dans l'ordre subjectif, la philosophie s'élève de la doctrine particulière de chaque science à la doctrine générale de toutes les sciences ; c'est la généralité croissante.

Je conclus cette discussion en disant qu'il y a deux sortes de généralité, l'une objective, l'autre subjective ; l'une décroissante, l'autre croissante, et en remarquant que cette doctrine repose essentiellement, non sur une conception de l'esprit, mais sur la constitution même des choses naturelles, à savoir : l'existence des trois groupes à généralité décroissante et à complexité croissante en lesquels toutes les existences se partagent.

2° *De la gravitation mise par M. Comte avant les autres propriétés de la matière, et de la manière de rendre à l'astronomie une place équivalente à celle que M. Comte lui avait donnée.* « Si l'on prétend, comme a fait M. Comte, dit M. Herbert Spencer, que la force de gravitation doit prendre le pas sur les autres, ou que toutes choses y sont sujettes, on prétendra avec non moins de vérité qu'une pareille préséance appartient aux forces thermales, vu que partout elles sont en action. » (P. 49.) La chose est incontestable, et, au point de vue de la généralité, aucun privilége n'est à accorder à la gravité par-dessus la chaleur. Il n'est point de matière qui ne soit pesante ; il n'en est point non plus qui n'ait de calorique ; la parité est complète.

Faut-il donc renoncer à l'ordre suivi par M. Comte pour la gravitation ? Il est certain que la raison qu'il en a donnée est insuffisante. Mais, pour ranger les propriétés physiques inhérentes à toute matière, on peut, sans manquer à aucune méthode, être dirigé par des aperçus secondaires qui, ayant leur valeur, suffisent à déterminer le classement. Et ici, pour la gravitation, je trouve que le point de vue astronomique doit être pris en considération. Il faut donc examiner de nouveau la place assignée à l'astronomie par M. Comte.

« L'astronomie a pour objet, dit M. Comte (t. II, p. 13), de découvrir les lois des phénomènes géométriques et des phénomènes mécaniques que nous présentent les corps célestes. » Déjà M. Herbert Spencer a fait voir que, géométriquement, l'astronomie ne précède pas la physique ; elle ne la précède pas non plus mécaniquement, puisque les lois de Galilée étaient trouvées avant que celles de Newton le fussent. Ainsi l'astronomie n'a pas de titres à rester devant la physique.

Par un autre côté aussi se manifeste la difficulté inhérente à cette position de l'astronomie. Il y a bien longtemps que cette difficulté excita dans mon esprit de grandes inquiétudes, et je craignis que la solidité d'une série qui me rendait tant de services ne fût ébranlée ; mais depuis longtemps aussi j'ai aperçu la solution. Dire que l'astronomie est plus générale que la physique parce que celle-là s'occupe des corps célestes et celle-ci des corps terrestres, c'est changer indûment le sens du mot général, et c'est arbitrairement séparer le groupe de matière qui compose les astres du groupe de matière qui compose la terre. Il n'y a rien dans le premier qui ne soit dans le second ; et la généralité ne peut pas appartenir à l'un sans appartenir à l'autre. La classification veut que l'on considère non les corps, mais les forces qui les animent ; or les corps célestes n'ont aucune force qui ne soit aussi dans le corps terrestre.

L'astronomie mécanique est uniquement, comme on sait, une étude de gravitation ; et, comme la gravitation est inhérente à toute matière céleste ou terrestre, c'est en traitant de cette force qu'il faut traiter de l'astronomie. Ainsi se trouvent résolues les difficultés diverses ; la série des sciences est modifiée, non détruite ; et elle garde, ce qui en est l'office essentiel, toute son efficacité logique.

3° *De la série des sciences, de leur évolution et de leur constitution*. — Ce sont trois termes qu'il faut définir, dont la confusion obscurcit tout et dont la distinction éclaire tout.

M. Herbert Spencer est formel : il nie également et que, spéculativement, les sciences forment une série, et que, historiquement, elles se soient développées par une filiation de l'une à l'autre. Je cite ses paroles : « Tout groupement des sciences en une succession donne une idée radicalement erronée de leur genèse et de leurs dépendances.... Il n'y existe point de vraie filiation.... Toute l'hypothèse est fausse fondamentalement (p. 21). » — « La science se forme par un perpétuel concours donné à chacune par toutes les autres, et à toutes les autres par chacune (p. 20). » Enfin voici le morceau capital de toute cette critique, celui qui la résume, la met dans tout son jour et ne laisse dans l'esprit du lecteur aucun nuage sur la nature et la portée des objections :

« Aucune des sciences ne se développe isolément; aucune n'est indépendante, ni logiquement ni historiquement; toutes ont, à un degré moindre ou plus grand, emprunté et prêté aide et secours. Il ne faut qu'écarter les hypothèses et contempler le caractère mixte des phénomènes environnants pour être persuadé que ces notions de division et de succession dans les espèces de connaissance n'ont aucune réalité actuelle, mais ne sont que des conventions, des fictions scientifiques, bonnes si on les regarde comme aidant l'étude, mauvaises si on les regarde comme représentant des réalités de la nature. Considérez-les critiquement, et vous verrez qu'aucuns faits, quels qu'ils soient, ne se présentent à nos sens hors d'une combinaison avec d'autres faits, aucuns faits qui ne soient déguisés en quelque degré par des faits concomitants, déguisés en telle manière que tous doivent être isolément compris avant qu'aucun ne puisse l'être. Dit-on, comme M. Comte, que la gravitation doit être traitée avant les autres forces, vu que toutes choses y sont sujettes, on dira avec une égale vérité que la chaleur devrait être traitée la première, vu que les forces thermales sont partout en action; que la capacité d'une portion de matière à manifester des phénomènes visibles de gravitation dépend de son état d'aggrégation, déterminé par la température; que, par l'aide seule de la thermologie, nous pouvons expliquer ces apparentes exceptions à la tendance gravitante présentées par la vapeur et la fumée, et en établir ainsi l'universalité; et que, dans le fait, l'existence même du système solaire sous une forme solide est juste autant une question de chaleur que de gravitation. Tous les phénomènes reconnus par les yeux, le seul organe qui procure la connaissance des données de la science exacte, sont compliqués de phénomènes optiques, et ils ne peuvent être épuisés jusqu'à ce que les principes optiques soient connus. La combustion d'une chandelle ne peut être expliquée sans l'emploi de la chimie, de la mécanique, de la thermologie. Tout vent qui souffle est déterminé par des influences en partie solaires, en partie lunaires, en partie hygrométriques, et implique des considérations sur l'équilibre des fluides et sur la géographie physique. La direction, l'inclinaison et les variations de l'aiguille magnétique sont des faits moitié terrestres, moitié célestes, et sont causées par des forces terrestres qui ont des cycles de changement correspondants avec des périodes astronomiques. Le courant du Gulf-Stream et la migration annuelle des montagnes de glace vers l'équateur, dépendant, comme c'est le cas, du balancement entre les actions, sur l'Océan, de la force centripète et de la force centrifuge, supposent, dans leur explication, la rotation et la forme sphéroïdale de la terre, les lois de l'hydrostatique, les densités relatives de l'eau froide et de l'eau chaude et les doctrines de l'évaporation. Il est indubitablement vrai, comme dit M. Comte, que *notre position dans le système solaire et que les mouvements, forme, grandeur et équilibre de la masse de notre globe parmi les planètes, doivent être connus avant que nous puissions comprendre les phénomènes qui se passent à sa surface*; mais, fatalement pour son hypothèse, il est vrai aussi que nous devons comprendre une grande partie des phénomènes se passant à la surface avant que nous puissions connaître sa position et le reste dans le système solaire. Ce n'est pas simplement que, comme nous l'avons déjà montré, ces principes géométriques et mécaniques par lesquels les apparences célestes sont expliquées, furent d'abord un résultat de généralisations faites d'après des expériences terrestres; mais c'est que obtenir des données correctes pour fonder des généralisations implique un grand avancement de la physique terrestre. Une simple observation d'une étoile a aujourd'hui à subir une minutieuse analyse par l'aide combinée de diverses sciences : on la corrige non-seulement pour la nutation de l'axe de la terre et pour la précession des équinoxes, mais pour l'aberration et la réfraction; et la formation des tables par lesquelles la réfraction est calculée suppose la connaissance de la loi de densité décroissante dans les couches supérieures de l'atmosphère, de la loi de température décroissante avec son influence sur la densité, et des lois hygrométriques en tant qu'affectant aussi la densité; de sorte que, à l'effet d'obtenir des matériaux pour un progrès ultérieur, l'astronomie requiert non-seulement le secours indirect des sciences qui ont présidé à l'exécution de ses instruments perfectionnés, mais le secours direct de l'optique, de la barologie, de la thermologie et de l'hygrométrie, portées à leur dernier point; et, si nous nous rappelons que ces délicates observations sont, en certains cas, enregistrées par l'électricité, et qu'elles sont en outre corrigées par l'*équation personnelle*, qui est le temps s'écoulant entre voir et enregistrer, temps qui varie avec les différents observateurs, à l'énumération ci-dessus nous ajouterons l'électricité et la psychologie. Si donc une chose aussi simple en apparence que la détermination de la position d'une étoile est ainsi compliquée par tant de phénomènes, il est clair que la notion de l'indépendance des sciences ou de quelques-unes d'entre elles n'est pas tenable. Quelque indépendantes qu'elles puissent être objectivement, elles ne le sont pas subjectivement, elles ne peuvent pas avoir d'indépendance effective devant notre conscience, et c'est la seule espèce d'indépendance dont nous nous occupions. Ici, avant de quitter ces exemples, et spécialement ce dernier, ne négligeons pas de noter avec quelle clarté ils montrent le concours de plus en plus actif des sciences, qui caractérise leurs progrès. Outre que nous trouvons que, dans ces derniers temps, une découverte dans une science cause un progrès dans les autres ; outre que nous trouvons qu'une bonne part des questions dont la moderne science fait son objet sont mêlées au point de requérir pour leur solution la coopération de plusieurs sciences ; nous trouvons, en ce dernier cas, que pour faire une seule bonne observation dans la plupart des sciences naturelles, il faut qu'une demi-douzaine d'autres sciences apportent leur assistance combinée (p. 49). »

A ce passage de M. Herbert Spencer j'en adjoindrai un autre de M. Comte qui dit exactement la même chose. Dans sa *Note sur la création d'une chaire d'histoire générale des sciences physiques et mathématiques*, on lit : « Pour répondre convenablement à sa destination et produire toute l'utilité dont il est susceptible, un tel cours doit porter indispensablement sur l'ensemble de toutes les sciences fondamentales ; car, *les mathématiques, l'astronomie, la physique, la chimie et les sciences physiologiques s'étant toutes en réalité développées simultanément et sous l'influence les unes des autres,* il est impossible d'exposer une véritable histoire, c'est-à-dire de démontrer la filiation effective des progrès, en observant exclusivement une partie quelconque d'entre elles. » J'ai donc à défendre et M. Comte contre M. Herbert

Spencer, et M. Comte contre lui-même, du moins à expliquer qu'en s'exprimant ainsi il n'a pas distingué des points de vue, qui pourtant sont bien distincts.

J'entre au cœur de la discussion en remarquant que le philosophe anglais confond la série des sciences avec leur évolution, et, dans l'évolution même, l'époque où elles ne sont point encore constituées avec l'époque où elles le sont. Il faut donc expliquer série, évolution, constitution.

La série des sciences est une classification telle que chacune dépende de celle qui la précède et ait pour dépendante celle qui la suit. La série établie par M. Comte remplit parfaitement cette condition ; cela n'est pas douteux ; mais il n'en faudrait pas moins l'abandonner si elle était, comme le prétend M. Herbert Spencer, arbitraire, ne représentant qu'une vue de l'esprit, et comparable en philosophie à ce que furent en botanique le système de Tournefort ou celui de Linné. Il n'en est rien ; et, continuant la même analogie, elle doit se comparer à la méthode de Jussieu. En effet, ici revient ce que j'ai dit plus haut sur la hiérarchie des actions naturelles qui, universelles physiquement, deviennent plus particulières chimiquement, et encore plus particulières vitalement. Tel est l'ordre, telle est la série que M. Comte a réalisée dans sa classification, et, à ce point de vue, je n'hésite point à dire que, quelles que soient les nécessités subjectives ou mentales (c'est tout un) qui règlent la formation de la connaissance humaine, les nécessités objectives ne sont pas moins impérieuses. Sans doute le sujet ne connaît l'objet que sous les conditions intellectives ; mais à son tour l'objet n'est connu que tel qu'il est. Or, ici, l'objet est naturellement hiérarchisé, le sujet ne peut donc le connaître que suivant cette hiérarchie. Le sujet ne devine rien, et, quand il veut deviner, il erre et se trompe. Les conditions logiques qu'il porte en lui ne l'éclairent point sur la nature des choses, qui est toujours donnée de position. La classification des plantes ne fut pas inventée *a priori* par le sujet; elle fut fournie *a posteriori* par l'objet. De même, dans la classification des sciences, le sujet n'a point deviné la hiérarchie des actions naturelles de plus en plus particularisées; mais cette hiérarchie, une fois trouvée, s'est inscrite dans la classification créée par M. Comte.

Cette discussion abstraite suffirait; pourtant, comme elle est difficile, je ne veux pas me priver d'un exemple concret qui, venant subsidiairement, l'éclaircit et la fortifie. Supposez que quelqu'un (ce qui était impossible avant les travaux de M. Comte et ce qui, depuis lui, est devenu non-seulement possible, mais exigible de tout philosophe) veuille faire son éducation complète et embrasser l'ensemble des sciences abstraites, il commencera par étudier les mathématiques; les mathématiques lui ouvriront la porte de la physique tant terrestre que céleste; de la physique il passera à la chimie, et de la chimie aux deux branches de la connaissance des êtres vivants : biologie et sociologie. Cela ne peut être autrement; et pourquoi? parce que dans les objets mêmes est un arrangement qui chemine ainsi et qui contraint l'esprit de cheminer du même pas.

J'ai réservé jusqu'à présent à énoncer quelle place, dans l'arrangement sériel des sciences, je donne à la mathématique, et j'attendais que l'enchaînement didactique eût, dans ces questions ardues, porté son témoignage; non pas qu'à mon avis il suffise, puisque ce serait passer de l'ordre objectif qui me sert de guide en ce moment à l'ordre subjectif. Mais, cette notion considérable étant posée, on peut nettement en rechercher la nécessité objective. *A priori*, on pensera sans peine que les conditions de nombre, de temps et d'espace sont les plus générales de toutes, et que, par conséquent, il faut donner l'antécédence à la science qui s'en occupe; mais un simple *a priori* n'est pas concluant; le doute reste tant qu'une confirmation *a posteriori* n'est pas survenue. Or, cette confirmation est fournie par l'impossibilité de commencer la science autrement que par la mathématique. Cette impossibilité n'est pas dans l'esprit, qui la commencerait et l'a en effet tentée par tous les bouts; elle est dans les choses, qui lui imposent une marche déterminée. Il est donc vrai de dire que la place de la mathématique a, comme le reste, sa condition objective.

Ici j'entends M. Herbert Spencer qui m'interrompt et qui me dit : « Cette mathématique à laquelle M. Comte et vous après M. Comte donnez ainsi l'antécédence, ne peut se développer et ne s'est développée effectivement que par le concours des autres sciences ; c'est seulement à propos des questions d'astronomie et de physique que ses plus hautes théories ont été élaborées. » Sans doute, mais ceci porte non pas sur la série, mais sur l'évolution.

L'évolution des sciences est le progrès par lequel la connaissance humaine s'élève à des vérités de plus en plus générales et abstraites. Cette évolution implique à fur et à mesure le concours de toutes les sciences et de tous les arts; c'est là le domaine de ce que M. Herbert Spencer nomme l'interdépendance. Le tableau qu'il en a tracé est excellent; l'interdépendance est incontestable, et sans elle la connaissance humaine ne s'avancerait pas progressivement.

M. Comte a dit que le développement historique ou évolution de chaque science est conforme au principe sériel qu'il a établi. De son côté, M. Herbert Spencer montre que, historiquement, l'évolution n'est pas conforme au principe sériel; et sur cette discordance il rejette le principe. A mon tour, je maintiens le principe sériel, et je ne repousse pas l'interdépendance. Il y a donc quelque part une confusion qu'il importe de démêler.

La confusion gît à ne pas distinguer l'évolution et la constitution. La proposition de M. Comte que le développement historique est conforme à l'ordre hiérarchique est vraie quant à la constitution. La proposition de M. Herbert Spencer que le développement historique se conforme toujours à l'interdépendance est vraie quant à l'évolution. Maintenant, qu'est donc la constitution par rapport à l'évolution?

Une science est constituée quand elle a satisfait à deux conditions : reconnaître quelqu'une des propriétés fondamentales de la matière, et établir sur cette propriété une doctrine abstraite susceptible d'évolution. Je ne parlerai de la mathématique que pour mention; là, la simplicité est si grande que la constitution et l'évolution ne sont pas distinctes, et se confondent. Quant aux autres, les deux phases constitution et évolution, sont distinctes. La physique est constituée quand elle a reconnu la pesanteur, le calorique, l'électricité et le reste comme propriétés irréductibles, et commencé sur chacune la théorie abstraite qu'elles comportent. La chimie est constituée quand on aperçoit l'affinité et les lois de l'affinité. La biologie est constituée quand une vitalité essentielle aux tissus est constatée. Enfin la sociologie est constituée quand on a saisi la loi suivant laquelle le corps social transmet d'âge en âge l'accumulation héréditaire.

Ici encore un exemple, celui de la biologie, me fournira son secours. Depuis l'époque des plus anciens documents scientifiques nous voyons la biologie cultivée. Démocrite et Hippocrate l'étudient; Aristote y consacre de très-importants travaux; tous les médecins, directement ou indirectement, y apportent leurs contributions; des découvertes considérables s'y font, entre autres celle de la circulation du sang; et cependant je n'hésite pas à dire que, malgré tout cela, la biologie n'était pas constituée. Quel que fût le caractère des faits qui venaient en lumière, il n'en résultait aucune notion qui séparât, dogmatiquement, la biologie des sciences *inférieures*; je me sers ici de ce mot, dû, avec l'idée qu'il exprime, à M. Comte, et j'ai, on le voit, le droit de m'en servir. Elle demeurait un appendice, un prolongement de la physique et de la chimie; et, quand on voulait en constituer la théorie, on ne manquait jamais d'en grouper les faits autour de quelque principe emprunté, suivant les temps, aux domaines déjà constitués. Les esprits qui protestèrent contre ces explications physiques ou chimiques n'eurent rien à proposer en place. C'est qu'en effet manquait à la biologie une consistance dogmatique qui ne pouvait venir que lorsqu'on saurait enfin si la cellule, si la fibre musculaire, si la fibre nerveuse avaient des propriétés à elles ou ne présentaient que des modifications de quelqu'une des forces qui appartiennent à la matière inorganique.

Voulant expliquer pourquoi, malgré le système de l'évolution, la chimie, de fait, n'apparaît que tardivement dans l'ordre des connaissances, M. Herbert Spencer dit : « La complexité relative n'a rien à faire ici; l'oxydation d'un morceau de fer est un phénomène plus simple que le retour des éclipses, et la découverte de l'acide carbonique moins difficile que celle de la précession des équinoxes; mais l'avance lente relativement de la connaissance chimique fut due en partie à ce que les phénomènes n'en étaient pas journellement jetés à l'esprit des hommes comme ceux de l'astronomie; en partie à ce que la nature ne fournit pas habituellement les moyens, ni ne suggère les modes d'investigation, comme avec les sciences qui s'occupent du temps, de l'étendue et de la force; en partie à ce que la plus grande portion des matériaux qui sont le sujet de la chimie, au lieu d'être sous la main, ne deviennent connus que par les arts qui croissent lentement; en partie enfin parce que, même étant connus, ces matériaux manifestent leurs propriétés chimiques non spontanément, mais par la voie de l'expérimentation (p. 44). »

J'aurais bien de la peine, je l'avoue, indépendamment de toute autre considération, à ne voir dans un événement scientifique aussi grave que l'influence de circonstances accidentelles. Mais je n'ai aucun besoin de discuter une à une ces circonstances, puisque le cas de la chimie n'est qu'un cas particulier de la constitution successive des sciences. La biologie, contre laquelle aucun des accidents énumérés par M. Herbert Spencer n'est intervenu et qui, en effet, a été abordée de toute antiquité, n'avait que des faits et point de doctrine, et demeurait incapable de se dégager des doctrines physiques ou chimiques qui, constituées, lui imposaient leur constitution.

Je ne puis non plus laisser passer la prétendue simplicité attribuée à la chimie. Dans les échelons que nous offre le mode d'existence des choses, le chimisme occupe un rang élevé; et c'est cette complication, non les accidents énumérés par M. Herbert Spencer, qui a rendu tardive l'apparition de la chimie.

Ces remarques me conduisent à un point de vue d'où l'on note la condition successive de ces constitutions, et que je nommerai le point de vue des résidus. Chaque science supérieure (les mathématiques étant mises à part) se constitue par un résidu que laissent les sciences inférieures et qu'elles n'expliquent pas. Là, dans ce résidu, sont les matériaux de la constitution future de la science qui vient après. Quand la physique a épuisé les propriétés de la matière qui lui incombent, il reste les propriétés d'affinité moléculaire; mais, avant cet épuisement, nul ne peut dire si l'affinité moléculaire ne dépend pas de quelque propriété physique inconnue ou mal connue; après l'épuisement le doute a disparu, et la chimie surgit. Même jugement pour la biologie; la chimie achève de s'instituer; et alors apparaissent dans leur inexplicabilité les phénomènes vitaux ; ils sont le résidu de la chimie, comme la chimie elle-même était le résidu de la physique ; alors la biologie se constitue et se superpose au tronçon scientifique tel qu'il existait.

Maintenant il ne me reste plus qu'à rappeler ce que j'ai dit de la généralité objectivement décroissante dont la nature nous offre les échelons dans le passage des phénomènes physiques aux phénomènes chimiques, puis aux phénomènes vitaux. Ce rappel suffit pour montrer qu'à ces échelons répondent les constitutions successives des sciences. De la sorte la série établie par M. Comte est également fondée dans la nature et dans l'histoire ; et de la sorte aussi se comprend la sûreté des services logiques qu'elle rend.

C'est pour avoir perdu de vue les conditions objectives que M. Herbert Spencer, rejetant la série, n'a plus connu que l'interdépendance. Celle-ci paraît seule quand on néglige de considérer l'objet. On n'aperçoit plus que le consensus, la synergie, la connexité, où rien ne se démêle ni ne se hiérarchise, et où la constitution n'est plus que quelque chose de très-secondaire et même d'accidentel. Mais la considération de l'objet restitue à la constitution le caractère de nécessité qui lui appartient, et qui en fait un principe supérieur à celui de l'interdépendance. Dans toutes les choses de la connaissance humaine, l'objet prime le sujet, en ce sens que le sujet ne donne que la forme, tandis que l'objet donne le fonds.

Mais cela n'ôte rien de sa réalité et, par conséquent, de son importance à l'interdépendance, que M. Herbert Spencer a mise vigoureusement en lumière. Tandis que la série et la constitution représentent la condition objective des choses, l'interdépendance représente la condition subjective de la connaissance ; double condition qui, historiquement, se manifeste d'une part comme série dans la superposition des constitutions, d'autre part comme évolution dans le concours de toutes les parties pour une seule, et d'une seule pour toutes. Ainsi est conciliée la généralité décroissante de M. Comte avec la généralité croissante de M. Herbert Spencer.

Un des modes essentiels de l'interdépendance a été aperçu avec beaucoup de perspicacité par M. Herbert Spencer, c'est que chaque science, chaque partie de science joue ou peut jouer pour toutes les autres le rôle d'art et d'instrument.

« Employer des généralisations établies pour ouvrir la voie à de nouvelles généralisations peut être considéré comme de l'art. Dans chacun de ces cas, la connaissance antérieurement organisée devient l'outil par lequel de nouvelles connaissances sont obtenues; et il importe peu que cette connaissance antérieurement organisée soit incorporée dans un appareil tangible ou dans une formule, quant à sa relation essentielle avec la nouvelle connaissance. Si, ce que personne ne niera, l'art est la connaissance appliquée, telle portion de l'investigation scientifique qui consiste en connaissance appliquée est de l'art. De sorte que nous pouvons même dire qu'aussitôt qu'une prévision en science sort de son état originairement passif et est employée pour atteindre d'autres prévisions, elle passe de la théorie à la pratique, devient science en action, devient de l'art. Nous voyons ainsi combien la distinction ordinaire entre l'art et la science est purement de convention, et combien il est impossible de faire aucune séparation réelle; non-seulement la science et l'art furent uns à l'origine, non-seulement les arts s'assistent perpétuellement l'un l'autre, non-seulement les sciences et les arts se prêtent incessamment un secours mutuel, mais encore les sciences jouent le rôle d'arts l'une pour l'autre, et la partie établie de chaque science devient un art pour la partie qui est en croissance. Quand nous reconnaissons l'étroitesse de ces associations, il nous apparaît clairement que, comme la connexion des arts est sans cesse devenue plus intime, comme l'aide donnée par les sciences aux arts et par les arts aux sciences est allée croissant d'âge en âge, de même la dépendance réciproque des sciences entre elles est devenue continuellement plus grande, leurs mutuelles relations plus impliquées, leur consensus plus actif (p. 53). »

Contre ce morceau très-digne d'être médité, je n'ai qu'une objection, accessoire d'ailleurs, à soulever. Elle porte sur la phrase où il est dit que l'art et la science furent uns à l'origine. Je conteste cette proposition. Selon moi, l'art et la science n'ont pas été uns à l'origine, ils sont distincts l'un de l'autre, et les arts ont précédé les sciences. Les arts découlent de facultés de l'âme différentes de celles d'où les sciences découlent. Ils proviennent des besoins à satisfaire, tandis que les sciences proviennent de l'intelligence cherchant le vrai. Cette distinction capitale, c'est la biologie qui me l'offre toute faite et toute réalisée ; aucune discussion théorique n'aurait sans doute réussi à la fonder d'une manière indubitable ; une simple inspection zoologique la fournit : des arts existent chez les animaux sans qu'aucune science existe chez eux. La série animale sert ici de preuve à la série psychologique dans l'humanité. Sans doute, la raison intervient dans les arts, mais elle y intervient comme instrument, tandis que dans les sciences elle agit pour soi ; là est la séparation essentielle entre les arts et les sciences.

4° *Résumé.* L'attaque dirigée par M. Herbert Spencer contre la série des sciences suivant la philosophie positive a échoué. Il demeure établi historiquement que les sciences se sont constituées l'une après l'autre et superposées, et didactiquement que, pour les apprendre, il faut suivre l'ordre indiqué par la série. Cet ordre historique et logique correspond objectivement à un ordre naturel d'après lequel les propriétés physiques, chimiques et vitales sont hiérarchisées, c'est-à-dire se succèdent suivant une généralité décroissante et une complexité croissante.

L'évolution se fait par interdépendance.

Il faut distinguer la série, la constitution, l'évolution.

Cette discussion était nécessaire pour appeler l'attention sur le fondement objectif ou naturel de la série, et pour dissiper des obscurités qui résultaient de confusions d'idées et de termes.

Outre les services logiques que la série scientifique rend perpétuellement à tout penseur, M. Comte a conçu que la doctrine de la formation des sciences devait influer sur la conduite de l'éducation. M. Herbert Spencer, à son point de vue, soutient la même opinion avec force et clarté. Aussi le cité-je pour conclusion ; car il est nécessaire de faire sans cesse ressouvenir quels graves intérêts pratiques sont constamment liés aux théories les plus abstraites.

« Des sujets d'une nature aussi abstraite, dit M. Herbert Spencer, sont communément laissés de côté comme n'ayant aucune importance pratique ; et nous ne doutons pas que plusieurs penseront qu'il y a bien peu d'intérêt à savoir quelle théorie il faut entretenir touchant la genèse des sciences. Mais la valeur des vérités est quelquefois d'autant plus grande que la généralité en est plus étendue. Tout éloignées qu'elles semblent de l'application, les plus hautes généralisations sont non rarement les plus puissantes dans leurs effets, grâce à leur influence sur toutes les généralisations secondaires qui règlent la pratique. Il en est de même ici. Une fois établie, une théorie correcte du développement historique doit avoir une action immense sur l'éducation, et, par l'éducation, sur la civilisation. Quelque grandes qu'à d'autres égards soient nos dissidences avec M. Comte, nous concourons avec lui dans la doctrine que, bien conduite, l'éducation de l'individu doit avoir une certaine correspondance avec l'évolution de l'espèce. Personne ne peut contempler les faits que nous avons cités en illustration des stages primitifs de la science, sans reconnaître la *nécessité* des procédés par lesquels ces stages furent atteints, nécessité qui, à l'égard des vérités dirigeantes, doit être également reconnue dans les stages subséquents. Cette nécessité, qui a son origine dans la nature même des phénomènes à analyser et des facultés à employer, s'applique plus ou moins pleinement à l'esprit de l'enfant comme à celui du sauvage. Nous disons plus ou moins pleinement, parce que la correspondance est non spéciale mais générale. Si le milieu était le même dans les deux cas, la correspondance serait complète. Mais, bien que les matériaux environnants dont la science dégage son organisation soient, en beaucoup de cas, les mêmes pour l'esprit juvénile que pour l'esprit primitif, ils ne le sont pas dans tous les cas; par exemple, les phénomènes accessibles au premier, ne le furent pas au second. Conséquemment, selon que le milieu diffère, la marche de l'évolution doit différer. Toutefois, diverses exceptions étant admises, il reste un parallélisme essentiel; et, si cela est, l'importance devient grande de déterminer quel a été réellement le procédé de l'évolution scientifique. L'établissement d'une théorie erronée sera désastreuse dans ses résultats d'éducation; tandis que l'établissement d'une vraie théorie peut être fertile en réformes scolaires et en bienfaits sociaux qui en découleront (p. 55).

CHAPITRE VII.

Procès avec M. Bachelier, libraire.

Un procès n'est pas d'ordinaire, dans la vie d'un homme, un événement assez important pour qu'on en fasse un chapitre de sa biographie. Pour le cas présent il n'en est pas de même; le procès avec M. Bachelier eut des suites fort graves pour M. Comte; ces suites furent la perte de son emploi comme examinateur d'admission à l'École polytechnique; un subside anglais qui, pendant une année, lui permit de combler le vide ainsi fait dans ses finances; et, ce vide s'aggravant par les événements de 1848, qui ne permirent pas à M. Laville de le garder comme professeur, l'institution, par mes soins, d'une souscription qui, passant un peu plus tard de mes mains dans celles de M. Comte, devint l'unique ressource de la fin de sa vie. On voit donc qu'il importe de relater un procès qui eut de telles conséquences.

Et je le relate en en suivant pas à pas les phases dans le récit confidentiel que, au fur et à mesure des incidents, M. Comte en fait dans des lettres écrites à sa femme ou à M. Mill. C'est du reste le procédé que j'ai pratiqué tant que j'ai pu dans cette biographie. De la sorte se déroule sous les yeux du lecteur un petit drame parfaitement réel et où le biographe n'intervient que pour lier les fragments de correspondance. Quiconque veut étudier de près M. Comte le peut; on le voit agir, lutter, craindre, espérer. La peinture est fidèle, il ne s'y mêle aucun trait étranger ni suspect. On peut se méfier d'un homme qui écrit pour se raconter ; ici M. Comte ne se raconte pas ; mais il informe d'incidents qui le touchent, des personnes qui n'y sont pas indifférentes ; et, à chaque fois, il énonce ou l'action que la chose lui suggère ou l'impression qu'il en ressent. C'est donc avec l'histoire vraie des faits l'histoire vraie du caractère.

En enchaînant au procès la perte de sa place et ce qui s'ensuivit, je n'ai point obéi à une conjecture ; j'ai consigné un fait. M. Comte ne s'y trompa point. Dans une lettre du 25 décembre 1844 à M. Mill, après avoir exposé que le ministre de la guerre, c'était M. le maréchal Soult, ne le préservera pas malgré sa bonne volonté, il ajoute : « Ce préambule général était nécessaire pour vous mieux indiquer le cinquième et dernier acte, tout récemment commencé, du grand drame personnel dont je suis le sujet depuis plus de deux ans. La fameuse préface ou plutôt la publication de mon sixième volume en constitua, en 1842, le premier acte, bientôt suivi du procès que je gagnai ; vint ensuite, comme troisième acte, mon triomphe provisoire de 1843, puis le grave échec que vous connaissez, il y a six mois. Le dénoûment sera sans doute pour 1845, et il se présente comme bien sombre.... »

Il importe donc d'examiner cette préface qu'il appelle fameuse, mais qu'autour de lui on trouvait inutilement dangereuse. Elle est de 1842 et parut en tête du sixième volume du *Cours de philosophie positive* ; chacun peut l'y lire ; je me contenterai d'en remettre les points principaux sous les yeux du lecteur.

Son but, dit-il en commençant, est d'appeler une attention directe sur une existence privée, où il s'efforcera d'ailleurs de caractériser autant que possible son intime connexité avec l'état général de la raison humaine au dix-neuvième siècle. Il raconte donc comment les idées positives ont pris consistance dans son esprit et sont devenues la philosophie qu'il a fondée. Dénué de ressources personnelles, il a, tout en poursuivant ses travaux philosophiques, fait reposer son existence matérielle sur l'enseignement privé des mathématiques. Introduit en 1832 à l'École polytechnique comme répétiteur titulaire, il eut en 1836 l'occasion d'y occuper par intérim la principale chaire mathématique; il s'en acquitta avec le plus grand succès au jugement de l'illustre Dulong et des élèves. Il ajoute qu'on a cru jusqu'à présent, et que l'on croira sans doute longtemps encore, l'avoir suffisamment récompensé en ajoutant à son office subalterne des fonctions plus importantes relatives au jugement initial des candidats. De là il passe à l'examen des conditions qui font que ses services dans l'enseignement ont été si peu récompensés. Cela, il l'attribue aux répulsions qu'excite sa philosophie. Elle en excite dans le parti théologique, et c'est lui qui, sous la Restauration, a fermé à M. Comte l'entrée de l'enseignement; elle en excite dans le parti métaphysique, et c'est lui qui, par la main de M. Guizot, a refusé de créer une chaire d'histoire générale des sciences, et d'inscrire le nom de M. Comte, contre l'attente de ses amis et même de ses ennemis, dans l'Académie des sciences morales et politiques nouvellement rétablie. Elle en excite surtout dans le parti des géomètres; ceux-ci ont, dans le domaine spéculatif, une suprématie provisoire, graduellement développée pendant le cours de l'élaboration préliminaire propre aux deux derniers siècles[1]; car ils étaient alors les seuls dépositaires de la positivité naissante; mais cette suprématie leur est irrévocablement ravie par la philosophie positive, qui la transporte aux sciences supérieures[2];

---

[1]. Voy. plus haut, p. 95, une opinion toute semblable soutenue par le docteur Burdin.
[2]. On sait ce que M. Comte entend par science supérieure; c'est celle qui s'occupe d'un objet plus compliqué que la science dite inférieure.

de là leur répulsion instinctive contre M. Comte, répulsion qu'ils ont manifestée quand, la principale chaire mathématique de l'École polytechnique étant de nouveau devenue vacante, ils ont, malgré le grand succès de l'intérim fait par M. Comte, malgré le souvenir de Dulong, malgré les députations des élèves, fait donner la place à un autre.

Le lecteur demandera sans doute quel est le but d'une pareille exposition. Il faut se souvenir que la place d'examinateur d'admission et celle de répétiteur qu'occupait M. Comte étaient soumises tous les ans à une élection par le Conseil d'instruction de l'École, où justement les géomètres avaient la prépondérance. Cela rappelé, les lignes suivantes, par lesquelles il veut se créer une sauvegarde contre la possibilité d'une non-réélection, deviennent claires :
« Je n'exige nullement que mon existence privée soit changée ni même élargie, mais seulement à la fois adoucie et consolidée. Son état présent, s'il était moins pénible et moins précaire, suffirait à mes besoins essentiels et même à mes goûts principaux. Quant aux prévoyances de la vieillesse, si jamais il y a lieu, la nation française saura sans doute y pourvoir spontanément. Mais je demande surtout que mes ressources matérielles ne soient pas livrées, chaque année, au despotique arbitrage des préjugés et des passions que mon essor philosophique doit naturellement combattre avec une infatigable énergie, comme constituant désormais le principal obstacle à la rénovation intellectuelle, condition fondamentale de la régénération sociale. Or, à cet égard, sans attendre ni solliciter directement aucune rectification réglementaire, la crise que je viens de provoquer ainsi dans ma situation personnelle va nécessairement, quoi qu'on fasse, devenir pleinement décisive en l'un ou l'autre sens; car, si, malgré cette loyale manifestation publique, les prochaines réélections annuelles confirment, sans aucune diffi-

culté, ma double possession polytechnique, je serai, par cela seul, suffisamment autorisé à regarder, d'un aveu unanime, cette formalité, d'ailleurs absurde, comme ayant cessé enfin d'offrir envers moi aucun danger essentiel; elle ne permettra plus à personnne d'oser m'offrir, presqu'à titre de grâce, cette confirmation périodique qui ne sera plus vraiment facultative. Au cas contraire, je sais assez ce qui me resterait à faire pour que la suite de mon élaboration philosophique souffrît le moins de cette infâme iniquité finale (p. xxxiii). »

Il n'est personne qui, à première vue, ne comprenne l'inanité d'une pareille déclaration. Elle ne changeait pas l'état des choses; une réélection de plus, si elle avait lieu, comme elle eut lieu en effet, n'ôtait rien à la puissance du Conseil; et on restait toujours maître de ne pas le réélire si on voulait. Quant à la pression morale qu'il prétendait exercer, elle n'était pas moins illusoire. C'était une pétition qu'il adressait, mais c'était une pétition impérative, grâce à l'apostille que, suivant lui, le public y mettrait. Il demandait en commandant qu'on lui accordât ce qu'il demandait; et il se croyait le pouvoir de commander au nom de l'influence que son livre achevé allait lui donner. Il brûlait ses vaisseaux et le savait bien. Tandis que chacun voit qu'il compromet sa position, il assure, lui, qu'il la consolide. Possesseur, en idée, de l'opinion politique, il transforme, à l'aide de cette force, ses réélections à venir en une simple formalité, et il atteint le double but qu'il se propose : mettre en sûreté la place qui lui est nécessaire et triompher de ses ennemis. Cette combinaison, qui reposait sur une illusion, se brisa contre la réalité. Le livre de M. Comte gagne en influence tous les jours, et, c'est ma conviction, grandira dans l'avenir; mais l'avenir n'est pas le présent. Le public ne s'émut pas et ne pouvait s'émouvoir; l'apostille espérée ne vint pas; et il ne resta qu'un vain défi porté d'une main désarmée, et qui irritait sans défendre. Son bon droit, fondé sur l'éminence et l'intégrité avec lesquelles il remplissait les fonctions d'examinateur, demeurait intact ; là était sa vraie protection, qu'une préface hors de propos n'eût pas dû lui ôter.... Et pourtant il perdit sa place.

Cette préface est datée du 19 juillet 1842. Au commencement de cette même année, à la date du 4 mars, dans une lettre à M. Mill, sans en parler encore, il indiquait la polémique que son sujet le conduisait à engager contre les géomètres, dans un des derniers chapitres de son dernier volume. « Je vous remercie d'avoir compté que je prendrais une part réelle à l'indication de vos émotions personnelles, déterminées par l'approche de l'importante publication par laquelle vous allez ouvertement prendre rang parmi les têtes vraiment philosophiques, à l'unanime satisfaction, j'ose l'annoncer, des bons esprits européens. Ma situation actuelle est à quelques égards analogue, puisque je suis sur le point de terminer enfin une opération qui n'est pleinement jugeable que dans son ensemble, et qui, par suite, n'a pu être appréciée ou même connue du vulgaire des penseurs ; quoiqu'elle ait assez percé par sa seule existence pour obtenir, selon ce que je viens d'apprendre, les honneurs de l'*index* dans la congrégation des livres en cour papale. Mon cas est même plus compliqué personnellement que le vôtre, en ce que votre existence sociale est heureusement indépendante de vos travaux philosophiques, tandis que les miens pourront exercer une grave influence, et plutôt funeste qu'avantageuse, sur ma position matérielle. Dépourvu de toute fortune privée, je ne vis modestement que par de pénibles fonctions dont le caractère est fort précaire et que mon ouvrage pourra compromettre. Vous ignorez en effet que, en confirmation de la profonde inaptitude des savants actuels, surtout en France, à tout gouvernement quelconque, même scientifique, d'après leur défaut simultané de vues générales et de sentiments généreux, nos règlements sont tellement sages que les deux fonctions que je remplis à l'École polytechnique y sont assujetties à une réélection annuelle par le corps des professeurs!! Or, ce qui ne serait pour tout autre qu'une formalité désagréable peut s'aggraver beaucoup envers moi, en offrant un point d'appui aux dispositions malveillantes que doivent m'y susciter naturellement des sentiments d'envie trop communs et le souvenir des injustices qu'on m'y a déjà faites. J'ai appris à mes propres dépens que les savants seraient tout aussi vindicatifs et oppressifs que les prêtres et les métaphysiciens, s'ils pouvaient en avoir jamais les mêmes moyens. Or, en ce qui me concerne, leur pouvoir actuel est pleinement suffisant. Cependant la suite de mon appréciation historique me conduit nécessairement, dans le sixième volume, à attaquer directement le régime routinier de la spécialité dispersive, qui se présente à moi, d'après l'ensemble du passé moderne, comme constituant aujourd'hui, surtout en France, le principal obstacle au grand mouvement philosophique du dix-neuvième siècle. Loin de reculer devant une obligation aussi délicate, vous me connaissez assez maintenant pour ne pas douter que je ne l'aie remplie avec toute l'énergie qu'exige sa haute importance, mais je ne me dissimule point que ce devoir philosophique peut gravement compromettre la situation précaire où je me trouve encore à l'âge de quarante-quatre ans, et de manière à troubler peut-être les vingt années environ qui me restent à vivre et à penser. Heureusement que mon caractère est aussi spéculatif que mon esprit, et que je ne me suis laissé jamais préoccuper beaucoup par les injonctions matérielles, sauf le cas de détresse actuelle. Quoi qu'il en soit, il serait fort pénible d'être forcé de changer aussi tard ses moyens d'existence, après avoir toujours vécu, depuis l'âge de dix-huit ans, par l'enseignement mathématique sous une forme quelconque; et vous concevrez aisément que cette considération doit accessoirement augmenter l'émotion inhérente à la prochaine terminaison de mon entreprise philosophique, bientôt livrée finalement au contrôle décisif des penseurs européens. »

Cette préface ne prit pas tout à fait Mme Comte à l'improviste. Deux ans auparavant M. Comte avait dit à sa femme qu'il avait la parole dans son ouvrage et qu'il ne le terminerait pas sans en user, de manière que sa position pourrait bien y sauter, mais qu'il était décidé. Sa femme lui fit d'abord de sérieuses observations, qui furent mal reçues; alors elle lui dit : « Pourquoi m'annoncer la foudre s'il n'y a pas moyen de l'éviter? » A ce moment Mme Comte ne savait si ce serait sous forme de préface ou autrement qu'il s'expliquerait d'une façon si hasardeuse pour lui.

Quoique avertie longtemps à l'avance, les inquiétudes de Mme Comte furent dépassées par la lecture de la *Préface*. C'est à ces inquiétudes que répond la lettre datée de Rennes, 13 septembre 1842[1]. « .... Je suis forcé par les inquiétudes que vous témoignez au sujet des suites personnelles de ma préface, d'entrer dans quelques détails propres à vous tranquilliser sur une catastrophe qui, en effet, rejaillirait nécessairement sur votre propre existence. Je n'ai pas besoin de vous dire que je n'ai pas entrepris cette démarche sans y avoir très-mûrement pensé (elle était projetée plus d'un an à l'avance) et sans m'être bien préparé aux plus fâcheuses conséquences qui en pourraient résulter. Si donc il survenait un désastre, soyez bien convaincue déjà que je ne m'en laisserai pas abattre et que je saurai reprendre sans dégoût l'enseignement privé qui serait alors, je n'en doute pas, beaucoup plus efficace pour moi qu'il n'avait pu l'être

---

1. Cete lettre est postérieure à la séparation.

autrefois. Quoi qu'il puisse arriver de ce genre, j'ose assurer que mes ennemis n'auront pas le funeste pouvoir d'empiéter sur ma santé pas plus que d'amoindrir mon énergie.

« Au sujet des précautions que vous me recommandez d'exiger de mes amis, vous devez sentir, puisque vous avez lu cette préface, destinée, de plus d'une manière, à devenir bientôt célèbre, que je l'ai terminée en annonçant ma ferme résolution de ne prendre aucune espèce de part à la polémique quelconque dont je pourrais devenir l'objet.... Quant aux diatribes ou démarches quelconques qu'on tenterait contre mon ouvrage et moi, il est fort probable que je ne les connaîtrai même pas; et, quand même mes précautions pour en éviter la connaissance seraient accidentellement insuffisantes, je ne m'y arrêterai nullement, et laisserai à mes amis le soin d'y répondre spontanément s'ils le jugent à propos, fort disposé déjà à ne pas plus lire ces réponses que ces attaques. Je reconnais trop combien Descartes eut tort de se mêler à la polémique dirigée contre lui, pour être aucunement entraîné à une pareille faute qui lui fit perdre beaucoup de temps et de calme.

« Après avoir ainsi satisfait pleinement à vos judicieuses recommandations sur cet important sujet, je dois encore, en entrant davantage dans le fond de la situation, rassurer vos principales inquiétudes par quelques indications propres à faire déjà pressentir que la démarche décisive tentée dans ma préface est énergique, sans être imprudente, quoique nouvelle, et qu'elle aura bientôt sur ma position personnelle une influence bien plus favorable que fâcheuse. Blainville avait d'abord, comme vous le présumez, quelques graves préoccupations à ce sujet; mais il a fini par être convaincu que, très-probablement, cette audacieuse proclamation aboutirait prochainement à consolider ma position matérielle au lieu de la troubler. Il a été surtout spécialement rassuré par une réponse de M. Coriolis [1] à l'envoi de mon volume pour l'École, envoi que j'avais accompagné de l'annonce franche et directe de cette préface et de sa destination personnelle. Comme cette lettre est, en effet, encore plus rassurante que je ne l'avais moi-même espéré, je me félicite de l'avoir emportée avec moi, de manière à pouvoir vous en adresser ci-joint la copie textuelle.... J'espère que cette communication vous fera le même effet qu'à M. de Blainville, dont elle a achevé de dissiper les alarmes.

« Avant mon départ, j'ai eu quelques occasions de reconnaître que le vent est au contraire maintenant pour moi à l'École ; je l'ai surtout constaté par les manières nouvelles de ceux qui flairent le mieux la faveur, et qui, jadis presque insolents, sont depuis peu devenus bassement obséquieux. On parlait beaucoup de la retraite de M. Coriolis, qui serait remplacé par Duhamel, d'où résulterait un mouvement de mutation où il paraît que mes ennemis sentent déjà l'impossibilité de m'éviter, soit comme professeur ou comme examinateur de sortie. Les élèves ont manifesté leur désir collectif de me voir occuper la chaire, et cette troisième manifestation solennelle, spontanément émanée d'une autre génération polytechnique, semble devoir mieux réussir que les précédentes. Or tout cela est postérieur à l'apparition de ma préface, qui, vous le voyez, a déjà forcé la main en ma faveur ; car, si on espérait s'en faire un moyen d'exclusion, même de ma position actuelle, on ne manquerait pas sans doute de l'employer à plus forte raison dès ce moment, surtout quand l'émoi qu'elle doit soulever est encore tout frais, pour m'écarter d'une position meilleure, à l'avénement de laquelle on semble, au contraire, déjà résigné.... Soyez assurée que je ne me fais aucune illusion.

---

1. Alors directeur des études à l'École polytechnique.

Bien plus promptement que je ne l'avais espéré, j'ai pu confirmer, ce que mes amis et vous-même ne tarderez pas à reconnaître, que cette fameuse préface a été, de ma part, un coup décisif, heureux, quoique paraissant très-hasardeux, et qui était vraiment exigé par la situation. »

M. Mill, quoiqu'en Angleterre et moins bien placé pour apprécier la situation, ne se montrait pas rassuré; et M. Comte lui écrivait le 5 novembre 1842 : « .... J'ai été frappé de l'exacte coïncidence de nos impressions successives à l'égard de ma préface. Quoique toujours décidé à l'écrire, ce dont je me félicite maintenant de plus en plus, j'ai, en effet, passé précisément par les mêmes phases que vous quant aux inquiétudes naturelles qu'un tel défi pouvait susciter; je n'ai cessé d'y avoir égard que lorsque je me suis vu spontanément entraîné, dans le cinquante-septième chapitre, par le simple cours de mon élaboration philosophique, à une réprobation systématique tout aussi sévère, et tout aussi dangereuse pour moi, que celle que devait exiger ma défense individuelle; ce qui rendait alors cette préface, non-seulement convenable, mais même indispensable. Vous apprendrez avec plaisir que jusqu'ici l'expérience confirme pleinement notre commune prévision sur l'effet personnel de cette démarche exceptionnelle, qui ne pouvait avoir d'exemple en tant que relative à une situation encore unique. Ce qu'il y a de consciencieux dans mes ennemis scientifiques, commence à m'offrir une meilleure attitude, surtout à l'École polytechnique, et les autres baissent le ton par une certaine crainte salutaire que je suis parvenu ainsi à leur inspirer, et que je maintiendrai soigneusement. »

M. de Blainville, dont, dans ces fragments de lettres, on voit le témoignage, avait, lui aussi, porté un jugement défavorable. Puis, comme la chose était faite et sans remède, il avait fini, pour ne pas désormais inquiéter inutilement son ami, par accepter les motifs de confiance que M. Comte faisait valoir avec une singulière illusion ; mais, en définitive, les trois personnes qui, en ce moment, lui portaient le plus d'intérêt, Mme Comte, M. de Blainville et M. Mill, s'étaient alarmées d'un acte qu'ils n'avaient pu prévenir, ne l'ayant appris que quand il fut accompli.

Jusqu'à présent on n'aperçoit pas comment de cela doit sortir un procès avec M. Bachelier. Le voici : quelque péril qu'il y eût dans la Préface et dans l'impuissant défi qu'elle renfermait, M. Comte l'avait grandement augmenté par une note agressive contre M. Arago et ainsi conçue : « Toute personne bien informée sait maintenant que les dispositions irrationnelles et oppressives adoptées depuis dix ans à l'École polytechnique émanent surtout de la désastreuse influence exercée par M. Arago, fidèle organe spontané des passions et des aberrations propres à la classe qu'il domine si déplorablement aujourd'hui (*Cours de Philosophie positive*, t. VI, préface, p. XVI, en note). »

En lisant cette note, M. Bachelier, qui était l'obligé de M. Arago et qui imprimait l'*Annuaire du bureau des longitudes*, vint trouver M. Comte et le pria de supprimer cette note, d'ailleurs indifférente à la pensée de l'ouvrage ; ce que M. Comte refusa. Dans cette situation, si tels étaient les liens de M. Bachelier avec M. Arago qu'il lui fût très-déplaisant de voir paraître dans un livre édité par lui quelque chose qui pût être désagréable à M. Arago, il n'avait à son tour qu'à refuser d'achever l'impression. Les tribunaux auraient prononcé sur un tel refus ; et, condamné à imprimer ou dégagé de cette obligation, il aurait fait preuve, à l'égard de M. Arago, de toute la déférence qu'il jugeait lui devoir. Mais ce ne fut pas là ce qu'il fit ; et le parti qu'il prit le mit tout à fait dans son tort. A l'insu de M. Comte, il adjoignit au VIe volume du *Système de philosophie positive* un *Avis* que je reproduis textuellement :

AVIS DE L'ÉDITEUR.

« Au moment de mettre sous presse la Préface de ce volume, je me suis aperçu que l'auteur y injurie M. Arago. Ceux qui savent combien je dois de reconnaissance au secrétaire de l'Académie des Sciences et du Bureau des Longitudes comprendront que j'aie demandé *catégoriquement* la suppression d'un passage qui blessait tous mes sentiments. M. Comte s'y est refusé. Dès ce moment, je n'avais qu'un parti à prendre, celui de ne pas prêter mon concours à la publication de ce VIe volume. M. Arago, à qui j'ai communiqué cette résolution, m'a forcé d'y renoncer. « Ne vous
« inquiétez pas, m'a-t-il dit, des attaques de M. Comte ; si
« elles en valent la peine, j'y répondrai. La portion du public
« que ces discussions intéressent sait d'ailleurs très-bien
« que la mauvaise humeur du *philosophe* date tout juste de
« l'époque où M. Sturm fut nommé professeur d'analyse à
« l'École polytechnique. Or, avoir conseillé, dans le cercle
« restreint de mon influence, de préférer un illustre géo-
« mètre au concurrent chez lequel je ne voyais de titres
« mathématiques d'aucune sorte, ni grands ni petits, c'est
« un acte de ma vie dont je ne saurais me repentir. »

« Malgré les incitations si libérales de M. Arago, j'ai cru ne devoir publier cet ouvrage qu'en y joignant une note explicative du débat qui s'est élevé entre M. Comte et moi.

« BACHELIER,
libraire-éditeur.

« Paris, 16 août 1842. »

M. Comte n'apprit l'existence de cet *Avis* qu'en recevant son exemplaire. Son indignation fut grande et légitime.

Le domicile littéraire, comme il le dit très-bien, avait été violé en sa personne. Aussi n'hésita-t-il pas à intenter un procès.

Il assigna Bachelier pardevant le tribunal de commerce, pour s'y voir condamner : 1° à la suppression de son placard dans tous les exemplaires qui restent chez lui; 2° à la résiliation du traité, en ce qui concerne les éditions ultérieures du *Cours de philosophie positive;* 3° à 10,000 francs de dommages-intérêts pour le tort ainsi apporté au débit de l'ouvrage.

Sur ce dernier point il s'explique ainsi dans une lettre à sa femme du 1er novembre 1842 : « Vous concevez aisément que ce dernier article, que tous les juristes me conseillent, n'a, de ma part, d'autre but que d'empêcher Bachelier de céder à la première réquisition, et de le forcer à laisser courir l'affaire jusqu'à l'audience publique, où je lui ferai subir, ainsi qu'à son digne patron, la flétrissure que mérite sa conduite. Si je ne pensais qu'à moi, je lui proposerais une résiliation à l'amiable, que, dans sa situation actuelle, il s'empresserait trop d'accepter..... Mais je préfère prendre plus de peine et attendre plus longtemps, pour venger publiquement une avanie publique, et faire légalement flétrir, dans l'intérêt de tous les auteurs indépendants, un précédent aussi contraire à la vraie liberté de la presse. Quant à la mauvaise tournure qu'on tenterait de donner à ma demande pécuniaire, vous sentez qu'il me sera facile de l'éviter, en annonçant, dès l'origine, que l'argent provenu de cette punition sera par moi distribué aux divers bureaux de bienfaisance de Paris. Une telle demande accompagne d'ailleurs constamment toutes les instances portées au tribunal de commerce, que j'ai préféré sans hésitation au tribunal civil, parce que j'y aurai affaire à des juges qui, comme moi, ont l'avantage de n'avoir point étudié en droit. »

Mais la situation se compliquait et s'aggravait. D'une part, les amis de M. Arago supportaient impatiemment la note agressive de M. Comte; et, d'autre part, M. Comte disait hautement que son adversaire était non pas M. Bachelier, mais M. Arago, contre lequel il prétendait diriger surtout son plaidoyer devant le tribunal. Les choses étant ainsi, M. Comte écrivit, le 3 décembre 1842, à sa femme une longue lettre dont il faut donner quelque analyse. Il assure d'abord que, dans son plaidoyer, il sera très-modéré : « Vous devez être, ainsi que moi, bien rassurée maintenant sur la modération de mon discours, en sachant qu'un homme aussi calme que M. Lenoir [1] l'a pleinement approuvé, sauf une ou deux expressions que j'ai aussitôt supprimées. Je serai, j'espère, décisif et incisif, mais sans excéder les bornes convenables et en restant toujours réellement dans ma cause. quoique ayant pourvu à tout. »

Il signale l'ascendant que la philosophie positive paraît avoir pris sur M. Marrast, alors rédacteur du *National* : « Le sentiment indispensable de ma supériorité philosophique ne coûte plus rien maintenant à Marrast, déterminé surtout, je crois, par la subordination volontaire que professe ouvertement à cet égard Mill, dont il fait, et avec raison, un très-grand cas. En général je crois, à vous dire vrai, que, au point où me voilà parvenu, il ne s'agit plus pour moi que de vivre. Le genre de prépondérance que je désire ne saurait désormais me manquer. Il ne me reste essentiellement qu'à montrer que l'énergie morale est au niveau, chez moi, de la puissance intellectuelle; et je me félicite maintenant que ce grand procès vienne m'offrir une heureuse occasion de me montrer aux yeux de tous comme un homme plus complet qu'aucun des personnages qui ont jusqu'ici occupé la scène révolutionnaire. Or, cette démonstration décisive ne pouvait se faire sans risques. »

1. M. Lenoir, vieil ami de M. Comte, de M. de Blainville et de Mme Comte. dirigea longtemps l'Athénée.

Puis il raconte que l'affaire prend de plus en plus de gravité; que le *Journal des Débats* enverra à l'audience un de ses principaux rédacteurs et un sténographe[1]; que le *National*, alors politiquement lié d'une manière étroite avec M. Arago, en était alarmé; et que M. Marrast est venu lui porter des paroles d'accommodement : il s'agirait, pour M. Comte, de diriger sa plaidoirie uniquement contre M. Bachelier; sur quoi, M. Arago désavouerait toute participation à la publication de l'*Avis* de Bachelier. Cet accommodement, M. Comte le rejeta, et alors M. Marrast lui fit part des menaces proférées contre lui : on se faisait fort d'obtenir, en mai prochain, du Conseil d'instruction de l'École, sa non-réélection annuelle comme examinateur, la machine était déjà montée; deux candidats désappointés devaient porter plainte sur la difficulté de ses questions. M. Marrast se montra très-inquiet de ces projets; mais M. Comte le rassura et, dans tous les cas, persista.

Enfin il conclut en se félicitant de tout ce qui arrive : « Cette lutte animée constitue, dans mon année de repos, une sorte d'heureuse diversion qui me fait mieux sentir l'existence. C'est la juste manière dont il me convienne de faire alterner la vie active avec la vie spéculative, dont je ne fais là que poursuivre les suites pratiques. Je dois même vous annoncer que, après cette bataille contre la coterie Arago, j'en dois livrer une autre le mois prochain, en ouvrant mon cours annuel d'astronomie (voy. p. 253).... Enfin la troisième bataille de mon année de repos résultera de mon Mémoire, déjà annoncé, sur l'École polytechnique[2]. Ce sera peut-être la plus grave, mais aussi la plus décisive. Je ferai ce travail comme je vous l'ai indiqué, en

---

1. C'était un faux bruit; du moins le *Journal des Débats* n'envoya personne.
2. Ce Mémoire, et c'est dommage, ne fut jamais composé.

mai ou en juin; mais, en tout cas, je ne le livrerai à l'imprimeur qu'après ma réélection comme examinateur. Quoique je n'aie réellement aucune inquiétude sérieuse sur l'issue finale de ces divers conflits, j'ai dû cependant, pour que mon courage atteigne cet état de calme qui peut seul le rendre durable et efficace, envisager de sang-froid la perspective la plus funeste, malgré son extrême invraisemblance. Or, je n'ai pas tardé à sentir que, quand même je perdrais entièrement ma double position polytechnique, je trouverais bientôt, dans l'enseignement privé, une large compensation, au point d'estime universelle que j'ai déjà atteint et qui ne pourrait que s'accroître beaucoup d'après une telle iniquité. Ainsi comptez que je suis prêt à tout, s'il le faut. »

Le jour du procès arriva; M. Comte y plaida lui-même sa cause comme il l'avait annoncé. Le tout est raconté par lui dans cette lettre écrite, le 17 décembre 1842, à Mme Comte, qui, d'ailleurs, avait assisté au procès.

« Le jugement de mon procès a été ajourné, non à huitaine, mais à quinzaine, c'est-à-dire au jeudi 29, où je m'y retrouverai à midi et demi pour entendre la décision et déclarer, s'il y a lieu, mon intention d'en appeler à la Cour royale. Toutefois la discussion n'est pas encore terminée; il n'y a de clos que les débats publics qu'on a voulu abréger, et même, comme vous l'avez vu avant-hier, étouffer le plus possible. Mais, avant le 29, je dois être convoqué dans le cabinet du président, et là je ferai spécialement ressortir les faussetés matérielles et les contradictions flagrantes par lesquelles, malgré sa réputation d'habileté, M. Durmont m'a donné si beau jeu, et que je me disposais à apprécier jeudi si on avait voulu entendre la réplique. Dans cette discussion secrète, d'où toute la partie irritante du sujet se trouvera naturellement écartée d'avance, pour ne plus porter que sur la question commerciale, je m'attends à un tout autre accueil. M. Bordeaux[1], qui du reste ne m'a servi à rien, ne regarde pas du tout le procès comme perdu..... je suis porté à penser que, d'après l'ensemble des débats, le traité sera résilié. Quant au carton, la suppression ne saurait souffrir aucune difficulté; et quant aux dommages-intérêts, maintenant qu'ils m'ont servi à forcer à la discussion publique, je n'y dois plus tenir que pour les pauvres.

« Je suis, en masse, bien plus content que fâché de la bataille d'avant-hier. Si j'avais eu en vue de m'y faire une réputation d'orateur, je regretterais vivement des développements intéressants et incisifs que j'avais préparés et qui ont été si impitoyablement sabrés par l'opposition simultanée du président et de l'adversaire. Mais, au fond, j'ai atteint mon but principal autant que pouvait me le permettre une telle bagarre. J'ai pu en dire assez pour constater nettement aux yeux de tous, ennemis ou amis, mon insurmontable énergie, et c'était là l'essentiel. En même temps, j'ai été assez interrompu et mutilé pour qu'on puisse mettre sur le compte des obstacles oppressifs l'insuffisance de preuves envers plusieurs de mes assertions. M. Lenoir a dû vous dire que tout ce double tumulte ne m'avait pas fait altérer le moins du monde mon plan et en avait seulement étranglé le développement. J'ai franchi les marches huit à huit, mais sans jamais quitter ma rampe. Je n'ai pas eu tout le calme que j'eusse désiré, mais c'était bien difficile en un tel conflit de malveillants; je ne me suis pas emporté une seule fois contre le tribunal, et c'était là l'important.... Le président a, du reste, mal agi envers moi comme homme; je lui avais écrit six jours d'avance, en lui envoyant mon volume pour mieux apprécier le cas, et je lui demandais directement trois quarts d'heure de paisible discussion, en

---

1. Son agréé.

les motivant avec soin et l'avertissant avec franchise que je me jugeais obligé de parler d'Arago; il devait donc loyalement m'avertir avant l'audience que le tribunal n'y consentait pas et ne point me laisser arriver, par suite de son silence, sous l'espoir naturel qu'on était disposé à m'entendre convenablement. Sa partialité était d'ailleurs évidente auprès du public, puisqu'il n'a pas une seule fois rappelé à la question l'agréé, ameutant ridiculement contre moi les morts et les vivants. En masse, les spectateurs ont dû sentir que je ne manquais pas de courage et que ma voix était comprimée.

« Quant aux mauvaises suites personnelles, je ne crains réellement rien, ayant pu convenablement dénoncer les menaces, de manière à en déjouer l'exécution. Je n'ai donc plus à m'occuper de cela, regrettant peu la perte de mon éloquence, que je retrouverai d'ailleurs en Cour royale, si je suis obligé d'y aller; ce que je ne ferais qu'autant qu'on me refuserait la résiliation; or, cette issue est vraiment bien peu probable. Le mauvais vouloir du président envers des débats publics, qu'il peut croire, de très-bonne foi, inutilement irritants, ne préjuge absolument rien, à mes yeux, contre la disposition du tribunal à me rendre finalement bonne justice d'une telle usurpation.

« La manière dont je prends cela doit vous rassurer pleinement sur la réaction que j'en éprouve. Je suis sorti du tribunal dégagé et satisfait, sentant bien que, quoi qu'il arrive, je pourrais toujours tenir la tête très-haute devant qui que ce soit, et d'ailleurs plein de confiance en l'avenir. Le bon M. Lenoir croyait ce soir-là me trouver fort abattu, et il a été agréablement surpris de me voir, à l'issue de mon dîner, corriger paisiblement une épreuve de ma corvée scolastique, et disposé d'ailleurs à m'acheminer aux Italiens, où, le matin, j'avais compté ne pas aller à cause d'insomnie, et où j'ai entendu et goûté un admirable chef-d'œuvre, la *Semiramide*, qui m'a fait beaucoup de bien, en me tirant de l'ignoble prosaïsme de la journée. Depuis trois jours je dormais fort peu, par suite de l'agitation et de l'incertitude bien pardonnables à un homme qui livre sa première bataille rangée à l'âge de quarante-cinq ans. Eh bien, jeudi soir, au retour de mes chers Italiens, j'ai parfaitement dormi sept heures consécutives, et je me porte maintenant à merveille. »

Ce récit permet de voir la vérité. M. Comte n'écrivit pas plus son plaidoyer qu'il n'écrivait ses leçons pour ses cours. Est-ce à dire qu'il improvisait? Pas le moins du monde, excepté en quelques détails amenés par le sujet et où à la verve se sentait l'improvisation; mais il préparait et classait avec autant de précision que s'il eût écrit. Son plaidoyer ne fut pas bon, sans doute, mais ce qui le gâta ce furent des interruptions auxquelles il ne s'attendait pas. Sa demande au président de trois quarts d'heure d'audience n'avait pas eu d'autre but que de lui exposer quels seraient ses moyens de défense et de s'assurer ainsi contre les interruptions. Le président n'ayant pas répondu, M. Comte expliqua ce silence en sa faveur. Le fait est que M. Comte ne pouvait pas plus être interrompu qu'un homme qui lit son cahier. Il le fut pourtant et se troubla beaucoup. Néanmoins il fut souvent bien spirituel; ses appréciations portaient juste, mais plus elles portaient, plus elles irritaient le parti de M. Arago, représenté à l'audience. Il s'agissait de science, de savants, de tripotage académique, et tout cela ne paraissait pas amuser beaucoup le tribunal, peu au courant peut-être de ces détails, et qui d'ailleurs n'avait à juger que la conduite du libraire. Mais si M. Comte eût plaidé devant l'Académie des sciences, il eût eu quelquefois les rieurs de son côté, et qui sait? les rieurs se fussent peut-être trouvés parmi les meilleurs amis de ses ennemis. Quoi qu'il en soit du plaidoyer, son bon droit était évident, et le 29 décembre, le Tribunal de commerce le consacra par le jugement suivant :

*Extrait du jugement rendu le 29 décembre 1842 par le Tribunal de commerce de Paris, sur l'action intentée par M. Auguste Comte contre M. Bachelier, au sujet de l'*Avis de l'éditeur *placé par ce libraire en tête du tome VIe et dernier du* Cours de philosophie positive.

« .... Attendu que, dans cet *Avis*, M. Bachelier ne s'est pas borné à récuser d'avance la solidarité des assertions de l'auteur, mais qu'il y ajoute des expressions inconvenantes envers M. Comte ; que ledit *Avis* n'a point été préalablement communiqué à M. Comte, lequel n'en a eu connaissance que par la publication de son volume ;

« Attendu qu'un éditeur ne peut faire arbitrairement, dans un ouvrage qu'il publie, aucune addition ni suppression sans le consentement formel de l'auteur ; et que les usages constants de la librairie s'opposent à ce qu'une portion quelconque d'une publication soit mise sous presse sans que l'éditeur ait d'abord obtenu le *bon à tirer* de l'auteur ;

« Attendu que, dans la position respective où se trouvent ainsi les parties, tous rapports de confiance mutuelle deviennent désormais impossibles ;

« Par ces motifs, le Tribunal ordonne :

« 1° Que Bachelier sera tenu de supprimer, dans tous les exemplaires non écoulés, le carton intitulé *Avis de l'éditeur*, placé avant la préface du sixième volume de la *Philosophie positive*, et ce, dans les huits jours du présent jugement, sous peine de cinquante francs de dommages-intérêts par chaque jour de retard, à quoi Bachelier serait contraint par toutes les voies de droit et même par corps ;

« 2° Que les conventions primitivement arrêtées entre les parties sont dès ce moment résiliées, en ce qui touche le droit exclusif réservé à Bachelier de publier les éditions subséquentes dudit ouvrage, à la seule charge par l'auteur de n'en point émettre une nouvelle édition avant l'épuisement de la première;

« 3° Condamne Bachelier à tous les dépens, même au coût de l'enregistrement du présent jugement. »

Telle fut la fin du premier acte (c'est l'expression de M. Comte) de cette grave affaire; les autres vont rapidement se dérouler. Le lecteur, maintenant que les choses sont sous ses yeux, peut se demander à bon droit quels furent les motifs irrésistibles qui poussèrent M. Comte à écrire cette préface et à lancer un défi qu'il était hors d'état de soutenir. Ces motifs, on peut les entrevoir dans ce fragment d'une lettre écrite le 29 décembre, le jour même du gain de son procès, à sa femme, dont les craintes n'avaient pas diminué, et qui se plaignait qu'il ne consultât pas ses amis. « Vous me reprochez, en général, d'avoir les conseils en horreur; cela est bien absolu et trop tranchant. Il est vrai que, d'une part, je n'en demande que quand je suis réellement indécis, et, d'une autre part, que je ne m'adresse pas aux personnes dont je sais d'avance la disposition correspondante. Mais cette double tendance n'a, ce me semble, rien d'étrange, et s'écarte peu de la pratique des gens raisonnables et fermes. Votre remarque était ici d'autant moins fondée, qu'à propos de cette fameuse préface, je puis dire avoir très-sérieusement consulté deux personnes un an et plus avant de la faire; comme M. Lenoir est l'une d'elles, il pourrait vous apprendre si, en le consultant à ce sujet, je cherchais simplement un compliment. Si j'avais, il est vrai, consulté tels autres amis, peut-être n'eussé-je pas fait cette démarche capitale; mais je vous avoue que je le regretterais beaucoup à présent, non-seulement pour le plaisir de m'être pleinement épanché, mais aussi quant à l'influence finale que cette mesure inattendue exercera sur la consolidation d'une situation intolérable sans cela. L'expérience prouvera, j'espère, que j'ai mieux connu que vous le terrain sur lequel je marchais. En tous cas, plus j'y pense et repense, plus je me félicite d'avoir agi ainsi; et cette sensation, prolongée longtemps après la verve de la production, mérite bien, de la part d'un homme raisonnable, d'être prise en sérieuse considération. Au fond, quelle plus belle occasion pouvais-je trouver, de m'expliquer sur ma position que le volume final terminant, après douze ans de profonds travaux, où jamais je n'avais parlé de moi, un ouvrage qui paraît destiné à marquer une époque importante dans le développement général de la raison humaine? »

Trois motifs sont articulés, le désir de s'épancher devant le public, l'impatience qu'il éprouvait de dépendre d'une élection annuelle, et la confiance d'avoir désormais assez d'autorité pour s'en affranchir. Ces motifs font pénétrer assez avant dans le caractère de M. Comte; et, s'ils en montrent la hardiesse, ils en montrent aussi la témérité. Ce qu'il tentait ici était contradictoire : il ne pouvait à la fois engager une lutte contre ceux dont il dépendait, et leur demander ou leur enjoindre de ne pas user de cette dépendance. Mais j'abandonne un thème où il est si facile de faire voir comme quoi il aurait dû faire ceci plutôt que cela; et j'aime mieux, à la fin de cette année 1842, le considérer dans la haute position philosophique qui venait d'être conquise par l'achèvement du *Système de philosophie positive*. Le terme était enfin atteint, pour lequel sa vie s'était passée dans la méditation et la composition; il l'était pour lui, qui, avec la juste satisfaction d'un grand esprit qui se repose, contemplait l'œuvre accomplie; il l'était pour ceux à qui l'œuvre accomplie allait fournir un inépuisable enseignement.

CHAPITRE VIII.

Perte de la place d'examinateur à l'École polytechnique.

Les menaces dont la préface et le procès étaient pleins eurent leur effet aussitôt que l'occasion se présenta; ce fut l'année suivante, en 1843, quand, selon la règle établie, le Conseil d'instruction de l'École polytechnique eut à prononcer sur la réélection annuelle de M. Comte. Cette réélection rencontra une très-vive opposition, dont les incidents sont racontés dans une lettre à M. Mill, du 16 mai 1843.

« Quoique les graves motifs temporaires qui m'ont fait exceptionnellement retarder ma réponse à votre bonne lettre du 20 avril ne soient pas encore suffisamment dissipés, je ne dois pas vous la laisser attendre davantage, dans la crainte de vous inquiéter au delà de la réalité, puisque vous savez déjà que cette époque devait être celle d'une concentration naturelle des efforts de mes ennemis personnels pour empêcher ma réélection annuelle comme examinateur. Votre précieux envoi m'est enfin parvenu le 13 avril, au milieu de la crise dangereuse dont je vais vous entretenir, en sorte que j'ai dû alors ajourner une lecture aussi importante jusqu'au moment où j'y pourrais apporter le juste degré d'attention et de continuité qu'exigeait de moi cette appréciation capitale. Je n'ai pu commencer cette lecture que le premier de ce mois, et je l'ai achevée samedi dernier 13, utilisant, à cette heureuse fin, une suffisante intermittence dans l'orage où je suis encore enveloppé, et qui vient précisément de reprendre une nouvelle furie depuis que j'ai terminé cet intéressant examen, dont je vous entretiendrai tout à l'heure.

« D'après les menaces dont je vous ai parlé lors de mon procès, j'ai toujours compté que je ne serais pas, cette année, réélu à l'unanimité comme auparavant. Mais, pendant tout l'hiver, j'ai pensé que les efforts de mes ennemis, dans le Conseil polytechnique, n'aboutiraient alors qu'à faire éclater contre moi M. X. et M. X., les seuls adversaires actifs que j'y aie réellement, et tout au plus à joindre à ces deux voix contraires une ou deux autres dues à l'infatigable obsession de leurs inimitiés; ce qui, à tout prendre, ne méritait pas de m'inquiéter dans une assemblée de quatorze ou quinze membres, où je tenais peu à l'unanimité, surtout cette année. Mais j'ai été utilement averti, au commencement d'avril, que ma sécurité philosophique était mal fondée, et que d'actives intrigues étaient sur le point de faire concourir à ma perte des personnages faibles qui, sans avoir au fond aucune inimitié contre moi, doivent en être spontanément éloignés, de façon à ne pas oser refuser à mes puissants ennemis une telle coopération passive. Ainsi avisé, je me suis aussitôt mis en mesure, suivant la tendance de mon caractère à toujours attaquer d'abord la principale difficulté, de recourir utilement au ministre pour lui demander, selon son droit, de casser une décision funeste, si on parvenait finalement à l'arracher au Conseil. Cela posé, j'ai dû m'efforcer de prévenir, autant que possible, une telle extrémité par un mélange convenable de douceur et de crainte, comme envers tous les êtres peu raisonnables, auprès des divers votants que je pouvais honorablement voir. Telle est la triste manière dont j'ai employé le mois dernier, que vous avez, sans doute, naturellement cru utilisé par moi à l'heureuse lecture de votre précieux envoi. Après m'être ainsi assuré une éclatante majorité, j'ai d'abord espéré que cet épisode se dénouerait à la première réunion spéciale du Conseil, le vendredi 28 avril, où tout le monde comptait sur mon succès. Mais l'active méchanceté de mes deux principaux opposants et le peu d'énergie d'une portion de mes amis ont empêché que le vote ne s'accomplît ce jour-là, sous prétexte qu'il fallait d'abord faire examiner l'affaire par une commission spéciale de cinq membres. Quoique M. X. en fît partie, cette commission a pourtant conclu en ma faveur dans la seconde réunion qui s'est tenue samedi dernier, 13, pendant que je savourais paisiblement vos deux chapitres extrêmes. Néanmoins, grâce à de nouvelles menées, habilement assistées d'un fort coup de théâtre par l'intervention insolite du métaphysicien Dubois, qui figure là à titre de professeur de composition française, et dont l'éloquence parlementaire a subitement tonné contre l'irrévérence de ma fameuse préface, on a encore obtenu du Conseil, après trois heures de discussion acharnée, un nouvel ajournement qui paraît même ne pas être le dernier. Cette orageuse séance a même déterminé les chefs de ma majorité à me conseiller de tenter de nouvelles démarches près de quelques votants indécis, tandis que j'avais cru terminées avec le mois d'avril ces ennuyeuses corvées, si antipathiques à mon caractère. Dans une telle situation, qui peut encore se prolonger au delà de ce que l'on prévoit, j'ai cru ne devoir pas tarder davantage à vous répondre, quoique je voulusse d'abord ne vous informer de cette crise qu'en vous annonçant sa paisible issue. Je m'empresse donc de suspendre ces tristes démarches itératives pour me procurer une puissante diversion par notre heureuse correspondance, sauf à reprendre bientôt la plume spontanément, s'il y a lieu, comme je l'espère encore, de vous mander un dénoûment favorable avant d'avoir reçu votre réponse à cette communication imprévue, dont je comptais bien épargner l'amertume à votre sympathique sollicitude. »

Dans la suite de cette même lettre, M. Comte expose combien désastreuse serait pour lui la perte de son emploi. « .... Je n'ai jamais plus péniblement senti qu'en ce moment l'inconvénient du défaut total de fortune personnelle chez ceux qui veulent régénérer le système des conceptions humaines. Qu'eût fait Descartes, par exemple, sans son modeste mais suffisant patrimoine? car, au fond, si j'avais seulement trois à quatre mille francs de revenu assuré, ou seulement même, ce qui serait presque chez moi équivalent, si j'étais célibataire, je m'inquiéterais peu de l'iniquité qu'on tente contre moi aujourd'hui. Mais vous savez que je suis absolument sans fortune, et que jusqu'ici je n'ai pas pu faire la moindre épargne, en sorte qu'une telle crise, si elle tournait enfin d'une manière sinistre, me jetterait dans une horrible perturbation matérielle, en me privant subitement de la moitié d'un revenu qui n'est pas suffisant. Cette détresse immédiate serait d'ailleurs encore aggravée par la perspective, dès lors presque certaine, de perdre prochainement aussi ma place de répétiteur qui, en me mettant journellement en contact avec une jeunesse pleine de vénération pour moi, resterait assez dangereuse envers mes ennemis, pour qu'ils dussent attacher de l'importance à m'en dépouiller aussi, ce que leur premier succès décisif rendrait, en ce cas, très-facile. Enfin, car je dois tout montrer à votre énergique sympathie, ce double sinistre tarderait probablement peu à réagir aussi funestement sur le troisième élément de mon existence actuelle. Une fois ainsi écarté de l'École polytechnique, il suffirait du moindre conflit pour me faire également perdre mon professorat dans l'établissement privé où je suis maintenant attaché, parce que je ne me dissimule pas qu'on y tient surtout à moi beaucoup plus à cause de ma position officielle, qu'en vertu de mon mérite didactique[1]. Ce danger ultérieur vous étonnera peu, en de telles suppositions, quand vous saurez que cette maison est essentiellement vouée au parti rétrograde et plus spécialement à l'influence catholique. Ainsi, dans un prochain avenir, je peux me trouver successivement privé des trois fonctions qui constituent maintenant ma pénible existence matérielle, et avant d'avoir pu en retrouver l'équivalent par un actif enseignement indépendant, à la fois privé et collectif, qui ne deviendrait certainement pas assez productif avant deux ans. Mais toute la gravité de ma situation réside, au fond, dans l'impossibilité immédiate où je me trouverais forcément d'attendre le terme de compensation. Sans cela, et sauf aussi le funeste retard qu'une telle perturbation apporterait nécessairement à mes travaux essentiels, ce nouveau mode d'existence serait peut-être finalement préférable, en me procurant une plus complète indépendance, que mon action philosophique utiliserait certainement. En supposant même heureusement passée, comme je crois pouvoir encore l'espérer, la crise actuelle, pareil danger peut recommencer l'an prochain, si je ne parviens pas à obtenir du ministère que la place soit instituée à vie. Or, je sens déjà que la liberté de mes spéculations s'en trouvera gênée ; car, au fond, la préface elle-même, ainsi que le procès, ne sont ici que des prétextes servant à ameuter contre moi des votes qui sans cela flotteraient peut-être. Mais, entre nous deux, il faut sentir que le vrai principe de cette lutte acharnée, principe indélébile et désormais progressif, consiste dans mon appréciation sociologique des géomètres, et dans mon effort systématique pour substituer une direction vraiment philosophique à

1. M. Comte se trompe. M. Laville, ancien élève de l'École normale et qui avait été lui-même professeur distingué de mathématiques, était en état d'apprécier M. Comte, et il faisait le plus grand cas de son enseignement et de son caractère.

l'irrationnelle domination de ceux qui ne me pardonneront jamais d'avoir seul démasqué une classe qui se croyait inexpugnable. Si notre École était vraiment gouvernée, c'est-à-dire commandée par un chef unique et responsable, mon sort serait beaucoup moins exposé; quand même j'y devrais avoir affaire à un général qui ne sût pas lire (s'il en existe encore), pourvu qu'il eût une âme honnête, un esprit droit et un caractère énergique, je préférerais sa suprématie à l'irresponsable prépondérance d'une pédantocratie, dont les membres envieux se sentiront toujours irréconciliables avec moi.... »

Les débats furent, comme on voit, prolongés et très-vifs; ils se terminèrent en faveur de M. Comte, mais d'une manière qui faisait pressentir qu'il était irrévocablement condamné. Une lettre à M. Mill du 28 mai 1843 donne les détails.

« Sans attendre votre réponse à ma dernière lettre, je m'empresse, comme je vous l'y promettais, de vous annoncer l'heureux dénoûment que vient d'offrir la triste crise que je vous y décrivais et qui s'est enfin terminée, du moins quant à présent, au delà des espérances de tous mes amis et de mes propres prévisions, après trois séances fort orageuses du conseil polytechnique, par ma réélection *à l'unanimité*, sans excepter les voix des deux adversaires les plus acharnés que je compte dans cette petite corporation. Vous vous demandez, sans doute, comme je l'ai d'abord fait moi-même, quel piége couvre ce résultat inattendu d'une lutte aussi passionnée. En effet, mes adversaires n'ont consenti finalement à se réunir ainsi à la majorité du Conseil qu'en manifestant l'intention formelle de convertir désormais leur acharnement personnel, mais passager peut-être, en une attaque systématique et durable, qui pourrait ultérieurement devenir encore plus dangereuse, si le dessein n'en est pas prochainement abandonné. Dans la dernière séance du

Conseil, ils ont proposé de diriger dorénavant d'une nouvelle manière leur droit de réélection annuelle, non plus en l'appliquant comme tout le monde l'entendait jusqu'ici, à une simple confirmation périodique, tant que l'examinateur exercerait convenablement ses fonctions, mais en l'employant à renouveler systématiquement chaque année de tels fonctionnaires, autant du moins que le comporterait le petit nombre des personnes reconnues aptes à un tel office, et entre lesquelles on le ferait ainsi alterner irrégulièrement sans qu'aucune d'elles en pût avoir l'attribution propre et permanente. Cette étrange proposition, qui n'aboutirait finalement qu'à confier toujours des fonctions aussi importantes et aussi délicates à des jeunes gens sans consistance, qui feraient continuellement leur apprentissage aux dépens des candidats et du public, n'a été, comme vous sentez, imaginée, à défaut de tout autre moyen, que pour m'écarter plus tard, et peut-être dès l'an prochain, d'une position qu'une telle absence de dignité et de sûreté me rendrait dès lors inacceptable; mais on l'a colorée, avec une certaine habileté d'exposition, de quelques spécieux prétextes de bien public qui ont déjà fait illusion à quelques membres inoffensifs. Comme, de nos jours, et surtout en France, l'absence totale de vraies convictions permet, en tous genres, une sorte de succès momentané aux plus absurdes innovations, même quand on les imaginerait au hasard, j'ai lieu de craindre que des esprits, trop habitués à pousser très-loin l'examen d'une face isolée d'une question complexe, sans beaucoup s'inquiéter de l'ensemble du sujet, ne se laissent, de bonne foi, assez séduire par une telle tactique, si réellement on y persiste, pour m'obliger ultérieurement à renoncer à un moyen d'existence que j'avais dû croire jusqu'ici plus satisfaisant et moins précaire que l'enseignement privé dont je vivais autrefois. Dès ce moment, une telle incertitude me dispose à sentir fort amèrement ce qu'offrent de fastidieux ou de pénible mes fonctions actuelles, où la sécurité pouvait seule me présenter une véritable compensation. Toutefois, ma position reste au moins assurée ainsi, pour une année, et j'ai toujours bien senti expérimentalement que la vie ne se compose, au fond, que d'années, dont il ne me reste guère, sans doute, qu'une vingtaine, que je parviendrai peut-être à passer sans plus d'embarras que les précédentes. De plus, quel que soit le désir des géomètres de me faire sentir leur domination matérielle, il est très-probable que cette étrange mesure n'a été réellement imaginée qu'afin de couvrir la défaite de mes adversaires, sous l'apparence d'une réserve hostile; celui qui l'a proposée a certainement trop d'esprit pour en être sérieusement la dupe, et, quoiqu'il puisse malheureusement déterminer chez quelques autres une conviction passagère qu'il n'a pas lui-même, il est cependant fort possible que cette idée soit assez promptement abandonnée pour n'offrir aucun danger véritable dans la réélection de 1844. Enfin, si je la vois acquérir quelque consistance, cela même deviendra un motif suffisant pour m'autoriser, après ma tournée, sans aucune contradiction réelle avec la déclaration finale contenue à ce sujet dans ma préface, à demander directement au ministre de rendre permanentes mes fonctions d'examinateur, comme elles l'ont été longtemps, en faisant cesser une situation temporaire que cette nouvelle disposition rendrait alors incompatible avec mes plus évidentes nécessités; j'aurais, en ce cas, quelque espoir d'obtenir cette heureuse transformation, en faisant convenablement ressortir les vices incontestables d'un tel nouveau mode. »

Dans la suite de cette lettre, il se félicite des honorables témoignages qu'il a reçus en cette menaçante affaire. « .... Quelque pénible qu'ait été pour moi la crise matérielle qui vient de se terminer aussi favorablement, elle me laissera toujours une précieuse compensation dans le doux souvenir permanent des honorables manifestations auxquelles elle a donné lieu en ma faveur dans notre monde savant et même chez la classe qui m'y est la plus hostile. Non-seulement j'ai trouvé, au sein du Conseil polytechnique, fort au delà de mes espérances, des amis zélés et d'opiniâtres défenseurs ; mais, dans l'Académie des sciences elle-même et au dehors, une réprobation très-prononcée a spontanément accueilli l'explosion de l'iniquité qui se tramait contre moi. En complétant ma fameuse *Préface*, dans une seconde édition de mon grand ouvrage, par une histoire sommaire de cette lutte personnelle en ce qui mérite d'y être rappelé à la postérité, je me plairai à rendre, à ce sujet, une complète justice à tous ceux qui s'y sont noblement conduits. Je ne parle pas seulement de M. de Blainville, dont le zèle actif, quoique assurément au-dessus de tout éloge en cette occasion, ne doit étonner personne, soit à cause de son caractère bien connu, soit en vertu de son amitié déclarée. Mais il est déjà de mon devoir de vous signaler spécialement l'admirable conduite, aussi honorable pour lui que pour moi, qu'a tenue ici un illustre géomètre dont j'ai eu précédemment à me plaindre gravement, et envers lequel je n'ai pas craint en effet de formuler, l'an dernier, un blâme public dans la longue note de la page 469 (M. Poinsot). Dès la première manifestation du danger que je courais, aussitôt après mon procès, M. Poinsot avait déjà fait spontanément, au début de cette année, une démarche décisive, dont j'ai été informé longtemps après, pour témoigner aux chefs de l'École polytechnique sa haute improbation d'une telle iniquité. Cette noble initiative ne s'est pas démentie ensuite durant tout le cours de la crise, à l'heureuse issue de laquelle cet éminent témoignage, dont l'impartialité ne pouvait certes être douteuse par suite même de ma nouvelle attitude envers M. Poinsot, a certainement beaucoup contribué. Sans croire devoir reprendre avec lui mes anciennes relations, vous concevez aisément quel besoin j'ai eu de lui écrire aussitôt pour lui exprimer dignement ma reconnaissance et mon admiration d'une telle conduite, dont tant d'autres, à sa place, se seraient crus dispensés par la sévère justice que j'avais été obligé d'exercer.... »

Pour celui qui lira attentivement les deux lettres précédentes et se rappellera le résultat final, il sera clair que cette unanimité désastreuse, comme il la qualifie quelque part, était le présage de ce qui allait arriver en 1844. Elle annonçait que ses amis s'étaient lassés ; et, tacitement, il était entendu que M. Comte jouirait encore un an de son emploi, mais qu'il n'en jouirait pas davantage. Pourtant, moitié illusion, moitié lassitude, il écrivait à M. Mill le 1ᵉʳ mai 1844 : « Le mouvement polytechnique officiel a déjà porté à la tête de notre école l'un de mes anciens camarades, qui, indépendamment de quelques faibles sympathies mutuelles, se trouve d'ailleurs spécialement rattaché à ma cause par de communes antipathies actuelles. Je ne crois donc pas avoir réellement rien à craindre, pour ma situation présente, de la réélection annuelle à laquelle je vais être, comme de coutume, assujetti ce mois-ci, et dont je suis bien décidé à ne pas même m'informer. Cette inaction systématique, d'ailleurs conforme à mon usage antérieur, constitue le complément naturel de l'expérience décisive que j'ai dû tenter et qui est devenue périlleuse l'an dernier, pour explorer la consistance effective de ma position actuelle, que je rejetterais avec dégoût si elle devait exiger chaque année, de ma part ou de celle de mes amis, le renouvellement, même affaibli, des démarches qu'il a fallu faire l'an dernier. Malgré cette attitude passive et indifférente, je ne crois pas courir désormais aucun vrai danger, et ma démarche auprès du ministre m'en garantirait d'ailleurs au besoin. »

Cette sécurité, sans beaucoup tarder, reçut un cruel démenti. Je lui emprunte toujours le récit des choses; je le trouve dans une lettre à M. Mill, du 22 juillet 1844 : « Quelques jours après vous avoir spécialement rassuré sur mes inquiétudes par ma lettre du 1er mai, le nouveau directeur des études est venu amicalement m'informer que la crise de l'an dernier se renouvelait avec plus de chances hostiles. La désastreuse unanimité que j'avais obtenue alors n'était résultée que d'une perfide concession de mes ennemis, qui s'étaient ainsi habilement ménagé un moyen de reprendre plus dangereusement l'attaque lors de l'élection suivante, en paraissant renoncer à toutes les animosités purement personnelles, au-dessus desquelles ils me voyaient placé, pour couvrir leur passion d'un prétexte systématique, en annonçant l'intention de changer désormais chaque année l'examinateur sans aucun sujet de mécontentement et uniquement à titre d'essai d'un nouveau mode. Ce prétendu principe était sans doute aussi absurde que possible à l'égard d'un office qui exige tant de maturité et de continuité, et qui serait ainsi livré méthodiquement à un fonctionnaire toujours novice, faisant son apprentissage aux dépens du public et des familles, et systématiquement écarté à l'instant où il commencerait à devenir réellement propre à ses fonctions. Mais, malgré sa grossière absurdité, cette idée a servi de doctrine de ralliement (et vous savez qu'il en faut toujours une quelconque) aux passions actives de quelques ennemis déclarés ou secrets, et aux lâchetés passives d'un plus grand nombre d'indifférents et d'amis tièdes, dans un milieu où chacun se trouve dépouillé à la fois de responsabilité et d'indépendance personnelles par l'échange de votes qui s'établit surtout ici, au sein des coteries régnantes. Quoi qu'il en soit, j'ai été fort surpris de cet avis, n'ayant pu avoir, malgré mes expériences antérieures, assez mauvaise opinion d'eux pour les croire capables de renouveler, sans aucun nouveau motif ou prétexte, les infâmes tentatives de l'an dernier..... Je n'ai pas cru devoir aucunement renouveler les démarches que mes amis et moi avions faites l'an dernier, et je persiste à penser que je devais, en effet, m'en abstenir et laisser un libre cours à la périlleuse expérience que j'avais instituée, comme je vous le disais dernièrement. D'un autre côté, mes amis avaient été tenus naturellement, comme moi, dans une fausse sécurité antérieure, de manière à n'entreprendre, de leur côté et à mon insu, aucun effort spécial. A la vérité, je vous ai parlé d'une démarche que j'ai faite, dès le mois de janvier, auprès du ministre de la guerre (M. le maréchal Soult), dans le département duquel se trouve l'École polytechnique, pour obtenir officiellement l'institution à vie de mon office d'examinateur, afin de prévenir tout retour des scènes de 1843. Mais le maréchal, quoique très-bien disposé pour moi, comme il l'a montré ensuite, ne crut pas alors le danger assez sérieux pour se décider à faire rendre une nouvelle ordonnance modificatrice; il était d'autant plus excusable que moi-même je ne pensais pas que ma réélection fût réellement compromise, et je ne voulais ainsi que retirer, pour mon avenir, une juste compensation des inquiétudes de l'an dernier.

« Dans cette situation respective, vous ne serez pas maintenant étonné d'apprendre que, le 27 mai, lors de la réélection, mes ennemis ont obtenu contre moi une majorité de neuf voix contre cinq, malgré le zèle énergique et soutenu que les trois véritables chefs de notre École (le général commandant en chef, le colonel commandant en second et le directeur des études) ont unanimement développé pour moi. Toutes les passions que ma préface a caractérisées ont concouru à la consommation de cette iniquité; les neuf voix hostiles contenaient un organe spécial du parti métaphysique, et même les rancunes théologiques s'y trouvaient formellement représentées par un affilié des jésuites. Mais les haines dominantes étaient certainement, abstraction faite des inimitiés personnelles, celle des géomètres, dont la philosophie nouvelle menace dangereusement l'irrationnelle suprématie scientifique ; ils craignent peu, en France, les attaques des métaphysiciens, qu'ils peuvent toujours taxer justement d'un sot dédain absolu et d'une entière incompétence pour toutes les études positives ; mais une philosophie directement émanée de la science elle-même, qui fait à chacun sa part légitime, qui, en montrant le danger de la domination prolongée des géomètres, leur assigne un incontestable office initial, ils ne me pardonneront jamais de l'avoir formulée et systématisée. Voilà la vraie source de leur infatigable inimitié, contre laquelle je ne puis compter que sur des appuis extérieurs.... Quelque faible que soit, dans notre anarchique milieu, l'intervention protectrice du gouvernement, j'y ai trouvé enfin un noble appui réel, quoi qu'il n'ait pas suffi à empêcher tout dommage.

« Quelques jours après ma non-réélection, le ministre de la guerre s'est empressé de m'accorder, le 1er juin, l'audience spéciale que je lui avais demandée. Mme Austin vous a peut-être dit déjà combien j'y avais été pleinement satisfait et, je puis dire, touché de l'accueil du maréchal, qui m'a déclaré son intention de me couvrir contre une telle iniquité autant que le permettrait la règle existante, qui le lie en effet beaucoup pour livrer le pouvoir aux pédants ligués contre moi. Cette ordonnance a été arrachée au gouvernement sous la banale impulsion révolutionnaire de 1830, où l'on croyait aveuglément avoir beaucoup avancé, par cela seul qu'on transférait aux coteries scientifiques une portion quelconque des pouvoirs ministériels. Dans cette situation, le ministre a épuisé en ma faveur toutes les ressources de la vicieuse légalité actuelle, qu'il n'avait pas ainsi le temps de changer assez tôt pour me préserver de tout dommage. Ne pouvant m'empêcher de perdre mon traitement cette année, il a néanmoins refusé de nommer à ma place, en sorte que le titre me reste, ainsi que mes droits ultérieurs ; il a seulement chargé des examens de cette année l'un des deux suppléants accoutumés, qui doivent pourvoir aux divers empêchements momentanés des titulaires ; en sorte que ma situation se trouve pécuniairement tout à fait la même que si, une maladie m'ayant empêché de fonctionner cette année, mon traitement avait dû passer à mon suppléant chargé de la corvée. Mais, en annonçant cette double décision, rendue seulement le 15 juillet, le ministre a nettement rassuré mon avenir, en blâmant avec énergie la conduite du Conseil envers moi ; car il dépend entièrement de lui de changer ou modifier la règle actuelle pour l'an prochain ; le temps lui a manqué, et non la volonté, pour le faire utilement cette année. Notre général m'a communiqué la lettre officielle que le ministre a écrite à ce sujet ; cette pièce mémorable est pleine d'éloges sur ma conduite comme fonctionnaire, et s'écarte beaucoup du froid laconisme usité en style ministériel. Le ministre y déclare formellement qu'il s'est *assuré que M. Comte mérite toute la confiance du gouvernement ;* l'acte tenté contre moi y est qualifié de *déni de justice auquel le ministre ne doit pas s'associer ;* l'exclusion dont j'ai été l'objet y est présentée *comme inconciliable avec le zèle et la loyauté que M. Comte a montrés pendant sept ans d'exercice de ses fonctions ;* il la signale aussi comme *contradictoire aux propres éloges du Conseil lui-même à ce sujet.* Vous voyez qu'on ne peut être plus explicite et plus rassurant. Ma cause est désormais étroitement liée à celle de la juste autorité du ministre, qui sent bien, comme je le lui ai dit familièrement, que *le pire des gouvernements, c'est la pédantocratie,* suivant l'heureuse expression dont vous m'avez gratifié et que j'ai, en cette circonstance, très-utilement introduite dans un milieu où elle doit s'implanter naturellement. Le maréchal sent très-bien que l'opposition radicale de mes principes philosophiques à ces utopies pédantocratiques, qui prévalent chez nos savants, constitue le vrai motif le plus essentiel de la haine infatigable qu'ils m'ont vouée, et dont il est de l'intérêt du gouvernement, comme de son devoir, de me protéger.... Quoi qu'il en soit, la principale part à cette conviction arrêtée du maréchal, que je ne connaissais nullement et dont j'ai maintenant acquis toute l'estime personnelle, est certainement due à la loyale et énergique insistance de mes chefs ci-dessus désignés, et de tous les autres généraux sous lesquels j'ai servi à l'École depuis douze ans. Les manifestations les plus honorables tant des hommes graves et impartiaux que d'une nombreuse et ardente jeunesse, tant extérieure qu'intérieure à notre école, se sont d'ailleurs déjà prononcées contre cette inique spoliation. »

Le 20 juillet, M. Comte avait transmis les mêmes détails à sa femme, sauf une particularité qui n'est pas dans la lettre à M. Mill et qu'il est bon de rapporter. En faisant lire à M. Comte la lettre du ministre, le général ajouta qu'il ne l'avait pas communiquée intégralement au Conseil, et qu'il avait omis le passage où le ministre rendait un éclatant témoignage à M. Comte; cette omission avait pour but de ne pas irriter le Conseil, qui, dans l'opinion du général, ne pouvait manquer, si rien n'intervenait, de voter pour M. Comte l'année suivante. Cette réserve et cette espérance eurent, l'une et l'autre, l'approbation de M. Comte, malheureusement.

Nous touchons au terme; ni l'espérance donnée par le général, ni le témoignage rendu par le ministre de la guerre ne devaient servir à rien, pas même une réforme du Conseil d'instruction, modifié dans l'intervalle par le maréchal Soult, qui le composa de vingt-huit membres, moitié savants proprement dits, moitié fonctionnaires supérieurs des divers services publics alimentés par l'École polytechnique. « A la majorité de dix voix contre neuf, le nouveau Conseil polytechnique vient de confirmer, le lundi 16 courant, l'exclusion prononcée envers moi par l'ancien Conseil, quant à mes fonctions d'examinateur, sans porter d'ailleurs aucune atteinte à celles de répétiteur. » (Lettre à M. Mill, du 25 décembre 1844.)

Cette fois, l'exclusion était définitive. Le ministre lui-même renonçait à défendre M. Comte; c'est ce que montre la suite de cette même lettre : « Il ne me reste plus d'autre ressource que la fermeté du ministre, dont la profonde conviction s'est déjà prononcée officiellement en ma faveur avec beaucoup d'énergie, comme vous le savez. Mais, d'après l'entrevue que j'ai eue avec lui vendredi dernier, 20, j'ai lieu de croire que cette vigueur est presque épuisée par l'effort qu'a exigé de lui la nouvelle organisation, dont il s'attendait peu à constater si tôt l'insuffisance. Je l'ai trouvé dominé par un dégoût et une lassitude fort excusables pour tout ce qui concerne cette lutte polytechnique qui, relative à une minime partie de son vaste département, le préoccupe peut-être davantage, depuis un an, que tout le reste réuni. Malgré la haute estime personnelle qu'il a continué à me témoigner et sa conviction inaltérable de l'iniquité de cette persécution, j'ai donc sujet de craindre que, de peur de nouveaux conflits, il ne se résigne passivement au sacrifice qu'exigent de lui mes ennemis.... D'un autre côté, tous les hommes honorables se sont prononcés pour moi ; notre plus éminent géomètre (M. Poinsot), actuellement membre de ce Conseil polytechnique, y a puissamment persévéré dans l'admirable défense que je vous ai déjà signalée avec reconnaissance. Les bureaux sont d'ailleurs très-disposés à pousser le ministre à me protéger avec énergie.... »

Au début de la crise, le 3 décembre 1842, il écrivait à Mme Comte : « Je ne crois pas qu'on trouve là (dans le Conseil d'instruction de l'École) une majorité disposée à braver contre moi la discussion publique d'une aussi infâme iniquité, que les chefs militaires, par exemple, n'autoriseront jamais. Si cela arrivait, vous sentez que je ne me laisserais pas assassiner impunément, et que je demanderais ouvertement au ministre de casser la décision comme déterminée par une prévarication directe du Conseil, en même temps que j'en appellerais à mon grand ami le public. » Il n'en fit rien ; cependant, en sa situation, l'appel au public était la seule chance qu'il eût pour se défendre.

Les lettres que j'ai eues entre les mains n'indiquent pas les griefs articulés contre M. Comte. Ils furent certainement peu considérables et, pour me servir d'un terme mathématique, absolument négligeables, puisque la lettre du ministre signale la contradiction entre la non-réélection et les éloges accordés précédemment par le Conseil au zèle et à la loyauté de l'examinateur évincé. Et après tant d'années j'en ai pour garant ce qui se dit aujourd'hui, non sans regret, quand on cite avec honneur ce mode d'examiner, terreur de ceux dont le savoir était mécanique, espoir de ceux dont le savoir était intelligent ; de ce mode, dis-je, varié suivant les circonstances, ingénieux à faire jaillir la capacité, et par là échappant aux prévisions des candidats et de leurs maîtres.

Dans une des lettres que j'ai transcrites, M. Comte se promet de faire une histoire sommaire de cette lutte où il défend sa position et ses ressources. Mais, pour n'avoir jamais été faite, cette histoire n'est pourtant pas perdue ; les lettres qu'on vient de lire nous l'ont conservée avec la vivacité des impressions du moment, avec la vérité des détails, et sans l'immixtion de la réflexion et des souvenirs.

Une grande iniquité fut commise : les témoignages rendus par l'administration supérieure sont irrécusables ; il est officiellement établi que, pour des motifs pris en dehors des fonctions, un fonctionnaire qui s'acquittait de son office avec ponctualité, avec probité, avec habileté, avec distinction, a été frappé et dépouillé.

Cette spoliation, M. Comte la laissa s'achever sans faire ni éclat ni protestation. Au début de la lutte, il annonce qu'il en appellera au public; c'était une protection peut-être, en tout cas une légitime vengeance; à la fin, un autre esprit s'empare de lui, il se tait et permet que l'affaire meure silencieusement entre les murs de l'École. Même, en plus d'un endroit de ses lettres, il se fait un mérite de sa patience et de sa résignation. D'où vient cette contradiction entre ses premières dispositions et ses dispositions finales? Il est difficile de le dire. Pourtant je hasarderai une conjecture : c'est que pour lui, du début à la fin, l'état des choses changea; il conçut l'espoir d'obtenir de ses adhérents un subside qui compensât ce qu'il perdait; et, une fois que cette combinaison se fut offerte à son esprit, il ne lui parut plus valoir la peine de disputer bien ardemment la place qu'on lui enlevait.

Dans cette lutte où il succomba, M. Comte ne voulut jamais voir une affaire purement personnelle. Ses lettres en font foi d'un bout à l'autre. Faut-il l'en croire? J'avais eu, je l'avoue, quelque inclination à penser autrement, et à supposer que peut-être plus de prudence l'aurait préservé; mais je viens de revoir les pièces du procès, et il me semble qu'il a raison. Qu'on se représente les faits tels qu'ils se sont passés : il n'y a point de griefs articulés, le ministère fait l'éloge de l'examinateur, et le Conseil n'ose pas y contredire; pourtant sa place lui est enlevée, et toutes les réparations qui s'offrent ensuite sont obstinément refusées. Ne doit-on pas reconnaître une de ces antipathies instinctives qui éclatent entre les doctrines et qui sacrifient les individus?

Ce qui vient de m'arriver à moi-même a confirmé cette manière de voir et éclairé, à mes yeux, la position de M. Comte. Le cas n'est pas sans analogie; c'est pourquoi je me permets de citer ici ma candidature à l'Académie française, candidature qui, un moment, a occupé l'opinion parce qu'en effet il s'y est agi d'un intérêt général, la tolérance philosophique. J'ai été écarté non point comme homme de lettres, mais comme libre penseur, indigne de figurer dans une compagnie soucieuse des *saines doctrines*. Rien de personnel ne s'est mêlé au débat; il n'a pas été question de l'homme ni de ses travaux, il n'a été question que de sa philosophie. Les qualifications de positiviste et, dans les limites de la philosophie positive, de socialiste, qualifications que je ne répudie point et que je conviens que je mérite, ont été ma condamnation. Aussi n'ai-je ni regret ni rancune de mon échec; car ceux qui me l'ont infligé ont cru accomplir un devoir et ont obéi à leur conscience. Seulement je remarque que, dans l'Académie des inscriptions et dans l'Académie de médecine, deux compagnies dont j'ai l'honneur de faire partie, ma conscience me commande de rendre toujours mon vote indépendant des opinions religieuses ou politiques, tandis que les hommes attachés aux opinions théologiques (sauf des exceptions que ce n'est pas le lieu de mentionner) me frappent d'exclusion. La différence vaut la peine d'être notée; on y rattachera aisément quelques réflexions morales.

J'en reviens à mon point : c'est impersonnellement aussi, si je puis ainsi parler, que M. Comte a été frappé d'exclusion. Hautainement peut-être, mais avec vérité, il faisait prévaloir la philosophie sur les spécialités; et, depuis longtemps, les spécialités se vantaient de n'obéir à aucune philosophie. Hautainement encore, mais avec non moins de vérité, il classait les géomètres au plus bas degré de l'influence sur le système des idées générales, et leur ôtait leur rang provisoire de chefs de l'ordre scientifique, pour le porter d'échelon en échelon jusqu'à la philosophie qui embrasse tout l'ensemble spéculatif. Aujourd'hui ces notions ont fait du chemin; une méthode et une doctrine sont reconnues en propre à chaque science; on sait que l'incapacité de régler le système des idées est la plus grande dans le domaine des géomètres; on sait aussi que cette incapacité décroît à mesure qu'on s'élève dans le domaine des sciences supérieures; ce qui montre qu'il y avait usurpation mentale et tyrannie dans la prépondérance des géomètres, qui, juste au début, était devenue oppressive en se prolongeant outre mesure[1]. Mais alors on n'était pas aussi avancé; et M. Comte portait seul le poids de la nouveauté et de la responsabilité. Plus le philosophe développait ses spéculations générales, plus les hommes spéciaux dont il dépendait sentaient croître leur antagonisme; les prétextes vinrent, la préface, le procès; ce n'étaient que des prétextes; il les donna, on les saisit, et il fut sacrifié sans merci et sans retour.

---

1. Voy. plus haut, p. 95, une opinion semblable soutenue par Burdin au sujet de l'indue prépondérance des géomètres. Cela fortifie d'autant le dire de M. Comte sur la cause profonde du conflit où il succomba.

CHAPITRE IX.

Subside temporaire fourni par trois Anglais : MM. Grote,
Molesworth et Raikes Currie.

Il est certain que M. Comte éprouva de la perte de son emploi, un vif chagrin et de graves inquiétudes; mais il est certain aussi que, voyant des hommes favorables à ses doctrines lui apporter un appui pécuniaire, il eut le désir de transformer un secours temporaire en un secours permanent, et de fonder désormais son existence sur un subside fourni par ceux qui voudraient soutenir l'auteur de la nouvelle philosophie. Moins que personne, j'ai le droit de reprocher à M. Comte d'avoir cherché un pareil remède à des événements qui n'avaient pas dépendu de lui; car moi-même, quand la perte de ses ressources eut à peu près atteint son dernier terme, j'essayai d'assurer par un semblable moyen son existence matérielle, et j'y réussis. Il en sera parlé dans la troisième partie, et là j'exposerai le pour et le contre de ce que je fis, car il y a aussi du contre; en ce moment je me contente de remarquer que M. Comte tenait de Saint-Simon cette tendance à vivre de contributions volontaires, et qu'il trouva de grandes facilités, y compris ma propre intervention, à s'engager dans une issue qui, à son âge, ne permettait plus de retour.

L'année 1843, bien qu'elle ne l'eût pas encore dépouillé, avait été menaçante; et il avait reçu de M. Mill des offres de service dont il le remercie : « …. Vous ne doutez pas, j'espère, que je n'aie été profondément touché de l'offre généreuse que vous a suggérée la pénible nécessité passagère où j'ai failli être entraîné récemment, et qui peut-être n'est qu'ajournée. Je me félicite presque de la crise qui vient de m'arriver, puisqu'elle a donné lieu à l'évidente manifestation de cette noble fraternité. Comptez que, si, l'an prochain, une pareille éventualité venait à se réaliser pour moi, je n'hésiterais pas à accepter, comme extrême ressource, un abri aussi cordialement offert. Mais, en écartant toute fausse délicatesse personnelle, j'avoue qu'une telle solution, quoique purement momentanée, me répugnerait comme contraire à l'état normal des relations humaines. Il serait triste en effet, que, dans le développement initial de la nouvelle philosophie, les philosophes en fussent réduits à s'assister mutuellement, non-seulement par leur action morale, mais aussi par leur modeste concours matériel. Le principe général de la division des deux puissances élémentaires doit s'appliquer à ce cas aussi bien qu'à tout autre plus étendu. Si les philosophes concourent non-seulement par leurs travaux, mais aussi par leur fortune, que resterait-il à faire, en cette œuvre commune, à ceux qui, par leur nature et leur position, en doivent être surtout les patrons? Tout au plus, les penseurs doivent-ils, à cet égard, provoquer, en cas d'urgence, l'intervention matérielle de ceux-ci, quand elle est spontanément trop peu active. Mais il serait d'un triste augure, pour l'essor actuel et ultérieur de la philosophie finale, qu'ils fussent contraints d'y suppléer. Sans que la protection de ce travail fondamental ait pu encore être régularisée, je ne crois pas que nous soyons réduits à ce fâcheux renversement de fonctions. Si, dans ma personne ou dans toute autre, la nouvelle voie philosophique vient à exiger une assistance exceptionnelle, j'espère que les divers centres de notre évolution occidentale, surtout Londres et Paris, fourniront spontanément un patronage naturel assez étendu pour dispenser les divers collaborateurs de partager fraternellement leurs modiques moyens personnels. Vous avez rempli, à mon égard, de la manière la plus noble et la plus complète, le véritable office normal de mutuelle assistance philosophique, par l'éclatante justice que vous vous êtes plu à me rendre dans votre important ouvrage. Aller au delà, ce serait, je le répète, empiéter sur les attributions réservées à nos communs patrons ; et, quoique cette généreuse usurpation ne m'inspirât aucune répugnance, si réellement les circonstances venaient à en constater la nécessité, j'aime à croire que la nouvelle philosophie inspire déjà assez de zèle à un petit nombre d'éminents protecteurs pour que cette solution anormale ne soit jamais indispensable. Sous l'aspect personnel, je puis vous déclarer que, si, en cas de passagère détresse matérielle, je ne pouvais réellement trouver d'appui que parmi ceux que je regarde comme mes collaborateurs, je n'hésiterais nullement à accepter, de préférence, l'offre fraternelle de celui de tous pour lequel ma sympathie soit mentale soit morale est assurément la plus complète, ayant d'ailleurs tout lieu de croire, par la sagesse de son caractère, que cette généreuse intervention ne serait pas de nature à troubler gravement, même momentanément, sa propre situation.... (29 juin 1843). »

En 1844, toutes ces craintes étaient réalisées ; M. Comte n'avait pas été réélu ; c'était pour lui une perte de 5 000 fr. Il expose sa situation à M. Mill : « Vous voyez que cet accident passager se réduit strictement à un simple sinistre pécuniaire déterminé, comme auraient pu m'en occasionner un vol, un incendie, une maladie, etc. Malheureusement, vous savez que mon défaut total de fortune personnelle et d'accumulation antérieure doit donner à ce sinistre une extrême gravité actuelle, quelle qu'en puisse être la source. Il n'y a pas lieu, pour un an, à changer mon existence personnelle, ni surtout à diminuer la juste aisance qu'attend de moi une femme valétudinaire qui ne doit nullement souffrir de tout ceci. Je ne dois donc pas réduire ma dépense, qui, à tous égards, est raisonnable. D'un autre côté, je ne dois pas non plus chercher de nouveaux moyens de recette, qui ne commenceraient à devenir efficaces que lorsqu'ils auront cessé d'être nécessaires. Par ce fatal dilemne, je me trouve forcé de chercher, contre un mal passager et exceptionnel, une ressource de même nature, en invoquant loyalement la généreuse intervention de mes amis ou de mes patrons. A la vérité, j'ai déjà reçu de diverses parts les offres les plus cordiales, mais que je ne puis accepter, parce qu'elles viennent de gens guère plus riches que moi. C'est donc en Angleterre que je me vois ainsi conduit à invoquer ce genre d'appui. Outre que ma vie solitaire me tient trop à l'écart de ceux qui, chez nous, pourraient ici efficacement intervenir, s'ils y étaient prédisposés, vous savez que ce genre de patronage a toujours peu existé en France, et aujourd'hui moins que jamais, parce que le grand patron ici c'est le gouvernement, dont la tutélaire intervention m'est en effet très-précieuse, mais sans pouvoir se spécialiser assez pour me garantir d'un dommage momentané. J'évalue à 6000 francs le sinistre survenu (à partir du 1er août, ma recette mensuelle va se trouver réduite jusqu'au 1er août suivant, où ma réintégration aura son effet financier). Avec cette somme, ma vie actuelle n'éprouvera aucune altération réelle; je n'ai pas besoin d'ailleurs de recevoir immédiatement les 6000 fr., mais seulement la moitié; pourvu que le reste me vienne avant janvier, l'effet sera vraiment le même. Au reste, je suis certain que, en me chargeant un peu de quelques occupations exceptionnelles pendant quelques années, je pourrai rendre aisément cette somme sans troubler essentiellement mes propres travaux, pourvu que ma conscience ne me presse point sur l'époque de ce remboursement. Or il est, ce me semble, convenable pour cela que le secours me provienne de personnes assez riches pour que je ne me fasse pas un scrupule naturel de les laisser attendre ma propre convenance graduelle. Voilà pourquoi, mon cher M. Mill, sans repousser aucunement le précieux secours que m'offrit l'an dernier votre généreuse sympathie, je voudrais, comme je le disais alors, que, maintenant qu'il s'agit de réalisation, elle provînt d'une source plus abondante que celle d'un confrère philosophique, vivant comme moi de son seul travail. Quoique vous soyez plus rétribué, je sais aussi que vous avez plus de charges, et je me sentirais tourmenté du besoin de vous rembourser promptement. Que ce soit donc, s'il est possible, à titre de ressource extrême, si nous ne pouvons trouver un mode plus normal; vous m'avez si noblement protégé de votre plume, que je voudrais bien vous voir dispensé d'employer aussi votre bourse, ne fût-ce même que vos économies. Le secours immédiat que je vous demande avec franchise consiste donc d'abord en conseils surtout, et peut-être en démarches; ce n'est qu'à défaut de leur double insuffisance que je consentirais à accepter votre intervention financière; et je ne crains pas que vous attribuiez à aucune morgue puérile ou déplacée une disposition aussi naturelle, dont le vrai motif est évident. Il n'est d'ailleurs pas inutile d'essayer aujourd'hui si la philosophie positive a acquis assez de crédit en Angleterre pour y pouvoir réaliser promptement un emprunt de 6 000 francs; car je suis bien disposé à n'avoir cette obligation qu'à de véritables adhérents, dont l'estime et la sympathie me soient déjà acquises. Quoique, certes, la reconnaissance ne m'eût jamais pesé, je crois devoir tenir à ce qu'un tel secours ne me vienne que de ceux qui sentent l'importance philosophique de ne point me laisser écraser ou annuler. Or, vous seul, ce me semble, pouvez savoir si, autour de vous, cette affaire peut ainsi s'accomplir auprès de personnes vraiment riches qui ont apprécié mes travaux. Les relations récentes que j'ai eues avec M. Grote m'ont fait penser à lui ; car je sais que sa fortune est considérable, du moins pour Paris ; il m'a semblé d'un caractère assez noble pour que je n'aie jamais à me repentir de lui avoir laissé prendre sur moi ce genre de supériorité, dont j'ai toujours su reconnaître la vraie valeur et les droits légitimes. Mais, comme vous le connaissez beaucoup plus complétement, je ne veux rien tenter de ce côté sans votre avis, d'après lequel je n'aurais, s'il y a lieu, aucune répugnance à lui écrire directement sur un tel sujet. En un mot, je m'en rapporte pleinement de tout cela à votre précieuse sympathie, que je sais aussi sage qu'affectueuse. Si vous décidiez, après un mûr examen du cas, que je ne dois ici recourir qu'à vous, je vous promets de me soumettre paisiblement, quelle que soit ma légitime répugnance actuelle, parce que je serais alors convaincu que, abstraction faite de toute générosité exaltée, votre raison aurait froidement regardé ce mode comme vraiment préférable. Mon premier dessein avait été d'écrire à M. Grote en même temps qu'à vous, mais j'ai cru finalement devoir vous laisser seul arbitre de l'ensemble de ma conduite sur une affaire aussi délicate.... (22 juillet 1844).»

L'amitié de M. Mill, qui avait, en 1843, pris les devants, ne demeura pas inactive en 1844 ; et bientôt il put annoncer à M. Comte que la perte de ses 5,000 francs serait réparée par le concours de trois hommes qui étaient assez frappés de l'éminence de la philosophie positive pour témoigner ainsi à son fondateur leur gratitude. Ces trois hommes étaient M. Grote, le célèbre historien de la Grèce, sir W. Molesworth, illustre dans les lettres et dans la politique, et M. Raikes Currie. Cela était fait dès les premiers jours du mois d'août ; car, le 15, M. Comte répondait et remerciait. « Je ne crois pas devoir attendre la réponse spéciale que vous m'annoncez comme prochaine, pour vous témoigner sommairement combien je suis touché de votre affectueux billet préliminaire, et de votre cordial empressement à répondre à ma lettre du 22 juillet, aussitôt que vous en avez eu réellement connaissance. Ne vous sachant pas absent de Londres, votre silence antérieur me semblait presque inexplicable, et je commençais à craindre que ma lettre n'eût malheureusement éprouvé quelqu'un de ces accidents de poste qui, quoique devenus heureusement fort exceptionnels, surtout entre Paris et Londres, restent néanmoins strictement possibles. Mais ce délai ne m'avait nullement décidé à écrire directement à M. Grote avant de connaître, sur cette démarche, votre avis, que je jugeais indispensable; je ne le ferai qu'après que vous m'y aurez expressément invité, quoique je présume déjà que vous n'y voyez probablement aucun inconvénient.

« Je suis charmé que vous ayez aussi complétement approuvé, en ce qui vous concerne personnellement, les vrais motifs de ma réserve. Quoique votre fraternelle sympathie doive naturellement, en un tel cas, me sembler plus vive et plus ferme qu'aucune autre, vous avez dignement compris que nous devons d'abord laisser intervenir nos patrons temporels, et que le bon ordre philosophique exige de ne recourir à notre propre assistance mutuelle qu'à défaut de cette protection normale. Tout me semble ainsi disposé maintenant de la manière la plus favorable pour me garantir du désastre momentané que vient d'éprouver ma situation matérielle. J'attends donc, avec sollicitude, mais sans impatience, la réalisation prochaine de cette noble intervention.

« Votre affectueux billet a déjà dissipé essentiellement l'inquiétude qui m'empêchait de me livrer franchement à la préparation directe de la grande élaboration que je vais entreprendre. Je suis, depuis la fin de juillet, entièrement libre de mon volume astronomique, que je compte vous adresser à la fin d'août, quoique l'impression n'en marche pas aussi rapidement que la rédaction. Je compte encore goûter un mois de plein repos, où je médite mon prochain travail au milieu d'une douce flânerie, désormais débarrassée de mes plus graves inquiétudes. Mon intention est de consacrer ensuite la seconde moitié de mon loisir exceptionnel à écrire, comme je vous l'ai annoncé, le premier demi-volume de ma philosophie politique.... »

Le subside monta à six mille francs; trois mille francs furent touchés tout d'abord. « Je n'ai que le temps de vous annoncer que j'ai reçu hier, chez le banquier indiqué, les trois mille francs avancés par M. Grote. En lui faisant tout à l'heure mes sincères remercîments, je lui ai spécialement témoigné combien je me félicite de l'énergique restriction qu'il a imposée à cette participation protectrice, en n'y voulant admettre que ceux auxquels je suis déjà lié par une suffisante sympathie de direction fondamentale. Il est ainsi entré spontanément de la façon la plus complète dans mes intentions constantes, de manière à donner à cet acte une sorte de consécration publique qui, sans altérer aucunement ma reconnaissance personnelle, lui imprime une dignité supérieure.

« Je joins ici une lettre pour remercier convenablement sir W. Molesworth de sa noble coopération à cette intervention tutélaire. Je vous prie de la lui faire parvenir après l'avoir lue et cachetée.

« Voilà donc que, grâce à la généreuse protection ainsi sollicitée par votre active amitié, le trouble profond que mes ennemis avaient cru porter dans mon existence matérielle, et, par suite, dans mon action mentale, va se transformer en un loisir aussi précieux qu'inespéré, où je pourrai paisiblement commencer ma seconde grande élaboration philosophique. J'en sens déjà les indices accoutumés, surtout par une fréquente diminution du sommeil, spontanément survenue sans aucune autre excitation. Notre correspondance chérie va désormais reprendre son cours habituel, en ne laissant bientôt d'autre souvenir de ce grave incident que celui de la vive et tendre sollicitude par laquelle vous y avez à jamais resserré notre intime fraternité. »

Les trois autres mille francs furent touchés le 1er février 1845 : « Le généreux patronage de MM. Grote et Molesworth a déjà garanti, jusqu'au mois de juillet (1844), la continuation régulière de mon train habituel d'existence matérielle, pourvu que je recoure à la seconde moitié du crédit qu'ils m'ont accordé, comme je le ferai, chez le même banquier, le 1er du mois prochain, suivant votre annonce spéciale du 23 août. » (Lettre du 10 janvier 1845.)

M. Comte se flattait que ce subside serait renouvelé, si la non-réélection, qui l'avait rendu nécessaire, se renouvelait en 1845. M. Mill, soit qu'il prévît que MM. Grote, Molesworth et Raikes Currie n'avaient entendu qu'un secours temporaire, soit qu'il désirât d'engager M. Comte dans une autre voie, et qu'il préférât le voir dépendant de lui-même et non des autres ; M. Mill, dis-je, lui conseilla de chercher ses ressources supplémentaires dans une collaboration aux revues anglaises. Il offrait en même temps de mettre son crédit au service de M. Comte pour faire accueillir ses articles ; il offrait, en outre, de les traduire lui-même, ou faire traduire par quelque ami en anglais. C'est à quoi M. Comte répond, le 27 juin 1845. « .... L'important projet inspiré par votre anxiété fraternelle sur mon accessoire collaboration aux revues anglaises mérite, de ma part, beaucoup plus d'attention qu'une proposition de leçons ; il m'a déjà fort préoccupé depuis lundi. Je ne saurais trop vous témoigner ma profonde gratitude pour la précieuse intervention que vous m'offrez, à cet égard, avec tant de spontanéité, et pour votre offre si touchante relativement à la traduction habituelle de mes articles, soit par vous-même, soit par les bons soins de M. Bain ou de M. Lewes, que je vous prie de remercier cordialement tous deux de cette généreuse disposition, s'ils l'ont jusqu'ici manifestée : le positivisme systématique ne sera pas écrasé dans son essor décisif, tant que ses divers promoteurs conserveront aussi dignement de tels sentiments de solidarité mutuelle. Quant à la mesure en elle-même, je me sens très-enclin à l'adopter, du moins à titre d'expédient auxiliaire.... J'éprouverais, comme vous l'avez très-bien deviné, une extrême répugnance à écrire exceptionnellement dans les diverses revues ou journaux qui existent maintenant en France, quand même on m'y admettrait réellement, ce qui est, au fond, plus que douteux, même là où domine l'influence de notre quasi-ami commun Armand Marrast, dont j'ai eu lieu tout récemment de constater envers moi le peu de bienveillance effective [1] dû, malgré sa sagacité, à ses antipathies littéraires et négativistes. Mais je ne me sens aucun pareil éloignement pour des relations habituelles avec la presse anglaise, beaucoup moins infectée de coteries, et où, d'après tout ce que j'apprends, j'ai trouvé partout, depuis quelques années, une noble impartialité, même chez les adversaires. La juste considération dont vous y jouissez m'aplanirait d'ailleurs très-heureusement les voies. Je suis donc à peu près décidé à accepter, dans une certaine mesure, votre cordiale proposition, où mes nécessités privées se trouveraient combinées avec une utilité publique, réelle quoique secondaire, de manière même à faciliter plus tard l'installation anglaise de la Revue positive prématurément projetée [2]. La principale difficulté pour moi consiste,

---

1. Je n'ai pu savoir à quoi M. Comte faisait allusion en parlant *du peu de bienveillance effective* de M. Marrast.

2. Il avait été question de la fondation d'une Revue positiviste.

à cet égard, dans le choix des articles propres à remplir les diverses conditions essentielles d'un milieu qui ne m'est pas familier. Quant aux ouvrages à examiner, j'espère que vos officieux avis pour les livres anglais et ceux de Littré pour les français, m'épargneraient aisément une trop forte perturbation de mes habitudes cérébrales, en épargnant à la fois mon temps et mes efforts. Pour vous témoigner plus nettement combien je me sens déjà disposé à essayer d'un tel expédient, je puis vous annoncer que, depuis lundi, j'ai imaginé une certaine série d'articles sur la situation comparative des sciences et des savants en France et en Angleterre ; quoique cet intéressant travail ne soit qu'une déduction accessoire des principes posés dans ma grande élaboration historique, il pourrait, ce me semble, acquérir une véritable importance actuelle ; je serais assez disposé à l'exécuter de préférence sous la forme de lettres adressées à vous. »

La correspondance qui m'a été remise ne contient rien ultérieurement sur ce projet d'écrire dans les revues anglaises, projet que M. Comte paraît accueillir favorablement. Il n'eut point de suite, cela est certain ; mais par quelle circonstance ou par quel motif M. Comte y renonça-t-il, c'est ce que je ne puis dire.

L'idée d'une hospitalité anglaise est pour M. Comte, dans cette même lettre, l'occasion de singulières craintes personnelles au sujet de ce que feront les révolutionnaires une fois arrivés, comme il le prévoit, au pouvoir. Cette boutade, car ce n'est pas autre chose, tient à quelque sentiment qui, à ce moment, aura été froissé en lui, quitte à revenir généreusement là-dessus, et toujours en toute sincérité, lors des événements de 1848.

« Au sujet de cette sorte d'hospitalité exercée envers moi par la presse anglaise, je ne puis m'abstenir de vous indiquer d'avance une pensée qui vous semblera peut-être

étrange d'abord, mais que je ne crois, au fond, que trop juste :
c'est d'y voir le prélude du refuge personnel qui pourrait
me devenir nécessaire, suivant la tournure que prendraient
nos affaires françaises à la mort de Louis-Philippe, surtout
si cet inévitable désastre était malheureusement prochain.
L'ordre actuel, dépourvu de toute vraie consistance, ne
peut guère résister à une telle source d'ébranlement que
les diverses factions se préparent activement à exploiter
avec trop de chances d'efficacité perturbatrice. A la vérité,
le parti rétrograde est trop radicalement impopulaire ici
pour comporter alors aucun succès sérieux; mais ce parti
n'est point peut-être celui que je dois le plus redouter personnellement, soit à raison même de son impopularité, soit
aussi par son propre sentiment de la nécessité d'une véritable réorganisation spirituelle que je poursuis à ma manière; j'en serais, je crois, respecté, ou du moins toléré,
comme je le fus sous Villèle et Polignac, où mon attitude
était exactement telle qu'aujourd'hui. Il n'en est nullement
ainsi du parti révolutionnaire proprement dit, qui seul a
des chances réelles de succès passager : dans ce parti hété-
rogène, qui, au fond, n'a guère maintenant que des passions au lieu de principes, je trouverais des adversaires
beaucoup plus dangereux, habitués à ne reculer devant
aucune atrocité[1], et qui ont même déplorablement systématisé l'emploi de la guillotine comme une sorte de solution uniforme de toutes les dissidences sociales. De ses deux
portions essentielles, l'école de Voltaire ou des déistes progressifs me serait, sans doute, favorable; mais, quoique la

---

1. M. Comte paraît dire ici plus qu'il ne voulait. Il n'accuse pas ces révolutionnaires d'avoir commis des atrocités ou de vouloir en commettre;
mais il fait allusion à ceux d'entre eux qui exaltaient Robespierre, Saint-
Just et les violentes mesures de cette époque sanglante. En tout cas, il
faut toujours se rappeler que la révolution de Février ne versa pas une
goutte de sang et abolit la peine de mort en matière politique. Lui-même
donna à cette révolution la plus chaleureuse adhésion.

plus nombreuse et la plus influente à la longue, cette branche n'est pas la plus active au début des mouvements politiques. Le principal ascendant appartiendrait vraisemblablement d'abord à l'école de Rousseau, celle du déisme systématique et au fond rétrograde, dont Robespierre constitue encore le hideux type : là les chefs se composent de quelques fanatiques étroits mais sincères, et d'un beaucoup plus grand nombre d'hypocrites, acharnés contre toute division réelle des deux puissances politiques, et disposés à décréter les mœurs au nom de l'échafaud. Outre d'actives haines personnelles que je trouverais déjà enracinées chez plusieurs de ces meneurs, il est aisé de sentir que les préjugés de la masse de ces brouillons suffiraient pour les déterminer à se débarrasser violemment d'une influence philosophique directement contraire à leurs désastreuses utopies. Les esprits les plus sagaces parmi les hommes actifs commencent à comprendre que le positivisme constitue ici la seule barrière mentale que l'on puisse efficacement opposer aujourd'hui à l'anarchique débordement du communisme. C'est surtout à ce titre que le *National* [1], peut-être à son insu, a récemment accueilli le beau travail de Littré sur mon ouvrage, en y voyant la possibilité d'arborer un nouveau drapeau philosophique et social, propre à soutenir la dangereuse concurrence du système purement révolutionnaire préconisé par un journal rival (la *Réforme*). Mais, malgré cette sorte d'adhésion peu spontanée, ne comptez pas que Marrast osât jamais hasarder un seul article contre l'échafaud où les déistes systématiques m'enverraient comme athée, suivant les principes et les anté-

---

1. Ici M. Comte fait, comme cela lui arrive quelquefois, un petit système au lieu de s'enquérir de la réalité des faits. L'insertion des articles dont il est question fut une affaire toute personnelle; les directeurs du *National* ne l'auraient pas accordée au premier venu; ils l'accordèrent à un de leurs plus anciens collaborateurs; mais il n'y eut rien de plus.

cédents posés par leurs coryphés. D'après ces indications, vous comprendrez, j'espère, que je n'aie réellement aucune frayeur des catholiques, quand même, par impossible, ils triompheraient ici pendant quelques mois, tandis que, si l'ascendant déiste prévaut sérieusement, je ne tarderais pas à venir vous demander un asile contre ses aveugles fureurs, quelque passagères qu'elles doivent être nécessairement. »

La fin de cette longue lettre est consacrée à un objet qui devenait pressant. M. Comte n'avait point été réintégré dans sa place d'examinateur ; et le secours qu'il avait reçu pour 1844-1845, était épuisé. Il désira que la protection qu'on lui avait accordée fût continuée en 1845-1846, et il pria M. Mill de demander, en son nom, à lui, Mill, cette continuation. M. Mill, qui connaissait toute la situation, n'y vit rien qui pût l'empêcher d'intervenir, comme le souhaitait M. Comte ; et à cet effet celui-ci lui écrivit une lettre que M. Mill devait communiquer : « Cette courte lettre exceptionnelle est uniquement destinée aux explications spéciales que me demande votre cordiale sollicitude sur ma présente situation matérielle, me proposant d'ailleurs de vous écrire prochainement, quant aux sujets ordinaires de notre correspondance.

« Grâce au généreux patronage que vous avez tant concouru à déterminer l'an dernier, parmi nos amis de Londres, j'avais espéré, comme vous savez, être pleinement garanti des graves perturbations financières inhérentes à l'inique spoliation passagère accomplie envers moi. Mais l'efficacité de cette noble intervention est sur le point d'expirer (au 1ᵉʳ septembre), sans que j'aie encore obtenu ni la réparation officielle que j'avais attendue, ni la réalisation des ressources équivalentes que je me suis efforcé d'instituer. Toutefois je n'ai vraiment lieu de craindre, sous l'un et l'autre aspect, qu'un simple retard, qui, malgré sa gravité actuelle, par suite de la grande gêne qui va m'atteindre

temporairement dans six semaines, ne doit réellement
susciter à mes amis aucune inquiétude sérieuse pour un
avenir même peu éloigné. En effet, quant à ma position
polytechnique, il n'y a effectivement à regretter, jusqu'ici,
que le défaut d'occasion favorable; j'avais compté, comme
tout le monde, que l'un des autres examinateurs d'admission, âgé de soixante-dix ans et depuis longtemps enclin à
la retraite, donnerait sa démission assez tôt pour que je
fusse réintégré dans ma position avant les examens qui vont
commencer. Il est arrivé, au contraire, que ce vieillard
persiste encore à fonctionner cette année; c'est seulement
en cela que je me trouve désappointé, mais cette démission,
volontaire ou forcée, ne peut guère manquer d'avoir lieu
avant les examens de l'an prochain; or, dans cette hypothèse presque certaine, tout annonce de plus en plus une
disposition prononcée non-seulement chez le ministre,
mais au sein même du conseil qui m'a exclu (par *dix* voix
seulement sur *vingt-huit*), à réparer une injustice de jour
en jour mieux appréciée chez tous les hommes honorables.
La modération soutenue que j'ai su garder, malgré la plus
légitime indignation, en un cas où l'on s'attendait généralement à me voir éclater auprès du public, paraît même
avoir touché ceux de mes ennemis qui ne sont pas radicalement dépourvus de toute vraie moralité, c'est-à-dire le
plus grand nombre. Outre la chance très-vraisemblable de
prochaine réparation par l'occasion presque inévitable que
je viens d'indiquer, je puis d'ailleurs retrouver une position polytechnique, encore plus prochainement peut-être,
à raison même de cette annualité qui a servi à m'exclure,
et qui, probablement, va bientôt permettre de me rétablir.
Vers le mois de décembre ou de janvier, on procédera à la
nomination annuelle de l'examinateur pour 1846, au sujet
duquel le conseil polytechnique présente *deux* candidats,
parmi lesquels le ministre choisit, d'après la nouvelle or-

ganisation. Or, il y a tout lieu de penser que je serai l'un de ces deux candidats, et dès lors le ministre n'hésiterait nullement à me nommer, quand même le conseil ne me placerait pas le premier; ce qui d'ailleurs est peu probable. Le jeune homme qu'on a nommé à ma place pour 1845, s'attend peu lui-même à être continué l'an prochain, à moins que je ne me trouvasse réintégré d'une autre manière. Quand une fois j'aurai obtenu cette première réparation, il me sera, je crois, facile d'empêcher qu'elle ne soit de nouveau annulée dans les réélections ultérieures, ou parce que mes travaux philosophiques ne donneront plus lieu maintenant à des conflits spéciaux avec les coteries scientifiques, ou en déterminant le ministre à instituer à vie ma position, d'après l'expérience des injustices reconnues auxquelles l'annualité m'a exposé. Enfin, pour achever, sous cet aspect, de rassurer votre amitié sur mon avenir, sinon immédiat (qui est fort triste), du moins prochain, je dois vous faire observer que, outre les fonctions d'examinateur d'admission, il y a, dans notre régime polytechnique, deux autres positions presque équivalentes matériellement, auxquelles tout le monde s'accorde à me regarder comme ayant, à tous égards, plus de droits que personne. Ce sont celle de professeur de haute mathématique et celle d'examinateur de sortie pour la même science; en sorte que toute vacance de l'un quelconque de ces deux postes me permettrait aussi d'obtenir une réparation, que je serais alors disposé à seconder en surmontant une fois ma répugnance aux formalités usitées ici, quand on sollicite de semblables justices, comme je l'ai déjà promis franchement à mes amis de France.

« Je me suis spécialement appliqué à caractériser mes espérances fondées de prochaine réintégration officielle, parce que ce mode est à la fois le plus convenable pour moi et le plus efficace. Mais, en outre, lors même que l'on admettrait l'hypothèse extrême, où, en cas d'occasion favorable, mes ennemis auraient encore la volonté et le pouvoir d'empêcher le rétablissement quelconque de ma situation polytechnique, mes amis ne devraient concevoir à mon sujet aucune inquiétude sérieuse, sauf les graves embarras passagers de l'avenir le plus immédiat ; car j'ai la certitude morale que, par d'autres voies, mes efforts privés ne tarderont pas à me procurer, s'il le faut, des ressources équivalentes, quoique suivant un mode un peu moins propre à la paisible continuité de ma grande élaboration philosophique. Fussé-je exclusivement réduit à employer l'enseignement privé, le métier qui m'a honorablement nourri pendant vingt ans ne me laissera pas sans doute tomber dans la détresse, aujourd'hui que mon nom a grandi et retenti, outre la sympathie naturellement excitée presque partout par l'iniquité notoire dont je suis victime. A la vérité, j'ai fait, en janvier dernier, pour reprendre, à cet égard, une clientèle, d'actives et nombreuses démarches, qui n'ont jusqu'ici rien produit. Mais cela n'indique rien de fâcheux pour l'avenir, même prochain ; car, après avoir, sept ans auparavant, renoncé à tout enseignement privé, il faut bien laisser au public correspondant le temps d'apprendre que je me suis décidé à y recourir de nouveau. Il faut même ajouter que, mes démarches n'ayant dû commencer, à cet effet, qu'après que le ministre a eu définitivement prononcé sur mon sort actuel, elles n'ont pu être entreprises qu'à une époque trop avancée pour comporter, d'après les usages français, aucun véritable succès dès cette année : il eût fallu les tenter deux ou trois mois plus tôt. Ce n'est donc que dans le cours de la prochaine année classique qu'elles pourront effectivement fructifier, si je restais forcé de recourir à cette ressource.

« D'après les deux sortes d'indications qui précèdent, vous voyez, j'espère, que tout le danger de ma position matérielle reste véritablement concentré sur l'avenir le plus immédiat, à partir du moment prochain où vont expirer les précieuses garanties temporaires que j'ai dues à cette noble générosité qui m'honore autant que ceux dont elle émane. Si j'avais seulement une année de sécurité par une voie quelconque, je me sentirais raisonnablement préservé de tout danger, parce qu'il est impossible que, dans cet intervalle, je n'obtienne pas, de manière ou d'autre, une suffisante consolidation de mon existence pécunière. Aussi, quelque vives que soient les inquiétudes suscitées par l'imminence de ces prochains embarras passagers, j'espère bien, grâce à mon caractère et à mes habitudes, qu'elles ne me préoccuperont pas assez pour m'empêcher d'utiliser dignement, au profit de ma grande élaboration, les nouvelles vacances imprévues qui me surviennent cette année, et pendant lesquelles je compte bien écrire tout le premier volume du second ouvrage capital (14 juillet 1845). »

Cette fois l'intervention de **M. Mill** échoua, et les trois Anglais ne voulurent pas renouveler le subside. Seulement M. Grote envoya une somme supplémentaire de 600 francs. « Je crois devoir répondre immédiatement à l'annonce aussi triste qu'imprévue, contenue dans votre petite lettre d'avant-hier, que je reçois à l'instant. D'après la grande vraisemblance que vous aviez toujours trouvée, même dans votre précédente lettre, au renouvellement actuel du subside qui m'avait été si noblement accordé l'an dernier, j'avoue que j'avais, ainsi que mes plus intimes amis, compté essentiellement sur cette ressource, que ma situation rend si indispensable. Ma confiance n'a pas entièrement disparu en voyant la lettre (du 12) par laquelle M. Grote m'envoie, comme dernier secours, une somme très-inférieure à mes besoins actuels (six cents francs), et que j'ai d'ailleurs acceptée aussitôt avec une amicale reconnaissance. Je croyais en effet que, sa coopération personnelle ayant été, l'an dernier, plus considérable que chacune des deux autres, sa réserve ne constituait aujourd'hui qu'une sorte de compensation naturelle, d'où il ne fallait rien induire quant aux autres coopérateurs. Votre opinion sur le succès probable de la nouvelle démarche avait donc maintenu jusqu'ici ma ferme persuasion, malgré le symptôme précurseur. Jugez ainsi du cruel désappointement que j'éprouve aujourd'hui, en voyant tout à coup dissiper radicalement des espérances aussi bien fondées, à l'instant même où mes nécessités sont devenues tout à fait immédiates. Quant à ce que je compte faire, je ne le sais guère encore. Me voilà, pour le moment, forcé, tout en réduisant autant que je le puis décemment mes diverses dépenses personnelles, de suspendre sans doute très-prochainement une partie de mes payements habituels. Dès l'ouverture de l'année scolaire qui va recommencer, je reproduirai toutes mes démarches pour l'enseignement privé, puissent-elles devenir bientôt efficaces!

.... Une vacance imprévue dans le poste éminent de directeur des études de notre École polytechnique, m'a récemment déterminé à une candidature officielle, que je m'étais d'avance imposée pour cette place, en tout cas semblable désormais. Je sais fort bien que je n'ai, cette fois, aucun espoir raisonnable d'un tel succès. Mais il m'importait d'annoncer dignement, dès aujourd'hui, que je me crois propre à ces fonctions, et que je juge les avoir méritées par l'ensemble de mes services généraux et spéciaux. Il y a lieu de penser que la place ne tardera pas à vaquer de nouveau, et j'ai besoin qu'on me discute d'avance sous un tel aspect habituel. La démarche servira d'ailleurs, quant à présent, à mieux manifester le besoin d'une prochaine réparation quelconque de l'iniquité exercée envers moi, après laquelle ma silencieuse modération pourrait faire croire que j'ai finalement renoncé, désormais, à tout avenir polytechnique. C'est dans un mois que se fera cette importante élection; comme le résultat en est à peu près certain dès aujourd'hui, il me laisse entrevoir, par suite des mutations qu'il déterminera, une nouvelle chance inespérée de réintégration officielle.

« .... Si vous croyez devoir faire, auprès de sir W. Molesworth, une dernière démarche, soit en votre nom, soit même au mien, pour lui expliquer que le cas de nécessité absolue, auquel vous m'annoncez qu'il entend subordonner envers moi sa nouvelle intervention personnelle, se trouve actuellement tout à fait réalisé, je m'en rapporte entièrement à votre cordiale sollicitude, en vous témoignant d'avance toute mon intime gratitude pour un service aussi précieux, dans la cruelle situation où je me trouve parvenu temporairement (lettre du 24 septembre 1845). »

M. Comte ne s'en tint pas là, et, dans une longue lettre écrite à M. Mill, il essaya de prouver que le subside devait être non temporaire mais perpétuel, et que les trois personnes qui l'avaient soutenu manquaient à un devoir social en ne continuant pas à le secourir. Avec l'habitude de généraliser qui est si puissante en lui, et avec une fierté que lui inspire la hauteur de sa situation philosophique, il s'y investit, c'est son expression, d'une magistrature morale pour apprécier l'acte de protection dont il a été l'objet, et il termine en disant que M. Auguste Comte, ancien examinateur pour l'École polytechnique, est plein, pour ceux qui l'ont secouru, d'une reconnaissance qu'il lui sera toujours doux de proclamer, mais que l'auteur du *Système de philosophie positive* signale l'insuffisance des convictions qui n'ont pas permis d'assurer au philosophe une protection efficace.

« Maintenant que je puis écarter toute préoccupation individuelle au sujet de la défection imprévue que je viens d'éprouver en Angleterre, je crois terminer cet épisode en vous exposant, avec une cordiale franchise, mon appréciation philosophique de l'ensemble de la conduite tenue envers moi dans un cas aussi décisif. L'éminent service qui me fut si noblement rendu, l'an dernier, d'après votre active sollicitude, m'imposera toujours une profonde reconnaissance personnelle à l'égard des trois patrons qui daignèrent y concourir, et surtout pour celui d'entre eux qui voulut bien y prendre, sous tous les rapports, la principale part. Mais cette douce obligation individuelle ne saurait annuler la haute magistrature morale inhérente à mon caractère philosophique; je dois finalement juger un tel évenement comme s'il m'était étranger. Toute ma conduite ultérieure prouvera, j'espère, que je sais pleinement concilier, à cet égard, ma situation privée avec ma fonction publique, sans que l'une nuise jamais à l'autre.

« Une digne assistance temporelle m'a toujours semblé due par la société tout entière à chacun de ceux qui consacrent sérieusement leur vie aux divers progrès, généraux ou spéciaux, de l'esprit humain, quand leur aptitude réelle a été assez constatée. Personne aujourd'hui n'oserait plus contester directement le principe universel, sur lequel repose la première coordination élémentaire de la vie sociale, d'après la division fondamentale entre l'existence active et l'existence spéculative. Il en résulte, dans la civilisation moderne, un devoir continu, à la fois moral et politique, qui n'oblige pas seulement les gouvernements proprement dits, mais aussi les particuliers eux-mêmes, en proportion de leur puissance effective; tous ceux qui, à un titre quelconque, recueillent les avantages permanents de cette division générale du travail humain, doivent certainement concourir à son maintien régulier. Quoique l'accomplissement systématique de cette obligation concerne surtout les pouvoirs publics, leur insuffisance spéciale ne peut jamais en dispenser les organes privés qui se trouvent réellement capables d'y coopérer. Dans nos temps d'anarchie morale et d'instabilité politique, où les gouvernements, préoccupés du soin journalier de leur propre existence, sont entraînés, par des luttes inévitables, à négliger une telle attribution sociale, son poids doit même retomber principalement sur les puissances particulières qui, préservées de ces orageux conflits, continuent à jouir d'une économie sociale dont l'influence spéculative constitue toujours un élément indispensable. A cet égard, comme à tant d'autres, la division superficielle vulgairement admise entre les forces privées et publiques se rapporte seulement aux époques de transition ; sous tout autre aspect, elle donne une fausse idée des devoirs communs à tous ; car, si, dans la société humaine, chaque existence a ses conditions nécessaires, chacune a donc aussi ses obligations correspondantes. Toutefois ce devoir protecteur, moralement imposé aux particuliers, ne pouvant leur être prescrit d'une manière spéciale, son exercice oblige naturellement ceux qui en profitent à une véritable reconnaissance personnelle, dont ils sont, au contraire, essentiellement dispensés envers les organes publics d'un tel office, sauf la gratitude générale toujours due à l'État. Il n'existe, en un mot, d'autre différence entre les deux cas que celle d'une obligation morale à une mission politique.

« Depuis que la systématisation directe de la morale universelle a été solennellement ébauchée par le catholicisme, ces principes ont toujours plus ou moins prévalu chez l'élite de l'humanité, et les particuliers y ont été regardés comme naturellement tenus de suppléer, selon leurs moyens propres, à l'inévitable insuffisance des gouvernements, pour tous les devoirs de protection sociale. Une admirable institution, à la fois publique et privée, qui a profondément concouru à former les mœurs modernes, fut surtout destinée, au moyen âge, à régulariser ce noble protectorat volontaire, d'après le mode adapté au genre d'oppression qui devait caractériser une civilisation encore essentiellement militaire. La prépondérance finale de la vie industrielle ne doit nullement éteindre cet esprit chevaleresque, mais lui imprimer graduellement une autre constitution, en harmonie avec la nouvelle nature de l'oppression habituelle, qui, cessant de consister surtout en violences personnelles, se réduit de plus en plus à de simples attentats contre l'existence pécuniaire. Cette heureuse transformation spontanée, qui atténue tant les ravages de l'instinct persécuteur, facilite beaucoup leur réparation, à laquelle de plus nombreux organes peuvent alors concourir sans danger. Un inévitable affaiblissement passager de la morale publique, d'après le progrès naturel d'une transition anarchique, et une absorption graduelle des attributions spirituelles par l'autorité temporelle, ont habituellement produit de nos jours l'oubli spécial de ces devoirs sociaux. Les nouveaux grands, c'est-à-dire les riches, se sont crus possesseurs à titre absolu et dispensés de toute obligation morale pour l'usage journalier de leur fortune. Ils tendent à se décharger de tout protectorat volontaire, d'une part sur les efforts individuels de chaque opprimé, d'une autre part sur l'intervention croissante de la puissance publique. Mais le cours naturel de l'état révolutionnaire, en développant les principaux inconvénients de l'anarchie mentale et morale, doit faire mieux ressortir la nécessité de ranimer, à cet égard, sous des formes convenables, les dispositions vraiment sociales, soit dans un pressant intérêt public, soit même pour la propre sécurité de la classe prépondérante. Celle-ci se trouve ainsi spécialement exposée désormais aux dangers croissants du genre d'aberrations anarchiques qui, sous le nom de communisme, commence à acquérir, dans tout l'occident européen, presque autant qu'en France, une redoutable consistance systématique ; ces désastreuses utopies reçoivent de plus en plus une double sanction spontanée, soit des incontestables abus de la richesse actuelle, soit aussi des préjugés régnants sur la médication exclusivement politique de toutes nos maladies. Un vaste essor volontaire des obligations morales inhérentes à la fortune constitue aujourd'hui, pour les riches, le seul moyen durable d'échapper à de tyranniques prescriptions politiques, en satisfaisant dignement à ce que renferme de légitime l'esprit subversif qui pousse graduellement les prolétaires contre les propriétaires. En même temps, une éminente destination générale, profondément liée à ce puissant intérêt de classe, offre naturellement aux grandes fortunes particulières un sujet déterminé de noble protectorat continu pour les travaux philosophiques qui doivent constituer enfin une véritable théorie sociale, propre à éclairer la situation et à diriger la réorganisation. Pendant une génération au moins, ces indispensables travaux ne sauraient trouver d'appui essentiel chez les pouvoirs publics, trop absorbés par les difficultés matérielles et d'ailleurs involontairement antipathiques à toute rénovation radicale des opinions humaines. D'une autre part, cette nouvelle philosophie devant, de sa nature, presque autant choquer les préjugés révolutionnaires des populations que les inclinations rétrogrades des gouvernements, son digne essor devra longtemps s'accomplir indépendamment de toute popularité. C'est donc surtout par de hautes munificences privées que sera d'abord protégée cette grande opération spéculative, quoiqu'elle doive finalement reposer sur les sympathies populaires, et même sur l'assistance officielle. Dans l'accomplissement d'un tel devoir, les riches trouveront d'ailleurs le double avantage spontané d'ébaucher ainsi l'organisation graduelle de l'immense protectorat volontaire qui constituera enfin leur principal office, et de dissiper radicalement les aberrations anarchiques qui menacent leur existence sociale.

« Une importante occasion s'est récemment présentée de commencer, par un exemple décisif, cette indispensable alliance entre la pensée et la richesse, qui doit désormais fournir le principal point d'appui des divers efforts destinés à préparer graduellement la vraie réorganisation moderne. Quoique le cas me soit personnel, il est trop caractéristique pour que je m'abstienne de l'apprécier. En évitant les illusions et les exagérations propres à la personnalité, il faut savoir dignement surmonter de vicieux scrupules qui, tendant à écarter les plus lumineux documents, ne peuvent finalement profiter qu'aux divers ennemis de la raison et de l'humanité.

« Aux yeux des plus éminents penseurs de notre temps, mon ouvrage fondamental a posé enfin toutes les bases essentielles d'une véritable philosophie, propre à satisfaire aux principales exigences, soit mentales, soit sociales, de la situation actuelle des populations occidentales. J'ai achevé de constituer irrévocablement la méthode positive par son extension convenable aux études les plus difficiles et les plus importantes, en même temps que j'ai rétabli le principe direct d'une nouvelle doctrine générale, en découvrant la loi nécessaire de l'évolution humaine. Or, l'entière publication de ce système a coïncidé avec le désastreux accomplissement d'une iniquité personnelle, qui, loin d'offrir un caractère accidentel, résultait surtout d'une inévitable lutte entre le véritable esprit philosophique et le mauvais esprit scientifique, représentés chacun par son organe actuel le plus prononcé. Injustement dépouillé tout à coup de la moitié des ressources matérielles, indispensables à ma laborieuse existence, j'ai aussitôt trouvé un honorable appui dans la générosité privée de quelques puissants appréciateurs. En me félicitant d'échapper ainsi à la persécution, je regardais d'ailleurs ce noble patronage comme destiné surtout à fournir, en ma personne, à tous les vrais philosophes une première garantie de sécurité contre la redoutable animosité des passions et des préjugés que leurs consciencieux travaux doivent aujourd'hui choquer involontairement. C'est pour mieux assurer cette salutaire influence générale que je me proposais de donner une convenable publicité à la juste expression de ma reconnaissance particulière. L'usage de fournir des subsides volontaires aux organes systématiques de nos convictions étant aujourd'hui consacré partout, soit chez le parti rétrograde, soit parmi les diverses fractions du parti révolutionnaire, et s'étendant même aux sectes les plus extravagantes, il fallait peu s'étonner que le positivisme naissant obtînt aussi une minime assistance analogue de quelques sympathies d'élite. Cette active sollicitude m'offrait à la fois une juste récompense des grands travaux déjà accomplis et une heureuse garantie de la paisible exécution de ceux que j'avais annoncés comme propres à la seconde moitié de ma carrière philosophique. Après avoir fondé la nouvelle philosophie, il en restait surtout à systématiser directement la doctrine sociale qui doit constituer son principal caractère et déterminer son ascendant final. Ma première élaboration ayant rendu irrécusable la supériorité intellectuelle du positivisme, je devais désormais établir non moins solidement sa supériorité morale, la plus décisive de toutes et la seule sérieusement contestable aujourd'hui. De tels résultats semblaient motiver, en effet, chez ces puissants patrons, quelques légers sacrifices en faveur d'un philosophe qui, parvenu seulement à l'âge de la pleine maturité mentale, se montrait capable d'accomplir dignement toutes ses promesses. Envers une élaboration qui, malgré son origine française, correspondait évidemment à un besoin commun aux cinq grandes nations occidentales, il semblait naturel que cette protection privée se réalisât d'abord en Angleterre, soit à raison d'une plus forte concentration de richesses, soit surtout d'après une meilleure habitude des libres patronages particuliers. Je devais donc compter que ce noble appui, prévenant toute perturbation de mes travaux, durerait autant que le danger qui l'avait provoqué, c'est-à-dire jusqu'au rétablissement d'une position officielle équivalente à celle dont j'avais été violemment privé. L'événement n'ayant pas tardé à démentir un espoir aussi naturel, je dus encore croire que du moins le subside serait assez prolongé pour me permettre d'atteindre sans souffrance l'époque évidemment prochaine où mes nouveaux efforts personnels m'auraient fait recouvrer, par de pénibles occupations journalières, au préjudice de ma grande élaboration, un revenu dont je ne pouvais me passer. Mais cette attente secondaire ne fut pas moins frustrée que la principale, le secours primitif ayant même été, malgré des sollicitations spéciales, entièrement refusé pour une seconde année, à l'étonnement de tous ceux qui, en Angleterre ou en France, avaient eu connaissance de cette affaire.

« Ce contraste imprévu entre la noblesse des premières inspirations et la vulgarité des actes ultérieurs tient surtout à cette déplorable absence de vraies convictions qui caractérise, en tous sens, l'époque actuelle, où ne peuvent ainsi surgir que des demi-volontés, n'aboutissant jamais à une pleine réalisation, même dans les plus simples cas. Un tel avortement est d'autant plus décisif que le mode le plus convenable fut alors expressément proposé, afin de régulariser désormais la protection initiale, d'une manière également honorable pour moi et pour mes patrons, en donnant ouvertement à cette assistance privée une importante destination publique, quand M. Littré conçut le projet, aisément praticable, d'une *Revue positive*, publiée sous ma direction et dont le principal appui pécuniaire proviendrait de l'Angleterre. Le rejet immédiat de cette heureuse proposition, uniquement motivé par l'antipathie actuelle des esprits anglais, indique une imperfection de vues et même de sentiments qu'on s'étonne de rencontrer aujourd'hui chez les chefs du mouvement britannique. Par cela seul que l'émancipation mentale se trouve profondément comprimée en Angleterre, il semblait que les libres penseurs dussent y mieux sentir l'importance de posséder ailleurs un digne organe systématique des dispositions philosophiques qu'ils sont obligés de dissimuler journellement. Ce serait, comme en d'autres temps, utiliser heureusement, pour l'évolution anglaise, les avantages politiques que l'ensemble du passé a ménagés à la France, à l'Allemagne, etc., dans une marche intellectuelle et sociale, commune à tout notre occident. Une appréciation aussi sensible ne peut avoir échappé à de tels esprits que sous l'influence inaperçue des déplorables préjugés nationaux qui, en Angleterre, plus encore que sur le continent, font aveuglément repousser toute entreprise conçue et exécutée au dehors. L'évolution anglaise ne peut plus faire aucun pas capital si ceux qui veulent la diriger ne renoncent franchement à ces dispositions anti-européennes qui ne pouvaient convenir qu'à l'antique opposition. En Angleterre, comme ailleurs, la métaphysique négative a désormais épuisé sa principale efficacité politique : le progrès social n'y peut plus trouver d'issue décisive que par le positivisme, dont l'élaboration systématique, directement destinée à une régénération mentale et morale, doit surtout s'accomplir en France, d'après une active coopération de tous les penseurs occidentaux. Tant que le parti progressif y gardera son vieil esprit d'isolement britannique, il restera, malgré de vains symptômes passagers, de plus en plus inférieur au parti conservateur, qui du moins sait partout s'élever aujourd'hui au-dessus du simple point de vue national. Ce n'est point satisfaire à cette inévitable condition du concours occidental que de lier les intrigues des agitateurs anglais à celles des brouillons français ; il faut désormais beaucoup mieux pour être au niveau de la situation fondamentale. Le principal intérêt social devant aujourd'hui s'attacher partout à la partie du mouvement qui est commune aux diverses populations d'élite, il faut que les esprits anglais s'habituent à seconder régulièrement, par les moyens qui leur sont propres, des opérations évidemment destinées à tout l'occident, mais dont le centre essentiel ne saurait maintenant être britannique. Sans doute, la répulsion empirique éprouvée en Angleterre pour un sage projet de revue positive n'empêchera pas sa réalisation, peut-être prochaine, seule apte partout à écarter à la fois les utopies anarchiques et les principes rétrogrades. Mais des vues plus larges et des sentiments plus élevés chez les principaux chefs du mouvement anglais eussent beaucoup hâté et accru l'efficacité d'une telle intervention sociale de la nouvelle philosophie.

« L'ensemble de la conduite tenue envers moi en Angleterre n'a donc été digne finalement ni du haut intérêt général qui s'y rattachait, ni du noble élan qui semblait d'abord en indiquer une juste appréciation. Une légitime sollicitude personnelle pourra m'obliger à rendre public un tel jugement philosophique, soit dans la préface de mon second grand ouvrage, soit même auparavant, lors d'une seconde édition de mon livre fondamental, afin d'expliquer convenablement les entraves que vont sans doute éprouver ainsi mes travaux. Violemment dépouillé d'un revenu qui n'était que suffisant, je ne puis ni ne veux, à moins d'une insurmontable nécessité, me réduire à l'autre moitié, comme l'attendent peut-être quelques-uns de ceux qui, du sein de l'opulence, prescriraient volontiers aux penseurs de se borner aux trois ou quatre shellings matériellement indispensables à leur existence journalière. Pendant la première moitié de ma vie philosophique, j'ai pleinement sacrifié ma vie privée à ma vie publique, pour mieux accomplir ma mission fondamentale. Après avoir dignement payé ma principale dette envers l'humanité, j'ai acquis le droit de retourner désormais à l'état normal en faisant concourir mes modestes satisfactions personnelles au meilleur développement de mes fonctions sociales, sans permettre à personne de régler arbitrairement une telle harmonie intérieure, dont je puis seul connaître les vraies conditions. Tout mon passé garantit assez d'ailleurs que, par là, je ne mériterai jamais le blâme philosophique que j'ai dû hautement lancer sur la déplorable avidité pécuniaire que notre anarchique situation a tant propagée chez la classe spéculative. Mais, en continuant à me restreindre aux plus justes convenances privées, sans même prendre plus de soin de mon avenir matériel, mon oppression actuelle ne me permet de satisfaire à ces légitimes exigences qu'en recourant à de pénibles occupations professionnelles qui absorberont nécessairement une notable partie du temps que réclame mon élaboration philosophique. Ces obstacles ne pourront jamais m'empêcher, à moins de mort prématurée, d'achever ce grand ouvrage commencé cette année, et qui constitue, à tous égards, le principal des quatre traités annoncés à la fin de mon livre fondamental, comme devant compléter l'ensemble de ma mission. Toutefois cette perturbation intérieure pourra sensiblement retarder cette première opération; et même, si la persécution se prolonge trop, elle m'interdira peut-être entièrement les trois autres. C'est afin d'atténuer d'avance, autant qu'il dépend de moi, ce dernier désastre, que je me suis récemment attaché à ménager, dans mon ouvrage actuel, un juste accès primitif aux diverses vues incidentes qui s'y présentent comme spécialement propres aux suivants, sans cependant rendre inutile leur élaboration ultérieure, si elle me reste possible.

Or, en laissant ignorer au public les vrais motifs des diverses infractions involontaires que peuvent ainsi éprouver de solennelles promesses, qui n'excédaient ni mes forces, ni mon âge, j'encourrais injustement un blâme que je dois dignement rejeter sur la méchanceté de mes ennemis, la faiblesse de mes chefs et la tiédeur de mes amis. Il ne serait pas inutile d'ailleurs à l'éducation morale de l'humanité de signaler nettement à la postérité un exemple aussi caractéristique du préjudice que peut souffrir la société par suite de sa honteuse incurie envers les organes spéciaux de ses plus éminents progrès. C'est donc, à tous égards, un devoir pour moi, si en effet mes travaux se trouvent ainsi notablement entravés, d'en expliquer hautement les véritables causes, afin qu'une inévitable responsabilité s'attache à qui de droit, en proportion de chaque participation effective à un tel résultat.

« Dans cette indispensable exposition, je serai naturellement amené à comparer la conduite de mes patrons anglais à celle de mes chefs français. Les uns et les autres ont d'abord témoigné, par une digne intervention, leur pleine conviction de l'iniquité de la persécution dirigée contre moi, et leur sincère intention d'en prévenir les dangers; mais, des deux parts, la protection a finalement avorté, faute de persistance de la volonté tutélaire. La faiblesse du gouvernement français, en un cas aussi évident et aussi simple, a été justement blâmée en Angleterre, d'après l'irrécusable devoir de mes chefs officiels de me garantir d'une injustice qu'ils avaient hautement reconnue. Cette obligation se trouvait d'ailleurs fortifiée par la considération des services spéciaux que j'avais rendus dans le poste qui m'était ravi, en imprimant, malgré beaucoup d'entraves, une impulsion qui, de l'aveu des juges impartiaux, a relevé en France l'enseignement mathématique. Quand la spoliation fut consommée, rien ne dispensait envers moi d'une digne et prompte réparation, que diverses voies rendaient facile. Sous cet aspect, comme vous l'avez alors remarqué, mon cher monsieur Mill, le ministre Guizot mérite certainement un blâme particulier, pour n'avoir rien tenté à cet égard, malgré de formelles invitations, quoiqu'il connaisse personnellement, depuis vingt ans, la portée de mes vues et la pureté de mes intentions. Mais si, à ces divers titres, mes protecteurs en Angleterre ont justement accusé la faiblesse de notre gouvernement, eux-mêmes ont finalement encouru, par leur tiédeur, des reproches au moins équivalents : des deux parts se manifeste ce défaut spontané d'énergie et de persistance qui caractérise toujours les demi-volontés actuelles, par suite d'insuffisantes convictions générales. Le gouvernement français n'avait dû voir en moi que le fonctionnaire injustement persécuté, dont il devait défendre l'existence publique; il ne pouvait officiellement considérer mon importance philosophique. Au contraire, c'est surtout comme philosophe que je fus apprécié par mes patrons anglais, qui, ayant reconnu la haute utilité de mes travaux, se crurent moralement obligés d'en empêcher l'interruption. La même conviction fondamentale qui fait accueillir le positivisme pour ses éminentes propriétés philosophiques et politiques, impose aussi d'inévitables devoirs envers son élaboration et sa propagation systématique. Dans une telle solidarité, inhérente à toute véritable théorie générale, la morale positive sera, par sa nature, plus sévère encore que ne durent l'être la morale théologique et la morale métaphysique, comme tendant à prévenir ou à écarter tous les subterfuges par lesquels ces vagues doctrines laissaient éluder souvent leurs légitimes prescriptions. Si la négligence d'un devoir devient d'autant plus blâmable que son observance était plus facile, la tiédeur de mes protecteurs anglais mérite ici plus de reproches que la faiblesse de mes chefs français. L'animosité de puissantes coteries scientifiques, appuyées par d'imposants préjugés publics, suscitèrent à notre gouvernement de graves difficultés spéciales pour me garantir suffisamment. Au contraire, mes opulents patrons d'Angleterre pouvaient aisément neutraliser la persécution organisée contre moi, par la simple concession de quelques légers subsides annuels, si inférieurs aux libres sacrifices privés que les mœurs anglaises déterminent noblement pour tant d'autres destinations publiques, même d'une utilité faible ou douteuse.

« Chacun devant subir la responsabilité de ses actes volontaires, j'ai donc acquis le droit de blâmer moralement tous ceux qui, refusant de diverses manières leur juste intervention, ont sciemment concouru à laisser un consciencieux philosophe lutter seul contre la détresse et l'oppression, de manière à consumer par des fonctions subalternes tant de précieuses journées de sa pleine maturité, qui devrait rester consacrée tout entière à une libre élaboration dont l'importance n'est plus contestée. L'insuffisance finale de la double protection ébauchée envers moi ne me dispensera jamais de la reconnaissance que je dois, des deux côtés, non-seulement aux nobles intentions qui la dictèrent, mais aussi à la première efficacité partielle. Sans me garantir de la persécution, la démonstration officielle du gouvernement français m'a heureusement permis d'éviter alors tout appel au public, en un cas dont l'iniquité se trouvait ainsi solennellement caractérisée. En même temps, la générosité primitive de mes patrons anglais a utilement retardé d'une année mes divers embarras matériels, de façon à prévenir surtout l'abattement moral où pouvait me jeter une trop brusque perturbation. M. Auguste Comte, ancien examinateur pour l'École polytechnique, doit à cette double influence une intime gratitude personnelle, qu'il lui sera toujours doux de proclamer ; mais l'auteur du *Système de philosophie positive* ne pourra se dispenser de signaler convenablement au public impartial un abandon qui devient aujourd'hui le complice involontaire d'une iniquité notoire (18 décembre 1845). »

A cette lettre M. Mill répondit par une apologie de ses amis; ce qui provoqua, de la part de M. Comte, une réplique non moins longue que la lettre précédente. Si j'entrais dans le débat, je ne pourrais que dire qu'à mon tour, lorsqu'il fut de nouveau question d'assurer l'existence de M. Comte, j'acceptai comme un devoir l'obligation de faire tous mes efforts pour y pourvoir. Pourtant je n'en conçois pas moins que ce qui me parut devoir n'ait pas paru tel à d'autres. C'est là le défaut de l'argumentation de M. Comte. Il est évident que les trois Anglais qui l'avaient secouru ne poussaient pas leur adhésion à la philosophie positive assez loin pour qu'on pût mettre la question sur ce terrain. Mais, cela laissé de côté, j'ai été, en tenant dans les mains cette lettre et la précédente, singulièrement frappé de la sûreté avec laquelle M. Comte travaillait; on n'y remarque pas une rature; tout y coule de l'inépuisable abondance d'une pensée qui n'a jamais besoin de revenir sur elle-même; tant, de prime abord, l'esprit a fortement conçu et concerté l'ensemble !

« La réponse que vous avez faite, le 12 de ce mois, à ma lettre exceptionnelle du 18 décembre, m'a péniblement affecté, par la manifestation du plus fâcheux désaccord qui ait encore surgi entre nous, car il concerne autant les sentiments que les idées. Après avoir lu plusieurs fois, avec beaucoup d'attention, votre soigneuse apologie de l'ensemble de la conduite tenue envers moi en Angleterre ; j'ai voulu relire sans prévention ma propre lettre, dont j'avais, contre mon usage, gardé copie. Mais je dois vous déclarer franchement que, malgré vos diverses indications, ce nouvel examen n'a finalement abouti qu'à confirmer, sur tous les points essentiels, ma sévère condamnation philosophique. Quoique je regrette d'agiter encore un sujet que je croyais épuisé, vos principales remarques exigent de moi certaines explications définitives, qui vous sont exclusivement destinées, à moins que leur communication confidentielle ne vous semble spécialement utile.

« Je ne puis d'abord ni accepter l'erreur de fait que vous me supposez, ni me dispenser de vous attribuer, à cet égard, une véritable erreur de principe. Car M. Grote m'est assez connu personnellement pour que je n'aie jamais pu me faire une grave illusion sur la vraie disposition philosophique et politique, d'après laquelle j'ai dû présumer que celle de nos deux autres patrons n'était pas beaucoup plus avancée ; je les ai toujours regardés comme n'ayant pas encore abandonné suffisamment la métaphysique révolutionnaire, quoiqu'ils aient commencé à sentir tous déjà la portée essentielle, à la fois mentale et sociale, du positivisme systématique. Vos explications spéciales sur le degré effectif de leur adhésion à la nouvelle philosophie ne m'ont donc fait éprouver aucun désappointement; et, sans que vous caractérisiez nullement leurs discordances actuelles avec l'ensemble de mes convictions, je ne crois pas en méconnaître l'importance réelle. Mais les sympathies fondamentales que vous me décriviez chez eux me semblent pleinement suffire, comme je compte vous le démontrer, pour motiver la modeste protection, même continue, que leur noble conduite m'avait d'abord fait espérer.

« En aucun cas, je n'ai mérité, à aucun degré, le reproche que vous semblez m'insinuer, de méconnaître l'inévitable existence des grandes fortunes, ni même l'indispensable office que remplit journellement leur haute intervention sociale. Je crois seulement que vous avez, en général, une trop faible idée des obligations morales qui leur sont propres et spécialement des devoirs des riches envers les penseurs, surtout dans le milieu actuel. Le plein accord spontané dont vous faites la condition préliminaire de la protection due à la pensée par la richesse conviendrait à peine à l'état normal vers lequel tend la société moderne. Appliqué à l'état présent, ce procédé équivaudrait à n'encourager les travaux qui doivent conduire à la solution du grand problème que lorsqu'il sera complétement résolu ; c'est-à-dire quand les patronages privés y auront perdu leur principale importance et leur mérite essentiel. Car aujourd'hui le but capital consiste précisément à instituer de véritables convictions systématiques, susceptibles de fixité et d'universalité; voilà surtout ce qui nous manque maintenant; ceux qui croient déjà y être assez parvenus se font autant d'illusion sur leur propre situation que sur celle du public. Toute élaboration philosophique qui tend évidemment vers un tel résultat, en se caractérisant d'après une constante cohérence logique, doit donc être soigneusement encouragée par tous ceux qui en ont admis la méthode générale et le principe fondamental, malgré de graves dissentiments partiels avec les opinions actuelles de ses appréciateurs ; les naissantes convergences méritent alors beaucoup plus d'attention que les divergences transitoires ou secondaires. Aucune doctrine sérieuse ne saurait, j'ose le dire, réellement satisfaire aujourd'hui aux conditions d'assentiment total qui vous semblent indispensables pour donner droit à une protection suivie. Il n'y a maintenant que des systèmes éphémères qui puissent, d'après leurs vaines promesses, déterminer, par l'entraînement des passions, l'apparence passagère d'une telle plénitude d'accord. Voilà, sans doute, pourquoi le saint-simonisme, le fouriérisme et d'autres aberrations équivalentes ont trouvé, de nos jours, tant d'actifs encouragements, pendant que le positivisme en obtient si peu. Mais ce contraste, trop naturel chez les

appréciateurs vulgaires, convient-il aussi aux juges d'élite ?
Quand l'entière concordance que vous exigez pourra se
réaliser habituellement entre quelques personnes indépendantes, le grand problème de notre temps se trouvera
aussitôt résolu ; car on ne voit pas ce qui alors empêcherait
l'adhésion de s'étendre rapidement à tous les esprits actifs
et consciencieux. C'est surtout parce que l'accord véritable
n'est maintenant possible que sur les notions fondamentales
que la convergence reste nécessairement bornée à un petit
nombre d'adeptes. Vous reconnaissez expressément que
mes patrons admettent les bases intellectuelles, soit logiques, soit scientifiques, de la philosophie positive, et même
la tendance générale à organiser la société suivant ce régime mental. Dès lors, quelles que soient envers moi les
divergences actuelles sur la réalisation spéciale d'une telle
organisation, je persiste à regarder leur adhésion comme
suffisante pour constituer l'obligation morale que je leur ai
représentée de ne pas laisser entraver mon élaboration
philosophique d'après une infâme persécution. Peut-être
même ce sentiment naturel n'est-il neutralisé, chez deux
d'entre eux, que par les préoccupations particulières qu'inspirent trop souvent les travaux personnels et qui disposent
à voir avec indifférence, sinon avec quelque secret plaisir,
la compression des idées rivales. Quoique le troisième
protecteur me soit inconnu, je ne serais pas étonné que
son caractère franchement pratique, le dégageant davantage de toutes préventions théoriques, lui permît de mieux
apprécier les convergences fondamentales et de passer sur
les dissentiments secondaires dont il doit naturellement
être moins choqué.

« Cette détermination rationnelle du juste degré d'accord
préalable qu'exige aujourd'hui la protection temporelle
des travaux philosophiques me semble trop importante
pour que je doive négliger l'heureuse occasion qui s'offre ici

de l'éclaircir indirectement sous un nouvel aspect décisif, en examinant votre opinion sur la coopération actuelle à la Revue positive si sagement projetée par M. Littré.

« A ce sujet, je regrette d'abord que vos obligeantes démarches personnelles aient été trop peu conformes à nos intentions essentielles, que j'aurai sans doute mal expliquées. Ce n'étaient point des abonnés que nous cherchions en Angleterre ni même des actionnaires proprement dits, disposés à placer des fonds dans une entreprise productive; rien de tout cela n'obligeait à s'adresser hors de France. Nous ne demandions à l'Angleterre, pour cette nouvelle Revue, que quelques véritables protecteurs, décidés à risquer des capitaux à la poursuite d'une belle expérience sociale conforme à leurs convictions fondamentales. Voilà ce que la trop faible concentration des fortunes et surtout la mesquinerie des habitudes privées ne nous permettait guère d'espérer en France; c'est seulement à cette fin que nous réclamions l'assistance anglaise, malgré notre persuasion antérieure du peu de sympathie qu'inspirerait un tel projet au public britannique. Il est fâcheux que vos amicales tentatives n'aient pas été ainsi dirigées.

« Quant à la précieuse coopération philosophique que j'avais personnellement espérée de vous, permettez-moi, mon cher monsieur Mill, de vous déclarer, avec ma franchise accoutumée, que je ne trouve nullement ondés vos motifs de refus. Vous les tirez surtout d'une insuffisante convergence des doctrines, malgré une pleine conformité des méthodes. Pour mieux caractériser nos dissidences actuelles, vous rappelez votre discussion de 1843 sur la question des femmes, et vous en attribuez l'avortement à ce que l'un de nous deux entend trop peu la vraie théorie de la nature humaine, dont l'étude préalable vous semble encore attendre des perfectionnements essentiels, avant qu'une telle collaboration devienne possible. Toute cette appréciation me paraît exiger une rectification fondamentale, que je vais entreprendre sommairement.

« Du point de vue subjectif, on aperçoit aisément qu'une entière unité de doctrine ne peut jamais régner. A quelque régularité mentale que doive parvenir l'humanité, les différences d'organisation, d'éducation et de situation exerceront toujours assez d'influence pour déterminer, sur beaucoup de questions secondaires, d'habituels dissentiments, comme nous l'indique déjà l'état des sciences les plus avancées, sans excepter les études mathématiques. Toutefois, quand la transition révolutionnaire aura convenablement cessé, il s'établira certainement beaucoup plus de convergence dogmatique qu'il n'en peut exister aujourd'hui envers toutes les notions quelconques qui intéressent réellement l'harmonie finale de la société moderne. On devra devenir alors plus exigeant sur les conditions habituelles de la coopération philosophique, à mesure qu'elle sera destinée à des questions plus spéciales et plus immédiates. Mais, pour préparer cet état normal, il serait déraisonnable de prescrire aujourd'hui le même degré de communion mentale que comportera la réalisation ultérieure ; car cela n'est maintenant ni possible ni indispensable. Votre mesure trop rigoureuse me semble, à cet égard, involontairement tirée du type ancien, où la nature théologique de la doctrine imposait à tout prix l'obligation d'une étroite convergence spéciale, sans laquelle tout le système de croyances se trouvait journellement compromis ; encore cette condition ne se rapporte-t-elle qu'à l'installation sociale du régime catholique et non à son élaboration initiale. Envers la systématisation positive, la conformité spontanée des méthodes permet de moins s'attacher à l'identité artificielle des doctrines actuelles. Sans dépasser le degré d'adhésion au positivisme que vous reconnaissez chez mes patrons, on doit aujourd'hui se regarder, non-seulement, suivant mon indication antérieure, comme moralement obligé d'en protéger l'essor, mais comme capable aussi d'y coopérer philosophiquement. Cette active collaboration n'exige, en effet, que la commune admission de la méthode fondamentale et de la théorie générale d'évolution, complétée par la loi hiérarchique; en termes plus précis, on peut réduire maintenant ces conditions d'accord vraiment indispensables aux cinq points essentiels que formule Littré en achevant son admirable appréciation de mon grand ouvrage[1]. Or, sur tout cela, vous êtes certainement, ainsi que ces trois messieurs, en plein accord avec Littré et moi; cette communion fondamentale suffit pour concourir très-utilement à une publication dignement systématique, où, sans aucune pédantesque discipline, doivent souvent surgir aujourd'hui d'intéressantes discussions mutuelles sur les diverses applications essentielles des principes communs à tous les collaborateurs. Bien loin de nuire à l'ascendant actuel de la *Revue positive*, ces utiles débats tendraient autant à augmenter son influence publique qu'à éclaircir et perfectionner ses doctrines ainsi examinées. Comme directeur de cet ouvrage périodique, je n'hésiterais jamais à y admettre tout travail convenablement conçu et exécuté, qui adhérerait réellement aux bases essentielles ci-dessus mentionnées, quelque opposé qu'il fût d'ailleurs à mes convictions les mieux établies, et même sans m'en réserver toujours l'examen, surtout immédiat, que je pourrais surtout laisser aux lecteurs. Je ne crois pas qu'une telle conduite tendît aucunement à énerver une action philosophique par un dangereux éclectisme : elle me semblerait au contraire très-propre à mieux atteindre la grande destination, mentale et sociale, de la

---

[1]. J'ai laissé cette épithète puisqu'elle est dans le texte. Il va sans dire que je ne l'accepte pas; c'est l'essai, et rien autre, d'un homme qui apprend. D'ailleurs M. Comte, qui m'avait donné un éloge excessif, eut plus tard pour moi des blâmes excessifs.

Revue projetée. Lors même que je croirais devoir y écarter ou ajourner certaines discussions comme inopportunes ou prématurées, ce serait toujours à ce seul titre que je motiverais publiquement ma décision, jamais fondée sur le défaut de convergence spéciale des travaux vraiment subordonnés aux fondements indispensables. Malgré le mauvais accueil initial de notre projet de Revue positive, une entreprise aussi conforme aux principaux besoins actuels ne tardera pas, sans doute, à être mieux appréciée. J'ai donc cru devoir utiliser cette occasion de caratériser l'esprit sérieusement libéral suivant lequel je suis décidé à la diriger, en laissant un libre cours public à toute sage controverse intérieure qui, respectant toujours les principes, affecterait seulement leurs conséquences quelconques.

« En ce qui concerne notre fraternelle discussion de 1843, je ne puis, mon cher monsieur Mill, accepter la parité d'alternative qui vous dispose à laisser indécis auquel de nous deux doit convenir le reproche d'insuffisante connaissance de la vraie nature humaine, que suppose en effet un tel dissentiment. Je n'hésitai pas alors à vous avertir que votre préparation scientifique avait trop exclusivement embrassé les spéculations inorganiques et mathématiques, sans être assez complètes pour une suite convenable d'études et de méditations biologiques. Ayant moi-même pleinement accompli jadis cet indispensable préambule, je me permis de vous le recommander spécialement, et d'y rapporter[1] notre dissidence sur ce grand sujet, envers lequel j'avais d'abord pensé comme vous, avant d'avoir achevé mon éducation philosophique. Je persiste plus que jamais dans une telle conviction logique. Ma certitude d'avoir mieux satisfait à ces conditions préalables me semble d'ailleurs fortifiée par

---

1. M. Comte oublie qu'il y a trois ans de cela, que M. Mill fit les lectures à lui recommandées, et que néanmoins ses opinions ne se modifièrent pas. La parité que récuse M. Comte est donc exacte et valable.

la conformité essentielle de ma doctrine à cet égard avec l'ensemble des opinions résultées de l'expérience universelle. Quand la plus haute théorie se trouve ainsi conduite spontanément à sanctionner les notions vulgaires, sans aucune impulsion routinière et à l'abri de toute prévention systématique, cet accord constitue un symptôme de réalité contre lequel il faudrait réunir de bien puissantes démonstrations pour en infirmer l'autorité. Toutes les présomptions raisonnables me semblent donc ici se combiner en ma faveur. Si, en général, l'adhésion de Littré au positivisme est réellement plus complète et plus explicite aujourd'hui que la vôtre, je n'hésite point à expliquer surtout cette différence philosophique entre deux éminents penseurs par la nature propre de leur principale préparation scientifique, inorganique chez l'un et biologique chez l'autre. Vous me semblez donc ériger ici, en obstacle inhérent à la situation actuelle de l'esprit humain, une lacune qui vous est essentiellement personnelle. Ce n'est pas que l'étude de notre nature individuelle ne réclame encore d'immenses perfectionnements scientifiques et même biologiques; mais, telle que l'a constituée la biologie actuelle, elle me paraît assez avancée déjà pour permettre aux penseurs bien préparés d'aborder directement l'ensemble des saines spéculations sociologiques, qui seul peut imprimer à la vraie philosophie moderne son caractère définitif. Votre appréciation prolonge beaucoup trop l'évolution préparatoire qui, en chaque grande catégorie théorique, devait surtout consister en une simple ébauche générale, d'après laquelle l'esprit positif devint apte à monter au degré suivant de l'initiative logique, afin d'atteindre convenablement la situation normale où il pourra fonder, sur chaque sujet, des doctrines vraiment finales. Si vos scrupules étaient légitimes, ils deviendraient applicables à la chimie, à la physique, et même à la mathématique comme à la biologie; de manière à ajourner extrêmement l'essor dogmatique de la sociologie ; car, au fond, aucune de ces sciences préliminaires n'a pu encore offrir un état satisfaisant. Mais, loin que leur commune imperfection autorise aucunement à retarder l'institution systématique des études sociologiques, elle doit pousser à la hâter ; car c'est de là surtout que proviendra le perfectionnement philosophique des diverses études scientifiques. Tout notre régime provisoire de spécialité dispersive doit disparaître par la fusion des différentes théories partielles dans la nouvelle philosophie générale qui, du point de vue social, imprimera à chaque section de la grande élaboration abstraite la vraie constitution finale. C'est surtout la biologie qui devra, comme plus voisine, ressentir davantage cette indispensable impulsion, sans laquelle je persiste à assurer qu'elle n'acquerrait jamais assez de consistance rationnelle, au point même de ne pouvoir autrement y dissiper le stérile antagonisme encore subsistant entre l'école matérialiste ou physico-chimique et l'école spiritualiste ou théologico-métaphysique.

« Je dois aussi, mon cher monsieur Mill, vous avouer naïvement que, malgré votre autorité spéciale, je continue à penser que les préjugés nationaux ont beaucoup concouru au mauvais accueil qu'éprouva l'an dernier, en Angleterre, notre projet de Revue positive. L'unanimité que vous reconnaissez exister sur le continent quant au reproche plus profond mérité, à cet égard, par les esprits anglais, me semblerait déjà un puissant motif de présumer la réalité d'une opinion si vérifiable d'après l'observation journalière ; car, sans cela, d'où résulterait cet étrange accord au milieu de tant de dissidences ? Mais la saine appréciation comparative de l'ensemble du passé européen confirme spontanément ce jugement empirique, en indiquant les grandes et nombreuses influences qui, depuis la fin du moyen âge, et surtout pendant les trois derniers siècles, ont dû, en tous sens, déterminer, en Angleterre, une nationalité plus intense et plus exclusive que chez aucune autre section de la famille occidentale. Votre persuasion personnelle qu'un tel esprit y est, au contraire, moins dominant que partout ailleurs, ne me semble, à vrai dire, qu'une nouvelle vérification involontaire de l'opinion commune; car une prévention enracinée sur l'excellence du caractère propre à votre nation me paraît seule pouvoir en faire ainsi méconnaître le principal défaut actuel. Le cosmopolitisme exceptionnel que vous y attribuez justement à quelques esprits avancés n'est nullement incompatible, à mes yeux, avec une telle disposition; car ce sentiment trop vague qui conduit presque à placer de niveau les Français et les Allemands, et les Turcs ou les Chinois, ne comporte réellement qu'une respectable efficacité morale, sans pousser directement à la vraie coopération politique, qui exige le sentiment habituel de sympathie, à la fois mentale et sociale. La situation fondamentale de l'élite de l'humanité réclame partout l'urgente prépondérance, non d'un insuffisant cosmopolitisme, mais d'un actif européanisme ou plutôt d'un profond occidentalisme, relatif à la solidarité nécessaire des divers éléments de la grande république moderne, comprenant toutes les populations qui, après avoir plus ou moins subi l'incorporation romaine, ont surtout participé en commun à l'initiative catholique et féodale, et ensuite à la double progression, positive et négative, qui a partout succédé au régime du moyen âge, de façon à tendre aujourd'hui, chacune à sa manière, vers une même régénération finale. Or je persiste à penser, après votre lettre comme auparavant, que ce sentiment indispensable de connexité et de concours reste encore plus comprimé en Angleterre que sur le continent par les préventions et animosités nationales, quoique déjà notre heureuse paix de trente ans ait beaucoup amélioré toutes les mœurs occidentales.

« Une dernière explication, purement personnelle, doit encore vous être rapidement indiquée, mon cher M. Mill, au sujet des économies qu'on me recommande indirectement. Ni mes amis ni même mes protecteurs ne se croiront sans doute jamais autorisés à exiger de moi aucun compte semblable. Mais, quoique ma conduite privée n'ait pas plus besoin de justification que ma conduite publique, je dois tenir à rassurer votre cordiale sollicitude sur des craintes de tendance abusive ou exagérée qui n'auraient pas de fondement réel.

« J'ai toujours jugé aussi absurde qu'inhumaine la disposition, trop commune chez les riches envers les pauvres, à concevoir les nécessités matérielles d'une manière absolue et uniforme, sans y apprécier assez les diversités individuelles, relatives, comme en tout autre cas, à l'organisation, à l'éducation, aux habitudes et même à la condition. C'est pour avoir cru apercevoir envers moi cette vulgaire tendance que je me suis, à certains égards, senti blessé par un jugement qui ne reposait point sur une suffisante appréciation personnelle. Vous qui, depuis quatre ans, connaissez exactement mon budget privé et aussi mes lourdes charges spéciales, vous savez si, d'après le taux actuel du milieu où je vis, ma dépense habituelle a jamais pu offrir rien de vraiment déraisonnable, quand même mes goûts propres m'y auraient poussé. Il y a huit ans que j'ai atteint les modestes limites d'aisance que j'avais toujours conçues, du moins en continuant à m'abstenir des prévoyances lointaines. Or, sans vouloir jamais les dépasser, je tiens beaucoup, je l'avoue, à conserver des satisfactions aussi modérées, très-inférieures à ce qu'ont obtenu la plupart de mes camarades. J'y suis attaché non-seulement par une légitime habitude et par un juste sentiment de mon droit, mais surtout par l'intime conviction de leur tendance à faciliter beaucoup mon essor philosophique, que troubleraient trop de mesquines préoccupations journalières. C'est pourquoi je persiste à déclarer que je ne puis ni ne veux, à moins d'une insurmontable nécessité, me restreindre à l'insuffisant revenu que me laisse une odieuse spoliation. Depuis le début de cette année, j'ai définitivement réduit à deux mille francs, au lieu de trois mille, la pension annuelle de ma femme; j'ai aussi pratiqué une autre économie d'environ mille francs sur mes dépenses personnelles, mais tout cela représente à peine la moitié de ce qui m'a été ravi, et pourtant je ne puis réellement me restreindre davantage sans tomber dans la gêne, ou plutôt dans la détresse. Jugez par là si je puis raisonnablement éviter de chercher quelques ressources supplémentaires, quoique mon élaboration philosophique doive certainement en souffrir. Ces commodes conseils d'économie ne sauraient donc empêcher la responsabilité définitive d'une telle perturbation de peser sur tous ceux qui, de diverses manières, m'ont retiré, sans motif légitime, la juste protection qu'ils m'avaient d'abord accordée et dont je me plairai toujours à proclamer avec reconnaissance l'heureuse influence initiale.

« Mes passagères tribulations me laisseront d'ailleurs, comme philosophe, une pénible impression permanente, en rappelant une douloureuse expérience sociale qui témoigne combien nos riches, même les mieux disposés, se trouvent aujourd'hui, par leurs vues étroites et leurs sentiments mesquins, au-dessous de la grave situation que leur prépare un prochain avenir, dans l'inévitable lutte qu'ils auront à soutenir contre les prolétaires. Les penseurs, maintenant si dédaignés, en s'efforçant alors, suivant leur noble devoir, d'adoucir autant que possible ce terrible conflit, auront ainsi à oublier leurs justes griefs spéciaux, en même temps qu'à contenir l'exaspération trop excusable des classes inférieures. En laissant échapper toute heureuse occasion d'instituer une salutaire alliance entre la pensée et la richesse, on dirait que même les plus avancés désirent secrètement l'indéfinie prolongation du *statu quo* actuel, où l'anarchie mentale les dispense de toute large obligation morale ; ils repoussent instinctivement l'indispensable avénement d'un vrai pouvoir spirituel, dont l'ascendant irrésistible les assujettirait à une juste observance habituelle des devoirs sociaux, qu'ils font aujourd'hui dégénérer en une vague et stérile philanthropie. Mais un aveugle égoïsme leur cache les dangers propres à cette situation transitoire, qui ne peut leur convenir qu'autant que la force leur restera pour éluder essentiellement les légitimes réclamations des prolétaires. Or, cet équilibre précaire ne saurait durer que jusqu'à ce que ces irrécusables demandes aient pu acquérir une consistance vraiment systématique, sous la direction rationnelle du positivisme, dont telle sera la plus immédiate destination active, comme je crois l'avoir démontré dans mon sixième volume. Peut-être les riches regretteront-ils alors d'avoir mal agi envers les philosophes, qui devront protéger leur existence sociale contre une ardente réaction populaire. » (27 janvier 1846.)

Le résultat de cette affaire fut du ressentiment de la part de M. Comte, et, entre M. Comte et M. Mill, du refroidissement, la cessation de la correspondance et l'extinction d'une amitié qui avait été fort vive.

CHAPITRE X.

Discussion avec M. J. Stuart Mill sur la condition sociale des femmes.

Depuis la fin de l'année 1841, il s'était établi, entre M. Comte et M. Mill, une correspondance qui très-vite devint cordiale et intime, sans cesser d'être philosophique. J'en donne, à la fin de cette deuxième partie, les extraits qui m'ont paru les plus intéressants ; mais, auparavant, de même que j'en ai utilisé, soit pour le procès, soit pour la perte d'emploi, soit pour le subside anglais, des pages qui expliquent les choses au fur et à mesure des événements, de même ici j'en distrais plusieurs lettres qui, étant relatives à une seule question, forment un petit ensemble bon à figurer isolé du reste, et à mettre en relief.

Cette question est celle des femmes. M. Mill appartient à la classe des philosophes qui croient que l'état actuel des femmes comporte une réformation ; que, toutes diversités compensées, la femme est l'égale de l'homme ; et que cette égalité n'a point reçu encore, du progrès de la civilisation, son accomplissement.

M. Comte est d'une opinion opposée : il croit que, par sa nature même, la femme est inférieure à l'homme, infériorité que nulle combinaison sociale, nul progrès de l'éducation ne parviendront à effacer, et qu'il est de l'intérêt des deux sexes de l'accepter afin de s'y conformer et de la faire tourner au plus grand bien commun. Je n'ai point à intervenir dans ce grave débat, qui d'ailleurs n'est pas clos. Seulement, le lecteur remarquera, dans une des lettres qui vont passer sous ses yeux, que M. Comte parle d'un *type humain* auquel la femme n'atteint pas. Cette expression n'est pas heureuse. Il n'y a pas, dans la nature humaine, un type humain qui soit indépendant de la femme. Le type humain ne peut jamais, physiquement ou moralement, être conçu que double; il comprend deux parties inséparables.

Le dissentiment sur les femmes fut le plus grave qui s'éleva entre M. Comte et M. Mill durant leur correspondance; mais, si elle eût duré davantage, plus d'un autre se serait élevé. M. Mill ne s'était engagé que sur la méthode; celle-là, il l'acceptait pleinement, il la tenait de M. Comte et la faisait sienne, mais il réservait tout le reste. Un accord sur ce point est le premier accord et le plus essentiel; sans lui, rien ne se peut faire, avec lui tout se peut faire. La vertu d'une méthode est de s'appliquer au domaine entier de la connaissance, et les applications qui sont, les unes faciles, les autres difficiles, les unes voisines, les autres lointaines, ne se trouvent que par le travail des individus et des générations. La philosophie positive n'est encore qu'au début, elle n'a encore que peu essayé sa méthode; et elle ne peut l'essayer que par les dissentiments et les discussions. Dans un endroit de ces lettres, M. Comte s'en inquiète comme de débats qui, aux yeux du public, compromettent la solidité de la nouvelle philosophie. Cette inquiétude vient de ce qu'il croyait les questions beaucoup plus avancées qu'elles ne le sont. Aussi je ne la partage point; tant qu'une même méthode reste le ralliement des esprits qui veulent philosopher en dehors de la théologie et de la métaphysique, rien n'est en danger; loin de là, la nouvelle philosophie ne peut prospérer et avancer qu'en remettant au creuset les conceptions de M. Comte, les corroborant là où elles sont bonnes, les corrigeant là où elles sont défectueuses, et surtout les prolongeant à tous les sujets encore inabordés que suggère la diversité des esprits et le progrès des temps.

Paris, 16 juillet 1843.

« .... Le temps me manque entièrement aujourd'hui pour effleurer la grave discussion de statique sociale (il s'agit des femmes) que vous avez involontairement entamée dans votre lettre, mais je suis fort aise que vous ayez commencé cette sorte de naïve confession hérétique, et je vous prie de la continuer à votre gré. Quand votre exposition graduelle aura acquis un caractère de dissentiment plus déterminé, son appréciation pourra nous être fort utile à tous deux, en me poussant à une sorte d'anticipation sommaire sur la doctrine qui doit être formellement établie dans le second volume du grand ouvrage que je vais commencer l'an prochain. Sans m'effrayer aucunement de ces divergences entre les deux seuls organes complets que possède réellement aujourd'hui la philosophie nouvelle, je suis bien sûr que notre parfaite homogénéité de méthode et notre fondamentale communauté de doctrine dynamique fera bientôt cesser spontanément ce désaccord statique. Il ne tient maintenant, ce me semble, qu'à ce que vous ne prenez peut-être pas l'ensemble des études biologiques, même actuelles, en aussi intime et familière considération que celui des notions inorganiques, dont les divers ordres vous sont, d'après l'évident témoignage de votre traité, profondément familiers depuis longtemps. Quelque imparfaite que soit encore, à tous égards, la biologie, elle me semble déjà pouvoir solidement établir la hiérarchie des sexes, en démontrant, à la fois anatomiquement et physiologiquement, que, dans presque toute la série animale et surtout chez notre espèce, le sexe femelle est constitué en une sorte d'état d'enfance radicale, qui le rend essentiellement inférieur au type organique correspondant. Sous l'aspect directement sociologique, la vie moderne, caractérisée par l'activité industrielle et l'esprit positif, ne doit pas moins développer finalement, bien que d'une autre manière, ces diversités fondamentales, que la vie militaire et théologique des nations anciennes, quoique jusqu'ici la nouveauté de cette situation n'ait pas encore permis une suffisante manifestation de ces différences finales, tandis que les premières semblaient s'effacer. L'idée d'une *reine*, par exemple, même sans être papesse, est maintenant devenue presque ridicule, tant elle avait besoin de l'état théologique ; mais il y a seulement trois siècles, ce n'était pas encore ainsi. Quant à l'imperfection nécessaire des sympathies fondées sur l'inégalité, j'en conviens avec vous, et, à ce titre, je pense que la plénitude des sympathies humaines ne saurait exister qu'entre deux hommes éminents, dont la moralité est assez puissante pour contenir toute grave impulsion de rivalité ; ce genre d'accord me semble bien supérieur à ce qui peut jamais s'obtenir d'un sexe à l'autre. Mais ce ne saurait être là, évidemment, le type normal des relations les plus élémentaires et les plus communes, où la hiérarchie naturelle des sexes et ensuite des âges constitue le plus énergique lien. La qualification d'*égalité* a été trop sophistiquée de nos jours pour être employée convenablement à caractériser le principe des rapports universels; je lui préfère de beaucoup la formule *fraternité* que toutes les populations modernes ont spontanément consacrée à cet effet, et que j'ai, en ce moment, par exemple, la satisfaction de retrouver si profondément et si familièrement empreinte dans la langue espagnole, où elle s'allie continuellement à l'expression la plus vive des sentiments hiérarchiques. »

Bordeaux, 5 octobre 1843.

« …. Plus je réfléchis à notre grave dissentiment sociologique et biologique sur la condition et la destination sociale des femmes, plus il me semble propre à caractériser profondément la déplorable anarchie mentale de notre temps, en montrant la difficulté d'une suffisante convergence actuelle jusque chez les esprits d'élite entre lesquels existe déjà, outre la sympathie native, une communion logique aussi fondamentale que la nôtre, et qui pourtant divergent, au moins momentanément, sur l'une des questions les plus fondamentales que la sociologie puisse agiter, sur la principale base élémentaire, à vrai dire, de toute véritable hiérarchie sociale. Un tel spectacle serait même propre à inspirer une sorte de désespoir philosophique sur l'impossibilité ultérieure, comme le prétendent les esprits religieux, de constituer une vraie concordance intellectuelle sur des bases purement rationnelles, si d'ailleurs une profonde appréciation habituelle de notre état mental et même une suffisante expérience personnelle ne tendaient à me convaincre nettement que la situation actuelle de votre esprit ne constitue réellement à cet égard qu'une phase nécessairement passagère, dernier reflet indirect de la grande transition négative. Tous les penseurs qui aiment sérieusement les femmes, autrement qu'à titre de charmants jouets, ont, de nos jours, passé, je crois, par une situation analogue; je me rappelle très-bien, quant à moi, le temps où l'étrange ouvrage de miss Mary Wooltonscraft (avant qu'elle eût épousé Godwin) me produisait une forte impression. C'est même surtout en travaillant directement à éclaircir pour les autres les vraies notions élémentaires de l'ordre domestique que j'ai mis irrévocablement mon esprit, il y a environ vingt ans, à l'abri définitif de toute semblable surprise du sentiment. Je ne doute pas que mon appréciation spéciale de ce principe fondamental dans l'ouvrage que je vais commencer, ne suffît à dissiper, sous ce rapport, toutes vos incertitudes, si, avant ce moment, vos propres méditations ne devançaient essentiellement cette importante démonstration, dont nous pourrons prématurément causer un peu dans notre fraternelle entrevue. En reprenant sommairement, à cet égard, les indications de votre dernière lettre, j'espère que notre concert spontané est moins éloigné que je ne l'avais craint d'abord. Tout en convenant des diversités anatomiques qui éloignent davantage l'organisme féminin du grand type humain, je crois que vous ne leur accordez pas une assez forte participation physiologique, tandis que vous exagérez peut-être l'influence possible de l'exercice, qui, avant tout, suppose nécessairement une constitution convenable. Si, selon votre hypothèse, notre appareil, cérébral ne passait jamais à l'état adulte, tout l'exercice imaginable ne le rendrait pas susceptible des hautes élaborations qu'il finit par comporter ; et c'est à cela que j'attribue cet avortement, trop fréquent de nos jours, de beaucoup de malheureux enfants qu'on exerce abusivement à des opérations que leur âge repousse. Les femmes sont dans le même cas. J'aurais, dans une discussion méthodique, peu de choses à ajouter à votre judicieuse appréciation des limites normales de leurs facultés ; mais je trouve que vous n'attachez pas assez d'importance aux conséquences réelles d'une telle infériorité native. Leur inaptitude caractéristique à l'abstraction et à la construction, l'impossibilité presque complète d'écarter les inspirations passionnées dans les opérations rationnelles, quoique leurs passions soient, en général, plus généreuses, doivent continuer à leur interdire indéfiniment toute haute direction immédiate des affaires humaines, non-seulement en science ou en philosophie, comme vous le reconnaissez, mais aussi dans la vie esthétique, et même dans la vie pratique, aussi bien industrielle que militaire, où l'esprit de suite constitue assurément la principale condition du succès prolongé. Je crois les femmes aussi impropres à diriger aucune grande entreprise commerciale ou manufacturière, qu'aucune in -

portante opération militaire; à plus forte raison sont-elles radicalement incapables de tout gouvernement, même domestique, mais seulement d'administration secondaire. En aucun genre, ni la direction ni l'exécution ne leur conviennent, elles sont essentiellement réservées pour la consultation et la modification, où leur position passive leur permet d'utiliser très-heureusement leur sagacité et leur actualité caractéristique. J'ai pu observer de très-près l'organisme féminin, même chez plusieurs exceptions éminentes. Je pourrais d'ailleurs, à ce sujet, citer aussi ma propre femme qui, sans avoir heureusement rien écrit, du moins jusqu'ici, possède réellement plus de force mentale, que la plupart des personnages les plus justement vantés dans son sexe. J'ai partout trouvé les caractères essentiels de ce type, une très-insuffisante aptitude à la généralisation des rapports et à la persistance des déductions aussi bien qu'à la prépondérance de la raison sur la passion. Tous les cas de ce genre sont, à mes yeux, trop fréquents et trop prononcés pour qu'on puisse imputer surtout à la diversité des éducations la différence des résultats; car j'ai retrouvé les mêmes attributs essentiels là où l'ensemble des influences avait certainement tendu à développer autant que possible de tout autres dispositions. Après tout, d'ailleurs, n'est-ce pas, à beaucoup d'égards, un avantage final plutôt qu'un inconvénient réel pour les femmes, que d'être soustraites à cette désastreuse éducation de mots et d'entités qui, pendant la grande transition moderne, a remplacé l'antique éducation militaire? Quant aux beaux-arts surtout, n'est-il pas évident que, depuis deux à trois siècles, beaucoup de femmes ont été très-heureusement placées et dressées pour la culture, sans jamais avoir pourtant rien pu produire de vraiment éminent, pas plus en musique ou en peinture qu'en poésie? Par une appréciation d'ensemble plus approfondie, on est, je crois, conduit à reconnaître que cet ordre social tant maudit est radicalement disposé, au contraire, de manière à favoriser essentiellement l'essor propre des qualités féminines. Destinées, outre les fonctions maternelles, à constituer spontanément les auxiliaires domestiques de toute puissance spirituelle, en appuyant par le sentiment l'influence pratique de l'intelligence pour modifier moralement le règne naturel de la force matérielle, les femmes sont placées de plus en plus dans les conditions les plus propres à cette importante mission, par leur isolement même des spécialités actives, qui leur facilite un judicieux exercice de leur douce intervention modératrice, en même temps que leurs intérêts propres sont ainsi liés nécessairement au triomphe de la moralité universelle. S'il était possible que leur position changeât sous ce rapport et qu'elles devinssent les égales des hommes au lieu de leurs compagnes, je crois que les qualités que vous leur attribuez justement seraient beaucoup moins développées. Leur petite sagacité instantanée deviendrait, par exemple, presque stérile, aussitôt que, cessant d'être passives sans être indifférentes, elles devraient concevoir et diriger au lieu de regarder et de conseiller sans responsabilité sérieuse. Au reste, pour des philosophes vraiment positifs, qui savent combien, en tous genres, notre influence systématique doit se borner à modifier sagement l'exercice des lois naturelles, sans jamais penser à en changer radicalement le caractère et la direction propres, l'immense expérience déjà accomplie, à cet égard, par l'ensemble de l'humanité doit être, ce me semble, pleinement décisive; car nous savons ce que valent philosophiquement les déclamations théâtrales sur le prétendu abus de la force chez les mâles. Quand même l'appréciation anatomique n'aurait pas encore suffisamment ébranlé la démonstration explicite de la supériorité organique de notre espèce sur le reste de l'animalité, ce qui, en effet, n'est devenu possible que très-récemment, l'exploration physiologique ne laisserait à cet égard aucun doute, d'après le seul fait de l'ascendant progressif obtenu par l'homme. Il en est à peu près ainsi dans la question des sexes, quoique à un degré beaucoup moindre, car comment expliquer autrement la constante subalternité sociale du sexe féminin ? La singulière émeute organisée de nos jours au profit des femmes, mais non par elles, ne fera certainement que confirmer finalement cette universelle expérience, quoique ce grave incident de notre anarchie produise, d'ailleurs momentanément, des conséquences déplorables, soit privées, soit publiques. La masse de notre espèce a été longtemps plongée partout dans une condition sociale bien autrement inférieure que celle dont on plaint aujourd'hui les femmes ; mais elle a su, depuis le début du moyen âge, s'y soustraire graduellement chez les populations d'élite, parce que cette abjection collective, condition temporaire de l'antique sociabilité, ne se rattachait réellement à aucune différence organique entre les dominants et les dominés. Mais, au contraire, l'assujettissement social des femmes sera nécessairement indéfini, quoique de plus en plus conforme au type moral universel, parce qu'il repose directement sur une infériorité naturelle, que rien ne saurait détruire, et qui est même plus prononcée chez l'homme que chez les autres animaux supérieurs. En rendant les femmes de plus en plus propres à leur vraie destination générale, je suis convaincu que la régénération moderne les rappellera plus complétement à leur vie éminemment domestique, dont le désordre inséparable de la grande transition les a, je crois, momentanément écartées à divers égards secondaires. Le mouvement naturel de notre industrie tend certainement à faire graduellement passer aux hommes des professions longtemps exercées par les femmes ; et cette disposition spontanée n'est, à mes yeux, qu'un exemple de la tendance croisssante de toute notre sociabilité, à interdire aux femmes toutes les occupations qui ne sont pas suffisamment conciliables avec leur destination domestique, dont l'importance deviendra de plus en plus prépondérante. Cela est bien loin, comme vous savez, de leur interdire une grande et utile participation indirecte à l'ensemble du mouvement social, qui seulement n'a jamais pu être conduit par elles, même quant à l'essor essentiel des opinions et des mœurs qui les intéressent spécialement. Toute autre manière de concevoir leur position et, par suite, leurs devoirs et les nôtres, serait réellement aussi contraire pour le moins à leur propre bonheur qu'à l'harmonie universelle. Si, de l'attitude de protecteurs des femmes, les hommes passaient envers elles à la situation de rivalité, elles deviendraient, je crois, fort malheureuses, par l'impossibilité nécessaire où elles se trouveraient bientôt de soutenir une telle concurrence, directement contraire à leurs conditions d'existence. Je crois donc que ceux qui les aiment sincèrement, qui désirent ardemment le plus complet essor possible des facultés et des fonctions qui leur sont propres, doivent souhaiter que ces utopies anarchiques ne soient jamais expérimentées.... »

Paris, 14 novembre 1843.

« Ayant déjà repris mes occupations quotidiennes, je m'empresse de répondre à votre importante lettre du 30 octobre avant de commencer mon petit travail sur l'École polytechnique, qui, devant me prendre une quinzaine de jours, retarderait trop une réponse que je regarde comme la terminaison actuelle de notre grande discussion biologico-sociologique. L'impression générale qui m'est restée de cette lettre m'a conduit, en effet, à penser que cette discussion est maintenant parvenue entre nous aussi loin qu'elle puisse être poussée actuellement avec quelque utilité, en sorte qu'il y aurait aujourd'hui plus d'inconvénients que d'avantages à la prolonger au delà, et il me semble, d'après vos dernières phrases, que vous n'êtes pas éloigné, au fond, de la même appréciation totale. Sans que vos divers arguments à ce sujet aient nullement ébranlé ni même modifié aucune de mes convictions antérieures, ils m'ont prouvé que le temps n'est pas encore venu de vous voir arriver spontanément aux vérités fondamentales que j'admets depuis longtemps sur ce point capital, mais en me laissant pourtant, dans toute sa plénitude, l'espoir que vos méditations ultérieures finiront par vous y conduire aussi. Aux termes où nous en sommes actuellement, nous ne convergeons pas suffisamment ni sur les principes, ni même sur les faits, qui doivent indispensablement concourir à la décision ; et, par suite, il devient convenable, non de clore finalement la discussion, mais de la suspendre indéfiniment, jusqu'à ce que les conditions d'une utile reprise se trouvent effectivement remplies de part ou d'autre. Néanmoins je crois devoir, pour la dernière fois, reprendre sommairement les principaux articles de votre lettre, afin de mieux caractériser que je n'ai pu le faire jusqu'ici, les points essentiels d'opposition, à la fois logique et scientifique, ainsi constatés entre nous à cet égard.

« D'abord je partage essentiellement votre opinion logique sur la difficulté supérieure qu'offrent aujourd'hui les questions de statique sociale comparées aux questions dynamiques. Cependant, quoique l'élaboration positive de celles-ci soit maintenant beaucoup plus mûre, en même temps qu'elle est heureusement plus urgente, je crois possible de démontrer immédiatement les principales bases de la sociologie statique; et j'espère en donner l'exemple dans le traité méthodique que je commencerai à la fin de cet hiver. Je pense même que, sans cette condition préalable, la théorie dynamique n'aurait pas une suffisante rationalité : je puis déjà assurer que, pour ma propre intelligence, ce préambule est depuis longtemps assez accompli, quoique je n'aie pu jusqu'ici développer assez cet ordre de convictions pour les faire convenablement partager aux autres penseurs. Par cela même que les lois fondamentales de l'existence ne peuvent jamais être vraiment suspendues, il est très-difficile d'en démêler nettement l'influence continue dans l'étude des phénomènes d'activité; mais cela n'est pourtant pas impossible, en appréciant convenablement ce qu'ils offrent de commun à tous les cas essentiels. En outre, je crois que les lumières préliminaires émanées de la pure biologie et qui ont alors une importance supérieure, surtout pour notre question actuelle, sont déjà beaucoup plus avancées que vous ne semblez l'admettre, malgré l'état peu satisfaisant de nos études biologiques. Sans doute, comme vous le dites, en réagissant contre les aberrations philosophiques du siècle dernier, les penseurs contemporains ont été quelque fois conduits à exagérer en sens inverse. Ainsi Gall, en relevant dignement l'influence prépondérante de l'organisme primordial, a trop négligé celle de l'éducation si abusivement préconisée par Helvétius. Mais, quoique la vérité soit assurément entre les deux, elle est loin, à mes yeux, de consister dans le juste milieu et se trouve beaucoup plus près de l'opinion actuelle que de la précédente. Il était fort naturel d'apprécier d'abord les influences extérieures comme plus nettes, et c'est ce qu'a fait le dix-huitième siècle dans tous les sujets biologiques, où les notions de milieu se montrent toujours avant celles d'organisme. Mais ce n'est certes point là l'état normal de la philosophie biologique, où les conditions organiques doivent certainement prévaloir, puisque c'est l'organisme et non le milieu qui nous fait hommes plutôt que singes ou chiens, et même qui détermine notre mode spécial d'humanité jusqu'à un degré beaucoup plus circonscrit qu'on ne le croit souvent. Sous l'aspect logique, en appliquant la marche naturelle que votre précieux traité a si judicieusement caractérisée comme *méthode des résidus*, il ne faut point, ce me semble, surtout dans des sujets aussi complexes, regarder comme indifférent l'ordre des soustractions partielles, qui doivent toujours se succéder autant que possible, suivant le décroissement d'importance qu'une première appréciation générale assigne spontanément aux diverses influences déterminables ; en sorte que, dans les recherches biologiques, on doit le plus souvent renverser l'ordre que vous y croyez toujours préférable, du dehors au dedans. Je regrette beaucoup que les graves défauts de coordination inhérents à l'ouvrage de Gall aient tellement choqué un esprit aussi méthodique que le vôtre, qu'ils l'ont empêché jusqu'ici d'apprécier la réalité fondamentale de ses démonstrations essentielles, abstraction faite de toute localisation irrationnelle ou prématurée. Peut-être seriez-vous, à cet égard, moins mécontent de son grand ouvrage primitif (*Analogie et physiologie du système nerveux en général et du cerveau en particulier*, in-4°), quoique cette lecture soit probablement trop anatomique, pour votre but. Mais les mêmes idées-mères se présenteraient à vous sous une meilleure forme logique dans les travaux plus systématiques de Spurzheim, c'est-à-dire les *Observations sur la phrénologie*, l'*Essai philosophique sur les facultés morales et intellectuelles*, l'ouvrage sur l'*Éducation*, et même celui relatif à la folie, ce qui constitue seulement en tout quatre minces volumes in-8°, aisément lus en une ou deux semaines. Sans que la subordination des sexes y soit directement examinée, on peut cependant regarder cette doctrine comme ayant déjà suffisamment établi, autant du moins que la seule biologie peut le faire, le principe fondamental de la hiérarchie domestique. Avant que la philosophie biologique eût convenablement surgi sous Vicq-d'Azyr et Bichat, et surtout indépendamment de la physiologie cérébrale, un ouvrage estimable, quoique peu éminent, utile peut-être à relire aujourd'hui, avait déjà tenté de fonder ce principe sur la seule considération prépondérante de la destination physique : c'est le petit traité d'un médecin de Montpellier (Roussel) intitulé *Système physique et moral de la femme,* publié en 1775, sous l'impulsion scientifique des travaux de Bordeu, le grand précurseur de Bichat. La biologie comparée me semble d'ailleurs ne laisser aujourd'hui à ce sujet aucun doute essentiel. En suivant, par exemple, les leçons de M. de Blainville, quoiqu'il n'y ait expressément en vue aucune thèse quelconque à cet égard, il est impossible de ne pas voir ressortir de l'ensemble des études animales la loi générale de la supériorité du sexe masculin dans toute la partie supérieure de la hiérarchie vivante : il faudrait descendre jusque chez les invertébrés pour trouver, et encore très-rarement, de notables exceptions à cette grande règle organique, qui présente, en outre, la diversité des sexes comme croissant avec ce degré d'organisation. Je suis donc loin de consentir, sous ce rapport, à abandonner les considérations biologiques, quoique je regarde l'appréciation sociologique comme pouvant suffire isolément à la constatation directe de cette importante notion ; mais les inspirations biologiques doivent alors servir surtout à bien diriger les spéculations sociologiques, qui, à cet égard, ainsi qu'à tout autre titre élémentaire, me semblent ne devoir offrir qu'une sorte de prolongement philosophique des grands théorèmes biologiques.

« Quant à l'appréciation sociologique, séparément envisagée, je ne saurais vous accorder en fait que le milieu anglais soit plus favorable au développement intellectuel et moral des femmes que le milieu français. Abstraction faite de toute vaine inspiration de nationalité, dont vous me savez certes fort indépendant, je crois, au contraire, que les dames doivent mieux se développer en France par cela même qu'elles vivent en plus complète société avec les hommes. Cette diversité entre nous n'est d'ailleurs que la suite d'une autre plus générale, consistant en ce que la constitution sociale vous paraît jusqu'ici défavorable au développement féminin, tandis qu'elle me semble très-apte à cultiver les qualités propres aux femmes. Au reste, je ne suis nullement compétent pour contester votre observation sur les ménages anglais. Mais, je crois que vous y confondez trop la simple *administration* domestique avec le vrai *gouvernement* général de la famille. Dans tout l'occident européen, je crois que, comme en Angleterre, les ménages sont administrés par les femmes ; mais partout aussi, sauf les anomalies individuelles, ce sont les hommes qui gouvernent les affaires communes de la famille.

— « Je ne saurais surtout admettre votre comparaison de la condition des femmes à celle d'aucune sorte d'esclaves. Je n'avais indiqué ce rapprochement qu'afin de prévenir une objection assez naturelle qui tendait à infirmer indirectement ma conclusion sur le passage du fait au principe. Mais, en comparant directement les deux cas, il me semble que, depuis l'établissement de la monogamie, et surtout dans la sociabilité moderne, la dénomination de servitude serait extrêmement vicieuse pour caractériser l'état social de nos douces compagnes, et par suite je ne peux nullement accepter le parallélisme historique des variations simultanées de deux situations aussi radicalement hétérogènes. La vente et l'impossession sont les deux principaux caractères de tout esclavage ; or ils n'ont certainement jamais pu s'appliquer aux occidentales des cinq derniers siècles.

« Quant au progrès qui, depuis un siècle, s'opérerait graduellement dans l'émancipation féminine, je n'y crois aucunement, ni comme fait ni comme principe. Nos auteurs femelles ne me semblent nullement supérieurs, en réalité, à Mme de Sévigné, à Mme de Lafayette, à Mme de Motteville, et aux autres dames remarquables du dix-septième siècle. Je ne saurais dire s'il en est autrement en Angleterre. La femme qui, sous un nom d'homme, s'est rendue aujourd'hui si célèbre chez nous, me paraît, au fond, très-inférieure, non-seulement en convenances, mais même en originalité féminine, à la plupart de ces estimables types. Je ne vois pas, en réalité, d'autre accroissement notable que celui du nombre et de la fécondité matérielle de ces littératrices, comme Molière l'avait probablement prévu ; mais je doute qu'il y ait là un vrai progrès. Ce mouvement consiste surtout en un dévergondage croissant, qui me semble une suite (ou plutôt face) fâcheuse mais très-naturelle de notre universelle anarchie mentale depuis l'inévitable décadence des frêles fondements que la théologie avait provisoirement fournis à l'ensemble des grandes notions morales et sociales. Outre que cette partie de l'ébranlement négatif a dû se trouver spécialement favorisée par d'énergiques passions, elle n'a eu à lutter que contre la partie la plus faible peut-être de la sociabilité théologique ; car qu'y a-t-il de plus illusoire que de fonder la hiérarchie domestique sur la côte surnuméraire d'Adam ? Est-il étonnant que des principes aussi légèrement constitués n'aient pu résister au choc d'une anarchie passionnée ? Mais leur discrédit momentané ne prouve réellement autre chose que la nécessité de les mieux établir. Sous ce rapport, les déplorables discussions ainsi soulevées, quoique essentiellement dépourvues encore d'opportunité logique, outre qu'elles sont malheureusement inévitables, auront au moins l'utilité d'obliger à mieux approfondir les motifs intimes de cette indispensable coordination domestique. L'émeute actuelle des femmes ou plutôt de quelques femmes, n'aura finalement d'autre résultat que de faire expérimentalement ressortir la réalité insurmontable du principe fondamental d'une telle subordination, qui doit ensuite réagir profondément sur toutes les parties de l'économie sociale ; mais cette utile conclusion se trouvera ainsi achetée au prix de beaucoup de malheurs publics et privés, qu'une marche plus philosophique aurait évités, si une telle rationalité était aujourd'hui possible. Si cette désastreuse égalité sociale des deux sexes était jamais réellement tentée, elle troublerait aussitôt radicalement les conditions d'existence du sexe qu'on voudrait ainsi favoriser, et à l'égard duquel la protection actuelle, qu'il faut seulement compléter en la régularisant, se trouverait alors convertie en une concurrence impossible à soutenir habituellement. Une telle assimilation tendrait d'ailleurs moralement à détruire le principal charme qui nous entraîne aujourd'hui vers les femmes, et qui, résulté d'une suffisante harmonie entre la diversité sociale et la diversité organique, suppose les femmes dans une situation essentiellement passive et spéculative, qui ne peut d'ailleurs empêcher leur juste participation à toutes les grandes sympathies sociales. Si un tel principe de répulsion pouvait être poussé jusqu'à son extrême limite naturelle, j'ose assurer qu'il se présenterait comme directement opposé à la reproduction de notre espèce; ce qui ramène, à cet égard, le point de vue biologique, plus intimement lié là qu'ailleurs, au point de vue sociologique.

« Tout ceci vous semblera peut-être trop étendu pour une discussion que je regarde comme provisoirement terminée; mais, par ce motif même, je tenais à mieux caractériser nos principales dissidences. Au reste, quoique sans résultat actuel, je suis loin de regretter que vous l'ayez engagée; car elle m'aura beaucoup servi à bien sentir les points essentiels sur lesquels doit porter surtout, dans mon prochain traité, mon effort de démonstration statique envers un principe qui, malgré sa nature éminemment élémentaire, est encore aussi profondément méconnu d'un esprit aussi supérieur et aussi dignement préparé. Mais permettez-moi d'espérer, d'après ma propre expérience antérieure, que cette situation de votre intelligence ne constitue vraiment qu'une dernière phase passagère de la transition négative propre à notre temps. »

Paris, 23 décembre 1843.

« Quoique la discussion philosophique qui vient de dominer notre correspondance pendant quelques mois n'ait point finalement ébranlé chez vous une opinion que, de mon côté, je persiste non moins fermement à croire erronée et dangereuse, permettez-moi cependant d'espérer encore que votre persévérance à cet égard n'est pas irrévocable, et qu'elle cédera plus tard à l'influence spontanée de vos propres méditations, peut-être même avant l'époque où ces réflexions pourront être fortifiées par ce que j'ai à écrire spécialement sur ce grave sujet dans mon prochain ouvrage. Sans doute ces démonstrations ultérieures se rapporteront, en germe implicite, aux indications ébauchées par mes dernières lettres, comme celles-ci, à leur tour, étaient déjà essentiellement contenues en diverses parties de mon traité fondamental. Mais vous savez mieux que personne l'extrême différence qui existe, soit scientifiquement, soit surtout logiquement, entre quelques aperçus indirects ou détachés et une appréciation vraiment systématique, exposée d'après tous les procédés convenables : vous connaissez très-bien l'efficacité supérieure d'une telle élaboration directe et spéciale non-seulement envers la masse des lecteurs éclairés, mais même quant aux juges les plus éminents. Je serais, à vrai dire, fâché que vous fussiez disposé d'avance à ne voir, dans mes explications ultérieures sur une telle hérésie, qu'une sorte de commentaire méthodique des vues indiquées sommairement par mes dernières lettres; vous reconnaîtrez alors, j'espère, qu'il y aura beaucoup plus, et que j'exposerai des considérations puissantes que je n'ai pu encore aucunement ébaucher, parce qu'elles eussent exigé un préambule trop étendu pour notre cadre épistolaire. Malheureusement vous ne pourrez constater cela que dans quelques années, parce que je suis décidé à ne laisser paraître qu'intégralement le traité que je commencerai bientôt, et qui, comme vous savez, doit avoir quatre volumes. Mes lettres peuvent d'autant moins donner une idée convenable de l'ensemble de ma démonstration à ce sujet, que je dois vous l'avouer aujourd'hui, elles n'ont été précédées d'aucune préparation spéciale, je les ai écrites sans brouillon comme toutes les précédentes et sous la simple inspiration du moment, en prenant les diverses faces de la question dans l'ordre indiqué par vos propres objections; peut-être aurais-je mieux fait de surmonter cette fois, vu la gravité du cas, ma répugnance invétérée pour toute préparation épistolaire; je n'ose pas néanmoins espérer que j'eusse mieux réussi à vous convaincre, parce que le moment n'est point encore venu probablement; envers les esprits de votre trempe, c'est surtout la spontanéité qu'il faut attendre, sans que rien puisse la remplacer suffisamment. Au reste je ne puis m'empêcher de réfléchir, à ce propos, que, si jamais notre correspondance se publie, ce qui, hélas! pourrait bien nous arriver enfin dans ce siècle où l'on imprime tout, c'est seulement chez vous qu'il faudra chercher mes lettres, dont il n'existera pas chez moi la moindre trace, tandis que les vôtres y seront toujours précieusement conservées. Quant au sujet de notre fraternelle discussion, il me reste finalement l'espoir d'une convergence ultérieure avant que vous ayez vous-même rien établi publiquement à cet égard. Ce serait d'un triste augure pour l'efficacité sociale de la nouvelle philosophie, que de voir aujourd'hui ses deux principaux organes ne pouvoir s'accorder suffisamment sur une doctrine aussi fondamentale, et qui semble aussi élémentaire ; le spectacle d'une telle divergence constituerait une arme puissante pour la logique de nos adversaires sérieux ; mais j'espère qu'ils n'auront pas cette satisfaction. Mes espérances se fondent surtout sur l'heureuse tendance de votre intelligence à agrandir constamment son sujet par suite d'un profond sentiment de ses connexités essentielles. Je vois avec joie, en effet, que cette discussion vous a spécialement poussé à méditer directement non-seulement sur ce que vous nommez l'éthologie, mais sur l'ensemble de la statique sociale, dont cet ordre de spéculations sociologiques ne saurait, je crois, être séparé sans de graves inconvénients, à la fois logiques et scientifiques. Vous savez d'ailleurs depuis longtemps que le second volume du traité spécial de sociologie que je vais commencer doit être spécialement consacré à cette sociologie statique, où nous reconnaissons tous deux que réside maintenant le principal perfectionnement que doit recevoir la constitution philosophique de la doctrine finale de la société humaine. J'espère beaucoup que l'exécution, presque simultanée, de ces deux opérations, aussi indépendantes qu'équivalentes, dissipera spontanément entre nous toute grave divergence pratique, et tendra puissamment à nous rattacher tous les penseurs véritables. Au reste, j'éprouve ici le besoin de vous témoigner combien je suis sensible à la loyale et honorable expression naturellement incidente, dans votre dernière lettre, sur votre pleine adhésion systématique à ma théorie fondamentale de l'évolution humaine, envers laquelle vous n'aviez pas eu encore l'occasion de formuler aussi explicitement votre opinion arrêtée, qui vient si heureusement corroborer mon intime conviction personnelle. Plus j'ai lieu de méditer sur ce sujet, plus je sens avec évidence que cette théorie constituait en effet le nœud principal de la nouvelle fondation philosophique qui, dans l'état présent de l'esprit humain, n'avait plus besoin essentiellement que d'une extension effective de la méthode positive à l'ensemble du développement social.

Le dernier penseur éminent qui m'ait précédé, Kant, autant que j'en puis juger sans l'avoir lu, en devinant l'ensemble de sa conception d'après quelques renseignements très-imparfaits, me paraît n'avoir manqué la constitution finale de la nouvelle philosophie dont il s'est, à divers égards, tant approché, que par suite de cette irréparable lacune, qui d'ailleurs ne pouvait être comblée que sous la secrète impulsion logique du grand ébranlement révolutionnaire...»

La crainte qu'a exprimée M. Comte que ses lettres sur le sujet des femmes, et dont il n'avait point gardé copie, ne vissent jamais le jour, ne s'est point réalisée. Les voilà rendues à la lumière. Au contraire, celles de M. Mill sont encore enfouies dans une étude de notaire, où un arrêt de justice les a provisoirement reléguées avec les autres papiers de M. Comte. Les deux adversaires ne réussirent à se convaincre ni l'un ni l'autre, et ils gardèrent leur opinion. Aujourd'hui encore, M. Mill, dans son dernier ouvrage qui est sur le gouvernement représentatif, défend devant le public la thèse qu'il défendait contre M. Comte.

CHAPITRE XI.

Lettres de M. Comte à M. John Stuart Mill.

1. Sommaire : Lettre du 20 novembre 1841, Paris. — M. Mill, qui ne connaissait M. Comte que par ses ouvrages, et sur qui ces ouvrages avaient exercé une grande influence, se décida à entrer en communication directe avec celui qui l'instruisait, et à lui donner un témoignage d'adhésion et de gratitude. C'est à cette ouverture que M. Comte répond.

« De nombreuses occupations m'ont empêché, monsieur, à mon grand regret, de répondre immédiatement à la lettre, aussi honorable qu'intéressante, que j'ai eu le plaisir de recevoir de vous le 12 de ce mois. Je m'empresse de profiter d'un premier instant de loisir pour vous témoigner, quoique trop faiblement, ma profonde reconnaissance d'une telle communication, dont votre rare modestie ne vous a pas permis de sentir tout le prix.

« Par goût et par raison, je vis extrêmement isolé du monde vulgaire, même intellectuel, ne connaissant d'autre distraction habituelle que de suivre assidument, pendant notre saison musicale, l'opéra italien. Depuis plus de trois ans, j'ai augmenté systématiquement cet isolement en m'abstenant scrupuleusement de toute lecture de journaux quelconques, même mensuels ou trimestriels, et je me trouve trop bien d'une telle hygiène cérébrale pour la changer maintenant, vu la facilité que j'en retire de m'élever et de me maintenir sans effort à des vues habituellement plus générales aussi bien qu'à des sentiments plus purs et plus impartiaux. Mais, malgré ce régime, que je crois nécessaire à la plénitude de ma vie philosophique, je suis loin d'être indifférent à l'action de mes travaux sur notre vie intellectuelle, quoique je n'aie guère ainsi ni le temps, ni les moyens de m'en apercevoir. J'ai eu de bonne heure l'avantage de ne me faire aucune grave illusion sur le degré de popularité dont une telle élaboration était réellement susceptible aujourd'hui, et je n'ai jamais visé à agir immédiatement que sur une centaine environ de penseurs dispersés çà et là dans notre Europe. Toutefois, à raison même de cette restriction, vous concevez, monsieur, combien je dois attacher d'importance à recevoir de temps en temps des témoignages spontanés aussi précieux, aussi décisifs, aussi encourageants que celui dont vous venez de m'honorer, et qui me font directement sentir que les cerveaux les plus avancés vibrent essentiellement à l'unisson du mien. Sans de telles récompenses, nécessairement très-rares, j'entretiendrais, peut-être bien difficilement, l'infatigable constance indispensable à la longue et pénible tâche que j'ai entreprise dès ma première jeunesse. Je dois, à cet égard, une reconnaissance plus spéciale aux penseurs anglais, chez lesquels, ce me semble, mes travaux ont été beaucoup plus accueillis que partout ailleurs, même en France. Le seul article d'appréciation qui ait encore été entrepris à ce sujet, du moins à ma connaissance, est celui de *the Edinburgh review*, en juillet 1838, dont votre honorable concitoyen M. Grote m'a forcé, d'une manière si aimable, de prendre connaissance, malgré ma rigoureuse abstinence de lectures semblables; quoique ce jugement ne se rapporte qu'aux deux premiers volumes, sa parfaite spontanéité m'a montré avec quelle loyauté et quelle élévation vos grands critiques comprenaient leur mission. J'attache maintenant d'autant plus de prix à de tels encouragements, que, déjà constitué par la nature de mon élaboration philosophique en lutte nécessaire et permanente avec tous les esprits théologiques et surtout métaphysiques, je suis conduit, dans le sixième et dernier volume, qui paraîtra le printemps prochain, à attaquer aussi, quoique sous un autre aspect, mais d'une manière qu'on me pardonnera peut-être encore moins, les rudiments d'esprit positif qui sont déjà officiellement installés chez nous, c'est-à-dire les corporations savantes, dont l'empirisme et l'égoïsme constituent aujourd'hui, principalement en France, l'obstacle peut-être le plus dangereux à la rénovation finale, en s'opposant aveuglément à toute généralisation quelconque par suite d'une déplorable prolongation du régime provisoire de spécialité dispersive qui a dû longtemps diriger le développement préparatoire de la science moderne. Vous jugez, monsieur, combien il m'est doux, au milieu de tant de sortes d'ennemis naturels, de me sentir, quoique au loin, en harmonie spontanée avec quelques éminents penseurs. Quoique votre scrupuleuse modestie vous ait conduit, monsieur, à exagérer la part que mes écrits ont pu avoir sur votre développement philosophique, la réflexion me rappelle aussitôt que, chez des esprits d'une vraie valeur, une telle influence ne peut consister qu'à stimuler, en temps opportun, un essor dont la spontanéité nécessaire constitue la principale condition. Le benthamisme, où vous avez d'abord vécu, est une preuve sensible de la conformité naturelle de nos tendances intellectuelles, indépendamment de tout contact ; car cette doctrine, la plus éminente dérivation de ce qu'on nomme l'économie politique, me semble, comme à vous, surtout pour l'Angleterre, une préparation immédiate à la positivité sociologique. Si j'ai moi-même évité cette phase, cela tient sans doute à des circonstances personnelles d'éducation qui, m'ayant imbu dès mon enfance des rudiments de la vraie méthode positive, m'ont permis de sentir à temps combien Bentham avait imparfaitement compris cette méthode, malgré sa tendance évidente à la faire partout prévaloir.

« Ces explications sommaires vous feront aisément concevoir, monsieur, combien j'ai dû attacher de prix aux nobles ouvertures de relations que vous avez daigné me faire, et combien je serais heureux de toute occasion qui, soit par écrit, soit encore mieux par conversation, me permettrait d'y donner suite, ou en répondant à de judicieuses objections, ou en examinant d'intéressantes communications. Votre lettre m'est arrivée précisément à l'époque où je venais d'arrêter, pour mon dernier volume, une importante mesure philosophique que j'y proposerai directement, et qui consisterait dans l'institution spontanée d'un comité européen, chargé, en permanence, de diriger partout le mouvement commun de régénération philosophique, quand une fois le positivisme aura enfin planté son drapeau ou plutôt son fanal au milieu du désordre et de la confusion de notre siècle ; ce qui sera, j'espère, le résultat naturel de l'entière publication de mon ouvrage. Le comité permanent, composé, du moins au début, d'une trentaine de membres tout au plus, représenterait les diverses populations de l'Occident européen, qui, depuis Charlemagne, ont toujours marché énergiquement d'une manière plus ou moins prononcée, soit dans le développement temporaire du système catholique et féodal et dans sa désorganisation ultérieure, soit dans l'essor à la fois industriel, esthétique, scientifique et philosophique qui a formé les rudiments de notre sociabilité moderne ; tout le reste de l'Europe et du globe me semble devoir demeurer encore longtemps en dehors de cette association, qui constitue les éléments de la grande république européenne, dont nous sommes deux concitoyens. Vous comprenez, monsieur, comment, au milieu de ces pensées, j'ai dû être profondément satisfait de votre lettre, qui m'indiquait, de la manière la moins équivoque, combien l'Angleterre, malgré son affaissement philosophique, était déjà prête à fournir son contingent dans une telle réunion d'élite. J'avais préalablement appris avec beaucoup de satisfaction, par une explication incidente de M. Marrast, que votre sage énergie avait heureusement résisté aux aveugles obsessions de vos amis vers la vie parlementaire. Une raison bien éminente a pu seule vous faire sentir combien votre activité philosophique pouvait être infiniment plus utile en restant étranger au point de vue trop journalier de la critique parlementaire, qui tend directement à empêcher toute habitude régulière d'un point de vue général en un temps où la généralité des conceptions constitue précisément le principal besoin social. Quelque rationnelle que soit votre résolution, elle est si contraire aux mœurs dominantes où tout pousse à l'action immédiate, qu'elle suppose à la fois une justesse et un courage dont je vous félicite bien sincèrement, en espérant que l'évolution humaine, si indépendante aujourd'hui de ces vains bruits de nos tribunes, en profitera solidement. L'organisation d'une large action philosophique, en dehors de toute action politique, me semble maintenant, en Angleterre comme en France, la mesure la plus capitale et la plus urgente. L'affaissement politique qu'on y éprouve également ne tient qu'à l'insuffisance constatée de la philosophie négative, qui, seule, a dirigé jusqu'ici le grand mouvement révolutionnaire, et n'a d'issue possible que par l'essor d'une autre philosophie, assurant spontanément aussi bien l'ordre que le progrès, et pouvant même, seule, contenir efficacement aujourd'hui l'imminente irruption des théories métaphysiques subversives de toute sociabilité, en faisant prévaloir l'examen, inflexible mais calme, des *devoirs* propres aux diverses classes sur la discussion, aussi vaine qu'orageuse, des *droits* individuels. Je trouve comme vous, monsieur, que la philosophie purement négative a été comprimée de nos jours, surtout en Angleterre, avant d'y avoir achevé sa tâche ; mais cela était certainement inévitable, depuis que le besoin de réorganisation a été mis partout en pleine évidence, la société ne pouvant vivre de simples négations. Cet affaissement spontané doit d'ailleurs devenir un stimulant de plus pour accélérer l'essor de la philosophie positive, dont l'ascendant peut seul terminer réellement l'opération révolutionnaire elle-même, quoique ce ne soit là pour elle qu'une application accessoire; parce que, seule, cette philosophie pourra permettre l'entière suppression politique des derniers restes du régime ancien. J'ai toujours désiré qu'une lutte directe pût enfin s'engager entre l'école franchement rétrograde représentée aujourd'hui par le pur catholicisme, et notre naissante école positive. Quoique j'aie peu d'espoir d'amener directement la bataille sur ce terrain net et décisif, j'avoue que je vois avec plaisir, dans les conséquences naturelles des événements contemporains, tout ce qui peut tendre à nous rapprocher d'une telle position de la question, par l'élimination graduelle des intermédiaires métaphysiques, qui désormais sont à mes yeux la principale cause du prolongement actuel de la confusion des idées et de l'indécision des débats.

« Je regrette beaucoup, monsieur, que mon inexpérience de la langue anglaise ne me permette point, par une précieuse réciprocité, de vous adresser, comme vous l'avez fait envers moi, dans votre langue maternelle, ce libre et rapide épanchement philosophique. Mais votre lettre prouve une telle connaissance familière du véritable esprit de la langue française, que je ne crains nullement de vous fatiguer par ce mode d'entretien, si toutefois vous pouvez suffisamment déchiffrer ma mauvaise écriture, empirée aujourd'hui par de mauvaises plumes. »

2. SOMMAIRE : Lettre du 4 mars 1842, Paris. — Dans cette lettre, M. Comte se félicite de l'adhésion que M. Mill donne au principe de la séparation entre le pouvoir spirituel et le pouvoir temporel. Cependant on voit par cette même lettre que l'accord sur le principe ne s'étendait pas à toutes les conséquences. Si on n'avait que la lettre de M. Comte, on connaîtrait mal peut-être sur quoi portait la dissidence secondaire. Si j'ai bien compris les idées de M. Mill, elle portait sur ceci : tandis que M. Comte pensait que le pouvoir spirituel devait être séparé du pouvoir temporel non-seulement par la nature des travaux, mais encore constitué en un corps spécial chargé de le gérer, M. Mill pense que la séparation de nature suffit, et qu'il n'est pas nécessaire qu'il y ait dans la société un corps qui l'exerce ; en un mot, suivant lui, la théorie doit à la fois être tenue rigoureusement distincte de la pratique, et émaner, non d'un corps spécial, mais de tous ceux qui la cultiveront, quelle que soit leur position dans la société.

« Très-convaincu que les retards de vos réponses sont pleinement involontaires dans une correspondance naissante à lequelle il est évident que vous voulez bien attacher un prix réel, je m'empresse de profiter d'un demi-loisir momentané pour répondre plus promptement à votre lettre du 25 février que je n'ai pu le faire aux précédentes ; cet empressement m'est d'ailleurs inspiré par une sorte de reconnaissance spéciale pour la parfaite satisfaction que m'a causée dimanche matin la lecture d'une lettre qui témoigne si complétement de votre sympathie philosophique. Je ne saurais vous exprimer assez vivement, en effet, combien je suis heureux de voir un esprit, aussi judicieux et aussi indépendant que le vôtre, conduit par ses propres méditations à adhérer au point le plus délicat peut-être et en même temps le plus décisif de ma doctrine politique, pour la rectification du préjugé le plus profond et le plus universel, comme aussi le plus désastreux, de tous ceux qui règnent aujourd'hui. La séparation systématique des deux puissances élémentaires, spirituelle et temporelle, constitue certainement la principale condition du dénoûment de la situation actuelle. Or, il n'en existe aujourd'hui quelques notions que parmi les penseurs de l'école rétrograde, surtout en Italie, où cette conception est radicalement viciée et annulée par une aveugle tendance à la rattacher exclusivement à la philosophie théologique, désormais pleinement impuissante, et qui, même au moyen âge, rendit si précaire et si imparfaite la première tentative de sa réalisation fondamentale ; en sorte que, chez de tels penseurs, cette théorie ne conduit, au fond, qu'à une pure théocratie, aussi dangereuse que chimérique. C'est seulement chez l'école progressive qu'un semblable principe peut réellement fructifier désormais, de manière à dégager enfin la marche révolutionnaire de la routine métaphysique où elle est maintenant entravée et qui ne peut qu'entretenir indéfiniment des débats inextricables tant qu'on s'obstinera à confondre la réorganisation spirituelle dans la réorganisation temporelle. Aussi, ai-je toujours vivement désiré de voir poindre de ce côté une pareille conviction; mais vous êtes le seul jusqu'ici qui m'ayez fait éprouver, à cet égard, une véritable satisfaction; partout ailleurs, je n'ai encore trouvé que des demi-appréciations aussi stériles que fugitives. Malgré que mon évidence soit très-intime et fort ancienne sur un sujet que déjà je traitais directement il y a seize ans, vous savez combien il est pénible de se sentir penser tout seul, et vous concevez par suite avec quel plaisir j'ai dû accueillir votre adhésion spontanée, qui dépasse même mes espérances antérieures. Non-seulement nos vues convergent sur le principe essentiel; mais je crois d'ailleurs que les divergences secondaires sont bien plus apparentes que réelles, et qu'elles se dissiperont bientôt d'après une suffisante explication mutuelle. Outre que je reconnais, comme vous, la nécessité d'un certain degré de vie active, pour compléter et préciser l'éducation spéculative, j'admets de plus que les convenances spéciales de la situation actuelle, où ces deux pouvoirs sont intimement confondus, peuvent autoriser et quelquefois obliger les philosophes, dans l'intérêt général de la régénération finale, à participer exceptionnellement à la vie politique directe, quoiqu'une telle dispersion leur offre beaucoup d'écueils et qu'elle exige des principes bien arrêtés pour ne pas dégénérer en déviation réelle. Une note importante, mais probablement très-peu remarquée à la fin du premier chapitre de mon quatrième volume, est immédiatement destinée à ménager, sans inconséquence, une telle ouverture. Pour formuler ma pensée à ce sujet par un exemple sensible, relatif à une grande opération, il me suffit, par exemple, de blâmer le philosophe Condorcet pour s'être laissé introduire dans notre glorieuse Convention, où dominaient et devaient dominer les hommes d'action, au point de vue desquels il ne pouvait être convenablement placé ; d'où est résultée la fausse position qu'il a si cruellement expiée. Mais, au contraire, j'aurais trouvé fort naturel qu'il développât une grande activité dans la société des jacobins, qui, placée en dehors du gouvernement proprement dit, constituait alors spontanément une sorte de pouvoir spirituel dans cette combinaison si remarquable et si peu comprise qui caractérisait le régime révolutionnaire. Sans aucune autre indication, vous pouvez, je crois, entrevoir dès ce moment que notre concordance sur ce point capital est encore plus complète que nous n'avons déjà dû le croire d'abord l'un et l'autre. Quant au principe fondamental, je ne saurais trop vous remercier de l'appréciation profonde et lucide manifestée par les formes concises et décisives de votre précieuse lettre, et si bien résumées par votre heureuse expression de *pédantocratie* pour caractériser l'utopie dangereuse du prétendu règne de l'esprit, au sujet duquel je juge essentiellement comme vous l'exemple irrécusable de la Chine. La nécessité et la nature de l'antagonisme continu sans lequel la progression humaine serait impossible, n'ont jamais été, ce me semble, mieux senties ni mieux établies. Intimement convaincu que, dans la régénération philosophique, le pas le plus difficile consiste à déterminer l'union réelle de *deux* intelligences vraiment originales, vous concevez quel noble espoir une telle convergence m'autorise rationnellement à concevoir.

« Son importance est d'autant plus grande à mes yeux que la combinaison de l'esprit français avec l'esprit anglais me paraît aujourd'hui la plus convenable et la plus décisive de toutes celles que doit exiger la nouvelle synergie européenne des cinq populations occidentales. Ce n'est pas que l'Angleterre me semble, après la France, la mieux préparée aujourd'hui à la régénération positive : j'établis, dans mon sixième volume, que l'Italie et même l'Allemagne en sont réellement moins éloignées, par suite de la désastreuse influence que le protestantisme organisé et la suprématie aristocratique ont dû exercer sur le développement politique de l'Angleterre. Mais si, au lieu de considérer les masses, on envisage seulement le mouvement intellectuel chez les esprits cultivés, je suis convaincu, au contraire, que le génie anglais sera plus favorable qu'aucun autre à l'élaboration philosophique de la réorganisation moderne, qui pourra même, à certains égards, être mieux accueillie en Angleterre qu'en France, surtout parmi les savants. Aussi, ne suis-je nullement surpris que ma nouvelle philosophie ait été jusqu'ici mieux appréciée par les penseurs anglais que par tous les autres, vu l'originalité plus prononcée et la positivité plus complète de ceux qui, chez vous, s'élèvent et se maintiennent au point de vue spéculatif, dans un milieu éminemment pratique. Tandis que les savants français enrégimentés me sont, à quelques exceptions près, essentiellement hostiles, je ne serais pas étonné que les vôtres sympathisassent bientôt avec moi, malgré le commun entraînement du régime de spécialité....

« Quelle que longue que soit cette lettre, je ne dois pas la terminer sans répondre sommairement à l'honorable confiance que vous me témoignez au sujet de la physiologie cérébrale. La fâcheuse nécessité philosophique où Gall s'est trouvé de formuler en détail l'analyse phrénologique a tendu plus tard à discréditer une telle conception auprès des esprits sérieux et à la laisser exploiter par de misérables intelligences qui l'ont fait dégénérer en un vulgaire charlatanisme. Aussi, je ne m'étonne pas qu'elle soit généralement méconnue en Angleterre, quoique déjà fort appréciée ici de beaucoup de penseurs avancés. Mais je puis vous assurer que je n'en ai nullement exagéré la valeur fondamentale dans le troisième volume de mon ouvrage : malgré tous les vices radicaux d'une vaine localisation, elle a certainement constitué la véritable prise de possession finale par l'esprit positif des études intellectuelles et morales relatives à l'individu, sauf une meilleure harmonie avec l'examen de l'espèce. Les principes essentiels, anatomico-physiologiques, sur la pluralité et l'indépendance des organes ou des forces, et même sa première délinéation générale du cerveau en trois régions correspondantes aux trois ordres de manifestations, posent, à mon gré, les premières bases d'une théorie vraiment rationnelle de la nature humaine.... Un aussi bon esprit que le vôtre pourra aisément écarter la spécialisation hasardée des organes, et même l'évidente irrationalité de plusieurs analyses psychologiques, sans rien perdre cependant d'une source d'instruction extrêmement précieuse, qui donne de l'homme une plus juste idée qu'aucune théorie antérieure, et que je regarde comme indispensable aujourd'hui à l'entier développement de la capacité philosophique. En ce qui me concerne, elle m'a certainement beaucoup servi, et vous avez dû voir, dans mes quatrième et cinquième volumes, quel usage étendu j'en ai pu faire en évitant toute discussion déplacée ou prématurée. »

3. SOMMAIRE : Lettre du 5 avril 1842, Paris. M. Comte exprime ce qu'il exprima un peu plus tard dans la Préface du VIe volume de la *Philosophie positive*, à savoir que, devant subordonner les géomètres, qui jusqu'ici ont eu la préséance, aux biologistes et aux sociologistes, il excite leur haine contre lui et met en danger sa position, qui dépend d'eux. On remarquera son opinion sur le catholicisme anglican ou puyséisme et sur l'ultramontanisme du clergé français.

« ..... La sincère sympathie que vous voulez bien me témoigner si vivement, au sujet de ma position personnelle, m'a profondément touché, outre qu'elle m'est d'un heureux augure quant aux garanties réelles qu'une semblable impression, quoique beaucoup moins active sans doute, chez un grand nombre de penseurs indépendants, peut m'offrir contre les dangers individuels, probablement inhérents à la pleine liberté de discussion dont j'ai dû user, dans le dernier volume de mon ouvrage, envers le régime scientifique actuel. Je suis peut-être le premier philosophe qui n'aurai en aucun cas défiguré ni voilé la vérité; ce qui n'était guère possible en effet que dans notre siècle, et en France seulement. Mais il serait certes fort étrange que, après avoir ouvertement bravé les plus puissantes croyances, je pusse reculer devant les préjugés propres à nos coteries scientifiques, quand le cours naturel de mon sujet m'y conduisait forcément; et c'est pourtant la seule partie de mon opération philosophique qui puisse, au fond, me faire craindre de véritables dangers personnels. Ayant affaire alors à des personnes malheureusement dépourvues, la plupart, de toute haute moralité, je n'ai d'abri que par l'opinion publique, seule puissance qui leur soit redoutable; aussi je me propose de me placer directement sous la protection formelle du public européen, auquel j'expliquerai par une préface spéciale les motifs essentiels d'un tel recours. Je compte, en effet, comme vous, que la puissante réaction ainsi déterminée par les persécutions que pourront me susciter les haines scientifiques, compenserait essentiellement, en ce qui me concerne, la perturbation matérielle qui en résulterait d'abord; et cette conviction est très-propre à diminuer des inquiétudes qui, d'ailleurs, ne sauraient aucunement affecter l'accomplissement de mes devoirs philosophiques....

« Outre votre bienveillante sympathie, je me fais d'autant moins de scrupule d'insister autant sur ma condition personnelle que, par une coïncidence nécessaire, la crise à laquelle sans doute elle sera prochainement soumise constitue, à mes yeux, la première manifestation directe d'une crise générale tout à fait décisive, qui va spontanément s'opérer dans la constitution actuelle du monde scientifique. A partir de la grande impulsion donnée par Bacon et Descartes, tant que la méthode a dû subir ses diverses élaborations fondamentales, les géomètres ont dû prévaloir naturellement, puisque c'est d'eux qu'émane d'abord la positivité; proclamée en principe au dix-septième siècle et développée en fait pendant le siècle suivant, c'est de nos jours que leur prépondérance provisoire a été complétement réalisée; or, c'est précisément alors qu'elle doit cesser, par suite de l'extension définitive de la méthode positive à la science de l'homme, d'abord individuel, puis social, qui, par sa nature, doit certainement redevenir prédominante, comme elle l'a été en temps normal, sous le régime théologique et même, après, métaphysique. La secousse philosophique imprimée par mon ouvrage ne fera réellement que donner le branle systématique à cette nouvelle coordination finale des forces scientifiques, désormais disciplinées surtout par les biologistes et les sociologistes, tandis que les géomètres et les physiciens passeront à leur tour au second rang. C'est ainsi que s'explique la haine instinctive dont tant de ces messieurs m'honorent, et qui ne pourra que se développer par le conflit que j'élève. Mais aussi la même appréciation sociologique me montre des appuis naturels chez les biologistes, qui, au fond, sont aujourd'hui opprimés par les géomètres, surtout dans les constitutions académiques, et spontanément disposés à seconder mes efforts pour relever convenablement la dignité supérieure de leurs travaux. Sous une impulsion, en partie spontanée, et due en partie à mon action inaperçue, j'aperçois déjà parmi eux quelques-uns des plus éminents qui commencent à sentir noblement cette nouvelle nécessité. Malheureusement, en ce qui me concerne personnellement, c'est des géomètres et non des biologistes que dépend aujourd'hui ma situation matérielle. Mais, quand même je deviendrais par là momentanément victime de cette grande lutte inévitable, je suis ainsi certain de l'appui final qu'elle fournira à mes idées.

« Je vous remercie beaucoup de vos détails, nouveaux pour moi, sur l'étrange avénement du *catholicisme anglican*, comme émanation spontanée de notre école rétrograde depuis de Maistre. Cette nouvelle phase ne m'étonne nullement, et rentre pleinement dans ma théorie historique, qui indique la réaction rétrograde comme ayant dû spéculativement devenir plus systématique, malgré les inconséquences antérieures, à mesure que l'ébranlement français a dévoilé la tendance finale vers une rénovation totale. Cette circonstance était déjà annoncée, en quelque sorte, par l'élimination graduelle du gallicanisme; car, sous l'instruction de l'illustre de Maistre, nos prêtres français ont enfin compris que l'ultramontanisme était seul conséquent à leurs principes essentiels. Plus l'école positive caractérisera sa marche réelle, plus on doit voir se développer une telle concentration rétrograde, dans laquelle seront un jour enveloppés jusqu'aux déistes eux-mêmes, avant le plein ascendant social du positivisme, pour lequel, d'ailleurs, une telle coordination de ses adversaires est au fond bien plus favorable que contraire, puisqu'elle tend à donner enfin aux luttes philosophiques un caractère pleinement décisif, où les positivistes devront seuls surmonter la coalition, du moins spéculative, de toutes les anciennes forces philosophiques, aussi bien métaphysiques que théologiques. »

4. SOMMAIRE : Lettre du 29 mai 1842, Paris. On a vu dans la lettre 2 que M. Mill s'était servi du mot de *pédantocratie* pour caractériser le prétendu règne de l'esprit. M. Comte demande la permission d'user de cette expression qu'il trouve excellente et d'indiquer à qui il la doit. M. Mill avait reconnu dans la philosophie positive la seule doctrine qui permît, sans aucun sacrifice, de rendre justice entière au passé. Je me joins pour ma faible part à cet acte de reconnaissance de M. Mill; car c'est à cette même philosophie que je dois d'avoir pu, tout en restant rigoureusement fidèle aux principes, écarter les dénigrements qui s'attachent si volontiers, sous l'inspiration de la philosophie négative, aux époques religieuses tant polythéiques que monothéiques. A la fin de cette lettre on voit poindre l'idée qui devint plus tard le *Calendrier positiviste*, utile et ingénieuse composition qui ne remplacera pas, je pense, le calendrier usuel, mais qui est si propre à diriger un cours d'histoire générale.

« .... J'aurai encore un nouvel et extrême effort dans le dernier de ces trois chapitres (les trois derniers chapitres du *Système de philosophie positive*), où il faut que j'ose, sans tomber dans l'utopie, directement apprécier l'avenir de la philosophie positive, successivement envisagée dans sa triple influence continue, intellectuelle, morale et sociale ; mais, si mon élaboration sociologique n'a pas avorté, ce qui a pu paraître hasardé dans l'annonce de 1830, devra sembler aujourd'hui une déduction inévitable, quoique hardie, des principes déjà posés....

« Outre la satisfaction toujours nouvelle que me cause notre heureuse correspondance et que mon isolement systématique me rend particulièrement précieuse dans ces instants de mélancolie, quelquefois douce, plus souvent douloureuse, qui accompagnent d'ordinaire toute profonde contention cérébrale très-prolongée, j'ai aujourd'hui un motif spécial de ne pas différer davantage ma réponse; car j'ai besoin d'avoir à la fois votre avis et votre assentiment sur une petite mesure que vous seul devez décider. Il s'agit de votre expression de *pédantocratie*, qui m'a paru si profondément heureuse pour qualifier en un seul mot ce que je n'ai pu désigner encore que par une certaine périphrase, que non-seulement je m'en suis déjà personnellement servi dans la conversation, mais que je voudrais bien en gratifier le public, dans une petite note sur la partie de mes conclusions politiques où je reviens naturellement à cette utopie profondément perturbatrice, qui constitue peut-être aujourd'hui le plus grand obstacle à l'établissement d'une véritable harmonie entre les théoriciens et les praticiens en politique. Or, un mot qui résume si parfaitement l'appréciation raisonnée que j'ai osé faire d'une telle aberration me semble susceptible d'une véritable utilité, que son apparence satirique, quoiqu'il ne soit au fond que trop exact, serait loin d'ailleurs d'altérer, surtout en France. Toutefois, je ne me permettrais pas de le divulguer sans votre autorisation formelle. Quoique vous y attachiez sans doute beaucoup moins d'importance que moi, je vous demande même la permission de vous nommer à ce sujet, sans me borner à attribuer vaguement l'expression à « l'un des plus émi-
« nents penseurs dont l'Angleterre puisse aujourd'hui s'ho-
« norer. » Il y a même, à mon avis, une véritable utilité philosophique à profiter de cette heureuse occasion pour faire ainsi connaître l'intime approbation qu'un esprit aussi distingué et aussi justement considéré que le vôtre accorde

à une théorie sévère, qui doit blesser profondément l'orgueil et l'ambition de la tourbe spéculative....

« Je vous renouvelle mes remercîments anticipés pour l'honorable justice que votre modestie et votre loyauté vous disposent à rendre à mon effort philosophique dans l'ouvrage que vous allez publier et dont je regrette que la publication soit un peu retardée, mais en espérant toutefois qu'il en résultera, de votre part, la possibilité d'une appréciation plus complète. Outre la haute utilité d'un tel jugement pour fixer l'attention des penseurs européens sur la nouvelle philosophie, vous êtes, je l'espère, bien convaincu maintenant qu'un pareil suffrage constitue la plus noble récompense personnelle à laquelle j'aie jamais aspiré. N'ayant jamais compté sur la gloire immédiate, et m'étant toujours proposé l'approbation d'une cinquantaine d'esprits tout au plus, dispersés çà et là en Europe, il m'est bien doux d'avoir aussi complétement acquis une des plus éminentes sanctions que puisse m'offrir ce public d'élite, qui nécessairement traîne tout le reste après lui (voy. p. 265 et suiv.). Cela compense non-seulement beaucoup de fatigue, mais même d'amertumes et de chagrins....

« Vous êtes peut-être le seul, du moins à ma connaissance, qui ayez convenablement senti, c'est-à-dire de cœur autant que de tête, cet attribut caractéristique de la philosophie nouvelle, de pouvoir, sans aucune inconséquence ni sans un vain éclectisme, sympathiser avec les efforts qui semblent le plus inconciliables. Rien ne sera plus propre sans doute à manifester sa supériorité fondamentale sur toutes les philosophies en circulation, quand la concurrence pourra réellement s'établir, que l'accomplissement de cette condition vraiment décisive. Nous pouvons rendre bonne et pleine justice à tous nos adversaires, et ils ne peuvent aucunement nous la rendre sans renoncer à leurs vains principes. Il est impossible que le public impartial ne soit pas, à la longue, profondément touché d'un tel contraste suffisamment développé. Du reste, nous ne faisons par là, au fond, qu'anticiper sur l'avenir social, ce qui est toujours le vrai but des efforts philosophiques ; car j'espère bien, si je vis assez longtemps, commencer à voir poindre un système régulier de commémoration usuelle en l'honneur des hommes et des choses qui, en un temps et par un mode quelconque, ont réellement secondé la grande évolution mentale, comme vous m'en verrez faire l'indication formelle dans ce dernier volume ; c'est une des institutions les plus propres, sur une grande échelle, à consolider et accélérer le développement moderne, à la fois mental et moral.... »

5. SOMMAIRE : Lettre du 19 juin 1842, Paris. — Dans la lettre 2, M. Comte avait recommandé à M. Mill d'étudier, pour se faire une bonne théorie sur les fonctions cérébrales, les ouvrages de Gall. M. Mill suivit ce conseil ; mais l'effet n'en fut pas tel que M. Comte l'avait attendu ; et M. Mill ne montra aucune disposition à accepter les doctrines phrénologiques. M. Comte revient dans la présente lettre sur ce sujet que moi-même, j'aurai lieu d'examiner dans un des chapitres de la troisième partie.

« .... J'ai maintenant achevé la moitié la plus difficile et la plus décisive de mon extrême opération philosophique, et j'ai été ainsi conduit involontairement à refaire, en quelque sorte, pour notre temps et à ma manière, l'équivalent actuel du discours de Descartes sur la méthode, resté intact depuis deux siècles, et auquel j'ai osé substituer enfin, dans la même direction, une conception nouvelle, principalement caractérisée par la prépondérance logique du point de vue social, que Descartes avait, au contraire, été forcé d'écarter avec soin....

« Je ne suis pas très-étonné du premier effet que vous a produit la lecture de Gall, quoique, à vous parler franchement, je présumais que vous seriez plus touché de sa lumineuse critique fondamentale des théories métaphysiques de la nature humaine. Mais permettez-moi de ne pas m'en tenir à cette impression initiale ni aux objections trop peu caractérisées qu'elle vous a suscitées ; car je suis très-persuadé, par plusieurs autres expériences analogues, que votre appréciation sera bientôt profondément modifiée à ce sujet par la seule influence spontanée d'une lente élaboration personnelle qu'aucune discussion ne saurait maintenant suppléer. Outre les embarras ordinaires de la nouveauté, surtout en un semblable sujet, la position philosophique de Gall, et, accessoirement, son insuffisance personnelle ont mêlé tant de graves aberrations à l'intime texture de sa théorie, qu'elles doivent s'opposer fortement à la juste appréciation de ce qu'elle renferme à la fois de profondément capital et d'essentiellement neuf. La nécessité où il s'est trouvé de localiser et sans laquelle, je persiste à le croire, il n'eût exercé aucun suffisant ébranlement philosophique, a principalement constitué chez lui une source féconde de vues hasardées ou même fausses, et de conceptions irrationnelles, devenues ensuite bien autrement choquantes entre les mains des charlatans ou des hommes sans portée qui ont prétendu jusqu'ici à sa succession. En outre son insuffisante connaissance de la zoologie et de l'anatomie comparée ne lui a pas permis de lier assez intimement sa théorie cérébrale à l'ensemble de l'étude de l'organisme. Je crois même, comme vous, que son analyse préalable des forces fondamentales, soit mentales, soit morales, n'a pas été conçue avec assez de profondeur ni accomplie avec assez d'exactitude. Le nombre des organes m'a toujours paru surtout beaucoup trop grand : néanmoins, sans m'être assez spécialement occupé de cette détermination, je ne pense pas, à vue d'œil, qu'on puisse admettre moins de dix forces distinctes (intellectuelles ou affectives) sans tomber dans la vaine subtilité des rapprochements métaphysiques, ni plus de quinze sans altérer l'intime solidarité de la nature humaine. Mais, quoi qu'il en soit de tous ces graves défauts et de beaucoup d'autres, les uns inévitables, les autres évitables, je persiste à regarder comparativement l'ensemble de la théorie de Gall comme ayant non-seulement ouvert la voie à la réduction de ces études à l'état positif, mais même déjà grandement amélioré la conception philosophique de notre nature morale et mentale. Ces défauts sont tels néanmoins que je n'ai pas vu encore de penseurs qui n'en fussent d'abord assez choqués pour ne pouvoir immédiatement saisir l'éminente valeur, soit scientifique, soit surtout logique, d'une telle innovation..... J'ai longtemps désiré et quelquefois espéré, que quelques-uns des bons esprits que je voyais s'appliquer spécialement à cette théorie, après de fortes études biologiques, finiraient par reprendre convenablement l'ensemble de cette opération et l'instituer d'après une juste appréciation de ses diverses conditions scientifiques et philosophiques; mais je dois dire que je les ai tous vus successivement, même Broussais qui, à la vérité, s'y était mis à un âge trop avancé, se perdre en vaines et ridicules poursuites de la localisation initiale. Aujourd'hui, je m'explique mieux de tels désappointements, depuis que j'ai nettement reconnu, comme vous le verrez dans mes conclusions générales, que l'étude intellectuelle et morale ne saurait être convenablement instituée en pure biologie, parce que l'homme individuel constitue, à cet égard, un point de vue bâtard et même faux. C'est seulement par la sociologie que cette opération doit être dirigée, puisque notre évolution réelle n'est pas intelligible sans la considération continue et prépondérante de l'état social où tous les aspects quelconques sont d'ailleurs pleinement solidaires. Telle est, au fond, pour moi, la principale source du peu de progrès qu'a fait jusqu'ici une théorie établie depuis quarante ans, mais qui ne peut marcher qu'avec l'ensemble des études sociologiques.... »

6. Sommaire : Lettre du 5 novembre 1842, Paris. — Ce fragment de lettre est relatif à l'antagonisme matériel qui existe entre les ouvriers et les chefs d'industrie.

« .... Je pense que l'antagonisme matériel qui existe aujourd'hui entre les têtes et les bras (les ouvriers et les chefs d'industrie) dans nos rudiments spontanés de sociabilité industrielle n'a pas été encore assez caractérisé par le cours naturel des divers conflits propres à notre anarchie mentale et morale, pour que les institutions destinées à le régulariser soient déjà distinctement appréciables, même pour les penseurs qui peuvent actuellement regarder comme opérée suffisamment, dans leur for intérieur, la réorganisation théorique d'où elles doivent dériver. Ce n'est que par une sage intervention croissante de la nouvelle philosophie au milieu de ces conflits successifs, probablement très-douloureux, qu'il est aujourd'hui impossible d'empêcher suffisamment, que l'on pourra ultérieurement sentir, avec réalité et précision, à la fois le mal et le remède. Maintenant, ce qu'il importe par-dessus tout de comprendre et de faire partout pénétrer jusque chez les masses populaires, c'est que toute l'efficacité politique propre à la philosophie négative qui domine encore est désormais essentiellement épuisée, et que la grande révolution occidentale ne peut faire un pas vraiment capital que sous l'ascendant général d'une nouvelle philosophie, pleinement positive, qui s'assimilera spontanément tout ce que renferme encore d'utile l'esprit purement critique, et dont l'active élaboration et la rapide propagation constituent aujourd'hui le principal intérêt du mouvement progressif, sur lequel les institutions purement provisoires, qui seules sont aujourd'hui possibles, ne sauraient exercer qu'une influence très-secondaire. En un mot, notre génération et la suivante me semblent maintenant dans une phase d'essor fort analogue, au moins quant à la nature du principal besoin, et malgré la diversité nécessaire des doctrines, à la phase déiste des deux générations traitées par Voltaire et par Diderot pour préparer l'ébranlement politique de 1789 ou plutôt 1793 : alors on écartait systématiquement l'élaboration directe des institutions pour s'occuper surtout, à la manière du temps, d'idées et de sentiments. Il en doit être de même aujourd'hui quant à d'autres idées et d'autres sentiments, dont l'ascendant caractérisera la nouvelle phase dans laquelle commence à entrer le grand œuvre continu de la régénération moderne. Si je ne me suis pas mépris, mon ouvrage lui-même, surtout accompagné du traité spécial qui corroborera son influence, devra marquer le commencement précis de cette extrême phase révolutionnaire, par la nouvelle prépondérance qu'il tend à y déterminer du mouvement philosophique sur le mouvement politique. En vertu de cette prépondérance décisive, dont mes méditations et mes observations me démontrent de plus en plus l'inévitable nécessité, et dont je suis heureux, mais non surpris d'apprendre, par votre lettre, que le sentiment est plus complet en Angleterre que je ne l'avais espéré, je regarde les trois derniers chapitres de mon volume final, comme les plus importants de tout l'ouvrage, comme tendant à constituer directement la nouvelle philosophie. »

7. SOMMAIRE : Lettre du 27 février 1843, Paris. — M. Comte fait valoir auprès de M. Mill la liberté d'exposition philosophique dont il jouit à son cours des Petits-Pères, et dont il fait un des priviléges de la France actuelle.

« .... Ma petite expérience sociale du 22 janvier (Discours d'ouverture, à son cours d'astronomie aux Petits-Pères), à laquelle vous vous intéressez, a pleinement réussi. J'ai directement proclamé, pendant trois heures consécutives, devant quatre cents personnes, la supériorité morale du positivisme sur le théologisme, et réclamé, au nom de la morale elle-même, la libre concurrence de la nouvelle philosophie avec toutes les nuances de l'ancienne, sans exciter la moindre improbation ni la plus légère marque d'impatience ou de dissentiment, sans même qu'aucun auditeur, je crois, ait quitté la salle. Les journaux religieux ont gardé, cette année, le plus complet silence sur mon discours d'ouverture; en sorte que je n'ai pas eu besoin du zèle de notre ami Marrast, qui m'avait promis de repousser ces attaques. Pour être entièrement impartial, je dois vous informer franchement que l'orage de l'an dernier avait été, en partie, suscité par ma faute, parce que je n'avais pas employé des formes assez sévères et assez dignes d'une telle discussion; le gouvernement n'était d'ailleurs intervenu comme surveillant que bien malgré lui et poussé par les clameurs théologiques que son état d'inconséquence radicale ne lui permet guère de braver ouvertement. La séance de l'an dernier avait eu lieu sans la moindre préparation de ma part; je venais d'achever, le matin même, les conclusions politiques de mon ouvrage, et je m'étais seulement réservé ensuite deux heures pour penser à mon discours d'ouverture; or, ces deux heures se trouvèrent absorbées par une horrible querelle domestique[1],

---

[1]. Ces détails donnés ici rétrospectivement par M. Comte sur une querelle qui aurait précédé immédiatement sa leçon, sont absolument incompatibles avec les représentations que Mme Comte lui fit sur cette même leçon; représentations qu'il accepta en remerciant; voici ces remercîments; ils sont du 12 décembre 1842 : « Je vous remercie de vos justes observations au sujet de l'ouverture de mon cours. Comme je m'y croyais jusqu'ici presqu'en famille, je m'y laissais un peu trop aller à une sorte de familiarité incisive. Mais l'expérience de l'an dernier m'a fait sentir la nécessité d'y contenir désormais les malveillants par une discussion toujours sérieuse et digne, qui aura d'ailleurs, je vous le garantis, toute la fermeté désirable. » Voy. d'ailleurs p. 253 et 254.

en sorte que je n'eus d'autre loisir de penser à mon discours, dans une telle disposition morale, que pendant la demi-heure du trajet; de là l'emploi de formes à la fois légères et acerbes, quoique le fond fût pourtant le même, qui durent naturellement donner prise contre moi, et même blesser plus de gens qu'elles n'excitèrent de plaintes. Cette année, les choses ont eu heureusement, à tous égards, leur cours normal; et l'absence totale de réclamation au sujet d'une telle proclamation philosophique m'a confirmé *a posteriori* ce que je savais bien *a priori*, que la réserve dont beaucoup d'écrivains croient encore avoir chez nous un certain besoin envers des croyances religieuses quelconques, tient surtout à leur propre incohérence logique, qui les dispose à nier les conclusions tout en concédant les prémisses générales. L'école théologique se trouve maintenant dépourvue de toute force réelle contre ceux qui osent directement refuser d'admettre sa méthode caractéristique et sa doctrine fondamentale.... »

8. Sommaire : Lettre du 25 mars 1843, Paris. — M. Comte envoie à M. Mill son traité de *Géométrie*. Il avait exprimé l'intention de faire une appréciation générale de la philosophie allemande; M. Mill l'en dissuada et lui donna quelques renseignements sur le rôle que la philosophie allemande joue en Angleterre et sur la part qu'elle a eue à son propre développement.

« .... Si, à un titre quelconque, vous désirez raviver par une lecture (le livre de M. Comte sur la géométrie) vos anciens souvenirs mathématiques, vous y trouverez peut-être un intérêt réel dans le sentiment de l'unité de composition, infiniment rare dans les ouvrages scientifiques par suite du régime dispersif, et surtout dans les traités mathématiques, où le seul Lagrange, à mes yeux, en a offert de vrais modèles. Cette impression générale résultera principalement d'une lecture rapide quoique complète; si, par exemple, vous avez le loisir de lire ce volume en douze heures, aisément réparties en deux jours de repos, vous y trouverez alors, j'espère, un sentiment uniforme et progressif, tantôt explicite, plus souvent implicite, de l'harmonie élémentaire entre le concret et l'abstrait, qui fait tout le fond essentiel de l'esprit mathématique, si rare chez nos géomètres. Quant aux innovations plus déterminées, vous n'y devez remarquer que la conception et l'ébauche de ce que j'ai nommé la *géométrie comparée*, nouvel aspect fondamental de l'ensemble de la géométrie, essentiellement inaperçu par nos automates algébriques, et qui devait succéder à la géométrie générale constituée depuis Descartes. Ce sujet devient surtout direct dans la dernière partie du volume, où vous verrez que j'ai à dessein formellement attribué à Monge fort au delà de ce qui lui revient dans cette création, qui chez lui n'était nullement systématique, quoique l'idée mère lui en soit réellement due, au moins instinctivement; j'ai pris cette forme pour désarmer autant que possible les basses jalousies mathématiques dont je suis entouré, afin de faciliter, d'après cette autorité respectable et respectée, l'adoption de vues qu'on aurait peut-être repoussées chez moi. Mais je ne doute pas que les bons esprits ne reconnaissent aisément à cet égard l'influence caractéristique de ma propre philosophie générale. Le succès immédiat de ce petit travail s'annonce très-favorablement; j'espère qu'il pourra contribuer à jeter des germes philosophiques en quelques jeunes intelligences qui se seraient autrement fourvoyées. Toutefois, pour ne pas concevoir aussi une opinion trop favorable de notre jeunesse et surtout de ses maîtres, il faut noter que ma position officielle influe beaucoup sur cette rapide propagation, par l'espoir de trouver, dans cette lecture, les moyens de réussir dans les examens que je ferai subir en juillet. Mais, quel que soit le motif, l'effet n'en est pas moins produit, et le contact plus spécial, plus intime, plus élémentaire que je contracte désormais avec la jeunesse positive rattache cette petite publication à ma grande opération philosophique, dont le progrès m'occupera toujours, sous quelque forme que j'y puisse participer.

« Je vous remercie infiniment de votre franche et judicieuse consultation au sujet de mon projet d'appréciation spéciale de la philosophie allemande. Votre sage opinion achève de me décider à ne donner aucune suite à ma première intention à ce sujet, quoique je l'aie publiquement annoncée. Sans doute, je n'avais jamais espéré que cette lecture formelle pût réellement m'apprendre rien de quelque importance ; il y a de longues années que de tels contacts ne peuvent plus avoir pour moi aucune haute utilité philosophique. J'avais seulement l'intention d'y puiser des moyens spéciaux de faciliter aux Allemands l'adoption de ma propre philosophie, que je ne suis d'ailleurs nullement disposé à modifier pour eux, dans l'état de pleine maturité qu'elle a enfin atteint irrévocablement. Mais, poussé par vos sages conseils à y réfléchir davantage, j'ai senti finalement que ce n'est point à moi qu'il appartient de réaliser ce que renferme d'utile mon premier projet. Cela doit être l'affaire de quelque penseur allemand, qui s'en acquittera d'ailleurs naturellement beaucoup mieux que je ne pourrais le faire, comme devant plus nettement sentir en quoi consiste un tel office de transition. Or, l'action spontanée de mon ouvrage en Allemagne y déterminera probablement, sans que je m'en mêle aucunement, une telle opération, pour laquelle j'aurai peut-être le bonheur d'y trouver des appréciateurs plus éminents et surtout plus consciencieux que ne l'a été envers le kantisme notre spirituel sophiste Cousin. Me voilà donc, en toute sûreté de conscience philosophique, dispensé d'une lourde et fastidieuse lecture, qui, en effet, ne méritait pas de troubler la salutaire économie de mon hygiène cérébrale. Néanmoins je ne renonce point, suivant votre bon avis, à l'étude de la langue allemande, qui seulement ainsi me devient moins pressante; je m'y déciderai pourtant bientôt pour compléter mon système personnel d'appréciation générale de notre littérature occidentale, dont cet élément est maintenant le seul qui me manque essentiellement. Mais je m'y bornerai à la lecture de Goethe, qui me semble le seul génie esthétique vraiment créateur. Le fameux Schiller ne m'a jamais paru, d'après les traductions, qu'une sorte de gauche imitateur du grand Shakspeare, bien plutôt qu'un vrai poëte; sa niaise sentimentalité métaphysique, réchauffée par l'influence de Rousseau, m'est d'ailleurs insupportable.

« A propos de ce précieux conseil, je me félicite que cette demande vous ait donné lieu de me développer votre opinion générale sur l'action mentale de la philosophie allemande dans votre milieu anglais et particulièrement dans votre évolution personnelle. Rien ne me paraît plus sage et plus exact que votre double appréciation à cet égard. Je ne suis nullement surpris de l'utile influence provisoire que ce système spéculatif a dû exercer jusqu'à ce jour chez votre public et auparavant chez vous-même. Le positivisme véritable n'a pu cheminer encore qu'entre deux écueils également désastreux, l'empirisme et le mysticisme, qui, à défaut d'une meilleure discipline, se servent mutuellement de correctif imparfait. En remontant, sous ce rapport, dans le souvenir de ma propre évolution, je vois que la doctrine de Gall a rempli chez moi, à certains égards, l'office que développe maintenant en Angleterre le kantisme, au moins quant à la critique irrévocable de notre école négative. J'ai observé ici la même marche essentielle chez quelques esprits avancés; tout ce qu'il y a de vraiment solide chez les Allemands sur l'insuffisance et la superficialité radicales de l'école française se retrouve, en effet, sous de bien meilleures formes dans la conception phrénologique, bien mieux adaptée à notre génie national. Quant au sentiment scientifique des lois sociales, je ne sache pas que la philosophie allemande ait réellement contribué, soit directement, soit indirectement, à le développer jamais chez moi ; mais je sais que son action n'a pas été inutile, même à cet égard, chez beaucoup d'autres penseurs français, quoiqu'elle fût bien plus nécessaire en Angleterre. Je suis d'ailleurs charmé que votre ouvrage soit essentiellement dirigé contre la prépondérance sociale, désormais essentiellement rétrograde, d'une telle philosophie, surtout chez le public anglais. Sous ses diverses formes principales, la moderne métaphysique, soit ouvertement critique, soit à prétentions organiques, constitue réellement le seul système mental contre lequel nous ayons aujourd'hui besoin de lutter directement. L'esprit théologique est trop déchu ou trop neutralisé pour être encore vraiment dangereux dans aucune partie de notre occident européen ; c'est partout l'esprit métaphysique qui constitue désormais le seul antagoniste que le positivisme doive avoir sérieusement en vue ; lui seul prolonge désormais l'influence, impuissante pour rien fonder, mais trop efficace pour entraver, du génie religieux qui s'éteindrait spontanément sans un tel remaniement.... »

9. Sommaire : Lettre du 26 mai 1843, Paris. — M. Comte a reçu l'ouvrage de M. Mill sur la *Logique;* il le remercie de tous les témoignages qui lui sont rendus dans ce livre, et de la ferme adhésion qu'il y trouve à la méthode positive. Cette lettre renferme aussi quelques détails qui montrent comment il s'est fait que MM. Grote et Molesworth aient pris intérêt à M. Comte.

« .... Après cette longue mais indispensable digression personnelle à laquelle vous deviez être peu préparé [1], j'ar-

1. Il s'agit des événements racontés dans le chapitre neuvième.

rive enfin heureusement à ce qui devait être d'abord le sujet presque unique de cette lettre, l'impression profondément satisfaisante que m'a graduellement produite l'ensemble de votre important ouvrage, que j'ai mûrement goûté entre deux orages, dont il m'a doucement distrait. Ma désuétude presque totale de la langue anglaise pendant ces trois dernières années, où je ne me suis guère occupé que de lectures italiennes ou espagnoles, m'a un peu gêné pour les cinquante premières pages ; néanmoins mes souvenirs de la première langue vivante que j'ai apprise il y a plus de vingt-cinq ans, n'ont pas tardé à me rendre cette lecture aussi facile qu'intéressante. Il n'est pas en mon pouvoir, je le sens, de vous remercier dignement, du moins aujourd'hui, de votre généreuse sollicitude à me rendre, en toute occasion, l'éclatante justice philosophique que vous avez cru m'être due [1]. Cette puissante appréciation, la première récompense de mon travail et la plus décisive de toutes celles que je puis désormais espérer, m'a laissé une intime impression de reconnaissance qui ne finira qu'avec ma vie; car je ne puis douter que, tout en utilisant mes travaux, rien ne vous obligeait certes à cette noble et ardente manifestation, qui peut-être ne sera pas sans danger pour vous, malgré la nature de votre position. Un tel sentiment m'aurait rendu bien amère la nécessité philosophique de vous signaler convenablement ma franche appréciation, si elle avait dû vous être aucunement défavorable. Mais j'éprouve, au contraire, une bien pure satisfaction en vous annonçant combien je me félicite aujourd'hui de vous avoir conseillé de ne pas renoncer à cette éminente composition, dont votre rare et excessive modestie vous a un moment conduit à écarter la publication comme trop peu en harmonie avec l'état final atteint aujourd'hui par votre intelli-

---

1. Voy. plus haut, p. 265 et suiv.

gence. Vous avez ainsi pleinement réalisé votre but principal, en constituant une heureuse transition décisive de l'esprit métaphysique le moins arriéré au véritable esprit positif, où vous amènerez ainsi, à votre suite, beaucoup d'intelligences recommandables, sur lesquelles mes propres travaux ne peuvent exercer presque aucune action directe, et dont la coopération à la grande fondation philosophique de notre siècle doit devenir extrêmement précieuse, par suite des habitudes de généralisation systématique inhérentes à leur éducation métaphysique, qui, malgré tous ses vices radicaux, les rapproche peut-être davantage du vrai point de vue final que l'empirisme grossier et dispersif de nos prétendus savants positifs, sur lesquels seuls j'influe spécialement. Ce service passager mais capital, rendu à la grande évolution moderne, n'est pas, ce me semble, borné à votre pays; quoique votre ouvrage soit, sans doute, particulièrement calculé pour l'Angleterre, je n'hésite pas à le regarder comme pouvant être presque aussi utile à la France, s'il était convenablement reproduit dans notre langue, c'est-à-dire sans aucune suppression ni modification; et votre merveilleuse aptitude à l'écrire me ferait bien désirer que cette importante traduction fût opérée par vous-même, si je pouvais espérer que vous en eussiez le loisir. Aucun autre interprète ne pourrait peut-être suffisamment maintenir cette énergique sagesse permanente qui vous a fait si heureusement écarter toutes les contentions vraiment métaphysiques, sans éluder cependant aucun des contacts naturels que votre opération devait offrir envers elles. Mais, outre la transition précieuse que vous avez ainsi profondément organisée, cette composition réellement systématique contient, à beaucoup d'égards, d'importants chapitres dogmatiques, dont l'utilité impérissable ne sera pas bornée à cet important passage. Telle est surtout votre admirable appréciation, aussi nette que profonde, des quatre modes généraux de l'induction élémentaire ; j'ai même encore davantage admiré l'irrésistible exposition par laquelle vous l'avez complétée, en conduisant le lecteur à la démonstration presque spontanée de l'indispensable intervention de la marche déductive. L'esprit de ces deux chapitres décisifs se trouve ensuite très-heureusement reproduit, de manière à constituer une impression ineffaçable dans l'examen spécial des études sociologiques. Tout cela forme certainement un véritable ensemble, dont toutes les parties essentielles concourent sans effort à l'action principale que vous avez eue en vue.

« Quant aux points de dissidence, je suis heureux de vous déclarer que j'y ai vainement cherché les indications nombreuses que vos lettres semblaient m'annoncer. Je dois d'abord écarter totalement, selon l'esprit de ce grand travail, tout ce qui n'y tient essentiellement qu'à une phase transitoire et maintenant accomplie dans l'évolution spontanée de votre propre entendement. Même sans vos explications directes, j'eusse aisément reconnu que toute cette composition avait été, non-seulement conçue, mais en majeure partie exécutée avant que mes travaux eussent aucunement modifié votre essor; et vous avez toute raison de vous féliciter aujourd'hui d'une telle indépendance, qui, en assurant mieux l'originalité de vos conceptions, vous permet d'ailleurs d'agir de plus près sur les esprits que vous vouliez principalement atteindre. Or, sous tout autre aspect, j'ai trouvé, entre nos deux cerveaux, une précision de synergie au delà même de ce que j'attendais; car cette lecture lente et approfondie ne m'a signalé qu'un très-petit nombre de divergences philosophiques, la plupart peu importantes, dont nous causerons à loisir dans l'heureuse visite que vous me permettez d'espérer, si le train spontané de nos épanchements intellectuels nous y conduit réellement, sans qu'il faille aucunement s'en préoccuper. La plus grave d'entre elles, sinon par son efficacité véritable, du moins par son intimité abstraite, se rapporte au prétendu calcul des chances, que je persiste à regarder, dans sa conception fondamentale, comme une aberration radicale de l'esprit mathématique dépourvu de toute discipline philosophique, même quand on y introduirait la modification capitale que vous avez si heureusement fait subir à son idée mère, mais qui détruirait, à mes yeux, toute son économie algébrique. Vous voyez que tout cela n'a pas grande importance et qu'on peut cheminer de concert toute la vie dans la plus grande activité mentale, quand même on ne s'entendrait jamais sur un sujet aussi stérile. Je suis d'ailleurs très-convaincu que, si j'avais pu accomplir l'examen critique, direct et spécial que j'ai promis à ce sujet, pour ma seconde édition, nous ne tarderions pas à concorder aussi pleinement sur cet article accessoire, que sur tous les points importants de notre commune philosophie, dont je crois que nous seuls jusqu'ici possédons suffisamment le véritable esprit général....

« Je suis très-satisfait, sans en être aucunement surpris, de l'intérêt spécial que sir W. Molesworth veut bien prendre à cette opération didactique (le *Traité de géométrie* de M. Comte). Son nom et même son mérite me sont indirectement connus depuis longtemps. L'an dernier, mistress Grote m'a procuré la satisfaction de lire un passage fort intéressant, en partie relatif à moi, dans une lettre également remarquable par la portée intellectuelle et par l'élévation morale. Cette dame avait bien voulu se charger d'en témoigner à sir Molesworth mon admiration spéciale, et surtout de lui indiquer combien j'avais été touché de son éminente résolution d'accomplir, dans sa position, une sorte de scrupuleuse rénovation mentale, en s'assujettissant à une lente et hiérarchique révision de toutes les parties fondamentales des saines études philosophiques, en commençant courageusement par leur base méthodique. A un âge et en un poste entouré de tant d'énergiques ou séduisantes diversions, un tel empire sur soi-même n'appartient certainement qu'à une nature vraiment supérieure, quand même le projet ne serait pas intégralement exécuté, ce qui semble, en effet, fort difficile. Si cette dame ne s'est pas suffisamment acquittée d'une telle commission, je vous prie de vouloir bien y suppléer plus convenablement, en témoignant d'ailleurs à sir W. Molesworth combien je me sens honoré du choix qu'il avait fait de mon ouvrage pour diriger cette grande revue mentale. Je ne peux aussi qu'être très-flatté de l'accueil spécial que vous m'annoncez qu'il doit faire à mon petit *Traité géométrique*. Au cas où, selon vos avis, il s'engagerait expressément dans des spéculations détaillées et suivies de philosophie mathématique, la dernière partie de cet ouvrage pourrait lui devenir particulièrement utile, en arrêtant son attention sur ce que j'y nomme la *géométrie comparée*, nouvel aspect fondamental de la science géométrique, qui promet, suivant moi, une ample moisson de vues neuves importantes à ceux qui s'y livreront avec les dispositions philosophiques les plus convenables, c'est-à-dire en y transportant judicieusement le point de vue logique développé par l'habitude des hautes conceptions de la biologie générale, où l'esprit et les conditions de la méthode comparative et de la théorie taxonomique peuvent seuls être dignement appréciés aujourd'hui. Mais, quelque importance spéculative que puissent acquérir, en ce genre, les éminents efforts de sir Molesworth, je vous avoue que je verrais en quelque sorte avec peine, qu'il s'en laissât trop préoccuper. C'est aux études sociales que doivent maintenant s'appliquer des natures aussi éminentes, soit comme patrons, soit comme actifs promoteurs directs. Aux temps de régénération radicale où nous sommes arrivés, je vois toujours avec regret de hautes intelligences se restreindre aux spéculations mathématiques, autrement qu'à titre d'une indispensable initiation philosophique....

« Il faut aller reprendre la suite de mes pénibles démarches pour conserver, après l'avoir honorablement remplie pendant six ans, une place que, sous le noble patronage de l'illustre et consciencieux Dulong, j'obtins en 1837 sans même savoir d'avance qu'il en était question. » Voy. p. 235.

10. SOMMAIRE : Lettre du 29 juin 1843, Paris. — Ce fragment de lettre consacre l'accord sur la méthode, ce qui est le principal, et signale des dissidences sur divers points secondaires. M. Comte espère que M. Mill, par le progrès de ses études et de ses méditations, renoncera à ces dissidences. L'événement a démenti cet augure ; et M. Mill a persisté. Ces dissidences portent principalement sur les femmes, sur l'économie politique, sur la psychologie, sur le gouvernement parlementaire, sur le pouvoir spirituel, dont il admet la division d'avec le temporel sans penser qu'il doive former une corporation sacerdotale.

« .... Quelque graves que soient, en elles-mêmes, les dissidences que vous m'annoncez franchement exister encore entre nous sur certaines notions de statique sociale, elles ne m'effrayent aucunement pour la plénitude ultérieure de notre synergie philosophique, puisque nous sommes déjà complétement ralliés en tout ce qui concerne la méthode, soit universelle, soit spécialement sociologique ; c'était la condition la plus décisive et la plus rarement remplie jusqu'ici. Suivant le cours ultérieur de vos méditations spontanées, je ne doute pas que l'accord actuel de nos deux cerveaux, quant à la théorie du mouvement social, ne s'étende bientôt aussi à celle de l'existence, même avant que vous puissiez recevoir, à cet égard, l'influence de l'élaboration directe que j'entamerai l'an prochain. Un esprit comme le vôtre ne saurait longtemps rester atteint par les aberrations de notre époque sur les conditions élémentaires de l'association domestique : les hérésies comme celles que votre

noble conduite me signale, quelque énormes qu'elles doivent
sembler, ne sont vraiment incurables que chez ceux où le
cœur est devenu solidaire des déviations intellectuelles.
J'ai d'autant plus de confiance à ce sujet que j'ai moi-même
passé jadis par une situation mentale fort analogue, quoique les études biologiques m'en aient peut-être plus rapidement retiré. C'est, à mes yeux, une phase inévitable du
développement actuel des esprits émancipés, qui livre momentanément à la philosophie négative des notions indispensables dont la théorie est malheureusement restée
jusqu'ici sous la dangereuse tutelle des conceptions théologiques, mais qui, au fond, n'ont d'autre tort essentiel que
cette désastreuse connexité. Les sept ou huit ans dont mon
âge excède le vôtre, expliquent tout naturellement pourquoi je suis sorti de cette position transitoire, tandis que
vous y êtes encore. Mais je ne doute nullement que, par vos
propres réflexions, vous ne deviez aussi en sortir complétement. On ne saurait sentir, aussi profondément que vous
l'avez fait, le néant organique de la métaphysique révolutionnaire, et rester indirectement soumis à son ascendant
par ces notions élémentaires. L'accord parfait qui existe
déjà entre nous sur le principe fondamental de la séparation systématique des deux puissances me garantit spécialement notre convergence ultérieure et prochaine à cet
égard; car ce point de départ de l'organisme positif était
surtout difficile à poser convenablement, et nous sommes,
je crois, les seuls jusqu'ici qui l'admettions d'une manière
vraiment complète, susceptible d'une pleine réalisation.
Toutes les autres divergences s'effaceront peu à peu sous
l'ascendant graduel d'une telle communion de doctrine;
car les aberrations dont il s'agit proviennent surtout d'une
irrationnelle tendance à régler par les lois ce qui dépend
essentiellement des mœurs, et par conséquent elles doivent céder à une juste appréciation de la coordination

fondamentale entre la discipline morale et la discipline politique. »

11. SOMMAIRE : Lettre du 6 février 1844, Paris. — M. Comte envoie à M. Mill son Discours sur l'esprit positif. Il se félicite de la dissémination qu'éprouvent en Angleterre son nom et son ouvrage.

« .... En vous parlant, dans ma dernière lettre, de l'adhésion explicite que vous veniez de formuler récemment à l'ensemble de ma théorie d'évolution, je ne pensais nullement à présenter comme incomplète à cet égard l'honorable appréciation dont vous m'avez si loyalement honoré aux yeux des penseurs européens, et pour laquelle je ne saurais jamais conserver trop de profonde reconnaissance. J'avais seulement voulu dire que, votre sujet ne vous ayant pas conduit ni pu conduire à développer directement votre opinion formelle sur la réalité de l'ensemble de cette théorie historique, la manifestation spéciale que vous avez eu l'occasion de formuler dans une de vos dernières lettres m'avait été extrêmement précieuse, comme toute importante approbation émanée de vous, en augmentant ma propre confiance, non-seulement dans la justesse intrinsèque, mais aussi dans l'opportunité actuelle d'une telle conception, d'après laquelle, en effet, je pense, d'accord avec vous, que la sociologie statique devient maintenant la doctrine la plus urgente à constituer pour achever de consolider la nouvelle philosophie sociale.

« Depuis ma dernière lettre, je me suis décidé à publier séparément quelques exemplaires du discours préliminaire, qu'on imprime en ce moment, du petit *Traité philosophique d'astronomie populaire*, qui ne pourra paraître qu'à la fin d'avril. Ce discours représente le discours d'ouverture de mon cours annuel, coupé cette année en quatre séances orales, dont j'ai déjà fait deux, au lieu de la séance-monstre de trois ou quatre heures que j'avais eue l'an dernier ; je me trouve très-bien de ce partage, et mon auditoire aussi, dont Mme Austin et M. Austin ont bien voulu faire partie jusqu'ici. En publiant à part ce discours, d'une centaine de pages, sous le titre propre de *Discours sur l'esprit positif*, je me suis proposé de donner une idée sommaire de la nouvelle philosophie à ceux qui ne peuvent ou ne veulent affronter la lecture de six énormes volumes, dont toutes les principales conceptions y sont rapidement indiquées avec un caractère convenable d'unité philosophique. C'est, en un mot, une sorte de manifeste systématique de la nouvelle école, et peut-être penserez-vous que, à ce titre, il comporte une véritable importance, indépendante de celle de l'ouvrage didactique dont il formera d'ailleurs le préambule....

« J'ai trouvé là [chez M. et Mme Austin] une pleine confirmation spéciale de vos récentes nouvelles sur le subit accroissement de dissémination qu'éprouvent aujourd'hui, en Angleterre, mon nom et mon ouvrage. Vous concevez bien que je vous rapporte la majeure partie de ce retentissement imprévu, qui n'aurait certes pu avoir lieu, du moins à un tel degré, sans la noble manifestation décisive dont vous avez eu le courage de m'honorer publiquement. Au reste, cet éclat inattendu ne m'inspire aucun désir de m'en enquérir plus spécialement, et j'y trouve, au contraire, de nouveaux motifs d'apprécier et de maintenir mon heureuse abstinence systématique de toute lecture semblable ; car, sans ce sage régime, la faiblesse humaine m'exposerait peut-être, comme tant d'autres penseurs, à me laisser trop affecter, soit en bien soit en mal, mais toujours au détriment de mes méditations continues, des divers jugements dont je deviens ainsi l'objet et qu'il m'est beaucoup plus doux d'ignorer, en me tenant à la paisible lecture de mes chers poëtes. Toutefois, comme cet émoi peut, à quelques égards, devenir utile à l'essor et surtout à l'installation de l'école positive, je pense que le *Discours* que je vous enverrai prochainement, pourra contribuer à stimuler ou à entretenir cette attention déjà accordée chez vous par les esprits actifs à la nouvelle philosophie, un peu avant le temps où j'avais en effet prévu qu'on ne manquerait pas d'y prendre garde.... »

12. Sommaire : Lettre du 23 août 1844, Paris. — Ce fragment, relatif à un incident qui se passa à l'École polytechnique, montre la confiance que les élèves avaient en M. Comte.

« .... Après que les élèves[1], excités probablement par quelques brouillons extérieurs, ont ainsi refusé formellement de se laisser examiner par le délégué temporaire du ministre, l'autorité a été conduite, peut-être un peu précipitamment, à les licencier, tandis qu'il aurait sans doute suffi de les tenir sévèrement cloîtrés, jusqu'à ce qu'ils se soumissent. Il est probable que ce retour ne se serait pas fait beaucoup attendre, vu le peu de gravité intrinsèque du motif d'irritation. La veille même du licenciement, ces jeunes gens, qui ont en moi une grande confiance générale, m'avaient envoyé une députation formellement chargée de me consulter sur la conduite collective qu'ils devaient tenir en cette occasion. Après les avoir prémunis contre les instigations agitatrices, je les avais fortement engagés à une soumission pure et simple. Quoiqu'elle n'ait pu être faite assez tôt pour prévenir le licenciement, il est probable que, s'ils s'y décident sincèrement, elle en réparera bientôt l'effet ; tout ce fracas, que les journaux auront ridiculement exagéré comme de coutume, va sans doute aboutir à une prochaine rentrée générale, qui n'aura d'autre résultat que

---

[1]. Ils avaient refusé de se laisser examiner à la sortie par l'examinateur qui venait d'être nommé directeur des études et à qui le ministre avait conservé provisoirement la fonction d'examinateur, les présentations par l'École et par l'Académie des sciences n'ayant pas été dûment faites. Leur raison était qu'il ne convenait pas que l'examen à la sortie et la direction des études fussent dans la même main.

de retarder d'un mois le service ordinaire des examens, de façon à priver ces jeunes gens de leurs vacances. Toutefois il est heureux que cet incident soit survenu après la clôture de nos chambres ; car, sans cela, le cas eût été probablement envenimé par les déclamations de certains agitateurs dans la tribune nationale.... »

13. Sommaire : Lettre du 21 octobre 1844, Paris. — M. Comte apprécie Vico.

« .... Les préoccupations personnelles qui, envers moi, ont récemment altéré pendant quelque temps le caractère habituel de notre chère correspondance, m'ont empêché de vous communiquer plus tôt mes impressions philosophiques, dont je crois devoir sommairement vous faire part. Parmi les lectures qui m'ont alors servi à faire spécialement diversion à mes chagrins personnels, j'ai compris celle de l'ouvrage de Vico (en italien, bien entendu), que je ne connaissais jusqu'alors que par d'imparfaits rapports ou des extraits fort insuffisants. J'ai cru pouvoir me permettre cette lecture sans violer essentiellement ma précieuse hygiène cérébrale, puisque cet ouvrage se rapporte surtout au sujet du troisième volume de l'ouvrage que je vais commencer, c'est-à-dire à celui qui ne m'occupera spécialement que dans deux ans, tandis qu'elle n'a, au fond, presque aucun rapport important au sujet du premier volume, uniquement relatif à la méthode, que Vico ne pouvait avoir vraiment en vue. Le résultat général de cette lecture sérieuse a été de m'ôter tout regret de ne l'avoir pas faite plus tôt ; car elle n'eût aucunement servi, il y a vingt ans, à faciliter ma marche, et peut-être l'eût-elle même entravée ou dérangée momentanément. Quant à l'efficacité d'un tel travail, je n'ai pu que confirmer aussi le jugement général que j'avais motivé dans mon quatrième volume, sur l'avortement nécessaire de toute tentative semblable avant notre siècle; ce que j'avais alors formulé sur Montesquieu et Condorcet eût également convenu, et même encore plus complétement, à Vico lui-même, d'après les mêmes principes. Mais il en est tout autrement pour l'appréciation ainsi obtenue de la force intrinsèque de l'auteur que j'estime en effet très-grande, eu égard au temps et au milieu; quelques-uns de ses axiomes ou *degnità* préliminaires me semblent même indiquer chez lui un premier pas vers le sentiment de la véritable évolution sociale, quoique son état de chrétien ou croyant ait aussitôt étouffé un pareil germe. Si Montesquieu, pendant son voyage en Italie, a connu réellement cet ouvrage, qui alors avait un vrai succès, ce secours diminue notablement, à mes yeux, l'estime personnelle que méritent ses propres efforts; ce n'est que par la réalité des vues qu'il s'est montré plus avancé que Vico, ce que la seule diversité des situations explique aisément; mais, quant à la force scientifique des conceptions, Vico me semble le surpasser beaucoup, malgré les nombreuses aberrations effectives où il a été entraîné par l'insuffisance nécessaire de sa méthode et de sa préparation propre. Toutefois, quelques-unes de ces aberrations sont de nature à altérer notablement cette estime personnelle de ses facultés philosophiques, surtout l'étrange théorie de la circularité sociale; car son état même de chrétien sincère eût dû préserver Vico d'une telle absurdité, en lui rappelant spécialement la supériorité générale du régime moderne sur le régime ancien; ainsi sa fausse appréciation du moyen âge, accomplie malgré cette heureuse inspiration religieuse, prouve, ce me semble, chez Vico une étroite prépondérance de ses manies systématiques qui rarement survient, à un tel degré, chez un penseur vraiment du premier ordre. Quoi qu'il en soit, cette lecture pourra me déterminer finalement, dans une seconde édition de mon grand ouvrage, à consacrer spécialement une ou deux pages à l'appréciation de Vico, dans le second chapitre du tome quatrième, avant de juger Montesquieu. Son principal mérite effectif m'a paru consister dans une intelligence très-profonde et souvent saine de la philosophie historique du langage, quoiqu'il y ait fort exagéré l'influence générale des forces spirituelles sur l'ensemble de la vie humaine, où il a presque totalement méconnu l'importance réelle des stimulants temporels.... »

14. SOMMAIRE : Lettre du 14 juillet 1845, Paris. — M. Comte expose le caractère qu'aura l'ouvrage qu'il prépare; cet ouvrage, c'est la *Politique positive*.

« .... A partir d'aujourd'hui, je me trouve en pleines vacances, du moins en ne comptant pas mon cours du dimanche, qui ne finira que le 10 août. Ma santé n'est pas encore complétement rétablie, surtout en ce qui concerne le sommeil. Toutefois, en employant cette première semaine exclusivement à me soigner, comme je puis le faire désormais, j'espère enfin pouvoir reprendre, dans le cours de la semaine prochaine, la grande élaboration que cette maladie nerveuse m'a forcé d'interrompre, dès le début, il y a deux mois. Le moment me semble donc opportun pour vous indiquer rapidement, comme je me l'étais promis dans ma dernière lettre, le principal caractère de l'amélioration radicale apportée à l'ensemble de ce nouvel ouvrage, pendant le cours très-actif de cette singulière suspension involontaire.

« Cette méditation exceptionnelle m'a conduit à constater nettement que la seconde moitié de ma vie philosophique doit notablement différer de la première, surtout en ce que le sentiment y doit prendre une part, sinon ostensible, du moins réelle, aussi grande que celle de l'intelligence. La grande systématisation réservée à notre siècle doit en effet embrasser autant l'ensemble des sentiments que celui des idées. A la vérité, c'étaient d'abord celles-ci qu'il fallait systématiser, sous peine de manquer la régénération totale en tombant dans une sorte de mysticisme plus ou moins vague. C'est pourquoi mon ouvrage fondamental a dû s'adresser presque exclusivement à l'intelligence; ce devait être un travail de recherche et même, accessoirement, de discussion, destiné à découvrir et à constituer les vrais principes universels, en montant, par degrés hiérarchiques, des plus simples questions scientifiques aux plus hautes spéculations sociales. Mais, aujourd'hui que, aux yeux des principaux penseurs, je suis ainsi parvenu à établir enfin ces notions fondamentales, il s'agit surtout d'en caractériser directement l'application sociale, qui consistera principalement dans la systématisation des sentiments humains, suite nécessaire de celle des idées, et base indispensable de celle des institutions. Sans doute, ma vie eût été déjà utilement remplie en restant bornée à la réorganisation mentale, pour laisser à quelque successeur la réorganisation morale, comme il faudra nécessairement réserver à d'autres plus lointains la réorganisation politique. Néanmoins, je me félicite beaucoup d'avoir commencé d'assez bonne heure et d'avoir assez conservé ma verdeur philosophique après l'accomplissement, du moins initial, de la première opération, pour pouvoir aussi tenter, sans témérité, de mettre en œuvre la seconde, en réservant d'ailleurs la troisième comme exigeant l'indispensable concours du milieu social. Outre un plus noble et et plus complet emploi de l'ensemble de mes facultés personnelles, je crois surtout que l'humanité doit beaucoup gagner à cette réunion, sur un seul philosophe, des deux grands efforts corrélatifs qui composent naturellement la réorganisation spirituelle propre à notre prochain avenir. L'ensemble de la grande régénération humaine pourra certainement acquérir ainsi plus d'unité et même de rapidité. En un mot, mon ouvrage fondamental a, ce me semble, suffisamment établi déjà, pour tous les esprits avancés, la supériorité intellectuelle de la philosophie positive. C'est maintenant à ce second ouvrage essentiel, où le point de vue est, dès le début, purement social, et dont tous les principes sont posés d'avance, qu'il appartiendra de constituer aussi à cette nouvelle philosophie l'éminent privilége de la supériorité morale, non moins indispensable que l'autre à son ascendant décisif, et d'ailleurs seul sérieusement contestable désormais. Tel est donc le but général, bien distinctement caractérisé, de ma seconde série d'efforts philosophiques. Cette tendance dominera surtout, dans le grand ouvrage sociologique que je commence; peu sensible, il est vrai, dès le premier volume que je vais écrire, puisqu'il est essentiellement logique, elle sera très-marquée au second volume, destiné à la statique sociale, et, au quatrième, réservé aux applications de la science à l'art. Mais la même direction se fera ultérieurement sentir aussi dans les autres ouvrages annoncés à la fin de mon livre fondamental, si leur exécution n'est pas trop entravée, sauf le seul traité de philosophie mathématique, où même le principe social interviendra beaucoup plus qu'on ne peut le penser aujourd'hui. Vous voyez ainsi quelle a été naturellement, pendant ces deux mois, la tendance continue de mes méditations involontaires, tendance qui n'est maintenant devenue chez moi vraiment systématique qu'après être restée purement spontanée tout le temps convenable pour en assurer la réalité et la consistance. Je viens de faire en ce sens quelques études spéciales sur le moyen âge, et surtout en lisant, pour la première fois, le grand ouvrage de saint Augustin (*la Cité de Dieu*). Plus je discute cet immense sujet, mieux je me raffermis dans les sentiments où j'étais déjà il y a vingt ans, lors de mon travail sur le pouvoir spirituel, de nous regarder, nous autres positivistes systématiques, comme les vrais successeurs des grands hommes du moyen âge, reprenant l'œuvre sociale au point où le catholicisme l'avait portée, pour en consolider et perfectionner graduellement l'active réalisation finale, réservée, dès cette époque, à un autre régime mental. Je me sens moralement heureux qu'une telle disposition se remarque ainsi de plus en plus dans mon exposition, où, en rompant nettement avec tout le régime antérieur, je maintiens néanmoins avec justice la pleine continuité de la succession sociale.

« Vous voyez que les inquiétudes personnelles, relatives à mes prochains embarras financiers, m'ont ainsi préoccupé bien peu pendant ces deux mois exceptionnels de suspension forcée, où, sans avoir écrit une seule ligne, sauf l'heureuse matinée consacrée à ma sainte Clotilde, je crois avoir considérablement avancé l'ensemble de ma grande élaboration, et surtout avoir déterminé la modification cérébrale durable qui convient le mieux à la réalisation; il faut peu s'étonner que ce soit au prix d'une maladie nerveuse que ma prudence continue et l'absence de toute intervention médicale ont seules empêchée, avec le concours spontané de douces émotions privées, de devenir peut-être fort dangereuse, au point de me rappeler quelquefois l'horrible souvenir de ma grande crise de 1826. J'espère donc, comme vous le verrez à la fin de ma lettre ostensible[1], que rien ne m'empêchera d'utiliser philosophiquement ces nouvelles vacances, qui seront probablement les dernières. L'assurance que vous montrez pour

---

1. Il s'agit d'une lettre de ce même jour, 14 juillet, écrite à M. Mill, et dans laquelle M. Comte expose que, vu les très-grandes probabilités de sa réintégration, le secours qu'il sollicite de nouveau de ceux qui l'ont déjà secouru, ne sera nécessaire que cette dernière fois. Voy. p. 366.

le succès prochain de la négociation délicate dont votre fraternelle sollicitude veut bien se charger encore, m'inspire d'ailleurs déjà une sécurité presque complète. C'est très-sincèrement que je me borne à désirer, pour une seule année, la continuation du noble subside voté l'an dernier ; car je suis persuadé que ce délai assurera suffisamment, de manière ou d'autre, mon avenir matériel. Vous pourriez même annoncer, au besoin, que, si ce subside nouveau m'est envoyé, comme l'an dernier, en deux moitiés équidistantes, il pourrait arriver que la seconde ne me fût pas nécessaire, en cas de réintégration polytechnique en janvier ; on ne peut, en général, douter de ma disposition constante à renvoyer, même sur les recettes déjà accomplies, tout ce qui pourrait d'une manière quelconque cesser de m'être indispensable, comme je me suis cru sur le point de le faire en février, si le gouvernement français eût persisté dans son énergie protectrice.

« J'allais commettre une distraction que vous m'eussiez aisément pardonnée, mais que je me serais vivement reprochée, en négligeant de vous remercier aujourd'hui pour la nouvelle marque d'active sollicitude fraternelle qui termine votre affectueuse lettre, relativement au cas où le nouveau subside ne serait pas voté assez promptement. Même alors, j'espère que, pouvant y compter sûrement, je parviendrais spontanément à prévenir assez des embarras inhérents à ce retard pour n'être pas obligé de recourir effectivement à votre noble proposition, où je me réserve seulement, comme l'an dernier, de voir une ressource vraiment extrême. »

CHAPITRE XII.

Lettres à madame Comte.

1. SOMMAIRE : M. Comte, en tournée, raconte gaiement son excursion. *Rennes*, 13 *septembre*, 1837.

« Mes occupations excessives depuis mon arrivée ici dimanche matin, m'ont obligé, ma chère amie, à dépasser de quelques jours le moment où je me proposais de vous écrire pour la seconde fois; mais j'espère bien que vous n'en aurez conçu aucune sorte d'inquiétude, devant raisonnablement vous attendre quelquefois à de semblables petits délais, dans un voyage de la nature du mien. Je suis ici beaucoup plus surchargé que je ne l'ai été à Rouen, n'ayant sur douze candidats qu'une seule renonciation, tandis que j'avais compté sur trois ou quatre. Heureusement que dans l'intervalle je m'étais reposé et rafraîchi par mon entrevue à Mortain avec Trois-Monts[1]. J'ai passé vingt-quatre heures chez sa mère, et c'est la seule nuit complétement bonne que j'aie rencontrée depuis bien longtemps. J'ai été parfaitement accueilli par Mme de Trois-Monts, qui est une dame de fort bon ton, et aussi aimable qu'affectueuse, ainsi que sa vieille mère encore gaie et ingambe malgré ses quatre-vingt-neuf ans. Elles espèrent beaucoup que, si ma tournée me conduit encore l'an prochain de ce côté, je

---

1. M. Trois-Mont a été un des élèves de M. Comte.

pourrai vous conduire chez elles et vous y laisser une partie du temps de mon voyage; je crois que vous en serez très-satisfaite si la chose devient possible. J'ai été, quant à moi, on ne peut plus content de Trois-Monts et de ses attentions délicates, affectueuses et soutenues à tous égards, depuis le moment où je l'ai trouvé à Mortain m'attendant à la descente de la diligence vers deux heures du matin vendredi dernier, jusqu'à l'instant où il m'a embarqué pour Rennes à la même heure dimanche matin. Comme vous le reverrez avant moi dans les derniers jours de septembre ou les premiers d'octobre, je vous prie de lui en renouveler mes très-sincères remercîments avec plus de vivacité que je n'ai pu le faire moi-même, quelque touché que je fusse. Il est bien doux, au milieu du sec isolement d'un tel voyage, de se retrouver ainsi, quoique momentanément, en intimité véritable à quatre-vingts lieues de Paris.

« Mon séjour ici est devenu beaucoup plus agréable que je n'avais lieu de l'espérer, par l'heureuse rencontre que j'y ai faite du colonel d'artillerie du régiment de Rennes, qui, sur ma réputation sans doute, est venu s'emparer amicalement de moi une heure après ma descente de la diligence, quoique je ne le connusse jusqu'alors en aucune manière, et m'a depuis très-peu quitté, assistant d'ailleurs à tous mes examens. Je n'ai pu m'empêcher d'accepter, avec une franche et ouverte satisfaction, des avances aussi cordiales faites d'une manière aussi honorable. J'ai dîné chez lui dimanche, jour de mon arrivée, et j'y dînerai de nouveau ce soir, veille de mon départ, devant m'embarquer demain de grand matin pour Lorient, où j'arriverai le même soir. Sa femme et sa fille sont extrêmement aimables et m'ont parfaitement accueilli; je n'ai pas vu cette famille une seule fois sans qu'on ait eu la délicate attention de m'y demander affectueusement de vos nouvelles. Ce à quoi, soit dit sans reproches, je n'ai pu que répondre fort approximativement, n'en ayant pas encore reçu. L'assistance de ce cher colonel, ancien élève de l'École polytechnique, à mes examens de Rennes, terminés hier soir à sept heures, le laisse, ce me semble, dans une sorte d'enthousiasme à mon égard. C'est du reste la seule invitation que j'aie acceptée jusqu'ici. A la vérité, M. Bourdon m'avait averti, avant de quitter Paris, que, depuis la révolution de juillet (pour parler le style officiel), les préfets, généralement besogneux, étaient devenus fort sobres de ce genre d'invitation, comme de tout autre, préférant augmenter les économies de leurs frais de représentation; ce qui d'ailleurs est, comme vous savez, on ne peut plus heureusement conforme à mes goûts. La simplicité toutefois me paraît poussée jusqu'à l'extrême frontière de la rusticité, puisque, pendant mes examens de Rouen et de Rennes, le classique verre d'eau sucrée ne m'a pas même été offert, et je n'ai pas osé le faire venir, afin d'éviter un reproche trop expressif.... Le ton de ma lettre vous indique assez que je ne suis pas mal portant, malgré le défaut ou l'insuffisance de sommeil, grâce à la sévérité constante de mon régime et à la préservation du froid pendant la nuit dans les voitures.... »

2. SOMMAIRE : M. Comte est en sa tournée d'examinateur; il en raconte les incidents, et entre autres un dîner chez le préfet de Dijon, où il trouve occasion de remarquer que la *sauce napoléonienne* (c'est son expression) serait plus du goût de la hiérarchie actuelle que le *juste milieu* de Louis-Philippe. *Lyon, 18 septembre* 1837.

« Quoique je n'eusse point, ma chère amie, l'intention de vous écrire d'ici, et malgré qu'aucun motif impérieux ne l'exige, cependant je ne profiterais pas tout à fait à mon gré du jour de relâche inespéré qui m'attendait à Lyon, si je n'en consacrais une portion à causer un peu avec vous.

Voici d'abord la cause de ce petit incident dont je ne suis nullement fâché; car j'avais, je le sens, besoin d'un peu de repos. Vous savez que, cette année, toutes les compositions ont dû être faites, à notre grande satisfaction, d'après les ordres des préfets, dans les deux jours qui précèdent celui fixé d'avance pour le premier examen. Outre la corvée horrible dont nous sommes ainsi déchargés, cette disposition préalable a d'ailleurs l'avantage d'éliminer quelques candidats incapables, que la composition mathématique détermine ordinairement à se retirer, double profit pour nous. Dans tous les chefs-lieux d'examen précédents, j'ai trouvé cette opération préliminaire fort ponctuellement exécutée, sans rien d'ailleurs préjuger quant à l'exactitude de la surveillance. Mais ici le préfet (ou plutôt son suppléant, car il est en tournée) n'a pas fait la moindre attention à cette partie de ses instructions, et je suis ainsi obligé d'attendre que les compositions soient faites, au lieu d'examiner dès aujourd'hui suivant l'annonce. Sans mon arrivée, le paquet aux compositions serait, je crois, resté longtemps à la préfecture. Toutefois je me suis borné à exiger ce matin, à la préfecture, que l'on fît exécuter aujourd'hui la seule composition mathématique, dont j'ai, bien entendu, décliné la surveillance, laissant, comme il est juste, la corvée à ceux qui ont causé le délai, et j'examinerai dès demain mercredi, remettant, au jour d'après mes examens, c'est-à-dire au samedi, l'exécution des compositions littéraires et de dessin. Quand M. Bourdon viendra lundi commencer ses examens, il ne restera plus ainsi la moindre trace de cette petite perturbation, dont je dois toutefois informer le ministre, pour qu'on ne me reproche point le délai. Les candidats étrangers à la ville se trouveront seulement forcés d'y rester, comme moi, un jour de plus qu'ils n'avaient compté; ce dont sans doute ils ne seront pas plus fâchés que moi. Cet accident me vient vraiment à point, car c'était bien par pure conscience que je m'étais décidé à examiner aujourd'hui, afin d'être aussi scrupuleusement exact ici que je l'ai été cette année dans toutes les villes précédentes. Figurez-vous que je suis arrivé ici hier soir à cinq heures, excédé de fatigue d'une nuit d'insomnie complète et mourant de faim, et que avant six heures, ne pouvant moi-même sortir dans l'état où je me trouvais alors, j'avais déjà envoyé deux lettres, l'une chez le préfet afin d'avoir mon procès-verbal, et l'autre au collége où ont lieu les examens, afin qu'on me préparât une salle et qu'on prévînt les candidats pour ce matin à neuf heures; tout cela avant d'avoir touché à mon bagage ni pris même un verre d'eau. Je suis donc au fond très-aise de cette bévue du préfet, et je ferai mon rapport de façon à ne pas le faire gronder bien fort du petit service qu'il me rend ainsi à son insu. Cette interruption m'est d'autant plus favorable que j'ai médiocrement dormi ici cette nuit, quoique ayant passé la précédente en voiture. Après vous avoir quittée, j'achèverai d'utiliser cette aubaine en allant au bain, ce que je n'ai pas fait depuis Nancy. Heureusement aussi que, pour comble de bonne fortune, le temps est superbe aujourd'hui, et même assez chaud pour me faire apercevoir que je n'ai pas quitté le pantalon de drap, depuis que vous m'avez emballé à Paris. J'ai eu aussi hier, après dix jours au moins, une fort belle journée pour descendre de Châlons, ce qui m'aurait été très-agréable, si, à moitié chemin, l'avidité du patron du *steamboat* ne lui avait fait embarquer deux fois plus de monde que le bateau n'en eût admis décemment; ce qui, outre un retard de deux heures environ, nous a surtout privés de la jouissance de ces belles rives, dont la vue ne saurait charmer quand on est péniblement enserré à sa place comme un veau qu'on va vendre. Je suis descendu ici, comme je l'avais projeté, à l'hôtel des Ambassadeurs, place Bellecour, et je m'en félicite maintenant. Toutefois il fallait bonne envie d'y venir et confiance dans la loyauté de l'hôtesse, pour n'être pas allé hier ailleurs; car à mon arrivée, on n'a pu me caser que dans un mauvais cabinet au quatrième, seule pièce disponible. Mais, comme on m'a assuré que je serais aujourd'hui transféré ailleurs, j'ai persisté et j'en suis fort aise; l'hôtesse et les gens me conviennent fort bien. Je suis effectivement depuis ce matin dans une jolie chambre au second, dont la croisée donne en plein midi sur la place Bellecour, et d'où j'ai même à gauche la vue si agréable des hauteurs de Fourvières. J'ai donc certainement bien fait de persévérer; dans une ville dont l'aspect est aussi triste, de tels avantages sont sans doute infiniment précieux, même pour demeurer quatre ou cinq jours.

« Je ne suis point encore allé à la poste, quoique très-voisine; en allant jeter cette lettre j'y entrerai, et d'après votre dernière lettre j'y en trouverai peut-être une de vous, à laquelle, selon toute apparence, je ne répondrai guère que d'Avignon, à moins qu'elle ne m'indiquât un motif d'urgence. J'arriverai sans doute à Avignon samedi soir, pour commencer mes examens dimanche matin, si toutefois, en un tel pays, je peux obtenir d'examiner le dimanche.

« Comme je vous l'avais annoncé dans ma dernière lettre, j'ai trouvé à Dijon un préfet de ma connaissance; il avait même été mon ancien à l'École, de même promotion que Meissas, Menjaud, Guibert, etc.; il se souvenait très-bien de moi, quoique je n'eusse pas conservé mémoire de m'y être trouvé en même temps que lui. Nous avons très-heureusement renouvelé connaissance; il a de la raison et surtout d'excellentes manières, il paraît fort estimé à Dijon, qu'il administre depuis six ou sept ans déjà. Sa femme étant en voyage, nous avons eu un dîner d'hommes, et un singulier dîner pour moi, je vous jure, quoique d'ailleurs excellent et même recherché; un dîner tout de fonctionnaires publics, et, pour tout dire, de fonctionnaires purement militaires; le préfet et moi étions seuls de l'ordre civil; trois généraux en tournée comme moi, quoique d'un tout autre genre, trois colonels, etc., une douzaine en tout. Votre imagination nette et vive vous représentera sans doute mon étrange position dans un tel monde, dont je me suis pourtant fort bien tiré et même sans ennui peut-être. Pourvu que de telles rencontres soient extrêmement rares, j'avoue que je n'en suis pas fâché et que mon esprit d'observation y dîne pour le moins aussi bien que mon estomac. Je vois ainsi combien toute cette hiérarchie actuelle serait diposée à accommoder le juste milieu[1] à la sauce napoléonienne, qui est leur vrai ragoût de prédilection. Louis-Philippe a grand tort, ce me semble, de s'y confier, si tant est réellement qu'il s'y fie, tout en s'en servant.

« Je voudrais bien, ma chère amie, que, avant mon retour, si vous pouviez saisir une semaine ou deux de beau temps, vous allassiez la passer à la campagne ou dans quelque lieu de distraction un peu éloigné. Si vous pouviez vous décider à la course du Havre, seule ou même en vous faisant accompagner de Mlle Bonnin, j'en serais fort aise, et ce ne serait point, même ainsi, exorbitant. Le bien que vous en retireriez sans doute vaut certes une telle dépense. J'avoue que je comptais bien en partant que, si vous n'alliez point chez Mme de Trois-Monts, vous feriez quelque chose d'équivalent. C'était, ce me semble, en quelque sorte convenu. Bien qu'il soit maintenant un peu tard peut-être, la chose est encore très-praticable, si vous avez un temps convenable. J'attends toujours, à chaque lettre que je reçois de vous, que le timbre n'en sera point de Paris. »

---

1. C'était le nom qu'on donnait alors au gouvernement de Louis-Philippe.

3. Sommaire : M. Comte, quoique méridional, était devenu exclusivement parisien. Il indique ce qui lui déplaît dans le Midi. Son opinion sur la tutelle que Paris doit exercer. *Toulouse, 6 octobre* 1837.

« .... Je profite de cette économie de temps (voyage par la malle-poste), car vous voyez que je me retrouve ainsi au courant, dès Montpellier, de mon itinéraire légal, pour me reposer ici tout aujourd'hui et demain jusqu'à trois heures, quoique la ville soit certes bien triste (moins animée que Montpellier, bien que plus grande, mais d'une physionomie d'ailleurs analogue, sauf qu'elle n'est point montueuse), l'accentuation fortement prononcée, le patois fort rude, et les prêtres fort abondants, le meilleur hôtel bien sale, le tout, en un mot, trop espagnol. Mais le repos m'y sera bon, et le climat est délicieux. Au moment où je vous écris, à côté de ma fenêtre ouverte, le ciel est très-couvert et néanmoins la température d'une douceur charmante à cette époque : je veux d'ailleurs revoir encore, ce que j'ai vu en arrivant et très-distinctement, les pics neigeux des Pyrénées (à une vingtaine de lieues d'ici en ligne droite) au milieu d'un beau soleil. Mes examens ont été ici peu satisfaisants, puisque je n'y admettrai que deux candidats sur cinq inadmissibles. Mais j'ai retrouvé par compensation un de mes anciens élèves que j'avais entièrement oublié et qui me convient réellement assez. Il est ici depuis dix ans, au sein de sa famille d'ailleurs, comme ingénieur des ponts et chaussées, et il est venu se mettre à mon entière disposition comme cicerone intelligent. Il va tout à l'heure venir me prendre pour me montrer les principaux travaux terrestres et aquatiques, dont je sais d'avance que quelques-uns sont véritablement intéressants. Je tâcherai néanmoins qu'il me reste encore aujourd'hui quelques heures pour prendre un bain, ce que, vous le croirez peut-être difficilement, je n'ai pu trouver encore le temps de faire depuis mon départ de Paris.

« En somme, depuis dix ans que je n'avais vu le midi (solution de continuité qui, comme vous savez, n'avait jusqu'alors jamais existé chez moi), et, je puis même dire depuis douze ans (car mon triste voyage de 1827 ne peut guère compter dans l'état de quasi végétation où j'étais à la suite de ma grande maladie), il est bien loin de me convenir autant, malgré son beau climat, les dissonances morales prenant de plus en plus le dessus. Il y a ici une flânerie bruyante (depuis Bordeaux, où la transition s'opère assez brusquement), une disposition ironique et même maligne envers les étrangers, dont l'argent est toutefois aussi avidement convoité qu'ailleurs, qui me choquent extrêmement. J'aimais encore mieux, le mois dernier, la paisible inaction des Bretons, si évidemment mêlée de bienveillance. En tout, plus on voit la province, et moins on regrette la suprématie exclusive de Paris, plus on désire même que ce despotisme (ou cette tutelle), exercée toutefois avec charité et intelligence, devienne encore plus intime et plus continue, afin de secouer cet engourdissement moral. En bonne foi, les parisiens sont presque à mes yeux une sorte de magistrats généraux de la France, et méritent réellement leur domination, avec un tout autre caractère, d'ailleurs, que celle exercée jadis par les habitants de Rome sur les provinciaux. C'est d'autant plus convenable, que l'élite effective de la France finit presque toujours par se transplanter à Paris, où siége ainsi une véritable représentation permanente.

« On m'a remis avant-hier à la poste la lettre que vous m'écriviez samedi soir au moment même sans doute où je vous écrivais d'Angoulême. Je suis bien touché de la mélancolie où paraît vous jeter mon absence, et j'espère que, dans une quinzaine de jours environ, mon retour changera cette disposition pénible. Quoique Duhamel doive vraisemblablement quitter bientôt sa chaire, il n'est guère possible que ce soit l'année prochaine ni même la suivante. Ainsi il faut d'avance vous attendre, comme je le fais moi-même, à une seconde tournée dans un an, car la manière dont je remplis mes fonctions et la parfaite justice que j'ai la satisfaction d'en recevoir partout et de tous côtés, m'ôtent toute inquiétude sur ma réélection, qu'on rougirait sans doute de ne pas faire, quelles que puissent être la malveillance envers moi ou la prédilection outrée pour quelque autre. Mais j'espère que l'an prochain cette époque pourrait vous être bien moins fâcheuse, si, comme je le désire, vous acceptiez l'invitation de Mme de Trois-Monts, chez laquelle je vous conduirais pour une quinzaine de jours. Pourquoi, d'ailleurs, si d'ici là les nouvelles dispositions de mon père se développaient en prenant plus de sincérité, ne viendriez-vous pas avec moi ou avant moi à Montpellier, d'où nous repartirions ensemble ? Du reste, nous aurons tout le loisir d'en recauser avant le moment. »

4 et 5. SOMMAIRE : M. Comte, mécontent de ce qui s'était passé en 1826, avait résolu de ne pas demeurer chez son père à Montpellier; toutefois, grâce à une suggestion de Mme Comte (voy. p. 138 et suiv.), il put aller loger dans la maison paternelle ; et c'est de là qu'il écrit. *Montpellier*, 13 *octobre* et 20 *octobre* 1837.

« .... J'ai trouvé dans la maison[1] toutes les passions bonnes et mauvaises, considérablement amorties. Je m'aperçois bien que ma pauvre mère était, sans contredit, le membre de la famille le plus passionné.... J'ai trouvé mon pauvre père extrêmement cassé; la voix, qui est pour moi, comme vous savez, le principal trait caractéristique, est désormais très-modifiée par la privation presque totale de

1. M. Comte écrivait de chez son père.

ses dents, qui l'oblige d'ailleurs à un régime spécial. Quant à sa vue, elle est tellement perdue malheureusement, qu'il ne pourrait guère vivre ailleurs que dans une ville qu'il connaît si parfaitement et où ne circulent point de voitures. La paralysie de la rétine est fort avancée, et ne laisse plus qu'une petite partie fonctionnant, dont il se sert le moins possible, y suppléant autant qu'il peut par le tact. Enfin, pour peu que, après le dîner et même dans la journée, me dit-il, il demeure quelques minutes assis, il tombe immédiatement en sommeil, comme je l'ai vu plusieurs fois, tandis que, la nuit, il en est très-souvent privé par ses cruelles douleurs rhumatismales, qui ne cessent que pendant le jour.

« Ces explications physiques préliminaires vous aideront, je l'espère, à croire un peu, comme moi, à la sincérité de leur conversion à mon égard et au vôtre. En tous cas, les manières auront été parfaitement convenables sous les deux rapports. Ils sont certainement très-convaincus de votre arrivée avec moi l'an prochain, qu'ils ont annoncée à diverses personnes devant moi et derrière, tout comme je l'ai fait moi-même eux présents et eux absents. Quoique l'état de mon père rende sa vie beaucoup plus solitaire qu'autrefois, et que, dans ce moment-ci, beaucoup de gens soient à fabriquer leurs vins, et qu'enfin je ne puisse moi-même, comme vous le sentez, faire aucune visite, cependant cette grande annonce a reçu une publicité très-largement suffisante, qui s'augmentera sans doute peu à peu, grâce surtout à quelques dames, que je n'ai pas eu besoin toutefois d'en charger formellement.

« Enfin, je ne dois pas négliger à ce sujet de vous signaler l'effusion de mon père, qui, dans un moment d'attendrissement, le jour de mon arrivée, s'est écrié : « Nous serons donc enfin tous les quatre réunis l'an prochain. » Et j'oserais garantir qu'alors il ne jouait pas la comédie. La suite n'a pas démenti, ce me semble, cet élan spontané. Il est fâcheux toutefois que ma menace d'aller descendre à l'hôtel ait été nécessaire pour amener un tel changement, si effectivement il est sincère, ce dont la suite nous informera. Du reste, ce puissant moyen comminatoire reste nécessairement toujours à ma disposition pour l'avenir, mais j'espère qu'il n'y faudra point recourir.

« Si, réellement, vous pouviez vous décider à venir ici l'an prochain (pourvu, bien entendu, que d'ici là les manières deviennent pleinement convenables envers vous), je crois que l'on pourrait ainsi enfin tout terminer passablement; car mon père sent bien désormais que, malheureusement, la mort ou tout au moins la décrépitude ne sont pas loin.

« J'ai retrouvé ici, comme je m'y attendais, le touchant ensemble de mes souvenirs d'enfance; aucun de mes voyages antérieurs ne me les avait reproduits avec la même netteté, parce que ma situation actuelle, en examinant dans ce même collége d'où j'étais sorti moi-même examiné, était au fond bien plus analogue par contraste que des courses sans but et sans travail déterminé. J'en suis encore vivement attendri, et toutefois je me félicite en même temps que mes fonctions m'obligent à partir demain, car, sauf les heures de fatigue des examens, je sens l'ennui me gagner, dans un lieu où je m'attendais à devoir lutter, tandis que je n'y trouve qu'une apathie intellectuelle et morale très-prononcée....

« .... Les considérations que j'ai indiquées dans ma dernière lettre (lettre de Montpellier, du 13) ont dû, j'espère, modifier un peu notre opinion au sujet du degré précis de sincérité de la conversion actuelle de mon père et de ma sœur à votre égard et au mien. Du reste un avenir prochain décidera si vos soupçons, fondés hélas! sur un passé si tristement décisif, quoique maintenant bien reculé, ont mieux deviné que mes espérances ou, comme vous dites, mes illusions. Soyez, en tous cas, bien persuadée que, si je me trompais, je ne suis nullement disposé à permettre qu'on en abuse, et j'ai déjà pris à ce sujet quelques précautions formelles. Si ce changement ne persévère point, si ma visite à Montpellier n'a pas produit l'effet que j'en attendais, mes anciennes manières seront bientôt reprises, et ce serait alors d'une manière absolument irrévocable après une telle épreuve. Comptez, en un mot, qu'il ne dépend que de vous l'an prochain de venir avec moi à Montpellier, où nous resterons à l'hôtel, si d'ici là leurs nouvelles manières ne vous ont pas fait consentir à descendre chez mon père. Nous avons ainsi un an d'épreuves, mais décisives, et qui, si elles étaient malheureusement conformes à vos craintes, me décideraient alors à ne pas même aller en visite à la maison paternelle.... »

6. Sommaire : M. Comte, après un moment de jouissance que lui cause la *flânerie*, a hâte de reprendre les occupations. Rupture avec son père annoncée par une lettre. *Metz*, 27 août 1838.

« Je suis arrivé ici avant-hier soir, ma chère amie, aussi bien portant qu'au moment du départ, mais beaucoup plus fatigué, par suite d'une nuit d'entière insomnie et du mauvais état des chemins depuis Châlons. L'annonce qu'on m'avait faite à la poste était si peu enflée que, avant l'expiration totale de la vingt-quatrième heure, je commençais à ranger mes effets dans ma chambre actuelle ; vous voyez que, en défalquant la demi-heure environ de repos à Châlons, c'est avoir fait quatre-vingt lieues en vingt-trois heures ; encore le courrier a-t-il été trouvé en retard d'une heure, excusé par les mauvais chemins.

« Par un heureux accident, mon compagnon de voyage (car les nouvelles malles n'ont plus que deux places) s'est trouvé être M. Émile Bouchotte, maire de Metz pendant les premières années de cette révolution, et que j'avais connu à l'époque du procès d'avril, où, dans la cohue des défenseurs, il figurait honorablement parmi le peu d'esprits raisonnables. Quoique nous ne nous soyons expliqués que depuis Châlons, car il a, lui, fort bien dormi, cette coïncidence m'a rendu le voyage fort intéressant. Il est venu hier m'inviter officiellement pour aujourd'hui, et j'ai accepté avec plaisir dans la pensée que, me trouvant ainsi chez le chef de ce qu'on appelle le mouvement ici, j'y pourrai mieux apprécier rapidement le véritable état des esprits les plus avancés. Vous sentez qu'il n'aura pas manqué l'occasion de me présenter ce qu'il y a de mieux en ce genre; car il me suppose, à ce que j'ai cru voir, une influence personnelle dont vous me savez bien éloigné. En vous écrivant de Nancy lundi ou mardi prochain, j'aurai sans doute à vous indiquer la sensation générale que m'aura laissée cette soirée, si toutefois elle m'en laisse d'un genre quelconque.

« J'ai bien fait de quitter Paris quelques jours avant l'époque officielle, afin d'épuiser les délices de la flânerie ; ce qui, chez moi, ne peut jamais être bien long. Cet effet est tellement obtenu, je suis déjà si saturé de l'esplanade et de la cathédrale, que je vois avec satisfaction mes examens recommencer demain. Le pays est beaucoup moins agréable que celui que je parcourais l'an dernier; et surtout cette vie nomade a perdu le piquant de la nouveauté. Toujours est-il que le régime des voitures et des hôtels garnis, quoique choisis aussi bien que possible, est loin jusqu'ici de me plaire autant que la première fois. Je suis cependant très-bien logé, dans une grande chambre fort claire, donnant sur un joli petit jardin, grâce à la précaution que j'avais prise d'écrire de Paris pour retenir un gîte dans un hôtel aussi fréquenté. Mais je crois que l'ensemble de la ville me déplaît, surtout à cause du caractère militaire qui s'y fait lourdement sentir. Vous concevez que l'obligation de passer la nuit en plein champ, si on rentre en ville après onze heures, doit singulièrement vexer un homme qui est toujours couché à neuf. Je ne manque pourtant pas de société, même à certains égards intéressante. Quoique je n'aie encore fait aucune visite officielle, pas même celle du préfet que je vais aller voir en vous quittant, j'ai déjà reçu un assez bon nombre de gens. J'ai trouvé même, à mon arrivée à l'hôtel, quelques cartes de visite qui m'y avaient un peu devancé. D'après quelques renonciations dont on m'a déjà parlé, je vois que samedi je terminerai probablement mes opérations ici, d'où je partirai dimanche matin pour aller dîner à Nancy.

« J'ai éprouvé hier soir une diversion assez énergique, quoique fort imprévue, et surtout très-peu désirée, par l'arrivée d'une lettre de mon père, écrite de sa main, quoique assez longue, et directement adressée ici. Il m'y répond avec mauvaise foi, en acceptant hautement la rupture, comme si je l'avais causée ; et surtout il y prend un ton de sécheresse et d'aigreur que je ne lui avais jamais connu jusqu'ici.... J'en ai été, je vous l'avoue, beaucoup peiné. Vous concevez que je n'y ai fait et n'y ferai aucune sorte de réponse. Car je me trouve ainsi parfaitement confirmé dans le sentiment d'une irrévocable séparation, si j'avais pu en méconnaître encore la triste nécessité. Seulement, par suite de ce choc imprévu, j'ai dû hâter les mesures dont je vous avais parlé pour établir nettement, aux yeux du public de Montpellier, le vrai caractère de cette nouvelle situation.... J'écris depuis cinq heures du matin, il en est dix et demie, et je n'ai, en outre, pas déjeuné. Vous voyez que voilà un singulier passe-temps pour mon dernier jour de suspension. Mais il était indispensable d'en finir immédiatement sur un point dont je ne veux plus m'occuper.... »

7. SOMMAIRE : M. Comte se montre très-satisfait des examens de Metz, et il en rapporte l'honneur à un professeur que l'université tracassait et pour lequel il intervient autant qu'il est en lui. Il constate que son mode d'examen a été fort apprécié à Metz, ce qui lui importait beaucoup à cause du retentissement qu'a en ce genre l'approbation de cette ville. Son appréciation des *gens du mouvement*, comme on disait alors, et des conservateurs. — *Nancy, 3 septembre 1838.*

« Votre lettre de jeudi m'a été remise hier matin pendant que je commençais, à l'hôtel de ville de Metz, ma dernière journée d'examen, et je l'ai lue avec un vif empressement pendant ma suspension habituelle de la séance. Je suis fâché que vous n'ayez pas encore contracté, pour la durée de mon absence, des habitudes de régime pleinement régulières, qui sont entièrement indispensables à votre santé. Vous voyez que cette tournée n'est plus décidément une anomalie accidentelle, mais qu'elle se renouvellera probablement pendant un bon nombre d'années, lors même, comme je vous l'ai annoncé, que j'aurais ma chaire à l'École…. Il faut donc vous arranger pour introduire, tous les ans, cette modification normale dans votre régime habituel. Imitez-moi à cet égard, qui, pendant cette époque, change le moins possible mes heures accoutumées, et parviens, par une facile persévérance, à les maintenir presque intactes, malgré toutes les causes de perturbation que j'éprouve, et dont vous êtes préservée. Que mon insistance sous ce rapport ne vous fatigue pas; car vous savez combien cela m'importe. Je n'ai pas besoin de vous parler spécialement de ma santé, qui continue à être excellente.

« Mes opérations à Metz, quoique terminées un jour plutôt que je ne comptais, ont été assez douces, grâce à neuf renonçants qui s'étaient fait étourdiment inscrire parmi les vingt-neuf candidats. J'ai commencé mardi et fini samedi, en ne faisant chaque jour que quatre examens. Du reste, j'ai été fort satisfait de l'ensemble des résultats, puisque ces vingt examens ne m'ont donné que trois inadmissibles seulement, tandis que, d'après mon classement, au moins dix candidats doivent être admis à l'École. Cette issue est d'autant plus remarquable et honore d'autant plus le professeur que tous ces jeunes gens, excepté un seul peut-être, sont vraiment assez ordinaires et peuvent passer pour de purs *produits* d'éducation, dans toute la force du mot. Outre le plaisir que cela m'a causé, j'ai eu la douce satisfaction de faire, je crois, quelque bien à ce professeur vraiment recommandable (qui s'est trouvé un de mes camarades de l'École, perdu de vue depuis le licenciement), fort aimé et estimé dans la ville par le public et les autorités. Il est tracassé actuellement par l'université, qui, en vertu de je ne sais quel règlement, veut lui faire prendre une classe inférieure, pour livrer la sienne, du moins par alternative, à un petit protégé du cher Poisson[1], fraîchement issu de l'École normale.

« L'énergique expression de mon suffrage, motivé d'après le résultat de mes examens, et ma haute réprobation de la tactique jésuitique employée envers lui, parviendront, j'espère, à lui sauver cette avanie, en fournissant au préfet et aux autres autorités un point d'appui scientifique, pour leurs efforts unanimes en sa faveur, ainsi que je les y ai expressément autorisés. Vous voyez que je ne saurais éluder ma destinée de guerroyer avec Poisson sous toutes les formes. Il serait possible que ce professeur (il se nomme Girault) fût bientôt obligé de venir à Paris pour cette réclamation; s'il se présente à la maison, ce qui n'est nullement certain, tant il est modeste et timide, je vous

---

1. M. Poisson était, parmi les géomètres, un des hommes les plus hostiles à M. Comte.

recommande de lui faire, en mon absence et à mon intention, tout l'honorable accueil qu'il mérite.

« Indépendamment de ces motifs de satisfaction, j'ai tout lieu d'être personnellement content de mon séjour à Metz. Mes examens y ont été suivis et appréciés avec un haut et évident intérêt. Or, c'était la ville où il m'importait le plus de réussir, à cause du retentissement qu'exerce en ce genre son approbation décidée. Je sais fort bien que je ne suis pas encore à ma place ; mais ne croyez pas que tout ceci soit perdu ultérieurement ; ce sont autant de pierres d'attente que je pose ainsi pour consolider et pour étendre ma haute influence future, si je vis assez pour que tout mon développement soit possible.

« Votre opinion sur mon père[1] n'est pas très-éloignée de ce que j'en ai toujours pensé, sauf que, jusqu'à cette dernière épreuve, je lui avais accordé plus de tendresse qu'il n'en peut avoir. Je sens maintenant que tout est désormais fini entre lui et moi, quoiqu'il puisse arriver jamais. Si je vais à Montpellier l'an prochain, les précautions que j'ai déjà prises et que je développerai ne lui permettront pas de tourner ma conduite en boutade comme vous le craignez. Les déclarations que votre lettre me conseille sont déjà faites et seront soutenues et renouvelées, soit verbalement, soit par écrit, toutes les fois qu'une opportune occasion s'en présentera.....

« J'ai été fort satisfait personnellement de l'accueil empressé et magnifique que m'ont fait M. et Mme Bouchotte lundi dernier, mais très-peu content de la situation morale et sociale de la plupart des faiseurs qu'on y avait rassemblés, malgré ou à cause de leur *humanitarité* (avalez le mot, puisqu'il a bien fallu que je subisse la chose). Quelques jours

---

1. Mme Comte regardait son beau-père comme un excellent homme, mais dénué de cette fermeté toujours nécessaire à un chef de famille pour faire le bien et empêcher le mal.

après, j'ai dîné chez le préfet, qui était venu m'inviter en personne de la manière du monde la plus aimable. Or, quoique ce soit un vieux préfet de la Restauration, j'ai trouvé, au fond, dans le langage qui s'y tenait, une tendance plus réelle, quoique fort étroite, aux mesures de détail vraiment progressives, que dans le verbiage dicté dans l'autre camp (si tant est que ce soient au fond deux camps) par des intentions générales trop vagues pour être aucunement efficaces. Toute cette opposition républicaine y est menée par les procureurs et les avocats, encore moins démonétisés ici qu'à Paris.... »

8. Sommaire : M. Comte se laisse aller à une causerie intime. Il souhaite une chaise de poste pour faire sa tournée avec sa femme, l'isolement des voitures publiques et des auberges lui étant très-pénible. Il fait appel d'une façon tout aimable au besoin qu'il a d'elle. *Besançon*, 10 *septembre* 1838.

.... Plus cette seconde tournée se développe, moins elle me plaît. Cette vie d'auberges et de diligences, sans voir face vraiment humaine à qui parler, pour courir péniblement après quelques examens satisfaisants, parsemés çà et là dans la foule des mauvais ou des insignifiants, commence, je l'avoue, à me lasser un peu et à me faire vivement désirer le retour *at home*. Toutefois, par raison, il faudra, je crois, conserver cette place encore longtemps, en la mariant même avec la chaire de l'École. Puisque celle-ci serait évidemment insuffisante, il vaut mieux, ce me semble, adopter cette combinaison que de continuer les leçons particulières et même les cours d'institutions. Outre que cela me paraît plus digne, j'y trouverais une grande économie de temps en faveur de mes travaux. Mais j'espère que vous ne prendrez point pour une gasconnade le regret que j'éprouve que notre situation financière ne me permette pas de faire le voyage avec vous, dans notre chaise de poste ; ce qui serait, à vrai dire, la seule manière dont la tournée pût me plaire habituellement, en mettant à part l'attrait de la nouveauté l'an dernier, et le besoin que j'avais alors depuis longtemps d'une diversion énergique ; ce qui n'existe plus, à beaucoup près, autant cette fois, et devra naturellement s'effacer de plus en plus.

« Ne croyez pas que, seul en poste, le voyage fût agréable ; j'y éviterais sans doute beaucoup de contrariétés physiques dont je souffre en ce moment même où je vous écris. Mais cet isolement me serait peut-être à la longue encore plus pénible que le voisinage habituel des voitures publiques. Puisse plus tard ce souhait se réaliser ! Vous savez que c'est toujours mon vœu pendant la tournée ; ce sont ensuite les maussades réflexions du pot-au-feu qui viennent défaire un projet qui me plairait tant, avec une raison si évidente qu'il faut bien la subir....

« Je suis bien content d'apprendre la bonne visite que vous a faite Blainville, et surtout parce que, malgré vos préventions, je pense que cette fois vous ne la mettez pas sur mon compte, et l'accepterez dûment comme vous étant toute personnelle, puisqu'il n'y a plus ici possibilité d'en douter. Je reçois avec bonheur ses compliments, et je vous prie de les lui rendre aussitôt que vous le verrez[1].

« Quoique cette lettre me semble courte à mon intention, elle est pourtant un peu longue, je m'en aperçois, pour quelqu'un d'aussi horriblement fatigué que je le suis, et qui se couchera probablement après le dîner avec l'espoir d'un bon et long sommeil.... Je ne connais pas encore assez les habitudes de la poste ici pour savoir si cette lettre ne vous serait point aussitôt parvenue, au cas où je ne

---

[1]. Tant que Mme Comte fut jeune, M. de Blainville lui en imposait un peu ; il avait l'esprit taquin ; il fallait lui tenir tête ; c'est ce que fit Mme Comte quand elle eut quelques années de plus, et alors tout alla pour le mieux.

l'aurais écrite que demain matin après une nuit de repos ; mais ce qu'il y a de certain, c'est que, par une telle prudence, je ne me serais pas aussi satisfait moi-même qu'en allant, de ce pas, la jeter, avant le dîner, dans la boîte deux heures après avoir lu la vôtre.

« Adieu, ma chère amie, s'il ne tient qu'à avoir besoin de vous pour obtenir que vous vous intéressiez vivement à moi, laissez-vous-y aussi amplement aller qu'envers notre pauvre *toutou*[1] ; car j'ai sur lui cet avantage d'en être profondément convaincu. »

>9. SOMMAIRE : M. Comte part douze jours avant le temps où commençait sa tournée sans emmener sa femme, à qui, l'année précédente, il avait offert de lui faire faire une partie du voyage avec lui. Une fois parti, il est pris d'une sorte de nostalgie, et forme un moment le projet de revenir et de couper court à ce congé qu'il s'était donné. Il conseille à Mme Comte de faire, de son côté, une petite excursion, ce qu'elle ne fait pas. *Nantes*, 23 *août* 1839.

« Me voici à Nantes, ma chère amie, depuis hier soir, et, par conséquent, un jour plus tôt que je ne vous en avais avertie en partant. C'est assez vous dire que je ne me suis point amusé à Angers, malgré que les quarante heures que j'y ai passées se soient trouvées inopinément coupées par une visite à Rey, le publiciste et l'ancien préfet, qui y est depuis huit ans conseiller à la Cour royale, et qui se consume de dépit de n'être point à Paris, au Tribunal de cassation. Me connaissant fort impropre à supporter l'ennui, qui me survient si rarement, vous ne m'accuserez pas, j'espère, d'exagération quand je vous dirai que j'ai eu à Angers une sorte de nostalgie qui, pendant tout le séjour que j'ai fait dans cette triste cité, malgré son heureuse position et ses agréables boulevards parcourus par un très-beau temps, m'a vivement inspiré le projet de retourner à

1. Chat donné par le docteur Félix Pinel-Grandchamp.

Paris immédiatement; ce que j'aurais peut-être follement exécuté, sans être retenu par la dépense, si je n'eusse été arrêté par la conviction de la nécessité d'en repartir par devoir forcé quelques jours après. Je ne vous donne pas cette intention pour raisonnable, il s'en faut, mais pour réelle et comme indice irrécusable de ma situation morale. J'avais eu, il est vrai, un voyage assez maussade (sauf la rapidité de cette course de soixante-quatorze lieues en vingt heures); ma compagne de voiture était tout absorbée par les soins de son petit chien noir, d'ailleurs fort réservé pour un roquet. Ma course d'hier en descendant la Loire, quoique forte lente malgré la vapeur à cause des basses eaux, qui nous ont fait toucher plusieurs fois, a eu un tout autre caractère pour la beauté des rives ainsi parcourues.

« Néanmoins, je ne regrette pas maintenant de n'avoir pas descendu la Loire à partir d'Orléans ou même de Tours, comme j'y avais un moment songé; car la continuité trop prolongée d'un tel mode de transport m'aurait très-fort ennuyé. Depuis que je suis ici, mon humeur est meilleure, parce que ce que j'ai sous les yeux s'éloigne moins de mes habitudes de Paris. Je me trouve logé au centre du plus beau quartier, sur une place fort semblable à celle de l'Odéon, et dans une chambre assez agréable, quoique au troisième, à cause d'un large et long balcon comme celui que j'avais rue de l'Arcade, d'où je peux voir à mon aise les élégants et les dandys entrer au grand théâtre, dont il est probable que c'est là tout ce que je verrai. Je viens de parcourir la ville toute la journée par un temps délicieux, et vraiment je ne regrette pas la course; cette ville, qui tient à la fois de Lyon et de Rouen, mérite en effet d'être vue, quoique fort inférieure à Marseille et même à Bordeaux. Mais je la connais assez déjà, quant à l'ensemble, pour ne plus savoir comment y remplir les quatre grands jours que j'y dois passer encore, à moins de détails que j'ignore, sauf le musée, dont on m'a fait l'éloge et que je verrai soigneusement. Tout cela, ma chère amie, est un triste palliatif d'une situation qui ne me laisse d'autre distraction possible que le vain plaisir, bientôt épuisé, de courir isolé les routes et les rues, sans même me laisser le choix de l'époque ni du temps. Vous savez que, l'an dernier, je vous écrivais déjà de Nancy, ma seconde ville, que la troisième tournée pourrait bien commencer à devenir aussi fatigante que la première avait été savourée. Je ne suis peut-être pas loin d'une telle disposition, puisque j'y pense même avant que la tournée soit, à proprement parler, entamée. Il est vrai que, en commençant mes examens de province de demain en huit, ils seront peut-être ainsi devenus un remède nécessaire aux ennuis de mon éloignement. Néanmoins, je ne pense pas sans une sorte d'effroi que je ne retournerai à Paris qu'après environ deux mois. Les projets de travail que j'avais conçus comme intermèdes seront probablement aussi peu réalisés que ceux d'amusement. Je sens d'ailleurs que j'ai besoin de repos, et je veux au moins utiliser mon espèce d'exil volontaire. En outre, ce travail par lacunes discontinues est trop contraire à ma nature et à mes habitudes constantes pour comporter une véritable utilité. Ce sera donc essentiellement pour mon retour que je réserve la terminaison de mon ouvrage, me contentant seulement d'y rêver jusque-là. Je regrette bien vivement, ma chère amie, que les nécessités impérieuses par la nature de mon voyage comme par la considération économique, me forcent ainsi de courir seul; car je sens très-bien que cet isolement contribue beaucoup au peu d'efficacité d'une telle diversion. Heureusement, je dois désormais espérer que cette tournée sera peut-être la dernière, et que je serai dispensé des voyages forcés. La perspective de passer mes vacances à travailler à Paris à mon gré ou à courir selon ma fantaisie, subordonnée seulement à mes ressources, est maintenant le projet d'avenir qui me charme le plus; espérons qu'il se réalisera bientôt.

« Malgré la situation morale que je vous décris naïvement et qui durera sans doute jusqu'à ce que les examens m'absorbent de nouveau, ma santé continue à être excellente, sauf une légère diminution d'appétit....

« Je vous engage, ma chère amie, à bien prendre vos mesures pour employer à vous soigner librement tout le temps de mon absence, car je crois que vous en avez besoin. Si vous pouviez, de votre côté, convenablement organiser quelque excursion, fût-elle même de peu de durée, je crois que vous vous en trouveriez très-bien. Enfin ne négligez rien, je vous prie, pour recouvrer un sommeil et un appétit réguliers.

« La lettre ci-jointe est celle que je n'ai pas eu le temps d'écrire avant mon départ et qui est destinée au Conseil de l'École, en cas de vacance de la chaire de Duhamel, par suite de la retraite ou de la mort de Poisson, quoique ce cas soit maintenant peu probable. Vous n'auriez rien autre chose à faire que de la faire porter chez le général à l'instant où il serait bien avéré que la chaire devient vacante, et sans attendre que la convocation du Conseil pour y pourvoir fût spécialement désignée. Mais, comme vous l'avez très-bien senti spontanément, il serait contraire aux convenances de la remettre avant que le cas fût notoirement caractérisé.... Si le général n'était pas encore de retour au moment où vous croiriez devoir remettre ma lettre, il suffirait de l'adresser sous enveloppe à M. le colonel Esperonnier, commandant en second de l'École polytechnique, qui est d'ailleurs aussi bien disposé pour moi, ayant dans le temps assisté à quelques-unes de mes leçons à l'École.

« Sous prétexte de consulter Blainville, vous feriez peut-être bien de lui communiquer ma lettre au Conseil. Ce résumé succinct, mais exact, de mes motifs principaux pourrait servir à fixer davantage sa propre attention sur la nécessité de cette amélioration si désirée dans ma situation. Du reste, votre tact exquis jugera finalement de l'opportunité réelle d'une semblable confidence, exempte d'ailleurs de tout inconvénient grave. »

10. SOMMAIRE : M. Comte exprime que son seul délassement, dans ses tournées, est d'écrire à sa femme. Il utilise, pour apprendre l'italien, les moments qu'il a de libre; son admiration pour les *Fiancés* de Manzoni. Retour qu'il fait sur lui-même au sujet d'un candidat précoce et distingué. — *Rennes, 4 septembre 1839.*

« Quoique j'eusse déjà, ma chère amie, pu strictement recevoir votre réponse à ma lettre d'ici de jeudi dernier, cependant, je ne m'attends réellement à l'avoir qu'à la Flèche dans quelques jours ; je sens qu'il serait déraisonnable d'exiger de vous la ponctualité soutenue que je puis me prescrire à moi-même. *Prescrire* est même un terme fort impropre ; car ce n'est pas seulement pour vous, mais aussi pour moi que je vous écris. Cette douce occupation constitue, à vrai dire, une sorte de précieux événement, ma seule diversion actuelle, bien vivement sentie, je vous assure. Depuis mon départ de Paris, je n'ai réellement causé avec personne, et n'ai parlé qu'à des aubergistes, des conducteurs ou des candidats. Sans mes obligations officielles, il y aurait presque danger de perdre, par désuétude prolongée, la faculté de parler.

« Toutes les personnes que je connaissais ici en sont parties ; je n'y ai pas même eu la moindre invitation quelconque qui pût faire diversion. Pour m'achever, le temps y a été constamment détestable, à la fois orageux et froid. En huit jours que j'y ai passés, je n'ai pas vu le soleil une heure de suite.

« .... En une telle situation, je me félicite beaucoup d'avoir eu la fantaisie d'apprendre l'italien : c'est une occupation agréable et facile, qu'on peut quitter et reprendre à discrécrétion, et qui me constitue réellement une précieuse ressource. Aussi, depuis quinze jours, en ai-je plus lu que je n'avais fait dans tout le temps antérieur. Ces *Fiancés* sont réellement un bien plus bel ouvrage que la traduction même ne me l'avait fait penser jadis ; la grâce et l'onction d'une foule de charmants détails sont vraiment beaucoup plus sensibles en italien. Manzoni est certainement, après W. Scott, le plus grand poëte de l'époque. Nous n'avons en France rien d'approximativement équivalent. Je sais maintenant assez d'italien pour entendre à peu près couramment un auteur quelconque, du moins je le crois, pouvant lire à la fois Dante et Manzoni. Le génie de la langue me convient d'ailleurs assez pour que je présume que, si j'avais un motif et une occasion, il me serait facile de la parler bientôt ; ce que je n'ai jamais espéré de l'anglais....

« Hier matin, j'ai terminé ici mes opérations qui y ont été plus pénibles que je ne le présumais, car j'ai eu, sur 20 inscriptions, 17 examens, bien plus qu'à Paris à proportion, et assez déjà pour commencer à faire naître cette fatigante continuité qui constitue surtout la plus désagréable qualité de nos ennuyeuses fonctions. Je vous disais jeudi que je voyais arriver ce moment avec une sorte de satisfaction ; mais, à l'événement, il n'en a pas été tout à fait ainsi, du moins le premier jour. Sans doute je n'étais point encore assez reposé des énormes fatigues de cette année, si extraordinaires pour moi depuis six mois. Car je me suis senti tristement réveillé ainsi de l'illusion naturelle que les dix jours précédents, quelque vides qu'ils fussent, avaient graduellement produite en moi ; et j'ai péniblement compris alors que je n'étais pas venu en province pour me reposer et pour attendre l'heure du dîner comme une sorte d'événement momentané. Maintenant le pli est repris; mais aussi le repos est perdu, et j'irai jusqu'au bout comme de coutume, à mon corps défendant. Cette tournée a mal commencé pour moi, si vous vous en souvenez, du jour même du tirage, il y a deux mois, quand j'ai vu que je n'irais pas à Marseille et que j'irais à Montpellier. La succession de mes impressions ne dément pas jusqu'ici un tel augure.

« Il est fort probable, à ce que je vois, que je n'aurai nullement à observer l'effet de mon dernier volume, quoique publié depuis six semaines ; il est trop récent; ce sera l'an prochain qu'on pourra commencer à m'en parler. Rey lui-même, quoique du métier, ne le connaissait nullement. Je suis donc ici tout sèchement M. l'examinateur, et sans doute il en sera de même ailleurs. Du reste, je suis soutenu par l'espoir désormais assez plausible, que cette tournée est peut-être la dernière, ou très-probablement l'avant-dernière.

[M. Comte, ayant examiné un jeune homme précoce qu'il mit le premier sur la liste, en qui il reconnaît sagacité, justesse et même force, les trois grands dons intellectuels, mais qu'il trouva gâté par le contentement de lui et par la flatterie, ajoute :]

« Involontairement ce spectacle m'a un peu rappelé mes propres commencements; mais je dois me rendre la justice que, quoique étant aussi un enfant précoce, je n'avais certainement pas ce ton tranchant, malgré ma confiance radicale. Quand je me rappelle au contraire ma profonde vénération, mon admiration parfaite pour toute supériorité réelle, morte ou vivante, et que, revenant sur le passé, je me souviens très-distinctement combien ce sentiment continu, quoique peut-être exagéré, a été indispensable à mon évolution ultérieure, je crains fort que ce jeune homme ne soit victime d'un excès d'encouragement et de confiance....

« Le plaisir de causer avec vous me fait oublier, ma chère

amie, que je dois partir dans quelques heures, et que mon bagage n'est pas encore prêt. Je vous quitte donc, pour aller chercher à la Flèche une lettre de vous. »

11. SOMMAIRE : M. Comte explique les chances qu'il a d'obtenir une chaire à l'École polytechnique. On y remarquera que la *Préface*, qui était un danger, est prise pour une force (voy. p. 311). Cette lettre est postérieure à la séparation. — *Montpellier*, 11 *octobre* 1842.

« .... J'oubliais de répondre à votre demande sur la nature des concurrents que je pourrais rencontrer en cas de prochaine vacance de la chaire de l'École soit de Liouville, soit de Stourm. Cette question m'embarrasse un peu ; car, en vérité, je ne vois ni hors, ni dans l'académie, personne qui, cette fois, puisse offrir aucune rivalité sérieuse. Mais vous savez que cela ne décide rien comme concurrence effective. Il faudrait, quant à l'académie, savoir simplement s'il y a quelque membre qui puisse désirer cette place ; or, quoique je ne le pense pas, je ne suis pas assez au courant de ces gens-là pour répondre alors de leurs dispositions. Seulement, je ne doute pas que les coteries qui me repoussent ne fassent, en ce cas, tous leurs efforts pour exciter quelque académicien à se porter candidat, afin de m'écarter à tout prix. Mais je suis persuadé que, cette fois, encore plus qu'en 1840, le vote de l'École sera surtout décisif, s'il m'est favorable ; l'académie oserait encore moins qu'alors, sous le feu de ma préface, s'y opposer sérieusement. Je ne sais finalement ce qui va s'opérer, et ne m'en tourmente guère, quels que soient mes désirs d'une nouvelle position. Peut-être M. Coriolis se décidera-t-il encore à rester quelque temps, comme il l'a déjà fait, quoique ses années de service soient maintenant au taux légal du maximum de retraite, afin d'éviter des mutations qui pourraient embarrasser ou même troubler l'École. Mais je me sens disposé à regarder la tournée que je viens d'accomplir comme devant être la dernière, non toutefois dans le sens sinistre que ma préface vous a fait inconsidérément redouter, mais par suite d'une meilleure situation. Si je me trompe, je compte bien, en tout cas, réexaminer et réinterroger l'an prochain sans aucune opposition réelle, et sans cependant en avoir aucune obligation à personne, par suite de l'imposante attitude que je me suis enfin décidé à prendre et que je saurai, j'espère, convenablement garder. »

12. SOMMAIRE : M. Comte avait formé le projet de publier son *Cours de géométrie* et son *Cours d'astronomie;* sur quoi Mme Comte lui exprima la crainte qu'un pareil travail ne lui ôtât le temps de repos qu'il s'était réservé après l'achèvement de son grand livre sur la philosophie positive. Il explique en grand détail comment, sans se fatiguer, il pourra accomplir les deux publications qu'il projette. — *Paris, vendredi, novembre* 1842 (*la date du jour manque*).

« .... Je ne comprends nullement vos affectueux reproches sur mon manque de parole au sujet de mes petites publications projetées pour cette année. Si vous fouillez exactement vos souvenirs, vous y reconnaîtrez que je vous ai toujours annoncé l'intention de suspendre mes travaux philosophiques pendant une pleine année, aussitôt que mon grand ouvrage serait enfin terminé. Mais, en consacrant cette année à publier, comme utile diversion, mes leçons principales chez M. Laville et peut-être aussi mon cours populaire d'astronomie, je n'ai jamais varié sur ce sujet, et j'y suis expressément revenu dans les mêmes conditions, en vous écrivant à cet égard pendant ma tournée, pour annoncer et définir le repos de 1843. En ce sens, je ne mérite certainement aucun reproche d'irrésolution ni d'inconstance. Quant à la mesure en elle-même, je crois que vous vous exagérez infiniment le trouble que ma santé peut recevoir d'un tel assujettissement. Il ne s'agit ici que d'un travail plutôt ennuyeux que fatiguant, ou de nature à lasser plutôt mes doigts que ma tête ; je n'ai du moins à y chercher que la meilleure expression didactique d'idées très-arrêtées chez moi depuis longtemps jusque dans leurs moindres détails, et d'ailleurs spontanément rafraîchies par une récente exposition orale. Cela n'est point susceptible de m'affecter profondément comme mes travaux philosophiques, où j'avais à créer à la fois l'idée et l'expression sur les plus difficiles sujets accessibles à la raison humaine. A la vérité, ayant commencé depuis deux jours seulement à écrire chaque jour la leçon de la veille[1], je suis en ce moment dérangé un peu par le défaut d'habitude de cette opération, au train de laquelle je me ferai bientôt, sans y consacrer autant de temps que maintenant. D'ailleurs, quand mon enseignement va être assez lancé pour donner lieu à interroger, vous savez que je n'aurai habituellement que quatre leçons par semaine, le lundi et le jeudi se passant en simple interrogation ; ce qui me fera, à partir du milieu de ce mois, deux jours sans avoir rien à rédiger, outre le dimanche. Je tenterai même alors d'établir la distribution inverse, en n'écrivant au contraire que les jours où je n'ai pas de leçons, si ce temps suffit raisonnablement. En tous cas, même dans ce commencement, où je fais leçon tous les jours, et où le train n'est pas encore pris, je suis loin de me priver d'exercice journalier, comme vous le croyez, et j'en prends même presque autant qu'à l'ordinaire, seulement à une autre heure.

« Du reste, dans le traité que j'ai signé, j'ai sagement écarté tout engagement de temps qu'on voulait me proposer, et l'époque de ma livraison est tout à fait laissée à ma discrétion. Je ne me ferai, croyez-le bien, d'après cette liberté expressément stipulée, aucun scrupule de retarder

---

1. Il s'agit des leçons qu'il faisait dans l'institution de M. Laville.

de un ou deux mois cette publication, si je sentais qu'un tel assujettissement dérangeât aucunement ma santé. A cela près, outre que je tiens, sous plusieurs rapports, à une telle publication, qui, d'après les exigences supérieures de mes travaux philosophiques, ne se ferait peut-être jamais si elle ne s'accomplit pas en 1843, je suis talonné extérieurement, à ce sujet, par l'avidité des écrivassiers mathématiques, que je sais être depuis quelques années à l'affût de mes leçons et qui pourraient bien me devancer par quelque mauvaise compilation hâtive, si je ne me décidais à paraître prochainement. Outre le programme que j'ai lithographié depuis six ans, et qui peut donner l'éveil aux plus intelligents d'entre eux, en leur faisant connaître le plan et même l'esprit de mon enseignement, je sais qu'on a déjà tenté de se procurer, expressément à cette louable intention, des rédactions de mes meilleurs élèves. Quoique ces loyaux jeunes gens s'y soient jusqu'ici soigneusement refusés, ces symptômes indiquent néanmoins qu'il est grand temps que je me montre sous ce rapport, pour n'être pas indignement pillé....

« Relativement à mon cours d'astronomie, vous savez qu'il n'a lieu qu'une fois par semaine, et que par suite il ne m'obligera qu'à une ou deux journées de rédaction, que je ne commencerai qu'après avoir achevé l'autre publication: Je continuerai d'ailleurs à éviter de m'engager à cet égard, et ne traiterai que lorsque cette seconde rédaction sera à moitié accomplie, afin de n'être point pressé par le temps, et de pouvoir même ne pas entreprendre du tout une telle publication actuelle, si la précédente m'avait réellement trop fatigué, ou plutôt ennuyé, puisqu'il ne s'agit là, au fond que d'une sorte de travail de bureau, du moins pour moi. Croyez bien, en général, que, tout en utilisant mon temps le plus possible à mon égard et envers le public, je n'ai pas plus d'envie que vous d'épuiser mes forces en les gaspillant, et que je sens, au contraire, plus profondément la nécessité de les bien ménager, afin de pouvoir accomplir, en temps opportun, les grands travaux que j'ai annoncés en terminant mon ouvrage fondamental. »

CHAPITRE XIII.

Séparation.

Si ce travail ne se faisait pas à l'unique point de vue de M. Comte et de sa biographie, il faudrait traiter ce chapitre autrement et donner le même espace aux deux personnes intéressées. Mais, puisqu'il n'en est pas ainsi et que dans ce travail tel que je l'ai conçu, tout se groupe autour d'une seule figure, il importe du moins qu'il n'en résulte aucune fausse appréciation. Je raconterai, comme j'ai fait pour tant d'autres choses, la séparation avec les lettres et les propres paroles de M. Comte. C'est de là que je pars; mais, en les lisant, on pensera sans doute ce que j'ai pensé moi-même, c'est que, pour des causes qu'elles ne déterminent pas suffisamment, la difficulté de vivre ensemble allait croissant.

Je n'ai pas été témoin de ce qui s'est passé avant la séparation ou pendant la séparation; mais j'ai eu entre les mains la correspondance de M. Comte avec sa femme et avec M. J. St. Mill. La correspondance avec Mme Comte a duré plusieurs années après qu'on ne vivait plus ensemble. Ces lettres m'ont donné une impression; et, arrivé là, il est de mon devoir de biographe de la dire.

Cette impression se résume en ceci, que plus M. Comte avança dans les dispositions qui lui dictèrent la préface de son sixième volume, plus la vie commune devint difficile, et que son ménage fut menacé dans la même mesure qu'il compromettait sa position.

L'intention qui lui a dicté ce qu'il nomme lui-même *sa fameuse préface*, n'est pas douteuse : il voulait se soustraire au joug sous lequel ses ennemis le tenaient, ou perdre sa place. Une pareille intention renfermait deux termes fort graves l'un et l'autre : d'abord la guerre à faire aux ennemis et la manière de la conduire; puis, si la guerre tournait mal et que la place fût perdue, la situation dans laquelle on se trouverait et les moyens d'y faire face.

Mme Comte, depuis la redoutable maladie de 1826, ménageait beaucoup son mari, et devait le ménager. Malheureusement, ces ménagements fortifiaient le côté impérieux du caractère. Pourtant, quand les dispositions qui fermentaient depuis longtemps dans l'esprit de M. Comte approchèrent de l'explosion, il fallut bien entrer en lutte. M. Comte avait dit plusieurs fois : « J'aurai la parole et j'en userai. » On sait comment il en a usé dans la préface. Quand il fut question de M. Arago, qui y figure et dont il avait depuis longtemps à se plaindre, Mme Comte conseilla à son mari de mettre M. Arago en demeure et de lui annoncer un examen sévère mais consciencieux de ses travaux. « Vous n'avez pas encore été jugé, désirait-elle qu'on lui dît, loué sans mesure par les uns, et sans mesure dénigré par les autres; il est temps qu'un homme en état de porter, sur ce que vous avez fait, un jugement à la fois scientifique et philosophique, le porte sans injustice comme sans ménagement. » Si l'on se réfère ci-dessus à la p. 230, on verra que ce conseil n'était pas autre, au fond, que le conseil que, quelques années auparavant, M. Comte se donnait à lui-même dans sa belle lettre à M. Navier. Mais alors il ne voulait pas tout emporter de haute lutte, comme il le voulut de plus en plus à mesure qu'il approcha de la fin de son grand ouvrage. Il a été juste de noter cette concordance entre les intentions de M. Comte à ses débuts, et l'avis de Mme Comte obligée par les circonstances d'en avoir un; car on voit par là qu'en conseillant ainsi, elle restait fidèle aux anciennes inspirations.

Au conseil de sa femme, M. Comte répondait qu'il n'avait pas le temps. « Vous l'avez, lui était-il répliqué, puisque vous approchez de la fin de votre livre sur la philosophie positive; mais, si vous ne voulez pas le prendre, ne faites pas la guerre, car, malgré vos justes droits, vous serez vaincu. » Dans ces débats souvent renouvelés, M. Comte disait tantôt que supposer qu'il pût avoir le dessous, c'était le démoraliser et jouer le jeu de ses ennemis; tantôt, crûment, que c'était se mettre avec ses ennemis. Ceux qui ont connu M. Comte savent quelle portée de pareilles paroles avaient dans sa bouche.

Après de semblables discussions, il survenait toujours quelque querelle de ménage, avec ou sans raison. Mme Comte se défendait ou s'excusait, selon le cas. M. Comte alors allait jusqu'à dire : « Laissez-moi, débarrassez-moi. » Cela était grave de la part d'un homme dont les manières ne furent jamais grossières. Quand cela se fut renouvelé plusieurs fois, Mme Comte se mit à manger dans sa chambre, ne voyant son mari que pour les comptes de ménage. Au bout de deux mois de cette vie qui paraissait arranger M. Comte, elle lui dit : « Nous sommes trop près ou trop loin. » M. Comte répondit : « Si vous ne dînez pas à table, c'est que cela ne vous convient pas, je ne pouvais pas vous envoyer chercher par un gendarme. » Sur de pareilles expressions, qui ne rendaient que trop évidents les sentiments de son mari, Mme Comte déclara qu'elle était prête à partir, sur quoi M. Comte demanda, comme il le dit à M. Mill, que le départ fût ajourné jusqu'à la fin de son sixième volume.

L'autre côté de la question, à savoir la situation, si la

place venait à être ôtée, n'était pas un moindre sujet de préoccupation. On était arrivé à une aisance désirée ; la perdre était cruel, surtout pour M. Comte, quoiqu'il la compromît ; car on l'a vu, dans les chapitres précédents, la défendre et la regretter. Si ce malheur s'accomplissait, il n'y avait que deux remèdes : ou prendre l'ancien genre de vie, celui qu'il avait mené avec Saint-Simon (suivant leur principe : la société doit soutenir les philosophes), celui dont Mme Comte l'avait aidé à sortir ; ou se créer de nouvelles ressources. M. Comte savait d'avance qu'il n'aurait pas le choix, et que, le voulût-il ou ne le voulût-il pas, sa femme tenterait de lui trouver des occupations qui, comme auparavant, lui procureraient de quoi vivre, sans absorber tout son temps. L'idée d'une vie toute spéculative, qui effrayait sa femme pour lui comme régime mental, l'attirait singulièrement, mais il ne se sentait pas libre tant qu'il rencontrait auprès de lui désapprobation d'un tel avenir et intention de l'empêcher d'y tomber.

Telles furent les causes de conflits durables qui, avec le caractère de M. Comte, étant sans issue, rendirent progressivement impossible la vie commune. Aussi la séparation finit par devenir inévitable. En voici le récit fait, dans le moment même, par M. Comte à M. Mill :

« .... L'amitié personnelle, de plus en plus caractérisée, qui commence évidemment à s'établir entre nous avant l'instant si désiré d'une entrevue directe, me détermine à ne point différer davantage l'importante confidence privée d'un changement essentiel, plutôt favorable que funeste, survenu, depuis ma dernière lettre, dans ma situation domestique, par suite du départ volontaire et probablement irrévocable de Mme Comte. Marié depuis plus dix-sept années, par suite d'une fatale inclination, à une femme douée d'une rare élévation, à la fois morale et intellectuelle, mais élevée dans de vicieux principes et suivant une fausse appréciation de la condition nécessaire de son sexe dans l'économie humaine, son défaut total d'inclination pour moi n'a jamais permis que sa tendance indisciplinable et despotique pût être à mon égard suffisamment compensée par ces affectueuses dispositions, seul privilége où les femmes ne puissent être suppléées et dont l'anarchie actuelle les empêche de sentir convenablement l'heureuse puissance. Aussi tous mes travaux philosophiques se sont-ils préparés et accomplis ainsi, non-seulement, comme vous le savez déjà, sous le poids très-grave des embarras matériels, mais encore au milieu des perturbations plus douloureuses et plus absorbantes résultées de la quasi-continuité du degré le plus intime de la guerre civile, le duel domestique. L'événement qui vient de s'accomplir me fait espérer que désormais, à défaut d'un bonheur intime pour lequel j'étais fait, mais auquel j'ai dû renoncer depuis longtemps, j'aurai du moins la triste tranquillité de l'isolement, dès lors complet pour moi. Mes amis ont trouvé, en général, trop onéreuse la pension annuelle de trois mille francs que je me suis ainsi imposée volontairement; mais, quelque élevée qu'elle puisse sembler à raison de mes ressources actuelles, elle ne l'est pas trop pour les divers besoins d'une femme dont la haute valeur ne doit pas matériellement souffrir des torts de son caractère et de son éducation, quelque graves qu'ils puissent être. De l'humeur dont je vous crois, vous trouverez sans doute, comme moi, que d'ailleurs ce n'est pas trop acheter la paix. Quoique né pauvre, j'ai toujours regardé comme un très-grand avantage la faculté progressive de transformer en simples charges pécuniaires les divers embarras sociaux. Quoi qu'il en soit, vous voyez maintenant que ce n'est point sans une douloureuse expérimentation personnelle que j'ai si souvent caractérisé la funeste réaction de l'anarchie actuelle sur la dissolution croissante des liens domestiques, encore exclusivement placés sous l'impuissante protection des convictions théologiques ou métaphysiques. Cette séparation, dès longtemps préméditée, et même au fond indispensable, m'a été d'abord annoncée brusquement, au mois de juin, au milieu de la principale élaboration de mes conclusions philosophiques; telle est la principale source des entraves morales dont je vous ai parlé alors. Sentant le danger d'une telle crise en un tel moment, j'ai exigé et obtenu que l'accomplissement en fût différé jusqu'au commencement d'août, ce qui m'a permis de terminer entièrement mon ouvrage dans le temps strict que me laissaient mes devoirs professionnels. Consommée depuis le 5 de ce mois, cette séparation, qui me fera mieux goûter la diversion de mon prochain voyage, me semble de plus en plus avantageuse à mon sort ultérieur, en dissipant l'oppression et l'inquiétude presque continues sous lesquelles me tenaient jusqu'alors l'attente ou l'impression de quelque nouvelle lutte conjugale. Il est seulement bien regrettable que les besoins d'affection que j'éprouve si vivement soient chez moi si peu satisfaits, sans que cependant je croie l'avoir mérité par aucune faute grave, autre que celle d'avoir épousé une femme dépourvue d'affection à mon égard. Telle est la confidence personnelle à laquelle je faisais récemment allusion et qu'un événement précipité, que tout annonce devoir déterminer un changement durable en vertu de sa profonde opportunité, m'a conduit à ébaucher ici, avant notre entrevue directe, où, si le cas vous intéresse suffisamment, je pourrai compléter cette sommaire indication par les développements qu'une lettre ne comporte guère.

« Afin de vous mieux signaler l'ensemble de ma situation personnelle, je dois également vous indiquer le chagrin exceptionnel avec lequel je me trouverai cette année terminer, pour la quatrième fois consécutive, quoique ce soit le sort qui en décide, ma tournée obligatoire dans la ville

même où je suis né, où j'ai demeuré sans cesse jusqu'à l'âge de seize ans, et où restent encore mon père et ma sœur[1].
.... En résumé, me voilà depuis cinq ans, malgré beaucoup de longanimité, et trop peut-être, forcé de passer quelques jours dans ma ville natale, sans y revoir mon père. Aucune tentative n'a été faite, de la part de ma famille, pour changer cette déplorable situation.... Vous voyez ainsi, mon cher Monsieur Mill, que ce n'est pas sans d'intimes expériences personnelles que j'ai tant proclamé la tendance moderne des croyances religieuses à déterminer, depuis deux ou trois siècles, contrairement à leur vaine prétention nominale, des discordances nationales, civiles et domestiques. (*Lettre à M. J.-St. Mill*, Paris, 24 août 1842.) »

M. Comte, dont le revenu s'élevait alors à une dizaine de mille francs au plus, fit à sa femme une pension annuelle de 3000 fr. On peut voir dans ce fragment d'une lettre à M. Mill le témoignage que là-dessus il se rend à lui-même : « Je suis heureux d'apprendre que, contrairement au plus grand nombre de mes amis, vous avez apprécié essentiellement comme moi ma conduite au sujet des arrangements pécuniaires nécessités par cette séparation, et que je persiste de plus en plus, après avoir eu le temps d'y réfléchir de sang-froid, à ne pas trouver exagérés, quoique ma situation actuelle puisse les faire paraître onéreux. N'y eussé-je gagné que de préserver de toute altération la générosité de mon caractère, je croirais avoir pris ainsi une mesure très-avantageuse, et je suis bien aise d'être, sous cet aspect secondaire, pleinement compris

---

[1]. Les projets d'interdiction (voy. p. 118) dont il avait failli être victime avaient toujours laissé du malaise dans l'esprit de M. Comte. Quand ses tournées d'examinateur le conduisirent à Montpellier, sa femme lui suggéra (voy. p. 138) le moyen de voir son père et de loger chez lui. Mais l'année suivante, son père rompit; voyez ce qu'il en dit, p. 480.

d'une âme aussi élevée que la vôtre. Tant de gens, même distingués, qui prennent un soin minutieux de leur personne physique, sont si disposés à négliger tout ce qui peut maintenir ou augmenter leur valeur morale, que je suis heureux d'être ainsi conduit, autant par ma nature que par mes principes, à ménager scrupuleusement, dans la vie active, les germes de grandeur que mon organisation contenait, et qui constituent, à tous égards, la plus précieuse portion de mon être; aucun homme sensé ne devrait certes me taxer, à ce titre, d'imprudent calcul. Or, quoique ma principale récompense doive être, à cet égard, en moi-même, je me sens heureux de pouvoir ainsi me corroborer de votre pleine approbation contre des sollicitudes mesquines ou superficielles.... (*Lettre à M. Mill, Paris,* 30 *septembre* 1842.) »

Cette pension de 3000 fr. fut payée avec ponctualité jusqu'en 1844; alors il la réduisit à 2000, taux qui ne varia plus.

Dans la lettre à M. Mill, du 24 août 1842, tout en se plaignant en termes violents de sa femme, M. Comte la dit douée d'une rare élévation à la fois intellectuelle et morale, et parle de sa haute valeur. C'est dans cet esprit que, même après la séparation, pendant les premières années du moins, il continua à s'intéresser à ce qui la touchait; j'en ai la preuve dans cette lettre qui m'a été écrite par M. le docteur Foville :

« Monsieur,

« Voici les renseignements qui vous m'avez demandés. Dans le cours de l'année 1844, deux ans après la séparation de M. A. Comte et de sa femme, Mme Comte devint malade. M. Comte vit M. de Blainville pour le prier de lui indiquer un médecin auquel il pût confier la santé de Mme Comte. Je fus désigné par M. de Blainville.

« M. Comte vint aussitôt chez moi pour me faire part de la situation de sa femme et me demander de lui donner des soins. Il me parla d'elle avec l'expression d'une haute estime pour les qualités essentielles qu'il lui reconnaissait; il ne me laissa pas ignorer d'ailleurs qu'il existait, entre sa femme et lui, des incompatibilités de caractère si prononcées, qu'une séparation était devenue nécessaire.

« Cette mesure ne diminuait pas sa sollicitude pour Mme Comte; il me la recommanda de la manière la plus vive. C'est ainsi, monsieur, que je suis devenu le médecin de Mme Auguste Comte. Je l'ai constamment vue préoccupée du sort de son mari, soucieuse de son bien-être, qu'elle ne pouvait plus assurer par ses soins.

« Elle craignait qu'il ne devînt malade, que la maladie ne lui laissât plus les ressources qu'il se procurait par son travail. Sous l'influence de cette crainte, elle se réduisait au plus strict nécessaire et parvenait à réaliser quelques économies. Je fus instruit de ce fait par Mme Comte, un jour que je l'engageais dans l'intérêt de sa santé, toujours précaire, à se faire aider davantage qu'elle n'avait l'habitude de le faire.

« M. de Blainville, que je voyais souvent, ne manquait jamais de me demander des nouvelles de Mme Comte, qu'il visitait de temps en temps, mais beaucoup moins souvent que je ne le faisais en ma qualité de médecin d'une personne presque toujours malade. J'appris à M. de Blainville, qui connaissait les sentiments de Mme Comte pour son mari, les sacrifices qu'elle s'imposait en vue de lui venir en aide. M. de Blainville crut bien faire en disant à M. Comte ce qu'il avait appris de moi.

« Des économies que sa femme s'était imposées, M. Comte tira cette conclusion que la pension qu'il avait faite à sa femme jusque-là était trop forte, puisqu'elle permettait des économies; la pension fut réduite.

« Je n'ajouterai rien, monsieur, à ces quelques faits ; vous connaissez mieux que moi ce que sont devenues par la suite les dispositions de M. Auguste Comte à l'égard de sa femme. (*Paris,* 17 *mai* 1861.) »

De cet intérêt, j'ai encore la preuve dans la correspondance que M. Comte, après la séparation, entretint avec sa femme. Elle est très-volumineuse ; Mme Comte lui avait demandé, en raison des anciens sentiments et des anciens souvenirs, qu'il lui écrivît d'une manière régulière. M. Comte promit de le faire une fois tous les mois ; mais il dépassa de beaucoup le nombre qu'il avait fixé. On s'en convaincra par ce relevé, année par année, des lettres écrites : en 1842, six mois, 18 ; en 1843, 28 ; en 1844, 24 ; en 1845, 4 ; en 1846, 3 ; en 1847, 2 ; en 1848, aucune ; en 1849, 2 ; en 1850, 26 ; depuis, aucune.

Dans les trois premières années, les lettres, comme on voit, sont nombreuses, et M. Comte cause avec confiance et effusion ; j'en ai cité plusieurs dans différents chapitres. En 1845, alors que M. Comte eut conçu sa passion pour Mme de Vaux, cette correspondance se réduisit à quatre lettres. Elle reprit de l'activité en 1850 à cause du cours du Palais-Royal que Mme Comte suivit, et pour lequel elle obtint de M. le ministre Bineau la continuation de l'octroi d'une salle ; mais ce ne fut qu'un accident, et elle cessa tout à fait.

C'est le plan invariable de cet ouvrage de faire connaître les incidents de la vie de M. Comte par M. Comte lui-même ; je le continue donc ici pour le mode de relations qui s'établit entre M. Comte et sa femme après la séparation. Il serait interminable de donner les lettres entières ; je me contente donc de prendre, dans le dépouillement que j'ai fait des lettres que possède Mme Comte, des extraits importants et caractéristiques ; du reste, ces extraits sont textuels.

Au mois de janvier 1843, Mme Comte ayant assisté à la première séance du cours d'astronomie, M. Comte lui en témoigne sa satisfaction ; il est fort aise aussi qu'elle ait goûté son discours d'ouverture. (*Lettre du* 24 *janvier* 1843.)

Dans ce temps, M. Comte reçut de sa sœur une lettre qui lui parlait vaguement des dispositions testamentaires faites par son père ; il envoya cette lettre à Mme Comte qui, à la vue d'une écriture lui rappelant l'année 1826, ressentit de la peine. Là-dessus, M. Comte exprime son regret du chagrin qu'il a causé, chagrin qu'il conçoit d'après les antécédents. Il a été profondément blessé du silence gardé en cette lettre sur les indignités commises dans le temps à l'égard de sa femme, et particulièrement sur l'inconvenance qui fut, il y a cinq ans, la cause de la dernière rupture. Jamais, il ne permettra, quoi qu'il arrive, qu'on abuse, contre Mme Comte, de la séparation intervenue. Il est indécis sur ce qu'il fera ; il penche à regarder la lettre comme non avenue, et comme si elle avait été brûlée ; et elle l'aurait été en effet, ce qui est arrivé même à des lettres de sa mère, si elle ne lui était pas parvenue par surprise. Le seul motif d'accueillir une telle ouverture serait la pensée de son vieux père ; envers sa mère elle-même, il n'a jamais eu que des regrets et non des remords. Son intention est, s'il retourne à Montpellier, de voir son père sans loger chez lui. Il charge M. Captier (un ami commun) de transmettre à sa famille la résolution de ne pas répondre et de lui faire connaître les généreuses instances faites par sa femme, soit aujourd'hui, soit auparavant, pour pousser M. Comte à une réconciliation. (*Lettre du* 20 *avril* 1843.)

Peu de jours après, il exprima les mêmes sentiments. Il constata qu'il n'a jamais été fait à Mme Comte la moindre réparation. La lettre n'a été écrite que parce qu'on a cru que la séparation dispenserait des réparations. Il ne souffrira jamais, de la part de sa famille, la moindre insinuation contre sa femme. Son refus de répondre vient de lui, et a été décidé malgré les généreuses représentations de Mme Comte. D'un autre côté, il déclare à Mme Comte, qui lui avait écrit pour demander un rapprochement, qu'il ne consentira à aucun rapprochement; mais, quoi que l'avenir puisse amener, rien ne pourra le pousser à oublier les preuves irrécusables d'un sincère et actif dévouement que Mme Comte lui a données. (*Lettre du 25 avril* 1843.)

Dans une lettre où il était surtout question des menaces qui commençaient à s'élever au sujet de sa place d'examinateur, M. Comte continue à refuser les entrevues que sa femme continue à demander; suivant lui, l'ensemble de la conduite de sa femme à son égard a été mauvais, sauf quelques transports d'un véritable dévouement en certains cas critiques. (*Lettre du 1er juin* 1843.)

Le lendemain, M. Comte regrette la peine que sa lettre a causée. Sa résolution de ne pas voir sa femme ne prouve pas, comme elle le craint, un défaut complet d'affection envers elle. Ce qui le montre, c'est qu'il lui a soigneusement caché les inquiétudes qu'il a ressenties au sujet de sa place. Le vrai motif de sa conduite dans l'affaire relative à la lettre de sa sœur est la conduite tenue autrefois à l'égard de Mme Comte, sans qu'il y ait jamais eu réparation. Mme Comte mourût-elle avant lui, cela le déterminerait à repousser encore plus énergiquement toute idée de rapprochement envers ceux qui l'ont ainsi traitée. La perte du bonheur domestique entre M. et Mme Comte a certainement beaucoup dépendu de ces procédés. S'il devait y avoir une réconciliation, les griefs envers Mme Comte passeraient avant les griefs envers M. Comte. Il engage Mme Comte à ne pas persister dans la résolution désespérée de ne pas lui écrire; et, dût-elle y persister, il continuera, lui, à écrire. Il lui conseille de consulter M. de Blainville sur l'inopportunité du silence dont elle a parlé. (*Lettre du 2 juin* 1843.)

Mme Comte, apprenant que M. Comte n'a pas fait son excursion au Havre faute d'avoir reçu à temps ses frais de route, avait porté aussitôt de l'argent à M. Lenoir[1]. M. Comte l'en remercie vivement ; mais il ne veut partir qu'avec l'argent du ministère, afin de ne pas créer un mauvais précédent, et il renonce ainsi à sa seule distraction. (*Lettre du 3 septembre* 1843.)

La tournée des examens conduisit M. Comte à Montpellier. Là, sa sœur a fait une tentative de réconciliation par l'intermédiaire d'un ami (M. Pouzin), qu'à son tour M. Comte a chargé de déclarer que les torts les plus anciens et les plus graves étaient envers sa femme ; que la séparation actuelle ne faisait que rendre une réparation plus nécessaire ; que, sans rien formuler sur cette réparation, Mme Comte peut se rendre à Montpellier sur une invitation de la famille ; que, sans cela, il ne pouvait entendre à rien, et qu'il était même révolté des démarches qu'on faisait. Il ajoute que, le matin de son départ, sa sœur est entrée à l'improviste dans sa chambre, et qu'ainsi poussé à bout, il lui a répété sommairement ce qu'il avait chargé l'ami commun de dire ; l'entrevue n'a duré que cinq minutes. (*Lettre du* 21 *octobre* 1843.)

Mme Comte étant revenue sur la question des entrevues, M. Comte, signifiant qu'il ne consentira plus à en parler quoi qu'écrive Mme Comte, signifie aussi qu'il sera toujours aussi opposé qu'il l'est aujourd'hui à tout projet de ce genre. Que ce soit sa faute à lui ou celle de Mme Comte, une longue expérience a trop prouvé l'impossibilité de se convenir et même de s'entendre suffisamment. Si Mme Comte est convaincue des torts de son mari, il est convaincu

---

[1]. Ancien directeur de l'Athénée, ami intime de M. Comte et de Mme Comte.

qu'elle a manqué à ses devoirs envers lui en le quittant. (*Lettre du 20 novembre* 1843.)

M. Comte remercie sa femme d'une lettre qu'elle lui a écrite au sujet du *Discours sur l'esprit positif*. Cette lettre, Mme Comte, y disant : louer, c'est juger, avait demandé, son ignorance lui interdisant peut-être de louer son mari sur de telles matières, qu'il la brûlât ; mais M. Comte en est trop satisfait pour ne pas la conserver. (*Lettre du 12 mars* 1844.)

Mme Comte ayant éprouvé un grave accident le 18 octobre 1846, et étant fort malade, en informa son mari, regrettant, à cause de son état, le retard qu'éprouvait l'envoi de sa pension (elle n'avait pas encore reçu le dernier trimestre de 1846). M. Comte s'irrite de cette demande ; il ne pense pas que Mme Comte puisse craindre aucune négligence de sa part ; il ajoute que Mme Comte a dû faire des économies capables de lui faire supporter quelques retards. Dans un long post-scriptum, il annonce sa liaison avec Mme de Vaux ; il s'étend longuement sur le bonheur que cette liaison lui a fait goûter ; il raconte la mort de cette dame, qui a reçu l'extrême-onction et qui est devenue son éternelle collègue et sa véritable épouse ; il lui voue un culte intérieur et extérieur, et c'est l'ascendant de cette dame qui a réagi sur l'ensemble de la nouvelle élaboration philosophique. Devant faire une dédicace publique à cette dame, il croit nécessaire d'en informer Mme Comte et regarde cette déclaration comme indispensable au repos de tous deux. (*Lettre du 10 janvier* 1847.) Mme Comte, surprise autant que peinée de cette communication et de cette annonce de dédicace, ne répondit rien au post-scriptum. M. Comte en fut irrité, ne comprenant pas que sa femme ne pouvait se prêter à de pareilles confidences.

M. Comte écrit à Mme Comte pour lui exprimer le chagrin que lui cause son état de maladie, et lui dire qu'il s'intéressera toujours de loin à ce qui la concerne ; déclarant d'ailleurs que toutes les relations habituelles, même par écrit, sont devenues impossibles. (*Lettre du 5 janvier* 1850.)

Mme Comte, vu la gêne de son mari, lui ayant offert de s'imposer une diminution de pension, M. Comte l'en remercie ; il espère qu'aucune réduction ne sera nécessaire, et même, s'il le peut, il rétablira le taux primitif. (*Lettre du* 19 *Moïse*, 62, 1850.)

M. Comte, insistant encore sur l'irrévocabilité de la séparation, dit qu'à une dame de l'esprit et du caractère de Mme Comte, la vie publique, sur laquelle lui et elle peuvent désormais concorder, doit offrir un assez vaste domaine. Comme exemple, il lui envoie la copie de ses deux lettres, l'une à M. Bineau, ministre des travaux publics, l'autre à M. Vieillard[1]. (*Lettre du* 12 *Aristote*, 62, 1850.)

M. Comte, s'étant livré à quelques critiques peu convenables pour la forme dans une des leçons de son cours du Palais-Royal, remercie Mme Comte des observations qu'elle lui fait. (*Lettre du* 24 *César*, 62, 1850.)

Tel est l'aperçu sommaire de cette correspondance. En regard il est juste de mettre très-brièvement quelques dires de Mme Comte. M. Comte dit toujours qu'il a été quitté volontairement ; à quoi sa femme répondait : « Je n'étais plus depuis longtemps traitée comme je devais l'être : le jour où vous le reconnaîtriez serait un beau jour pour moi. »

Mme Comte désirait, comme on l'a vu, des entrevues ; et, à chaque fois, M. Comte paraissait craindre qu'elle ne voulût rentrer malgré lui. Bannissez cette crainte, lui écrivait Mme Comte ; je ne perds ni le désir ni l'espoir d'une réunion ; mais, pour qu'elle eût lieu, il faudrait que vous

---

1. Il s'agit d'une salle du Palais-Royal qu'on venait de lui retirer. Cet incident est raconté dans le chapitre x^e de la troisième partie.

sentissiez que je n'ai pas été traitée comme je le méritais ; vous voyez donc bien que l'initiative doit venir de vous.

Quand M. Comte fut malade en 1844, sa femme lui fit offrir ses soins par l'entremise de M. de Blainville. M. Comte se mit en colère ; alors M. de Blainville lui dit que Mme Comte remplissait un devoir ; qu'il pouvait refuser, mais qu'il n'avait pas le droit de se fâcher.

Pendant tout le cours de la vie commune, beaucoup de lettres ont été écrites par M. Comte sur les mérites et les démérites de Mme Comte. Au moindre nuage dans le ménage, il prenait la plume, et *s'épanchait dans le sein d'un ami* (trait de caractère qui ne plaisait guère à sa femme), disant qu'il a épousé une femme d'une grande valeur, mais qui ne l'aime pas et ne l'a jamais aimé. Ces griefs généraux sont ceux qu'on trouve dans toute cette correspondance avec sa femme, et on ne trouve rien au delà.

Les affaires d'argent furent toujours traitées de part et d'autre avec la délicatesse qu'elles comportent. M. Comte paya la pension avec satisfaction, regretta qu'elle fût réduite, espéra de la reporter à son taux primitif. De son côté, Mme Comte offrit de subir toutes les réductions que les circonstances exigeraient. Une seule fois, il y eut conflit. Mme Comte, ayant appris que M. Comte avait en plus un domestique, demanda une augmentation de quatre cents francs. M. Comte refusa. Avant cela, Mme Comte l'avait toujours mis à son aise quant au taux de la pension.

Dans tout ce qui précède, laissant parler tantôt M. Comte, tantôt Mme Comte, je ne suis pas intervenu, ni n'interviendrai, sauf en un point : c'est pour témoigner que j'ai toujours vu Mme Comte soucieuse de la gloire de son mari et du succès de son œuvre. Pour cet intérêt, elle oubliait tout, séparation et le reste. Même depuis sa mort, alors qu'elle n'a plus eu rien à attendre de lui, loin de se refroidir, son zèle s'est accru, et le soin de cette gloire et de cette œuvre est devenu sa continuelle pensée.

Il faut que j'en donne au moins un témoignage. Je choisis, entre plusieurs, celui-ci : M. Erdan, auteur d'un livre sur les *Mystiques français*, se proposait, outre la critique du système, d'attaquer la personne même de M. Comte et de faire intervenir sa femme dans cette attaque. Mme Comte le sut et prévint une telle attaque par la lettre qu'elle écrivit à M. Erdan et que je transcris :

« Monsieur,

« S'il s'agissait d'un intérêt moins grave à mes yeux, je ne prendrais pas avantage, soyez-en sûr, de la politesse bienveillante que vous m'avez toujours témoignée dans nos rencontres chez M. Fauvety, pour me mêler en quoi que ce soit de vos travaux. Mais maintenant, de flatteuse qu'elle était, elle me devient utile, puisqu'elle me permet de m'adresser à vous directement, vous priant de m'épargner un coup qui me serait bien rude. Rien ne me serait plus pénible, et peut-être rien ne serait plus funeste à M. Comte, que si j'étais nommée dans un ouvrage où il est attaqué, que si on faisait intervenir mon nom dans les reproches qu'on lui adresse.

« L'ombre et le silence conviennent par-dessus tout à mon caractère, à mes habitudes, et, vous le sentirez sans peine, à ma position.

« Il y a aujourd'hui trente ans que je suis devenue la femme de M. Comte; depuis trente ans, je vis de son travail, travail souvent bien pénible; vous comprendrez donc aussi, je n'en doute pas, que je fuie comme une espèce d'ingratitude et de trahison, toute hostilité directe ou indirecte contre lui. Mais ce que vous ne pouvez ni sentir ni comprendre comme moi, c'est la nature irritable de

M. Comte, surtout en ce qui regarde sa femme; vous, monsieur, vous n'en avez rien à craindre; mais moi je le crains pour moi et peut-être encore plus pour lui. Là est le nœud délicat et sensible; en dehors de sa femme, il supportera vos attaques ; si sa femme y est mêlée, elles le pousseront à des extrémités dangereuses pour lui, et par suite pour moi. Tenez-vous pour assuré de ce que je dis, et n'usez pas, je vous prie, de la connaissance que vous ont donnée de moi nos rencontres chez M. Fauvety. Passez mon nom sous silence ; vous êtes trop généreux pour donner lieu, même involontairement, entre mon mari et moi, à des débats que vous ne pourriez ni conjurer, ni adoucir.

« Ce qui précède est une demande sérieuse, précise, et à laquelle vous ferez droit, puisqu'il s'agit d'une femme isolée et qui ne vous est pas inconnue. Ce qui suit est entièrement soumis à votre bonne grâce. Pourquoi, en portant des coups à la doctrine, ce qui est le droit de la critique, en porter aussi à l'homme dont les mérites ou les démérites n'influent en rien sur la vérité ou l'erreur des idées?

« Pourquoi ne pas faire de réserve en faveur des services qu'il a rendus? Croyez-moi, monsieur, l'impression qu'il a faite en France et hors de France est trop profonde pour qu'il n'y ait lieu qu'à railleries sur lui.

« Votre livre aura du succès, je n'en doute pas. Mais ce succès ne sera que de meilleur aloi si, au milieu des vivacités d'une polémique que je n'ai pas l'intention de juger, on sent la considération pour un homme de génie qui se trompe peut-être, mais qui ne s'est pas toujours trompé.

« J'ai l'honneur, etc. »

24 mars 1855.

TROISIÈME PARTIE.

CHAPITRE PREMIER.

Préambule.

Le but de ce préambule est, la philosophie positive étant fondée, d'examiner ce qu'il en faut faire. Mais auparavant je donnerai, suivant mes habitudes, un aperçu de ce qui forme le contexte de la troisième partie de la *Vie d'Auguste Comte*.

La portion purement biographique comprend l'établissement de la Société positiviste, la souscription qui remplace pour M. Comte ses places perdues, le cours fait au Palais-Royal, des remarques sur le discours prononcé aux funérailles de M. de Blainville, quelques lettres, et le récit de la dernière maladie et de ce qui s'ensuivit immédiatement.

La portion purement philosophique est exclusivement remplie par un fait d'une extrême gravité qui survient dans la manière de philosopher de M. Comte. De la méthode objective, sur laquelle est fondé tout l'édifice de la philosophie positive, il passe à la méthode subjective, qui lui inspire la *politique positive* et la *synthèse subjective*. La légitimité de ce passage et quelques-unes des conséquences qu'il a eues sont discutées avec tout le soin que le sujet mérite et exige.

Enfin, comme, dans la première partie, la naissance de la philosophie positive est retracée avec les origines qu'elle a dans la dernière moitié du dix-huitième siècle et avec les difficultés et les traverses qui en assaillirent l'auteur; comme, dans la seconde, l'homme et l'œuvre sont à leur plus haut point, et que le terme suprême d'une si entière vocation a été atteint; comme, dans la troisième, le système subit une profonde modification logique dont je conteste la justesse au nom de la méthode et des principes, un dernier chapitre est constitué par une *Conclusion* qui embrasse l'ensemble de mon travail et en explique la nécessité. Si M. Comte n'eût pas échangé la méthode objective pour la subjective, la tâche que j'ai entreprise eût été et plus facile et moins pressante. Mais, quand le moment vint de discuter la question de savoir s'il y a vraiment liaison de principe à conséquence entre la première conception de M. Comte et la seconde, entre le système de philosophie positive et le système de politique positive (discussion instituée ici pour la première fois), alors je ne pus m'empêcher de confesser que cette méthode subjective trouble tout. C'est un moment vraiment critique et dont je n'ai pas ignoré le danger; car il semble, ou que, ingrat et téméraire, je viens contredire et diminuer le maître dont j'ai reçu les enseignements, ou que, inconséquent, je fournis des armes à l'ennemi qui fait la guerre aux idées positives. Il m'a donc fallu, je ne crains pas de le dire ici, du dévouement à l'œuvre et à l'homme pour entreprendre et mener à terme une besogne si glissante, et qui, tout en exigeant la plus forte contention philosophique, exigeait en même temps la plus grande délicatesse morale. Heureusement, c'est toujours avec M. Comte que je combats M. Comte, avec la méthode créée par lui que je signale les erreurs contre la méthode. De la sorte, j'ai passé entre les deux écueils; et la critique ainsi conduite se trouve être à la fois un hommage continu à l'auteur et une consécration de la doctrine fondamentale. Là est le nœud de tout l'ouvrage, et ce nœud fait l'objet de la *Conclusion*.

Ayant rappelé sommairement ce que contient la troisième partie, je reviens au sujet propre de ce préambule. Ici je prie le lecteur de se représenter ce que je lui ai exposé sous le nom de philosophie positive : c'est à la fois un système qui comprend tout ce qu'on sait sur le monde, sur l'homme et sur les sociétés, et une méthode générale renfermant en soi toutes les voies par où l'on a appris les choses.

Ce qui est au delà, soit, matériellement, le fond de l'espace sans borne, soit, intellectuellement, l'enchaînement des causes sans terme, est absolument inaccessible à l'esprit humain. Mais inaccessible ne veut pas dire nul ou non existant. L'immensité tant matérielle qu'intellectuelle tient par un lien étroit à nos connaissances et ne devient que par cette alliance une idée positive et du même ordre; je veux dire que, en les touchant et en les bordant, cette immensité apparaît sous son double caractère, la réalité et l'inaccessibilité. C'est un océan qui vient battre notre rive, et pour lequel nous n'avons ni barque ni voile, mais dont la claire vision est aussi salutaire que formidable.

Voilà donc sous nos yeux, sous notre main, le savoir humain dans sa totalité, dans sa structure, dans son rapport nécessaire avec ce qui est borné et avec ce qui est sans borne. Maintenant qui ne voit la conclusion que je veux tirer? Qui ne comprend que ce savoir, ainsi placé au nœud de toutes les choses, n'est point une idole inutile et muette ni un objet d'oiseuse spéculation? Non, ce qui est vrai pour les parties n'est pas moins vrai pour le tout; et, de même que, aujourd'hui et de plus en plus, les sciences particulières qui le composent gouvernent directement ou indirectement tout ce qui se fait de relatif à leur domaine, de même le savoir total ou philosophie positive prend l'ascendant sur la direction du système des idées, des opinions et des mœurs. Il faut que la conduite humaine, et par ce mot j'entends aussi bien celle des sociétés que celle des individus, se conforme à la réalité du monde et aux conditions de l'existence. Distinguer le possible de l'impossible est la plus salutaire notion que nous puissions conquérir, soit pour ne pas perdre nos forces, soit pour développer notre nature. On a peut-être trouvé vague le mot de rénovation que j'ai employé quelquefois; ici je le précise. Les sociétés ont été constituées d'abord, et je me hâte d'ajouter qu'il ne pouvait pas en être autrement, sur des conceptions qui n'étaient exactes ni quant à l'ordre du monde ni quant à l'ordre de l'évolution humaine. Les malaises et les perturbations se sont fait sentir à chaque fois qu'il a fallu modifier ces conceptions pour les accommoder à une meilleure approximation de la réalité. Enfin, quand la connaissance du monde et celle de l'évolution sociale rétrécissent la place laissée aux anciennes opinions, alors l'ébranlement est grand et le remplacement des choses anciennes est actif. C'est cette tendance vers un but social déterminé par l'ensemble du savoir que je nomme rénovation.

Ici ressort dans tout son jour la démonstration de ce que M. Comte a tant répété depuis le début de ses travaux, c'est que la rénovation ne peut se faire sans l'établissement d'une doctrine qui embrasse tout le savoir. Les conceptions d'un ordre social tentées avant ce guide ou tentées sans ce guide avortent, soit qu'elles rétrogradent insciemment vers le passé, soit qu'elles viennent se briser contre des obstacles naturels qu'elles ne connaissent pas.

Quand je mets en avant la puissance du savoir et la force de la raison, je parle (et je ne voudrais point qu'on s'y méprît), non de la raison pure des métaphysiciens, mais de la raison expérimentale des savants. L'une me semble stérile et dangereuse, l'autre féconde et bienfaisante. Celle-ci reconnaît qu'elle n'est qu'un outil de recherche et qu'il s'agit toujours uniquement de constater ce qui est et de s'y conformer. C'est cette abnégation qui fait sa grandeur. Elle ne s'admire point, mais elle admire ces faits et ces lois qui la dominent à mesure qu'elle les découvre. En effet, telle est sa nature qu'elle se soumet sans réserve, avec autant de fermeté que de révérence, à la vérité. Et c'est ainsi que la science s'édifie et que la morale s'améliore.

Une doctrine qui connaît ce qu'il est donné de connaître de l'univers et de l'homme, qui détermine les rapports de l'homme avec l'univers, qui dirige le développement des sociétés et qui coordonne l'éducation, a toute sorte de ressemblances, de points de contact avec une religion. Il faut pousser plus loin cet examen et voir quelle a été en ce sens la marche des idées de M. Comte.

D'abord cette ressemblance se présenta seule à son esprit. Dans les derniers chapitres qui terminent son grand livre de la philosophie positive, il établit la distinction entre le pouvoir temporel et le pouvoir spirituel, considère la création d'un nouveau pouvoir spirituel émané des conditions positives du monde et de l'humanité, et charge ce nouveau pouvoir spirituel de l'éducation. En preuve, je cite, entre autres ce passage : « L'organisation fondamentale et ensuite l'application journalière d'un système universel d'éducation positive, non-seulement intellectuelle, mais aussi et surtout morale, constituera l'attribution caractéristique du pouvoir spirituel moderne, dont une telle élaboration graduelle pourra seule développer convenablement le génie propre et l'ascendant social. C'est principalement pour servir de base générale à un tel système que devra être préalablement coordonnée la philosophie positive proprement dite, dont j'ai osé, le premier, concevoir et ébaucher le véritable ensemble.... Si, d'une part, l'éducation moderne, jusqu'ici vague et flottante comme la sociabilité correspondante, ne saurait être vraiment constituée sans un pareil fondement philosophique, il n'est pas moins certain, en sens inverse, que, sans une grande destination, cette coordination préliminaire n'aurait point un caractère assez nettement déterminé pour contenir suffisamment les divagations dispersives propres à la science actuelle. Afin que cette salutaire connexité conserve toute l'énergie convenable, en un temps où l'esprit d'ensemble est encore si rare et où les conditions en sont si peu comprises, il importera même de ne jamais oublier que ce système d'éducation positive est nécessairement destiné à l'usage direct et continu non d'aucune classe exclusive, quelque vaste qu'on la suppose, mais de l'entière universalité des populations, dans toute l'étendue de la république européenne. C'est au catholicisme que l'humanité a dû, au moyen âge, le premier établissement d'une éducation vraiment universelle, qui, quelle qu'imparfaite qu'en dût être l'ébauche, présentait déjà, malgré d'inévitables diversités de degrés, un fond essentiellement homogène, toujours commun aux moindres et aux plus éminents chrétiens; il serait donc étrange, à tous égards, de concevoir une institution moins générale pour une civilisation plus avancée (*Philosophie positive*, t. VI, p. 544). » Et un peu plus loin, page 551 : « Cette élaboration fondamentale de l'éducation positive sera principalement caractérisée par la systématisation finale de la morale humaine, qui, dès lors affranchie de toute conception théologique, reposera directement, d'une manière inébranlable, sur l'ensemble de la philosophie positive. »

Dans les pages nombreuses qu'alors il consacra au pouvoir spirituel, il ne le dénomme jamais autrement que comme chargé de donner l'éducation et de présider à la morale, pas même lorsqu'il renvoie les développements sur ce sujet au traité de politique positive qu'il se réserve. Il lui attribue le caractère spéculatif (*Ibid.*, t. VI, p. 549 et 561), non le caractère religieux ; et le mot de religion n'est nulle part prononcé. C'est dans les années qui suivirent 1845 que son langage changea; il répudia hautement le mot de philosophie pour le transformer en celui de religion, et le pouvoir spirituel devint à ses yeux un véritable pouvoir religieux.

Ce changement a-t-il été légitime, et M. Comte était-il autorisé à substituer religieux à spéculatif? Visiblement, on aperçoit l'équivalence entre religion et philosophie positive; mais équivalence n'est pas identité; et là est le germe de dissemblances dans les effets futurs qui ne peut être négligé[1].

Une religion dépend de la conception du monde telle que les hommes se le représentent suivant les âges de civilisation. Cette notion embrasse toutes les religions qui ont existé ; car, soit qu'on se figure, avec les populations fétichiques, un dieu présent dans la fontaine, l'arbre ou la couleuvre; soit qu'on croie avec les populations polythéistes que le ciel et la terre sont régis par d'innombrables divinités, qui ont chacune un département; soit que l'on admette, avec les populations zoroastriennes, deux principes, l'un bienfaisant, l'autre malfaisant, pour rendre compte du bien et du mal; soit enfin qu'avec les populations monothéistes on adore un Dieu créateur de l'univers et dispensateur de toutes choses; dans tous ces cas, qui sont des cas réels, le monde est conçu d'une certaine façon suivant laquelle les esprits se règlent, les mœurs se forment, les institutions se groupent.

---

1. Ceci n'est point une subtilité. En effet, *religion* entraîne l'existence d'un corps sacerdotal. Or, parmi ceux qui admettent la méthode positive, plusieurs pensent que l'avenir social ne comporte pas un clergé.

Donc, selon moi, M. Comte a suivi une déduction légitime en investissant d'un rôle équivalent au rôle des religions la philosophie positive dont il est l'auteur, et que j'appellerai désormais conception positive du monde pour en écarter ce que le terme de philosophie peut offrir de scolastique et de limité. Mais il ne s'est pas arrêté là, et, passant plus loin, il a voulu poser un être à longue durée, une personnalité collective à qui un culte pût s'adresser, et il a érigé, au milieu de la conception positive du monde, l'humanité comme le médiateur entre l'individu et l'univers et comme l'objet de nos adorations. Dans le temps, je donnai mon assentiment à cette inauguration tentée par M. Comte; d'abord parce qu'alors je suivais M. Comte avec une confiance absolue et sans une suffisante indépendance; ensuite parce que j'éprouvais en moi et voyais dans les autres, comme un sentiment aussi noble que réel, l'amour de l'humanité. Aujourd'hui, je suis obligé non pas d'annuler, mais de modifier cet ancien assentiment; et ce qui m'y oblige, c'est l'application régulière que depuis plusieurs années je fais de la méthode positive aux idées de M. Comte comme à toutes les autres. La conception du monde étant posée comme il vient d'être dit, rien n'autorise à y choisir pour l'adorer, soit l'humanité, soit toute autre fraction du grand tout, soit le grand tout lui-même. Mais la conception positive du monde n'en a pas besoin; car elle est douée de deux grands caractères pour lesquels, à l'ascendant intellectuel qui lui est propre tout d'abord, elle unit l'ascendant moral qui doit lui advenir : l'un est l'amour de l'humanité qu'elle trouve naissant dans les âmes; l'autre est le sentiment d'une immensité où tout flotte, sentiment qu'elle trouve pénétrant aussi les âmes de plus en plus.

L'amour de l'humanité est né parmi les générations modernes et n'a pu naître que parmi elles. Il faut le distin-

PRÉAMBULE. 525

guer de l'amour des hommes, si noblement fondé par le christianisme et que nous recevons comme notre meilleur héritage. L'amour des hommes est cette charité qui les porte à se secourir les uns les autres et à se traiter en amis et en frères. L'amour de l'humanité, qui comprend en soi l'amour des hommes, est cet intérêt vif et puissant, bien qu'impersonnel, qui nous attache à son progrès, à ce qu'elle fut dans le passé, à ce qu'elle sera dans l'avenir, qui nous donne une joie profonde quand cette grande cause prospère, et une non moins profonde tristesse quand elle subit quelque revers, et qui nous fait tant désirer de contribuer, pour si peu que ce soit, à cette œuvre reçue de nos aïeux, transmise à nos descendants.

Le sentiment d'une immensité où tout flotte s'est emparé graduellement des esprits depuis que l'astronomie a marqué cet infini d'une forme réelle, changeant le ciel en un espace sans borne peuplé de mondes sans nombre. C'est lui qui depuis lors a donné le ton à l'âme humaine, a inspiré l'imagination et s'est fait jour dans ce que la poésie moderne a de plus éclatant.

La situation est nouvelle pour l'homme de se voir, dans l'immensité de l'espace, du temps et des causes, sans autres maîtres, sans autres garanties, sans autres forces que les lois mêmes qui régissent l'univers ; car elles sont pour lui ces trois choses : ses forces, ses garanties et ses maîtres. Rien n'élève plus l'âme que cette contemplation, car, par un concours qui ne s'était pas encore produit, elle excite dans l'esprit le besoin de comprendre et de se soumettre, de se résigner et d'agir.

Tout ce qui s'est fait et se fait de grand et de bon dans l'ère moderne, a sa racine dans l'amour croissant de l'humanité et dans la croissante notion que l'homme prend de sa situation dans l'univers. C'est la preuve que l'application morale de la conception positive du monde n'est point une illusion; car cette application est déjà commencée, en vertu des tendances spontanées de la société. Là sont les indications réelles de ce que les philosophes ont à faire pour la développer; là sont les points d'appui qu'il leur est nécessaire de prendre; s'ils s'en écartent, ils ne tarderont pas à errer à l'aventure; s'ils s'y conforment, ils rendront d'importants services. Mais aujourd'hui rien autre ne peut être dit que de signaler la méthode et d'énoncer fortement que de puissantes attaches morales existent déjà entre la société moderne et la nouvelle doctrine; attaches qui, seules, montrent la voie à suivre et le progrès à faire. Peu à peu les événements sociaux, continuant ce qu'en réalité ils ont déjà commencé, dérouleront comment l'éducation, la morale et les institutions doivent se modifier pour recevoir l'empreinte de la conception positive du monde.

CHAPITRE II.

De la méthode subjective suivie par M. Comte dans son traité
de *Politique positive*.

Dans les premiers chapitres qui vont suivre, je combats quelques points essentiels sur lesquels M. Comte a fondé son traité de *Politique positive*. Cette critique rigoureuse, à mon grand regret, n'est point un triomphe d'argumentation que je poursuis. Après la discussion, j'essayerai d'expliquer les déviations ainsi critiquées; elles sont toutes postérieures à 1845; et en 1845 il y eut pour M. Comte une crise philosophique dans laquelle on voit comment il changea son point de départ et crut pouvoir franchir les échelons et devancer les temps. Mais cette explication ne peut précéder la discussion.

Ceci posé, je viens à mon objet; et d'abord je rappellerai un petit fait qui me concerne. Avant que la *Politique positive* fût imprimée, M. Comte en lut les premiers chapitres à la Société positiviste, dont je faisais partie, et j'assistai à cette lecture. M. Comte commença par nous recommander de nous abstenir de toute observation, attendu qu'il n'en voulait écouter ni admettre aucune, puis il se mit à lire. J'écoutai avec une avide attention. Depuis longtemps j'entendais parler de cette œuvre; je savais que M. Comte y attachait une importance capitale; elle arrivait peu après le tourbillon de 1848 et dans les menaces diverses qui suivirent; elle s'annonçait comme décisive à la fois sur le présent et sur l'avenir. Jamais auditeur ne fut mieux préparé ; évidemment, j'attendais pour la politique quelque chose d'aussi neuf et d'aussi lumineux que l'avait été pour moi, dix ans auparavant, la philosophie positive ; quelque chose qui, des principes nouveaux désormais admis comme point de départ, tirât les conséquences encore voilées d'une ombre épaisse ; quelque chose qui, par un enchaînement irrésistible, captivât mon intelligence et contraignît mon assentiment. Rien de tout cela ne résulta pour moi de cette lecture ; après l'avoir entendue, je restai froid ; aucune lumière ne se fit dans mon esprit ; des paroles avaient frappé mon oreille, mais l'évidence ne les avait pas suivies ; je ne saisissais pas le passage des principes aux conséquences ; et, ainsi données, les conséquences ne me semblaient plus que venir à l'improviste. Toutefois, tel était l'ascendant que M. Comte exerçait sur moi, qu'en cette occurrence ce ne fut pas lui ni son nouvel ouvrage que j'accusai ; c'est à moi que je m'en pris. Je supposai que de telles théories étaient trop abstraites et trop difficiles pour être saisies à la simple audition. J'acceptai provisoirement mon incapacité, je suivis, dans la presse des circonstances, les solutions qui m'étaient offertes, non sans quelque doute qu'une lecture attentive, quand les volumes auraient paru, pourrait modifier l'assentiment que j'avais donné.

Cette lecture, je la fis en effet plus tard ; cette lecture, je viens de nouveau de la faire ; et maintenant une mûre méditation m'a persuadé que mon assentiment provisoire devait être retiré, et qu'il y avait faute contre la méthode.

Ce n'est pas sans intention que je prononce ici le nom de méthode et que je l'invoque. En effet, elle sera nécessairement l'arbitre souverain entre M. Comte et moi. Lui-même l'a prise par avance pour arbitre dans ce bon passage qu'on ne saurait trop méditer : « Quelque profonde conviction qui me lie à ma manière d'accomplir cette grande tâche philosophique (l'établissement de l'évolution sociologique de l'histoire), je tiens infiniment à séparer ce principe capital (la méthode), qui me paraît déjà suffisamment irrécusable, d'avec le mode effectif de réalisation que je vais tenter dans ce volume, afin que, lors même qu'une telle tentative serait finalement condamnée, la raison publique n'en tirât aucune induction défavorable contre une méthode seule susceptible d'opérer tôt ou tard le salut intellectuel de la société, et se bornât seulement à prescrire à de plus heureux successeurs des essais plus efficaces dans la même direction. *En tous genres, et surtout en ce cas, la méthode est encore plus importante que la doctrine elle-même.* (*Philosophie positive*, t. IV, p. 176). »

Je n'hésitai pas à me dire, il y a peu d'années, disciple de M. Comte; je n'hésite pas à le répéter ici; sans lui, la dernière partie de ma vie n'aurait pas été ce qu'elle est. Je ne nie pas qu'il m'ait entraîné dans quelques erreurs que je suis moralement obligé de confesser, en m'accusant ou de trop de précipitation, ou de trop de docilité, ou de peu de clairvoyance. Mais je n'en tiens guère de compte au prix des vives lumières dont je lui suis redevable. Si l'enseignement que j'ai reçu de ses ouvrages m'eût fait défaut, je serais resté, suivant la nature de mon esprit et de mes études, dans la condition négative, ayant reconnu d'une part, après des efforts souvent recommencés, que je ne pouvais accepter aucune philosophie théologique ou métaphysique, et d'une autre part ayant reconnu également que je ne pouvais, par mes propres forces, monter à un point de vue universel qui me tînt lieu de métaphysique ou de théologie. Ce point de vue, M. Comte me l'a donné. Ma situation mentale en fut profondément modifiée; mon esprit devint tranquille, et la sérénité fut trouvée. Même mes travaux les plus spéciaux en subirent l'influence. Aussi ma gratitude est sincère et durable.

A. C.

M. Comte, en fondant la philosophie positive, en étendant la méthode positive à l'ensemble de la connaissance humaine, a mis, dans le domaine public, un instrument puissant dont il est le créateur sans doute, mais qui ne lui appartient plus exclusivement. Cette méthode le domine aussi bien que tout autre, et lui-même, à son tour, il en est, comme un de nous, le disciple. Nous ne la récusons pas, nous qui l'avons reçue et acceptée; il ne peut pas la récuser, lui dont elle est la grande découverte. Quand Newton et Leibnitz eurent institué le calcul différentiel, ils devinrent aussitôt sujets de ce calcul, et ils n'eurent plus au-dessus de ceux qui l'avaient appris que la gloire de l'invention; tout le reste fut dès lors dévolu à la discussion et au développement. De même ici la méthode positive est un juge impersonnel destiné à prononcer sur tout ce qui s'est fait par le maître, sur tout ce qui se fera par les disciples.

Interrogeons donc ce juge sur le livre qui nous occupe ici, la *Politique positive*. A peine l'a-t-on ouvert, qu'il se montre tout entier régi par la méthode subjective (j'expliquerai tout à l'heure ce qu'est la méthode subjective). Les expressions de M. Comte sont aussi explicites qu'il est possible : « Il faut revenir, dit-il, sur l'exclusion provisoire de la méthode subjective par l'élaboration scientifique. Car cette marche possède, en elle-même, d'immuables propriétés qui peuvent seules compenser les inconvénients du mode objectif. Notre constitution logique ne saurait être complète et durable que d'après une intime combinaison des deux méthodes. Le passé ne nous autorise nullement à les regarder comme radicalement inconciliables, pourvu que toutes deux soient systématiquement régénérées, suivant leur commune destination, à la fois mentale et sociale. Il serait tout aussi empirique d'attribuer à la théologie un privilége exclusif envers la méthode subjective que d'y voir la seule source de l'aptitude vraiment religieuse. Si désormais la sociologie s'est pleinement emparée de ce dernier attribut, elle peut également s'approprier l'autre, d'après leur intime connexité. Pour cela, il suffit que la méthode subjective, renonçant à la vaine recherche des causes, tende directement, comme la méthode objective, vers la seule découverte des lois, afin d'améliorer notre condition et notre nature. En un mot, il faut qu'elle devienne sociologique, au lieu de rester théologique. Or, cette transformation finale, auparavant impossible, résulte spontanément de la récente extension des théories positives à l'évolution fondamentale de l'humanité. (*Politique positive*, t. I, p. 445.) »

Ainsi il est bien établi par les propres paroles de M. Comte que, tandis que la méthode objective a présidé à l'élaboration de son premier grand ouvrage, le *Système de philosophie*, c'est la méthode subjective qui préside à l'élaboration de son second grand ouvrage, la *Politique positive*.

Maintenant, si l'on cherche pour quelle raison il a substitué une méthode à l'autre, on n'en trouve qu'une seule que voici dans les propres termes de M. Comte : « La fondation de la sociologie permet à la méthode subjective d'acquérir enfin la positivité qui lui manquait, en nous plaçant irrévocablement au point de vue pleinement universel. (*Politique positive*, t. I, p. 446.) » Cette raison se trouve en divers autres endroits explicitement ou implicitement.

Il importe de bien comprendre la question telle que M. Comte la pose et telle que je l'accepte sans aucune difficulté. Placé au point de vue universel, on en part comme d'un principe fécond d'où l'on tire, par voie de conséquence et d'enchaînement, les particularités et les applications. C'est le cas bien connu de la mathématique, et, dans l'astronomie, du principe de gravitation devenu le point de vue universel dont tous les faits particuliers de la mécanique céleste sont dépendants. Or, cela est non pas la méthode subjective, mais la méthode déductive.

Maintenant il y a lieu d'examiner s'il est loisible, comme a fait M. Comte, de les confondre, et de dire que, quand on suit la méthode déductive, on suit la méthode subjective.

Quelle est la distinction des deux méthodes? Elles diffèrent radicalement, et cela est facile à faire voir. Elles n'ont de coïncidant qu'un seul côté, c'est de procéder par voie de conséquence et d'enchaînement; mais ni le point de départ ni le système des conséquences et de l'enchaînement n'est le même. Dans la méthode subjective, le point de départ est une conception de l'esprit, qui pose, *à priori*, comme on dit, un certain principe métaphysique d'où il déduit; dans la méthode déductive, le point de départ est un résultat d'expérience, donné soit par l'intuition comme dans les axiomes mathématiques, soit par la généralisation de l'induction comme dans le principe de la gravitation. Le système des conséquences et de l'enchaînement n'est pas moins opposé dans les deux méthodes. Dans la méthode subjective, les conséquences sont métaphysiques comme le point de départ, n'ont besoin que de satisfaire à la condition d'être logiques, et ne trouvent ni ne requièrent les confirmations *a posteriori* de l'expérience; aussi s'étendent-elles sans peine à perte de vue. Dans la méthode déductive, les conséquences ne valent qu'après vérification expérimentale; la déduction indique, l'expérience vérifie; aussi ne s'étendent-elles qu'avec lenteur et par un travail tout à fait analogue à celui qui a créé expérimentalement les points de départ ou principes.

Avec cette vue précise des deux méthodes, revenons à M. Comte et à ce qu'il a fait logiquement. Il a brouillé et confondu les deux méthodes d'une façon inextricable. En effet, son point de départ est celui de la méthode déductive ; je lui concède, et en cela j'obéis, disciple fidèle de la philosophie positive, à une pleine conviction, je lui concède qu'il est placé à un point de vue universel, ou, pour parler plus précisément, au point de vue le plus élevé que la connaissance humaine ait encore obtenu. Arrivé là, que devait-il faire? employer la méthode déductive. Que fait-il réellement? il emploie la méthode subjective, c'est-à-dire que, de ce point de vue universel légitimement conquis, il tire les conséquences non que l'expérience vérifie, mais que son imagination ou, si l'on veut, une logique subjective lui fournit; car ici, entre l'imagination et la logique subjective, je ne fais aucune distinction.

Mais, dira-t-on, puisqu'en mathématique on déduit de quelques axiomes une longue suite d'incontestables vérités, pourquoi, en sociologie, en politique positive, M. Comte, partant d'un principe que vous reconnaissez valable, n'aurait-il pas déduit des vérités également incontestables? La réponse, bien simple, m'est fournie par un des principes les mieux assurés de la philosophie positive, un de ceux que M. Comte a le plus fermement posés, et qui lui font le plus d'honneur, c'est que, plus une science est élevée hiérarchiquement, plus la faculté de déduire est diminuée. On déduit admirablement en mathématique; on déduit, grâce à Newton, pleinement en mécanique céleste; on déduit encore beaucoup, mais moins, en physique; la déduction se rétrécit notablement en chimie; elle se rétrécit bien davantage en biologie; elle est à son minimum en sociologie[1]. Comment donc M. Comte aurait-il pu construire

---

[1]. Ce principe est tellement évident dans la philosophie positive, que je cite en note seulement et un seul passage de M. Comte, pris dans l'ouvrage même où il abandonne la méthode déductive pour la méthode subjective : « Quant à la logique déductive, son principal siège se trouve nécessairement dans la science mathématique, qui en élabore pleinement tous les procédés caractéristiques. Leur uniformité naturelle ne permet, à cet égard, aux études plus élevées, d'autre participation réelle que de

aucun long enchaînement de vérités sociologiques, une religion, une politique, un avenir, là même où la possibilité logique d'enchaîner les conséquences a les bornes les plus étroites?

C'est là en effet qu'on touche du doigt la difficulté mentale qui arrêta M. Comte et lui fit faire un amalgame des deux méthodes. La méthode subjective, étant, elle, soumise non aux vérifications de l'expérience, mais seulement aux vérifications par la liaison de prémisses à conséquences, a devant elle un champ illimité; rien ne l'arrête ni ne la borne; et, grâce à elle, les métaphysiciens font, comme ils disent, des *constructions* qui embrassent l'homme et le monde. Au contraire, la méthode déductive n'offrait que lenteurs et obstacles; en un mot, elle imposait la nécessité d'attendre partout l'expérience pour vérifier, corriger, rejeter ce que la théorie indique. Enserré dans ce dilemme, M. Comte glissa dans la voie des prémisses et des conséquences, voie trompeuse dans les sciences élevées et particulièrement dans la sociologie, la plus élevée de toutes. Il se rassura, parce que son principe, son point de départ était positif, et il ne vit plus que le reste cessait de l'être. De là naquit quelque chose qui n'a point d'exemple, une méthode avec une tête positive et une queue subjective ou métaphysique (c'est la même chose), une méthode dans laquelle on ne peut trop louer le point de départ et trop se tenir en garde contre les conséquences.

Donc, la méthode étant faussée, tout est faussé, même ce qu'il y a de bon et de vrai; une fausse méthode est comme

---

faire graduellement apprécier la difficulté de déduire à mesure que les spéculations se compliquent. Mais la marche et le mode des déductions y restent toujours les mêmes, comme tenant seulement à notre intelligence et nullement aux objets quelconques de nos méditations continues (*Politique positive*, t. I, p. 536). » En écrivant ces lignes, M. Comte condamnait d'avance tout ce qui, dans son traité de *Politique positive*, dépasse la déduction la plus restreinte.

un faux jour qui dénature les meilleures formes. Dès lors la conception de M. Comte est affectée du même vice que toutes les conceptions qui prétendent, de données acquises d'une façon quelconque, tirer une longue série d'arrangements sociaux enchaînés les uns aux autres. Il importe même peu que ces données soient vraies ou soient fausses : si fausses, la déduction est entachée de la même fausseté ; si vraies, la déduction devient très-promptement impraticable ; de sorte que dans les deux cas on n'embrasse qu'une illusion.

Qu'on ne donne pas à mes paroles une extension qu'elles n'ont pas. Tout, il s'en faut, n'est pas à rejeter dans la *Politique positive*. D'abord on y admirera, comme dans toutes les œuvres de M. Comte, la puissance de travail et de combinaison ; et l'on y sent combien cet esprit est supérieur aux autres dans la disposition et le maniement des généralités. Puis l'ongle du lion apparaît en divers morceaux qui, dictés par de droites inspirations de la philosophie positive, méritent d'être étudiés et médités. Aussi, pour lire ce livre, faut-il se munir de la lumière de la méthode ; car il ne renferme aucune nouveauté qui n'ait besoin de la vérification expérimentale.

L'examen de la question de méthode est fini, et il pourrait s'arrêter ici ; mais, comme l'application de la méthode déductive à la sociologie en peut recevoir quelque lumière, il importe de le continuer ; car je ne prétends point dire que la sociologie ne comporte aucune déduction ; loin de là, elle en comporte un genre tout différent de celui qu'a pratiqué M. Comte, et d'une extrême importance.

M. Comte, en divers endroits, insiste sur les propriétés de la méthode subjective, qui présida aux débuts de l'humanité, et qui, rendue aussi positive que la méthode objective ou expérimentale, doit rentrer en possession de diriger les esprits : « Leur ensemble (de la méthode objective et de la méthode subjective) fonde la logique vraiment religieuse, qui consacre, en les régénérant, les deux voies opposées que suivirent la théologie et la science pour préparer, chacune à sa manière, notre état définitif (*Politique positive*, t. I, p. 447). » Si l'on prend les termes de cette phrase et si l'on en rapproche les mots cités plus haut : *Il faut que la méthode devienne sociologique*, il en résultera que l'esprit n'est pas dirigé par la méthode, mais la dirige, et que la méthode dépend du sujet, et non le sujet de la méthode ; c'est le renversement entre ce qui gouverne et ce qui est gouverné. Quoi qu'il en soit, la méthode subjective a eu son âge, qui ne doit pas revenir. L'humanité, mûrie par les siècles, ne veut plus user de la faculté qu'eut la méthode subjective de poser les principes *a priori*, et elle ne peut user de la faculté de tirer les conséquences que dans les limites accordées par chaque science ; limites d'autant plus restreintes que la science est plus compliquée. En un mot, à la méthode subjective elle a substitué la méthode déductive, qui est soumise à la double condition d'avoir des points de départ expérimentalement acquis et des conséquences expérimentalement vérifiées.

Ainsi la méthode déductive est, ce qui doit être, la contre-partie de la méthode inductive, et, si je puis ainsi parler, l'autre côté d'une échelle double. Dès lors l'homogénéité est établie dans l'esprit. M. Comte a été le premier à apercevoir et à condamner l'hétérogénéité des conceptions actuelles qui partagent un même esprit entre des principes théologiques, métaphysiques et scientifiques ; il se vanta, et avec raison, d'avoir banni cette hétérogénéité et constitué un régime mental pleinement homogène. Mais, en réinstallant la méthode subjective qui n'a aucune place dans les sciences, il ramène l'hétérogénéité, brise l'homogénéité, et défait lui-même ce qui fit sa gloire et sa puissance philosophiques.

Puisque M. Comte, manquant le vrai but, a appliqué à la sociologie la méthode subjective, non la méthode déductive, voyons l'office que celle-ci y remplit effectivement. Encore ici l'homogénéité se manifeste: la méthode déductive, en sociologie, a justement pour l'avenir de l'histoire la même vertu que pour le passé. Arrivée au point de vue universel, comme le dit M. Comte, et de là considérant les temps écoulés, la méthode déductive signale, dans les événements successivement accomplis, ceux qui appartiennent à l'ordre du développement régulier, et les sépare de ceux qui appartiennent à la catégorie des perturbations, de quelque cause qu'elles proviennent ; c'est ainsi qu'elle achève la philosophie de l'histoire et en assure les lois. Semblable est son rôle pour les événements de l'avenir, c'est-à-dire qu'elle reconnaît ceux qui appartiennent au développement régulier, et les sépare de ceux qui n'y appartiennent pas. Mais, comme ces événements à venir n'existent pas encore, et que, en raison de la complexité de la sociologie, elle ne peut les deviner que dans la limite la plus restreinte, il lui faut attendre qu'ils se produisent. Son office, et c'en est un de suprême importance qu'elle seule peut remplir, consiste alors à montrer aux gouvernements et aux peuples de quels de ces événements il faut favoriser l'évolution, et quels il faut étouffer à leur naissance. Tel est le programme de la politique positive ; elle est tout entière, non dans des conséquences lointaines que la sociologie ne comporte pas, mais dans des conséquences prochaines, qui sont fournies par la trame des événements et qu'elle enseigne à juger et à diriger.

CHAPITRE III.

Du tableau cérébral, ou modification apportée par M. Comte au système phrénologique de Gall.

Les méthodes priment tout. Je pourrais donc me contenter d'avoir montré dans le chapitre précédent que la méthode subjective doit rester en dehors de la philosophie positive. Mais comme il importe d'éclaircir la discussion par des exemples, je prends quelques questions qui m'ont paru propres à ce genre d'éclaircissements.

Au premier rang, je mets la question des facultés cérébrales. M. Comte, en entreprenant, dans le premier volume de sa *Politique positive*, de donner une théorie des facultés cérébrales, a essayé de combler une lacune considérable qui était restée dans la philosophie positive après sa grande et première élaboration. Non que j'aie la moindre intention de la lui reprocher ; ne trouvant pas dans la science une théorie cérébrale qui satisfît aux exigences de la biologie et de la sociologie, il passa outre et laissa cette lacune à combler à ses successeurs. Tant qu'une théorie cérébrale n'est pas ébauchée, la sociologie demeure privée d'une attache réelle et précise entre le cerveau individuel et le développement collectif. Pourtant M. Comte put la négliger ; l'obstacle n'était pas absolu ; et, entrant de plein pied dans la sociologie, prenant l'histoire comme un fait empirique, il y découvrit des lois et, partant, une théorie.

Il faut le louer grandement d'avoir songé, dès le début

de sa *Politique positive*, à introduire la considération des facultés mentales. « Le premier résulat philosophique de ma rénovation finale, dit-il, consista, le 2 novembre 1846, dans le tableau cérébral placé ci-dessous, et d'où date le cours non interrompu de ma seconde carrière publique (*Politique positive*, t. I, p. 679). » Ainsi, pour M. Comte, avoir trouvé une théorie cérébrale qu'il jugea satisfaisante, équivalut à une rénovation de ses idées et de sa carrière. Je pense de mon côté que celui qui la trouvera exercera une influence réelle sur la direction des études en philosophie positive. Mais, avant d'aller plus loin, j'avoue que la proposition que je viens de citer reste pour moi couverte d'un nuage. M. Comte l'applique-t-il à la sociologie? Alors, comment se fait-il qu'il n'y ait pas signalé l'introduction de ce nouvel élément? L'applique-t-il exclusivement à la politique telle qu'il l'a construite? Alors comment ce nouvel élément importe-t-il à la politique, sans importer à la sociologie? Je ferais de cela une objection essentielle, si je n'en avais une plus essentielle encore; c'est que le nouvel élément et la base qui le soutient sont également ruineux.

La découverte que M. Comte croit avoir faite consiste seulement en une modification du système de Gall sur la distribution du cerveau en facultés. Quand je dis *seulement*, je n'entends en aucune façon diminuer préjudiciellement le mérite de M. Comte; et, si la modification apportée par lui permet en effet d'employer la doctrine de Gall soit à la sociologie, soit à la politique, la découverte est grande et digne de tout l'intérêt que M. Comte y attacha. Je veux uniquement constater d'avance qu'elle est intimement liée à la conception de Gall, qu'elle n'a en soi aucune vertu de plus, et que, si la conception de Gall a fini par succomber devant la critique, elle entraîne inévitablement la conception secondaire de M. Comte.

Quand la doctrine de Gall fit son apparition, elle excita

à la fois une vive sympathie et de vifs débats. En effet, elle se présentait avec deux idées qui, bien que connexes dans la pensée de l'auteur, ne l'étaient pas en réalité, et qui captivèrent l'attention. La première peut se résumer ainsi : les fonctions mentales (et sous ce mot il faut comprendre les instincts, les facultés affectives ou morales et les facultés intellectuelles) ne forment pas, comme on l'a cru longtemps, un domaine qui soit indépendant de la physiologie, et elles sont, comme toutes les autres actions de l'être vivant, attachées à un organe qui, ici, est le cerveau. Ceci passa rapidement dans la conscience scientifique, qui y était toute préparée; et aujourd'hui il est admis sans conteste, parmi les biologistes, que, pour pénétrer le mystère et étendre dans cette voie les notions positives, on doit étudier simultanément la fonction et l'organe dans la série des animaux, dans la série des âges, dans l'état de santé et dans l'état de maladie. La seconde idée est que ce qu'on nomme communément moral et intelligence se ramène précisément à un certain nombre de facultés irréductibles qui ont pour siéges autant d'organes ou parties distinctes dans le cerveau. C'est là ce qu'on nomme phrénologie. Je ne connais pas de meilleure appréciation de cette position prise par la doctrine que celle qu'en fit M. Comte en 1825, et le lecteur me saura gré de citer ce morceau essentiel : « Tous ceux, dit M. Comte, qui sont vraiment au niveau de leur siècle savent, par le fait, que les physiologistes considèrent aujourd'hui les phénomènes moraux absolument dans le même esprit que les autres phénomènes de l'animalité. Des travaux fort étendus ont été entrepris dans cette direction et se suivent avec ardeur depuis plus de vingt ans; des conceptions positives, plus ou moins fécondes, ont pris naissance; des écoles se sont formées spontanément pour les développer et les propager; en un mot, tous les signes de l'activité humaine se sont manifestés, à un degré non équivoque, par rapport à la physiologie morale. Il est inutile ici de prendre parti pour ou contre aucune des diverses opinions qui se disputent aujourd'hui l'empire, sur l'espèce, le nombre, l'étendue et l'influence réciproque des organes assignables aux différentes fonctions, soit intellectuelles, soit affectives. *Sans doute, la science n'a pas encore trouvé, sous ce rapport, ses bases définitives;* et il n'y a de solidement établi que quelques généralités insuffisantes, quoique très-précieuses.... Dans les divergences qui ont lieu, la méthode positive est reconnue de part et d'autre, comme le seul instrument admissible; la formation d'une théorie physique, qui consiste ici dans la combinaison du point de vue anatomique avec le point de vue physiologique, est regardée dans toutes les opinions, comme le seul but raisonnable (*Considérations philosophiques sur les sciences et les savants*, dans la *Politique positive*, t. IV, p. 148). »

La division du cerveau en organes et de l'âme humaine en facultés correspondantes, ou de l'âme humaine en facultés et du cerveau en organes correspondants, était une hypothèse véritablement scientifique, c'est-à-dire, suivant la juste définition de M. Comte, de la nature de celles qui sont vérifiables par l'expérience. Elle fut donc soumise à une longue et laborieuse vérification, telle que la comportait une matière aussi délicate et aussi transcendante. Or, aujourd'hui que les agitations diverses sont tombées et que la calme expérience a passé au crible les assertions contradictoires, il demeure certain que l'hypothèse ne concorde pas avec les faits. Ni les comparaisons de l'homme avec les animaux ou des animaux entre eux, ni l'examen des têtes d'hommes célèbres par des penchants marqués ou par un génie exceptionnel, ni l'étude directe des têtes des suppliciés, ni la pathologie, c'est-à-dire les lésions infligées au cerveau par la maladie ou par les accidents, ou, sur les animaux, par l'expérimentation, ni l'aliénation mentale, rien n'a pu donner l'évidence aux organes et aux facultés tels que Gall ou ses disciples les ont établis dans ce qu'on nomme la phrénologie, vainement remaniée bien des fois. Tel est le résultat, négatif sans doute, mais important, d'une vérification qui n'a pas duré moins de quarante ans. La phrénologie n'a pu maintenir, ni physiologiquement la division en facultés, ni anatomiquement la division en organes cérébraux; et, tant qu'elle sera dans cet état, il est aussi inutile que dangereux de lui demander des directions et de la prendre pour guide, soit directement dans les interprétations biologiques, soit encore bien davantage dans les interprétations sociologiques.

La conception de Gall a donc avorté dans son objet direct, puisqu'elle n'a pu être confirmée *a posteriori;* mais elle n'a pas avorté en ses effets indirects, vu qu'elle a été le point de départ d'une nouvelle manière de considérer le cerveau et les facultés morales et mentales; manière qui a posé le problème de la théorie cérébrale sur ses véritables bases et établi dans la science que ce problème en est un, non de métaphysique, mais de biologie. En des questions si ardues et si complexes, bien poser le problème est, en soi seul, un très-grand service. Je comparerai volontiers la conception avortée de Gall sur le cerveau à la conception, avortée aussi, de Descartes sur les tourbillons. Cette célèbre hypothèse, acceptée avec enthousiasme par l'élite des contemporains et défendue opiniâtrément par eux et par leurs successeurs immédiats, a été réfutée, cela est vrai, par les événements consécutifs de la science, et il n'en reste plus que le souvenir; mais ce souvenir est celui d'un grand office provisoire et tel que Descartes peut-être était seul capable de le fournir. En effet, par les tourbillons, Descartes arrachait la constitution du monde aux agents surnaturels, à la métaphysique, aux entités; posant le véritable problème, il le résolvait hypothétiquement. Ce problème, qui était de montrer par quel mécanisme inhérent au monde lui-même les mouvements astronomiques se produisent, trouva plus tard sa solution, non plus hypothétique, mais réelle, dans la gravitation. Descartes avait donc mis le doigt sur ce qu'il y avait à faire sans pouvoir le faire lui-même ; aussi, contrairement à ces oracles menteurs qui tenaient parole à l'oreille sans tenir parole à l'espérance, la conception de Descartes tint parole à l'espérance scientifique sans tenir parole à l'oreille. La gravitation fit évanouir les tourbillons, mais conserva le principe qui les avait suggérés, et expliqua le monde par le monde et le mouvement de la matière par les forces de la matière.

L'hypothèse de Gall s'éclaire encore quand on la met en regard de l'hypothèse de Broussais sur les fièvres. Au moment où ce réformateur des idées pathologiques intervint, on considérait les fièvres comme des maladies essentielles, ainsi qu'on disait, et comme des entités morbides dont les conditions de marche et de solution n'avaient rien de commun avec les conditions du corps vivant. Broussais eut une illumination : la pathologie lui apparut comme un cas particulier de la physiologie, c'est-à-dire un cas où il n'entrait que les propriétés mêmes de l'organisation, troublées, perverties par la cause morbifique. Les fièvres n'échappaient point à cette vue, et il n'y avait aucune raison pour qu'elles y échappassent ; mais, à cette époque, les études pathologiques étaient trop peu avancées pour qu'on pût donner une théorie positive de ce genre d'affections. Broussais en donna donc une théorie hypothétique ; il affirma qu'elles n'étaient toutes que des formes variées de la seule et même gastro-entérite. Le fait était faux, le principe était vrai ; l'expérience consécutive détruisit le fait ; mais, loin de détruire le principe, elle lui fournit la consécration qui lui manquait, c'est-à-dire qu'elle le mit en rapport avec les notions expérimentales. Broussais avait proposé le problème; le travail collectif de ses contemporains et de ses successeurs en trouva la solution. Il est beau de poser un problème que la suite de la science résout.

Ces deux exemples s'appliquent à Gall. Lui aussi a posé un grand problème, c'est-à-dire la question de savoir comment et jusqu'à quel point le cerveau et sa fonction générale se subdivisent en organes et en fonctions particulières. Malheureusement, il n'est pas possible d'ajouter, comme pour les tourbillons de Descartes et la gastro-entérite de Broussais, que les successeurs, écartant une fausse hypothèse, y ont substitué une explication positive.

Dans ce que je dis, je m'attaque non pas au principe de localisation, mais à une fausse localisation. Quant au principe en lui-même, j'y suis plutôt favorable que contraire, non-seulement parce que toutes les études physiologiques conduisent à spécialiser les tissus et les propriétés, les organes et les fonctions, mais aussi parce qu'il y a déjà pour le cerveau quelques indications précieuses. Ainsi il paraît établi que les fonctions intellectuelles proprement dites résident dans la partie antérieure, frontale, du cerveau. On citera encore, comme étude bien conduite d'une localisation, les recherches qui tendent à mettre le siége de la faculté du langage dans la troisième circonvolution frontale; non pas que la certitude soit encore pleinement acquise; mais là du moins tout est précis, la faculté que l'on considère, le lieu qu'on lui assigne et l'expérience pathologique qu'on emploie. D'un autre côté, il faut se rappeler que le cerveau a une grande part dans les mouvements volontaires et qu'il est loin d'être étranger à plusieurs des phénomènes chimico-vitaux qui se passent dans le corps; ce qui complique la question, car, jusqu'à présent, on n'a que des notions fort incertaines sur les fonctions de cet ordre qui appartiennent au cerveau, et sur les siéges qu'elles peuvent occuper. Il y a à démêler en lui les facultés intellectuelles et morales, et les actions qui se lient à la nutrition et à la musculation. La physiologie cérébrale en est encore à ses rudiments. Aujourd'hui donc la phrénologie apparaît comme une témérité qui ne pouvait pas avoir une bonne issue; et il faut la distinguer du principe de localisation qui n'est point condamné et qui reste une hypothèse de bon aloi, ouverte à la vérification par l'expérience.

J'ai dit que la phrénologie avait succombé devant les épreuves auxquelles elle avait été soumise; c'est là la démonstration par excellence, et la seule qui doive faire la conviction. Pourtant il est un point de théorie qu'elle suscite et sur lequel il importe d'appeler l'attention, puisque le problème physiologique du cerveau est toujours pendant. Je veux parler de la notion des facultés cérébrales telles qu'elles sont dans Gall et ses disciples. On sait que c'est un certain choix parmi les qualités différentes que la sagesse vulgaire a notées chez les hommes. Je ne fais aucunement fi de cette sagesse; mais on ne peut jamais y prendre que des suggestions et des termes à préciser et à rectifier. Or, il y a une discussion fondamentale qui n'a pas occupé Gall, et qui pourtant prime toutes les recherches de localisation. Les facultés admises par la phrénologie sont-elles, soit toutes, soit quelques-unes, des fonctions ou des modalités? Je m'explique. Si la faculté a pour siége une certaine portion encéphalique qui est son organe, c'est une fonction, comme la motilité est une fonction des racines antérieures des nerfs spinaux, et on peut espérer de déterminer cet organe encéphalique qui en est la condition anatomique. Mais si la faculté n'est qu'une manière d'être du cerveau, il est illusoire de chercher à la localiser. Il y a dans les corps vivants beaucoup de ces manières d'être, de ces idiosyncrasies qui ne supposent ni organes, ni fonctions spéciales, et qui, à un autre point de vue, différencient tout autant les hommes que font les diverses facultés mentales. Une bonne distinction entre les facultés et les qualités, entre les fonctions et les modalités manque à la physiologie cérébrale.

Après ce détour, qui n'a pas été inutile, je reviens au tableau cérébral de M. Comte. Dans le cas le plus favorable, et en supposant que les objections faites à la phrénologie ne fussent pas aussi décisives que véritablement elles le sont, toujours est-il que cette conception ne franchit pas le degré de confiance qui appartient à une hypothèse en voie de discussion. D'autre part, la modification introduite dans cette conception par M. Comte, comme elle n'a reçu aucune vérification, n'est, dans le cas le plus favorable aussi, qu'une hypothèse entée sur une hypothèse. On sait combien la probabilité décroît en passant du premier degré de l'hypothèse au second, de l'hypothèse première à l'hypothèse seconde. M. Comte prend des mains de Gall les organes et les facultés, comme si c'étaient des faits, et ce n'en sont pas; puis il les remanie sans qu'il y ait, dans l'état actuel, aucun moyen de savoir de quelle nature est le remède au doute qui les affecte. Au point de vue philosophique, ce serait déjà se compromettre beaucoup que de cheminer ainsi à l'aveugle dans le pays des conjectures; mais prendre une si fragile hypothèse pour une base solide, y mettre l'origine d'une carrière nouvelle, en un mot faire de tout cela une application immédiate et inexorable aux plus importantes questions de l'organisation sociale, c'est montrer dans tout son jour que la méthode subjective doit être bannie des spéculations positives comme la plus dangereuse des ennemies.

Ayant écarté l'hypothèse de Gall, parce qu'elle n'a pas

été vérifiée, et l'hypothèse de Comte parce qu'elle repose sur une hypothèse non vérifiée, il faut abandonner toutes les constructions faites là-dessus à leur propre insolidité, et je me bornerais là s'il n'y avait un intérêt pénible mais réel à voir comment cette puissante intelligence se comporte au milieu des fantômes de la méthode subjective qui vont l'obséder jusqu'à la fin de sa vie.

« Le vrai principe logique de cette construction, dit-il, consiste, pour moi, dans son institution subjective. J'y subordonne systématiquement l'anatomie à la physiologie, en concevant toujours la détermination des organes cérébraux comme le complément et même le résultat de l'étude positive des fonctions mentales et morales. (*Politique positive*, t. I, p. 671.) »

On ne peut rayer plus nettement d'un trait de plume la philosophie positive dans sa partie biologique. Des fonctions, mentales ou autres, qu'on détermine subjectivement et qu'on admet, sans vérifier anatomiquement si elles sont réelles! C'est aller à l'encontre du principe le plus certain et le plus élevé de la biologie, à savoir qu'une fonction n'est connue que quand on a saisi le rapport qu'elle a avec l'organe. Concevoir subjectivement le jeu d'une fonction n'est rien, ou, si l'on veut, n'est qu'une indication de recherche, qu'une vue à vérifier; ce caractère précaire n'est écarté que par la découverte du procédé effectif dans l'organe anatomique. Cela fait, la notion entre dans la classe des notions positives. Jusque-là elle n'est qu'une conception vaine dont il serait souverainement dangereux de rien arguer. Jadis on subordonnait l'anatomie à la physiologie; c'était l'époque rudimentaire, celle où l'on imaginait le jeu des fonctions, faute de pouvoir le pénétrer; aujourd'hui on ne subordonne pas la physiologie à l'anatomie, ce qui serait une fausse marche, mais on les combine, et c'est là, dans cette combinaison, que gît la biologie positive. On rentre en pleine métaphysique si l'on considère subjectivement la fonction indépendamment de l'anatomie, et en plein mécanisme si l'on ne considère que l'anatomie pour expliquer la fonction.

Le langage vulgaire des différentes nations fournit une somme considérable de dénominations pour des qualités, les unes bonnes, les autres mauvaises, qui appartiennent à l'être humain. C'est dans cette masse qu'il faut trier, essayant de déterminer celles qui sont primitives de celles qui sont dérivées, celles qui sont complexes de celles qui sont simples, celles qui sont positives de celles qui sont négatives. Ce tri, je l'ai déjà dit, n'est pas fait, et serait de grande utilité. Gall franchit l'obstacle, en cherchant ses déterminations non pas dans la discussion préalable que je recommande, mais en les vérifiant par certaines localisations cérébrales. C'était régulièrement, biologiquement procéder; et le problème était résolu si l'observation ultérieure avait ratifié les résultats annoncés.

Aussi Gall n'eût-il pas accepté l'interprétation de son procédé donnée par M. Comte : « A la vérité, Gall lui-même semble avoir découvert les siéges des facultés par la voie anatomique, quoiqu'il déclare l'y avoir employée d'une manière purement empirique. Mais je ne crains pas d'assurer qu'un tel récit constitue seulement un artifice didactique, pour mieux trancher les doutes immédiats. Sans examiner la validité ni même l'opportunité de ce motif secret, je n'hésite point à regarder l'étude directe des fonctions comme ayant autant dirigé, chez Gall, la détermination des siéges que le dénombrement des organes. D'après ces premières bases, ses disciples ont pu quelquefois procéder objectivement envers les nouvelles localisations qu'ils ont, bien ou mal, ajoutées. Mais cette marche était évidemment impossible au début, qui ne pouvait être que subjectif. Ainsi, en rectifiant souvent les opinions de Gall à ce sujet, je ne ferai, au fond, que mieux appliquer le mode nécessaire qui dirigea ses méditations originales, quelles que fussent ensuite les formes préférées dans son exposition didactique (*Politique positive*, t. I, p. 677). » Sans doute Gall commença par trier dans le langage vulgaire certaines facultés, mais il ne les crut réelles, c'est-à-dire simples et élémentaires, que quand il se flatta de les avoir localisées dans le cerveau. Jusque-là ce n'était rien. M. Comte nous devait donc, à l'exemple de Gall, la détermination expérimentale de ces dix-huit organes ; il ne tenta pas de la donner, et l'eût-il tentée, il n'eût pas mieux réussi que Gall ; car il est aujourd'hui évident que le tout appartient à une hypothèse non vérifiée.

Prendre, pour base d'une théorie, des vues *à priori* qu'ensuite on ne vérifie pas *à posteriori*, est le procédé métaphysique. C'est celui qu'ici a suivi M. Comte, puisque sa division cérébrale, qui devrait être la pierre de touche, reste une simple conclusion, au lieu d'être une vérification. Il est donc tombé dans le procédé dont nous avoir délivrés est un des principaux mérites de la philosophie positive. Il était inévitable que, adoptant la méthode subjective, qui est celle des métaphysiciens, il aboutît finalement et fatalement à un résultat métaphysique.

Non-seulement la constitution cérébrale telle que M. Comte l'a inscrite dans son livre est, en soi, une vue de l'esprit, mais encore elle est dictée par une autre vue de l'esprit sur la nature humaine ; il ne l'a ainsi faite que parce qu'il voulait ranger tout l'être autour des facultés affectives. On pourrait croire, si on ne connaissait pas la filiation des idées de M. Comte, que la vue sur la nature humaine a été, au contraire, dictée par la vue sur la constitution cérébrale ; il n'en est rien ; c'est en 1845 que M. Comte conçut la nature humaine telle qu'il l'a exposée dans la *Politique positive*, et ce n'est qu'à la fin de 1846 qu'il conçut la constitution cérébrale telle qu'il l'a exposée dans le même livre. Il est donc vrai de dire que nous avons là, non des déterminations positives, mais des déterminations vraiment subjectives et métaphysiques. Suivant sa division fonctionnelle et organique du cerveau, les facultés et les organes affectifs dépassent de beaucoup en nombre, en volume, en intensité les facultés et les organes départis à l'intelligence. « Cette prépondérance du cœur, dit-il, est nettement représentée, dans ma classification cérébrale, par le nombre respectif des fonctions ou de leurs organes propres. En effet, le cœur y fournit treize éléments statiques ou dynamiques, et l'esprit cinq seulement. On doit même reconnaître que les organes moraux sont, en général, plus volumineux que les organes intellectuels ; ce qui achève de caractériser anatomiquement l'énergie supérieure des attributs correspondants. » (*Politique positive*, t. I, p. 681.)

Ainsi, après avoir dit que c'est *subjectivement* qu'il a déterminé les fonctions cérébrales, il conclut de cette détermination subjective, sans aucune vérification expérimentale, au volume hypothétiquement relatif d'organes hypothétiquement assignés ; puis sur de pareilles bases physiologico-anatomiques il élève des constructions sociologiques. Passons, toutefois. M. Comte, argumentant de la sorte, établit que l'intelligence, pour me servir de la forte expression du moyen âge, est serve de la partie affective qui l'emploie pour atteindre ses fins ; serve anatomiquement, à cause que les organes sont plus volumineux ; serve fonctionnellement, à cause que les impulsions sont plus impérieuses.

Dans les assertions les plus compromettantes de M. Comte, à partir de 1845, il y a très-souvent deux parts, l'une saine qui vient de la philosophie positive, l'autre impropre qui vient de la méthode subjective. Le mélange en fait le danger, et le tri en est d'autant plus nécessaire. Ce tri montrera que ce qu'il y a de vrai dans l'assertion tourne contre l'assertion même, et que la *direction* ne peut appartenir aux *fonctions affectives*.

Il est certain, non point anatomiquement (l'anatomie n'a jusqu'à présent rien à dire là-dessus), mais physiologiquement, tant par l'observation de l'individu humain à ses différents âges que par celle des animaux; il l'est par la sagesse vulgaire; il l'est sociologiquement par le rôle si petit que joue au début de l'histoire l'intelligence pure; il est, dis-je, certain par tout ce concours de preuves que les fonctions affectives ont plus d'énergie que les fonctions intellectives, c'est-à-dire qu'elles imposent leur exercice avec plus de continuité et de véhémence. Les passions sont, de tout temps, renommées pour la difficulté qu'on éprouve à les diriger ou à les réprimer. Maintenant décomposons ce groupe des fonctions affectives : il est formé, comme dit M. Comte lui-même, de deux sous-groupes, l'un des instincts altruistes, l'autre des instincts égoïstes. Or, d'un commun accord, il est reconnu que, tandis que les besoins moraux sont plus puissants que les besoins intellectuels, les besoins égoïstes (nutrition et propagation de l'espèce) sont plus puissants que les besoins moraux. En cet état, il est inévitable que, si le groupe des facultés affectives devient le régulateur et le centre de l'activité humaine, ce seront, habituellement et dans la règle, les instincts égoïstes qui prévaudront. Il faut donc, pour qu'ils ne prévalent pas, qu'il intervienne quelque chose qui ne soit pas subordonné à la partie affective et qui, loin d'en être gouverné, puisse la gouverner. Cela n'est pas autre chose que l'intelligence ou la raison, comme l'on voudra la nommer.

Ainsi, il est funeste à la théorie de la nature humaine de vouloir la subordonner au seul groupe affectif. J'ajouterai qu'il l'est en général de la subordonner à l'un quelconque des éléments qui la composent. La subordonner à la partie affective, ce serait avoir de la chaleur sans lumière ; la subordonner à la partie intellectuelle, ce serait avoir de la lumière sans chaleur. La seule et vraie unité réside dans l'ensemble des facultés considérées hiérarchiquement, ensemble dans lequel la raison a pour fonction d'apporter l'élément impersonnel et par conséquent décisif de la conviction individuelle et de l'amélioration collective.

On peut ainsi résumer cette discussion : La conception de Gall, qui fut une hypothèse sérieusement scientifique, n'a pas été vérifiée par l'expérience ; la voie des localisations dans le cerveau en est à ses rudiments ; et c'est l'avenir qui montrera ce qui se trouvera ou ne se trouvera pas. Mais, si, provisoirement, ce genre de rapport entre l'organe et la fonction demeure interdit, il en est un qui est toujours ouvert : c'est celui de la comparaison des cerveaux suivant les espèces et suivant les âges ; là on aperçoit des déterminations positives de rapports entre les fonctions cérébrales et l'organe qui en est l'instrument ; les fonctions se multipliant et s'élevant à mesure que l'organe se perfectionne. La sociologie peut tourner ses regards de ce côté, qui n'est entaché d'aucun des défauts de l'hypothèse phrénologique.

Dans tous les cas, on reconnaîtra, et c'est un service à joindre à tous ceux que M. Comte a rendus à la philosophie, que, le premier, il a fait comprendre l'union doctrinale de la biologie avec la sociologie et l'importance préliminaire de certaines questions biologiques dans les discussions sociologiques.

CHAPITRE IV.

Examen de l'opinion que l'esprit doit être subordonné au cœur.

Je continue d'examiner avec la méthode positive quelque proposition considérable de la *Politique positive*. Dans le titre de ce chapitre, je me sers de la phraséologie de M. Comte ; je l'expliquerai bientôt ; ainsi présentée, elle peut paraître obscure ; je la rectifierai en même temps, car, sous cette forme, elle n'est pas susceptible d'une vraie solution.

Au fond, c'est la question biologique examinée dans le chapitre précédent et revenant à titre de question sociologique ; bien plus, c'est la question de la méthode subjective reparaissant dans l'ordre moral ; en un mot, c'est, après avoir subordonné les déductions philosophiques à l'imagination logique, subordonner les déductions morales à l'imagination sentimentale. Ni l'un ni l'autre procédé n'ont place dans la méthode positive.

Le principe biologique sur lequel M. Comte s'est fondé ne pouvant être admis, il semble dès lors que le principe sociologique qu'il y a conjoint doit être entraîné dans la chute. Cela est vrai, sans doute ; mais, comme l'ordre de phénomènes que nous examinons est trop complexe pour que l'on puisse conclure en sécurité de la biologie à la sociologie, sans vérification *à posteriori*, il convient de considérer le nouveau principe sociologique émis par M. Comte, indépendamment de toute notion cérébrale, et à la lumière de l'expérience sociologique, c'est-à-dire dans le cours de l'histoire.

Avant tout, posons la question comme M. Comte l'a posée. Voici donc ses expressions : « La longue insurrection moderne de l'esprit contre le cœur » (*Politique positive*, t. I, p. 405); « L'affection, seule source normale de l'activité humaine » (*Ibid.*, p. 402); « Le sentiment doit toujours dominer l'intelligence » (*Ibid.*, p. 435).

Les passages abondent où M. Comte établit cette doctrine. De même que, dans le moyen âge, la philosophie était serve de la théologie, de même aujourd'hui M. Comte veut que l'esprit soit serf du cœur. Si M. Comte veut dire par là que l'esprit doit toujours concourir au bon et au bien, il ne fait qu'énoncer une vérité que tous les moralistes soutiennent et que nul ne contredit. S'il veut dire que toute direction doit émaner du cœur, il aveugle, qu'on me passe l'expression, le cœur et livre la morale à toutes les aberrations. S'il veut dire, enfin, que l'intelligence ne doit plus travailler pour elle-même ni poursuivre la vérité pure et la théorie abstraite, il mutile l'humanité et la prive de son plus puissant instrument de perfectionnement. Il faut donc se dégager des ténèbres de pareilles propositions.

Peut-être espérera-t-on plus de lumières de cette expression : *l'insurrection moderne de l'esprit contre le cœur*. Cela paraît signifier que l'esprit, qui, durant tout le moyen âge, était assujetti au cœur, s'est, depuis la fin de cette période, insurgé contre lui. Mais, vraiment, est-ce au cœur que l'esprit était assujetti? Oui, pendant les siècles du moyen-âge, l'esprit eut une maîtresse impérieuse qui le tint sous sa domination; mais ce fut la foi. Oui, il s'est insurgé, mais c'est contre la foi; et cette insurrection, M. Comte ne peut la condamner, puisque, sans elle, il n'y aurait point eu de philosophie positive. Il faut confondre la foi et le cœur, pour parler d'une insurrection qui n'a jamais existé. Loin de là; après le moyen âge, comme pendant cette époque et auparavant, l'esprit a été le ferme appui du cœur et son véritable guide. Ni la famille, ni les liens du sang, ni le rôle et la dignité des femmes, ni le souci de la patrie, ni la charité envers les hommes, ni l'amour de l'humanité, rien n'a dépéri; que dis-je! et ne viens-je pas de nommer des vertus inconnues au moyen âge?

J'anticipe, en parlant ainsi, sur l'examen historique; faisons-le donc, cet examen, et voyons si, depuis la fin du moyen âge, jusqu'à nos jours, il y a rien qui autorise le nouveau principe sociologique de M. Comte.

S'il est vrai qu'à partir de cette époque il se soit fait un aussi grand déplacement dans l'âme humaine, que le cœur ait perdu l'empire qu'il exerçait légitimement, et que l'esprit, usurpateur orgueilleux et malfaisant, ait pris un sceptre qui ne lui appartenait pas, une telle révolution a dû se manifester par l'empirement des conditions morales de la société. Les temps de l'ère moderne comparés aux temps du moyen âge doivent apparaître comme ayant plus de vices et moins de qualités; une perversion graduelle, à mesure qu'on s'éloignera davantage de l'époque organique et qu'on s'avancera dans l'époque critique, pourra être signalée. En est-il ainsi? ce serait vraiment perdre son temps que de rappeler par le menu les supériorités de tout genre que cet âge critique a sur cet âge organique et les bienfaits qui en ont accompagné le développement. Tout peut d'ailleurs se résumer bien brièvement: d'une part plus de douceur, et d'autre part plus d'équité prévaut dans la société. Ces deux mots sont bien grands; car qu'y a-t-il de meilleur que la douceur, de plus souverain que l'équité?

Au reste, je me résigne d'autant plus facilement à me priver de tout détail, qu'ici ma réponse ne serait pas, au fond, différente de celle que j'ai faite ci-dessus, p. 217, à M. Guizot accusant l'immoralité de nos doctrines. C'est historiquement que j'ai montré que la diminution et l'extinction graduelle des conceptions théologiques concouraient non avec la perversion mais avec l'amélioration de l'humanité. C'est historiquement aussi que je combats la prétendue insurrection de l'esprit contre le cœur depuis la fin du moyen âge. On ne s'étonnera pas que M. Comte, sorti de la méthode positive pour entrer dans la méthode subjective, et M. Guizot, demeuré dans la théologie et la métaphysique, se rencontrent sur un terrain où les mêmes arguments valent contre l'un et contre l'autre.

Puisque l'insurrection de l'esprit contre le cœur n'est pas une perversion sociale, qu'est-ce donc? Cette expression signifie-t-elle que l'esprit, c'est-à-dire les facultés purement intellectuelles, subordonnées jusque-là au cœur, c'est-à-dire aux facultés purement affectives, ont échappé à cette subordination, et prennent, dans le gouvernement de l'âme individuelle et de l'âme collective, une part qu'elles n'avaient pas et qu'elles ne devraient pas avoir? Cette indue prépondérance, ainsi supposée, représente, sous forme psychologique, ce que je viens d'examiner sous forme sociologique. Il ne peut y avoir de discordance entre les deux forces, puisque le phénomène sociologique est l'effet du phénomène psychologique. Mais il importe de montrer par un mode concret de preuve, qu'en effet aucune discordance n'existe et que la proposition n'est pas plus vraie psychologiquement qu'elle ne l'est historiquement.

Le rapport entre les facultés intellectuelles et les facultés affectives a une triple manifestation : la première, dans l'échelle zoologique; la seconde, dans l'évolution des âges; la troisième, dans l'évolution des sociétés humaines. On sait que les facultés affectives se décomposent en deux groupes distincts, l'un formé de celles qui sont relatives à la nutrition de l'individu et à la perpétuation de l'espèce ; l'autre, formé de celles qui lui fournissent, dans le milieu de la famille et de la société, les impulsions bienveillantes et malveillantes. Dans les animaux qui occupent le haut de la série (il n'est pas nécessaire, pour mon objet actuel, de m'occuper des autres), l'esprit, c'est-à-dire les facultés intellectuelles qu'aujourd'hui aucun biologiste ne leur dénie, est essentiellement au service des besoins de nutrition et de reproduction; l'office qu'il a, en outre, est très-petit. Très-petit encore est son office dans la première enfance de l'individu humain, et très-petit dans la première enfance des associations humaines. Alors l'esprit est absolument serf des besoins impérieux, et tout ce qu'il a de capacité est employé à y satisfaire; il n'a, en ces temps, ni loisir ni puissance pour vaquer à autre chose. C'est là un premier terme dans l'échelle des êtres, dans l'échelle du développement individuel, et dans l'échelle du développement social. Puis vient un second terme, très-rudimentaire dans les animaux, où il ne se manifeste que par l'attachement aux petits, par les habitudes sociables de certaines espèces, par la domestication de certaines autres; très-reconnaissable dans le passage de l'enfance à la jeunesse, chez l'homme; mais surtout pleinement apparent par le progrès des civilisations; alors l'esprit, au lieu d'être serf des instincts purement animaux, le devient des facultés morales. La grande création qui résulte de cette forme de concours entre l'esprit et le cœur est celle des religions. Enfin arrive une troisième période; à la faveur des services qu'il a rendus au double groupe des facultés affectives, l'esprit s'est exercé, s'est fortifié, et il a commencé peu à peu l'édifice des sciences. Quand cet édifice fut assez avancé, il se trouva deux choses fort importantes: d'abord qu'un vaste système de connaissances s'était formé, qui pouvait grandement servir les deux groupes de facultés affectives, mais qui en était tout à fait indépendant; en second lieu que, si les fortes impulsions des facultés affectives avaient d'abord prédominé, il y avait pourtant d'autres facultés qui existaient par elles-mêmes, et dont l'exercice était aussi un besoin, moindre, mais réel, et si réel qu'à la longue l'homme, pour les satisfaire, avait fini par se livrer aux labeurs les plus ardus, aux applications les plus soutenues, aux contemplations les plus élevées. Dès lors l'esprit, dégagé de ce servage nécessaire par lequel, comme Jacob, il racheta sa liberté, vint prendre place dans l'unité humaine à côté du double groupe des facultés affectives, comme un conseiller et comme une autorité.

Cette émancipation, qui n'a rien de particulier au moyen âge, fut progressive, nécessaire, salutaire. On ne peut la nommer une insurrection, puisque ce n'est, sous une autre forme, que l'expression du développement que le *Système de philosophie positive* a si solidement établi, et une vérité que M. Comte a rendue avec une si heureuse brièveté dans ce passage: « Le type fondamental de l'évolution humaine, aussi bien individuelle que collective, est scientifiquement représenté comme consistant toujours dans l'ascendant croissant de notre humanité sur notre animalité, d'après la double suprématie de l'intelligence sur les penchants et de l'instinct sympathique sur l'instinct personnel. (*Système de philosophie positive*, t. VI, p. 837.)

L'insurrection de l'esprit contre le cœur étant une proposition qui ne se soutient ni historiquement ni psychologiquement, dira-t-on qu'elle se soutient religieusement, et que ces termes signifient pour M. Comte ceci : que, la religion positive, celle de l'humanité par exemple dans le cas actuel, étant une fois établie par l'élaboration de l'esprit, l'esprit alors se soumet à son œuvre et s'en fait le serviteur (*Le principe de l'humanité que ma politique tira de ma philosophie*, Synthèse subjective, p. 2)? M. Comte nomme foi démontrée, par opposition à foi révélée, la religion qui naît des notions positives sur l'univers et sur l'homme dans l'univers ; il nomme insurrection de l'esprit contre le cœur le travail critique qui, ébranlant la foi révélée, a permis l'apparition de la foi démontrée. Maintenant il demande que cette insurrection cesse, et que l'esprit se comporte à l'égard de celle-ci comme il se comportait à l'égard de celle-là, lorsque la théologie subordonnait la raison à la foi. Qu'est-ce à dire, et quelle confusion de termes et d'idées ? Comment ! l'esprit serait jamais en insurrection contre la foi démontrée, pour me servir de l'expression de M. Comte, quand c'est l'esprit qui l'a démontrée, et qui l'impose au cœur, pour me servir du même langage ; le cœur qui, sans l'esprit, serait encore tout entier livré aux penchants théologiques ! Ce qui frappe aujourd'hui les yeux, ce n'est pas une prétendue insurrection de l'esprit contre le cœur, c'est une lutte entre les lumières de la raison positive et les penchants du cœur, qui, chez beaucoup, restent théologiques ; autre point de vue qui fait sentir que l'unité humaine est dans la concorde de ses éléments fondamentaux, et non dans la subordination, fausse historiquement et psychologiquement, de l'un à l'autre.

En prétendant unir les principes du régime positif avec les conséquences du régime théologique, on tombe dans des contradictions implicites. Subordonner l'esprit à la foi révélée est une notion parfaitement claire ; car la révélation émane de la divinité ; et, quelque inconcevables que soient les mystères qu'elle ordonne de croire, il n'importe, une autorité devant laquelle l'homme n'est rien a parlé, et il doit se soumettre. Mais, dans le régime positif, que peut signifier la subordination de l'esprit à la foi démontrée, puisque cette foi démontrée n'est pas autre qu'une œuvre de l'esprit lui-même et le résultat d'une longue enquête qui a mis en lumière les lois immanentes du monde ?

C'est dire le même par le même que de dire que l'esprit se subordonne à une foi qu'il a faite, et énoncer une impossibilité que d'énoncer qu'il s'insurge contre cette foi ?

Puisqu'en essayant d'interpréter l'insurrection de l'esprit contre le cœur depuis le moyen âge, on se heurte contre des contradictions, il faut que cette proposition recèle quelque confusion qui empêche d'y voir clair. Une confusion y est en effet. Le mot *cœur* est pris en deux sens non distingués : l'un, qui est celui que nous connaissons tous ; l'autre est le sens que les mystiques donnaient à leur sentiment intime. Dans le premier sens, le cœur n'a de conflit ni historique ni psychologique avec l'esprit, et tous deux se coordonnent pour former l'évolution progressive. Dans le second, le cœur devient, par la transformation mystique, un centre enflammé dont l'ardeur est supérieure à toute clairvoyance ; mais alors l'histoire et la psychologie, sans ignorer la mysticité, viennent déclarer qu'il n'y a jamais eu, qu'il ne peut jamais y avoir rien de pareil à ce règne du cœur.

A vrai dire, nous assistons à une lutte de l'esprit ; mais elle n'est pas contre le cœur : elle est contre l'esprit lui-même, et c'est, si je puis ainsi parler, une guerre civile. L'insurrection à laquelle l'esprit moderne est en proie est la lutte contre l'ascendant des idées générales et d'une philosophie qui soit la régulatrice des idées et des sciences particulières. Il se parque obstinément dans les compartiments des connaissances spéciales, et l'on doit voir en cet état sa maladie la plus manifeste et la plus grave. Il s'agit de la fin du règne des spécialités, et de l'avénement du règne de la généralité. C'est le dernier combat entre la science positive mais fragmentaire et la philosophie coordinatrice mais positive. Ce dernier combat a été livré héroïquement par M. Comte et gagné par lui ; seulement, les vaincus disputent encore le terrain.

Maintenant la discussion est assez avancée pour qu'on laisse les termes d'*esprit* et de *cœur*, dont chacun, de son côté, apporte quelque chose d'ambigu et de complexe. Prenons la division plus précise des facultés en intellectuelles et en affectives, ou même usons du langage vulgaire qui est très-suffisant, et disons la raison et la passion. C'est la raison qui reconnaît que les facultés altruistes doivent être particulièrement appuyées, et qui, leur prêtant un constant et fidèle secours, leur donne une consistance qu'elles n'auraient pas autrement; c'est elle qui introduit dans les rapports sociaux une part de plus en plus grande d'équité; c'est elle enfin qui agit par la morale individuelle sur la morale sociale et, réciproquement, par la morale sociale sur la morale individuelle.

Il est manifeste que la partie morale de l'homme ne peut prendre toute sa grandeur, toute sa chaleur, toute son efficacité, que sous une discipline qui lui enseigne ce qui doit être contenu et ce qui doit être soutenu, et qui lui montre la justice et la bonté comme sœurs de l'immortelle vérité.

Ce qui fait le caractère des facultés intellectuelles à l'égard des facultés affectives, de la raison à l'égard des passions, de l'*esprit* à l'égard du *cœur*, c'est l'impersonnalité qui appartient aux facultés intellectuelles, à la raison, à l'esprit. La vérité qu'elles poursuivent est indépendante de l'objet; elle a beau choquer les préjugés traditionnels, elle a beau soulever les facultés affectives, elle n'en finit pas moins par être hautement proclamée. La raison n'a pas d'autre force que l'évidence; il est arrivé plus d'une fois qu'elle a frémi elle-même des nouveautés redoutables qu'elle amenait à la lumière et qui ébranlaient des opinions aussi chères qu'accréditées. Mais, obligée par sa propre nature de confesser ce qui est, elle a rempli son devoir et poursuivi sa mission. L'impersonnalité seule était capable d'obtenir de la personnalité les concessions successives qui constituent le développement de la morale. C'est ainsi que s'est élevée la grande théorie de la justice qui est l'intermédiaire entre la raison et les passions.

Ces dernières considérations ne doivent pas faire perdre de vue que l'insurrection de l'esprit contre le cœur, à partir du moyen âge, est contredite par l'histoire. Les preuves expérimentales sont toujours celles auxquelles je m'adresse essentiellement ; les autres arguments viennent seulement s'y grouper. Sur la fin, M. Comte s'était laissé subjuguer par le moyen âge ; auparavant il en avait été le juste appréciateur. Tout en combattant l'excès où présentement il tombe, je l'admire et je le suis, quand, foulant aux pieds les préjugés du dix-huitième siècle, il démontre victorieusement le caractère qui fait de cette grande époque l'intermédiaire entre la sociabilité antique et la sociabilité moderne.

CHAPITRE V.

La mathématique est-elle identique avec la logique ?

Le livre de la *Synthèse subjective* est consacré à une exposition de l'enseignement mathématique tel que M. Comte le conçoit; là-dessus, c'est aux hommes du métier à prononcer. Mais il est précédé d'une introduction où l'auteur s'efforce d'établir que la mathématique et la logique se confondent et sont une seule chose. Montrons d'abord par des citations textuelles que telle est bien l'opinion de M. Comte. « Je cesse, dit-il, d'appeler mathématique la science, essentiellement déductive, qui doit, à l'aide des signes, élaborer la méthode universelle, en étudiant l'espace. » (*Synthèse subjective*, p. 55.) Et ailleurs : « La science mathématique régénérée sous le nom de logique. » (*Ibid.*, p. 65.) « La science de l'espace, qu'il faut habituellement nommer logique au lieu de mathématique. » (*Ibid.*, p. 66.) « Dans la logique ou mathématique, l'espace est représenté par le calcul; la terre, par la géométrie; l'humanité, par la mécanique. » (*Ibid.*, p. 82.)

Ces passages sont précis et ne laissent point de doute. Si l'on s'imaginait que c'est ici une simple affaire de mots et que M. Comte se borne à nommer logique ce qu'on nomme mathématique, en laissant à ces deux sciences leur caractère et leur domaine, il suffirait de rapporter une discussion à laquelle il se livre. Condensant la hiérarchie encyclopédique dans la progression : logique, physique et morale

(*Synthèse subjective*, p. 55), il observe que la marche de l'humanité est : d'abord élaboration pratique[1], puis spéculation théorique, finalement domaine moral ; et il a trouvé que la progression ci-dessus n'y concorde pas. « Une sérieuse transposition, dit-il, semble exister dans la progression encyclopédique qui nous fait étudier *les lois intellectuelles* avant les lois physiques, quoique celles-ci dominent et précèdent celles-là. » (*Synthèse subjective*, p. 56.) Il importe peu ici de savoir comment il concilie la discordance signalée par lui-même ; mais ce que je veux seulement noter, c'est que dans la hiérarchie encyclopédique il remplace la mathématique par la logique, interprétée ensuite par *lois intellectuelles*; ce qui prouve surabondamment qu'il nomme logique la mathématique, et qu'il met dans la mathématique ce qu'on met dans la logique.

Avant de passer à l'examen de cette proposition, il faut remarquer comme curiosité psychologique qu'elle a été émise bien avant lui par Burdin. Celui-ci avait dit en 1813, dans le *Mémoire sur la science de l'homme* : « La mathématique transcendante, qui n'est autre chose que la science générale de comparaison, autrement dit la logique. » (*Œuvres de Saint-Simon*, t. II, p. 30.) C'est d'après la même pensée qu'il écrivait dans ce *Mémoire*, p. 29 : « Les mathématiciens ont prétendu que, comme calculateurs, ils étaient les métaphysiciens par excellence, les philosophes, les hommes généraux, en un mot les seuls en état de cultiver avec succès la science générale. Cet examen fera voir que c'est la mathématique qu'on peut considérer comme formant la seule partie positive et utile de la métaphysique. »

---

[1]. M. Comte vient ici se heurter, insciemment il est vrai, contre l'insuffisance de la loi des trois états, quand il s'agit d'embrasser la totalité du développement humain. J'ai, en différents endroits, indiqué dans quelles limites cette loi est insuffisante. Il est réservé à une sociologie complète de lui faire sa juste place.

Mais, qu'elle appartienne à Burdin ou à M. Comte, cette proposition n'est pas soutenable. De l'aveu de tous, la mathématique est une science déductive, c'est-à-dire qui, partant d'axiomes ou faits primitifs donnés d'intuition, chemine de conséquence en conséquence, sans autres limites que les limites successives et provisoires de la science elle-même. Aussi, pour cela, ne citerai-je d'autre autorité que celle de M. Comte : « Cette science initiale (la mathématique) avait à construire toute la vraie logique déductive. » (*Politique positive*, t. I, p. 544.) Puisque la mathématique est une science déductive, il faudrait, pour qu'elle devînt la logique et y équivalût, que la logique ne comprît rien de plus que la déduction. Or, si la logique comprend plus que la déduction, la mathématique, qui ne comprend que cela, n'est pas la logique. Posée en ces termes, la question est résolue de soi. Il suffit de nommer les catégories, le syllogisme et surtout l'induction. L'identification de la logique et de la mathématique est impossible. Ou, si l'on admet que tous les modes logiques se trouvent dans la mathématique, il sera facile de montrer qu'ils se trouvent également dans toute autre science ; ce qui réduira à rien la prérogative demandée pour la mathématique.

Dans son bon temps, M. Comte avait dit que la logique, restée rudimentaire entre les mains des métaphysiciens, devait s'augmenter de toutes les méthodes qui caractérisent les sciences particulières, à savoir l'observation, l'expérimentation, la classification, la comparaison, la filiation. C'est là un de ces aperçus, secondaires sans doute, mais pleins de grandeur et de nouveauté, dont M. Comte a semé son système de philosophie positive. Mais, s'il en est ainsi, que devient l'idée de prendre la mathématique pour la logique?

La logique s'applique à toutes les sciences ; il n'en est as une qui ne soit sous sa dépendance ; cela n'a vraiment pas besoin d'être dit. Au contraire, la mathématique cesse très-vite d'être applicable aux sciences supérieures. Là encore, la logique et la mathématique se distinguent profondément. De quelque côté qu'on examine la question, on ne voit, dans cette tentative de les identifier, que l'effort d'un esprit qui, placé dans le mysticisme des illusions subjectives, croit, par sa seule parole, dompter les réalités objectives.

Ce que je viens de dire est relatif aux applications de la logique. Reste à examiner la logique en soi, afin de reconnaître si, là, elle convient en quoi que ce soit avec la mathématique. La logique est la science des formes de la pensée. Dans toute connaissance, il y a deux choses, l'objet et le sujet : l'objet donne la matière du raisonnement ; le sujet donne la forme. En un mot, la logique est l'étude des conditions intellectuelles auxquelles la connaissance est soumise ; la connaissance ne résultant jamais que de la réalité objective combinée avec l'ordre subjectif. La manière mentale de connaître n'est pas plus arbitraire, n'est pas moins déterminée que la manière d'être de l'objet à connaître ; toutes deux ont leurs lois. La logique peut sans difficulté fonctionner à vide ; on l'a vu durant tout le règne scolastique du syllogisme ; elle recevait de pures figures et ne rendait que des figures ; mais les conditions mentales de la connaissance n'y étaient pas moins fidèlement observées ; il n'y manquait que la réalité objective. A son tour, cette réalité objective n'est pas, à tout moment de l'évolution, dans un état qui lui permette d'entrer sous la fonction et le jeu de la logique ; et c'est cette entrée successive sous l'organe logique de plus en plus perfectionné et puissant qui forme le progrès de la science. Mais cela même prouve invinciblement la distinction entre une science quelconque, qui est particulière, et la logique, qui est générale. La mathématique compte et mesure les choses et leurs mouvements ; et justement, à ce titre, elle n'est pas la logique.

Laissons pour un moment toute cette démonstration, et, supposant que nous n'ayons rien examiné, admettons avec M. Comte que la mathématique soit la logique, puis suivons-en les conséquences ; c'est encore un moyen de juger la proposition. Or, les conséquences qui en résultent sont subversives de la philosophie positive. Transformée en logique, la mathématique devient subjective comme elle, ou, en d'autres termes, une des formes de l'entendement ; ses axiomes, qui en constituent le principe et sans lesquels elle n'aurait rien à déduire, au lieu d'être des résultats d'expérience, comme nous le soutenons, prennent le caractère subjectif ; ce ne sont plus des vérités expérimentales, ce sont des vérités innées. Ici reparaît la grande querelle entre les métaphysiciens et leurs adversaires, les premiers soutenant que les axiomes mathématiques sont subjectifs, innés et dérivés de l'idéalité métaphysique, les seconds soutenant qu'ils sont objectifs et fournis par une expérience immédiatement confondue avec l'intuition. On peut voir, dans le chapitre v du livre deuxième de la *Logique* de M. Mill, une savante et décisive discussion qui démontre que ces axiomes, n'échappant pas à la condition imposée à tous les points de départ des sciences, sont des faits, seulement ici tellement simples que le travail mental y est à peine sensible et que l'esprit n'a besoin que de les apercevoir pour les accepter. Il n'est pas besoin de dire que la philosophie positive tout entière est du côté de M. Mill ; et M. Comte y était encore quand, à son tour, en 1851, il écrivit ce passage, qui mérite d'être cité : « Le véritable esprit philosophique, dit-il, est beaucoup plus caractérisé par l'induction que par la déduction. Celle-ci, d'après son uniformité nécessaire, s'adapte indifféremment à tout régime intellectuel. Si la science où elle prévaut le plus constitue pourtant le vrai berceau de la positivité, c'est uniquement parce que l'extrême simplicité des phénomènes mathématiques permet d'y établir sans effort des principes solides. Une induction facile et souvent inaperçue[1] réduit alors presque tout le travail logique au seul enchaînement des conséquences. Quoique les autres sciences fassent nécessairement un grand usage de la déduction, la complication graduelle des phénomènes y détermine une prépondérance croissante de l'induction. Celle-ci manifeste mieux le principal caractère de l'esprit positif, la subordination normale du raisonnement à l'observation. On peut même dire que, à mesure que nos théories quelconques s'éloignent davantage de l'état métaphysique, l'induction y remplace de plus en plus la déduction, qui d'abord y régnait souverainement. La raison moderne est donc caractérisée surtout par la construction de la logique inductive à peine entrevue dans l'antiquité. » (*Politique positive*, t. I, p. 517.)

Pourquoi donc cette transformation de la mathématique en logique? « C'est afin, nous dit-il, de rendre la logique inséparable d'une doctrine capable d'en manifester toutes les parties essentielles qui ne peuvent surgir que d'après des exercices décisifs; et ces exercices ne sauraient offrir la simplicité scientifique qui seule convient aux appréciations logiques, qu'en étant toujours restreints à l'existence pleinement universelle réduite à ses trois éléments nécessaires, nombre, étendue, mouvement. » (*Synthèse subjective*, p. 55.) Si la mathématique n'est donnée que comme un thème d'exercices simples où la logique trouve le mieux à jouer, il est évident qu'on aurait pu prendre un autre thème moins simple si l'on veut, mais, comme la mathématique, thème à exercice. De sorte que, maintenant, de l'aveu de M. Comte, la logique n'est pas la mathématique, mais quelque chose qui s'exerce le plus simplement et le mieux dans la mathématique.

---

1. Comme on voit, M. Comte adopte ici, et avec toute raison, la thèse de M. Mill.

Une autre raison qu'il allègue, ajoute une complication de plus. Il dit dans le plus obscur des styles, lui qui ne manquait jamais la clarté : « La vraie logique est une conciliation « entre l'inspiration concrète et la démonstration abstraite. » (*Synthèse subjective*, p. 94.) Il faut expliquer ceci : ce qu'il nomme vraie logique, c'est la mathématique ; inspiration concrète, c'est le fétichisme ; démonstration abstraite, c'est le système de philosophie positive. Mais comment la mathématique ainsi transformée concilie-t-elle les deux termes ainsi posés? Pour cela on se reportera à un passage cité plus haut, à savoir que le calcul représente l'espace; la géométrie, la terre; la mécanique, l'humanité. Ces trois, l'espace, la terre, l'humanité, constituent le néo-fétichisme, représentant de l'ancien : la mathématique, à son tour, les représente, comme on voit, tous trois; mais si la mathématique reste objective, elle ne peut servir de conciliation entre ce fétichisme et l'esprit de l'homme; elle en sert au contraire si elle devient subjective et se transforme en logique. Je n'insisterai pas sur le caractère de tels raisonnements et de telles conclusions, qu'il suffit d'avoir exposés une fois; mais je ne puis ici m'empêcher d'exprimer le contraste de ce qui se passe en moi dans ce moment, avec ce qui se passa il y a plus de vingt ans quand je m'abreuvai aux sources de la philosophie positive. Aujourd'hui, tenant les derniers livres de M. Comte, j'en tourne les feuillets avec une douloureuse émotion ; alors, tenant ses premiers ouvrages, je suivais avec un intérêt croissant les développements de cette pensée puissante qui devait me captiver.

CHAPITRE VI.

Retour à l'état théologique.

L'état positif est celui où l'esprit humain conçoit que les phénomènes sont régis par des lois immanentes auxquelles il n'y a rien à demander par la prière ou par l'adoration, mais auxquelles il y a à demander par l'intelligence et par la science en usant de leurs propres réactions et complications ; de sorte qu'en les connaissant de mieux en mieux et en s'y soumettant de plus en plus, l'homme acquiert sur la nature et sur lui-même un empire croissant, ce qui est le tout de la civilisation.

L'état théologique au contraire est celui où l'esprit humain conçoit que les phénomènes sont l'œuvre de volontés, ou, si le développement social en est arrivé au monothéisme, d'une seule volonté toute puissante et toute sage. Cette providence, collective s'il s'agit du polythéisme, unique s'il s'agit du monothéisme, gouverne le monde, en dispense les bienfaits et les rigueurs, met son doigt sur les événements humains, et a un regard pour la destinée de l'homme individuel.

Tel est le contraste entre les deux doctrines : d'un côté, des lois ; de l'autre, des volontés ; d'un côté, un monde qui est régi par les propriétés des choses et duquel l'homme fait partie ; de l'autre, un monde arrangé et approprié pour l'habitation transitoire de l'homme par une providence dont la puissance, la justice et la bonté ne s'endorment jamais.

Cela posé, qu'a fait M. Comte dans la *Synthèse subjective?* Il faut citer textuellement; car ici les citations textuelles sont nécessaires.

« Ne devant, dit-il, jamais aspirer aux notions absolues, nous pouvons instituer la conception relative des corps extérieurs en douant chacun d'eux des facultés de sentir et d'agir, pourvu que nous leur ôtions la pensée, en sorte que leurs volontés soient toujours aveugles. » (*Synthèse subjective*, p. 8.) Voilà la prémisse posée. On concevra donc les corps extérieurs comme doués des facultés de sentir et d'agir ; et aussitôt on appliquera cette conception à la terre : « Il est permis de supposer que notre planète et les autres astres habitables furent doués d'intelligence avant que le développement social y devînt possible. Alors la terre vouait ses forces à préparer le séjour de l'humanité, dont l'essor ne pouvait s'accomplir que dans un siège mort d'épuisement en vertu de ces longs efforts plus proportionnés à la puissance matérielle de l'astre qu'à son aptitude spirituelle.... Obligée de subir constamment les lois fondamentales de la vie planétaire, la terre, quand elle était intelligente, pouvait développer son activité physico-chimique de manière à perfectionner l'ordre astronomique en changeant ses principaux coefficients. Notre planète put ainsi rendre son orbite moins excentrique et dès lors plus habitable, en concertant une longue suite d'explosions analogues à celles d'où proviennent les comètes suivant la meilleure hypothèse. Reproduites avec sagesse, les mêmes secousses, secondées par la mobilité végétative, purent aussi rendre l'inclinaison de l'axe terrestre plus conforme aux besoins du Grand Être. A plus forte raison, la terre put-elle alors modifier sa figure générale, qui n'est au-dessus de notre intervention que parce que notre ascendant spirituel ne dispose pas d'un pouvoir matériel assez considérable. » (*Ib.* p. 10.)

Pourquoi les autres corps célestes ne seraient-ils pas

aussi *intelligents* et aussi *bienveillants* que la terre? Ils le furent en effet : « Étendues à tous les astres de notre monde, ces fictions permettent de caractériser leur existence antérieurement aux révolutions imaginées par les théoriciens les plus hardis, toujours restreints à l'ordre actuel, faute d'une suffisante séparation entre le concret et l'abstrait. Chaque planète dut ainsi perfectionner sa constitution matérielle, pendant sa plénitude vitale, autant que le permirent son intelligence et sa situation. Leurs progrès purent être simultanés, et même concertés, puisque toutes, sous une commune fatalité, tendaient vers des préparations convergentes, en vue des socialités respectives, dont l'essor exigeait partout des modifications communes. A mesure que chaque planète s'améliorait, sa vie s'épuisait par excès d'innervation, mais avec la consolation de rendre son dévouement plus efficace quand l'extinction des fonctions spéciales, d'abord animales, puis végétatives, la réduirait aux attributs universels de sentiment et d'activité. Tel est, envers les temps antérieurs, le complément général qui convient au fétichisme systématique, où l'existence matérielle se trouve finalement assimilée au type humain autant que le permettent nos connaissances et l'exigent nos besoins. » (*Synthèse subjective*, p. 11.)

A cette fiction d'un soleil, de planètes, de satellites intelligents qui ont modifié leurs modes d'être en vue d'un genre humain futur, il faut en ajouter une autre. M. Comte nomme *destin* l'ensemble des conditions nécessaires, en d'autres termes des lois qui sont immanentes à l'univers ; à cette abstraction il cherche un siége objectif, et il la place dans l'espace illimité, faisant de l'espace un nouvel être de son olympe, être qui est passif, mais sympathique : « Étendue jusqu'à la fatalité suprême, l'adoration du destin exige l'institution d'un siége nécessairement subjectif. » (*Synthèse subjective*, p. 18.)

Enfin, complétant cette série de fictions théologiques par une conclusion théologique aussi : « On conçoit alors, dit-il, le monde comme aspirant à seconder l'homme pour améliorer l'ordre universel sous l'impulsion du Grand Être[1]. » (*Synthèse subjective*, p. 12.)

Je respecte trop le génie et la mémoire de M. Comte, je regrette trop de restreindre, depuis cette fin de vie, le pacte mental qui jusqu'ici m'a uni avec lui, pour ne pas traiter sérieusement de ce qui l'entraîne et n'en pas chercher les causes. M. Comte s'explique là-dessus obscurément ; je veux pourtant essayer de déterminer l'enchaînement qu'il y a eu dans ses idées. Il nous dit (*Synthèse subjective*, p. 26) que cette construction est fondée sur la théorie positive de l'âme. A la vérité, comme la théorie de l'âme est fausse (voyez le chap. III de cette IIIᵉ partie), il s'ensuit que la construction qu'il édifie là-dessus ne vaut pas mieux. Mais cela n'empêche pas de reconnaître quelle fut son intention : il a voulu introduire fictivement dans le monde la volonté qu'il trouvait dans l'âme humaine, ou, plus généralement, dans le règne animal. Voici, telles qu'il les expose, les nécessités mentales qui ramènent les volontés dans les phénomènes, à la stupéfaction de la philosophie positive qui les en avait bannies.

D'abord il faut restaurer le fétichisme. La subjectivité doit prévaloir dans la synthèse universelle ; or, c'est le fétichisme qui a introduit spontanément la subjectivité ; donc le fétichisme doit reparaître dans le dernier terme de l'évolution humaine (*Synthèse subjective*, p. 6) ; mais, tandis que le fétichisme ancien ne connaissait pas les lois naturelles, le fétichisme nouveau est subordonné à ces lois. Je remarquerais, si nous étions là dans de meilleures idées, que M. Comte fonde la restauration du fétichisme sur cette

---

[1]. Le Grand Être, dans le langage de M. Comte, est l'humanité.

assertion, que le terme extrême de l'évolution sociale doit reproduire le type initial; assertion gratuite, dont on voit aussitôt la fausseté, en l'appliquant à la biologie, où ni la virilité ni la vieillesse ne reproduisent l'enfance.

Voilà donc les fétiches restaurés; mais à quoi serviront-ils, et que faire de ces volontés qu'on leur rend en les animant? Une nouvelle assertion, également gratuite, avance d'un pas vers la restauration des volontés; c'est que, chaque groupe de phénomènes ne pouvant jamais être entièrement fixe, on reconnaît que l'immobilité des lois naturelles ne saurait convenir aux événements composés, et reste toujours bornée à leurs éléments irréductibles (*Synthèse subjective*, p. 7). Où en sommes-nous? est-ce que les événements composés ne sont pas complexes, justement parce qu'ils résultent du concours de plusieurs lois abstraites? et en quoi cela les dépouille-t-il du caractère qui appartient à ces lois?

Mais passons et continuons. Le dogmatisme est le domaine des lois abstraites; l'expérience est le domaine des événements composés. Comment combiner ces deux domaines? On y parviendra en supposant que des volontés régissent les événements composés, ou, pour me servir des termes mêmes de M. Comte, en complétant l'ordre légal par l'ordre volontaire (*ib.* p. 8). Alors, dit-il, la raison humaine, se rendant compte de l'un de ces domaines par les lois, de l'autre par les volontés, est satisfaite : comme si la la raison pouvait l'être d'un tour d'escamotage par lequel elle met elle-même d'avance ce qu'elle fait semblant de trouver. Rien de plus arbitraire que cette argumentation; cela saute aux yeux; car c'est un caprice de mettre les événements composés en dehors des lois abstraites, et pire qu'un caprice de les faire gouverner par des volontés.

Dans un des passages cités plus haut, M. Comte a caractérisé les conceptions où il se laisse aller, de fictions. Soit; mais de fictions de ce genre, voilà ce qu'il pensait et écrivait en 1851, dans un passage où j'aime à le retrouver. « Nous sommes, au fond, plus incapables de concevoir tous les corps comme vivants que comme inertes. Car la seule notion de vie suppose nécessairement des existences qui n'en soient pas douées.... Les êtres vivants ne peuvent exister que dans des milieux inertes qui leur fournissent à la fois un siège et un aliment, d'ailleurs direct ou indirect. C'est pourquoi le panthéisme métaphysique convient encore moins à notre intelligence que le pur fétichisme, dont il constitue, à vrai dire, une savante parodie. Si tout vivait, aucune loi naturelle ne serait possible ; car la variabilité, toujours inhérente à la spontanéité vitale, ne se trouve réellement limitée que par la prépondérance du milieu inerte.... Ceux qui voulaient concevoir notre planète comme un immense animal, ne pouvaient avoir aucune idée générale de l'animalité ; autrement, ils auraient senti qu'une telle hypothèse est profondément contradictoire. Les moindres lois physiques, même celles de la pesanteur, deviennent incompatibles avec une terre vivante, outre que les projectiles participeraient aussi à cette vie universelle. Nos prévisions quelconques, rationnelles ou empiriques, cesseraient alors de comporter aucune réalité, si d'ailleurs notre propre existence pouvait admettre cette absurde supposition (*Système de politique positive*, t. I, p. 440, 441). »

Si ce sont des fictions, comme il le dit quelquefois, on ne peut en faire l'objet d'un culte ; aucun culte ne repose sur des fictions dont les croyants aient conscience. Si ce ne sont pas des fictions, comme il le dit d'autres fois, on n'y peut voir que des chimères. Le dilemme est insoluble. La pensée de M. Comte flotte d'une de ces deux alternatives à l'autre ; mais l'idée du culte finit par exclure la première et imposer la seconde. Écoutons-le en effet : « Élaborés par notre enfance et notre adolescence, les éléments synthétiques de notre maturité n'ont besoin que d'être convenablement transformés pour constituer l'état normal. Une inaltérable trinité dirige nos conceptions et nos adorations, toujours relatives, d'abord au Grand Être, puis au Grand Fétiche, ensuite au Grand Milieu. Fondée sur la théorie de la nature humaine et sur la loi du classement universel, cette hiérarchie offre un accroissement continu du caractère propre à la synthèse subjective. On y vénère au premier rang l'entière plénitude du type humain, où l'intelligence assiste le sentiment pour diriger l'activité. Nos hommages y glorifient ensuite le siége actif et bienveillant dont le concours, volontaire quoique aveugle, est toujours indispensable à la suprême existence. Il ne se borne point à la terre avec sa double enveloppe fluide, et comprend aussi les astres vraiment liés à la planète humaine comme annexes objectives ou subjectives, surtout le soleil et la lune que nous devons spécialement honorer. A ce second culte succède celui du théâtre, passif autant qu'aveugle, mais toujours bienveillant, où nous rapportons tous les attributs matériels, dont la souplesse sympathique facilite l'appréciation abstraite à nos cœurs comme à nos esprits (*Synthèse subjective*, p. 24). »

Ailleurs il se sert des termes : le triumvirat religieux, la terre ou grand fétiche, l'espace ou grand milieu, l'humanité ou grand être. Il dit encore : la trinité positive, l'espace, la terre, l'humanité. A ce besoin de trouver, coûte que coûte, le nombre trois et une trinité, on peut soupçonner des influences de son enfance catholique; car on sait que ces influences, tout endormies qu'elles paraissent, se réveillent parfois, non sans force, au déclin de la vie. Quoiqu'il en soit, le grand fétiche, le grand milieu et le grand être devenant l'objet d'un culte, on ne peut donner que le nom de théologie à un pareil ensemble qui nous présente les êtres à adorer et l'adoration à leur rendre. « La sagesse finale, dit-il, institue la synergie d'après une synthèse fondée sur la sympathie, en concevant toute activité dirigée par l'amour vers l'harmonie universelle (*Synthèse subjective*, p. 9). » Dépouillée des mots abstraits qui la composent, cette phrase signifie que tout ce qui se fait, tout ce qui est œuvre de l'activité de la matière vivante ou inorganique, est dirigé vers l'harmonie universelle par l'amour. Cette proposition serait une très-suffisante définition de la providence théologique. Considérer le monde comme secondant l'humanité intentionnellement, qu'est-ce autre chose que croire à des volontés supérieures qui choient l'homme et lui arrangent sa terrestre demeure? Ainsi, tandis que la philosophie positive, fondée par M. Comte, avait posé que, délaissant les choses d'origine et de fin qui nous sont interdites, le savoir humain ne reconnaît que des lois générales toujours obéies, sans marque, à nous visible, de volonté, d'amour ni de haine, voilà que les volontés conduites par M. Comte rentrent dans la philosophie et remettent les esprits au même point. La finalité, qui est, par essence, le caractère de la théologie, reparaît naturellement dans une théologie nouvelle.

Dans ce travail à vide de sa pensée, M. Comte ne s'est pas aperçu qu'il accolait deux régimes mentalement incompatibles. La théologie parle au nom des révélations ; les personnes divines sont venues sur la terre ; les ancêtres vénérés ont reçu de leur bouche les suprêmes commandements, que transmettent des livres sacrés. En cet état, on comprend la force et l'efficacité des croyances. Ici, au contraire, qu'avons-nous? une fiction? mais une fiction volontaire n'est l'objet d'aucune croyance, au sens sérieux de ce mot. Une réalité? mais qui voudra croire que la terre ait eu des volontés et de bonnes intentions pour le futur genre humain, et régler d'après cela son adoration et sa conduite? Il est donc vrai de dire que de pareilles conceptions ne peuvent rentrer ni comme fictions ni comme réalités, et que les deux régimes, le théologique et le positif, sont absolument exclusifs l'un de l'autre ; tenter de les réunir est une contradiction. Que la méthode subjective en reste chargée.

Mais je n'ai pas encore touché le point décisif et le nœud ; il faut y arriver. Dans les conceptions de la fin de sa vie, M. Comte confesse ouvertement que l'esprit humain ne peut se passer de croire à des volontés indépendantes qui interviennent dans les événements du monde. Si cela est vrai, l'esprit humain est nécessairement théologique, et il y aurait autant de folie à lutter contre cette nécessité que contre toutes les autres nécessités physiques ou organiques. Mais alors jamais n'a été fait aveu plus mortel à la philosophie positive. Elle repose sur cette donnée, que l'esprit humain n'est, nécessairement, ni théologien ni métaphysicien, et qu'il ne l'est que transitoirement. S'il l'est nécessairement, de chétives conceptions ne peuvent entrer en compétition avec la théologie émanée des profondeurs de l'histoire et consacrée par la grandeur des institutions et des services. Mais, s'il ne l'est que transitoirement, alors la philosophie positive a place pour inaugurer un nouveau régime mental. En tout cas, il faut opter entre elle et les volontés.

Vouloir, comme dit M. Comte, les faire régner ensemble, en plaçant les lois dans le domaine abstrait et les volontés dans le domaine concret, c'est perdre à la fois les avantages de l'un et l'autre régime, et former un composé qui n'a de nom dans aucune langue, de conception dans aucune philosophie, d'action dans aucune société. L'irrationalité évidente d'une conception, si c'est une conception, qui soumet à deux régimes contraires, les phénomènes généraux et les phénomènes particuliers, la nullité d'une fiction, si c'est une fiction, qui est dénuée de toute autorité sur les croyances, tout cela montre qu'il ne s'agit plus ici de philosophie, déductive ou inductive, mais que la méthode subjective a tout absorbé et a pris un empire absolu sur l'esprit de M. Comte. Sous cet empire, les plus simples notions de la biologie se sont obscurcies : le grand fétiche, la terre, reçoit en attribution l'*innervation*, c'est-à-dire une fonction nerveuse, sans *nerfs;* l'*intelligence* lui est départie (p. 10), mais la *pensée* lui est refusée (p. 8); l'action de ces fétiches s'exerce *dans le sens de l'amélioration*, et pourtant elle est *aveugle*, ce qui est contradictoire; car, étant aveugle, le fétiche ne peut discerner la bienveillance de la malveillance.

De tout cela, la méthode subjective est responsable. C'est de déduction en déduction qu'elle conduit ceux qui s'y livrent. Pour moi, de tels exemples m'attachent sans réserve à la méthode positive, que le dix-neuvième siècle doit au génie de M. Comte.

CHAPITRE VII.

De la cause qui a poussé M. Comte dans la méthode subjective.

Laissant de côté, pour le moment, ce que j'ai essayé d'établir dans les chapitres précédents, à savoir que M. Comte a introduit la méthode subjective indûment, que les applications de la doctrine ne comportent pas une autre méthode que celle de la doctrine même, et que les conséquences provenant de ce changement sont, expérimentalement, en désaccord avec les faits historiques et, théoriquement, avec les principes de la méthode positive, ainsi abandonnée; laissant, dis-je, de côté tout cela, il importe d'examiner, non plus philosophiquement, mais psychologiquement, par quel enchaînement M. Comte en est venu à se livrer tout entier à la méthode subjective.

La cause en effet est psychologique; car là-dessus j'ai, non pas mes propres conjectures, que je me serais abstenu de proposer, mais les dires mêmes de M. Comte.

Depuis qu'en 1842 il eut terminé le *Système de philosophie positive*, il ne cessa de rouler dans son esprit le livre qu'il avait promis sur la politique positive. Pourtant, ce fut en 1845 seulement que le caractère et le plan en furent arrêtés. Cette *reprise de sa composition philosophique*, ou, comme il dit encore plus précisément, *l'élaboration initiale de son second grand ouvrage*, coïncida avec une *grave maladie nerveuse*. Voici ce qu'il écrit à M. Mill : « Cette lettre a pris une telle extension que je suis forcé d'ajourner d'intéressants détails sur une grave maladie nerveuse, déterminée sans doute par la première reprise de ma composition philosophique, quelques jours après ma dernière lettre (15 mai). Le trouble a consisté en insomnies opiniâtres, avec mélancolie douce, mais intense, et oppression profonde, longtemps mêlée d'une extrême faiblesse. J'ai dû suspendre quinze jours tous mes devoirs journaliers et rester même au lit. Mais mes précautions soutenues ont toujours circonscrit la maladie dans le sein du système nerveux, en prévenant par l'abstinence la fièvre et l'irritation gastrique, de façon à me dispenser d'appeler aucunement mon médecin, qui est loin d'entendre comme moi le gouvernement de mon propre appareil cérébral. Vos deux affectueuses lettres m'ont trouvé en pleine convalescence, sans que toutefois le sommeil soit encore recouvré suffisamment. Quoique mon élaboration naissante ait été ainsi suspendue, l'ensemble de ma composition aura beaucoup gagné à cette période exceptionnelle, où ma méditation était loin d'éprouver l'atonie de ma motilité (Paris, 27 juin 1845). »

Cette lettre est mystérieuse. On ne promet pas d'*intéressants détails* sur une fièvre ou une fluxion; et on croit en avoir assez dit quand on a annoncé à un ami le fait, quelques symptômes et le résultat. C'est que, véritablement, ce n'avait été ni une fièvre ni une fluxion, mais une crise dans laquelle l'âme de M. Comte avait subi de profondes impressions et de durables modifications. Cela est nettement expliqué dans ce passage d'une autre lettre à M. Mill : « ..... L'invasion décisive de cette vertueuse passion (pour Mme Clotilde de Vaux) coïncida, l'an dernier, avec l'élaboration initiale de mon second grand ouvrage. Vous concevez ainsi la vraie gravité d'une crise nerveuse qui jusqu'ici vous était imparfaitement connue, et dans laquelle j'ai couru un véritable danger cérébral, dont d'énergiques souvenirs personnels m'ont heureusement préservé, sans aucune vaine intervention médicale, par la seule assistance du sévère régime que j'ai introduit, à cette occasion, pour tout le reste de ma vie. Sauf cet inévitable début, je sentais avec délices l'admirable harmonie spontanée de cette affection privée avec ma mission publique, au moment où je commençais ma nouvelle carrière philosophique, où le cœur, comme je vous l'annonçai, aura désormais au moins autant de part naturelle que l'esprit lui-même.... (Paris, le 6 mai 1846). »

Il n'est aucunement impossible de se rendre raison des phénomènes psychologiques qui se passèrent en lui. Depuis près de trois ans, le plan d'une politique positive l'occupait exclusivement, et il était livré à tous les efforts de la pensée. C'est dans ces méditations prolongées et absorbantes qu'il eut une crise.

Jusque-là, cette crise est indéterminée. Mais l'effort de pensée qui le travaillait, approchant de sa fin, se rencontra avec l'amour passionné que lui inspira Mme Devaux. Dès lors, la crise prit un caractère déterminé, et elle imprima le sceau du sentiment sur la conception qu'il élaborait.

Ainsi, dans cette méditation profonde qui dominait son esprit, et dans cette tendresse passionnée qui captivait son cœur, les obstacles qui l'avaient arrêté jusque là disparurent, les écailles lui tombèrent des yeux, et il aperçut la méthode subjective comme un guide lumineux qui l'introduisait dans le plus lointain avenir d'une humanité tout entière livrée à l'amour. Dès lors, son œuvre lui fut tracée d'un bout à l'autre; et il ne s'agit plus que de déduire et de combiner; or, quelle plus forte tête y eut-il pour enchaîner et suivre les combinaisons?

De pareils phénomènes nerveux ne sont pas rares; plusieurs hommes célèbres ont reçu de ces secousses mentales qui ont grandement modifié leurs dispositions intérieures.

Saint Paul, sur le chemin de Damas, en est un des plus mémorables exemples.

Ces secousses mentales ne sont pas nécessairement salutaires. Aveugles de leur nature, elles peuvent conduire au droit chemin ou conduire au mauvais. Si M. Comte eût appartenu à la théologie ou à la métaphysique, une crise le jetant dans la voie positive, il eût bénéficié de la bonté de la voie par le hasard de la crise. Mais, inversement, un hasard de même nature l'impliqua dans les déceptions de la voie subjective.

Le caractère de ces secousses mentales est d'imprimer une pleine confiance, une parfaite sécurité ; même les délices, comme il le dit fort bien, n'y sont pas étrangères. Il avait pris un optique complaisant qui lui ouvrait une perspective infinie; et, plus que jamais, il s'applaudissait dans la force d'une activité cérébrale renouvelée.

Aussi, est-ce à ce moment qu'il se crut rajeuni et en possession d'une seconde vie. Bien plus, à mesure qu'il avança en âge, il se flatta, si le sort lui donnait la longévité de Fontenelle ou du moins celle de Voltaire (c'étaient là ses deux termes) d'ajouter à sa seconde vie une troisième, celle de l'art où la poésie devait tenir le haut rang. De sorte que, pour lui, dans son illusion, les pas progressifs vers la vieillesse étaient des pas de retour vers la jeunesse. Un ordre physiologique que rien ne peut changer met l'art et la poésie dans l'âge de la force et de la création ; cette phase ne se prolonge pas jusqu'aux limites de l'existence; et Goethe lui-même, comme on l'a dit, s'était survécu. Quant aux natures scientifiques et philosophiques, elles redemanderaient en vain à la vieillesse, pour l'art et la poésie, une place qu'elles ont donnée à d'autres travaux.

La crise se rencontra, comme on l'a vu, avec un vif amour pour une dame, Mme Clotilde de Vaux, dont il a inscrit le nom dans les livres de sa seconde vie. L'influence en fut mystique, surtout quand la mort, qui tarda peu, en eut consacré le souvenir; et le mysticisme fut une aggravation de la méthode subjective.

Dans de pareilles conditions, l'œuvre de M. Comte, au terme où il l'a poussée, est devenue quelque chose de très-mélangé; il s'y trouve même des portions qui ne représentent que des impulsions toutes personnelles, sentiments ou sensations. Chacun des disciples a maintenant à faire son examen de conscience, et à dire ce qu'il admet et pourquoi il l'admet. Quant à moi, les attaques dont j'ai été récemment l'objet à propos d'une candidature académique, m'obligent plus particulièrement à déterminer ma position philosophique. J'ai été rudement traité comme positiviste; je ne m'en plains pas, car l'accusation est juste, tout cet ouvrage le démontrerait de nouveau, si cela était nécessaire; et, pour mes convictions, j'accepterais bien d'autres sacrifices que ceux d'une exclusion. Mais encore faut-il que, de mes responsabilités, j'écarte tout un ordre de propositions et de conséquences.

Donc je décline la méthode subjective et tout ce qu'elle implique; je décline la construction, faite dès à présent, de l'avenir social, le tableau cérébral, les fétiches, la terre, l'espace, et la finalité revenant avec eux. Les six premiers chapitres de cette troisième partie contiennent là-dessus tout ce que j'ai à dire.

Je décline, cela va sans dire, l'hypothèse de la vierge-mère. Voici ce qu'est cette hypothèse, qu'un esprit monté à l'état mystique a pu seul écrire, et que je ne transcris qu'à regret, mes devoirs envers la philosophie positive me le commandant : « Afin de mieux caractériser l'indépendance féminine, dit M. Comte en 1854, je crois devoir introduire une hypothèse hardie que le progrès humain réalisera peut-être, quoique je ne doive examiner ni quand ni même comment. Si l'appareil masculin ne contribue à notre génération que d'après une simple excitation, dérivée de sa destination organique, on conçoit la possibilité de remplacer ce stimulant par un ou plusieurs autres, dont la femme disposerait librement. L'absence d'une telle faculté chez les espèces voisines ne saurait suffire pour l'interdire à la race la plus éminente et la plus modifiable. Ce privilége s'y trouverait en harmonie avec d'autres particularités relatives à la même fonction, où la menstruation constitue surtout une amélioration décisive, ébauchée chez les principaux animaux, mais développée par notre civilisation. Il serait superflu d'insister davantage sur une telle hypothèse, destinée seulement à faire ici pressentir combien la femme peut devenir indépendante de l'homme, jusque dans son office physique.... Si l'indépendance féminine peut jamais atteindre cette limite, d'après l'ensemble du progrès moral, intellectuel et même matériel, la fonction sociale du sexe affectif se trouvera notablement perfectionnée.... La production la plus essentielle deviendrait indépendante des caprices d'un instinct perturbateur, dont la répression normale constitue jusqu'ici le principal écueil de la discipline humaine. Une telle attribution se trouverait dignement transférée, avec une responsabilité complète, à ses meilleurs organes, seuls capables de s'y préserver d'un vicieux entraînement, afin d'y réaliser toutes les améliorations qu'elle comporte (*Politique positive*, t. IV, p. 68). »

Je ne voudrais pour rien au monde entrer dans les conséquences morales qu'entraîne pour l'un et l'autre sexe une telle hypothèse. La physiologie me suffit : M. Comte a oublié l'exemple du mulâtre, né d'un blanc et d'une noire ou d'un noir et d'une blanche, qui prouve suffisamment que l'action du père ne peut être remplacée. De pareilles combinaisons subjectives sont de vaines ombres ; mais que dire quand, prenant ces ombres pour des réalités, on déclare que l'utopie de la vierge-mère est le résumé synthétique de la religion positive (p. 276), et que l'on veut diriger d'après un pareil type toute la vie individuelle et sociale?

Par la confiance que nous avions en lui, et qu'il s'était justement acquise, par la puissance avec laquelle M. Comte continuait à combiner, son ascendant sur nous était grand. Je dis nous, car je l'ai subi, trop sans doute, puisque aujourd'hui je suis obligé de revenir sur mes pas. Non que j'aie, en aucun temps, admis tout ce qui vient d'être énuméré; la plupart de ces conceptions sont postérieures au temps où je me retirai d'auprès de lui, et je n'ai jamais eu besoin de m'en défaire. Les corrections que j'ai à subir portent sur deux points, importants l'un et l'autre; le premier concerne mon adhésion à la religion telle que M. Comte l'a formulée; j'ai indiqué dans le préambule de cette troisième partie comment je modifie, sans l'abandonner, cette adhésion; pour moi, aujourd'hui, entre la philosophie positive et une religion, il y a équivalence et non identité. Le second point est le gouvernement révolutionnaire; il en sera question dans le chapitre huitième.

C'est le lieu de dire quelques mots de ce que M. Comte nommait son hygiène cérébrale; hygiène à laquelle il ne se permettait pas d'infraction; il en a parlé dans ses lettres; il en parlait dans ses conversations. La chose et l'expression sont également heureuses; et il y a là une indication à suivre et un germe à développer. L'*hygiène cérébrale* n'avait pour lui qu'un sens très-limité et tout personnel; cela signifiait seulement la rigoureuse abstention de toute lecture, à part quelques poëtes favoris, et, sur la fin de sa vie, l'*Imitation de Jésus-Christ*. Depuis l'époque de sa jeunesse où il avait amassé ses matériaux et formé son fond intellectuel, M. Comte ne lisait plus rien; il faut ajouter que ce fond intellectuel fut très-riche, que ses lectures s'étendirent très-loin, et que sa puissante mémoire, rete-

nant tout, conservant tout, mettait encore, bien des années
après, à son service l'ensemble de ce qu'il avait alors recueilli. Cette *hygiène*, pour me servir de son expression,
fut très-bonne pendant tout le temps où M. Comte exécuta
l'œuvre conçue ; l'idée était trouvée ; il importait de ne s'en
laisser distraire par rien, ni par le soin de prendre connaissance de ce qui se passait, ni par les difficultés qu'aurait pu soulever dans son esprit telle ou telle nouveauté.
Il ferma donc, avec la résolution qui le caractérisait, l'entrée de son cabinet à tout livre du passé ou du jour, et
arriva victorieusement au terme de la carrière. Mais ce
qui avait si bien convenu quand l'œuvre se faisait, ne convenait plus quand elle fut faite et qu'il déposa la plume qui
avait tracé la grande page de la philosophie moderne. Soit
qu'il formât le projet de se reposer et de considérer à loisir l'effet de son œuvre, comme on se met à distance pour
considérer un tableau, soit qu'au contraire, ce qui était le
cas, il fût décidé à travailler encore comme il avait travaillé
jeune, il importait d'interrompre cette hygiène cérébrale.
Vingt ans au moins s'étaient écoulés depuis ses premières
et fructueuses lectures ; beaucoup de choses avaient eu un
renouvellement dans les sciences, dans les lettres, dans
l'histoire, dans l'étude des langues et des races ; c'était une
provision nouvelle à faire. De plus, l'ancienne s'était usée,
c'est-à-dire qu'il en avait tiré ce qui avait le plus d'analogie
avec son esprit et avec ses idées ; le demeurant avait été, si
je puis ainsi parler, pressé et manquait de suc. Donc, au
moment de l'intervalle entre l'œuvre qui venait de s'achever et l'œuvre, quelle qu'elle fût, qui allait se commencer,
une sage hygiène conseillait de reprendre la grande lecture,
et de reconnaître en quoi les nouveaux matériaux influaient
sur ce qui avait été fait en philosophie positive et restait à faire.

Il n'en fut pas ainsi ; non-seulement M. Comte ne changea

rien à ce qu'il nommait son hygiène cérébrale, et qui, à vrai dire, cessait d'être une hygiène pour prendre le caractère d'un mauvais régime, du moment qu'il voulait continuer à travailler; mais encore il l'aggrava, joignant à la concentration philosophique la concentration mystique. Il devint lecteur assidu de l'*Imitation* et mit en usage les pratiques des mystiques pour obtenir certains états cérébraux. Le mysticisme, avec des touches très-diverses, les unes légères, les autres profondes, appartient incontestablement à l'âme humaine; mais autres sont les sources du mysticisme qui se précipite dans l'absorption divine, et autres celles du mysticisme qui s'appuiera sur la conception positive du monde; et de celui-là on sent un souffle dans ce beau vers d'un grand poëte italien qui, contemplant les horizons sans bornes, aimait à se perdre et à faire comme naufrage dans l'océan des choses (*E naufragar in questo mar m'è dolce*). En tout cas, devenir mystique, c'est renoncer à être chef de la pensée ou guide de l'action.

M. Comte est le premier, je crois, qui ait nommé l'hygiène cérébrale. Je ne veux pas en laisser l'idée confinée dans l'usage particulier auquel il la destinait. On peut en effet l'en dégager et recommander aux esprits méditatifs, et surtout aux médecins, l'importance d'un tel sujet. Nous avons des traités sur l'hygiène du corps; nous n'en avons point sur l'hygiène de l'esprit; les livres sur la santé des gens de lettres donnent des conseils pour éviter les inconvénients attachés au travail de cabinet, non des conseils pour étudier l'esprit, pour en connaître les côtés faibles, et pour indiquer comment on peut remédier à ces côtés faibles, comment il faut diriger les forces intellectuelles à l'effet d'en obtenir le meilleur parti et la plus longue durée, et quelles sont les occupations qui se rectifient l'une l'autre et dont l'alternance entretient l'intelligence. La matière est difficile; car tout y est à faire, aussi bien l'observation des esprits considérés dans leur application aux différents genres d'études, que la recherche des conseils qui peuvent leur être utilement donnés. En attendant, j'engage tout homme qui travaille de tête à soumettre de temps en temps l'exercice de sa pensée à un vrai contrôle, et à faire pour le régime mental ce que la sagesse ordinaire fait pour le régime du corps.

Tout ce que M. Comte a produit depuis 1845 est sous l'empire de la méthode subjective et souvent du mysticisme, qui deviennent d'autant plus dominants que le terme approche davantage. Donc, partout, en le lisant, il faut abstraire la méthode subjective et le mysticisme, et faire son profit de ce qui reste de vues et de pensées.

Mais, dans mon opinion, il est, de ce temps, deux œuvres qui méritent une attention spéciale, je veux parler du *Discours sur l'ensemble du positivisme* et du *Calendrier positiviste*.

La révolution de 1848 exalta M. Comte d'une façon favorable ; et, sous cette émotion, il écrivit le *Discours sur l'ensemble du positivisme*. Il ne faut certainement pas ajouter une foi implicite aux arrangements lointains qu'il y prévoit pour la société, et, en cela, il passe les bornes de la déduction légitime ; mais le livre est écrit avec une verve qui entraîne, d'un style net et vigoureux qui captive ; les apperçus nouveaux y abondent ; c'est un livre plein de substance et dont la lecture profite singulièrement.

Le *Calendrier positiviste* mérite d'entrer dans la bibliothèque de tous ceux qui étudient et pratiquent l'histoire. Je laisse de côté l'intention de le substituer dans l'usage au calendrier courant[1] ; je parle du fond. Il consiste essentiellement à remplacer les saints du calendrier catholique

---

1. M. Comte ne datait ses lettres que d'après ce calendrier. On trouve quelques-unes de ces dates dans des lettres qui ont été ou seront rapportées çà et là.

par les noms des hommes qui, ayant marqué dans l'histoire à quelque grand titre, ont servi au développement de l'humanité.

J'emprunte à M. Comte l'exposition du plan de ce calendrier : « Je subordonne l'un à l'autre trois genres de types, mensuels, hebdomadaires et quotidiens. La succession, toujours chronologique des treize[1] types mensuels, représente l'étude la plus fondamentale de l'ensemble du passé.... chacun d'eux préside au mois correspondant..., Sous chaque type du premier ordre, j'en range chronologiquement quatre du second[2], principaux coopérateurs de l'évolution qu'il représente.... L'ensemble de ces cinquante-deux noms caractérise un second degré de développement et de précision pour la conception concrète du mouvement humain.... J'institue une troisième glorification du passé, en consacrant chronologiquement les jours ordinaires de chaque semaine aux six meilleurs émules du type qui la domine. Ces noms sont d'ailleurs choisis indifféremment parmi les précurseurs ou les successeurs du chef correspondant.... Ces illustrations du troisième ordre se trouvant être plus nombreuses que les jours de l'année, je n'ai pu embrasser tous les noms qui méritent une certaine glorification occidentale qu'à l'aide d'un artifice supplémentaire : il consiste à accompagner un type quotidien d'un nom accessoire, destiné à le remplacer, en vertu de titres analogues quoique moindres (*Calendrier positiviste*, p. 14). »

On pourra discuter sur quelques admissions et quelques exclusions; mais, dans l'ensemble, les noms ont été parfaitement choisis, et l'on admire la sûreté du jugement porté sur tant d'hommes et tant de départements divers. Cette commémoration fut conçue par M. Comte comme un grand témoignage de reconnaissance de l'humanité tout

---

1. Le calendrier positiviste est divisé en treize mois.
2. Chaque mois est divisé exactement en quatre semaines.

entière envers les hommes dont les travaux ont servi l'œuvre commune ; reconnaissance universelle en effet, car elle va prendre dans tous les temps, dans tous les lieux, dans toutes les religions, ceux qu'elle honore et qu'elle consacre. Pour nous, qui l'acceptons comme telle, nous y trouvons en outre un puissant moyen de développer l'esprit historique et le sentiment de continuité ; le *Calendrier positiviste*, une fois qu'on se l'est approprié, fournit de lumineuses directions pour la méditation et l'enseignement.

CHAPITRE VIII.

La société positiviste.

La révolution de février éclata. Elle enthousiasma M. Comte. Un fond socialiste qui est inhérent à la philosophie positive s'accommoda sans peine d'une plus large influence donnée aux masses populaires. Les projets de reconstruction qu'il publia depuis sous le nom de politique positive et de religion de l'humanité ne s'en accommodèrent pas moins ; car il s'imagina que les prolétaires, pour me servir de son expression, étaient plus disposés qu'aucune autre classe à y donner leur concours. A un homme qui, on peut le dire, ne vivait que pour ses idées, de pareilles perspectives étaient enivrantes.

Aussi se hâta-t-il de profiter d'un événement qu'il avait d'ailleurs pressenti et même prédit. Je ne voudrais pas que de cette prédiction on tirât une trop grande conclusion ; car le même M. Comte a prédit que la république ne serait pas détruite en France et que la grande guerre n'éclaterait pas en Europe. L'insuccès de telles prévisions montre par un autre côté l'impossibilité où l'on est de pousser bien loin la déduction en matière politique et sociale.

Dès le 24 février, en ce jour où tonnaient la fusillade et le canon, il concevait l'idée d'une association dont il publia l'annonce sous le titre de : *Ordre et progrès ; Association libre pour l'instruction positive du peuple dans tout l'Occident européen.* Ce fut l'objet d'une feuille volante que je reproduis; « La réorganisation préalable des opinions et des mœurs constitue la seule base solide d'après laquelle puisse s'accomplir la régénération graduelle des institutions sociales, à mesure que l'esprit public aura librement adopté les principes fondamentaux du régime final vers lequel tend l'ensemble du passé chez l'élite de l'humanité. Ainsi, la saine instruction populaire devient aujourd'hui la première condition du vrai caractère propre à la terminaison organique de la grande révolution. Ce besoin est surtout compris par les prolétaires eux-mêmes, qui, malgré l'admirable spontanéité de leurs nobles instincts, sentent combien la culture systématique en est indispensable.

« D'après un double droit, désormais incontestable, de libre enseignement et de libre association, j'annonce donc la récente formation d'une Association indépendante qui, sous la devise caractéristique *Ordre et Progrès*, accomplira, autant que possible, un tel office social. Elle s'attache exclusivement à développer, dans des cours toujours gratuits, dont le libre accès ne sera jamais restreint, l'instruction positive proprement dite, comprenant : d'une part, les études mathématiques, inorganiques et biologiques; et, d'une autre part, l'histoire, qui, quoique habituellement empirique, contient le préambule nécessaire de la vraie science sociale. Mais, écartant tout principe indiscutable, elle s'interdit soigneusement tous les sujets qui ne comportent pas de véritables démonstrations.

« Loin de dissimuler jamais la tendance directement sociale de son enseignement, cette Association s'efforcera sans cesse d'y subordonner profondément l'intelligence à la sociabilité, en considérant toujours l'esprit comme le principal ministre du cœur. A ses yeux, il n'existe, au fond, qu'une seule science, celle de l'humanité, envers laquelle toutes les autres études réelles ne constituent que des préambules indispensables, dont la spécialité actuelle ne peut être corrigée que par cette destination continue. Mais, sauf ce principe universel, la convergence habituelle des divers cours restera toujours livrée exclusivement aux libres convictions des professeurs quelconques, sans qu'aucun programme leur soit jamais imposé.

« Cette association positive comprend, au même titre, deux sortes de membres, en nombre illimité, dont les uns consacrent une portion régulière de leur temps à l'enseignement populaire, tandis que les autres en facilitent, par toutes les voies légitimes, l'exercice et l'extension.

« Quoiqu'elle doive considérer Paris comme le siége essentiel de ses opérations, son service ne se borne point à la France. Il embrasse les cinq populations avancées qui, toujours plus ou moins solidaires, même dès l'assimilation romaine, composent, depuis Charlemagne, la grande république occidentale, au sein de laquelle, malgré les diversités nationales, aggravées ensuite par les dissidences religieuses, s'est accompli un développement intellectuel et social dont le reste de l'humanité n'offre point encore, même en Europe, un véritable équivalent. Ainsi, en conservant au centre français l'initiative naturelle que la première partie de la révolution lui a pour jamais rendue, l'Association occidentale étendra ses fonctions habituelles, d'une part à l'Allemagne et à l'Angleterre, d'une autre part à l'Italie et à l'Espagne. Cette indispensable extension d'un office partout urgent exige nécessairement que l'Association positive, sans refuser jamais l'assistance des divers gouvernements occidentaux, se tienne toujours indépendante de l'un quelconque d'entr'eux.

« Dans cette grande entreprise sociale, j'invoque directement la coopération de tous ceux qui, à un titre quelconque, peuvent y concourir utilement. Mais j'y invite plus spécialement, d'une part, pour les sciences inorganiques, mes anciens camarades ou élèves de l'École Polytechnique qui se sentent disposés à la seconder; et, d'une autre part, pour les études biologiques, les médecins ou naturalistes qui peuvent y coopérer. »

Le lendemain, 26 février, un autre souci le travaille: il veut, dans l'intérêt de la conciliation, en un moment aussi troublé, effacer les traces de ses démêlés avec M. Arago, et il m'écrit le billet ci-dessous : « Un grand sentiment public qui doit dominer les plus légitimes émotions privées, me détermine aujourd'hui à déclarer cordialement à M. Arago, aussi publiquement qu'il le désirera, que je *regrette de l'avoir offensé*. L'ensemble de mon passé m'empêche de craindre que cette démarche soit mal interprétée. Vous en pouvez faciliter beaucoup l'accomplissement par l'entremise de M. Armand Marrast. Quant au mode, je m'en rapporte entièrement à votre prudence et à votre zèle. »

Ainsi consulté, je conseillai de faire la déclaration qu'il projetait dans la séance de son cours d'astronomie aux Petits-Pères, séance qui devait avoir lieu le lendemain. M. Comte demande que cette démarche à l'égard de M. Arago, devenu membre du gouvernement provisoire, ne soit pas mal interprétée; je le demande aussi en mon nom : M. Comte avait l'intention non de capter la bienveillance d'un homme puissant, mais de remplir un devoir civique. Il s'en explique d'une façon très-digne dans la lettre qu'il m'adressa en sortant de son cours : « Pendant ma prédication philosophique, je viens de faire deux importantes déclarations, naturellement connexes, dont je vous prie de compléter l'efficacité, en leur procurant, autant que vous le pourrez, une publicité plus étendue que celle d'une simple exposition orale.

« J'ai d'abord proclamé ma ferme résolution de ne jamais accepter aucune position politique proprement dite, même celle qui pourrait m'être conférée par la confiance directe de mes concitoyens. Je n'ai pas hésité à présenter ce solennel engagement comme ne m'étant pas seulement personnel, mais aussi comme commun à tous les philosophes positifs qui veulent désormais vouer sérieusement leur vie au sacerdoce de l'humanité.

« Ensuite, j'ai loyalement regretté d'avoir attaqué M. Arago, auquel je me suis sommairement efforcé de rendre une exacte justice intellectuelle et morale. Le besoin social de ménager toute puissance réelle, surtout l'ascendant moral, plus rare et plus important qu'aucun autre, s'aggrave beaucoup de nos jours par le prix exceptionnel qu'acquièrent les personnes en un temps où il ne peut encore exister de véritables principes. Tel est le motif essentiel d'après lequel j'ai blâmé comme inconsidérée ma critique antérieure, même quand sa justesse serait jugée complète.

« Vous savez que l'urgence spéciale de la concorde entre tous ceux qui peuvent aujourd'hui concourir réellement au bien public m'a seule inspiré spontanément cette sincère manifestation, afin de ne pas contrarier involontairement le bien immense que peut faire M. Arago dans son éminente position actuelle. Mais, malgré votre rare modestie, mon scrupuleux amour de la vérité m'a forcé d'ajouter que je vous dois l'indication du mode que j'ai adopté. Je vous remercie toujours et de me l'avoir proposé, et de m'avoir jugé capable de le suivre (dimanche, 27 février 1848). »

A *l'Association pour l'instruction positive du peuple*, M. Comte donna le nom de *Société positiviste*, et le 8 mars il publia un appel sous ce titre : *Le fondateur de la société positiviste à quiconque désire s'y incorporer*. Cette pièce est fort longue, et, comme elle n'est qu'un développement de la *feuille volante*, je m'abstiendrai de la rapporter.

Il y expose en ces termes le mode d'incorporation : « Pour

mieux assurer l'unité de composition indispensable à la Société positiviste, je resterai seul juge de l'aptitude intellectuelle et morale de tous ceux qui demanderont à y entrer. Mais, quoique le nombre des membres doive demeurer illimité, il importe aussi de garantir spécialement la fraternité de leurs relations mutuelles; c'est pourquoi chacun de mes nouveaux choix sera toujours soumis à l'acceptation des anciens membres. Les explications précédentes indiquent évidemment, comme première condition indispensable, une suffisante adhésion à l'esprit général du positivisme. Ceux qui éprouveraient un vrai désir de s'agréger à la nouvelle société, sans avoir encore étudié mon grand traité, devront au moins adopter le *Discours sur l'esprit positif* que je publiai, il y a quatre ans, pour caractériser sommairement le positivisme, et l'éminent opuscule de la *Philosophie positive*, publié un an après par M. Littré, au sujet de mon ouvrage fondamental. Quiconque n'adhèrerait pas complétement aux cinq conclusions essentielles de ce petit écrit, devrait dès lors renoncer à une telle incorporation, du moins immédiate. »

Ces conclusions auxquelles M. Comte renvoie sont les suivantes : la détermination de la loi qui régit les sociétés passant par l'état théologique et l'état métaphysique pour arriver à l'état positif; la nature des questions qui doivent cesser d'être absolues pour devenir relatives; la méthode qui marche du monde vers l'homme et non pas de l'homme vers le monde; la coordination hiérarchique des sciences qui en indique les rapports et les réactions réciproques; l'incorporation des sciences dans la philosophie, et par là, enfin, l'homogénéité établie entre toutes nos conceptions (*Conservation*, etc., p. 65).

En fondant la Société positiviste, le but de M. Comte avait été de créer une société qui exerçât une action politique; il voulait qu'elle fût, toutes exceptions admises, dans la nouvelle république ce que les jacobins avaient été dans la première ; c'étaient ses termes ; et plus d'une fois je l'ai entendu gourmander le tout petit groupe réuni autour de lui de ne pas prendre l'attitude et le rôle qu'en esprit il lui avait assignés. Je n'ai pas besoin d'ajouter qu'alors la véritable influence révolutionnaire était ailleurs et dans des groupes nombreux et puissants. Mais, laissant de côté ces illusions, je dois dire que les réunions de cette société dont j'ai fait partie m'ont laissé d'excellents souvenirs. Elles étaient présidées, dirigées, remplies par M. Comte ; tous les événements du jour y avaient leur écho ; ils suscitèrent plus d'une fois, de la part de M. Comte, des apperçus lumineux, des hardiesses philosophiques, des rapprochements historiques que certainement on ne trouvait que là dans tout Paris.

De cette société sont émanés trois rapports, l'un *sur la question du travail*, le second *sur la nature et le plan d'une école positive*, le troisième *sur la nature et le plan du nouveau gouvernement révolutionnaire*. Chaque rapport fut fait par une commission composée de trois membres : trois ouvriers pour la première (Magnin, rapporteur, Jacquemin et Belpaume) ; trois médecins pour la seconde (Segond, rapporteur, de Montègre et Charles Robin) ; Littré, rapporteur, Magnin et Lafitte, pour la troisième.

Dans le premier rapport il ne faut pas chercher, sur la question générale du travail, ce qui ne peut s'y trouver, vu que l'école de M. Comte était fort étrangère à l'économie politique. Et, dans le fait, au moment de la plus forte tourmente de 1848, ce dont on avait besoin, c'était de conseils pratiques et qui fussent d'exécution immédiate. Or la Commission en donnait excellemment un de ce genre en recommandant la création, sur les différents points du territoire, de travaux d'utilité publique dont l'État prendrait l'initiative et dont il fournirait les fonds. La Commission ajoutait : « Les renseignements émaneront d'assemblées populaires locales provoquées par le pouvoir, dans lesquelles les citoyens seront appelés à discuter sur tous les travaux à exécuter, sur ceux en voie d'exécution et ceux déjà terminés. Ces réunions devront avoir lieu dans des locaux fournis, autant que possible, par les communes. Les séances seront publiques ; on devra y inviter avec soin les ouvriers voyageurs, qui sont très-propres à donner de bons renseignements quand on sait les leur demander ; ils acquerront par là de nouvelles connaissances qu'ils pourront utiliser ailleurs. Ces assemblées apprécieront la nature des travaux, leur importance, leur opportunité, leur direction, leurs inconvénients, leurs dangers, leurs résultats probables, enfin tout ce qui peut avoir quelque intérêt. Elles n'ordonneront pas les travaux ; elles devront les surveiller à titre de conseil. Une telle marche aurait pour résultat de mettre le sentiment social directement à l'ordre du jour par le caractère d'utilité publique des discussions, et de faire surgir une surveillance spontanée, gratuite, permanente, désintéressée sans être indifférente, ayant enfin tous les caractères d'une vraie surveillance (p. 11). » De ce double conseil, la première partie a été justifiée par l'expérience ; car le gouvernement impérial, qui a ouvert partout des travaux, s'est visiblement donné un semblable programme. La seconde partie n'a jamais été essayée, et elle reste, avec son caractère démocratique très-prononcé, dans le domaine des propositions qui pourront revivre.

Le second rapport est très-digne d'attention. On sait ce qu'est l'École polytechnique : un établissement où l'on enseigne les mathématiques, l'astronomie, la physique et la chimie. Considéré en soi, cet enseignement représente un tronçon où quatre sciences sont rangées dans leur véritable série telle que M. Comte l'a instituée. Pour avoir, au lieu de l'École polytechique, une école positive, il s'agit seulement de compléter le tronçon et d'y ajouter la biologie et la sociologie. Cela revient à donner à l'École polytechnique le complément des sciences organiques, biologie et sociologie, et à l'École de médecine la base mathématico-physique. Ainsi se trouvera réalisée une éducation encyclopédique qui devient de plus en plus un besoin dans les hautes régions de l'intelligence; trois ans y suffiraient. Mais le principe seul en peut être posé. Une institution de ce genre est à recommander aux gouvernements; sorte d'École polytechnique agrandie, elle servira pour de plus amples services publics, pour la haute administration, pour la haute magistrature, pour la médecine.

Le troisième rapport est mauvais; il est de moi. Préoccupé de l'idée que la Convention, déclarant expressément que son gouvernement était révolutionnaire, avait ajourné après la crise les institutions régulières, M. Comte voulut, en imitation, établir un gouvernement sciemment révolutionnaire pour tout ce qu'il nomme l'interrègne, c'est-à-dire le temps où les esprits sont en conflit entre les doctrines théologiques, métaphysiques et positives. Ce projet repose sur quatre points : 1° le pouvoir exécutif sera formé d'un triumvirat nommé à l'élection par Paris exclusivement; 2° ce triumvirat sera choisi parmi les prolétaires; 3° la durée de ces fonctions sera illimitée; mais, pour obliger le triumvirat à se soumettre à une nouvelle élection, il suffira de la signature de quelques dizaines de citoyens qui en demanderaient la déchéance; 4° la chambre des députés sera élue au suffrage universel de la France, et n'aura pas d'autre fonction que de voter l'impôt et d'en contrôler l'emploi.

Il est inutile de discuter ce projet et de faire remarquer l'impossibilité de concentrer l'élection du pouvoir exécutif dans Paris, l'impossibilité plus grande encore de le renfermer dans la classe des prolétaires, et l'impossibilité, la plus grande de toutes, de faire accepter un pouvoir si instable.

Pourtant, toutes ces impossibilités, je les ai signées de mon nom. Je ne fis, il est vrai, que commenter les idées de M. Comte, comme on le voit, par ce passage de l'*Introduction* qu'il mit en tête du *Rapport*. « J'ai lu le 26 avril, à la société positiviste le passage[1] concernant l'avénement des prolétaires à la suprême autorité politique, tandis que le pouvoir local, réduit à ses attributions financières, se consoliderait chez les riches. Dans nos séances des 7 et 14 juin, j'ai directement expliqué l'ensemble du nouveau gouvernement révolutionnaire, y compris les modes d'élection adaptés à la généralité de son premier élément et à la spécialité du second, j'ai alors confié l'examen du projet total à trois de nos confrères.... »

Si je note ainsi que ces idées appartiennent à M. Comte et que je n'ai fait que les écrire pour ainsi dire sous sa dictée, c'est pour détourner la responsabilité de les avoir conçues, mais non la responsabilité de les avoir acceptées. M. Comte m'a accusé, lorsque je me séparai de lui, de n'avoir pas été docile. Présentement, devant la nécessité de rétracter ce que j'écrivis alors, je trouve que ma docilité fut beaucoup trop grande. Mon tort, que je ne peux ni ne veux atténuer, est d'avoir reçu, sans examen, des idées qu'après examen je rejette. C'est, je le confesse sans détour, un grave échec intellectuel, et je le consigne ici comme tel. La seule compensation que j'y trouve, et elle n'est pas sans valeur, c'est d'abord une leçon de modestie, puis un juste avertissement, à moi de me défier de moi-même, et à ceux qui veulent bien me lire, de voir en moi un guide qui n'est absolument fidèle que dans sa bonne volonté. Je m'applique sans ré-

---

1. Il s'agit d'un passage du *Discours sur l'ensemble du positivisme.*

serve ces paroles de Montaigne : « Quand je me trouve convaincu, par la raison d'autruy, d'une opinion fausse, je n'apprends pas tant ce qu'il m'a dit de nouveau, et cette ignorance particulière, ce seroit peu d'acquest, comme en général j'apprends ma débilité et la trahison de mon entendement. »

Maintenant, relisant ces pages que je condamne, il faut pourtant que je dise ce qui a pu me faire illusion. Dégageant la pensée de M. Comte, on trouve une proposition fondamentale, à savoir que le pouvoir qu'il nomme central (c'est le pouvoir exécutif) doit appartenir, en temps révolutionnaire, aux prolétaires comme étant la classe la moins dominée par des intérêts particuliers, et que le pouvoir qu'il nomme local (c'est le pouvoir parlementaire) doit appartenir aux riches comme étant la classe qui connaît le mieux les affaires et l'administration. Ce principe, qu'aujourd'hui je crois faux, me séduisit alors.

Les deux intérêts qui prédominent présentement dans la société européenne sont la liberté et le socialisme; la liberté sans laquelle l'homme moderne, n'ayant qu'une existence incomplète, se sent comme disait le romain *deminutus capite*; le socialisme en tant qu'aspiration des classes populaires vers la plénitude de la vie sociale. Il importerait peu comment ces deux intérêts seraient satisfaits, pourvu qu'ils le fussent. Mais ils impliquent la liberté de discussion; et l'expérience se charge de jour en jour de prouver que la liberté de discussion n'est effective que dans les gouvernements représentatifs. M. Comte prétendait leur substituer la dictature. Mais avec la dictature on ne combinera jamais la liberté de discussion ; et cependant M. Comte demandait constamment, et c'étaient pour lui des principes inviolables, la liberté de réunion et la liberté de la presse. D'ailleurs, en fait, la dictature, ne dépassant jamais la crise, ne tarde pas à laisser reparaître le gouvernement

. représentatif; en fait encore, ce gouvernement, malgré la tourmente de 1848 et malgré des défaillances, n'a péri nulle part et s'est étendu à des pays qui ne le connaissaient pas. C'est là un enseignement contre lequel viennent se briser les conceptions de cabinet.

CHAPITRE IX.

Fondation de la souscription qui assura l'existence matérielle de M. Comte.

La place d'examinateur, comme on l'a vu plus haut, n'avait pas été rendue à M. Comte ; les Anglais n'avaient pas continué leur contribution ; et la position de M. Comte était restée fort précaire. Le déficit pendant 1847 et 1848 avait été comblé incomplétement par les prêts que lui firent ses amis ; mais ces ressources ne pouvaient se renouveler indéfiniment, et au moment où nous sommes il était nécessaire de songer à d'autres ressources. La première qui s'offrait était de reprendre l'enseignement privé des mathématiques, c'est dans cette vue que M. Comte publia la pièce qu'on va lire :

Appel au public occidental.

Paris, le dimanche 9 juillet 1848.

« La persécution que je caractérisai, en 1842, dans la préface exceptionnelle du dernier volume de mon ouvrage fondamental, s'est ensuite développée au delà de mes propres prévisions. Après avoir empêché l'avancement dû à mes services polytechniques, l'infatigable haine de nos coteries scientifiques a dès lors attenté à mes principaux moyens d'existence, en m'enlevant, il y a quatre ans, l'office que j'avais rempli d'une manière irréprochable pendant les sept années précédentes. Mais cette iniquité ne fut consommée que par *dix* votes contre *neuf*, dans un conseil composé de vingt-huit membres, dont les neuf absents m'étaient presque tous favorables. Je dus donc regarder cet acte, quelque funestes qu'en fussent les conséquences immédiates, comme une sorte de surprise légale qui n'annonçait point une irrévocable animosité. D'ailleurs le ministre compétent (M. le maréchal Soult), d'après un examen approfondi de toute cette affaire, avait énergiquement blâmé mes ennemis, dans une lettre officielle du 15 juillet 1844, où il refusait formellement de sanctionner une telle oppression. Quoique ce suprême jugement n'ait pu finalement me protéger contre une légalité vicieuse, il m'a dispensé de toute explication publique sur la véritable source de ma spoliation. Tous ces motifs me déterminèrent à supporter en silence les suites matérielles de cette persécution, jusqu'à ce qu'une vacance quelconque parmi les quatre examinateurs d'admission à l'École Polytechnique pût permettre une juste réparation.

« Cette occasion vient de s'offrir, de la manière la plus complète, par la retraite simultanée de trois de ces fonctionnaires. Dans chacun de ces trois cas, la commission chargée, sous la noble présidence de M. Poinsot, de proposer au Conseil polytechnique les deux candidats à présenter au choix du ministre, m'a toujours mis au premier rang. Pour la première nomination, où ce Conseil m'a placé le second, le ministre a préféré mon jeune concurrent, que j'admis moi-même à l'École Polytechnique en 1839. Quant aux deux autres cas, le Conseil m'a totalement exclu de la présentation officielle.

« D'après cette épreuve décisive, il ne peut plus rester aucun doute ni sur la volonté ni sur le pouvoir de rendre irrévocable la spoliation accomplie en 1844, et même d'empêcher toutes les autres compensations polytechniques qui me sont dues. Tant que prévaudra l'oppression pédantocratique que j'ai signalée, et que le gouvernement n'a jamais osé détruire depuis qu'il en reconnaît les vices, un implacable acharnement accadémique s'efforcera toujours de briser mon existence matérielle. Ce n'est point ici le lieu d'exposer l'histoire de cette persécution sans exemple, où la haine ne recula devant aucune immoralité légale. Une telle appréciation qui imprimera sur chaque oppresseur sa légitime flétrissure appartient à la préface du dernier volume du traité dont ce *Discours*[1] n'est que le prélude. Je dois ici me borner à mentionner l'attentat définitif, pour invoquer dignement l'appui du public occidental.

« Cette haute tutelle me devient d'autant plus indispensable que, après m'avoir ôté la meilleure moitié de mes ressources matérielles, mes ennemis vont tenter aussi de détruire toutes les autres, qui sont loin d'être inaccessibles à leurs atteintes. Les haines scientifiques seront d'ailleurs secondées par les antipathies métaphysiques, qui m'interdiront tout abri officiel extérieur à l'École Polytechnique. Depuis l'avénement de notre république, j'ai repris la proposition que je fis vainement, en 1832, au ministre Guizot, pour fonder, au Collége de France, une chaire d'*Histoire générale des sciences positives*. Or, cette fois, je n'ai pas même reçu la moindre réponse quelconque. D'un autre côté, le parti qui voudrait réduire la révolution actuelle à de simples substitutions de personnes ou de coteries, écarte, sous de vains prétextes, l'enseignement gratuit, par lequel, pendant dix-sept ans, j'ai initié les prolétaires parisiens à la nouvelle philosophie. Nos idéologues ne sont pas, au fond,

---

[1]. Il s'agit du *Discours sur l'ensemble du positivisme*, à la suite duquel cet *Appel* fut publié.

moins hostiles au positivisme que les psychologues eux-mêmes, et ils sentent mieux le danger dont il menace les renommées usurpées. A mesure que la nouvelle situation française facilite l'ascendant social de la véritable science et de la saine philosophie, nos empiriques et nos sophistes s'efforcent davantage d'en interdire au peuple l'accès décisif. Mon *Discours* va beaucoup augmenter leurs animosités naturelles, en leur prouvant que mon silence, depuis ma spoliation, ne résulte d'aucune renonciation, volontaire ou forcée, à ma mission philosophique et sociale. Heureusement contenues par notre civilisation, ces coupables haines, qui jadis eussent compromis ma liberté et peut-être ma vie, ont dû se contenter d'attenter à ma fortune. Mais, du moins, les divers persécuteurs avaient-ils espéré, d'après ma pauvreté personnelle, réduire désormais toute mon activité à lutter contre la misère. Cet écrit leur apprendra qu'ils n'ont pas mieux réussi à étouffer ma voix qu'à ébranler ma constance. Ils vont donc redoubler leurs efforts, concertés ou spontanés, pour empêcher à tout prix ce nouvel essor systématique, que l'accession des prolétaires et la prochaine sanction des femmes rendent plus redoutable à tous les jongleurs.

« Mais cet ignoble concours de tant de puissantes antipathies contre une seule existence peut être aisément déjoué par le public impartial, quand cet appel aura dignement révélé à tout l'Occident l'imminence de ma situation personnelle. L'épreuve qui vient d'avoir lieu me détermine à faire désormais dépendre mes ressources matérielles du libre enseignement privé des sciences mathématiques, suivant tous les modes et degrés qu'il comporte. Après avoir suffi vingt ans à ma laborieuse existence sans empêcher mon essor philosophique, cette profession indépendante dut être abandonnée, en 1837, pour mon principal office polytechnique. Depuis ma spoliation, je n'ai recouru qu'accessoirement à ce moyen primitif, dans l'attente toujours prochaine d'une réparation unanimement jugée inévitable. Aujourd'hui que la méchanceté de quelques-uns, secondée par la faiblesse de beaucoup d'autres, a rendu l'iniquité pleinement irrévocable, je commence mon second demi-siècle en reprenant à jamais l'humble et pénible profession qui ne semblait convenir qu'à ma jeunesse. Mais, quoique je n'aie nullement interrompu, depuis plus de trente ans, une pratique très-active de l'enseignement mathématique élémentaire ou transcendant, cette désuétude presque totale des leçons privées pendant les onze dernières années m'a détourné de toutes les relations favorables. D'ailleurs ma vie solitaire, où les contacts habituels sont plutôt philosophiques que scientifiques, aggrave beaucoup mes difficultés naturelles à cet égard. Enfin il faut aussi compter que la rage de mes divers ennemis me poursuivra même dans cet extrême refuge, que leurs atteintes peuvent indirectement troubler. C'est pourquoi j'ai dû terminer ce *Discours* en invoquant sans détour le public occidental, afin d'obtenir, comme tout autre prolétaire, un exercice continu de la profession que je pratique depuis ma première jeunesse.

« Un tel appel provoque naturellement deux sortes de sympathies, les unes spéciales, les autres générales. D'une part, je compte sur ceux qui, sans admettre ma philosophie, compatissent sincèrement aux injustices dont ma carrière scientifique fut toujours entravée, et reconnaissent d'ailleurs mon aptitude didactique. En même temps, je dois trouver encore plus d'appui chez tous les vrais appréciateurs de mes travaux systématiques, dont mes embarras matériels pourraient beaucoup gêner l'essor pendant les années de vigueur mentale qui me restent. Pour les uns et les autres, c'est un devoir social de ne pas laisser consommer un attentat qu'ils peuvent facilement annuler;

mais tous ceux qui s'intéressent au positivisme comme unique base normale de la régénération occidentale sont moralement obligés d'empêcher que son principal organe ne s'éteigne dans une injuste détresse au temps de sa plus parfaite maturité. Tant que la nouvelle philosophie n'aura point librement obtenu l'ascendant public, c'est sur ses adhérents privés que devra retomber l'indispensable entretien de la classe contemplative par la classe active. Puisse mon infortune particulière susciter des manifestations propres à convaincre les persécuteurs du nouveau culte que leurs criminelles menées n'empêcheront jamais l'essor philosophique de la seule issue mentale et sociale que comporte l'anarchie actuelle! »

Un tel appel fait à l'Occident, qui était trop vaste pour qu'on y fût entendu, et au nom du positivisme, qui était trop petit pour que l'influence s'en fît sentir, ne pouvait que demeurer sans effet; et malheureusement il n'y eut pas de reprise de l'enseignement privé. Les choses en étaient là quand un événement inattendu vint beaucoup les aggraver. Au milieu de la gêne de 1848, M. Laville, dans l'institution duquel M. Comte faisait un cours, fut obligé de restreindre le nombre de ses professeurs; c'était pour M. Comte une nouvelle perte de trois mille francs, et il restait réduit aux deux mille de la place de répétiteur de l'École polytechnique.

A peine eut-il appris cette fâcheuse nouvelle qu'il vint me l'annoncer. Son émotion, fort naturelle, était grande, et je la partageai sans réserve. J'avais là devant moi, inquiet et contristé, un homme pour qui un double sentiment agissait en moi puissamment, l'admiration pour son œuvre et une reconnaissance philosophique. Aussi ne pensai-je pas que je pusse me borner à lui témoigner un intérêt stérile, et, passant rapidement en revue dans mon esprit les moyens de lui venir effectivement en aide, je ne vis à ma portée qu'une souscription dont je me ferais le promoteur, et qui serait un secours non plus temporaire, mais permanent. Cette proposition, M. Comte l'accueillit avec une visible satisfaction, et son acceptation définitive est dans cette lettre que je reçus de lui le lendemain.

« Mon cher monsieur Littré,

« J'éprouve le besoin de m'expliquer immédiatement, avec une pleine franchise, sur la touchante proposition que vient d'inspirer votre noble sollicitude.

« Quant aux considérations préliminaires, je dois d'abord vous apprendre que, sans aucune roideur puérile, la situation m'interdit toute initiative envers M. Laville, dont je ne puis qu'attendre un retour que je n'espère pas, à moins que ma retraite ne fasse à la maison un tort évident. Depuis trois ans, il a tout disposé chez lui pour s'y passer de moi, si ma déconfiture polytechnique devenait irrévocable. Mon enseignement n'y constituait plus qu'une sorte de luxe dont la durée ne tenait qu'à mes chances de réintégration. Mon nom est maintenant pour lui, et peut-être avec raison, une mauvaise recommandation de ses élèves auprès des examinateurs actuels, qui ont tant concouru à me dépouiller. Je crois d'ailleurs que, si la maison se relève, il tiendra beaucoup à y attacher un de ces trois jeunes gens; c'est une raison de plus pour m'en écarter définitivement, malgré mes treize ans de bons services.

« J'espère, comme vous, que ma petite place à l'École me sera conservée, mais seulement cette année et peut-être la suivante. Ce complément final de mon injuste spoliation se trouverait aujourd'hui trop rapproché du principal attentat pour ne pas choquer les moins scrupuleux. Néanmoins une haine dont la persévérance est désormais aussi constatée que son immoralité saura bien, en temps opportun, m'ôter ce dernier poste polytechnique, comme je l'annonçai, il y a quatre ans, au maréchal Soult.... Mais, en tout cas, ce danger ne me semble pas immédiat, et d'ailleurs il est bien minime après les autres désastres.....

« Je suis convaincu, en effet, que l'ensemble de mes services mérite déjà que le public me défraye, même quand ma détresse actuelle ne proviendrait pas d'une injuste spoliation. Aussi n'ai-je point hésité récemment à terminer un post-scriptum occidental, en déclarant que ce devoir concerne tous les vrais adhérents de la nouvelle philosophie, tant que son existence officielle ne sera point assurée ; c'est pourquoi je serai toujours prêt à accepter sans scrupule, et même avec orgueil, toute souscription collective qui tendrait à faciliter le reste de ma grande élaboration, en m'épargnant de graves déperditions de temps et de vigueur. Dès le début de 1845, vous savez que je déclarai franchement cette disposition motivée à tous nos adhérents anglais, dans la personne de M. Mill....

« Le meilleur mode me semblerait consister dans votre pleine initiative, formulée par une circulaire, au besoin lithographiable. Sous l'impulsion de votre éminente recommandation, confirmée par votre généreux exemple, le succès me paraîtrait certain, au degré que vous avez jugé nécessaire. Il serait désirable que vous restassiez chargé de recevoir les souscriptions et de m'en transmettre le produit total. Votre circulaire initiale se trouverait ensuite complétée par celle où j'adresserais finalement à tous les souscripteurs de dignes remercîments philosophiques et personnels. En donnant à l'ensemble de cette opération la publicité convenable, nous augmenterions ainsi son utilité par une solennelle manifestation des véritables mœurs républicaines, que le positivisme peut seul diriger activement aujourd'hui. A ce titre, la souscription pourrait se propager jusque chez le milieu polytechnique resté encore étranger à mon influence philosophique, mais sincèrement choqué des iniquités commises envers moi....

« Vous voyez combien je préfère cette manière d'assurer mon existence matérielle, sans consacrer mon temps et mes forces à des corvées qui, quoique honorables, altéreraient beaucoup les résultats de la douzaine d'années de pleine vigueur cérébrale que je puis encore consacrer au service fondamental de l'humanité; mais je crois qu'il ne faut pas commencer cette importante tentative avant d'avoir reçu des nouvelles de Hollande sur la fondation de la *Revue*. Si ces messieurs m'y annonçaient, de leur côté, une équivalente initiative, elle pourrait appuyer la vôtre, dès lors adressée surtout aux Français et aux Anglais. Au cas où ils n'y exprimeraient encore aucune semblable résolution, votre circulaire initiale s'appliquerait indistinctement à tout l'Occident, comme ma gratitude finale.

« En tout cas, quel que soit l'avenir de cette mesure, et quand même des succès maintenant invraisemblables nous en dispenseraient pleinement, mon inaltérable reconnaissance vous est déjà acquise pour la générosité et la spontanéité d'une telle inspiration. (21 octobre 1848.) »

Ainsi autorisé et convaincu dès lors que je satisfaisais aux plus chers désirs de M. Comte, je me mis à l'œuvre. Je ne voulus pas accaparer, si je puis ainsi parler, cet office dont je me chargeais volontairement, ni m'en faire un titre individuel, et je songeai aussitôt à le partager avec les principaux disciples de M. Comte résidant à Paris. Je trouvai auprès d'eux accueil, sympathie, ardeur, et ils me donnèrent leurs signatures pour que je les misse au bas d'une circulaire que je comptais envoyer à diverses personnes; c'est à cela que M. Comte répond dans ce billet :

« Sans diminuer aucunement ma gratitude pour votre

noble initiative, ce mode collectif manifestera mieux le caractère social de cette importante démarche. Le vrai sentiment républicain se trouvera ainsi stimulé dignement non-seulement chez moi qui dois toujours m'efforcer de mériter davantage cet honorable appui, mais aussi chez tous ceux qui y participeront, et même chez les spectateurs d'un tel acte (7 novembre 1848). »

Ayant ainsi déterminé le mode de procéder, je me hâtai de passer à l'exécution; et je rédigeai la circulaire; rédaction que je soumis à M. Comte; il l'approuva et n'y corrigea qu'un seul mot, comme on verra dans la lettre ci-dessous. « Quoique pleinement averti déjà de votre noble démarche, je suis aujourd'hui très-touché de son exécution. Votre propre cotisation primitive m'avait toujours paru trop généreuse pour vos modestes ressources; mais je regrette que sa réduction finale soit imposée par de nouvelles perturbations. Ainsi fixée, je suis d'avance assuré que cette participation va jusqu'à l'extrême limite prescrite par votre situation actuelle.

« La rédaction de la circulaire me semble tout à fait convenable. Je n'y désire qu'une légère rectification, qui est purement philosophique. Dans l'énumération hiérarchique des six sciences fondamentales, la dernière s'y trouve qualifiée d'*histoire*. Si vous le permettez, je substituerai ma dénomination ordinaire de *sociologie*, comme étant non-seulement plus systématique, mais aussi plus complète, puisqu'elle embrasse à la fois l'étude statique et l'étude dynamique des sociétés, tandis que *histoire* ne convient qu'à la dynamique sociale. En ce dernier sens, ce mot *histoire* se trouve justement placé dans la phrase précédente, et il doit y rester. Son emploi préviendra assez ce que pourrait offrir ensuite d'étrange à quelques lecteurs le terme *sociologie*, d'ailleurs admis maintenant et même employé.

« Comme les douze noms qui constituent cette généreuse initiative forment déjà la majeure partie habituelle de notre réunion hebdomadaire, je sens le besoin cordial de leur adresser après-demain deux mots de remercîment collectif, formulé d'ailleurs de manière à ne provoquer aucunement ceux du club[1] qui n'ont pas encore souscrit. Ce préambule verbal et spécial préparera et annoncera la circulaire générale par laquelle vous savez que j'ai toujours compté terminer l'ensemble de cette manifestation exceptionnelle des véritables mœurs républicaines. Toutefois je vous indique déjà cette petite effusion, afin que vous puissiez me la déconseiller à temps si vous y trouviez quelque inconvénient réel (13 novembre 1848). »

Cette circulaire fut immédiatement envoyée aux personnes que M. Comte et moi pensâmes devoir le plus probablement répondre à un pareil appel. J'en mets le texte sous les yeux du lecteur.

Paris, le 12 novembre 1848.

« Monsieur,

« Nous sollicitons votre attention et, si vous jugez qu'il y ait lieu, votre concours pour un objet qui nous paraît intéresser à la fois la moralité publique et la science.

« M. Auguste Comte, auteur du *Système de philosophie positive*, est trop connu pour que nous nous étendions longuement sur les services qu'il a rendus. Son grand ouvrage, distinguant nettement, de la science concrète, la science abstraite, a, par une hiérarchie admirable, systématisé pleinement cette dernière. Il a fait entrer l'histoire dans le domaine de la science positive, et, de la sorte, tracé le cercle de la connaissance humaine. Mathématique, astro-

---

1. Il s'agit de la Société positiviste.

nomie, physique, chimie, biologie, sociologie, tel est l'ensemble du développement scientifique ; tel est le corps de la philosophie moderne ou positive; telle est la cause profonde, telle est la règle de plus en plus apparente des mutations sociales que nous offrent le passé et le présent. Aussi l'œuvre capitale de M. Comte, si féconde au point de vue de la science pure, ne l'est pas moins au point de vue social et politique.

« Ces travaux ont employé la vie de M. Comte. Parallèlement, il a pourvu, étant sans fortune, aux nécessités de la vie, d'abord par des leçons de mathématiques, puis par des fonctions didactiques qui lui ont été confiées à l'École polytechnique et dans une institution particulière. Des inimitiés persévérantes, qu'il faudrait qualifier sévèrement si c'était ici le lieu d'en parler, l'ont privé de sa place d'examinateur, toujours honorablement remplie. Enfin, dans ces derniers temps, sa disgrâce s'étendant, il a perdu la position qu'il avait dans une pension de Paris.

« Telle est la marche de la rémunération à mesure que les travaux accomplis et les services rendus ont été plus grands. Nous pensons que la moralité publique est intéressée à ce que de telles injustices soient réparées, à ce que des hommes équitables s'interposent pour empêcher le mal de se faire. Il reste à M. Comte une place de répétiteur à l'École polytechnique; mais les deux mille francs qu'elle rapporte sont complétement absorbés par des affaires domestiques. Il nous a semblé qu'une somme de cinq mille francs, fournie annuellement par cotisation, aussi longtemps du moins que M. Comte n'aura pas réussi d'ailleurs à se procurer des ressources quelconques, suffira aux besoins de son existence et de ses travaux. C'est donc cette somme que nous demandons par contribution aux amis de la science, aux ennemis de l'injustice, et à laquelle, bien entendu, nous contribuons des premiers pour notre part.

« Salut et Fraternité.

« Ch. Jundzill, professeur de mathématiques. — Belpaume, ouvrier bottier.— Fili, mécanicien.— Pascal, étudiant en philosophie. — Ch. Robin, docteur en médecine. — F. Magnin, ouvrier menuisier. — Littré, membre de l'Institut. — Segond, docteur en médecine. — Contreras, étudiant en médecine. — Francelle, ouvrier horloger. — Leblais, professeur de mathématiques. — A. Ribet, étudiant en droit.

« Les souscriptions, en totalité ou par fractions, seront reçues chez M. Littré. »

Toutes les choses de ce monde ont une double face, et celle-ci n'échappe pas à une telle condition. Je me sentis heureux d'avoir rendu ce service à M. Comte, qui se montra heureux de l'avoir reçu. Pourtant je ne dois pas dissimuler que s'élevèrent, dans le moment, des objections auxquelles la suite oblige d'accorder beaucoup d'attention. Quand Mme Comte apprit ce que j'avais fait, elle m'en blâma, disant d'un côté que j'avais pris peur trop vite, et qu'un homme comme M. Comte aurait bien fini par trouver des ressources qui lui fussent propres; d'autre part (et cela était plus grave), qu'une occupation qui obligeât M. Comte à soustraire quelques heures de chaque journée à l'unique méditation des questions philosophiques lui était salutaire, et qu'un esprit qui avait déjà souffert d'une trop grande contention et concentration, pourrait de nouveau souffrir si aucune distraction obligatoire n'intervenait. Plus d'une fois, quand j'ai vu M. Comte s'enfoncer dans les ténèbres de la méthode subjective et de la mysticité, je me suis rappelé ces avertissements.

Quoi qu'il en soit, la souscription était désormais établie. A chacune des années qui suivirent, 1850, 1851 et 1852, je rédigeai une circulaire nouvelle, et fis tous mes efforts pour que les résultats fussent satisfaisants. De son côté, M. Comte adressait tous les ans à chacun de ses souscripteurs une circulaire qui, outre les explications personnelles, était le contrôle de ma gestion. Ce n'était point du tout une sinécure, cette gestion, et, sauf le motif, je la vis passer sans regret dans les mains de M. Comte. Ce motif fut la rupture qui intervint entre lui et moi[1], et qui, finalement, le détermina (ce qui était très-naturel) à me retirer la souscription. Il m'annonça ce retrait par une lettre dont je donne le passage concernant la souscription. « La seconde mesure concerne la noble souscription publique qui constitue le seul appui de mon existence matérielle. Je n'oublierai jamais que vous l'avez dignement fondée, et que, pendant les deux premières années, vous y avez développé un véritable zèle. Mais j'ai résolu d'être dorénavant le seul directeur de cette institution, sauf les centres partiels qu'on pourra multiplier autant que les cas l'exigeront.... C'est pourquoi je vous demande aujourd'hui de vouloir bien m'envoyer le plus prochainement possible : 1° tout l'argent que vous pouvez avoir à moi maintenant, et celui qui pourrait encore vous arriver par erreur ; 2° tous les

---

1. La rupture commença au sujet du coup d'État de 1851, auquel M. Comte se rallia. Plus tard je me retirai de la Société positiviste. A mesure que je m'éloignai de M. Comte et de l'extrême ascendant intellectuel qu'il avait pris sur moi, je sentis qu'il était indispensable de soumettre au contrôle de la méthode positive tout ce qu'il avait promulgué dans la dernière partie de sa vie et que j'avais admis de confiance. C'est le résultat de ce contrôle qui paraît dans la troisième partie de ce livre. Mais je ne pense pas que j'eusse été capable de le faire si j'étais resté sous l'influence immédiate de M. Comte.

documents quelconques qui peuvent me faciliter l'administration de la souscription pour le reste de la présente année; 3° enfin, la liste exacte des sommes déjà reçues et de leurs sources, comme vous aviez coutume de le faire à la fin de chaque année (20 septembre 1852). » Je fis ce que demandait M. Comte, et je n'eus plus d'autre relation avec la souscription que de continuer à y fournir une quote-part, et à servir d'intermédiaire à quelques souscripteurs; car, malgré la rupture, mes sentiments de reconnaissance obligatoire n'avaient pas changé.

La plupart des personnes qui se joignirent à moi et me vinrent en aide étaient des disciples. D'autres tenaient à M. Comte par un lien moins étroit. Je citerai M. Mill; on a eu l'occasion de voir, en plusieurs endroits de cet ouvrage, jusqu'à quel degré il donne son adhésion à la philosophie positive; mais, ayant été si utile à M. Comte en 1844, il ne manqua pas de lui être utile encore en cette circonstance.

Ainsi se forma cette souscription qui dura jusqu'à la mort de M. Comte et qui, quand il eut perdu sa place de répétiteur titulaire à l'École polytechnique, demeura son unique ressource.

CHAPITRE X.

Cours fait au Palais-Royal.

M. Comte avait fait chaque année, pendant dix-sept ans, un cours gratuit et populaire sur l'astronomie, dans une salle que la mairie des Petits-Pères lui accordait. A la suite des événements de 1848, cette salle cessa d'être disponible, et le cours fut interrompu. M. Comte regrettait beaucoup de ne plus communiquer avec le public par l'enseignement oral. En 1849, l'occasion s'offrit à lui d'y revenir, et il ne la laissa pas échapper. M. Vieillard, qui avait eu pour élève le président de la république, depuis l'empereur, et qui, un peu plus tard fut sénateur, donnait son patronage à la philosophie positive, qu'il appréciait surtout comme dégageant l'esprit de toute conception théologique. Ce fut lui à qui M. Comte s'adressa et qui lui obtint, en 1849, une salle du Palais-Royal.

Là, le terrain était tout autre. Tandis que, aux Petits-Pères, M. Comte était astreint à ne pas sortir du domaine de l'astronomie et que l'autorité mettait opposition à ses tentatives pour changer la nature du cours, au Palais-Royal aucune condition ne lui fut imposée, et il put en pleine liberté donner à ses leçons toute leur portée philosophique et sociale. Aussi prit-il pour texte l'histoire générale de l'humanité; en voici le programme rédigé par lui-même et suivi avec cette rigoureuse exactitude que permettait seule sa puissance à coordonner et à retenir toutes les parties d'un grand ensemble.

Cours philosophique sur l'histoire générale de l'humanité, professé gratuitement, en 1849, *au Palais-Cardinal, par l'auteur du* Système de philosophie positive.

Séance d'ouverture (le dimanche 11 mars 1849). Discours général sur la nature philosophique et la destination sociale de cet enseignement.

Exposition de la théorie de l'évolution. — Nature de l'évolution.

Séance du 18 mars. Caractères fondamentaux de l'évolution humaine, à la fois intellectuelle et sociale.

Séance du 25. Conditions nécessaires de cette évolution spontanée. *Marche de cette évolution.*

Séance du 1er avril. Loi fondamentale de filiation historique ou *loi des trois états* (première loi sociologique).

Séance du 8. Loi générale de classement hiérarchique (seconde loi hiérarchique).

Séance du 15 avril. Loi complémentaire d'activité pratique (troisième loi sociologique).

Construction de la philosophie de l'histoire. — L'antiquité.

Séance du 22 avril. Appréciation générale de l'état fétichique.

Séance du 29. Considérations fondamentales sur l'ensemble du régime polythéique.

Séance du 6 mai. Appréciation générale de l'âge théocratique (polythéisme conservateur).

Séance du 13 mai. Appréciation générale de l'élaboration grecque (polythéisme intellectuel).

Séance du 20 mai. Appréciation générale de l'assimilation romaine (polythéisme militaire).

Le moyen âge.

Séance du 27 mai. Considérations fondamentales sur l'ensemble du catholicisme occidental (monothéisme progressif).

Séance du 3 juin. Considérations fondamentales sur l'ensemble de la civilisation féodale (double système de guerres défensives).

Séance du 10 juin. Appréciation générale de la première phase du moyen âge (établissement fondamental).

Séance du 17. Seconde phase du moyen âge (répression des invasions polythéiques).

Séance du 24. Troisième phase du moyen âge (répression des invasions monothéiques).
La préparation moderne.

Séance du 1er juillet. Considérations fondamentales sur l'ensemble du double mouvement moderne.

Séance du 8 juillet. Appréciation générale de la phase spontanée.

Séance du 15 juillet. Appréciation générale de la phase protestante.

Séance du 22 juillet. Appréciation générale de la phase déiste.

Séance du 29 juillet. Appréciation générale de la partie négative de la grande révolution.
Conclusion générale sur l'avenir humain. — État final.

Séance du 5 août. Tableau fondamental de la sociabilité finale, réglée par la religion de l'Humanité.

Séance du 12 août. Régénération totale de l'éducation occidentale, à la fois morale et intellectuelle.

Séance du 19 août. Appréciation générale du nouveau régime spirituel, tant privé que public.
Transition extrême.

Séance du 26 août. Organisation temporelle de la transition finale propre à l'occident.

26e et dernière séance (le dimanche 2 septembre). Organisation spirituelle de cette transition.

M. Comte fit ce cours les deux années suivantes, sans autres changements que ceux-ci : en 1850, il y eut une séance additionnelle sur le cerveau ; en 1851, il reprit cette leçon, l'intitulant : *Théorie fondamentale de la nature humaine, d'après la doctrine subjective du cerveau*[1], et il en ajouta une

---

1. C'est celle qui a été discutée dans le chapitre troisième de cette troisième partie.

pour faire le *Résumé général de la théorie positiviste sur l'appréciation du passé, la conception de l'avenir et la régularisation du présent.*

Dans ces cours gratuits et populaires, M. Comte prodiguait sans réserve, et, on peut le dire, avec l'allégresse du devoir accompli et de la vocation satisfaite tout ce qu'il avait de force. C'était le dimanche qu'il y consacrait. Le professeur arrivait à midi et la séance commençait aussitôt; elle durait jusqu'à trois heures, jusqu'à quatre heures et même au delà, sans autre repos qu'une courte interruption intermédiaire. C'était une abondance qui sortait de la plénitude des idées, et jamais l'épuisement, soit physique, soit intellectuel, ne se faisait sentir. Les digressions, quelquefois fort heureuses, ne nuisaient jamais au fil de l'enseignement, toujours repris d'une main sûre. Toutefois, dans de si longues leçons, il était impossible qu'il n'y eût pas des parties faibles, des redites, des points que le professeur ne vivifiait pas. Mais aussi, quand il rencontrait quelqu'une des vastes perspectives, des fortes pensées, des aspirations sociales, pour lesquelles la doctrine positive est un champ fécond, alors le professeur s'élevait sans effort à la hauteur de son sujet, l'esprit s'illuminait, le langage se colorait, devenait pénétrant, et l'auditoire, captivé ou touché, se sentait fier du professeur.

Plusieurs de ceux qui suivirent ce cours en ont des notes et des rédactions; mais il n'a pas été publié. Au reste, on s'en fait une idée suffisante par le *programme*. Il est composé de deux parties distinctes. La première présente, en résumé, la théorie de l'évolution sociale, exposée dans les trois derniers volumes du *Système de philosophie positive;* quelques développements oraux qu'ait pu donner M. Comte, les linéaments essentiels sont exactement les mêmes, et cela garantit l'excellence de ces leçons qui alors, pour la première fois, sortaient du livre pour entrer dans un enseignement public. La seconde partie est une *Conclusion générale sur l'avenir humain.* Je dirai semblablement : quelques développements oraux que M. Comte ait pu donner, il n'a amélioré en rien le caractère de pareilles conjectures qui, en sociologie, dépassent toutes les bornes d'une légitime déduction (voy. le chapitre II de cette troisième partie); ni l'*organisation spirituelle ou temporelle de la transition où nous sommes,* ni *l'état final de l'humanité* ne comportent une détermination précise; tout cela est beaucoup trop complexe pour être prévu à longue portée; toute spéculation sociale doit être, à tous les moments, soit éclairée, soit contrôlée par les événements sociaux, sous la direction générale de la conception du monde. La méthode subjective seule peut tenter de pareilles constructions; mais, on l'a vu, la méthode subjective est la pire ennemie de la philosophie positive.

La satisfaction qu'éprouvait M. Comte à entretenir de hautes questions un auditoire attentif, fut troublé, en 1850, par une décision de l'autorité qui lui retira la salle accordée. Il m'écrivit aussitôt ce fâcheux événement. « .... J'ai maintenant à vous annoncer une mauvaise nouvelle, à laquelle je ne m'attendais nullement. Le ministre des travaux publics m'a envoyé hier une lettre officielle par laquelle, sans articuler aucun motif, il me retire brusquement la salle qu'il m'avait concédée, six mois auparavant, pour mon *Cours philosophique sur l'histoire générale de l'humanité.* J'ai aussitôt adressé au *National* et au *Journal des Débats* un petit avis spécial pour épargner, dimanche, un déplacement inutile à mes auditeurs.

« Cette brutalité imprévue doit sembler d'autant plus étrange que, suivant mon programme publié en mai, et toujours scrupuleusement suivi, mon cours allait finir de dimanche en huit. Rien ne fournissait d'ailleurs un prétexte spécial d'interdiction dans les dernières séances qui n'ont pu déplaire qu'aux partisans des utopies subversives sur la famille et la propriété. Il faut que la mesure ait été sollicitée par quelque inimitié personnelle, particulièrement intéressée à empêcher mes deux leçons finales, qui devaient être directement relatives à l'ensemble actuel de la situation occidentale....

« Je viens de faire connaître la mesure ministérielle à M. Vieillard, dont le patronage m'avait procuré cette salle. En l'invitant à une enquête officieuse sur cette décision, prise sans doute à son insu, je lui témoigne que cette brutalité passagère ne me fera point renoncer à obtenir la même salle, sous son intervention, lors de la reprise de mes prédications annuelles, pour le dernier dimanche de janvier. Je termine par cette phrase qu'il pourra montrer : « Quel que soit l'aveuglement des puissants du jour, je ne pense pas qu'ils veuillent sérieusement interdire la seule discipline philosophique qui puisse régler les cœurs et les esprits populaires. »

« Au surplus, cette brutalité vient à contre-temps pour nous; car mon auditoire avait notablement augmenté depuis quelques semaines. J'attribue cette nouvelle affluence à la profonde impression produite par vos récents articles du lundi. Mais l'intime solidarité entre le socialisme et le positivisme s'est assez caractérisée cette année pour que rien désormais n'en puisse empêcher le développement. De telles violences pourront même le hâter davantage (vendredi, 12 guttemberg 61 (1849), M. Comte se servait de son *calendrier*, dans sa correspondance). »

M. Vieillard intervint, comme M. Comte le lui demandait. Mais, cette fois, son intercession fut inutile; et M. Comte, qui me tenait au courant, m'écrivit : « .... J'ai reçu, il y a quelques jours, une lettre de M. Vieillard, par laquelle il m'apprend que M. Bineau s'est dessaisi de cette affaire, en la renvoyant au ministre de l'instruction publique, lequel l'a soumise lui-même au conseil de l'Université ! Vous voyez donc combien il me reste peu de chances, puisque voilà mon cours jugé par la pédantocratie qui déteste le plus ma philosophie. Dès le début de mes démarches, en novembre 1848, j'avais déclaré au chef du gouvernement français (alors le général Cavaignac) que je regarderais comme une dérision tout renvoi de la décision aux autorités universitaires. Je suis étonné qu'une telle issue ne décourage pas M. Vieillard, qui m'annonce sa résolution de solliciter ceux sur lesquels il a quelque influence. Mais, quelque reconnaissance que je doive à son zèle et à sa persévérance vraiment civique, je ne puis aucunement partager son reste d'espoir; tant mieux si je me trompais (21 *Aristote* 62, 1850) »

M. Bineau, ministre des travaux publics, en se dessaisissant de l'affaire, témoignait qu'il ne voulait plus en entendre parler; et, en la remettant au ministère de l'instruction publique, il la remettait à une autorité toute décidée d'avance à ne rien accorder à M. Comte. En désespoir de cause, M. Vieillard conseilla à M. Comte de faire une démarche auprès du préfet de police, M. Carlier. Le fait est que c'était sur une réclamation du précédent préfet de police que M. Bineau avait retiré la salle. M. Comte eut donc une audience du préfet de police : il fut très-satisfait de ce magistrat, qui déclara n'élever aucune objection contre le cours et se borner au maintien de l'ordre matériel. Mais cette démarche ne servit à rien, l'intervention de M. Vieillard était épuisée, et le cours parut définitivement interdit.

Les choses en étaient là quand Mme Comte, qui connaissait M. Bineau, se résolut à faire une démarche personnelle auprès de lui pour obtenir cette salle, refusée même aux puissantes et pressantes sollicitations de M. Vieillard. Elle en instruisit son mari, qui lui en témoigna sa reconnaissance:

« .... Je vous remercie de votre démarche spontanée auprès du ministre Bineau, et je vous félicite des heureuses citations que vous a fournies votre judicieuse mémoire pour caractériser auprès de lui l'esprit de mon cours de l'an dernier. Quant à l'accueil que vous me décrivez, il suffirait pour vérifier que, quoiqu'il n'y ait plus de cour, l'eau bénite s'en conservera, tant qu'il subsistera des courtisans. Car, lorsque ce personnage vous a fait dimanche cette promesse normande ou gasconne, vous savez maintenant qu'il s'était déjà dessaisi de cette affaire pour en renvoyer la décision et surtout la responsabilité à une autorité dont il ne pouvait ignorer le mauvais vouloir envers moi et ma philosophie. S'il eût réellement eu jamais la moindre envie de servir la cause philosophique, il ne lui aurait pas fallu beaucoup d'énergie pour annuler l'objection tirée de la réclamation hostile de l'ancien préfet de police, en alléguant le consentement formel du préfet actuel. Au fond, M. Carlier est ici le seul personnage officiel qui ait tenu un digne langage, en me déclarant spontanément, le 26 janvier, qu'il se bornait à maintenir l'ordre matériel sans rien prétendre sur l'ordre intellectuel et moral. Votre renseignement sur la vraie source légale du petit coup d'État relatif à mon cours me fait aujourd'hui comprendre l'importance que M. Vieillard devait attacher à mon entrevue avec M. Carlier, laquelle eût, en effet, levé toutes les difficultés, si M. Bineau avait la moindre énergie ou aucune envie sincère de seconder dignement l'unique philosophie [1] qui puisse aujourd'hui discipliner le socialisme.... Mon cours me semble maintenant perdu pour cette année, à moins que M. Vieillard ne pût y faire exceptionnellement intervenir son élève, ce qui me semble improbable (25 *Aristote*, 62, 1850). »

---

[1]. M. Bineau ne connaissait même pas la philosophie positive. Au commencement de 1848, Mme Comte lui avait offert de lui rendre un service, et il avait donné carte blanche à Mme Comte, qui ne réussit pas. Mais c'était un homme fier, il se crut obligé comme si la chose avait réussi; et, en rouvrant la salle de M. Comte, il fit ce qu'on peut dire impossible, car alors on fermait tout.

Cette lettre montre que M. Comte, qui avait vu M. Vieillard échouer, comptait peu sur la démarche de sa femme. Le fait est que l'événement sembla d'abord donner raison à sa méfiance. L'autorisation promise par M. Bineau ne venait pas. Mme Comte, à son tour, s'en inquiéta, et elle renouvela, par la lettre suivante adressée au ministre, ses sollicitations.

« Monsieur,

« M. Littré, en son nom et au nom de quelques disciples zélés de M. Comte, est venu me demander quelle était votre décision ; je n'ai rien pu répondre.

« J'ai eu l'honneur de vous dire que mon mari est un homme européen, avec trois cents personnes derrière lui. C'est bien peu ; mais trois cents hommes honnêtes et d'un esprit sérieux, c'est beaucoup. Ceux de ses disciples qui sont étrangers prennent autant d'intérêt à la reprise du cours que ceux qui pourront y assister. Ce sont des adversaires, mais éclairés et loyaux, et qui se regarderaient comme vos obligés. Avoir des débiteurs dans le camp opposé n'est jamais à dédaigner en révolution ; c'est une bonne fortune.

« M. Vieillard connaissait très-bien la fermeture du cours, et c'est sur son conseil que M. Comte a vu le préfet de police actuel, lequel a dit qu'il ne se mêlait que de l'ordre matériel, et que, s'il n'était point troublé, il n'avait rien à voir là-dedans. C'est alors que M. Comte vous a adressé sa demande.

« M. Vieillard s'est hautement intéressé à la réouverture du cours ; c'est son rassurant intermédiaire qui m'a permis de vous solliciter sans égoïsme, malgré les précédents qui paraissaient vous arrêter. Qui est plus que lui attaché à l'ordre des choses actuel ? qui aime plus et mieux que lui le chef du pouvoir exécutif ? J'ai pu sous ce patronage si honorable vous supplier d'accorder une salle, sans être ni légère ni indiscrète.

« Je vous renouvelle la prière de vouloir bien statuer vous-même. Abandonner mon mari à l'Université serait refuser de la manière la plus cruelle. L'intervention de M. Vieillard vous permet de m'épargner ce chagrin cuisant.

« J'attends avec impatience que vous veuilliez bien me faire connaître votre décision, et vous prie de pardonner à une vieille femme, qui sera toujours votre amie, l'ennui qu'elle vous a causé. »

Copie de cette lettre fut envoyée à M. Comte qui n'y répondit que par un simple accusé de réception. Mais Mme Comte, qui avait toute raison de penser que la démarche réussirait et que la salle serait rendue, fut étonnée d'un procédé si sec; elle s'en plaignit et M. Comte lui donna satisfaction :
« En vous répondant immédiatement, j'étais hier préoccupé du besoin de commencer ce jour-là mon second volume, ce qui a effectivement eu lieu, quelques heures après, avec assez de succès pour confirmer mon espoir primitif de le voir achevé avant l'hiver prochain, à moins d'accident. Cette urgence m'a fait réduire ma réponse à ce qui me semblait strictement suffire au sujet de votre lettre au ministre Bineau. Vous remercier d'une telle démarche, me paraissait impliquer mon approbation essentielle de la lettre qui la caractérisait. Je regrette maintenant de ne m'être pas expliqué davantage à cet égard, sauf à retarder un peu plus mon important travail. Mais j'étais loin de craindre que cette insuffisante appréciation dût vous peiner, surtout vous sachant supérieure à de tels compliments[1]. Puisque votre lettre de ce matin m'apprend que je vous ai choquée sans le vouloir, je dois de nouveau suspendre mon travail pour vous témoigner combien j'en suis fâché. Dans le fait, votre

---

1. Mme Comte ne désirait pas de compliments, mais elle craignait que son mari n'eût pas jugé sa lettre convenable.

lettre à ce ministre m'a toujours paru très-satisfaisante de forme et de fond; elle indique, avec dignité et mesure, des motifs capables d'influencer un homme plus honnête ou seulement plus clairvoyant; tant pis pour lui, s'il n'en profite pas, comme tout le fait supposer (8 *Archimède*, 62). »

Comme on voit, M. Comte ne pouvait croire que, là où M. Vieillard avait échoué, sa femme réussirait, et il conservait des doutes que l'événement vint très-vite démentir; car, cinq jours après, il remerciait le ministre de l'octroi de sa salle:

« Monsieur le Ministre,

« Je m'empresse de vous témoigner ma respectueuse gratitude pour avoir enfin renouvelé la concession de votre prédécesseur envers la salle destinée au *Cours philosophique sur l'histoire générale de l'humanité*, dont je vous adressai, il y a trois mois, le programme imprimé. D'après votre décision d'hier, je vais reprendre cet enseignement gratuit tous les dimanches, de midi à trois heures, à partir du 21 avril jusqu'au 13 octobre.

« La longue discussion officielle qui vient de précéder ces nouvelles prédications positivistes, doit finalement les rendre plus efficaces. On sent ainsi que toute loyale renonciation des vrais philosophes à l'autorité temporelle déterminera bientôt une équivalente disposition des véritables hommes d'État, envers le gouvernement spirituel. Pendant que ceux-ci maintiendront avec énergie un ordre matériel toujours indispensable, la sagesse systématique de ceux-là reconstruira dignement l'ordre intellectuel et moral. Malgré d'inévitables dissidences entre des forces aussi hétérogènes, leur convergence spontanée transformera peu à peu notre périlleuse situation en une tendance directe à terminer convenablement la grande révolution occidentale.

« Dans ce cours plus solennel, j'espère mieux caractériser

les ressources trop méconnues que présente aujourd'hui l'état républicain en faveur de l'ordre véritable, tant spirituel que temporel. En offrant au progrès d'irrécusables garanties, la philosophie positive peut seule tourner, contre les jongleurs et les utopistes, une situation qui d'abord semble les seconder. Je puis ainsi élever dignement la bannière systématique des constructeurs en concurrence directe avec le fatal drapeau des niveleurs. L'appréciation normale des devoirs vient alors remplacer irrévocablement l'anarchique discussion des droits. On peut pleinement démontrer à la raison populaire combien il est absurde d'aspirer à des mesures qui soient à la fois radicales et immédiates. Mais cette conviction ne comporte d'efficacité que d'après une doctrine propre à remplir alternativement ces deux conditions également indispensables, en posant aujourd'hui les bases directes d'une régénération réservée à nos successeurs, et réalisant déjà toutes les améliorations assez préparées par nos prédécesseurs. En développant ces salutaires propriétés du positivisme, je ferai naturellement sentir, pour le présent comme pour l'avenir, que la principale garantie politique du véritable progrès social consiste dans une sage concentration de tout pouvoir temporel qui saura suffisamment respecter la liberté spirituelle. A nos yeux, la régénération finale est encore plus entravée aujourd'hui par les lettrés indisciplinables que par les mauvais riches. Instituer, contre ce double obstacle, l'irrésistible intervention des prolétaires et des femmes, telle doit être maintenant la mission essentielle des prêtres de l'humanité. Elle caractérise la tendance continue de mon nouveau cours, d'après la préparation accomplie l'an dernier.

« La décision qui me permet de poursuivre convenablement cet office, méritera toujours la reconnaissance spéciale de tous les amis de la religion finale. En leur nom et au mien, je vous prie, Monsieur le Ministre, d'agréer aujourd'hui la sincère expression de ce sentiment naturel [1].

« Salut et fraternité.

13 *Archimède* 62. 7 avril 1850. »

Remis en possession de sa salle, M. Comte témoigna sa gratitude à sa femme de ce qu'il appelait une *issue inespérée :*
« ..... Je me plairai toujours à vous en faire un digne hommage. Aussi lirai-je d'abord mercredi, à la Société positiviste, les principaux passages de votre lettre au ministre, sans cacher d'où elle vient. Votre prochaine présence à mon nouveau cours se trouvera ainsi entourée d'une secrète reconnaissance des plus zélés auditeurs. Sans cette juste déclaration, je craindrais que leur gratitude ne s'égarât ailleurs. (14 *Archimède*, 62). »

Un an après, cette salle fut décidément retirée ; et le coup d'État du 2 décembre ferma le cours sans retour. Longtemps M. Comte se flatta d'obtenir que ses leçons fussent de nouveau autorisées, mais l'autorité ne revint pas sur sa décision. Enfin, quand tout espoir fut perdu pour lui, M. Comte se consola en disant qu'en définitive le refus définitif était heureux et salutaire, et que le pouvoir, plus clairvoyant que lui, avait compris qu'il ne convenait plus au grand prêtre de l'humanité, de paraître dans une chaire et devant un auditoire.

---

[1]. M. Comte lut à une des séances de la Société positiviste une de ses lettres de demande adressées à M. Bineau. J'y assistais. Avant de la lire, il qualifia sa lettre de *bref.* Je crus alors que ce terme n'était qu'une métaphore, une figure ; mais c'était vraiment une réalité. Dès ce moment, M Comte s'était fait grand-prêtre de l'humanité, pape, et il écrivait des *brefs.* Ce mot préparait ce qui, arrêté dans son esprit, n'était encore connu que de lui.

CHAPITRE XI.

Relations avec M. de Blainville. — Affaire Maupied. — Discours sur la tombe de M. de Blainville.

La liaison de M. Comte et de M. de Blainville était fort ancienne ; on l'a vu par la lettre de 1826 (p. 121); on y a vu aussi que M. de Blainville, arrivé à une haute position scientifique, en usait, suivant les occasions, pour aider son ami qui, lui, luttait péniblement contre les circonstances. L'échange des bons offices ne cessa jamais. M. Comte, qui s'est toujours félicité d'avoir, pendant trois ans, suivi le cours de M. de Blainville, n'a pas manqué de consigner en différents endroits du *Système de philosophie positive* la haute estime que lui inspiraient les fortes qualités de ce grand esprit, et de recommander les conceptions générales répandues et soutenues plus encore dans ses cours que dans ses livres. De son côté, quand M. Comte s'adressa à l'Académie des sciences pour une chaire de mathématique dans l'École polytechnique, M. de Blainville le défendit avec l'énergie qui lui était propre, et protesta contre le parti pris de ses confrères.

En l'année 1845 se place un petit incident qui caractérise les relations de ces deux hommes et que je raconterai avec les lettres mêmes de M. Comte. M. de Blainville avait fait un cours sur l'histoire de la zoologie, et il avait chargé de le recueillir, de le rédiger et de le publier M. l'abbé Maupied. Cet ecclésiastique oublia l'amitié de M. de Blainville et de

M. Comte, et il y inséra la phrase suivante : « Si Descartes a rencontré juste dans sa conception (*Traité des Passions*), s'il a même émis une foule d'aperçus lumineux, il faut bien dire que l'*a priori* l'a trop souvent dominé, et l'a conduit à créer, pour ainsi dire, les éléments de la science, au lieu de les recueillir par l'observation. C'est ainsi que sa mécanique animale et même humaine a ouvert la voie au matérialisme de Broussais et au mathématisme[1] d'Auguste Comte; conséquences bien éloignées de l'esprit de Descartes (*Hist. des sciences de l'organisation*, par M. H. de Blainville, rédigée d'après ses notes et ses leçons par M. Maupied, tome II, p. 289). »

Cela s'était fait sans le su de M. de Blainville; il en témoigna beaucoup de mécontentement et offrit les réparations qui étaient en son pouvoir. Du reste, tout est suffisamment raconté dans la lettre suivante adressée par M. Comte à Mme Comte : « Je vous remercie de votre empressement à me faire part de l'intéressante visite de M. de Blainville, et je n'ai pas besoin d'ajouter que cette démarche spontanée me touche infiniment chez lui. En lisant, dans sa récente publication, la remarque qui me concerne, je n'ai pas eu un seul instant la pensée de la lui attribuer, soit parce que je sais combien elle est radicalement contraire à son appréciation de ma philosophie, soit d'après son évidente opposition avec ce que lui-même avait indiqué à mon sujet dans l'introduction, signée de lui, qui commence ce fâcheux ouvrage. Je sais bien distinguer, dans les diverses parties de cette composition disparate, ce qui émane vraiment de lui; et, dans notre dernière conversation, je lui en ai montré divers exemples irréfutables. Seulement, j'ai regretté profondément, à de nombreux égards encore plus graves et avec tous ses amis, qu'il eût accordé une confiance aussi irréflé-

---

1. Voy. pour ce mot de *mathématisme*, ou de *matérialisme mathématique*, p. 218.

chie à son collaborateur. C'est sans la moindre amertume que je lui ai exposé (samedi dernier) mes réclamations personnelles, et surtout la fâcheuse impression que l'ensemble de cette rédaction m'a produite; l'ayant aussitôt convaincu, je m'en suis entièrement rapporté à lui du mode de réparation et de correction. Ce n'est pas d'aujourd'hui que je connais la loyauté et la fermeté de son noble caractère, ainsi que son sincère attachement pour moi ; une niaiserie comme celle qui me concerne là personnellement, ne me refroidira jamais envers lui. La chose est d'ailleurs tellement absurde et injuste, comme Littré pourra vous l'attester, qu'elle ne peut faire aucun tort qu'à ceux qui la disent ; on ne pourrait ainsi détourner de me lire que quelques cuistres sacerdotaux par lesquels je ne tiens nullement à être lu. Je voudrais que cette collaboration ne pût donner lieu à de plus graves reproches ; mais, malheureusement, il est loin d'en être ainsi, et déjà les nombreux ennemis scientifiques de M. de Blainville se disposent à exploiter le large champ de ridicule que leur offrent si aisément tant de plates capucinades et de pauvretés philosophiques de ce rédacteur ; il y aurait bien assez, sans cela, des vices fondamentaux attachés à la déplorable direction où mon vieil ami a laissé entraîner son éminente intelligence, sous l'impulsion involontaire de ses affections politiques.

« Je comptais aller demain samedi remercier spécialement Blainville, avant notre réunion mensuelle, de la visite décisive que m'a faite mercredi, évidemment sous son impulsion, M. l'abbé Maupied, pour m'offrir personnellement la réparation du carton, que j'ai laissée à sa disposition. Vous concevez donc que j'irai, à plus forte raison, remercier en même temps Blainville de sa cordiale visite envers vous. J'ai reçu l'abbé comme il le méritait, non-seulement en mon nom, mais aussi au nom de tous ceux qu'il a tenté de flétrir, et je crois que, toute sa vie, il se souviendra de cette sémonce philosophique, où j'espère avoir convenablement exercé le noble privilége, maintenant passé dans notre camp, de pouvoir rendre une pleine justice à tous ses divers adversaires. Tandis que le camp théologique ne peut plus se livrer qu'à d'universelles réprobations, je me suis principalement attaché à lui faire sentir combien il a abusé d'une confiance exagérée pour satisfaire ses rancunes sacerdotales à l'abri d'un grand nom scientifique. Il m'a vu certainement moins touché de ce qui me concerne personnellement que de la grave altération à laquelle sa collaboration a ainsi exposé la gloire justement méritée de mon vieil ami. Enfin je lui ai franchement déclaré que je conseillerais à M. de Blainville de racheter cette édition, si sa fortune le lui permet comme je le présume, et d'entreprendre aussitôt, par lui seul, la refonte générale de ce travail. C'est en effet ce que je ne manquerai pas de lui recommander demain, laissant à sa propre sagesse la décision quelconque. Il pourrait lui en coûter une dixaine de mille francs; c'est une leçon un peu chère, pour une règle de conduite qu'il était facile de sentir avant tout cela, quant au danger de se livrer à une corporation qui a toujours une excuse irrécusable préparée d'avance envers toutes les incartades et infidélités quelconques qu'elle peut être conduite à se permettre. Mais je crois, après avoir soigneusement lu tout cet ouvrage, que le cas mérite bien un tel sacrifice, sans lequel le grand nom de mon vieil ami rappelera bientôt, et d'une manière plus fâcheuse, le souvenir éternel de Newton commentant l'Apocalypse.

« Quant au dîner de dimanche, je remercierai demain Blainville d'avoir spécialement songé, dans sa loyale délicatesse, à m'y épargner la présence de son collaborateur; mais, en vérité, j'étais fort loin de désirer un tel sacrifice, et je crois que le pauvre abbé se trouvera beaucoup plus gêné que moi. A moins qu'il ne tienne spécialement à n'y pas venir, je serais désolé qu'on l'en écartât pour moi, et je souhaite finalement qu'il y soit, comme de coutume. Ma disposition à cet égard est déjà constatée par expérience; car, au dîner de février, j'avais déjà lu tout ce malencontreux ouvrage, sans en avoir encore parlé à Blainville, par respect pour le profond chagrin où le plongeait évidemment la mort récente de son petit-neveu; et cependant mes manières n'ont rien eu, ce jour-là, d'extraordinaire envers M. Maupied; il en sera exactement ainsi après-demain.

« J'espère que l'ensemble de cette lettre vous ôtera toute inquiétude sur l'altération de ma précieuse liaison avec M. de Blainville par suite d'un tort dont je ne l'ai jamais rendu responsable.

« *P. S.* Après avoir achevé cette lettre, et avant de l'avoir fermée, je viens de recevoir la bonne visite de M. de Blainville et, par suite, de lui dire tout ce que je comptais lui dire demain chez lui. Tout s'est fort bien passé, les cartons vont se faire, et le dîner de dimanche conservera toute sa physionomie habituelle. J'ai exposé, par acquit de conscience, le conseil de racheter l'édition et de récrire l'ouvrage; mais je n'ai pas d'espoir de voir adoptée cette mesure rigoureuse dont l'importance n'est point assez sentie. Autant j'ai vu le cœur de mon vieil ami disposé à tout ce qui peut réparer les torts personnels, autant son esprit m'a semblé peu touché des graves imperfections qui ne peuvent que compromettre beaucoup sa réputation scientifique. Tout est donc fini, à cet égard, quant à l'affaire individuelle; car je tiens pour faits les cartons ainsi promis, et je ne m'en informerai même pas (lettre du 28 février 1845). »

En 1850, les relations entre M. Comte et M. de Blainville avaient cessé. M. Comte, occupé à remanier le *Calendrier positiviste*, écrivit à Mme Comte : « .... Comme vous avez fait attention au *Calendrier positiviste* (voy. p. 589 sur cet ouvrage), je dois vous indiquer une petite addition que je viens d'y faire, au sujet de plusieurs sous-saints. Le seul cas qui doive vous intéresser concerne Blainville, que j'ai introduit à titre d'adjoint de Lamarck dans le mois de Bichat. Mais cette promotion ne fait aucun tort à Oken, qui occupait d'abord ce poste. Au contraire, il monte en grade, puisque je l'ai nommé adjoint de Buffon, lequel n'en avait pas.... En vous donnant aujourd'hui ces indications nominales, ce n'est pas seulement pour vous suggérer quelques corrections à votre exemplaire.... Je voudrais que M. de Blainville connût, avant la réimpression du *Calendrier*, la justice que je lui rends, et que je lui aurais même témoignée d'abord sans l'obligation que je m'y étais imposée de ne nommer aucun vivant, du moins parmi les savants. Si vous continuez à le voir, vous pourrez facilement accomplir cette communication que j'ai déjà faite officiellement à la Société positiviste; en sorte que vous pouvez annoncer cela comme une résolution arrêtée, qui n'est pas un simple projet. Au cas où vous ne verriez plus M. de Blainville, vous pouvez aisément lui faire savoir cela par M. Foville. Je m'en rapporte à votre tact féminin pour la manière de remplir mon intention à cet égard. (19 *Homère* 62, 1850.) »

M. Comte dit dans son *Discours sur la tombe de M. de Blainville :* « Je l'ai définitivement érigé en adjoint de Lamark, dans mon système général de commémoration occidentale. Malgré son intraitable fierté, sa consciencieuse raison a aussitôt ratifié cet humble rang, quoique Blainville dût se sentir virtuellement supérieur à ce grand zoologiste. » Le fait est que, apprenant par Mme Comte quelle place M. Comte lui assignait, M. de Blainville écouta et sourit. Ce fut son seul acquiescement.

Deux mois après, et dans cette même année de 1850, M. de Blainville mourait subitement dans un wagon de chemin de fer ; il venait d'y monter, il y était seul ; un voyageur entrant dans le même wagon le trouva mort. A cette nouvelle, qu'il apprit par Mme Comte, M. Comte répondit aussitôt: « …. Quoique imprévue et sans douleur, c'est pourtant une triste fin, puisqu'il n'a pu donner ni recevoir aucun adieu; c'est bien la mort d'un égoïste[1]. (12 *César* 1862, 1850.) »

On voit poindre dans cette lettre les sentiments qui dictèrent le *Discours*; M. Comte l'annonce à sa femme, et le caractérise dans cette lettre: « J'improvisai sur la tombe de Blainville une sommaire appréciation philosophique et surtout morale, que je rédigeai le lendemain avec plus de développement. Si je me décide à l'imprimer, je vous en enverrai quelques exemplaires. Cette étude impartiale d'un penseur égoïste peut offrir une haute moralité, en montrant sur un grand exemple combien le cœur est indispensable à la pleine efficacité de l'esprit. (19 *César* 62.) »

Une partie de ce *Discours* est en effet un long reproche, où il attribue l'avortement relatif du savant à l'égoïsme invétéré de l'homme. Contre ce prétendu égoïsme j'invoquerais, s'il en était besoin, le témoignage de Mme Comte et de M. le docteur Foville, qui l'ont si bien connu et qui lui furent si attachés; j'invoquerais le témoignage de M. Comte lui-même, la délicate affaire Maupied, dont il vient d'être question, et les anciens combats académiques; j'invoquerais les propres paroles du *Discours,* où l'égoïsme de M. de Blainville est représenté comme exempt de cupidité, d'ambition temporelle et comme n'ayant jamais en vue que l'ascendant spirituel. Un pareil égoïsme se nomme d'ordinaire magnanimité.

Les lettres que j'ai entre les mains m'apprennent qu'au moment de la mort de M. de Blainville, en mai 1850, M. Comte et lui ne s'étaient pas vus depuis quinze mois. Leurs relations n'existaient plus, et M. Comte fit à l'égard

---

[1]. Cela est répété dans le *Discours sur la tombe de M. de Blainville.*

de M. de Blainville ce qu'il faisait à l'égard des gens avec qui il se brouillait : il oublia le passé et se laissa aller au blâme immérité. Mais ce blâme et le *Discours* qui le renferme ne doivent pas faire perdre de vue la lettre ci-dessus rapportée (p. 633), où M. Comte exprime une si pleine confiance en la loyauté et en la fermeté de son vieil ami, et se montre bien plus peiné du tort que, suivant lui, s'est fait M. de Blainville que de ce qui le concerne lui-même. Cette lettre, qui les peint tous deux, est honorable pour tous deux.

Le *Discours sur la tombe* fut une occasion cherchée, mais mal trouvée, de faire paraître le grand prêtre de l'humanité. C'était un catholique qu'on mettait en terre ; et sur un catholique le grand prêtre de l'humanité n'avait ni juridiction spirituelle ni droit de parler. Une tombe est un lieu sacré où la douleur seule a sa place ; la controverse ne peut pas s'y dresser, surtout si elle provient d'un esprit qui n'est pas uni au mort par le lien des suprêmes croyances.

CHAPITRE XII.

Dernière maladie. — Testament.

M. Comte avançait prématurément vers le terme qui nous est assigné à tous, êtres débiles et passagers. Il désirait la longévité pour travailler beaucoup (le travail avait été l'unique but de sa vie), et pour jouir, dans sa vieillesse entourée de disciples et honorée, du progrès philosophique et social de son œuvre. Mais l'ensemble des conditions au milieu desquelles se trouve chacun de nous et qui est ce qu'on nomme sa destinée, ne consulte pas nos désirs ; nous ne pouvons le modifier que dans des limites étroites ; l'hygiène la mieux entendue n'est, en définitive, qu'une somme de chances de plus en notre faveur, et la porte reste toujours ouverte aux accidents, tant intérieurs qu'extérieurs.

M. Comte croyait avoir mis de son côté ce genre de chances. Dans les dernières années, au lieu de s'en rapporter aux sensations journalières qui indiquent les degrés du besoin de réparation, il se mit à peser rigoureusement le pain et la viande de son dîner, s'astreignant à un poids toujours le même, qui, d'ailleurs, était plutôt au-dessous qu'au-dessus du nécessaire; le matin, il prenait un bol de lait avec un peu de pain détrempé. Il avait supprimé le vin, le café, et tous les toniques et excitants. Sous ce régime, il maigrit sensiblement, et il donna des craintes à ceux qui désiraient la prolongation de sa vie.

Ce régime, où l'on accordait trop à l'activité cérébrale et pas assez au corps, était en somme peu hygiénique. Mais comme ce n'est pas par là que la mort a saisi M. Comte, il est inutile d'insister. En tout cas, il faut remarquer que se promettre la longévité par l'hygiène est une erreur. L'hygiène écarte certaines causes de maladie et augmente, ainsi que je l'ai dit, les chances d'atteindre le terme de la vie, qui est naturel et variable pour chacun de nous ; mais la longévité, celle qui dépasse la durée ordinaire de la vie, est un don de la nature, que rien ne supplée, et que maintes fois les plus grandes fautes contre l'hygiène n'ont pas empêché d'avoir son effet.

D'autre part, sa situation était aussi bonne qu'il pouvait le désirer. La souscription suffisait à l'existence telle qu'il la voulait et à la conservation du lieu qu'il avait consacré au culte de Mme Devaux, et où chaque jour il invoquait son souvenir et priait. Il s'était fait grand prêtre de l'humanité ; il exerçait, dans une limite très-étroite sans doute, les prérogatives attachées à ce titre ; il mariait et donnait les autres sacrements du nouveau culte. Des disciples qu'il aimait l'entouraient, et il disposait de tout son temps pour la spéculation et la composition. Satisfaction matérielle, satisfaction morale, il avait tout, sauf un chagrin secret qu'on voit percer dans ces lignes singulières où il suppose qu'il écrit du fond de son tombeau : « Habitant une tombe anticipée, je dois désormais tenir aux vivants un langage posthume, qui sera mieux affranchi des divers préjugés, surtout théoriques, dont nos descendants se trouveront préservés (*Synthèse subjective, préface*, p. IX). »

C'est dans ces conditions que survint le mal cruel qui devait l'emporter. Un des disciples de M. Comte, M. le docteur de Montègre, qui le vit, non comme médecin pourtant, durant le cours de la maladie, m'a remis des notes prises sur le moment ; et, sans vouloir faire ici le triste détail des accidents, je me contenterai de dire que M. Comte a succombé aux progrès d'un cancer du tube digestif. Cela ne peut faire l'objet d'aucun doute médical.

En 1857, depuis quelque temps, sa santé était visiblement dérangée, lorsque, en mai, à l'occasion du convoi de M. Vieillard, il fit, à pied, la tête découverte, et par un soleil ardent, la course de la maison mortuaire au Père-Lachaise. Il revint épuisé. A partir de là, les accidents furent plus manifestes; aussi M. Comte attribua-t-il son mal à cette fatigue. Malheureusement aussi, ce fut peu de jours après qu'éclata sa querelle avec M. de Blignières, qui fut si poignante pour le maître et pour le disciple. Ces deux causes furent fâcheuses, mais ne créèrent pas le danger; quand bien même M. Comte ne se fût ni fatigué à suivre un convoi, ni livré à la colère, l'affection cancéreuse n'eût pas moins suivi un cours que rien n'arrête. Toutefois, il est vraiment douloureux que le hasard des circonstances ait fait coïncider une grave peine morale avec les souffrances physiques d'un mal incurable.

Ce que je viens de dire des causes, il faut le dire du régime. Ce fut M. Comte qui le dirigea. La médecine est absolument impuissante contre les cancers internes; elle n'a que des palliatifs; et, dans une terminaison nécessairement fatale, il importe peu que M. Comte ait voulu être son propre médecin. Cela et des illusions sur la gravité de son état, si tant est qu'il se fît complétement illusion, le détournèrent d'une contemplation trop assidue du progrès de son mal, et à ce titre furent salutaires. Mais, à mon tour, je ne veux pas aller plus loin dans une triste relation; ayant été trop fréquemment appelé à être témoin inutile et affligé d'une destruction qui chemine inexorablement, j'éprouve encore davantage cette impression au souvenir d'un homme à qui je n'ai jamais cessé de me reconnaître redevable.

Le terme fatal arriva. M. Comte, qui avait supporté la

maladie avec la plus grande fermeté, ne supporta pas avec moins de fermeté les approches de la mort. La faiblesse corporelle devint extrême, et il expira, sans agonie, le 5 septembre 1857, ayant auprès de lui quelques-uns de ses disciples qu'il préférait.

M. Comte laissa un testament. C'est une pièce volumineuse et étrange. Treize exécuteurs sont institués. Il les charge de conserver son appartement tel quel, comme premier siége du culte de l'humanité ; de faire une pension à sa bonne ; au décès de cette bonne, de faire une pension à son mari, et au décès de ce mari, une pension à leur fils ; de continuer la pension à Mme Comte ; il les charge aussi de payer ses dettes. En outre, M. Comte avait disposé de son avoir de cette façon : à sa bonne, l'argent comptant, les bijoux, l'argenterie ; au corps de ses disciples, le mobilier et la bibliothèque, afin, comme je l'ai dit, qu'ils les gardassent pour les transmettre à leurs successeurs.

Pour que plusieurs de ces dispositions qui allaient à l'encontre du contrat de mariage eussent leur effet, il fallait que Mme Comte y consentît. Ce consentement, Mme Comte l'aurait peut-être donné, si son mari le lui eût convenablement demandé. Mais, loin de le demander, il s'y prit, suivant une erreur habituelle à son esprit, d'une manière qui, l'assurant suivant lui, devait l'empêcher et le fit manquer effectivement; car le testament, en ce qui concerne sa femme, est injurieux d'un bout à l'autre.

Dans le temps où les dispositions écrites dans le testament fermentaient dans l'esprit de M. Comte et faisaient des explosions, je me suis plus d'une fois efforcé de lui inspirer plus de calme et un plus juste regard pour son passé. Bien des circonstances m'y autorisaient : d'une part, j'étais, on l'a vu, son disciple fervent ; il me savait gré alors d'avoir le premier en France appelé l'attention publique sur ses travaux ; enfin j'avais pris l'initiative d'une souscription qui le satisfaisait; d'autre part, j'étais, depuis plusieurs années, lié avec Mme Comte : mes intentions n'étaient donc suspectes ni d'un côté ni de l'autre. J'écrivis à M. Comte ; je lui représentai qu'après une séparation déjà ancienne, après une correspondance amicale qu'il avait lui-même entretenue depuis cette séparation pendant plus de trois ans, des colères que rien n'autorisait n'étaient pas justes ; j'allai même jusqu'à le sommer, avec la connaissance de Mme Comte, de me déclarer les griefs non connus dont il s'armait pour devenir si violent. Je n'en reçus jamais que des réponses irritées sans doute et acerbes, mais qui ne contenaient rien de plus que les reproches généraux qu'on peut voir soit dans sa lettre à M. Mill soit dans ses lettres à Mme Comte.

Le 6 septembre, lendemain de la mort, deux des treize exécuteurs vinrent l'annoncer à Mme Comte et lui dire que M. Comte avait laissé un testament par lequel sa pension était assurée, à la condition d'en accepter toutes les clauses ; on lui apprit que c'était par les exécuteurs testamentaires que cette pension serait servie. Mme Comte répondit que, dans l'état où elle était, il lui était impossible de prendre une résolution et que, d'ailleurs, elle n'accepterait jamais un testament qu'on ne lui montrait pas. On lui dit alors qu'il y avait urgence de prendre parti, son mari ayant laissé 10 000 francs de dettes, et que des poursuites allaient se commencer ; on ne lui indiqua pas quels étaient les créanciers. Mme Comte fut atterrée à cette nouvelle, mais ajourna jusqu'à ce qu'elle eût connaissance du testament ; sur cette réponse, on lui déclara que son refus d'acceptation donnait aux exécuteurs testamentaires le droit d'ouvrir un pli cacheté que son mari avait laissé contre elle. A cette menace, qui dès lors dominait tout, elle répondit qu'elle n'avait rien à craindre et refusa définitivement, même sans connaissance du testament. Le jeudi suivant il y eut pour le même but une nouvelle visite à laquelle on vint encore sans testament; nouveau refus de Mme Comte. Enfin le samedi, toujours dans la même semaine, troisième visite, et troisième refus de Mme Comte, qui dit qu'un pareil acte (le pli cacheté posthume) ne pouvait émaner que d'un homme malade ou d'un malhonnête homme, et qu'elle avait épousé l'homme le plus honnête. Cependant le testament n'était pas produit; il ne fut déposé chez le notaire que le 12 septembre, jour de cette dernière visite.

Ce testament que Mme Comte n'acceptait pas et qui dérogeait aux clauses du contrat de mariage, fut soutenu par les exécuteurs testamentaires. De là naquit un procès; on plaida en référé; Mme Comte gagna, elle ne pouvait pas perdre, et le testament fut judiciairement annulé. Il n'y eut que les papiers de M. Comte qui restèrent en suspens; ils ne furent accordés ni à Mme Comte ni à la famille, qui les réclamait aussi. Ces papiers furent, par ordre du président, déposés chez un notaire, où ils sont encore. Ils ne renferment d'ailleurs aucun manuscrit, et sont uniquement composés de lettres et de comptes de dépense. A la mort de Mme Comte, ils iront à la famille de M. Comte, si, auparavant, Mme Comte ne plaide pas pour en obtenir la possession.

On vient de voir quelles charges M. Comte imposait à ses disciples. Il avait depuis longtemps trouvé en eux le plus grand dévouement. À partir du moment où il fut son propre éditeur, il ne put faire imprimer ses livres qu'avec leur aide. M. Longchampt, exécuteur testamentaire, avait avancé deux mille francs; M. Audiffrent, exécuteur testamentaire aussi, dix-huit cent soixante-dix-sept francs; son imprimeur, M. Thunot, qui lui avait donné des facilités, était créancier de deux mille trois cent soixante-douze francs. Il fallut faire une vente pour payer les dettes. Elles se composaient des créances de ces trois messieurs, des frais de funérailles, de quelques dettes d'amis, loyers, dettes de maison et frais de justice. Quand Mme Comte eut soldé tout cela, le passif dépassa l'actif de quelques centaines de francs.

Mme Comte, que son contrat de mariage reconnaissait créancière de 20 000 francs, pouvait légalement retenir pour elle les deux tiers de l'actif; mais une pareille pensée ne vint même pas à son esprit. Sans songer au lendemain, quoique bien sombre, elle accomplit le devoir du moment, et, renonçant à toute sa créance, dont elle ne toucha pas un sou, elle acquitta jusqu'au dernier sou les créances des autres. Bien loin de croire qu'elle faisait un sacrifice, elle a toujours regardé le payement des dettes de son mari comme son privilége.

CHAPITRE XIII.

Lettres à miss Henriette Martineau. — Lettres à M. Célestin de Blignières, ancien élève de l'École polytechnique.

SOMMAIRE : Les trois lettres qui suivent sont adressées à miss Martineau, qui, ayant terminé le beau livre dont il a été parlé ci-dessus, p. 276, en avait envoyé un exemplaire à M. Comte. M. Comte l'en remercie comme il convient; il salue avec bonheur cette association; et en effet miss Martineau s'est associée par cette œuvre à ses travaux et à sa gloire. Avec générosité, miss Martineau fait une part à M. Comte dans les profits de la vente; avec générosité aussi, M. Comte n'accepte cette part qu'à la condition d'en faire un emploi impersonnel. Pourtant l'emphase habituelle à M. Comte lors d'un succès se montre, quand il prétend voir, dans le livre de miss Martineau, le signe d'une alliance entre les femmes et le sacerdoce de l'humanité; et il y a de la préoccupation à le présenter comme n'ayant pu émaner que d'une main féminine. On remarquera en outre la discordance de ses opinions sociologiques sur la femme, avec ses opinions biologiques (voy. p. 400).

« Mademoiselle,

« On m'a remis avant hier l'exemplaire que vous avez bien voulu m'adresser du précieux travail que vous venez de publier. J'en ai déjà lu la noble préface et l'excellente table, ainsi que quelques articles décisifs. Cette lecture me suffit pour caractériser la droiture, la justesse et la sagacité que vous avez constamment développées dans cette longue et difficile opération.

« Les esprits vulgaires s'étonneront seuls qu'une telle élaboration émane de votre sexe; mais les vrais philosophes sentiront au contraire qu'elle ne pouvait guère surgir ailleurs, puisque c'est surtout là que se trouvent aujourd'hui l'esprit d'ensemble et la généreuse liberté, presque incompatibles avec le régime dépressif qui domine actuellement chez les hommes, principalement même parmi les lettrés. Toutefois, si les femmes distinguées possèdent naturellement les dispositions mentales et morales qu'exigeait une pareille entreprise, elles manquent encore, le plus souvent, de l'initiation encyclopédique indispensable à son accomplissement. Cette éducation, qui, suivant le programme du grand Molière, procure des clartés de tout, sera certainement accordée à tous dans l'état normal de l'humanité régénérée par le positivisme. Mais elle est maintenant très-rare, et les femmes ne peuvent l'acquérir que d'après une suite persévérante d'efforts spontanés, dont la plupart d'entre elles ne sont pas susceptibles. Celles qui les comportent n'accomplissent ordinairement cette préparation théorique qu'en altérant leur cœur et même leur esprit, par une vanité pédantesque, oubliant qu'une telle acquisition doit finalement devenir familière aux moindres intelligences. Une vraie supériorité cérébrale peut seule préserver d'un semblable danger, en fournissant d'avance, comme le fait spontanément l'ensemble de votre carrière, le véritable type de l'état féminin où la culture spéculative aboutit à développer l'existence affective.

« D'après l'opération capitale que vous avez heureusement conçue et dignement accomplie, ma *Philosophie positive* va bientôt acquérir un degré de sage propagation que je ne pouvais nullement espérer de mon vivant. Si, comme auteur, je vous en dois personnellement de profonds remercîments, ce travail mérite surtout ma gratitude en accélérant la régénération à laquelle j'ai systématiquement voué ma vie. Grâce à vous, la pénible étude de mon traité fondamental ne reste indispensable qu'au petit nombre de ceux qui veulent devenir théoriciens. Mais l'immense majorité des lecteurs, où la culture théorique est seulement destinée à préparer la raison pratique, peut désormais et même doit préférer la lecture habituelle de votre admirable *condensation*, qui vient pleinement réaliser un vœu que j'avais formé depuis dix ans. En me plaçant, autant que possible, au point de vue de la postérité, je n'hésite pas à vous annoncer que vous avez rendu votre nom inséparable du mien, en exécutant le seul travail qui subsistera parmi tous ceux qu'a déjà suscités mon livre fondamental.

« Une telle association me fait espérer que vous lirez avec intérêt le grand ouvrage que je vais prochainement terminer, et dont celui que vous avez condensé fournit la base nécessaire. En attendant le quatrième et dernier volume qui paraîtra dans six ou sept mois, j'ai remis hier les trois volumes déjà publiés de mon *Système de politique positive* à quelqu'un dont le voyage à Londres lui permettra bientôt de porter ce paquet chez votre éditeur, que je charge de vous le transmettre immédiatement. Vous y trouverez aussi mon *Catéchisme positiviste*, destiné surtout à propager chez votre sexe, par une sommaire exposition, la construction religieuse qui devait résulter de ma fondation philosophique, en remplaçant irrévocablement Dieu par l'Humanité, suivant la tendance croissante que votre sagacité dut sentir dans l'ensemble du traité que vous avez si fructueusement étudié.

« Avant que vous ayez examiné la religion positive autant que la philosophie correspondante, votre excellent travail vous fait involontairement concourir à son avénement, en honorant spontanément le sexe que le positivisme vient enfin placer au premier rang de la société normale. Ma fondation d'un nouveau pouvoir spirituel consiste surtout à mettre irrévocablement au service du sentiment l'intelligence, qui jusqu'ici fut essentiellement vouée à servir la force matérielle. De là résulte un intime rapprochement entre la classe contemplative et le sexe affectif, également opprimés aujourd'hui par une brutale activité. Mais cette combinaison décisive exige que chacun de ces deux éléments puisse assez participer au caractère de l'autre pour en subir dignement l'influence continue. L'ouvrage que je vous envoie vous montrera comment j'ai rempli cette condition nécessaire, puisque je n'aurais pu l'accomplir sans la régénération morale que je dois à l'ange auquel je l'ai justement dédié. D'une autre part, votre éminente élaboration constate irrévocablement que la prééminence affective de votre sexe ne l'empêche point de développer l'aptitude spéculative qu'exige son concours normal avec le sacerdoce rénovateur.

« Je ne dois pas terminer cette lettre sans vous témoigner combien me paraissent judicieuses, en général, les suppressions que votre projet vous a forcée d'opérer envers mon ouvrage. Celle qu'indique spécialement votre préface sur mon dernier chapitre d'astronomie reste même au-dessous de ce que je souhaitais. En effet dans un projet, récemment avorté, de réimpression du second volume de ma *Philosophie*, j'avais expressément recommandé de supprimer entièrement ce chapitre comme relatif à des questions qui doivent être irrévocablement écartées, en tant que oiseuses, même quand elles deviendraient assez accessibles. Mon traité spécial d'astronomie populaire élimina réellement en 1844 ce domaine sidéral ou cosmogonique. Parmi vos autres suppressions, je ne regrette jusqu'ici que celle du court passage que ce second volume consacre à l'éminente Sophie Germain, dont la mémoire philosophique m'a semblé devoir être immortalisée dans mon *Calendrier positiviste*.

« Respect et sympathie.

« 29 décembre 1853. »

» Mademoiselle,

« Votre charmante lettre de lundi m'a fait hier éprouver une vive satisfaction, en témoignant le prix que vous attachez à la juste approbation que j'ai dû vous exprimer. Mon premier jugement s'est trouvé pleinement confirmé par toutes les impressions et réflexions qui l'ont suivi. Depuis beaucoup d'années, mon régime cérébral m'interdit toute autre lecture que celle des grands poëtes. Ainsi privé d'un examen complet et continu de votre travail, j'ai pu cependant l'apprécier assez en lisant çà et là plusieurs articles décisifs, dont votre précieuse table m'avait facilité le choix. Ceux de mes disciples, à Paris, en Hollande et en Irlande, qui viennent de lire entièrement cette heureuse *condensation*, sont unanimes pour m'en témoigner leur satisfaction profonde, ou plutôt leur juste admiration.

« Je suis surtout frappé de l'incomparable sagacité, non moins due au cœur qu'à l'esprit, avec laquelle vous avez dignement senti la destination sociale d'une composition philosophique dont la plupart des juges masculins n'ont saisi que la tendance intellectuelle. Ayant, dès mon début, voué ma vie à fonder le nouveau pouvoir spirituel qui peut seul terminer la révolution occidentale, je construisis la philosophie positive pour fournir une base théorique à la régénération morale, dont ma seconde carrière s'occupe directement depuis la fin de la première. Néanmoins, presque tous mes appréciateurs, même bienveillants et judicieux, se sont arrêtés à l'examen du moyen, sans considérer le but, au point de croire que je divergeais quand je poursuivis celui-ci. Quoique vous ne connaissiez pas encore cette construction directe, le tact féminin vous a spontanément représenté l'ouvrage auquel vous consacriez une si précieuse sollicitude, comme le fondement intellectuel d'un édifice social.

« Outre l'efficacité certaine et prochaine qui fait, aux yeux des vrais positivistes, de votre publication un événement décisif, j'y sens de plus en plus l'importance de votre concours personnel, par lequel commence la sainte alliance entre la femme et le sacerdoce pour dégager l'Occident de l'anarchie mentale et morale. Votre exemple dissipera bientôt les préjugés pédantesques contre la coopération philosophique du sexe le mieux disposé, surtout aujourd'hui, pour le vrai point de vue encyclopédique. L'envoi que vous avez cordialement agréé vous est peut-être déjà parvenu, puisqu'il partit de Paris le 10. Il vous fera sentir combien ma principale construction se trouve, depuis neuf ans, heureusement dominée par une impulsion féminine, que la mort consolide et développe de plus en plus. En procurant une nouvelle vie à mon traité fondamental, vous êtes irrévocablement associée à cette salutaire influence, déjà devenue la meilleure garantie du positivisme....

« Le courage qui vous distingue me rassure spontanément, ma chère collègue, contre les chagrins que pourrait vous susciter la malveillante appréciation que vous me signalez, et dont il est ici facile de s'affranchir suffisamment. Nos adversaires ont partout cédé le terrain intellectuel, puisqu'ils ne recommandent plus leurs croyances au nom de la réalité, mais seulement en vue de l'utilité. D'après ce triomphe spontané, nous pouvons compléter la victoire, sans la moindre concession, en leur prouvant, par notre propre conduite, à l'appui de nos démonstrations, que notre doctrine est plus favorable qu'aucune autre à l'efficacité morale dont ils affectent vainement la possession exclusive. Faisons-leur surtout sentir la supériorité propre au caractère relatif de nos convictions, en rendant toujours à leur croyance une justice que l'absolu leur interdit envers nous. Il faut désormais convertir le système d'hypocrisie qui pèse sur l'Angleterre, en un système de ménagement pour des opinions dont l'ancienne utilité n'est pas encore épuisée totalement chez les âmes ordinaires. Presque tous nos contemporains sont destinés à mourir dans l'état arriéré que le positivisme peut seul remplacer. Ainsi, la religion positive, en liguant aujourd'hui toutes les *âmes d'élite*, comme furent ligués, au dix-huitième siècle, les *esprits forts*, pour diriger la réorganisation occidentale, doit leur inspirer une juste indulgence envers des croyances qui sont moralement préférables, et même mentalement, au scepticisme complet, d'après lequel les instincts égoïstes et les vues dispersives restent sans discipline.

« En destinant surtout votre travail aux classes laborieuses, vous leur avez préparé sagement un meilleur régime que sur le continent, pour l'époque prochaine où leur intelligence se dégagera spontanément des liens théologiques. C'est seulement ainsi que la population britannique peut être radicalement préservée des tendances purement révolutionnaires, qui ne furent fatalement imposées qu'au peuple chargé de l'initiative occidentale. Par là, vos nobles efforts vont seconder et même préparer l'heureuse disposition de l'élite de votre aristocratie à modifier assez sa politique pour rester à la tête de la transition finale, en évitant toute répétition superflue de nos déplorables crises.

« Cette cordiale réponse ne doit pas s'achever sans l'explication qu'exige l'admirable résolution dont vous me faites part quant aux profits matériels de votre publication. Je suis touché de cette noble spontanéité, qui contraste si dignement avec l'indifférence égoïste des écrivains dont les succès sont surtout attribuables à leur reflet positiviste, tandis que votre adhésion me sert plus qu'à vous. Mais j'espère ensuite vous faire agréer les motifs consciencieux qui me prescrivent de refuser votre scrupuleuse proposition, malgré la profonde gratitude que j'en ressentirai toujours.

« D'après les préfaces des volumes que je viens de vous envoyer, vous connaîtrez bientôt ma situation exceptionnelle. Tous mes moyens matériels ayant été graduellement détruits, depuis sept ans, par l'implacable acharnement de nos coteries scientifiques, malgré les stériles sympathies que me témoignèrent toujours nos divers gouvernements, j'ai dû, me trouvant sans le moindre patrimoine, et voulant conserver mon entière indépendance, fonder finalement toute ma subsistance sur les libres subsides annuels de mes vrais adhérents et de mes dignes appréciateurs. Cette résolution, dont je me félicite de plus en plus malgré ses dangers, m'a graduellement placé dans la situation normale du sacerdoce régénérateur, tandis que mes infâmes persécuteurs croyaient ainsi me contraindre au silence dont ils auraient besoin pour soustraire les spécialités académiques à la discipline encyclopédique. Afin de compléter une telle attitude, qui doit servir de type au nouveau pouvoir spirituel, j'ai, depuis quatre ans, proclamé solennellement et toujours pratiqué ma renonciation systématique à tout profit matériel de mes ouvrages quelconques, dont la vente est seulement destinée à payer les frais d'impression, honorablement avancés par mon digne typographe. D'après ce principe, que je convertis en règle générale pour assurer la pureté du clergé positif, comme vous le verrez déjà dans mon *Catéchisme*, je ne puis aucunement accepter le tribut de votre généreuse équité. Mais, si vous croyez devoir participer, selon vos moyens, au libre subside sur lequel repose irrévocablement toute mon existence matérielle, je vous en serai très-reconnaissant, comme envers quelques autres dames qui déjà s'y sont associées, tout en me félicitant de vous voir ainsi recueillir dignement les deux tiers du profit pécuniaire de votre éminent travail. Je me réserve d'ailleurs la satisfaction de divulguer convenablement la noble proposition que je dois refuser, et dont l'appréciation publique fournira de nouveaux motifs de constater la supériorité morale des positivistes sincères (19 janvier 1854). »

« Mademoiselle,

« Je suis, depuis deux mois, absorbé par le quatrième et dernier volume de ma *Politique positive*, dont l'impression va, j'espère, commencer, afin qu'il paraisse en juillet, si les réactions industrielles de la perturbation guerrière ne retardent pas cette publication. Me voilà, jusqu'à ce que j'achève, à mon régime de travail, ne sortant que le mercredi, pour ma visite hebdomadaire à la tombe inspiratrice. Néanmoins, je consacre toujours le jeudi tout entier, soit aux entrevues personnelles, soit à ma correspondance. C'est ce qui me permet de répondre immédiatement à votre excellente lettre du 1er avril, que j'ai reçue hier. Quoique je doive ainsi me trouver probablement forcé d'ajourner à jeudi prochain des réponses déjà dues, je regretterais trop de tarder davantage à vous témoigner ma juste satisfaction.

« Avant tout, j'éprouve le besoin de vous exprimer combien je suis touché de votre noble persistance dans l'admirable scrupule auquel ma dernière circulaire me permit de rendre un hommage public. Cette pièce, que je vous envoyai vers la mi-février, a dû vous faire pressentir ma disposition à satisfaire votre vœu sous le mode qu'indique la fin de votre lettre. Je puis, en effet, accepter votre offre consciencieuse, et je l'accepte avec une profonde reconnaissance, sans altérer aucunement ma résolution générale de ne tirer nul autre profit de mes livres que le payement des frais d'impression dignement avancés par mon honorable typographe, dont la confiance m'a seule permis de publier mes nouveaux volumes aussitôt qu'ils ont été terminés. Pourvu que je n'applique jamais à mon service personnel la part que votre scrupuleuse équité croit devoir m'assigner dans la vente de votre incomparable traduction, je m'honorerai de la recevoir, en restant juge de la destination spéciale qui lui convient pour la cause générale du positivisme. Quand cette recette s'accomplira, j'emploierai probablement votre premier envoi dans l'accélération du payement des frais typographiques de ma *Politique positive*, qui sont loin d'être encore comblés par la vente des volumes.

« Vous avez très-bien présumé ma résignation au genre d'accueil qui m'attend, en Angleterre comme ailleurs, chez la plupart des lettrés. Pour achever de vous rassurer à cet égard, je dois vous informer que, depuis l'année 1838, je ne lis aucun journal ou revue, même scientifique, en bornant mes seules lectures, sauf des exceptions extrêmement rares, aux grands poëtes occidentaux anciens et surtout modernes. Seize années d'une pratique scrupuleuse m'ont rendu de plus en plus chère cette hygiène cérébrale, que je conseille à toute âme sage et qui me rend spécialement insensible aux atteintes d'une presse incompétente. Comme vous le remarquez judicieusement, je ne puis être ordinairement apprécié que parmi ceux qui n'écrivent pas, et dont chaque jour je vois diminuer la confiance aux étranges guides spirituels suscités par l'anarchie moderne. Je suis d'ailleurs très-convaincu depuis longtemps que le positivisme doit, tout au plus, convertir, jusqu'à la fin du dix-neuvième siècle, *un millième* seulement des chefs de famille; ce qui d'ailleurs me semble suffire pour diriger l'Occident vers la régénération finale, d'après l'ascendant qu'obtiendront ces élus dans un milieu sans convictions quelconques et pourtant pressé de se dégager d'une désastreuse fluctuation.

« Mais, sans me faire, j'espère, aucune grave illusion sur la rapidité de cette rénovation difficile, je compte davantage que vous jouir objectivement du succès principal ; si je vis autant que Hobbes, quoique j'aie maintenant cinquante-six ans, je verrai probablement l'Occident irrévocablement engagé dans la voie directe d'une réorganisation normale, ce qui suffira pour dissiper le trouble essentiel, sans attendre une réalisation décisive. Une génération s'est à peine écoulée depuis que je commençais en silence la reconstruction radicale des opinions humaines, et déjà j'ai, de toutes parts, obtenu, malgré toutes sortes d'entraves, des adhésions fort supérieures à mes premières espérances.

« Le grave incident qui vous préoccupe aujourd'hui fournit[1] lui-même une confirmation spéciale de l'opportunité de notre doctrine et des pas que les Occidentaux ont faits spontanément vers son ascendant décisif. Je m'expliquerai directement à cet égard dans ma prochaine préface, en motivant le blâme que je dois au tzar qui ne s'est pas montré digne de l'honneur que je lui fis récemment[2]. Mais cette perturbation inattendue a rendu presque officielle la politique extérieure du positivisme, soit en manifestant la disposition spontanée de tous les Occidentaux en faveur d'une paix inaltérable, soit en développant leur activité collective contre un perturbateur arriéré. La suprématie de l'humanité se fait clairement sentir quand l'héritier de celui qui voulait détruire par le fer et la faim la population britannique dirige dignement la noble alliance de la France avec l'Angleterre pour maintenir activement la paix universelle. En voyant ainsi la croix latine soutenir le croissant contre la croix grecque, on reconnaît que le temps est venu de rallier les deux parties de l'ancien monde romain sous la seule foi qui puisse devenir universelle; sans soutenir davantage l'existence, depuis longtemps factice, du christia-

1. La guerre de Crimée.
2. M. Comte avait adressé une lettre à l'empereur Nicolas où il le représentait comme le digne chef du parti conservateur en Europe.

nisme et de l'islamisme, irrévocablement épuisés et pareillement incapables de conduire les affaires humaines. On voit également prévaloir ici la transformation des armes en gendarmerie, pour maintenir, au dehors comme au dedans, l'ordre matériel au milieu du désordre intellectuel et moral. Tous ces résultats sont acquis déjà, quelle que soit l'issue du conflit actuel, qui, j'espère, ne s'aggravera pas assez pour détourner l'attention universelle des principaux besoins de notre siècle, et pourra même, s'il dure peu, concourir à les faire plus promptement sentir.

« *P. S.* Quoique je regrette la lenteur exceptionnelle du transport de mon envoi du 10 janvier, je me félicite qu'il vous soit enfin parvenu, malgré que vos occupations et préoccupations ne vous permettent pas d'accorder bientôt une attention suffisante à cette nouvelle lecture (6 avril 1854). »

Lettres à M. Célestin de Blignières, ancien élève de l'École polytechnique[1].

1. SOMMAIRE. Dans ces deux lettres, M. Comte parle à titre sacerdotal; c'est pourquoi je n'ai pas hésité à profiter de l'amicale communication de M. de Blignières qui m'a permis d'abord de lire, puis de publier; car il importe d'esquisser M. Comte par lui-même dans les phases successives de sa vie. Cette première lettre est un ensemble de conseils et de directions.

« .... Les indications de votre lettre sur la marche générale de vos études actuelles ne méritent que ma sincère approbation. Je suppose d'ailleurs que vous ne négligez pas les lectures historiques d'après lesquelles vous donnerez

---

1. M. de Blignières, disciple dévoué de M. Comte, est auteur d'une *Exposition abrégée et populaire de la philosophie et de la religion positives*, Paris, 1857, Chamerot, rue du Jardinet, n° 13. Ce livre n'est point passé inaperçu; il a donné à son auteur un rang parmi ceux qui s'occupent de philosophie, et est une pièce digne d'être consultée dans la mêlée publique où la philosophie positive commence à être engagée.

plus de précision à vos méditations sociologiques, quand leur tour systématique arrivera. Pendant ces deux années de dernière préparation philosophique, ne vous hâtez point de décider irrévocablement la direction théorique ou pratique de votre vie réelle. Ce noviciat final ne s'achèvera pas sans que vous parveniez spontanément à vous fixer sur ce point capital de conduite, en combinant peu à peu les impressions résultées de ce travail continu avec celles qui proviennent de votre service spécial, dont je ne doute pas que vous ne vous acquittiez toujours consciencieusement, de manière à édifier les profanes sur la moralité pratique de notre foi. Quel que soit votre choix final, je suis certain que vous y rendrez de grands services. Malgré la prédilection ordinaire des jeunes lettrés pour la carrière théorique, cette existence doit convenir à fort peu d'hommes. Quoiqu'elle ait aujourd'hui un besoin urgent de dignes organes, je pense que la plupart des vocations qu'on y suppose sont illusoires; il peut très-bien arriver que vous y soyez sérieusement appelé, et je ne pourrais moi-même prononcer démonstrativement là-dessus avant l'achèvement du noviciat final que vous avez si noblement commencé. Mais si votre choix définitif tombait, au contraire, sur la pratique, croyez qu'elle vous offrirait aussi un vaste et digne champ de dévouement et même de talent. Elle a maintenant presque autant besoin que la théorie de renouveler ses organes principaux, qui d'ailleurs sont naturellement beaucoup plus nombreux.

« Parmi les conseils communs aux deux cas (et cela arrive pour tous ceux qui sont très-importants), je dois aujourd'hui vous recommander la culture esthétique dont je vous ai souvent parlé dans nos libres causeries, que je ne regretterai jamais d'avoir rendues plutôt fraternelles que paternelles. Je crois qu'il vous reste à cet égard de grandes acquisitions à faire. Pour la poésie, elles sont partout praticables, et souvent aussi pour la musique. Apprenez l'italien en lisant Dante, Arioste et Manzoni, puis l'espagnol en lisant de même Calderon et Cervantes; laissez dormir vos langues du nord pendant quelques années. Mais habituez-vous surtout à ne jamais lire que des chefs-d'œuvre que vous vous rendrez familiers par un recours périodique; si vous lisiez des médiocrités, votre initiation esthétique avorterait.

« Comme transition aux lectures morales, je vous recommande la pratique journalière de l'*Imitation*, dans l'original et dans Corneille. Voyez-y un admirable poëme sur la nature humaine, et lisez-le en vous proposant d'y remplacer Dieu par l'Humanité. Cela deviendra une source féconde de nobles jouissances et d'intimes améliorations. Vous sentirez ainsi combien est moralement dangereuse l'étude scientifique quand on n'y voit pas un simple moyen et que l'on veut l'ériger en but. Les émancipés sont maintenant assujettis à parvenir à l'amour par la foi réelle, c'est-à-dire démontrée ou démontrable. Mais soyez certain que votre noviciat philosophique ne sera pas conduit jusqu'à son vrai terme normal s'il ne vous amène point à l'amour. Pendant ce trajet, la digne fréquentation du sexe affectif vous aidera beaucoup à atteindre le but raisonnable et saint de toute cette longue institution, l'incorporation morale et mentale à l'Humanité. Je ne saurais mieux terminer que par ce double conseil, sur lequel je reviendrai si vous m'y donnez lieu. (2 *Moïse* 63, 2 janvier 1851.) »

2. SOMMAIRE : M. Comte revient sur l'*Imitation de Jésus-Christ*.

« .... Je regrette votre suspension actuelle des lectures poétiques. Un vrai positiviste ne devrait pas laisser passer une seule journée sans y consacrer au moins le temps qu'exige un chant de Dante. Toutefois, en espérant que vous y reviendrez bientôt, je me félicite que vous commenciez à goûter l'*Imitation*, où je vous engage de joindre, comme moi, Corneille à Kempis. Mais vous feriez bien de lire d'abord l'ensemble du poëme, avant de revenir sur chaque livre. En effet le principal défaut de cette admirable production consiste dans le défaut total de plan. Le quatrième livre a seul une véritable unité, et encore l'ordre des chapitres pourrait-il y être interverti sans inconvénient. Partout ailleurs chaque chapitre pourrait le plus souvent être transposé à volonté, même d'un livre à un autre. Cela ne détruit nullement l'éminent mérite de cet incomparable poëme sur la nature humaine, où l'incohérence est surtout due aux croyances dominantes. Jusqu'à ce qu'il surgisse une autre suite de chants propres à diriger l'intime culture du cœur, cet informe chef-d'œuvre conservera toujours un prix infini, non-seulement comme haute satisfaction esthétique, mais surtout pour l'amélioration morale. Un célèbre empereur musulman en faisait sa lecture favorite. Encore plus dégagés des croyances qui l'inspirèrent, j'espère que tous les jeunes positivistes se le rendront bientôt familier, en pouvant de plus aspirer à le refaire d'après la nouvelle unité religieuse..... (14 *Aristote* 63, 10 mars 1851.) »

CHAPITRE XIV.

Conclusion.

Jamais livre n'eut plus besoin que celui-ci de conclusion. Il est formé de deux parties d'un caractère opposé; dans l'une, M. Comte est loué comme un génie qui a sa place à côté des plus grands; dans l'autre, il est critiqué comme ayant succombé à des fautes de méthode. Si la louange abonde de la plénitude du cœur, la critique n'en obéit pas moins à la rigueur du raisonnement. Ces deux offices, l'un de pleine admiration et l'autre de pleine critique, sont remplis indépendamment l'un de l'autre; je loue M. Comte comme si je n'avais rien à reprendre; je le reprends comme si je n'avais rien à louer. Et pourtant ce sont deux parties qui ne se combattent ni ne se contredisent; bien plus, elles s'appuient réciproquement; car autrement, dans le conflit de la méthode objective suivie par M. Comte commençant, et de la méthode subjective suivie par M. Comte finissant, la philosophie positive m'eût paru un chaos.

Dans mon double office, le même sentiment m'anime, à savoir un entier dévouement à l'œuvre et une profonde reconnaissance à l'homme. Je l'ai déjà dit, quand la philosophie positive m'apparut, je n'avais point de philosophie; j'avais renoncé depuis longtemps à toute théologie, et, depuis quelque temps, à toute métaphysique. Je me résignais, non sans un vif regret, à cet état négatif. L'ouvrage de M. Comte me transforma. La première lecture vint se heurter violemment contre ce que je nomme maintenant mes préjugés. Mais enfin le livre triompha; et, de cette lecture longuement méditée, je sortis disciple. Je reconnais que je lui dois mon existence philosophique, c'est-à-dire une doctrine qui, faisant pour moi l'office rempli jusqu'alors dans le monde par la théologie ou par la métaphysique, eût toute sa racine dans la science positive, seule maîtresse que je pusse accepter. Je me subordonne donc à M. Comte; et, en me donnant, comme la vérité des choses et mon propre sentiment l'exigent, cette position, j'annonce irrécusablement mon ferme dessein de tenir haut l'homme sous qui je me range.

La fonction du disciple est d'abord de montrer que la doctrine qu'il a reçue n'est point une lettre morte, et d'en user dans tout ce qu'il fait. C'est le plus sincère hommage qu'il puisse rendre au maître, et le meilleur exemple qu'il puisse donner au public. Je n'ai point manqué à cette obligation; et, aujourd'hui que j'ai vieilli dans la méditation et dans la pratique de la philosophie positive, tous mes jugements, soit du passé, soit du présent, soit des choses, soit des hommes, se conforment d'eux-mêmes à cette règle suprême.

En second lieu, la fonction du disciple est d'indiquer et, s'il se peut, de poursuivre les développements que la nature de son esprit et de ses études lui suggère. Toute doctrine nouvelle et surtout toute méthode nouvelle (une méthode nouvelle, quelle grande chose!) contient un germe d'infinis développements. Je ne peux mieux le montrer qu'en citant un beau passage que M. Comte écrivait en 1822 : « Quand une science quelconque se reconstitue d'après une théorie nouvelle, déjà suffisamment préparée, le principe général se produit, se discute et s'établit d'abord; c'est ensuite par un long enchaînement de travaux qu'on parvient à former, pour toutes les parties de la science, une coordination que personne, à l'origine, n'aurait été en état de concevoir, pas même l'inventeur du principe. C'est ainsi, par exemple, qu'après que Newton a eu découvert la loi de la gravitation universelle, il a fallu près d'un siècle de travaux très-difficiles, de la part de tous les géomètres de l'Europe, pour donner à l'astronomie physique la constitution qui devait résulter de cette loi. Dans les arts, il en est de même. Pour n'en citer qu'un seul exemple, lorsque la force élastique de la vapeur d'eau a été conçue comme un nouveau moteur applicable aux machines, il a fallu également près d'un siècle pour développer la série de réformes industrielles qui étaient les conséquences les plus directes de cette découverte (*Système de politique positive*, p. 29 et 30, édition de 1824). » Voilà ce que la philosophie attend de ses disciples, l'application rigoureuse de sa méthode, l'extension de son principe général. Pour ma part, j'ai fait servir cette *Vie d'Auguste Comte* à communiquer les aperçus et les projets que plusieurs années de réflexions m'ont signalés. Ma vie est maintenant trop avancée pour que je puisse en exécuter moi-même la moindre partie. Aussi les donné-je aux studieux de la philosophie positive pour en faire ce que bon leur semblera.

Enfin la fonction du disciple est la critique, j'entends cette critique de bon aloi qui n'écarte le faux que pour mettre en lumière le vrai. Écarter le faux est, dans le développement d'une doctrine, toujours d'une très-haute importance et, ici, dans le cas particulier, d'une importance suprême. Car la méthode à laquelle je viens de donner un si grand éloge, et qui seule fait converger les esprits doués de tendances positives, a été brusquement échangée contre une méthode contraire. Quand bien même M. Comte n'aurait mis au jour que le *Système de philosophie positive,* encore faudrait-il que ce livre, bien qu'il soit à mes yeux le fondement du nouveau régime mental, fût très-sérieusement étudié pour y chercher les parties faibles et les lacunes. A plus forte raison importe-t-il d'être critique rigoureux dans le dangereux passage d'une méthode à une autre. M. Comte, vivant et irritable, imposait, par cela seul, à ses disciples de grands ménagements, et certes je n'aurais jamais voulu être celui qui l'eût troublé dans ce qui lui restait de jours à vivre. Autre est la condition de l'œuvre, désormais impersonnelle, qu'il nous a laissée; celle-ci n'a aucun besoin de ménagements; ce serait lui faire injure; ce qu'elle demande, c'est que la méthode et les principes triomphent, dût ceci ou cela périr et disparaître.

Dans ces circonstances, une vie de M. Comte ne peut pas être un panégyrique; et, à vrai dire, elle ne doit l'être en aucune circonstance. M. Comte s'est placé au-dessus d'un tel mode de louer. Il n'en reste plus qu'un pour lui, c'est celui de l'histoire; l'histoire qui est une critique permanente des idées et des choses dignes de vivre en elle et de la modifier.

M. Comte, n'ignorant pas que plusieurs refusaient de le suivre dans les conséquences politiques et religieuses qu'il avait attribuées au système de la philosophie positive, essaya de les réfuter : « Beaucoup d'individualités, dit-il, se sentent choquées par l'avènement direct du sacerdoce positif, qui doit faire universellement prévaloir, dans la conduite publique et même privée, des règles d'autant plus inflexibles qu'elles seront toujours démontrables (*Système de politique positive*, t. IV, Appendice, p. II). » Si ces règles étaient démontrables ou démontrées, ces esprits les accepteraient; car pourquoi appartiennent-ils à la philosophie positive, si ce n'est parce qu'elle est démontrable et, à leurs yeux, démontrée? Certes il leur a plus coûté d'abandonner le régime mental où ils étaient, pour venir au régime positif où ils sont, qu'il ne leur en coûterait présentement pour passer du régime positif à son application. Le reproche que leur adresse M. Comte est à côté de la question, et il suppose des intentions qui n'existent pas pour expliquer un fait dont la cause est ailleurs. Ces esprits voient bien ce que M. Comte affirme, mais ils nient qu'en ceci il ait rien démontré ; et leur assentiment fait défaut là où fait défaut la démonstration. Il ajoute : « Ces répugnances envers ma construction religieuse disposent à la regarder comme contradictoire avec sa base philosophique, dont l'attrait mental se trouvait naturellement exempt de tout conflit moral (*ib.*). » Cet argument de M. Comte est inadmissible ; le fait est que la difficulté est très-grande de passer du régime théologique ou métaphysique au régime positif, soit, intellectuellement, à cause de l'étendue des études que ce passage impose, soit, moralement, à cause de la rupture des liens qui enlacent le cœur. Les répugnances n'ont donc rien à faire ici ; mais quand, pourvu de la méthode positive, on veut aller avec lui sur le nouveau terrain, on ne peut l'y suivre, et l'on est placé dans le dilemme ou de rejeter les principes au nom des conséquences ou les conséquences au nom des principes. Les adversaires du positivisme prennent avec joie et triomphe le premier parti ; ceux qui y adhèrent prennent, non sans douleur, le second.

M. Comte continue : « Cet appendice montrera l'inconséquence des partisans intellectuels du positivisme qui repoussent aujourd'hui son application nécessaire à la destination sociale directement proclamée dans la première ébauche (*ib.*). » Ils seraient en effet inconséquents si, adoptant la doctrine intellectuelle, ils niaient qu'on dût en faire application. Mais, loin de le nier, ils le concèdent ; et, non contents de le concéder, ils y adhèrent avec fermeté. Seulement, ils remarquent que toute application d'une bonne méthode n'est pas nécessairement valable, puis ils prétendent qu'ici cette bonne méthode n'a pas même été appliquée. La fin du paragraphe est : « Soit qu'ils ne puissent saisir l'ensemble de mon élaboration, ou qu'ils regrettent de voir cesser l'interrègne religieux, leur adoption spéculative de la nouvelle synthèse les oblige à lui permettre de se compléter, de se résumer et de conclure. Ma politique, loin d'être aucunement opposée à ma philosophie, en constitue tellement la suite naturelle que celle-ci fut directement instituée pour servir de base à celle-là. » Ce qui en serait la suite naturelle, c'est une politique qui reste encore à déterminer; rien ne prouve que cette politique soit celle dont M. Comte a tracé le plan. Le doute est d'autant plus permis et la discussion d'autant plus nécessaire que, là même où il invoque la continuité, la discontinuité la plus palpable se fait voir. *Religieux* (prenons ces termes) à la fin de sa vie, il est *antireligieux* au début et dans la maturité. Ici M. Comte confond, à son insu, le droit et le fait. Le droit qu'il a eu est certain; le fait qu'il ait réussi est en litige. Personne ne conteste à M. Comte que, de très-bonne heure, il ait vu la connexion du nouveau régime mental avec un nouveau régime social et voulu *se compléter, se résumer, conclure, faire cesser l'interrègne*. Entre beaucoup de ses gloires, ce n'est pas la moindre d'avoir fondé la politique sur l'ensemble d'une doctrine positive émanée de l'ensemble du savoir humain. Tandis que les écoles socialistes commencent par la synthèse sociale, lui commence (j'emploie ses expressions qui sont excellentes) par la synthèse spéculative. Mais il perd son avantage et retombe dans l'ornière socialiste dont il nous a si heureusement tirés, du moment qu'il rompt sa méthode à l'endroit même où il passe de la partie spéculative à la partie d'application. La méthode est le seul lien par lequel les convictions puissent être enchaînées; brisée, elle les laisse flotter et les oblige à revenir sur leurs pas et à reprendre, pour leur propre compte, le bout intact de la chaîne qu'elles ont retenu. On aimerait mille fois mieux que M. Comte eût réussi dans l'application, comme il a réussi dans la spéculation; car une grande œuvre serait faite, non à faire; et ce puissant désir a produit plus d'une adhésion prématurée qu'il faut rétracter aujourd'hui. Ce n'est pas faute de saisir l'*ensemble de l'élaboration* qu'on refuse d'aller où M. Comte est allé; c'est justement l'ensemble saisi qui montre le lieu précis où M. Comte manque à sa méthode.

Maintenant que le lecteur a eu sous les yeux ma louange et ma critique, mon adhésion et mon dissentiment, c'est à lui de les juger et à moi d'insister pour qu'il ne les disjoigne pas et pour qu'il y voie les deux faces d'un même travail, la double suggestion d'une même pensée : procurer l'avancement de la philosophie positive. Disciple de M. Comte, je défends obstinément la méthode et les principes; mais j'ouvre le débat sur les conséquences. On pourra dire que je me suis trompé, on ne pourra pas dire que j'aie voulu nuire ou à l'œuvre ou à l'homme. En un même homme et en une même œuvre, c'est une position délicate d'accepter et de scinder, de louer et de critiquer, d'adhérer et de dénier; mais c'est une position fort nette à laquelle je ne me refuse pas pour le bien, tel que je le conçois, de la doctrine positive.

Au reste, en faisant le départ entre la méthode et les applications, entre les principes et les conséquences, j'use de la liberté accordée par M. Comte lui-même, quand il se déclare, dans le projet d'une revue positiviste, prêt à laisser un libre cours à *toute sage controverse intérieure qui, respectant toujours les principes, affecterait seulement les conséquences quelconques* (voy. p. 393). Les *conséquences quelconques* sont donc livrées au jugement par la méthode, entre les disciples de la philosophie positive; c'est à la discussion, et à la discussion seule, à prononcer.

La philosophie dont il est l'auteur demande quelques mots dans cette Conclusion, non pas pour dire quelle en est la nature, comment elle est née ou quel champ elle embrasse; là-dessus je me suis suffisamment expliqué. Mais il est un point que j'ai toujours supposé, qu'il est temps de mettre en relief et que j'ai réservé pour donner pleine satisfaction à ma pensée : je veux parler d'une assertion perpétuelle qui règne dans cet ouvrage et qui présente M. Comte comme un génie philosophique du premier ordre et la philosophie positive comme destinée à croître avec la croissance de l'humanité.

En cette assertion, dont les deux parties sont connexes, ma confiance est entière; elle s'est fortifiée par tous mes examens, quelque rigoureux qu'ils aient été; par toutes mes études, quelque prolongées qu'elles aient été; par tous les événements, quelque divers qu'ils aient été. C'est qu'en effet elle ne dépend pas d'une simple vue de l'esprit dans le domaine philosophique et qu'elle a pour fondement la partie de l'histoire qu'ici j'appellerai dynamique et qui est la cause effective de l'accroissement des connaissances, du développement mental et, partant, des mutations sociales.

Si la philosophie positive était comme l'aristotélisme, le cartésianisme, le kantisme et les autres, une théorie générale dérivée de la théologie et de la métaphysique primitives par une modification plus ou moins profonde, elle serait, quelque séduisante ou convaincante qu'elle parût, soumise, pour l'esprit moderne, au doute général qui provient de cette origine même. Toutes ces philosophies partent du sujet; or, rigoureusement entendu, ce point de départ ne comporte que des formes logiques et n'embrasse pas les réalités. Elles ont, poussées par le progrès du temps et des connaissances, tâché d'introduire dans leur programme quelques-unes de ces réalités qui se découvrent successivement; néanmoins une part d'incertitude reste toujours sur les conditions et les proportions d'un tel mélange; et l'intelligence moderne se sent mal à l'aise dans un domaine où le subjectif n'est pas purement réduit à son rôle logique.

Mais, dans la philosophie positive, un rôle purement logique est dévolu au subjectif. Là, le subjectif ou l'intelligence (c'est tout un) recherche uniquement ce qui est, sans y apporter autre chose que les conditions logiques ou formelles (c'est encore tout un) qui lui sont inhérentes et sous lesquelles l'intelligence connaît. A ce terme, une philosophie ne contient plus aucun élément de doute, dans les limites, bien entendu, de la certitude humaine; mais aller au delà de cette certitude, ou entrer dans le scepticisme, est impossible, ainsi que M. Herbert Spencer l'a démontré[1] en faisant voir que le scepticisme ne peut jamais se dégager d'une première proposition non sceptique et en donnant ainsi raison au sens commun qui affirme.

Mais à quel titre une philosophie peut-elle acquérir un aussi éminent privilége? Il est, dans l'œuvre totale produite par le travail de l'humanité, un ordre de notions qui, grâce aux procédés que leur nature leur impose, ont créé, puis appliqué sur une immense échelle le principe de réduire le sujet à ses conditions logiques : ce sont les sciences. Là, on ne reçoit que ce qui est donné par l'objet et par l'expérience; le mode de connaissance, l'enchaînement et la théorie sont procurés par le sujet. De cette combinaison résultent un fond et une forme qui assurent aux sciences leur certitude et leur vertu progressive. Éliminer rigoureusement le sujet des données sur lesquelles on travaille, l'introduire puissamment dans l'ordonnance que l'on cherche, voilà leur office. La philosophie positive qui, comme je l'ai dit, n'est qu'une induction générale faite

---

1. *The principles of psychology*, London, 1855. Voy. les chapitres i, ii, iii et iv.

avec les sciences particulières, a la même solidité de certitude et la même vertu de développement.

Il est des gens fort éclairés qui, objectant le caractère complexe de l'histoire, demandent si l'on peut admettre un mouvement vraiment ascensionnel dans la civilisation et une évolution. A ceux-là on répond en leur montrant les sciences. C'est là qu'apparaît d'une manière indubitable l'accumulation, l'accroissement : les faits se multiplient, les théories s'élèvent, la nature se dévoile, la puissance de l'homme s'augmente. On y peut, à chaque période, mesurer l'ascension ; et, à ce point de vue, elles constituent un irrécusable thermomètre sur lequel le progrès de la civilisation vient se graduer. Comme la part de la nature étalée devant nous est immense, comme les méthodes deviennent des instruments dont la force et la précision croissent sans cesse par l'usage, comme enfin chaque chose trouvée est un marchepied pour quelque chose de supérieur, on a la pleine garantie que la suite de l'histoire répondra à ses commencements ; et, du même regard, l'humanité satisfaite contemple son passé et son avenir. Fille des sciences, la philosophie positive partage leur destinée, elle montera comme elles monteront, influera comme elles influeront, et résumera en soi toute leur efficacité théorique et toute leur action sociale. Voilà pourquoi je ne conserve aucun doute sur le succès de la philosophie positive et sur la gloire de M. Comte.

Récemment, à propos d'une affaire tout individuelle, la philosophie positive a été dénoncée par les organes de la théologie comme subversive de la morale et de la société. Je ne réclame pas, sachant fort bien que la théologie est, de sa nature, hors d'état de rendre justice aux opinions adverses. Mais j'appelle l'attention de tous les hommes éclairés et soucieux de la morale et de l'ordre social, quelle que soit d'ailleurs leur opinion, sur ceci : c'est que le désordre dont on se plaint n'a point été créé par la philosophie positive ; que, beaucoup plus ancien qu'elle, il est né spontanément au sein du régime théologique lui-même, qui n'a pas su le prévenir et ne sait pas le guérir ; et que les prédications de la philosophie positive ne s'adressent aucunement aux âmes engagées dans la foi catholique ou protestante. Celles-là, si elles en sont troublées, que le reproche en soit sur leur conscience ; car nous n'écrivons pas pour elles, nous ne nous insinuons pas auprès d'elles. Déjà miss Martineau, dans sa préface (voy. ci-dessus, p. 279), et moi dans les *Paroles de philosophie positive*, nous avons dit que, par le fait de la marche de la civilisation, la société contemporaine renfermait en son sein un nombre très-grand et d'ailleurs toujours croissant d'esprits qui, ayant renoncé aux croyances théologiques, demeurent sans doctrine qui les rallie. C'est pour ceux-là que nous travaillons ; nous ne troublons donc rien ; loin de là, nous raffermissons. Aussi, dans le désordre que crée la dissolution des croyances surnaturelles et qui n'est d'ailleurs imputable à personne autre qu'aux destins sociaux, les hommes sages et prévoyants doivent avoir toutes sortes d'égards pour les doctrines qui tentent une indispensable réorganisation au point de vue purement naturel, surtout quand ces doctrines donnent, comme fait la philosophie positive, pour leur garant leur conformité essentielle avec la science, dont le crédit ne peut plus être nié ni écarté.

Descartes, en sa *Méthode*, se défendait d'avoir aucune vue sociale dans sa philosophie ; et il avait raison, car elle était à la fois métaphysique et incomplète. M. Comte, au contraire, est tout occupé des applications sociales de sa philosophie, et il a raison ; car elle est à la fois positive et complète. Tout d'abord, M. Comte aperçut la portée de son œuvre ; et, quand il l'eut achevée avec son incomparable fermeté et malgré de séduisantes tentations, il fut pleinement en droit d'en ouvrir l'office social. Cet essai me paraît, il est vrai, devoir été rigoureusement révisé; mais la révision ne porte en aucune façon sur le principe. Parmi les éminents attributs qu'il célèbre dans la philosophie positive, M. Mill exalte particulièrement les ressources qu'elle doit fournir immanquablement à la connaissance de l'histoire et à la direction des sociétés : deux termes connexes. Comme lui, je suis convaincu de leur connexité; et, disciple de M. Comte jusqu'au bout, après m'être rangé sous le principe de la doctrine, je me range sous le principe de son application. L'assentiment est, dans le second cas, de même nature que dans le premier, c'est-à-dire contraint par la réalité et par la conséquence. La philosophie positive, n'étant que le prolongement des sciences jusqu'à un point où elles trouvent leur unité, a dans l'ensemble des choses toute l'efficacité théorique et pratique qu'elles ont respectivement dans leur domaine particulier.

Je touche à la fin de cet ouvrage, et je m'arrêterais, si je ne croyais utile d'ajouter quelques mots au sujet de travaux que la philosophie positive me semble exiger dans la phase qu'elle parcourt. La philosophie positive m'est incessamment présente; j'écris souvent pour elle, toujours par elle. C'est ce qui constitue mon droit à prendre ainsi la parole en terminant. La vie de tous ceux qui s'initient à une connaissance se divise en deux parts : dans l'une, ils sont élèves; dans l'autre, ils sont disciples; je veux dire que, dans l'une, ils sont uniquement occupés d'apprendre et de s'approprier; dans l'autre, maîtres de l'ensemble, ils emploient la méthode et les principes à des travaux qui soient à la fois de la critique et de l'expansion. De ce rôle de disciple, je ne prends ici que le soin d'indiquer, et encore bien brièvement, une part de ce qui peut être fait.

Ce qu'il importe surtout de signaler, ce sont les lacunes.

A. C.

A mon gré, il existe dans la philosophie positive trois lacunes essentielles, à savoir : l'économie politique, la théorie cérébrale et ce que, faute d'un nom qui convienne, j'appellerai théorie subjective de l'humanité.

Que M. Comte n'ait traité de l'économie politique ni dans les trois derniers volumes du *Système de philosophie positive*, où il expose admirablement la dynamique de l'histoire, ni dans le livre sur la *Politique positive*, cela se conçoit; mais, ce qui ne se conçoit pas, c'est que, dogmatiquement, en divers passages, il l'ait écartée comme une fausse science. Je n'ai le temps ni de rapporter ces assertions qu'on peut voir d'ailleurs dans ses ouvrages, ni de défendre l'économie politique, ni de l'attaquer; ce que je veux seulement montrer, c'est qu'elle est partie intégrante de la sociologie et qu'elle ne peut être négligée sans dommage pour toute la théorie de cette science. Laissons donc provisoirement tout débat sur la manière dont l'économie politique a été traitée jusqu'à ce jour, et venons au fond des choses. Tant à cause de la liaison intime de la sociologie avec la biologie que par l'ordre même des phénomènes qui dans les deux cas sont vitaux, il n'y a pas de comparaison plus approximative et donnant tout d'abord une plus exacte idée que la comparaison du corps social avec le corps vivant. Eh bien, dans le corps social, l'économie politique représente ce qu'est dans le corps vivant la nutrition; c'en est la partie que les physiologistes nomment végétative, celle par où il s'entretient journellement. Or, il est de méthode dans la biologie que les fonctions supérieures, dévolues au système nerveux, sont sous la dépendance absolue des fonctions inférieures ou de nutrition, sans lesquelles elles ne peuvent ni exister, ni être connues dans leur vraie réalité. Il en est de même du corps social; les fonctions supérieures, celles qui y administrent la partie morale, esthétique, scientifique, et qui conduisent l'évolution, tiennent rigoureusement à tout l'entretien matériel de la société, entretien que je nomme industrie et qui est l'objet de l'économie politique. C'est donc une grave lacune qu'il n'y ait nulle part dans la sociologie un chapitre qui montre la constitution de l'économie politique et les relations de cette fonction fondamentale avec les fonctions supérieures; c'est aussi un vice grave contre la méthode; car, à ce point, qui ne voit qu'une théorie positive de l'économie politique est indispensable, montrant les nécessités industrielles de l'évolution sociale, comme la théorie de la nutrition montre les nécessités physiologiques de l'évolution individuelle? Traiter de l'économie politique au point de vue de la philosophie positive est un des sujets importants et urgents qui peuvent être recommandés aux disciples de cette philosophie.

Une seconde lacune importante et urgente concerne la théorie cérébrale. J'ai dans un chapitre spécial montré que l'hypothèse de Gall est ruineuse, et que dès lors tout ce qu'elle paraît supporter devient aussi peu solide qu'elle l'est elle-même. Il faut donc se hâter de retirer de l'édifice ces matériaux infidèles; mais le vide qu'ils laissent est grand; car la philosophie positive a un besoin particulier d'une saine théorie cérébrale, vu que les relations s'en font sentir avec beaucoup de force dans la sociologie. La théorie cérébrale, sans doute, n'a encore que des rudiments, étant la plus compliquée et la plus difficile des parties de la biologie; pourtant elle offre dès à présent à une main laborieuse de forts utiles documents. Ces documents, rassemblés, coordonnés et développés par leur coordination même, donneront, dans leur mesure, des notions réelles. Ce qu'on sait vraiment, si peu que ce soit, est toujours bien venu.

De quelque intérêt que soient les deux points précédents, celui qui suit mérite encore bien davantage l'attention, je veux parler de la théorie subjective de l'humanité. D'abord il convient d'écarter une confusion qui plane sur toute la discussion relative à la psychologie et qui l'offusque. De cette explication sortira la notion exacte de ce que j'entends par une telle expression.

Théorie cérébrale, *théorie mentale psychologique* sont pris dans deux sens très-différents, que l'on ne distingue jamais. Cela signifie tantôt les conditions organiques sous lesquelles se manifeste l'intelligence, tantôt les conditions formelles sous lesquelles la connaissance s'exerce. Du moment que l'on sépare l'une de l'autre ces deux significations, on apperçoit le moyen de résoudre le débat sur le lieu de la psychologie; car à la demande : où ces deux ordres doivent-ils être étudiés? il sera répondu que le premier doit l'être dans l'anatomie, dans la physiologie, dans la zoologie, dans l'évolution des âges, dans la pathologie; il appartient donc sans conteste à la biologie; mais il sera répondu aussi que le second doit être étudié dans le développement total de l'histoire et dans l'application à tous les modes du savoir; il appartient donc sans conteste à la philosophie. Ainsi il y a deux psychologies, l'une biologique, l'autre philosophique, l'une relative à l'homme individuel, l'autre relative à l'homme collectif, l'une fournissant ce qui est nécessaire pour passer de la biologie à la sociologie, l'autre examinant l'instrument subjectif à la lumière de tout le savoir objectif.

Mais ce complément de la philosophie, je ne le nomme pas psychologie, même après définition; je l'appelle *théorie subjective de l'humanité*; c'est qu'en effet, s'il renferme la psychologie, il renferme beaucoup plus.

M. Comte, arrivé à un certain point de l'élaboration de son traité de *Politique positive*, eut besoin de considérer la morale en tant que science. Ceux qui placent la théorie cérébrale tout entière dans la biologie ont dû songer à y placer aussi la morale; car il n'est pas une raison pour celle-là qui ne milite pour celle-ci, puisque la morale tient aux facultés affectives comme l'autre tient aux facultés intellectuelles. Mais M. Comte, reconnaissant l'indépendance de la morale, en fit une septième science. A cela il faut dire, d'une part, que mettre la morale en septième science, à la suite de la sociologie et des autres, est une faute contre la méthode ; car la morale n'est point, comme les six sciences, de l'ordre objectif ; et d'autre part, que c'est aussi une faute contre la notion philosophique maintenant réclamée ; car la morale n'est qu'une portion de l'ensemble subjectif qui doit compléter la philosophie positive et l'empêcher de demeurer un cercle non fermé.

Ce que j'appelle théorie subjective de l'humanité comprend, pour procéder selon l'ordre d'évolution, la morale, l'esthétique et la psychologie.

S'il faut une science de la morale, il en faut, au même titre, une de l'esthétique et de la psychologie. Si la lacune que présente la philosophie positive est évidente quant à la morale, elle l'est aussi quant à l'esthétique et quant à la psychologie.

Dans l'ordre de la méthode positive, c'est d'abord par l'objet que se construit le savoir humain ; et l'on termine par le sujet. La théorie subjective de l'humanité a donc, dans la philosophie positive, un lieu tout assigné.

En résumé, les théories de la morale, de l'esthétique et de la psychologie font défaut dans la philosophie positive. Elles lui sont pourtant essentielles. La place n'en est nulle part ailleurs qu'après le savoir objectif. Tant qu'elles ne sont pas constituées, une foule de notions vraiment philosophiques restent déclassées, sans lieu certain, sans liaison, sans ensemble. La théorie du sujet est le complément indispensable de la théorie de l'objet. La philosophie positive, pour s'achever, pour fermer son cercle, exige trois chapitres contenant des linéaments de la morale, de l'esthétique et de la psychologie. Mais cette élaboration de la morale, de l'esthétique et de la psychologie, se distinguant des élaborations antécédentes qui toutes ont été dirigées par la théologie et par la métaphysique, ne se produit qu'après la hiérarchie méthodique du savoir objectif et en subit le perpétuel contrôle [1].

Dans cette fin, les considérations théoriques m'ont, comme cela devait être, exclusivement occupé. Pourtant, parmi les développements d'application que comporte la philosophie positive, je veux du moins signaler un exemple qui serve d'indication. Un des penseurs les plus éminents de l'Angleterre, et aussi un de ceux qui admettent la méthode de la philosophie positive, vient de publier un livre sur le gouvernement représentatif. Prenant ce gouvernement tel qu'il est donné par l'état des choses, M. Mill part de là comme d'un point solide pour en prolonger la théorie et la pratique et pour l'adapter aux exigences croissantes de la condition politique. Là, point de faute contre la méthode. L'état présent est le thème, conduisant à l'aide d'un enchaînement toujours saisi par le lecteur à des conséquences toujours discutables avec l'auteur. C'est un bon modèle de déduction positive dans l'ordre politique en sociologie.

Quoi qu'on pense de ce qui vient d'être dit, tout esprit entré dans la philosophie positive voit de lui-même que le travail ne manque pas à cette philosophie. Elle a maintenant assez pénétré au sein de la société, pour que rien ne puisse plus les disjoindre. La philosophie positive modifie la pensée de la société ; et la société, dans son évolution

---

[1]. Cet ensemble doctrinal a été confusément aperçu par M. Comte dans la fin de sa vie ; il a voulu quelque chose de semblable dans ce qu'il a nommé *Synthèse subjective* ; mais cet ouvrage, quand même il serait achevé, n'en serait pas moins manqué complètement, du moment que l'on y confond la logique avec la mathématique. Voyez, sur cette question, le chapitre v.

spontanée, développe la philosophie positive; il y a action et réaction entre ces deux forces. C'est aux disciples qui se forment et se formeront de poursuivre la tâche ; mais c'est au nom d'Auguste Comte que demeure la gloire d'avoir ouvert une aussi grande carrière.

Cet homme solitaire et puissant sera maintenant connu à qui voudra le connaître. Non pas que je me flatte d'avoir été un de ces biographes qui, habiles à observer les caractères et à en saisir les nuances, sont dans les lettres ce qu'est dans les arts le grand peintre de portraits. Loin de là, je suis peu intervenu, en dehors des discussions purement philosophiques, et j'ai suppléé à mon insuffisance par l'abondance des témoignages. On a sous les yeux les époques essentielles de la vie de M. Comte représentées par lui-même en des lettres intimes qu'il écrivait sous l'impression même des événements. Il y montre ce que vraiment il est, par la façon dont il se comporte en ce qui lui advient, soit qu'il se réjouisse, soit qu'il se plaigne, soit qu'il ait des succès, soit qu'il ait des revers, soit qu'il ait raison, soit qu'il ait tort. Ces écrits et ces pièces ont de l'intérêt pour qui s'intéresse à la philosophie positive ; et, comme, selon mes espérances, cette philosophie est destinée à croître dans l'histoire, je m'applaudis d'avoir, à l'aide de ces pièces, créé une véritable intimité entre le lecteur et celui qui, à travers tant de difficultés, poursuivit l'accomplissement de son œuvre.

Le caractère essentiel de cette vie est la vocation philosophique. A la philosophie, il ne vient pas par accident; à la philosophie, il ne donne pas des poursuites intermittentes à travers d'autres poursuites. De bonne heure les idées générales l'occupent; et, appercevant, au milieu de celles qui flottaient dans l'air, la grande lueur de la méthode positive, il fut captivé tout entier. Rien ne le détourna, ni les attraits du dehors ni les difficultés du dedans. Quand, en 1822, il vit nettement devant lui la voie et le but, il ne songea plus qu'à développer et à coordonner ce qui naissait en son esprit ; quand le développement et la coordination eurent pris une suffisante étendue et consistance, il ne songea plus qu'à transformer ce travail mental en une œuvre dogmatique ; et enfin, quand l'œuvre dogmatique fut accomplie, il ne songea plus qu'à en tirer les applications sociales. C'est ainsi occupé, que la mort vint l'enlever à ceux qui l'admiraient et qui l'aimaient.

Très-désireux d'avoir des disciples, M. Comte ne propageait pourtant sa doctrine que par ses livres et par ses cours publics et gratuits. Il n'usa point de l'action individuelle pour gagner des prosélytes ; ils venaient à lui, il n'allait point à eux. En une lettre que je n'ai pas rapportée, M. Gustave d'Eichthal l'appelant mon maître, M. Comte lui répond en lui demandant de l'appeler mon ami. Il comprenait trop bien la nature des affinités de la doctrine positive avec la société contemporaine, pour ne pas apercevoir combien de degrés sont nécessaires à l'accroissement et à la prépondérance de cette doctrine. Je l'ai entendu dire qu'il n'avait jamais espéré plus d'une cinquantaine de disciples dans l'occident européen, et se féliciter d'avoir dépassé ce nombre. Plus tard, il se flatta d'obtenir des conversions en masse ; mais les conversions en masse, l'histoire en témoigne, veulent des passages de doctrine plus voisins l'un de l'autre que ne le sont le régime théologique et le régime positif.

Ma rupture avec lui m'a commandé beaucoup de ménagements ; ils ne m'ont rien coûté ; car que puis-je voir, malgré louange et blâme, en M. Comte, si ce n'est celui à qui je dois mon éducation philosophique ? Ils n'ont rien coûté non plus à la vérité ; car je n'ai jamais parlé qu'avec des pièces et des lettres. Que le lecteur fasse donc son jugement. Pour moi, le mien est fait, et c'est le respect et l'admiration pour une grande vie. Même dans la fin, quand il succombe sous le faix du labeur et de la méditation, c'est un vieux soldat que ses cicatrices honorent.

M. Comte fut illuminé des rayons du génie. Celui qui, à l'issue de la mêlée confuse du dix-huitième siècle, apperçut, au commencement du dix-neuvième, le point fictif ou subjectif qui est inhérent à toute théologie et à toute métaphysique ; celui qui forma le projet et vit la possibilité d'éliminer ce point dont le désaccord avec les spéculations réelles est la grande difficulté du temps présent; celui qui reconnut que, pour parvenir à cette élimination, il fallait d'abord trouver la loi dynamique de l'histoire et la trouva; celui qui, devenu, par cette immense découverte, maître de tout le domaine du savoir humain, pensa que la sûre et féconde méthode des sciences particulières pouvait se généraliser, et la généralisa; enfin celui qui, du même coup, comprenant l'indissoluble liaison, avec l'ordre social, d'une philosophie qui embrassait tout, entrevit le premier les bases du gouvernement rationnel de l'humanité; celui-là, dis-je, mérite une place, et une grande place, à côté des plus illustres coopérateurs de cette vaste évolution qui entraîna le passé et entraînera l'avenir.

FIN.

ERRATA.

Page 32, dernière ligne, *au lieu de* 29, *lisez* 19.
— 95, ligne 18, *au lieu de* mathématiques, *lisez* mathématiciens.
— 114, ligne 9, *au lieu de* 24 avril, *lisez* 14.
— 160, ligne 26, *au lieu de :* à l'aide son beau-frère, *lisez :* à l'aide de son beau-frère.
— 208, ligne 3, *au lieu de :* dans votre dernière entrevue, *lisez :* dans notre dernière entrevue.
— 211, ligne 29, *au lieu de :* pour faire connaître, *lisez :* pour me faire connaître.
— 258, ligne 16, *au lieu de :* sinon celles des parties sur le tout, *lisez :* et celles des parties sur le tout.
— 314, ligne 25, *au lieu de :* l'opinion politique, *lisez :* l'opinion publique.
— 372, ligne 33, *au lieu de :* je crois, *lisez :* je dois.
— 390, ligne 25, *au lieu de :* nullement ondés, *lisez :* nullement fondés.
— 477, ligne 29, *au lieu de :* notre opinion, *lisez :* votre opinion.
— 658, ligne 3, *au lieu de :* la transformation des armes, *lisez :* la transformation des armées.

OUVRAGES DE M. COMTE[1].

Séparation générale entre les opinions et les désirs, juillet 1819, article qui fut écrit pour un journal d'alors, dit *le Censeur*, mais qui ne fut pas publié ; reproduit dans la *Politique positive*, t. IV, appendice, p. 1.

Sommaire appréciation de l'ensemble du passé moderne ; avril 1820, inséré dans l'*Organisateur*, et reproduit dans la *Politique positive*, t. IV, *appendice*, p. 4.

Plan des travaux scientifiques nécessaires pour réorganiser la société, mai 1822, imprimé dans une brochure intitulée du *Contrat social*, par Henri Saint-Simon, et tiré à 100 exemplaires seulement ; réimprimé en avril 1824, avec le titre superposé de *Système de politique positive*, dans le 3ᵉ cahier du *Catéchisme des industriels*, par Saint-Simon ; et enfin reproduit dans la *Politique positive*, t. IV, appendice, p. 47.

Considérations philosophiques sur les sciences et les savants, publiées dans les numéros 5, 7, 8 et 10 du *Producteur*, 1825, et reproduites dans la *Politique positive*, t. IV, *appendice*, p. 137.

Considérations sur le pouvoir spirituel, publiées dans les numéros 13, 20 et 21 du *Producteur*, 1826, et reproduites dans la *Politique positive*, appendice, t. IV, p. 177.

Examen du traité de Broussais sur l'Irritation et la folie, publié dans le *Journal de Paris*, août 1828, et reproduit dans la *Politique positive*, appendice, t. IV, p. 217.

Cours de philosophie positive, Paris, 1830-1842, 6 vol. in-8.

---

1. On trouvera dans le t. IV de la *Politique positive*, appendice, p. II, l'indication de quelques articles composés par M. Comte dans sa jeunesse et ses débuts.

Traité élémentaire de géométrie analytique, à deux et à trois dimensions, mars 1843, 1 vol. in-8.

Discours sur l'esprit positif, prononcé à l'ouverture du cours d'astronomie populaire, février 1844, 1 vol. in-8.

Traité philosophique d'astronomie populaire, 1845, 1 vol. in-8.

Circulaire d'Auguste Comte, proposant une association libre pour l'instruction du peuple dans tout l'Occident européen, 25 février 1848, une feuille volante.

Le fondateur de la Société positiviste à quiconque désire s'y incorporer, 8 mars 1848, une feuille volante.

Discours sur l'ensemble du positivisme, juillet 1848, 1 vol. in-8, réimprimé dans le premier volume du *Système de politique positive*.

Calendrier positiviste, 1849 à 1860, huit éditions, une brochure, reproduit dans la *Politique positive*, t. IV, p. 402.

Discours prononcé aux funérailles de Blainville, 7 mai 1850, une brochure, réimprimé dans la *Politique positive*, t. I, p. 737.

Système de politique positive, ou traité de sociologie instituant la religion de l'humanité, 1851-1854, 4 vol. in-8.

Bibliothèque positiviste, 1851, brochure, reproduite dans la *Politique positive*, t. IV, p. 557.

Lettre à Sa Majesté le tzar Nicolas, décembre 1852; imprimée dans la *Politique positive*, t. III, p. xxix.

Catéchisme positiviste, ou sommaire exposition de la religion universelle, octobre 1852, 1 vol. in-8.

Appel aux conservateurs, par le fondateur du positivisme, août 1855, in-8.

Synthèse subjective, ou système universel des conceptions propres à l'état normal de l'humanité, t. I, contenant le *Système de logique positive ou Traité de philosophie mathématique*, novembre 1856, 1 vol. in-8.

TABLE.

	Pages.
Préface.	v

PREMIÈRE PARTIE.

Chapitre I. — Préambule. — Vocation	1
Chapitre II. — Débuts.— Liaison avec Saint-Simon. — Conception de la philosophie positive. — Mariage.— Cours de philosophie positive.	7
Chapitre III. — Histoire de la philosophie positive. — Turgot	38
Chapitre IV. — Histoire de la philosophie positive. — Kant. — Condorcet.	53
Chapitre V. — Histoire de la philosophie positive. — Saint-Simon.— Burdin.	74
Chapitre VI. — Histoire de la philosophie positive. — Auguste Comte.	98
Chapitre VII. — Maladie mentale. — Le malade est mis chez Esquirol. — Projet d'interdiction empêché par Mme Comte. — Inutilité des soins qu'il reçoit chez Esquirol. — Mme Comte retire son mari chez elle. — Retour de la raison. — Prostration morale qui accompagne ce retour. — Guérison définitive	112
Chapitre VIII. — Lettres de M. Comte à M. Gustave d'Eichthal, 1824-1829.	147

DEUXIÈME PARTIE.

Pages.

CHAPITRE I. — Aperçu de la deuxième période de la vie de M. Comte. — Exécution du système de philosophie positive.............. 175

CHAPITRE II. — Une attaque des Saint-Simoniens. — Réponse que M. Comte adresse à M. Michel Chevalier...................... 189

CHAPITRE III. — De la création d'une chaire de l'histoire des sciences demandée à M. Guizot, alors ministre de l'instruction publique, par M. Comte.. 201

CHAPITRE IV. — Position matérielle. — Candidatures. — Immixtion dans certains événements politiques. — Genre de vie et goûts. — Manière de travailler... 226

CHAPITRE V. — Témoignages.. 260

CHAPITRE VI. — D'une critique de la classification des sciences telle que M. Comte l'a exposée. — Ce qu'il faut entendre par série, constitution, évolution des sciences................................... 284

CHAPITRE VII. — Procès avec M. Bachelier, libraire................ 310

CHAPITRE VIII. — Perte de la place d'examinateur à l'École polytechnique.. 333

CHAPITRE IX. — Subside temporaire fourni par trois Anglais : MM. Grote, Molesworth et Raikes Currie........................... 353

CHAPITRE X. — Discussion avec M. John Stuart Mill sur la condition sociale des femmes... 400

CHAPITRE XI. — Lettres de M. Comte à M. John Stuart Mill........ 421

CHAPITRE XII. — Lettres de M. Comte à Mme Comte............... 466

CHAPITRE XIII. — Séparation....................................... 498

TROISIÈME PARTIE.

CHAPITRE I. — Préambule... 517

CHAPITRE II. — De la méthode subjective suivie par M. Comte dans son traité de *Politique positive*................................... 527

	Pages.
Chapitre III. — Du tableau cérébral, ou modification apportée par M. Comte au système phrénologique de Gall....................	538
Chapitre IV. — Examen de l'opinion que l'esprit doit être subordonné au cœur..	553
Chapitre V. — La mathématique est-elle identique à la logique?...	563
Chapitre VI. — Retour à l'état théologique......................	572
Chapitre VII. — De la cause qui a poussé M. Comte dans la méthode subjective...	580
Chapitre VIII. — La société positiviste..........................	592
Chapitre IX. — Fondation de la souscription qui assura l'existence matérielle de M. Comte.....................................	605
Chapitre X. — Cours fait au Palais-Royal.......................	619
Chapitre XI. — Relations avec M. de Blainville. — Affaire Maupied. — Discours sur la tombe de M. de Blainville...................	632
Chapitre XII. — Dernière maladie. — Testament.................	640
Chapitre XIII. — Lettres à miss Henriette Martineau. — Lettres à M. Célestin de Blignières, ancien élève de l'École polytechnique..	647
Chapitre XIV. — Conclusion..................................	662
Errata..	682
Ouvrages de M. Comte.......................................	683

FIN DE LA TABLE.

PARIS. — IMPRIMERIE DE CH. LAHURE
Rue de Fleurus, 9